Das rote Jahrzehnt

GERD KOENEN

DAS ROTE JAHRZEHNT

UNSERE KLEINE
DEUTSCHE KULTURREVOLUTION
1967–1977

KIEPENHEUER & WITSCH

1. Auflage 2001

© 2001 by Verlag Kiepenheuer & Witsch, Köln
Alle Rechte vorbehalten. Kein Teil des Werkes darf in irgendeiner Form
(durch Fotografie, Mikrofilm oder ein anderes Verfahren)
ohne schriftliche Genehmigung des Verlages reproduziert oder
unter Verwendung elektronischer Systeme verarbeitet,
vervielfältigt oder verbreitet werden.
Umschlaggestaltung: Rudolf Linn, Köln
Gesetzt aus der Garamond Stempel (Berthold)
Satz: Kalle Giese, Overath
Druck und Bindearbeiten: GGP Media, Pößneck
ISBN 3-462-02985-1

INHALT

Vorwort

Sich zum Historiker der eigenen Lebensgeschichte zu machen, wenn man selbst Akteur gewesen ist, ist ein zweifelhaftes, wenn nicht unmögliches Unternehmen. Das vorliegende Buch ist denn auch keine wissenschaftliche Darstellung, sondern ein aus Texten, Szenen, Berichten und Erinnerungen gemischtes Bild jenes eigentümlichen »roten Jahrzehnts«.

Was soll das gewesen sein – dieses »rote Jahrzehnt«? Sicherlich nichts, das sich in den Geschichtsbüchern findet. Trotzdem dürfte der Begriff allen, die diese Jahre bewußt erlebt haben, etwas sagen. Die Schüsse vom 2. Juni 1967 in Westberlin und vom 18. Oktober 1977 in Stammheim markieren unzweifelhaft einen dramatischen Zyklus von Stimmungen, Losungen, Bewegungen und Aktionen, die eine »politische Generation« geformt haben, auch wenn nur ein kleiner Teil der Altersgenossen tatsächlich aktiv involviert war. Aber es gab wohl kaum jemanden, den das völlig unbeteiligt ließ. Und es war die Farbe Rot, die dieses Jahrzehnt noch einmal (wenn auch trügerisch) dominiert hat.

Dieses Buch, das ich vor circa zwei Jahren in Angriff genommen habe, sollte vor allem etwas Licht in den inneren Kern dieser Bewegung(en) werfen, auf jenes oft hermetisch abgeschlossene Segment der politisch Hochaktiven und Hochmotivierten, zu denen ich selbst gezählt habe. Kein grelles Licht der »Enthüllung« allerdings auf Zeiten eines finsteren Extremismus, für den seine heute prominenten oder in verantwortlicher Position befindlichen Träger noch Rechenschaft abzulegen hätten; sondern eher ein sachlich scharfes, persönlich mildes Licht der Selbstaufklärung, die wir (so fand ich) uns selbst und anderen noch schuldig seien – den Kindern, Eltern und Geschwistern, Freundinnen und Freunden. Was genau hat so viele damals motiviert, sich eine Zeitlang als Akteure einer chimärischen Weltrevolution zu fühlen, und das mit einer Konsequenz, die manchen weit hinaus getrieben hat? Um ein Stück reflektiver Selbsterforschung also sollte es gehen, bei dem unsere eigenen generationellen Anteile am Geschehen mir tatsächlich als das eigentlich aufklärungsbedürftige Element erschienen.

Denn aus den objektiven (politischen, ökonomischen, sozialen) Zeitumständen heraus ist weder die internationale Jugendbewegung um 1968 schlüssig erklärbar, noch für die Bundesrepublik der gesamte Krisenzyklus dieses »roten Jahrzehnts«. So liegt der Akzent der Darstellung vor allem auf den sozialpsychologischen Verkettungen von Kriegs- und Nachkriegsgeneration – und hier besonders wieder auf unserer eigenen Seite. Wir können uns nicht immer im Schatten der angeblich so allgegenwärtig gewesenen »alten Nazis« verstecken. Wir müssen auch über uns reden – unsere unbewußten Affekte und Zwangsgedanken, unsere eigenen Größenphantasien und narzißtischen Gewinne.

Kurz vor Abschluß des Manuskripts brach die »Fischer-Debatte« über dieses Buch herein. Ihren Auslöser bildeten, charakteristisch genug, nicht jene kaum aufregenden Enthüllungen vom »Mann im schwarzen Helm« – die nur visualisierten, was ohnehin längst bekannt war. Sondern es war eine bestimmte Konstellation von Umständen: daß es gerade eine Tochter von Ulrike Meinhof war, die sich als Rächerin auf diesen Kriegspfad begeben hatte – zur gleichen Zeit, als der Vizekanzler der Bundesrepublik Deutschland vor einem Frankfurter Gericht über den Ex-Terroristen und Szenegenossen Hans-Joachim Klein aussagte, der ihm als Schatten seiner eigenen Geschichte gegenübersaß.

Immerhin hat die Debatte gezeigt, wie dicht alle diese scheinbar längst abgelegten Erfahrungen noch unter der Oberfläche liegen und wie tief sie die Einstellungen und den Habitus der heute politisch Aktiven geprägt haben. Ein durchsichtiger, generationell geprägter Revanchismus der Kritiker aus dem schwarz-gelben Lager traf dabei auf eine ähnlich generationell geprägte Verteidigungsfront im rot-grünen Lager, das gerade in dieser Frage allerdings eine erstaunliche Mehrheit der Bundesbürger hinter sich hatte. Die Republik verteidigt ihren endlich gewonnenen inneren Frieden nun gerade in einer Person wie Joschka Fischer – mit allem, was darin an Ironie und tieferer Bedeutung liegen mag.

Um diese, vielleicht gar nicht so erstaunliche, aber doch recht paradoxe Entwicklung abmessen und würdigen zu können, braucht es allerdings ein geschärftes, facettenreicheres Bild jener Zeiten und ihrer Akteure. Ohne das bleibt ein blinder Fleck in der Mentalitätsgeschichte und intellektuellen Biographie der deutschen Nachkriegsgesellschaft, deren Wege der Selbstzivilisierung gewunden und kompliziert genug waren.

Dieses Buch, zu dem mir Helge Malchow vom Verlag Kiepenheuer & Witsch mir die Anregung gab, hat im Laufe des Schreibens mehr an Umfang und »Gewicht« gewonnen, als ursprünglich geplant war. Aber diese Ausdehnung resultiert gerade aus der Verbindung von Analyse mit Erzählung, die dieser Thematik einzig angemessen erschien, und die das Buch, wie ich hoffe, nicht schwerer, sondern leichter, zugänglicher macht.

Mit vielen ehemaligen Akteuren oder Beobachtern der diversen Milieus und Gruppen, die dieses »rote Jahrzehnt« bevölkert haben, habe ich gesprochen – und kann mich bei allen nur pauschal bedanken, weil es eine allzu heikle Abwägung wäre, wer von meinen Gewährsmännern und -frauen in diesem Zusammenhang hätte genannt werden mögen und wer nicht.

Meine Frau Anna Leszczynska war Zeitzeugin aus ganz eigener Perspektive – und wie immer die erste Leserin meiner Texte. Daß diese Arbeit mehr an Zeit und Energie gekostet hat als vorgesehen war, weiß sie am besten.

Widmen möchte ich dieses Buch meinen Eltern – meinem Vater, der starb, als unsere Entfremdung am größten war, an der er seinen und ich meinen Anteil hatte; und meiner Mutter, die aus allen guten und schlechten Zeiten mit Menschlichkeit und Humor das Beste gemacht hat.

Frankfurt/Main, März 2001   Gerd Koenen

DAS SCHWARZE LOCH

... in der eigenen Biographie und der öffentlichen
Erinnerung

Also was die siebziger Jahre betrifft
kann ich mich kurz fassen ...
Widerstandslos, im großen und ganzen,
haben sie sich selbst verschluckt ...
Daß irgendwer ihrer mit Nachsicht gedächte,
wäre zuviel verlangt.

H. M. Enzensberger

In der Aureole des ersten Tages stehen wir auf dem Balkon über
dem Boulevard, auf dem der Verkehr wieder zu rollen beginnt, und
Adam zeigt mir ein Photo seiner Freundin Ewa, im selben paradie-
sischen Naturzustand wie wir beide. Stunden zuvor, als das Trin-
ken begann, ist sie mit einem umwerfenden Lächeln gegangen.
Surrealerweise steht auf dem Haus gegenüber eine Sternwarte.
Oder die Sternwarte sieht wie ein Haus aus. Egal. Der Wodka, in
unerbittlichen Runden eingenommen, mit Brot, Gurken, Speck
und kaltem Tee, hat uns eine Nacht lang in ein helles Zelt gesteckt,
unsere Gespräche erleuchtet und unsere Gesänge beflügelt. Die
ersten Sonnenstrahlen strecken uns nieder. Schlafen, nur schlafen.
Bis in den hohen Mittag. Warschau im kurzen Sommer der »Solidarität«, Anno 1981. Ende einer revolutionären Dienstreise. *La
guerre est finie.*
Wann hatte diese Reise begonnen? Schwer zu sagen. So richtig
vielleicht erst im Sommer 1977, als ein Verbotsantrag gegen unsere
Organisation anhängig war und ich mit einem größeren Geldbe-
trag am Leib nach Wien geschickt wurde, um Quartier zu machen
für den Fall der Illegalität. Der lange erwogene Austritt wäre nun
Desertion gewesen und kam nicht mehr in Frage. Oder begann
alles im Jahr davor, als angesichts der erwarteten Weltkrisen und
Kriege alle Kräfte und Ressourcen mobilisiert wurden, um eine

mächtige Parteizentrale und einen modernen technischen Apparat auf die Beine zu stellen, in den ich (trotz notorischer Rechtsabweichungen) als Redakteur des wöchentlichen Zentralorgans eingestellt wurde? Oder vielleicht eher 1975, als ich alle akademischen Ambitionen aufgab und als moderner Narodnik »in den Betrieb ging«, um an der Organisation des Proletariats mitzuwirken?

Oder war der eigentliche Schnittpunkt das Jahr 1974, als wir Danys und Joschkas Putztruppen in den Frankfurter Häuser- und Straßenkämpfen verbissen die »Führung« streitig machten und beim regelmäßigen Aufmarsch der ideologischen Stadtquartiere stets mit dem größten und geschlossensten Fähnlein auftraten, ich mit dem Megaphon und allerhand Größenphantasien immer voran?

Oder begann diese Reise im Sommer 1973, als ich an der Gründung einer neoleninistischen Kaderorganisation, dem KOMMUNISTISCHEN BUND WESTDEUTSCHLAND (KBW), teilnahm und für unseren Beitrag zur Programmdebatte gleich Selbstkritik (wg. kleinbürgerlichen Demokratismus) üben mußte – und mich trotzdem nicht abschrecken ließ, im Gegenteil? Oder müßte ich den eigentlichen Beginn auf 1970/71 datieren, als wir uns als KOMMUNISTISCHE GRUPPE FRANKFURT/OFFENBACH unter Hunderten ähnlicher Zirkel konstituierten und anfingen, »revolutionäre Betriebsarbeit« zu machen? Oder war das bereits 1969, als man begann, sich abends mit konspirativen Klingelzeichen in kleiner Runde zu treffen, um über die Perspektiven einer revolutionären Arbeit außerhalb der Universität zu beraten, Marx-, Engels- und Lenin-Texte zu schulen, endlose Papers zu schreiben und in den Basisgruppen und ROTEN ZELLEN eifrig zu fraktionieren und zu rekrutieren? Oder war die Übersiedlung nach Frankfurt als zweite Hauptstadt der Bewegung zum Wintersemester 68/69 bereits der Schritt, mit dem ich insgeheim beschloß, Berufsrevolutionär zu werden? Oder war das ursprüngliche Schlüsselerlebnis nicht eher der Februar 1968, als wir aus Tübingen zum Vietnam-Kongreß nach Westberlin fuhren, in banger Erwartung eines blutigen Frontstadt-Pogroms, nur um zu erleben, daß die Straße und die Medienbühne in triumphaler Weise uns gehörten? Oder war es schon jener unselige 2. Juni 1967, an dem ich wie Zehntausende meiner Altersgenossen das flashartige Gefühl hatte, jetzt hätten »sie« auf »uns« geschossen, radikale Entwicklungen im Lande und in der

Welt stünden so oder so bevor, weshalb ich, immer noch Mitglied der Humanistischen Studenten-Union, dem SOZIALISTISCHEN DEUTSCHEN STUDENTENBUND (SDS) beitrat, um mit von der Partie zu sein, die nun begann.

Alle diese Etappen meines kleinen Langen Marsches haben selbst im Rückblick noch eine große *innere* Schlüssigkeit. Und ich glaube, sie gehören nicht nur in meiner Erinnerung zusammen, sondern bilden tatsächlich Kapitel *einer* Geschichte, der des »roten Jahrzehnts«.

In der Erinnerung haftet noch eine ganz andere Schlüsselszene: Als Yves Montand in Alain Resnais' Film »La guerre est finie« dem Mädchen den Laufpaß gibt, das er auf irgendeiner Existenzialisten-Party am Rive Gauche aufgegabelt hat, wo ihn Studenten vom Typ der Pariser Mairevolutionäre mit linksradikalen Phrasen attackierten, ohne auch nur zu ahnen, daß auf ihn, den Kommunisten aus dem spanischen Untergrund, eine neue ernste Mission wartete. Im nächtlichen Nebel auf der Tübinger Neckarinsel im Sommer 1968, kurz vor meiner Übersiedlung nach Frankfurt, war ich Yves Montand, wie er diese mythische Grenze wieder überschritt – in den Widerstand, die Revolution oder den Tod.

So kitschig das klingt, so kitschig war es auch. Man war von Filmbildern okkupiert, weil man die gesellschaftliche Realität selbst als bloße Staffage und falsches Spiel empfand und die Politik als mediale Inszenierung und Manipulation, die man mit provokativen Aktionen durchbrechen mußte – deren Wirksamkeit man wiederum an den Reaktionen der Medien ablas. Eine der ersten kulturrevolutionär auftretenden Gruppen im Vorfeld des SDS, zu der auch Rudi Dutschke gehörte, nannte sich 1965 – nur scheinbar ironisch – die »Viva-Maria-Gruppe« (nach dem Spielfilm von Louis Malle mit Brigitte Bardot und Jeanne Moreau). Viele, die später in den Terrorismus abglitten, haben berichtet, alles sei ihnen anfangs »wie ein Film« vorgekommen, ein Kriminalfilm, Politthriller oder Italo-Western, je nach Temperament.

Mein Film (der mit Yves Montand) schien zumindest aus dem Stoff der Wirklichkeit gemacht. Nur daß mir die Pointe auf bezeichnende Weise entging: Denn Semprun (der das Drehbuch nach eigenen Erfahrungen verfaßt hatte) beschreibt darin den inneren Konflikt eines Kommunisten, der weiß oder ahnt, daß er von seiner Partei sinnlos verheizt wird. Der »Krieg« (der spanische Bürgerkrieg) ist lange vorbei, das Land ist durch den Tourismus und die wirtschaftliche Öffnung in einem Umbruch begriffen, der weit radikaler ist als jede Résistance und jede Revolution. Nur die Parteiführer im Exil haben es nicht gemerkt oder wollen es nicht wahrhaben.

Der imaginäre Anschluß an die »wirkliche Geschichte«, den wir so fieberhaft suchten, war eine Flucht aus der unerträglichen Leichtigkeit unserer eigenen Lebenswelt, der wir nicht trauten, zurück in das Zeitalter der Weltkriege und Bürgerkriege, das uns viel »realer« und gegenwärtiger erschien. Und hinaus in eine Weltarena, in der längst eine radikale Revolution im Gange war – die Frage war nur, ob mit oder ohne uns.

Vom Auftauchen aus dieser mythologischen Sonderwelt handelte im Frühjahr 1982 auch meine Abschiedserklärung im Zentralorgan, dessen Redakteur ich war. Darin kehrte die Warschauer Balkonszene in einer spöttischen Parabel als Erinnerungsrest wieder. Ich verglich uns mit Held Prometheus, wie er »nach Jahren revolutionärer Standhaftigkeit, an den Felsen geschmiedet, während ihm der Adlergeier des Opportunismus von der Leber fraß – also, wie Held Prometheus die Augen aufmacht, keine Ketten und keine Adlergeier sind da, statt dessen große Aussicht, schönes Wetter, Autos tuten, alles okay soweit, und da beschleicht ihn der *horror vacui* vor soviel Lärm und Leben, er läßt sich an den Felsen, den imaginären, zurücksinken, schließt die Augen, der Adlergeier frißt an seiner Leber, und alles hat wieder seine Ordnung«.[1]

Das war eine ironische Aufforderung an die Genossinnen und Genossen, endlich aus der geschlossenen Welt eines berufsrevolutionären Aktivismus, der zur reinen Mimikry geworden war, aufzutauchen und diese Organisation, die nur noch mit ihrer politisch-ideologischen Selbstabwicklung befaßt war, einfach aufzulösen. Und um die fast unbegreifliche Distanz zu bezeichnen, die sich plötzlich auftat, kam mir eine andere Metapher in den Sinn: »Ich weiß nicht, wie es den anderen geht – ich jedenfalls fühle mich um Lichtjahre, so zwei bis drei Milchstraßen, von diesem SCHWARZEN LOCH entfernt ...«

Da war es (wieder einmal) sechs Uhr früh vorbei, es dämmerte, ich nahm den Text aus der Maschine, legte ihn ins Körbchen für den Satz und ging aus der Redaktion, in der ich schon gekündigt hatte, in den morgendlichen Verkehr hinaus.

Das Gefühl eines anhaltenden Wirklichkeitsverlustes ist auch, nachdem sich alle früher oder später von ihrem jeweiligen Affenfelsen losgemacht und vom Kopf wieder auf die Füße gestellt haben, nicht verschwunden. Das »schwarze Loch« klafft in der eigenen Biographie, aber auch im allgemeinen Bewußtsein. Jedenfalls gehörte die Erinnerung dieses langen »roten Jahrzehnts«, das zeitlich weitgehend mit der sozialliberalen Ära zusammenfiel, aber darin keinesfalls aufging, bis vor kurzem noch eher zu den Apokryphen einer Geschichte der Bundesrepublik.

Vom historischen Resultat her mochte (und mag) das völlig gerechtfertigt erscheinen. Sosehr die Attentate der RAF oder der REVOLUTIONÄREN ZELLEN, die Flut der »Berufsverbote« und der »Unvereinbarkeitsbeschlüsse«, die zahllosen militanten Straßenaktionen und Showdowns von der »Schlacht am Tegeler Weg« 1968 bis zu den Kämpfen um Brokdorf oder Grohnde 1976/77 die Republik damals aufgewühlt haben, sowenig bildete das verzweigte Geflecht von Gruppen der »Alten« und »Neuen Linken«, von den DKPisten und Stamokap-Jusos über die Trotzkisten zu den Maoisten, Anarchisten oder Spontaneisten jemals »eine Gefahr für die verfassungsmäßige Ordnung« – um es im erstaunlich deflationären Ton der Verfassungsschutzberichte dieser Jahre zu sagen.

Ganz anders stellt sich die Sache schon dar, wenn man das revolutionäre Sektenwesen und den Zeitgeist, der es trug, als integralen Teil einer Gesellschafts- und Mentalitätengeschichte der Republik beschreibt. So hatte entgegen einer beinahe allgemeinen Ansicht der organisierte Linksextremismus der 70er Jahre einen weitaus bedeutenderen Umfang als die »68er-Bewegung«, aus deren Zerfall er äußerlich gesehen hervorging. Tatsächlich war der SDS auf die größeren Universitätsorte beschränkt gewesen und hatte dort nie mehr als ein paar Dutzend oder, wie in Berlin und Frankfurt, ein paar Hundert rundum aktive Mitglieder. Zwar strömten Tausende auf die großen Teach-ins und Demonstrationen. Und es gab jugendliche Rebellen in nahezu allen Orten und vielen gesellschaftlichen Bereichen. Aber 1967/68 waren das Einzelgänger oder kleine Cliquen, die sich an einer Reihe von Codes erkannten. Das Kernpotential der Jugendrevolte von 1968 läßt sich auf (maximal) 20.000 Aktive schätzen, davon allein 4–5000 in Westberlin. Der SDS hatte auf dem Höhepunkt etwa 2500 Mitglieder (soweit überhaupt Registrierungen stattfanden). Bei der großen internationalen Vietnam-Demonstration in Westberlin im Februar 1968 waren etwa 15.000 auf der Straße. Und bei der zentralen Anti-Notstands-Demonstration am 11. Mai 1968 in Bonn brachte die vereinigte »Außerparlamentarische Opposition«, die APO, rund 60.000 Gewerkschafter, Lehrlinge, Schüler, Studenten, linke Sozialdemokraten, Christen, Pazifisten, Neutralisten und Kommunisten auf die Beine.

Erst mit der *Auflösung* von APO und SDS 1969/70 wurde aus der antiautoritären Jugendrevolte eine echte, generationell geprägte Massenbewegung. Allein die Zahl der organisierten Mitglieder der diversen linksrevolutionären und kommunistischen Gruppen und Parteien lag die ganzen siebziger Jahre hindurch bei circa 80–100.000. Und dieses brodelnde Sektenwesen war nur die sichtbare Spitze eines viel weitläufigeren politisch-kulturellen Phänomens, das sich keineswegs auf Randzonen beschränkte, sondern bis tief in die Mitte von Staat und Gesellschaft hineinreichte.

Mitarbeit in einer Basisgruppe, Betriebsgruppe oder ROTEN ZELLE, einem Lehrlingszentrum oder einem antiimperialistischen Komitee, einer Roten oder Schwarzen Hilfe; Mitgliedschaft in einer der zahlreichen Kaderorganisationen und Kaderparteien oder in einer ihrer »Massenorganisationen«; Aktivitäten in einer der »undogmatischen« und »militanten« Gruppen sozialistischer, anarchistischer, spontaneistischer oder feministischer Observanz, die in praktisch allen großen und kleinen Orten aufschossen; Teilnahme an den zahllosen Schulungen und Diskussionen, in denen es um die »Systemüberwindung« oder die »antiimperialistische Revolution« ging, und die habituelle Lektüre entsprechender Bücher und Zeitschriften (mit heute phantastisch wirkenden Auflagen von einigen Zehntausend); mehr oder weniger regelmäßige Beteiligung an Demonstrationen, Kundgebungen, Versammlungen oder illegalen Besetzungsaktionen, die in ihrer »Massenhaftigkeit« die der sechziger Jahre jederzeit übertrafen und fast rituell in Zusammenstößen mit der Polizei endeten; Überprüfungen durch den Verfassungsschutz, die Schulbehörden, die Gewerkschaftsleitungen oder den Werkschutz und politisch begründete Maßregelungen, Entlassungen und Berufsverbote – das alles ist als ein prägendes Element in Hunderttausende von Biographien eingelagert. Insofern handelt es sich um eine Generationserfahrung im vollen Sinne des Wortes.

Reinhard Mohr hat aus der Perspektive der nachrückenden Zwischengeneration der »78er« die typischen Sozialisationsformen dieser Jahre noch einmal eingängig evoziert. Zauberworte wie »strukturelle Gewalt« dienten als Passepartouts einer Gesellschaftskritik, in deren Zentrum nach Peter Brückner »die repressive Entstellung fast aller zwischenmenschlichen Beziehungen« stand. Erst durch eine organisierte »Gegengewalt« konnten die »Herrschaftsverhältnisse« auch »sinnlich erfahrbar« gemacht werden. Mit jeder Verlagerung des Kampffeldes – von der »Betriebsarbeit« über die »Fahrpreiskämpfe« und »Häuserkämpfe« bis hin zu den »§ 218-Kampagnen« und der »Anti-AKW-Bewegung« – und mit jeder Einbeziehung frischer Alterskohorten in diese Bataillen tauchte stets von neuem die Forderung nach einer »langfristigen Strategie« und »revolutionären Organisation« auf. Denn das Ziel war immer und unverrückbar »die Revolution«, die natürlich nur als eine internationale gedacht werden konnte, als *Weltrevolution* mithin. Darunter ging kaum etwas.

Auch ein Gutteil der Verlagsprogramme, Zeitschriftenredaktionen, Rundfunk- und Fernsehanstalten, der Theater-, Literaten- und Künstlerszene stand im Banne dieser Zeitstimmung und übte den Jargon einer pseudorevolutionären Eigentlichkeit. Von heute aus gesehen, schreibt Mohr, wirke es nahezu »unbegreiflich, wie große Teile der westdeutschen – und westeuropäischen – Intelligenz sich für Jahre in diesem Geschichtsbild häuslich einrichten konnten«.[2]

Die distanzierte Formulierung macht klar, in welchem Grade die Aktivisten von damals mittlerweile neben sich selbst stehen, wenn es darum geht, sich die eigenen Motivationen noch einmal zu vergegenwärtigen und zu fragen, woher diese über alle lebendigen

Erfahrungen und Interessen weit hinausschießende, abstrakte Theorie- und Organisationswut, diese jederzeit abrufbare Militanz und Empfänglichkeit für weltrevolutionäre Phraseologien damals eigentlich kamen. Und da man sich das selbst nicht mehr recht aufklären konnte, verdrängte oder verklärte man diese Geschichte. Sie war vorwiegend zum Stoff spätabendlicher Kneipengespräche oder häuslicher Anekdoten »aus der Kampfzeit« geworden.

Es gibt eine ausufernde Literatur über die »68er-Revolte« und eine andere über den Terrorismus der RAF, die seit langem zu Objekten einer eigenen, schwülen »Erinnerungskultur«, regelmäßiger publizistischer Neuverarbeitungen oder ausgedehnter akademischer Forschungen geworden sind. Über das viel breitere Phänomen des spezifischen Radikalismus der 70er Jahre dagegen gab und gibt es kaum eine reflexive, geschweige selbstreflexive Literatur.

Diejenigen, die Auskunft geben könnten, verweigern sich dem großteils. »Die Protagonisten der damaligen Bewegung, auch der Autor der folgenden Bemerkungen, haben nie daran gedacht, die Geschichte dieses Großversuches aufzuschreiben«, hat etwa Christian Semler, der ehemalige Vorsitzende der maoistischen »KPD«, in einer seiner sporadischen Nachbetrachtungen geschrieben. Erstens sei der Ruf der (bis heute sogenannten) »K-Gruppen« zu schlecht, da sie nach allgemeiner Auffassung die Mörder der frischen Emanzipationsblüte der antiautoritären 68er-Revolte gewesen sein sollen. Zweitens befalle einen angesichts des Wustes der damaligen Druckerzeugnisse sogleich heftige Unlust. Und schließlich »verstehen die Funktionäre von einst kaum mehr ihre damaligen Motive und Handlungen. Der Riß ist zu tief.« Kurz und gut, den Ex-Kadern sei die Sache zu peinlich, den Soziologen zu immobil, den Historikern zu geringfügig und den Psychologen zu durchsichtig.[3]

Richtig ist, daß diese Geschichte sich von selbst erledigt hat – kaum weniger gründlich als die DDR und der übrige »real existierende Sozialismus«. Dabei ist allerdings mit sehr unterschiedlichen moralisch-historischen Maßen gemessen worden. Man konnte noch im Jahr 1999 nicht Pressesprecherin der SPD werden, wenn man als FDJ-Studentin in den siebziger Jahren der Stasi ein paar belanglose Pflicht-Berichte nach Auslandsreisen geschrieben hatte.

Aber man konnte ohne weiteres Vizepräsidentin des Bundestages, Vizekanzler, Minister/in oder Staatssekretär/in werden, wenn man eine erhebliche Strecke seiner Jugend als Aktivist oder Aktivistin einer der vielen revolutionären Organisationen dieser Zeit zugebracht hatte. Dort das kategorische Postulat des »Aufarbeitens der Vergangenheit« und einer lückenlosen Überprüfung der jeweiligen Biographien, hier der augenzwinkernde Einbau in die individuelle Karriere als ein bloßer *walk on the wild side*.

Deshalb braucht man nicht die lasche Verbitterung jener Enthüllungsautoren zu teilen, die »Joschka und seiner Gang« oder anderen Ex-Militanten und Ex-Kadern der 70er Jahre ihre wilde Vergangenheit und gleichzeitig auch noch ihren Verrat an derselben vorhalten wollen.[4] Oder die beinahe komische Verzweiflung jener, die – wie der damalige FAZ-Redakteur Eckhard Fuhr 1993 in einem Leitartikel unter dem Titel »Alles Achtundsechziger« – die »wimmernde Hilflosigkeit« der bundesdeutschen Politik in »Gesinnungsnarzißmus und Realitätsverweigerung« als fataler Erbschaft jener Zeit begründet sehen wollen, um allen Ernstes zu fordern: »Die deutsche Politik muß sich von 1968 emanzipieren.«[5] Dabei hatte Brigitte Seebacher-Brandt doch bereits im Herbst 1990 mit der eklatanten Wahlniederlage Lafontaines und dem Fall der Grünen unter die 5-Prozent-Marke die Generation der Achtundsechziger für historisch »abgewählt« erklärt, da sie für die Unhaltbarkeit der deutschen Teilung blind gewesen und durch die Umbrüche von 1989 »überlistet« worden sei. »Ihr Erbe wird nicht weitergetragen. Es ist versunken und der Blick nun frei ...«[6]

Von wegen! 1998 fand Peter Gauweiler die »Rudi-Dutschke-Generation« bequemer denn je im Sattel, nunmehr grün domestiziert, um ihren lebensgeschichtlichen Erfolg auszukosten, nämlich »die bundesweite Verbreitung einer töricht harmlosen Lebensstimmung«. Ihr Waterloo von '89 hätten sie ganz locker weggesteckt – anders als die ihnen so ähnliche »Horst-Wessel-Generation«, die die Erfahrung ihres geschichtlichen Scheiterns nach 1945 in einer heroischen Aufbauleistung eingelöst habe. »Das Vorbild ihrer Leistung ist nicht gefragt, ihre Größe, ihre Tragik, ihre Leiden (sind) – im Gegensatz zum Weltschmerz der Achtundsechziger – ein

Tabu.« Mit dieser *Generationenlüge*, so Gauweiler, gedenke die bundesdeutsche Gesellschaft offenbar ungerührt weiter dahinzuleben.[7] Schlimmer noch, hätte man dem Herrn Gauweiler zurufen müssen! Denn gerade in den neunziger Jahren, in der späten Ära Kohl also, haben die 68er-Rebellen (nach einer schönen Formulierung Heinz Budes)»ihre Rolle im Familienroman der Bundesrepublik gefunden«.[8] Bis es im Herbst 1998 sogar hieß:»Die 68er an der Macht«. Joschka Fischer hat sogar die früheren Popularitätswerte von Rita Süssmuth oder Kurt Biedenkopf noch übertroffen. Und der Titel seines Bestsellers»Mein langer Lauf zu mir selbst« könnte mittlerweile fast als Gesamtüberschrift über der Geschichte der Republik stehen, während seine Minister-Turnschuhe im»Haus der Geschichte« zu den Insignien der Republik zählen – und demnächst, wer weiß, auch sein schwarzer Helm aus der Kampfzeit.

Eingeleitet worden war diese Wende mit der programmatischen Rede des Bundespräsidenten von Weizsäcker am ersten Tag der deutschen Einheit, dem 3. Oktober 1990, worin er die»Jugendrevolte am Ende der sechziger Jahre« in offizieller Weise zu einem Baustein der Erfolgsgeschichte der Bundesrepublik erhob, da sie »allen Verwundungen zum Trotz zu einer Vertiefung des demokratischen Engagements in der Gesellschaft« beigetragen hat.[9] Fast könnte man von einer zweiten, innergesellschaftlichen Wiedervereinigung (West) sprechen. Die Herausforderung der Republik mit ihrer allenfalls verächtlich zitierten»FdGO« durch ein weit nach links abgewandertes Segment der Nachkriegsgeneration war beendet.

Erst seit einigen Jahren hat sich der wissenschaftliche Betrieb des Themas angenommen.»1968 – Vom Ereignis zum Gegenstand der Geschichtswissenschaft« lautete dreißig Jahre danach der Titel einer internationalen Arbeitskonferenz und eines Sammelbandes.[10] Das klingt erwartungsvoll, und mit Recht. Die Archive stehen nach Ablauf aller Sperrfristen weit offen – und wieviel Papier ist damals nicht beschrieben und bedruckt worden! Ganze Bergwerke an Dokumenten harren ihrer Erschließung, fruchtbringende Forschungsthemen ihrer Beantragung, weitreichende Paradigmen ihrer Entfaltung. Hier, wo die Texte und Bilder schon gehörig

Patina angesetzt haben, darf noch einmal romantisch-utopisch geschwelgt werden, und wär's in dürrem Wissenschaftsjargon. Da liest man, daß »auch in der Bundesrepublik die 68er-Bewegung – analog zur französischen Mai-Bewegung – ein antiautoritäres, antihierarchisches Potential frei«gesetzt habe, welches auf allen Feldern die etablierten Strukturen »mit alternativen Ordnungsentwürfen konfrontiert« habe, »welche die Emanzipation des Individuums durch kollektive Selbstbestimmung und Selbstverwaltung erstrebten« und dadurch mit dem »Charisma der Phantasie« unser Leben verändert hätten.[11]

Solche treuherzigen Historienmalereien sind Teil eines *inventing of traditions*, wenn nicht geradezu einer »Selbsterfindung der Nation«. Das hat sich mittlerweile bis zur fixen Vorstellung verdichtet, erst 1968 sei die äußere Westbindung der Bundesrepublik durch ihre innere »Verwestlichung« und Demokratisierung gesichert worden. Seit diesem Datum, dem »Jahr, das alles verändert hat«, sollen auch hierzulande »Selbstinitiative, Mündigkeit, Zivilcourage, Nonkonformismus und kollektive Verantwortlichkeit ... einen unverzichtbaren Stellenwert erhalten« haben.[12] So Wolfgang Kraushaar, der Chronist der bundesdeutschen Protestbewegungen, der auch von »einer Art soziokultureller Nachgründung«[13] der Bundesrepublik durch die antiautoritäre Protestbewegung spricht.[14] Tatsächlich ist in Manfred Görtemakers Gesamtdarstellung der Geschichte der BRD von einer regelrechten »Umgründung der Republik« die Rede.[15] Und als ein wesentlicher Unterschied zwischen den Gesellschaften der Bundesrepublik und der DDR gilt dann konsequenterweise, daß es dort eben kein »68« gegeben hat[16]; oder, noch apodiktischer: »daß die DDR eine deutsche Geschichte minus 1968 war«.[17]

Spätestens hier hat man das Gefühl, daß im Herbst der Erinnerungen (der eigenen wie der geborgten) die Urteilskriterien erheblich verrutscht sind. Der DDR hätte also vor allem eine kleine 68er-Revolte gefehlt – und sonst nichts? Und wir Wunderkinder dieses *annus mirabilis* wären die wahre Gründergeneration der Bundesrepublik-West gewesen?!

Mag sein, daß meine biographischen Erfahrungen sich in besonderer Weise gegen solch weichgezeichnete Genrebilder sperren. Aber so nett, antiautoritär und fortschrittsbeflissen, wie man uns im nachhinein nahelegen möchte, waren wir nun wirklich nicht – und haben wir uns bei aller militanten Unschuld auch anno '68 nicht gesehen. Wenn Wolfgang Kraushaar gleichzeitig von »antidemokratischen Elementen« im SDS und von einem »Flirt mit dem Totalitarismus« spricht und erklärt, im Grunde seines Herzens froh zu sein, daß keines der Ziele von damals verwirklicht wurde, mündet die Sache doch wohl in einer offenen Aporie.[18]

Es geht nicht darum, die Dinge schwärzer zu zeichnen, sondern schärfer. Daß schon die Ideologeme der originären 68er-Bewegung – und keineswegs erst die neokommunistischen Plattformen der siebziger Jahre – einen entschieden antiliberalen, antidemokratischen (jedenfalls antiparlamentarischen) und antiwestlichen Charakter getragen haben, ist eine unschwer nachzuweisende Tatsache. Alles andere hätten wir auch damals schon als Beleidigung empfunden. Wie kann aber eine Bewegung Liberalität, Demokratisierung und Verwestlichung vorangetrieben haben, die bis in die frühen 8oer Jahre hinein das deutliche Gegenteil auf ihre Fahnen geschrieben hatte?[19] Das ist die eigentliche und spannende Frage, die man zumindest nicht abschwächen darf.

Dabei scheint mir der Widerspruch durchaus auflösbar – nur eben nicht in der Form einer nachträglichen Verharmlosung. Sondern erst dann, wenn es gelingt, halbwegs plausibel zu rekonstruieren, auf welche Weise eine derart radikale und vielfach sektiererische politische Bewegung wie die, die im Juni 1967 auf voller Breite begann und zehn Jahre später im »deutschen Herbst« in einem blutigen Showdown kulminierte, dennoch zum Katalysator eines gesellschaftlichen Umbruchs werden konnte, der vollkommen andere gesellschaftliche Ergebnisse zeitigte als die, die man »politisch bewußt« angestrebt hatte. Aber auch umgekehrt: wenn man annähernd versteht, woraus die enorme Aktionsenergie und erstaunliche Definitionsmacht der radikalen Linken sich damals eigentlich speiste. Das Ganze war jedenfalls ein hochparadoxer, durch und durch widersprüchlicher Prozeß.

Die Antwort, die Niklas Luhmann 1988 in einer sarkastischen Philippika gegen »Njet-Set und Terror-Desparados« auf diese Fragen gegeben hat, ist betont kurzschlüssig. Aber sie stellt den Widerspruch zwischen revolutionären Ansprüchen und zivilen Resultaten wenigstens mit ätzender Schärfe heraus: »Zufällige Vorfälle, der Schuß auf Benno Ohnesorg zum Beispiel, schossen die Studenten aus der Gesellschaft hinaus – und von da ab konnte man über den Rasen laufen.«[20]

Als Jürgen Habermas in einem improvisierten Redebeitrag auf dem Hannoverschen Kongreß »Student und Demokratie« im Juni 1967 (im Anschluß an das Begräbnis von Benno Ohnesorg) hypothetisch und bewußt provokativ vor einer Tendenz des »linken Faschismus« in der entstehenden Studentenbewegung warnte, war das keine unspezifische Beschimpfung, sondern hatte eine recht präzise Bedeutung. Angesprochen war eine von Dutschke zuvor entwickelte Ideologie und Strategie bewußter »Provokationen«, deren Ziel es offenbar sei, so Habermas, die »sublime Gewalt« der herrschenden Institutionen »zu einer manifesten Gewalt (zu) machen, um sie dadurch zu deklarieren und zu denunzieren«. In Berlin war nach den Anti-Schah-Demonstrationen und den Schüssen vom 2. Juni ein Demonstrationsverbot erlassen worden, das Dutschke mit einer bundesweiten Mobilisierung zu brechen vorschlug. Es war allgemeine Erwartung, daß das in neuen, bürgerkriegsartigen Zusammenstößen enden müsse.

Diese Politik bezeichnete Habermas als »voluntaristisch« und »ein Spiel mit dem Terror (mit faschistischen Implikationen)«.[21] In einem erläuternden Brief an Erich Fried sah er eine Verwandtschaft von Dutschkes Konzept »mit gewissen, an Sorel anknüpfenden linken Tendenzen des frühen italienischen Faschismus«. Im übrigen habe er den Eindruck, »daß das sozialpsychologische Potential, an das Dutschke appelliert, höchst ambivalent ist und fast ebensogut ›rechts‹ wie ›links‹ kanalisiert werden könnte, weil die Befriedigung ... nicht aus der Realisierung eines bestimmten politischen Ziels, sondern aus der Aktion um ihrer selbst willen« geschöpft werde. Dem Wunsch Frieds, er (Habermas) möge sich öffentlich vom Wort des »linken Faschismus« distanzieren, da dies den Gegnern der Protestbewegung in die Hände spiele, mochte er nicht entsprechen. Da die SDS-Führer in der Kernfrage noch nicht Farbe bekannt hätten, ziehe er es einstweilen vor, »das ominöse Wort über den Häuptern schweben zu lassen«.[22]

Ein Jahr später erklärte Habermas dann, nicht ohne Feierlichkeit, er sei mittlerweile »zu der Überzeugung gelangt, daß die von Studenten und Schülern ausgehende Protestbewegung ... eine neue und ernsthafte Perspektive für die Umwälzung tiefsitzender Gesellschaftsstrukturen eröffnet« habe. Gerade durch ihren relativ privilegierten Status und den immateriellen Charakter ihrer Kritik an einer sinnlos gewordenen kapitalistischen »Leistungsideologie« mit ihren Verdinglichungen, Ersatzbefriedigungen und Entfremdungen gebe diese Jugendbewegung erstmals wieder den Blick auf eine mögliche Transformation der entwickelten Industriegesellschaften frei, »die eine sozialistische Produktionsweise zur Voraussetzung, aber eine Entbürokratisierung der Herrschaft ... zu ihrem Inhalt hat«.

Diese Neubewertung hinderte Habermas nicht, die »scheinrevolutionäre« Rhetorik und Politik der Bewegung einer nochmaligen harschen Kritik zu unterziehen. Vor allem in seiner Polemik gegen die SDS-Kader und sonstigen »Berufsrevolutionäre«, die ihren »innere(n) Kommunikationskreis ... gegen die Zufuhr dissonanter Erfahrungsgehalte abgedichtet« hätten und deren Aktionismus durch die notorische »Verwechslung von Symbol und Wirklichkeit ... im klinischen Bereich den Tatbestand der Wahnvorstellung« erfülle, steckte er keinen Fußbreit zurück. Mit ätzender Schärfe entwickelte er eine Typologie des »Agitators«, des »Mentors« und des »Harlekins«[*] der Bewegung, deren intellektuelle *déformations professionelles*, »wenn sie aus dem Schattenreich der persönlichen Psychologie heraustreten und zur politischen Gewalt werden, wahrlich ein Skandal sind«.[23]

Das Suhrkamp-Bändchen »Protestbewegung und Hochschulreform« von 1969, in dem Habermas seine verschiedenen Interventionen zusammenfaßte, war von dem akuten Wunsch des Autors diktiert, »die wachsenden Affekte der Bevölkerung gegen Studenten« und das, »was immer schon beschworen wor-

---

(*) Gemeint waren: Krahl als »Agitator«, Negt als »Mentor« – und Enzensberger als »Harlekin«!

26

den ist: das Einsetzen nackter Repression« (mit der er offenbar rechnete), nach Möglichkeit zu konterkarieren und gleichzeitig die »vaterlose« Jugendbewegung davor zu bewahren, »in die vorhersehbare Niederlage ihrer aktionistischen Irrläufer hineingezogen« zu werden, deren »Weg in die Subkulturen jenseits der Hochschule« politisch und sozial längst vorgezeichnet sei.[24]

Diese und alle weiteren, sukzessiven Änderungen der Positionen von Habermas können wohl als Schrittmacher und Indikator eines Einstellungswandels der bundesdeutschen Öffentlichkeit insgesamt gelten. In der Einleitung zu der von ihm initiierten Bestandsaufnahme »Stichworte zur ›Geistigen Situation der Zeit‹« von 1979 stellte Habermas »die aus der Protestbewegung hervorgegangene Alternativbewegung« bereits ebenso wie die Ökologiebewegung und die feministische Bewegung ganz deutlich auf die Habenseite seiner Zeitbilanz. Er stufte sie als »neopopulistische«, aber legitime und lebendige Formen des Widerstands gegen eine drohende »Kolonialisierung der Lebenswelt«* ein – und damit als Indikatoren einer tiefgreifenden *silent revolution* (nach Inglehart), eines latenten Wertewandels, worin die »materialistischen« Werte von Wohlstand, Sicherheit und Stabilität zunehmend von den »postmaterialistischen« Werten der Selbstverwirklichung, Solidarität und Partizipation zurückgedrängt würden.[25]

Diese kulturelle Evolution, die sich in der kurzen sozialliberalen Reformphase von 1969 bis 1972 niedergeschlagen hatte, sah Habermas allerdings von einer neuen Rechten »militant in Frage gestellt«. Deren Angriff gelte zugleich jenem »Zug der intellektuellen Entwicklung, von dem man sagen kann, daß er im Nachkriegsdeutschland dominiert hat: Ich meine den dezidierten Anschluß an Aufklärung, Humanismus, bürgerliches Denken«.[26] Diese »Tendenzliteratur« und »Ordinarienpamphletistik« erfülle mittlerweile den Tatbestand einer regelrechten intellektuellen Gegenrevolution,

---

(*) Mit diesem sehr weitgreifenden polemischen Begriff wollte Habermas die »Verarmung an Ausdrucks- und Kommunikationsmöglichkeiten« durch das »Übergreifen von Formen der ökonomischen und administrativen Rationalität« auf die übrigen Lebensbereiche der Individuen kennzeichnen.

und ihre Protagonisten betrieben die stets im Munde geführte »geistige Auseinandersetzung« als eine Art »paramilitärischen Einsatz an der semantischen Bürgerkriegsfront«.[27]

Alles ist hier erstaunlich: die Sicherheit, mit der Habermas für das gesamte Nachkriegsdeutschland eine intellektuelle Dominanz der Linken annimmt und gerade ihr den Anschluß an westliches, bürgerliches Denken zuschreibt; die Kürze, auf die er die eigentliche Reformphase nach dem Bonner »Machtwechsel« datiert (von 1969 bis 1972); und die Heftigkeit, mit der er eine »große Koalition von Ordnungsphilosophen« als konterrevolutionäre »Neue Rechte« an die Wand malt und auch mit Namen benennt (wie Lübbe, Scheuch, Schelsky, H. Maier, Sontheimer), die heute wohl kaum jemand so verorten würde. Das gibt einen Eindruck davon, mit welcher polemischen Härte und affektiven Aufladung in diesen siebziger Jahren auch im Oberhaus der Republik des Geistes politische und weltanschauliche Kontroversen ausgetragen wurden.

Aber in welchen Zeitsprüngen da gedacht und geurteilt wurde, ermißt man so recht erst, wenn Jürgen Habermas wieder ein knappes Jahrzehnt später die Protestbewegung und Kulturrevolte von 1968 bereits zum Auslöser eines Prozesses der »Fundamentalliberalisierung« der Bundesrepublik erhob – der auch die CDU nun erreicht und in Frau Süssmuth Gestalt angenommen habe.[28]

Um so lächerlicher ist der späte Büßer- und Bekennergestus der zahlreichen selbststilisierten »Renegaten« dieser Bewegung, die sich einen Mantel überstreifen, der ihnen viel zu groß ist, und eine Würde in Anspruch nehmen, die ihnen nicht zusteht. Was können wir schon für *Renegaten* sein! Daß unsere revolutionäre Projektemacherei nur die Wiederaufführung einer historischen Tragödie als Farce (wenn auch mit blutiger Nase) war, muß schwerlich noch bewiesen werden.

Eine Recht auf Renegatentum hätten allenfalls die Terroristen, die mit der ubiquitären Gewaltrhetorik dieser Jahre wirklich Ernst gemacht haben. Aber Menschen, die über die Motive ihres eigenen Handelns vertieft nachgedacht haben, statt sich in unendliche Selbstlegitimationen zu verstricken, sind aus dem Umfeld der RAF, des 2. JUNI oder der REVOLUTIONÄREN ZELLEN kaum hervorgegangen. Die Schuld und Verantwortung lag und liegt für das Gros der deutschen Ex-Terroristen beim Staat oder bei »der Gesellschaft«, die sie zu dem gemacht und getrieben haben sollen, was sie waren und was sie taten. Eine größere moralische und intellektuelle Selbstentmündigung ist schwerlich denkbar.

Es ist sicher wahr, daß der Taumel von Terror-Anschlägen und Anti-Terror-Maßnahmen, und besonders der Showdown im »deutschen Herbst« von 1977, viele Züge einer *folie à deux* zwischen Älteren und Jüngeren, zwischen den Ex-Wehrmachts-Leutnants wie Schmidt und Herold und den Kommandeuren und Kommandeusen einer ROTEN ARMEE FRAKTION wie Baader und Ensslin trug.[29] Aber auch das läßt sich nur begreifen, wenn man den eigenen Anteil sieht. Die Unfähigkeit dazu verrät noch immer etwas über die Blindheit des Prozesses selbst.

Das (vermeintliche) Gegenstück bilden jene, die mit großer Geste in sich gegangen sind, nur um sich als Konvertiten zu entpuppen – sei es zum wahren Islam, zum ingrimmigen Nationalkonservatismus oder zum intellektuell aufgeputzten Neonazismus. Womit sie so ostentativ gebrochen haben, das setzen sie unter anderen Vorzeichen fort. Damit geben sie, wenn auch auf unterschiedliche Weise, eine Ahnung von der *Leerstelle*, die der Verlust der einstigen revolutionären Macht- und Größenphantasien in ihrer Psyche oder Biographie hinterlassen hat.

Das prominenteste Beispiel einer Wiedergeburt als fanatischer Nationalfundamentalist und intellektueller Antisemit hat Horst Mahler geliefert. Mittlerweile adoriert er die jugendlichen Neonazis und Brandstifter als Vorkämpfer und Märtyrer einer völkischen Wiedergeburt, so wie er einst im Mai die jugendlichen Straßenkämpfer der APO und die Terroristen der RAF adoriert hatte, denen er sich zeitweise sogar anschloß. Alles in allem hat sich im Lager der Neuen Rechten mittlerweile ein beachtliches, nicht unrepräsentatives Segment ehemaliger Aktivisten der Neuen Linken versammelt[30] – so daß die unbequeme Frage nur schwer von der Hand zu weisen ist, ob diese politischen Konversionen nicht tatsächlich etwas von den verborgenen Unterströmungen und tiefen Ambivalenzen des generationellen Radikalismus der sechziger und siebziger Jahre verraten. Fast sieht es so aus, als sei diese Neue Rechte von Anfang an das schattenhafte *alter ego* der Neuen

Linken gewesen. Auch wenn man Bernd Rabehls posthume Ein-
vernahme seines Freundes und Rivalen Rudi Dutschke als Kronzeuge einer angeblichen »nationalrevolutionären« Tendenz der antiautoritären Protestbewegung so nicht durchgehen lassen kann[31] – sie
dürfte doch mehr als nur ein Körnchen Wahrheit enthalten.[32]

In der eklatanten Verkennung der vielfältigen und widersprüchlichen
Einbindung der 68er-Bewegung in einen ungleich breiteren, von niemandem »betriebenen« gesellschaftlichen Umbruch treffen sich ihre
heftigsten Kritiker und Apostaten wiederum mit denen, die sich als
die unverwegten Verfechter und treuen Hüter des Grals der »Ideen
von 1968« und einer darauf getauften Emanzipationsbewegung verstehen.

So laufen die »im Zorn und gegen das Vergessen« geschriebenen
Texte des früheren Habermas-Assistenten und Bewegungs-Men-
tors Oskar Negt auf den Versuch hinaus, ein mythisiertes »Achtundsechzig« mit seinem reinen, erzdemokratischen und antiautoritären Spirit auf Flaschen zu ziehen und kategorisch zu trennen
von fast allem, was dann daraus hervorging – den sogenannten
»K-Gruppen« zum Beispiel. Über deren Geschichte auch nur zu
reden ihm (Negt) »völlig anachronistisch und von keinerlei politischer Dringlichkeit« erscheint, da sie schwere Mitverantwortung
am Scheitern jenes emanzipatorischen Aufbruchs tragen.

Daß dieser ewig jugendliche Replikant »Achtundsechzig« (ein
Oskar mit der Blechtrommel sozusagen) seinem damaligen Mentor
mittlerweile zum Verwechseln ähnlich sieht, ist kein Zufall. Denn als
die wahren Berufsrevolutionäre haben sich laut Negt die »Revolutionäre im Beruf« erwiesen, mit oder ohne Professorentitel. Ihr zäher
Kampf um eine »Begriffsbildung von links«, gegen die »Verluderung
des geschichtlichen Bewußtseins«, und ihre vielfältige stille »Maulwurfsarbeit in verwinkelten Gängen und eigens hergestellten Netz-
werken« hat ein freieres Geschlecht antiautoritär Erzogener hervorgebracht, das die Fackel des kritischen Geistes aufnehmen wird. Die
Enkel fechten's besser aus. Um so weniger hat es Negt überrascht,
daß aus den militanten Linksradikalen, Maoisten und K-Grüpplern
der 70er Jahre überwiegend grüne »Realpolitiker«, habermasianische
Reformisten oder sogar waschechte Neoliberale geworden sind.

Das ist nur die letzte Bestätigung seiner These, »daß der Glaubwürdigkeitsverlust politischer Phantasie und gesellschaftskritischer Analyse ... durch die Linke selbst mitproduziert worden sind – in einer Zeit, die unter sehr verschiedenen Aspekten mit Recht bleierne Zeit genannt werden kann«. Mit dem Resultat, daß heute nur noch einige der »nach rechts ausschlagenden, politisierenden Wissenschaftler« (Negt nennt Fest, Sontheimer, Nolte) noch ehrlich bereit sind, »der Maulwurfsarbeit, die vom anstößigen Jahr 68 ausging, eine nach wie vor bedrohliche Kraft für das gegebene Herrschaftssystem zu(zu)schreiben«.[33] Sie wenigstens, die Gegner von damals, haben verstanden!

Der wahre Mythologe des historischen Augenblicks von »Achtundsechzig« und Ankläger des Verrats daran ist allerdings nicht der wackere Begriffsarbeiter Negt, sondern der berserkerhafte Psycho-Apokalyptiker Klaus Theweleit. Kaum einer ist bis heute so hymnisch und so haßerfüllt um dieses ephemere Ereignis gekreist wie er. Auf dieser Nadelspitze des eigenen Erlebens hat er sich sein ganzes Welttheater eingerichtet, ein Pandänomium von Körpern & Unkörpern, Geistern & Ungeistern, Toten & Untoten, Tätern & Opfern, Males & Females, Köchinnen & Menschenfressern.

Daher sind Theweleits entgrenzte Selbstgespräche auch ungleich authentischer als die angestrengte Mentoren-Prosa Negts, was Geist und Wahn jener Zeit betrifft. Sie reproduzieren, verdichten und fixieren ihn geradezu noch einmal. Theweleit hat dieses Verfahren auch gebührend theoretisiert: »Die ›Geschichte‹ hört nicht auf, sich unaufhörlich zu verändern im Maße unseres Umgangs mit ihr ...; sie hört nicht auf, wirklicher *zu werden*; ein Teil der ›Geschichte‹ von ›68‹ ... wird erst jetzt *gemacht*.«[34] So luzide das als selbstreflexive Einsicht sein könnte, so hybride ist es als Programm des eigenen Schreibens: Tatsächlich *macht* Theweleit seine Geschichte so zurecht, bis sie *wirklicher* wird, als sie jemals gewesen sein kann.

Einspruch ist nicht möglich, denn es ist eine radikal in die erste Person gesetzte Geschichte, in der die Leiden des jungen Th. den Horizont bilden. Diese Weltgefühle tragen einen durch und durch deutsch-existenziellen Charakter, worin die völkischen Blutsbande als Fatum wiederkehren. Jede kindliche oder adoleszente Projektion ist hier eine unhintergehbare Realität. So war bereits in »der Sexualität der Alten (diesem unvorstellbar faschistischen Dunkel, aus dem man irgendwie ›kam‹) ... eine Art Mord«. Und drum »tabuisierten sie alles offen Sexuelle (als hätten sie gewußt, daß darin ein Schlüssel zum Verständnis ihres mörderischen Daseins läge)«.[35] Wenn der halbwüchsige Th. und seine Kumpels um 1960 in Flensburg an der Straßenecke lungerten und sich über die »Leute, die rumliefen und alle Tote waren«, krummlachten, war das kein Spaß, sondern ein todernstes Spiel. Denn »wir wußten ja, das waren alles Killer gewesen bei den Nazis. Jetzt tarnten sie sich als Leichen ... Wie sie um ihre Ecken schlurften, das Gemüt voll träger Bosheit oder leergefegt – gelegentlich flimmerte das Tückische auf in ihren sog. Augen, und die Hinternmuskulatur straffte sich, wenn sie dich im Geist ermorden.«[36]

Irgendwie hat Th. seine Jugend in Deutschland überlebt. (Er bezeichnet sich in vollem Ernst als »Überlebenden«.) Und plötzlich brach eine neue Zeitrechnung an: »Es begann zu wimmeln. Der Sexualitäts-Pol wurde angeschlossen, und 67 der der politischen Aktion ... *Jetzt* hört dies Land auf, ein Land von Mördern zu sein, dachte ich.« Oh Wildnis, oh Flucht aus ihr! Das Ende der Leiden des jungen Th. schien zum Greifen nahe: »die Blicke, der Glanz der Mai- und Junifaces, die ein *Versprechen* waren ... meist auch bloß Kinder von Verbrechern, aber wie sie strahlten«.[37] Und als die Verbrecherkinder erst begannen, »undeutsche« Theoriesprachen zu sprechen und »undeutsche« Lieder zu singen und zu hören, da war die prompte Folge »die schubartige Umwandlung des Lebens in eine Abfolge intensiver Momente«.[38]

Oh yeah! Man war »hoch alkoholisiert und musikalisiert« damals in Freiburg im Breisgau, und »schlafen ging fast niemand vor der Morgendämmerung«. Ab mittags hieß es dann in der Mensa »Flugblatt verteilen, Büchertische, in der Cafeteria reden, Aktionen entwickeln, in Seminare gehen, dort diskutieren, Leute ›politisieren‹, neues Flugblatt entwerfen, Kino, dazwischen die Beziehungsdiskussionen ...«[39] So war es wirklich, das Leben der Boheme anno 68. Viel »wirklicher« kann man es nicht machen.

Außer auf *eine* Weise: indem man es mit der Aura des tragisch Unvollendeten, ja, des grausam *Verratenen* umgibt. Der Zerfall begann, wie Theweleit einräumt, schon mitten in '68 – mit dieser »Menge anpolitisierter Leute, die ... zu linken Anlässen Straßen und Plätze füllten« und eine vom SDS gar nicht mehr ansprechbare »linke Gespenster-Armee« bildeten, und mit diesen »APO-Typen«, die sich überall breitmachten; und setzte sich fort, als auch die SDS-Gruppen 69/70 aus der Universität hinausdrängten und sich im Fahrwasser der APO »zunehmend an Medien-Kampagnen hängen ließen«. Und dann »dieses merkwürdige Phänomen: Warum ist Rudi Dutschke im Lauf der Siebziger tot, Hans-Jürgen Krahl – das war ein Autounfall – verschwunden, fast aus jeder SDS-Gruppe wird man einige nennen können ...«[40]

Ja, warum?! Da war man eben schon mittendrin im alt-neuen Horror, der mit der sang- und klanglosen Auflösung des SDS im März 1970 einsetzte: »(Im) Nu gab es drei, vier Nachfolgervereine ... Sie nahmen sofort die politische Arbeit auf, die darin bestand, sich gegenseitig auszuschließen oder zum Selbstmord zu überreden, bis von jedem Verein einer oder zwei übrigblieben, die sich das Vermögen teilten und ... – zu den Römern übergingen? Manche sagen so.«[41]*

Kurzum, der befreiende Aufbruch mündete in einer Schlachtschüssel von Verrat, Betrug, Spitzelei, Selbstmord und (latentem) Massenmord – das übliche eben in Deutschland. Und der arme Th. stand in der Liste der potentiellen Opfer schon wieder ganz oben: »Ein Staat, Spitzel, Bullenknüppel können zwar viel, aber nicht so viel wie Leute, die bis gestern abend um halb neun deine ›Genossen‹ waren und ab halb zwölf und heute morgen dich unter denen sehen, die besser aufgehoben wären an einem Strick oder so. Sie haben etwas *gegründet* in der Nacht.« Was diese Ex-Genossen da re-inszenierten, war die »Selbstvernichtung der Linken«, wenn auch (fürs erste) nur symbolisch: »Die Genickschüsse fielen verbal

---

(*) Eine Anspielung, die es in sich hat: Die »jüdischen« Aufständischen von '68, verraten von den eigenen Genossen, die mit der andern, der »römischen« Seite in Verbindung standen oder sich daran verkauft haben ... Vielleicht waren die »K-Gruppen« überhaupt Verfassungsschutz-Organe?! Eine hübsche Verschwörungstheorie jedenfalls.

oder durch Auslöschung deiner Person aus der Wahrnehmung der Genossen.« Und was trieb diese neuen, willigen Vollstrecker an? »Es wird eine Art Gegenübertragung gewesen sein zu den Körpern der Eltern, deren Töterfleisch nach analytischer Rettung durch die Kinder schrie.«[42]

Erschüttertes Schweigen ... Offenkundig befinden wir uns hier im tiefsten Innern einer eigentümlichen Deutschtumsmystik, einem wahren Theorie-Kyffhäuser voll tragisch verwickelter, rhizomhaft wuchernder Ideengebilde, auf die kein Generationsgenosse in keinem anderen, untragischeren Land dieser Erde jemals hätte kommen können – authentischer Ausdruck und originäres Produkt eines *nationalen Narzißmus-Komplexes*, der allerdings zum Wesenskern des deutschen '68 gehörte und auch das anschließende »Rote Jahrzehnt« zutiefst geprägt hat.

Wahn und Zeit

Rudi Dutschke am Kairós der Weltrevolution
1967/68

> Die Meriten der Studentenbewegung bin ich der
> letzte zu unterschätzen; sie hat den glatten Übergang
> zur total verwalteten Welt unterbrochen. Aber es ist
> ihr ein Quentchen Wahn beigemischt, dem das Totali-
> täre teleologisch innewohnt, gar nicht erst – obwohl
> dies auch – als Reperkussion.
>
> *Theodor W. Adorno*[*]

Die ersten Sätze, die Rudi Dutschke stockend aussprach, als er
am 10. Mai 1968, fünf Wochen nach dem Attentat, seine Sprach-
fähigkeit wiedergewann, lauteten: »Ich habe Fehler gemacht.
Ich bin einfach noch zu jung, um Politiker zu werden. Ich bin
28 Jahre alt. Ich muß mich noch mal zurückziehen und an mir
selbst arbeiten.«[1]

Das enthielt offenkundig einen Erinnerungsrest an die Absicht,
die er am Morgen des Attentats in einem Fernsehinterview verkündet hatte: für einige Zeit aus der BRD wegzugehen, »um im Ausland politisch zu arbeiten«. Aber was vorher nur *eine* Komponente
dieses Entschlusses gewesen war: das Gefühl nämlich, diese ganze,
von ihm selbst mitausgelöste und zunehmend verkörperte Bewegung drohe ihm über den Kopf zu wachsen – das hatte sich jetzt in
der traumatischen Erfahrung der Schüsse materialisiert. Der jugendliche Attentäter hatte ihm nur die eine Frage gestellt: »Sind Sie
Rudi Dutschke?« Dann hatte er geschossen.

In seinem letzten Interview hatte Dutschke die Ankündigung
wegzugehen in die seltsam feierliche Form einer Ansprache gekleidet: »Revolutionäre Genossinnen und Genossen, Antiautoritäre!
Das bürgerlich-kapitalistische Denken zeichnet sich dadurch aus,

---

(*) Brief vom 6. August 1969 (seinem Todestag) an Herbert Marcuse

daß es gesellschaftliche Konflikte ... nur begreifen kann in der Gestalt von Personen ... So wurde die antiautoritäre Bewegung identisch gesetzt mit Dutschke ... (Aus) diesem Grunde ... habe ich Rechenschaft abzulegen, warum ich jetzt für einige Zeit aus der BRD weggehe, um im Ausland politisch zu arbeiten. Ich meine, durch diese totale Personalisierung ist ein autoritäres Moment in unsere Bewegung hineingekommen ... Wenn jetzt hier von den Herrschenden gesagt wird, ohne Dutschke ist die Bewegung tot, so habt ihr zu beweisen, daß die Bewegung ... getragen wird von Menschen, die sich im Prozeß der Auseinandersetzung zu neuen Menschen herausbilden.«[2]

Frei nach Brechts Lenin-Gedicht, war es, als sagte der Baum zu den Blättern: Ich gehe. Jedenfalls dementierte sich die Aussage, zumal in der autoritären Form einer Ansprache über das Fernsehen, eigentlich selbst. Aber der Konflikt war – auch als innerer Konflikt – sicherlich real. Dutschke kämpfte mit der ihm zugewachsenen Führerrolle, die narzißtische Macht- und Größenphantasien und zugleich Selbstentfremdung bedeutete. Er war längst ein Getriebener, dem selbst nicht mehr klar war, wohin es ihn trieb – so wenig wie den Tausenden, die sich dieser neuen, »revolutionären« Bewegung angeschlossen hatten, ohne zu wissen, was das bedeutete. In einer Umfrage des SPIEGEL hatten 27 Prozent aller Studenten erklärt, daß sie »mit Dutschke übereinstimmen«. Das war ein gewaltiger Erwartungsdruck.

Was Dutschke als »totale Personalisierung« durch die bürgerlichen Massenmedien anprangerte, beschrieb eine unauflösliche Verstrickung der Bewegung insgesamt. Sie war in ihrer ganzen öffentlichen Wirkung selbst längst ein Medien-Phänomen geworden. Und das war keine Frage von Manipulation oder Vereinnahmung, sondern entsprach ihrem ureigenen Charakter.

Die erfolgreich praktizierte Strategie der »Aufklärung durch Provokation« setzte die heftigen Reaktionen des bürgerlichen Publikums wie der Massenmedien geradezu voraus. Ohne Provozierte keine gelungene Provokation. Im übrigen boten die Aktions- und Demonstrationsformen einer radikalen Jugendbewegung genau das, wonach die modernen Bildmedien hungerten. Die da in

Springprozessionen demonstrierten, Happenings veranstalteten, sich Mao-Buttons ansteckten und auf Barrikaden küßten, wußten das natürlich nur zu gut.

Dieses unauflösbare *double-bind* von narzißtischer Selbstinszenierung und medialer Vermittlung hatte sich in der »Enteignet Springer!«-Kampagne als dem vermeintlichen Schlüsselglied einer revolutionären Massenstrategie einen halb bewußten, halb unbewußten Ausdruck verschafft. Bewußt handelte es sich um den Versuch, der in Berlin marktbeherrschenden, im Bereich der Boulevard-Presse fast konkurrenzlosen und in ihrer Hetze gegen die jugendlichen Demonstranten maßlosen Springer-Presse eine »Gegenöffentlichkeit« entgegenzusetzen. Das hatte anfangs noch etwas vom Ethos einer zivilen Notwehr. Für diese Projekte (ein Springer-Tribunal, eine populär gemachte APO-Wochenzeitung usw.) wurden denn auch ohne Scheu erhebliche Subsidien der Konkurrenten Springers in Anspruch genommen, wie überhaupt die Herausgeber des SPIEGEL, des STERN und der ZEIT, Augstein, Nannen und Bucerius, dem SDS und besonders Dutschke gegenüber fast als *sugar daddies* auftraten, bevor ihnen der Knabe ein wenig unheimlich wurde.* Dazu kam, daß die liberale Presse (trotz kritischer Distanz) den »Rebellen von Berlin« eine Tribüne bot, die mit denen der Springer-Organe ohne weiteres konkurrieren konnte, allerdings auf einem gehobeneren Niveau.

Unbewußt ging es darum, daß erst die hysterischen Schlagzeilen, Berichte und Karikaturen von B.Z., MORGENPOST, WELT und BILD den jugendlichen Protestlern die umstürzlerische Bedeutung zurückspiegelten, die sie sich selbst unbedingt zuschreiben wollten. »Die BILD-Zeitung insbesondere legte uns auf die Revo-

---

(*) Rudolf Augstein z. B. berichtete über eine Podiumsdiskussion im Audimax der Hamburger Universität im Herbst 1967, bei der Dutschke gerufen habe: »Wir werden einem Augstein nicht gestatten, sich mit fünf lumpigen Tausendern von unserer Bewegung loszukaufen.« Anschließend habe er ihn beiseite genommen und gesagt, Mahler brauche Geld zur Verteidigung diverser SDS-Mitglieder. »Gibst du mir zehntausend Mark?« [DER SPIEGEL 53/1979] Dutschke fungierte immer wieder als der erfolgreiche Geldbeschaffer – auch nach dem Attentat. Er selbst lebte im wesentlichen von seinen Medien- und Vortragshonoraren.

lution fest, als diese für uns noch ein historischer Begriff war.«[3] So befehdet zu werden, in dieser Weise täglich Schlagzeilen zu machen, verlieh ein Gefühl von Macht.

Um so krasser wurden die gegenseitigen Überzeichnungen. Axel »Cäsar« Springer erschien als dämonische Überfigur und geheimer Herrscher der Republik, ein reueloser Nazityp, der sich den Alliierten angedient hatte und schmierig auf Versöhnung mit Israel machte – nur um unbehindert zu faschistischen Pogromen gegen die rebellischen Studenten aufhetzen zu können, den »Juden von heute«. Dafür zeichneten die attackierten Springer-Organe die »sogenannten Studenten« mit nicht erlahmender Frenesie wahlweise als »gelbgesichtige Mao-Jünger«, »rote SA-Kohorten«, »fünfte Kolonne Pankows« oder »schmuddelige Anarchistenhaufen«.

Möglich waren solche Erhitzungsgrade anfangs nur im Westberliner Frontstadt-Kessel. Nur hier gab es eine derart radikale Teilung der gesellschaftlichen Milieus. Auf der einen Seite standen Zehntausende junger Zugezogener aus Westdeutschland, darunter viele, die sich auf diese Weise dem Wehrdienst entzogen hatten; sowie (vor 1961) viele junge Leute aus dem Osten, für die im Grunde ganz Ähnliches galt, wie Rudi Dutschke oder Bernd Rabehl. Lange bevor man von »Kommunen« oder (später) von »Wohngemeinschaften« redete, gab es das in den großen, leeren, subventionierten Wohnungen und Dachgeschossen in Westberlin bereits. In diesem provinziellen Riesenkaff »kam langsam eine brodelnde Masse von jungen Leuten an, die versuchten, sich in dieser Stadt zu orientieren«. So der Maler Markus Lüpertz, der 1957 aus der DDR übersiedelt war. »Die Stadt selbst aber gab gar nichts. Sie war eine Legende, ein Museum ...« – das erst zu neuem Leben erwachte »durch Leute wie mich, die in diese Stadt kamen wie in eine Wüste, die bevölkert werden wollte«.[4]

Auf dem Gegenpol gab es die eingesessenen Berliner, für die »Frontstadt« kein Schimpfwort, sondern ein Ehrentitel war. Sie hatten Trümmerzeiten, Blockaden, Luftbrücken, Aufstände, Fluchtwellen, Mauerbau, Kriegsängste, nächtliche Schüsse, Schreie, Scheinwerfer, Hundegebell, dramatische Szenen aller Art erlebt, dazu Schikanen der VoPos, wann immer sie die Stadt einmal verlassen wollten. Und nach »drüben« zu gehen war damals für sie schwieriger als für die meisten Studenten und Besucher aus Westdeutschland. Kurzum, es handelte sich um Menschen, die über zwei Jahrzehnte hinweg in einer völlig verspannten, unhaltbaren Lage lebten und denen es trotz aller Subventionen ökonomisch ziemlich bescheiden ging. Sie waren die proletarischen »Hierbleiber« des Westens und mindestens so überaltert wie die DDR. Wenn die Freiheitsglocke bimmelte, scharten sie sich um ihre SPD-Bürgermeister, die alle von der Linken kamen (Reuter, Brandt, Albertz) und ihre Erfahrungen mit den Kommunisten hatten und eben deshalb auch versuchten, entschiedenes Durchhaltevermögen mit pragmatischer Dialogbereitschaft zu verbinden.

Daß die neuzugeströmten Studenten sich über einen Moise Tschombé aus dem Kongo oder einen Schah von Persien, die im Reigen der Staatsbesucher an die Mauer und in die Oper geführt wurden, mehr erregen konnten als über die Lage der Stadt selbst, wollte diesen Frontstadt-Berlinern nicht in den Kopf. Und noch weniger, daß ausgerechnet diese Bürgerkinder, die privilegierten Berufen zustrebten, plötzlich die rote Fahne wieder aufzogen und sich mit der Polizei prügelten, Arm in Arm mit der von drüben gesteuerten SEW und FDJ. Am allerwenigsten schien ihnen erträglich, daß diese neue ultralinke Volksfront ihre Angriffe immer zunehmend gegen die USA richteten, die die Schutzmacht der belagerten Stadt waren. Für das Gros der Frontstadtbewohner war klar, daß in Vietnam (wie zuvor in Korea) Berlin mitverteidigt wurde. Für die Studenten umgekehrt mußte das revolutionäre Vietnam in Berlin verteidigt werden, und zwar offensiv.

Kurzum, was da aufeinanderprallte, waren zwei gegensätzlich radikalisierte Milieus, die sich nur kraß verzerrt überhaupt wahrnahmen. Die Studenten hielten alle, die ihnen sagten »Geht doch nach drüben«, für reguläre Faschisten, jedenfalls für »Frontstadtkadaver«. Die, die das sagten, in ihrer Mehrheit Sozialdemokraten, sahen ihrerseits drüben nur »rotlackierte Faschisten« – und hüben eine Masse jugendlicher nützlicher Idioten, denen man eine Lektion erteilen mußte, notfalls auch eine blutige.

Daß es in Teilen der politischen Führung und der Polizei eine reale Bürgerkriegsbereitschaft gab, die sich beim Schahbesuch am 2. Juni 1967 in der vorbereiteten Aktion »Füchse jagen« und schließlich in den tödlichen Schüssen des Polizisten Kurras auf den Studenten Benno Ohnesorg entlud, hat der damalige Oberbürgermeister Heinrich Albertz schließlich entsetzt zur Kenntnis nehmen müssen. Es war (wie er erst viel später preisgab) der Hauptgrund seines Rücktritts Wochen darauf.[5]

Umgekehrt ließen die Pläne, die man auf seiten der neuen, außerparlamentarischen Opposition schmiedete, hinter ihrer Aura eines unschuldigen Utopismus das von Adorno konstatierte »Quentchen Wahn« deutlich ahnen. Jürgen Habermas' hartnäckige Nachfragen auf dem Kongreß in Hannover, wohin die Fraktion um Dutschke ihre voluntaristischen Machtproben (die er »linksfaschistisch« nannte) eigentlich treiben wollte, gingen instinktiv in die richtige Richtung.[6] Bei einem informellen Treffen am 24./25. Juni, das Dutschke in seinen Tagebüchern als »historische Sitzung über Gegenwart und Zukunft Westberlins« apostrophierte (und ausführlich protokollierte), erklärte er eingangs, angesichts der breiten Mobilisierung nach dem 2. Juni sei es »nicht mehr übermütiger Irrsinn, in dieser Stadt die Machtfrage zu stellen und positiv zu beantworten«. Zwei Tage später notierte er: »In der Kneipe Machtergreifungsplan ausgepackt. Riesige Überraschung – Wasserstoffbombe.«[7] Tags darauf trug er seinen Plan einer »räterevolutionären Machtergreifung in Westberlin« im SDS-Zentrum am Kurfürstendamm vor. Unter Pseudonym hatte er das Projekt bereits im OBERBAUMBLATT, das immerhin in 30.000 Exemplaren erschien, konkret ausgemalt.[8]

Dieses Projekt atmete den apokalyptischen Geist eines welthistorischen »Jetzt oder Nie«, das die ganze pfingstliche Wirkung Dutschkes damals ausmachte. »Es bleibt nicht mehr viel Zeit«, heißt es in dem OBERBAUM-Artikel, mit dem er sich (in der Ich-Form, trotz Pseudonym) wie ein Evangelist an eine unsichtbare Gemeinde wandte, »und ich weiß nicht, wie ich Euch nennen soll ..., es sei denn, Ihr akzeptiert den Begriff und die Anrede des Revolutionärs.« In Vietnam stehe eine Invasion amerikanischer Truppen in den Norden unmittelbar bevor, der Kampf nähere sich der Entscheidung, und die Frage, wie man darauf antworte, müsse hier und heute beantwortet, »der gewaltige Sinn der vietnamesischen Lektion« endlich begriffen werden: »Ändern wir schnell unseren Kurs, führen wir unser antiautoritäres Lager in die radikale Richtung der *Selbstorganisation!*«

Die Bedingungen einer solchen revolutionären Befreiungstat seien vollauf gegeben, durch »die weltgeschichtliche Aktualität der Revolution« und durch »die konkret-spezifischen Veränderungsmöglichkeiten in Westberlin«. Dieses künstliche Gebilde sei nicht mehr lebensfähig, die Lage reif für »die Schaffung einer von kapitalistischen und stalinistischen Bürokraten ... unabhängigen ›Assoziation freier Individuen‹« in einem »Freistaat West-Berlin«. Zunächst müßten »Aktionskomitees zur Enteignung Springers« gebildet werden, die Blockaden und direkte Aktionen vorbereiteten. Gleichzeitig sollten, ausgehend von der Universität, in den proletarischen Vierteln Beratungsstellen für Unterprivilegierte, Preis- und Mietüberwachungskomitees sowie Haus- und Straßenkomitees (offenbar nach kubanischem Vorbild) gebildet werden. Von hier aus wäre die strategische Aufgabe der »Politisierung der Betriebe« in Angriff zu nehmen, um nach und nach in allen Bereichen Rätestrukturen aufzubauen und die Machtfrage zu stellen.[9]

In Briefen und Notizen kreise Dutschke immer wieder um dieses Projekt einer »Zwischenstadt« zwischen Ost und West oder eines »Hongkong« in Mitteleuropa[10] – was heute idyllischer klingt als im Jahr 1967, in dem auch in Hongkong fanatisierte »Rote Garden« versuchten, die Macht zu ergreifen, während aus dem von der Kulturrevolution erschütterten Hinterland Chinas Menschen in Massen über die befestigte Grenze zu flüchten versuchten und täglich verstümmelte Leichen angeschwemmt wurden. Kaum etwas hätte auf das Gros der Westberliner abschreckender wirken können als solche Parallelisierungen.

Die wirklich abenteuerliche Pointe dieses Projekts lag natürlich darin, daß Dutschke und seine Freunde sich der weltpolitischen Schlüsselstellung Westberlins vollauf bewußt waren. Wie auch nicht? Schließlich lag das letzte Berlin-Ultimatum, in dem Chruschtschow die Verwandlung Westberlins in eine »Freie Stadt« gefordert hatte, keine zehn Jahre zurück. Und am Tag des Mauerbaus hatten sich die sowjetischen und amerikanischen Panzer unmittelbar gegenübergestanden. Gerade in diesem Patt der Weltmächte sahen die Strategen einer »räterevolutionären Machtergreifung« anscheinend die einmalige Chance und globale Bedeutung ihrer Aktionen. Hier, in Berlin, lag so etwas wie ein *archimedischer Punkt* der gesamten bestehenden Weltordnung.

In einer Gegenveranstaltung zu den offiziellen 17.-Juni-Feiern erklärte Dutschke vor 2500 Teilnehmern, die »geschichtliche zweite Front für Vietnam« liege nicht in Bolivien (wo Che Guevara kämpfte), sondern diese zweite Front sei »der aktive Kampf in den Metropolen, der Kampf der revolutionären Jugend in Osteuropa und in der Sowjetunion gegen die dort herrschenden Bürokraten und ... gegen eine Ordnung, die sich mit der amerikanischen Machtelite solidarisiert«.[11] Diese Verbindung antikapitalistischer mit antistalinistischen Impulsen, die sich in Vorstellungen einer »zweiten Revolution für die DDR, Osteuropa und SU« kristallisierte, machte die Sache sicherlich sympathischer – aber auch riskanter. Soweit bei Dutschke, Rabehl und anderen *nationale* Motive mit im Spiel waren – etwa in der Forderung nach einer revolutionär herbeigeführten Wiedervereinigung und einem »deutschen Sozialismus«* –, dann stets im Rahmen eines viel größeren, *weltrevolutionären* Projekts. Wenn etwas deutsch daran war, dann gerade die umstandslose Identifikation dessen, was man tat oder plante, mit den Interessen der Welt, der Menschheit, der Geschichte.

Die Kritik an den bürokratischen Machthabern des Ostens galt vor allem nun ihrer Politik der Koexistenz, die angeblich Züge eines weltpolitischen Arrangements auf Kosten Vietnams und der Dritten Welt trug. Andererseits gingen Dutschke wie Rabehl da-

---

(*) Richtig ist, daß die Frage der deutschen Spaltung und ihrer Überwindung als zentrales Thema und Motiv einer radikalen Opposition bei Dutschke wie bei Rabehl viel stärker als bei anderen Protagonisten der Bewegung auftauchte. Dutschke sprach darüber sogar in Kategorien des *nationalen Verrats*: »Niemand von uns liebte die Mauer, nur wenige hielten die DDR und die SED für wirklich sozialistisch, aber fast alle haßten die heuchlerische Adenauer-Republik, die Doppelzüngigkeit der SPD und den Verrat der CDU an der deutschen Wiedervereinigung.« [Ders., Vom Antisemitismus zum Antikommunismus. In: Rebellion der Studenten, S. 62]

von aus, daß eine Räterepublik Westberlin »die DDR vor eine Entscheidung stellen (wird): entweder Verhärtung oder wirkliche Befreiung der sozialistischen Tendenzen«. Sie rechneten klar auf das letztere.[12] Von dieser Warte bildeten die DDR und das sowjetische Lager geradezu das entscheidende Kettenglied einer weltrevolutionären Trendwende, und ihre Revolutionierung wurde zu einer vorrangigen Aufgabe im Kampf gegen den Weltfeind Nr. 1, die USA. Dutschke unterhielt deshalb diverse Kontakte zu Oppositionellen in Prag, Warschau, Budapest und Ostberlin. Und mit welch gemischten Gefühlen und unruhigen Erwartungen die Behörden der DDR ihrerseits dem Treiben der Westberliner Rebellen und »FU-Chinesen« zusahen, und speziell dem ihres flüchtigen Ex-Bürgers Dutschke, den sie gezielt auszuforschen suchten und engstens beschatteten, belegen mittlerweile die Akten der Stasi und der Partei.[13]

Zur Aura ihrer kämpferischen Unschuld gehörte die Selbstdeklarierung dieser Bewegung als »antiautoritär« – eine glückliche Prägung aus den existenzialistischen Politzirkeln der frühen sechziger Jahre, in denen Dutschke, Rabehl, Kunzelmann und ein paar andere einen neuartigen Ideologiemix angerührt hatten. Erst mit dem (zunächst taktisch und fraktionell verstandenen) Beitritt der SUBVERSIVEN AKTION zum SDS 1965 mauserte sich dieser letztere von einem recht altbackenen linkssozialistischen Studentenbund zu einer revolutionär auftretenden Jugendavantgarde.

Im Begriff »antiautoritär« verband sich die Kampfansage gegen einen »autoritären Staat« mit der Denunziation von »autoritären Strukturen« in allen gesellschaftlichen Bereichen, besonders in der Familie, dem primären Hort der »autoritären Persönlichkeit«. Eine geschlossene Welt – aus der nur eine radikal »antiautoritäre Bewegung« würde hinausführen können. In der Erinnerung klingt das nach fröhlicher Anarchie, libertärem Individualismus, hedonistischer Lebensfreude, Ausbruch und Aufbruch. Von wegen! Schon in den Schwabinger Vorläufer-Zirkeln der frühen Sechziger, den Ablegern einer chimärischen »Situationistischen Internationale«, wehte vor allem der Geist eines düsteren Existenzialismus, gespeist aus Welt- und Lebensekel. Man war überwiegend beschäftigt, sich gegenseitig als Spießer zu denunzieren, mit ellenlangen Papieren und immer neuen Manifesten zu traktieren und wegen Abweichungen von der richtigen Linie gegenseitig auszuschließen.*

»Die Namensgebung, der Hang zu ›Internationalen‹ und ›Bewegungen‹, genügte maßlosen Ansprüchen«, schreibt Frank Böckelmann, damals einer der Initiatoren. »Aufgebläht zu historischen Strömungen, nehmen diese winzigen Zirkel heute ihren Platz in einer herausgeputzten Traditionsreihe ein.« Was sich darin austobte, war der entfesselte Geltungsdrang von verkannten Künstlern und Intellektuellen: »(Jeder), der ein paar richtige Antworten hatte, konnte innerhalb einer Stunde aus dem Gros in die Avantgarde geraten. Ich merkte gleich, daß nichts und alles ernst gemeint war.« Die Grundidee war die aller selbsternannten Avantgarden: »Die schöpferischen Phantasten nehmen sich nicht nur leere Blätter, sondern auch die ganze Gesellschaft vor.«¹⁴ Heraus kamen allerdings nur eine Anzahl bedruckter Blätter, Flugblätter und Plakate, immer eifrig skandalisierend. Aber gottlob gab es stets Beleidigte und eine bayerische Justiz, die auf »Gotteslästerung« und ähnlich schwere Delikte hin zuverlässig ermittelte.

Der Auftritt Dutschkes, assistiert von Rabehl, brachte in das schwüle Stickicht dieses Sektenwesens dann allerdings eine Druckwelle charismatischen Sendungsbewußtseins, die alle an die Wand spielte. Böckelmann hat dazu das eindrucksvolle Frühportrait eines politischen Prätendenten geliefert: »Von Dutschke ging eine Atmosphäre der Fremdheit aus, die zugleich begeisternd war. Er hatte wenig im Sinn mit unserer Art von Zynismus und unserer Gewohnheit, alles mehr oder weniger spielerisch anzugehen. Von ihm ging etwas Strenges, Düsteres und gleichzeitig Entschlossenes aus. Er war auch umgeben von so einer Ahnung von Reinheit, man möchte fast sagen: Keuschheit. Wenn er sprach, machte er es nicht unter zehn Minuten ... Da war einer, für den schon alles klar

---

(*) Inga Buhmann, die sich 1963/64 eine Zeitlang in diese Szene der INTERNATIONALEN SITUATIONISTEN, der GRUPPE SPUR, DER SUBVERSIVEN AKTION usw. einklinkte, schrieb: »Es war bei diesen aus zehn Mitgliedern bestehenden Gruppen üblich, im Laufe eines Jahres mindestens fünf auszuschließen, mit heftigsten Debatten darüber, ob jemand ... einer ideologischen Abweichung bezichtigt werden konnte.« [Dies., Eine Geschichte, S. 86]

war ... Das ist das Material, aus dem Führerpersönlichkeiten geschmiedet werden.«[15]

Man kann diese Beschreibung mit Dutschkes Referat auf dem Münchner »Konzil« der SUBVERSIVEN AKTION im April 1965 verknüpfen, worin er bereits das Ziel verkündete, über den Aufbau von »Mikrozellen« in möglichst vielen Großstädten sowie den Eintritt in bestehende linke Organisationen (wie z.B. den SDS) »eine radikale proletarische Partei oder Eliteorganisation« aufzubauen. Durch den Austausch mit internationalen revolutionären Organisationen müsse »das konkrete Gebäude einer umfassenden Weltrevolutionstheorie« errichtet werden. Gelinge die »Internationalisierung der Strategie der revolutionären Kräfte« und Herausbildung »einer selbständigen Avantgarde« im Sinne Lenins oder Guevaras, »so wird uns der Entscheidungskampf in einer guten Ausgangspositionen finden«.[16]

Diese Eschatologie weltrevolutionärer Entscheidungskämpfe machte die suggestive Wirkung der Reden und der Person Dutschkes aus. Darin, so wird gesagt, habe eine von Paul Tillich und Ernst Bloch übernommene, ins Weltpolitische übertragene theologisch-philosophische Vorstellung vom »erfüllten Zeitpunkt« gesteckt, dem *Kairós*, »an dem alles zusammenkommt, getragen vom ›Traum des Unbedingten‹« – einer Wendezeit und Zeit der letzten Entscheidungen.[17] Aber da war kein *Kairós!* Das alles existierte nur als eine Halluzination. Allerdings war es nicht Dutschke allein, der so halluzinierte, sondern umgekehrt: Er brachte etwas zum Ausdruck, das viele empfanden – ein eigentümlicher Wahn und Zug der Zeit, der sich im nachhinein kaum ganz rekonstruieren und entschlüsseln, nur annähernd beschreiben und interpretieren läßt.

Die weltanschaulichen und literarischen Referenzen besagen dafür nicht allzuviel. Sicher, die intellektuelle Biographie Dutschkes hatte ihre innere Schlüssigkeit, und seine Lektüren zeigen eine erhebliche Kongruenz mit denen vieler seiner (Zeit-)Genossen. Das gilt selbst für seinen frühchristlich-sozialistischen DDR-Protestantismus, der im Westen durchaus Entsprechungen hatte und für nicht wenige der späteren Radikalen (zum Beispiel Gudrun Ensslin) den Einstieg in den Ausstieg bildete. Und wenn Dutschke sich gleich nach seiner Flucht über die noch offene Grenze 1961 in Heideggers »Sein und Zeit« und das »Problem der Hineingeworfenheit« vertiefte[18] – so war auch das eine Geheimlektüre dieser Generation, auf die man allenthalben stößt. Über Sartre und Camus ging der Weg dann zu den mehr soziologischen Texten: zu Adorno, Horkheimer, Habermas, und über Bloch, Lukács und Marcuse zum »frühen Marx«. Als nächstes kamen die »Grundrisse« und (Seite für Seite in fünf Farben angestrichen und immer wieder durchgeackert) »Das Kapital« dran. Parallel dazu wurden Korsch, Luxemburg, Pannekoek und wieder Lukács gelesen; und schließlich Lenin, Trotzki, Mao usw. Kurzum, der Weg ging in zeit- und generationstypischer Weise vom Existenzialismus über die »Kritische Theorie« zum originalen Marxismus und zu den Revolutionstheorien des Jahrhunderts.

Aber nicht die Theorien wiesen diesen Weg, sondern diejenigen, die diesen Weg gingen, suchten in alten Texten nach Bestätigung und Rechtfertigung. Die unförmige, mit Büchern und Broschüren stets überfüllte Aktentasche Dutschkes, die zu seinen Führer-Insignien zählte, gehörte zum Stil und Ausweis der Bewegung überhaupt. Diese ganze Art, wo man ging, saß oder stand, fast »besinnungslos« zu lesen, schwerstkalibrige Wälzer in Tag- und Nachtschichten zu verschlingen, philosophische Großsysteme zu rekonstruieren und ihre Sprache autodidaktisch zu lernen, so wie Computerkids es heute vielleicht mit esoterischen Programmiersprachen tun – das überstieg von vornherein jedes bestimmte Interesse an den konkreten Verhältnissen, an der eigenen Zeit oder an der aktuellen Politik. Es trug einen weithin monologischen, fast autistischen Charakter und zielte weder auf Wissen noch auf Verstehen im engeren Sinne. Vielmehr war es der Drang, ein noch unbestimmtes Welt- und Lebensgefühl in Metaphern oder Formeln zu fassen und sich eine Gegensphäre der Theorie, der Geschichte, der Literatur zu schaffen – in heutigen Begriffen: eine *virtuelle Realität*, die die empirische Gegenwart transzendierte und weithin ersetzte.

Das entscheidende Moment, das alle Kritiken der eigenen Gesellschaft radikalisierte und dynamisierte, war die Entdeckung einer revolutionären »Dritten Welt«. Dutschke stellte in seinem Tagebuch frühzeitig fest: »In der Beurteilung des Charakters unserer Epoche, einer Epoche der nationalen Befreiungskriege in Asien, Afrika und Lateinamerika, bin ich Chinese.«[19] Die erste gemeinsame Aktion von VIVA MARIA und SUBVERSIVER AKTION mit SDS und FDJ im Dezember 1964, eine verbotene und dennoch durchgesetzte Demonstration gegen den Besuch Moise Tschombés, des Nachfolgers und mutmaßlichen Mörders des Kongo-Befreiers Patrice Lumumba, nannte Dutschke – ganz im Stil einer Gründungslegende – den »Beginn unserer Kulturrevolution«.[20]

Diese neuentdeckte »Dritte Welt« war selbst eine theoretische Konstruktion und Vision – mit allen mythologischen Beiklängen, die eine solche »dritte« Größe von jeher hatte (Drittes Rom, Drittes Reich, Dritte Internationale, Dritter Weg). Sie sollte »das Andere« der kapitalistischen Welt und bürgerlichen Zivilisation vorstellen, ihre lebendige Kritik und kämpferische Antithese, nachdem die entwickelten Länder des »realen Sozialismus« sich mit dem Imperialismus arrangiert hatten.

Bei dem mehrtägigen »Großen Ratschlag« mit Herbert Marcuse im überfüllten Audimax der Berliner Freien Universität, einen Monat nach den erschütternden Ereignissen des 2. Juni 1967 und dem anschließenden Kongreß in Hannover, erreichte das Schwelgen in globalen historischen Perspektiven bereits atemberaubende Höhen der Weltvergessenheit. Der weißhaarige Herr, der inmitten der Menge auf dem Podium, die ihn umdrängte, »das Bild einer Sphinx«[21] bot, eröffnete seine Intervention mit der chiliastischen Prophetie vom absehbaren »Ende der Geschichte« durch Erfüllung oder Vernichtung der Utopie. Die Menschheit könne heute die Welt »zur Hölle machen« oder sie »in das Gegenteil verwandeln« – ein Paradies also. Für dieses »Reich der Freiheit« bedürfe es allerdings »einer neuen Anthropologie«, der Produktion und Erziehung eines »neuen Menschen«, der »in einem sehr strikten biologischen Sinne« das vitale Bedürfnis nach Freiheit, Abschaffung der Arbeit, Genuß und einem »Glück mit gutem Gewissen« entwickele.[22]

Der kalifornische Meisterdenker und die antiautoritären SDS-Führer waren sich darin einig, daß die Sprengung der Systeme des entwickelten Kapitalismus aus inneren Widersprüchen heraus bereits unmöglich geworden sei. Der »eindimensionale Mensch«, ob Arbeiter, Angestellter, Kleinbürger oder Großbürger, war durch den modernen Wohlfahrtsstaat in der denkbar radikalsten Form entmündigt, da er seine »falschen« und »repressiven Bedürfnisse« nicht einmal mehr als solche erkennen konnte, sondern mit ihnen die autoritäre Macht und Gesellschaft stets von neuem reproduzierte.

Um so intensiver kreiste die Diskussion um die Frage, ob Ansätze einer »neuen Anthropologie«, die diesen Zirkel aufsprengen könnte, womöglich in der Dritten Welt zu finden seien, deren Vertreter davon gesprochen hätten, »den totalen Menschen« (Frantz Fanon) oder »den Menschen des 21. Jahrhunderts« (Che Guevara) zu schaffen. Marcuse forderte, daß die Opposition in den Metropolen die revolutionären Kämpfer der Dritten Welt »zu ihrer ausdrücklichen Massenbasis machen« müsse. Der Krieg in Vietnam könne »ein Wendepunkt in der Entwicklung des Systems, vielleicht sogar der Anfang vom Ende« des Imperialismus werden: »Denn was sich hier gezeigt hat, ist, daß der menschliche Körper und der menschliche Wille mit den geringsten Waffen das leistungsfähigste Zerstörungssystem aller Zeiten in Schach halten kann.«

Um dieses Bild eines nackten Spartiatentums als Inbegriff der »neuen Anthropologie« für die »Make love, not war«-Generation etwas genießbarer zu machen, hatte Marcuse als »unverbesserlicher Romantiker« gleich auch ein ergänzendes Beispiel parat: In dem unter Bomben ausharrenden Hanoi, so habe er gelesen, seien »die Bänke nur so groß gemacht worden, daß zwei, und nur zwei Personen darauf Platz haben«.[23] Onkel Ho war also, wie Onkel Herbert, mit den Liebenden! Und die Vietcong waren in den Kampfpausen Hippies.

Die eigentümliche Mischung aus Unschuld und Unbedingtheit, die Marcuses Charme und Wirkung ausmachte, beherrschte auch Dutschke. Er war im persönlichen Umgang wirklich der »sanfte Rebell«, als den man ihn geschildert hat, freundlich, ernsthaft, zugewandt und völlig humorlos. In den Tagen des Vietnam-Kongresses im Februar 1968 saßen wir Tübinger einen späten Abend lang in ihrer Küche zusammen. Hosea Che schlief inmitten des

Zigarettenqualms in den Armen eines madonnenhaft lächelnden Gretchen, und Rudi war der mit singender Stimme respondierende *Paterfamiliae* dieser biblischen Trias.

Aber gerade in dieser freundlich-fanatischen Art versuchte er, seine Truppen auf die eventuelle »Machtergreifung« einzuschwören – immer vor dem düsteren Hintergrund einer sich täglich verschärfenden globalen Konterrevolution, gegen die akute Notwehr geboten sei. Denn »der Feind ist da, er schlägt jeden Tag und droht mit neuen Schlägen«, verkündete er mit dräuendem Stakkato in der abschließenden Diskussion mit Marcuse, um zu schließen: »Die volle Identifikation mit der Notwendigkeit des revolutionären Terrorismus ... in der Dritten Welt ist unerläßliche Bedingung ... für die Entwicklung der Formen des Widerstandes bei uns, die im wesentlichen gewaltsamen Charakter tragen ohne diesen ... schlimmen Aspekt des Hasses und des revolutionären Terrors.«[24] So wurde eins ums andere Mal ein scharfer verbaler Schritt nach vorn (»volle Identifikation mit dem revolutionären Terrorismus«) und eine ziemlich weitgehende Ankündigung (»im wesentlichen gewaltsamer Widerstand bei uns«) mit einem selbstberuhigenden Nachsatz (»ohne den schlimmen Aspekt von Haß und Terror«) verknüpft.

In einem überraschenden gemeinsamen Auftritt mit Hans-Jürgen Krahl, dem ebenso charismatischen und ebenso informellen Führer der Frankfurter Szene, stellte Dutschke auf der (bereits von einem Großaufgebot der internationalen Medien begleiteten) SDS-Delegiertenkonferenz im September 1967 erstmals »das Problem der Organisation als Frage revolutionärer Existenz« in den Mittelpunkt der Debatten. Jetzt ging es nicht mehr nur um Westberlin, sondern um die Ausweitung der Kampfzone auf die Bundesrepublik als eine der Metropolen des Weltkapitalismus. Den deutlich von Marcuse inspirierten Ausführungen Dutschkes und Krahls zufolge war in diesem Stammland des Faschismus die »terroristische Zwangsgewalt des Staates« nach 1945 »keineswegs abgebaut, sondern in totalitärem Ausmaß psychisch umgesetzt« worden. Dieser »integrale Etatismus« stelle »eine neue Qualität von Leiden der Massen dar, die nicht mehr von sich heraus fähig sind, sich zu empören«. Ihre Selbstorganisation, insbesondere über Räteorgane, sei damit vorerst unmöglich geworden. In dieser Situation sei es die einzig verbliebene Strategie, »revolutionäre Bewußtseinsgruppen« zu bilden, die die Aufgabe hätten, in den Metropolen des Kapitalismus eine »Guerilla-Tätigkeit« neuen Typs zu entfalten, und zwar als Organisatoren »schlechthinniger Irregularität«. So ließen die repressiven Institutionen sich nach und nach destruieren, und es könnte – von den Universitäten als »Sicherheitszone« aus – der Kampf »um die Macht im Staat organisiert« werden.[25]

Was war das? Spiel oder Ernst? Das wurde immer ununterscheidbarer. Man suggerierte sich spielerisch in den Ernstfall hinein. Und in den Mittelpunkt trat nun das Problem der »revolutionären Organisation«. Dieser Begriff überstieg längst alle vordergründigen Bedeutungen.

»Die Organisationsfrage ist *das* Kriterium der Reife oder Unreife der Bewegung, ist keine technische, sondern die *Grundfrage der Revolution*«, hatte Dutschke immer wieder doziert.[26] Das Guerilla-Konzept, das er zusammen mit Krahl auf der Konferenz propagierte, stand in offenem Gegensatz zur klassischen Parteikonzeption, wie sie vom KP-Flügel im SDS vertreten wurde. Dessen Versuche, die Aufhebung des KPD-Verbotes in den Mittelpunkt zu stellen, wurden mehrheitlich zurückgewiesen. Dutschke provozierte fast einen Eklat, als er dazu sagte: »Als Demokrat bin ich noch dafür, als Revolutionär eher skeptisch.«[27]

Nicht um *demokratische* Skepsis handelte es sich also, wenn das »traditionelle« Konzept einer kommunistischen Partei abgelehnt wurde – sondern weil es zu legalistisch, zu bürokratisch, zu wenig aktivistisch war. Um so drängender stand die Frage einer echten proletarisch-revolutionären Partei im Raum. Vor allem beim frühen Lukács hatte Dutschke Ansätze jenes kühnen Dezisionismus gefunden, dem er selbst zuneigte. Wenn es in einer frühen Schrift des ungarischen Philosophen hieß, die Partei sei die einzige Kraft, die die »Lethargie des Proletariats« überwinden könne, ja, sie müsse im richtigen Moment den »Knoten der ideologischen Krise des Proletariats mit dem Schwert der Tat ... zerschneiden«[28], dann war ein Nachklang davon im »Organisationsreferat« von Krahl und Dutschke zu finden, wenn sie verkündeten: »Die ›Propaganda der Schüsse‹ (Che) in der Dritten

Welt muß durch die ›Propaganda der Tat‹ in den Metropolen vervollständigt werden.«[29]

Das lief gegenüber allen »traditionellen« Parteikonzepten auf einen eher noch gesteigerten Elitismus und Avantgardismus hinaus. Das Proletariat galt nicht mehr nur – wie bei Lenin – als unfähig, über den Tellerrand gewerkschaftlicher Interessen hinaus ein revolutionäres Bewußtsein zu entwickeln, sondern es war unfähig geworden, sein Unglück überhaupt noch zu empfinden und sich dagegen zu empören. Es war vollständig entfremdet, menschlich depraviert, auf das Niveau von Konsumsklaven oder Fachidioten abgesunken, wie Marcuse in den drastischsten Wendungen immer von neuem versicherte.[30]

Was Marcuse lieferte, war im Kern eine *Totalitarismus-Theorie* über den real existierenden Kapitalismus, und zwar gerade in seiner Gestalt als moderner Wohlfahrtsstaat: »Denn ›totalitär‹ ist nicht nur eine terroristische politische Gleichschaltung der Gesellschaft, sondern auch eine nicht-terroristische ökonomisch-technische Gleichschaltung, die sich in der Manipulation von Bedürfnissen durch althergebrachte Interessen geltend macht ... (und) sich mit einem ›Pluralismus‹ von Parteien, Zeitungen, ›ausgleichenden Mächten‹ etc. durchaus verträgt.«[31]

Was die Sowjetunion betraf, machte Marcuse sich die These zu eigen, »daß heute gegenüber der ungeheuren expansiven Aggressivkraft des spätkapitalistischen Systems der östliche Totalitarismus in der Tat in der Defensive ist und sich in desparater Weise verteidigt«.[32] Gerade die technologische Überlegenheit der westlichen Mächte machte sie also zum Feind der Menschheit schlechthin – da die Technik als Medium vergegenständlichter Herrschaft selbst totalitär geworden war: »Heute verewigt und erweitert sich die Herrschaft nicht nur vermittels der Technologie, sondern als Technologie, und diese liefert der expansiven politischen Macht, die alle Kulturbereiche in sich aufnimmt, die große Legitimation.«[33]

Gegenüber einer derart totalisierten Herrschaft, die daranging, die Welt zu durchdringen und (potentiell) zu vernichten, war eine *totale Opposition* gefordert. Da ihre theoretische Basis jetzt nicht mehr die Kritik der politischen Ökonomie des Kapitalismus war, sondern – so Jürgen Habermas – eine neuaufgelegte »Lebensphilosophie«, die auf eine »sexuelle, moralische, intellektuelle und politische Rebellion« abzielte, mußte auch jede ernsthafte Opposition »gegen das System als Ganzes gerichtet« sein.[34]

Zugleich mußte die vormals vom Proletariat verkörperte »Totalität« der emanzipativen Wünsche und Interessen, die nach klassisch-marxistischer Auffassung die Grundlage einer revolutionären Umwälzung und eines gesellschaftlichen Neubaus hätte sein sollen, durch ein neues revolutionäres Subjekt ersetzt werden. In einem »Gespräch über die Zukunft«, das Enzensberger im Herbst 1967 mit einigen Köpfen des Berliner SDS führte, entwickelte Dutschke als strategische Perspektive: »daß eine solche Dynamik produziert werden kann durch die diffusen, auf die ganze Gesellschaft verteilten Gruppen, Individuen, Schichten, daß aus diesem Brei ... eine Basis ... in der Gestalt von Gegenmilieu entstehen kann«.[35] Um diesen erstaunlichen Schöpfungsakt zu vollbringen: aus einem »Brei« die »Basis« eines »Subjekts« mittels »Dynamik« zu »produzieren«, bedurfte es allerdings eines *Demiurgen* – jener »informellen Kader«, »revolutionären Bewußtseinsgruppen« oder »metropolitanen Guerilla«, die Krahl und Dutschke in immer neuen Wendungen beschworen und deren Avantgarderolle die aller leninistischen Parteiavantgarden noch weit in den Schatten stellen mußte.

Entsprechend überspannt war auch das Ziel selbst: die Vorstellung einer universellen gesellschaftlichen »Selbstorganisation«. Der Begriff gewann eine fast mystische Bedeutung, je großartiger er ausgemalt wurde und je höher die autonome und antiautoritäre Selbsttätigkeit der Menschen, Massen, Produzenten darin angesetzt wurde. Die Zurückweisung des altlinken »Dogmatismus« geschah auch hier im Namen eines neulinken *Doktrinarismus*, der diesen im Streben nach »Totalität« noch deutlich übertrumpfte.

Dutschke etwa sprach wiederholt von der »Universalisierung des Menschen«. Im einzelnen Subjekt sollte komplett aufgehoben sein, was Sache der arbeitsteiligen Gesellschaft war. Daß in den Ideologemen und Impulsen dieser neuen Jugendbewegung – wie eine Reihe sozialdemokratischer und liberaler Kritiker der »Neuen Linken« damals zu Recht konstatiert haben – der romantisch-regressive Wunsch nach Wiederherstellung unmittelbarer »Gemeinschaft« an Stelle einer modernen Gesellschaft mit ihren unaufhebbaren Widersprüchen zum Ausdruck kam, ist offenkundig.[36]

Was sollten die »Massen« am Tage ihres revolutionären Erwachens nicht alles vollbringen – in einem »befreiten Westberlin« zum Beispiel! Die Betriebsräte sollten die Fabriken übernehmen und den »neuen Bedürfnissen« anpassen, so daß die »Arbeiter gleichsam durch den Betrieb wandern können, durch alle Berufszweige hindurch«. Die Belegschaften als eine »Assoziation freier Individuen« würden ihre bisherigen Arbeitsteilungen aufheben und die »Technologie in Richtung der Automation« vorantreiben sowie den »Stoffwechsel zwischen Mensch und Natur überhaupt verändern«. Aber auch neue »Lebensmilieus« rings um die Fabriken sollten sie schaffen und »den repressiven Charakter des Verhältnisses der Menschen zu den Tieren neu gestalten«. Natürlich müßten sie den Absatz ihrer Produkte in die Volksdemokratien und die Dritte Welt (als künftige Hauptabnehmer) organisieren, möglichst Ware gegen Ware, denn das Geld würde perspektivisch abgeschafft werden. Das alles sollte unter permanenter »gesellschaftlicher Teilnahme« geschehen. Die Massen würden »sich in viele einzelne Kollektive von jeweils drei-, vier-, fünftausend Menschen aufgliedern, die sich um eine Fabrik zentrieren«. Diese Fabrik sollte zugleich als Schule oder Universität fungieren, wodurch umgekehrt die ganze Stadt »eine große Universität« würde. Die in dezentralisierte Subkommunen gegliederte Gesamtkommune würde ihre Vertreter in einen obersten Städterat schicken, der »den Wirtschaftsablauf kontrollieren« könnte, jedoch »ohne disziplinierende Anweisungen«. Vielmehr würde mit Hilfe von Computern einfach berechnet, »was gebaut werden muß, wie die Pläne aussehen müssen« usw. In diesem Prozeß müßte man »Autonomie, und zwar radikale menschliche und produktive Autonomie, mit Zentralismus und Planung verbinden«. Es gäbe nur noch vier Berufe, so wie Mao gesagt hatte: Arbeiter, Bauern, Soldaten, Intelligenzler. Die Bauern könnte man allerdings abschaffen – dafür gäbe es ja die Dritte Welt. Jedes Mitglied der Kommune wäre Politiker; aber zugleich wäre »tendenziell auch ein jeder Künstler«, und natürlich »Lehrer und Lernender zugleich«. Die Agenten des Imperialismus und die radikal Unbelehrbaren, sofern sie sich nicht umziehen ließen, würde man am besten aus dem Land jagen, so wie es die Kubaner gemacht hatten. Gefängnisse bräuchte man dann nicht mehr. Verbliebene Gegner, »die aus einer Neurose heraus diese Gesellschaft nicht begreifen«,

würde man psychoanalytisch therapieren. Was noch? Ah ja, Groß-
küchen für alle! Und revolutionäre Wachsamkeit. Alle Kommunen
würden Selbstverteidigungsorgane bildeten und Ausschau halten,
ob der Imperialismus dieses »internationale subversive Zentrum«
als ein zweites Kuba unter Blockade stellen oder zurückerobern
wollte.[37]

Nichts an dieser schönen neuen Welt war wörtlich zu nehmen,
nichts wirklich ernst gemeint. Kein bestimmtes Programm wurde
da entwickelt, kein Projekt beschrieben, das leidenschaftlich und
zielstrebig verfolgt worden wäre. Eher umgekehrt: Diese Gedankenspiele folgten dem selbsterzeugten Zwang, die rhetorischen
Leerformeln von einer »radikal anderen Gesellschaft« wenigstens
in Andeutungen auszufüllen, gewissermaßen *zu plombieren.* Und
da man mit Marcuse das »repressive Leistungsprinzip« und damit
das »Realitätsprinzip« außer Kraft gesetzt hatte, konnte jede beliebige fixe Idee als »konkrete Utopie« durchgehen.

Auf derselben schwebenden Mitte von Fiktion und Realität hiel-
ten sich die Beschwörungen einer unmittelbar drohenden blutigen
Konterrevolution. Plausible Gründe für die Bildung einer au-
ßerparlamentarischen Opposition, nachdem in Bonn 1966 eine
»Große Koalition« ans Ruder kam, gab es genug – wie es auch
Gründe gab, sich mit allen legitimen Mitteln eines demokratischen
Protestes dagegen zur Wehr setzen, daß die Regierung Kiesinger/
Brandt als eins ihrer wichtigsten Vorhaben die Verabschiedung von
»Notstandsgesetzen« vereinbarte, mittels derer die alliierten Vorbe-
halts- und Eingriffsrechte abgelöst werden sollten. Etwas anderes
war es schon, diese Gesetzesvorhaben umstandslos als »Ermächti-
gungsgesetz« für ein »neues '33« zu bezeichnen; aber so sahen es
nicht wenige, und man konnte das immerhin als demokratische
Wachsamkeit verbuchen. Wieder etwas anderes war es, den Schahbesuch im Juni 1967 als »eine systematisch gelenkte und forcierte
Notstandsübung« zu bezeichnen, eine reine Inszenierung also, die
jeglicher radikalen Opposition ein blutiges Ende machen sollte und
den »politischen Mord an Benno Ohnesorg« kaltblütig einkalku-
lierte. Das war schon eine ausgewachsene Verschwörungstheorie.
Und noch etwas anderes war es, die Proteste dagegen allen Ernstes

auf das Ziel einer revolutionären »Machtergreifung« in Westberlin zuzuspitzen – und im gleichen Atemzug preiszugeben, daß im Vorfeld des Schahbesuchs durchaus erwogen und nur aus Gründen politischer Zweckmäßigkeit verworfen worden sei, »in Zusammenarbeit mit den persischen Kampfgruppen des Untergrunds für ein Attentat auf den Schah zu sorgen«.* Genau das hatte die Polizei behauptet; und es war zumindest ein Element ihrer hypernervösen Alarmbereitschaft gewesen.

Solche drastischen, aber immer in hohem Unschuldston vorgetragenen Erörterungen konnten in rasch kompilierten Taschenbüchern, die die großen Verlage in Zehntausenden von Exemplaren auf den Markt warfen, angestellt werden, oder (verbal etwas gemildert) in Fernsehgesprächen oder SPIEGEL-Interviews vor einem Millionenpublikum bekräftigt werden. Was keinen Deut an der Einschätzung änderte, daß »die Herrschenden« jegliche radikale Opposition mundtot machen und gewaltsam eliminieren wollten. Und wenn sie dazu keine Anstalten machten, dann zeigte das nur, daß sie das »schon nicht mehr wagten«. Beziehungsweise es handelte es sich nur um den erneuten Versuch der »Verschleierung« der Gewaltförmigkeit der bürgerlichen Ordnung überhaupt. Um so mehr galt es dann, »durch systematische, kontrollierte und limitierte Konfrontation ... die repräsentative ›Demokratie‹ zu zwingen, offen ihren Klassencharakter zu zeigen, sie zu zwingen, sich als ›Diktatur der Gewalt‹ zu entlarven«.[38]

Das war eine kreisende Rhetorik und zirkuläre Argumentation, die gegen alle nüchternen Beurteilungen der tatsächlichen politischen und gesellschaftlichen Lage fugenlos abgedichtet war. Eine Politik narzißtischer Selbstbeweise und Größenphantasien, die sich gegenseitig immer höher schraubten. *Pseudologia phantastica.*

(*) Ob solche Diskussionen tatsächlich stattgefunden haben, ist wiederum die Frage. Offenkundig ging es Dutschke eher darum, die generelle *Legitimität* solcher bewaffneter Aktionen offen zu diskutieren. Vieles an diesen militanten Selbstdeklarationen war auch einfach Bluff. Aber wer hätte das unterscheiden können und sollen? [Vgl. Rudi Dutschke, Vom Antisemitismus zum Antikommunismus. In: Die Revolte der Studenten, S. 79 f.]

Das Gesetz, dem man sich damit zunehmend unterwarf, war das der »Sukzession der Anlässe«, wie Frank Böckelmann später schrieb: »Sie dienten als Treibsätze und Realitätsbeweise« einer jäh ins Leben gesprungenen politischen »Bewegung«, die wortwörtlich stets *in Bewegung* bleiben mußte, um sich als solche selbst zu fühlen und zu sehen. »Und wie bitter nötig hatten wir die Opfer in unseren Reihen!«[39]

Zur Not genügte ein einzelner Inhaftierter wie Fritz Teufel, der angeklagt war, als Rädelsführer am 2. Juni einen Stein geworfen zu haben – während der Polizeimeister Kurras, der den Studenten Ohnesorg in vermeintlicher (»putativer«) Notwehr erschossen hatte, frei ausging –, um Dutschke auf einem Teach-in im November 1967 fragen zu lassen, »was denn noch passieren müsse, bis man zur radikalen Tat schreite«. Vor vierzig Jahren hätten Demonstranten in Wien den Justizpalast in Brand gesteckt, in dem Linke verurteilt und Rechte freigesprochen wurden. Das sei »ein Beispiel nur zum Nachdenken«.* Wenn Teufel verurteilt werde, müsse man jedenfalls Aktionen durchführen, »die jenseits des bestehenden Rechts liegen«.[40]

Immer bedrängender wurden die Autosuggestionen einer bevorstehenden Illegalisierung – obwohl Teufel im Dezember unter großem Hallo freikam und der Staat keine erkennbaren Anstalten machte, außer in Form von Anzeigen, Verboten und oft überharten Polizeiaktionen die Bewegung zu »zerschlagen«. Dutschke gab sich ein, zwei Male als politischer Flüchtling aus Westberlin, konnte aber immer unbehelligt zurückkehren. Das eine Mal brachte ihn der KONKRET-Herausgeber Klaus Rainer Röhl nach Sylt, wo der Berliner Studentenführer (wie Röhls Ehefrau und Kolumnistin Ulrike Meinhof) in Society-Kreisen herumgereicht wurde. Dazwischen reiste er als deutscher Politstar durch Europa. In Italien war er (wie zuvor die Meinhof) Gast in der Millionärsvilla des Verlegersohnes Giangiacomo Feltrinelli, der gerade aus Kuba

---

(*) Ein denkbar fatales Beispiel! Die Inbrandsetzung des Wiener Justizpalastes im Juli 1927 gab der Polizei *carte blanche*, um auf die Demonstranten zu schießen – ein Massaker mit fast hundert Toten, das zum Trauma der österreichischen Arbeiterbewegung wurde, den schwelenden Bürgerkrieg immer unversöhnlicher machte und die Loyalität zur Republik unterhöhlte, bis sie nach dem »Februaraufstand« 1934 und dem »Anschluß« 1938 fiel.

und Bolivien zurückgekommen war und bereits mit Gedanken einer europäischen Guerillafront schwanger ging.

Etwas Ähnliches schwebte Dutschke inzwischen wohl selbst vor. »Durch Griechenland ist Vietnam nach Europa gekommen«, erklärte er immer wieder mit Blick auf den Putsch der Athener Obristen im April 1967.[41] Der »Völkermord in Vietnam« strebe neuen Höhepunkten zu, die Invasion des Nordens stehe bevor, eine Bombardierung der VR China sowie Interventionen der USA gegen ein »zweites« oder »drittes Vietnam« in Lateinamerika könnten sich anschließen.[42] Dazu wurde das Menetekel eines drohenden Einsatzes der Bundeswehr als Hilfstruppe der Amerikaner an die Wand gemalt.[43] Im Fernsehgespräch mit Günter Gaus im Dezember 1967 verknüpfte Dutschke die Forderung nach einem Austritt der Bundesrepublik aus der NATO mit der expliziten Ankündigung, »daß wir dann Waffen benutzen werden, wenn bundesrepublikanische Truppen in Vietnam oder in Bolivien oder anderswo kämpfen – daß wir dann im eigenen Land kämpfen werden«.[44]

Wenn der bewaffnete Kampf im eigenen Land eine mögliche oder sogar *wahrscheinliche* Perspektive war, mußten natürlich Vorbereitungen getroffen werden. Der Begriff der »Illegalität« tauchte in allen Stellungnahmen dieser Monate immer obsessioneller auf. Schon im Oktober hatte Dutschke im KURSBUCH erklärt: »Jetzt bleiben nur zwei Möglichkeiten: anzuerkennen, daß es keinen Frieden auf dieser Welt geben kann, oder den Schritt zu tun zum Widerstand, zur Desertion . . ., zur illegalen Arbeit, zur Sabotage der Militärzentren.«[45] In Wirklichkeit war es also nur *eine* Möglichkeit, die blieb.

Dafür waren lebensgeschichtliche Konsequenzen zu ziehen. Dutschke selbst hatte Doktorat und Assistentenstelle an der Freien Universität schon im Jahr zuvor aufgegeben. Wie er hatten sich Dutzende mit Haut und Haar in den politischen Aktivismus geworfen und proletarisiert. »Wenn Sie das Berufsrevolutionär nennen, dann sind wir das«, sagte Dutschke im November 1967 in der Fernsehsendung »Monitor«.[46] In einem Beitrag zum Photoband »Demonstrationen – Ein Berliner Modell« schrieb er: »Wir sind dabei, die akademische Würde zu verlieren und das Niveau der

Geschichte zu gewinnen, das Niveau von Madrid, Barcelona, Berkeley und Caracas.«[47]

Auch die Vorstellungen von legalen und illegalen Kadern nahmen jetzt konkretere Gestalt an. Neben den öffentlich auftretenden Genossen sollten andere, weniger prominente in bestehende Parteien und Korporationen, vor allem SPD und Gewerkschaften, eintreten und in öffentlichen Funktionen Karriere machen. Dieser von Dutschke wiederholt angekündigte »Lange Marsch durch die Institutionen« ist später als Beispiel eines weitsichtigen Reformismus und Absage an Illegalität und Gewalt interpretiert worden. Tatsächlich läßt der Kontext klar erkennen, daß es sich darum handeln sollte, den bürgerlichen Staatsapparat zu infiltrieren und seine Institutionen für »die subversiv-kritische Verschärfung der Widersprüche« zu funktionalisieren. Insofern glich Dutschkes Konzept der »selbsternannten Avantgarden«, die auf eigene Faust den »Kampf gegen Manipulation und Unterdrückung« innerhalb des Apparates aufnehmen und führen würden[48], einem neuen *Illuminatenbund* oder einer »Verschwörung der Gerechten« à la Babeuf. Noch direkter waren die Bezüge zu den »Focus«-Debatten der lateinamerikanischen Guerilla, die stets »legale Stützpunkte« in den Städten einschlossen.

Ein dritter, kleiner Teil der Genossen schließlich hätte Sonderformationen für spezielle Aufgaben oder für den Fall X (die erwartete Konterrevolution) bilden sollen. »Aus dem SDS, dem Republikanischen Club, den Falken und linken Gewerkschaftsgruppen sollte eine achtzig Mann starke Gruppe rekrutiert werden, um als illegaler Teil der Organisation zu wirken«, berichtet Gretchen Dutschke anhand der Aufzeichnungen ihres Mannes.[49] Der Dutschke-Biograph Ulrich Chaussy glaubt zu wissen, daß diese Gruppen »unter konspirativen Bedingungen illegale Aktionen vorbereiten und durchführen« sollten, »jedoch von den legal operierenden Genossen kontrolliert werden« würden. Nur »einige wenige Kontaktpersonen (sollten) zwischen legalem und illegalem Zweig vermitteln«.[50]

Das Ganze war – im wörtlichen Sinne – ein *Spiel*, das jeden Moment blutiger Ernst werden konnte, zumal an einer so kritischen Nahtstelle der Weltpolitik wie Westberlin. So bastelte man an einem illegalen Rundfunksender. Und eines Nachts wurden Raketen mit Flugblättern, die zur Desertion aufriefen, über US-Kasernen abgeschossen. Es war »jemand von der S-Bahn«, der diese Raketen besorgt hatte, wie Dutschke seiner besorgten Frau erklärte. Die S-Bahn, die unter DDR-Kontrolle stand, war ein Hauptverbindungsglied nach drüben, über das die östlichen Dienste nach Westberlin hineinagierten. Dieser »Jemand von der S-Bahn« konnte aber ebensogut der Agent des Berliner Verfassungsschutzes Peter Urbach gewesen sein, der in den diversen APO-Kollektiven als »S-Bahn-Peter« ein und aus ging und bis in die Anfänge der RAF für nahezu alle »bewaffneten Aktionen« die Mollies, Bomben oder Pistolen lieferte.*

»Es war die hohe Zeit der geheimen Zusammenkünfte, wo stets neue Sabotage-Projekte ersonnen und wieder verworfen wurden«, berichtete später Christian Semler, damals einer der Köpfe der Berliner Antiautoritären. Neben den US-Einrichtungen waren die Dependancen des Springer-Verlages das bevorzugte Objekt der Attacken. So habe es zum Beispiel die Idee gegeben, »unter Beihilfe der sonst verachteten Genossen ›von drüben‹ den Abflußkanal für Springers Fäkalien zuzumauern« – was der Ostberliner Spezialist dann leider für nicht machbar erklärt habe.[51]

Statt dessen gab es Anfang Februar 1968 einen ersten Angriff der »Focusgruppen« auf Filialen der MORGENPOST. Zur Vorbereitung hatte der Filmstudent Holger Meins (der spätere Aktivist und Märtyrer der RAF) einen kurzen Lehrfilm zur Herstellung von Molotow-Cocktails gezeigt. Vorläufig begnügte man sich mit Steinen. Die Bilder der gesplitterten Scheiben wurden von der Springer-Presse prompt als Zeugnisse einer neuen »Kristallnacht« präsentiert.**

(*) Die Gestalt des Peter Urbach geistert durch alle Erinnerungen und Darstellungen, ohne daß bis heute aufgeklärt und (vor allem) *Rechenschaft* abgelegt worden wäre, was der Berliner Verfassungsschutz mit dieser kriminellen Politik der *bewaffneten Provokationen* – die Opfer forderte und noch mehr Opfer hätte fordern können – wirklich bezweckt.

(**) Slapstickartige Szenen: Mit Dutschke ging der Komponist Hans Werner Henze, der dreimal werfen mußte, bis die Scheibe endlich splitterte – wohl wissend, daß sie von innen heraus gefilmt wurden. Nichts könnte den simulantenhaften Charakter dieser »illegalen« Aktionen präziser beschreiben. [Vgl. Gretchen Dutschke, Wir hatten ein barbarisches, schönes Leben, S. 175]

Am Vorabend des Vietnam-Kongresses kam es dann zu jener denkwürdigen Szene, als Feltrinelli bei den Dutschkes in der Tür stand und sie zu seinem Auto führte, dessen Rückbank mit Dynamitstangen gefüllt war; und die Dutschkes (nachdem ein Versteck ausgemacht war) den Kinderwagen damit füllten, den eben geborenen Hosea Che obendrauf packten und so zu der konspirativen Wohnung fuhren, in der das Dynamit versteckt werden sollte. Später trafen sich Dutschke, Salvatore, Semler und Feltrinelli bei dem Liedermacher Franz Josef Degenhardt, um zu überlegen, was man mit dem Sprengstoff machen könnte – es gegen US-Schiffe einsetzen ... Gleise oder Überlandleitungen angreifen ... oder eventuelle Truppentransporte nach Vietnam verhindern.[52] Dem Bericht Gretchen Dutschkes über diese »Episode« ist noch die Trance anzumerken, in der sie beide damals wohl agierten – aber auch jene heilandsmäßige Unschuld, die gegen jedes Erschrecken über sich selbst immun macht.

Diese Szenen spielten alle im Vorfeld des Vietnam-Kongresses, der am 17./18. Februar 1968 in Berlin stattfand. Dutschke und seine Freunde hatten die Vorbereitungen und Einladungen am SDS-Vorstand vorbei oder sogar gegen ihn vorangetrieben. Der SDS als Studentenorganisation war für sie nur noch ein Baustein zu einem anderen, viel größeren Projekt. Allerhand historische Referenzen waren im Spiel – Willi Münzenbergs Kongreß- und Bündnispolitik der 20er und 30er Jahre, die auf weltweite Öffentlichkeiten zielte, aber wohl auch die vage Vorstellung einer neuen, provisorischen *Internationale* oder *Tricontinentale*.

Einigkeit bestand darüber, daß der Kongreß mit Hunderten Vertretern und Teilnehmern ausländischer Organisationen aus Westeuropa, den USA und der Dritten Welt nicht dem bloßen Protest, sondern dem Aufbau einer »weltweiten Widerstandsfront« gegen den Krieg in Vietnam dienen sollte. Ja, der Verlauf des Kongresses selbst sollte das Signal eines offensiven Widerstandes geben. Schon das Veranstaltungsplakat verkündete landauf, landab: »Was uns offensteht, ist nicht so sehr die Waffe der Kritik als die bewaffnete Kritik!« So waren neben revolutionären Organisationen aus verschiedenen europäischen Ländern auch Vertreter bewaffneter nationalrevolutionärer Gruppen wie der baskischen ETA und der nordirischen IRA eingeladen. Vor allem die italienischen und französischen Genossen, Maoisten und Trotzkisten, die mit Helmen, Schlagstöcken und Fahrradketten kommen wollten, drängten auf militante Aktionen gegen die US-Truppen in Berlin.

Die internen Pläne wurden immer aberwitziger. So gab es Kontakte zu schwarzen GI-Gruppen, die den »Black Panthers« nahestanden und behaupteten, wenn die Demonstranten einen Sturm auf die McNeer-Kasernen in Dahlem wagten, werde im Innern eine bewaffnete Rebellion ausbrechen und die Meuterer würden die Wachen und Militärpolizisten ausschalten. Wollte man allen Ernstes den »Panzerkreuzer Potemkin« in Westberlin nachinszenieren und ein Massaker riskieren?! Auch die engeren Gefährten Dutschkes im SDS bekamen nicht heraus, was er gemeint hatte, als er ankündigte, man werde »nach Dahlem marschieren und Agitation entfalten«.[53]

Die Behörden waren jedenfalls entschlossen, derartige Aktionen mit allen Mitteln zu verhindern, und hatten schon im Vorfeld ein generelles Demonstrationsverbot erlassen. Die US-Militärpolizei hatte unzweideutig angekündigt, bei einem Angriff auf die Kasernen sofort zu schießen. Alles schien auf einen großen Showdown hinauszulaufen. Die BILD-Zeitung hatte Tage zuvor gefordert: »STOPPT DEN TERROR DER JUNGROTEN JETZT!« Wie lange, hieß es in dem redaktionell gezeichneten Leitartikel, wollten Polizei und Politik noch zusehen, »daß unsere jungen Leute von roten Agitatoren aufgehetzt« und die Gesetze »unterwandert und mißachtet« würden? Man dürfe »nicht die ganze Drecksarbeit der Polizei und ihren Wasserwerfern überlassen«. Der »Terror der Jung-Roten« sei »in einem geteilten Land lebensgefährlich«.[54] Wiedergelesen, ist es wohl eher der Appell an einen starken Staat. Damals sahen wir darin den Aufruf zu einem *Pogrom* – um den es sich zwischen den Zeilen vielleicht auch handelte. Man fuhr jedenfalls nicht ohne düstere Vorahnungen nach Berlin – und hatte von den eigentlichen, potentiellen Zuspitzungen (der geplanten Aktion gegen die US-Kasernen) nur im Flüsterton gehört.

Als der Kongreß unter der Fahne des Vietcong und einem Riesentransparent mit der Parole SIEG DER VIETNAMESISCHEN REVOLU-

TION! DIE PFLICHT JEDES REVOLUTIONÄRS IST ES, DIE REVO-
LUTION ZU MACHEN! im Audimax der TU schließlich eröffnet
wurde, war die Spannung mit Händen zu greifen. Daß er überhaupt stattfinden konnte, erschien bereits als ein halber Sieg. Und
als die Nachricht kam, daß auch die Demonstration von einem
Berliner Gericht genehmigt worden war, wurde daraus schierer Triumph. (Daß das Urteil ein Kompromiß war, da der Marsch zu den
US-Kasernen verboten blieb, spielte keine Rolle mehr.) Die Reden
schwelgten denn auch in ungeheuren Schlachtgemälden. Den Hintergrund lieferten die Meldungen über die Tet-Offensive des Vietcong, ihren überraschenden Sturm auf die großen Städte Südviet-
nams, der in einem grauenhaften Massaker endete und dennoch als
ein moralischer Sieg von epochalem Ausmaß wirkte.

Dutschke präsidierte der Versammlung unangefochten. Und
nach der Eröffnung der Konferenz durch Feltrinelli (den geheimen
Finanzier), nach den Beiträgen ausländischer Vertreter aus England, Frankreich, den USA, Südafrika, Griechenland, der Türkei,
nach den Referaten von Bahman Nirumand und Gaston Salvatore
und den verkrampft-revolutionären Adressen von Peter Weiss und
Erich Fried war es Dutschkes Referat, das am Abend alle Aufmerksamkeit auf sich zog und den Ton angab.

»Die Globalisierung der revolutionären Kräfte ist die wichtigste
Aufgabe der ganzen historischen Periode«, begann er. Angesichts
des ständig wachsenden Widerstands gegen die Weltausbeutung
der »giant-corporations« seien die Profitinteressen des Imperialismus hinter seine Herrschaftsinteressen zurückgetreten. Seine
gesamte Politik stehe nunmehr unter dem Primat einer »Globalstrategie der Konterrevolution« zur Aufrechterhaltung der »Welt-
vormachtstellung der Vereinigten Staaten«.[55]

Unter dem Schirm der amerikanischen Hegemonie habe sich in
der Bundesrepublik eine »Große Koalition« als kompakte Ord-
nungspartei gebildet, in der sich »zum Zwecke der gemeinsamen
Niederhaltung der Massen heute alle Fraktionen des Gesamtappa-
rats, die ehemaligen Faschisten und bestimmte Sorten von Wider-
standskämpfern …, die liberale Bourgeoisie, die Vertreter der
Monopole, die Arbeiterverräter aus den Gewerkschaften …, die
Augstein und die Springer« vereinigt hätten. Sie alle bildeten nun
eine einzige »anonyme Aktienkompanie«, um »den subtilen und –

wenn nötig – manifesten Terrorismus der Klassenherrschaft des Spätkapitalismus« zu exekutieren.[56]

Am Ende das atemlose Stakkato der Beschwörung, das zu seinem Markenzeichen geworden war: »Genossen! Wir haben nicht mehr viel Zeit. In Vietnam werden auch wir tagtäglich zerschlagen, und das ... ist keine Phrase. Wenn in Vietnam der US-Imperialismus überzeugend nachweisen kann, daß er befähigt ist, den revolutionären Volkskrieg zu zerschlagen, so beginnt erneut eine lange Periode autoritärer Weltherrschaft von Washington bis Wladiwostok ... Es hängt primär von unserem Willen ab, wie diese Periode der Geschichte enden wird.« Es gelte nun, dem Vietcong viele andere (europäische, amerikanische, afrikanische und asiatische) Congs an die Seite zu stellen. »Vietnam kommt näher, in Griechenland beginnen die ersten Einheiten der revolutionären Befreiungsfront zu kämpfen.« Die Auseinandersetzungen in Spanien spitzten sich nach 30 Jahren faschistischer Diktatur wieder zu. Und der Kampf der Bremer Schüler gegen die Fahrpreiserhöhungen habe soeben erst gezeigt, welch subversive Sprengkraft »in der Politisierung unmittelbarer Bedürfnisse des Alltagslebens« liege. Es hänge nur »von unseren schöpferischen Fähigkeiten ab, kühn und entschlossen ... Aktionen zu wagen, kühn und allseitig die Initiative der Massen zu entfalten«.

Um mit zwei abrupten Sätzen zu schließen, die allen Zuhörern (so auch mir) damals den tiefsten Eindruck gemacht haben: »Die Revolutionierung der Revolutionäre ist so die entscheidende Voraussetzung für die Revolutionierung der Massen. Es lebe die Weltrevolution und die daraus entstehende freie Gesellschaft freier Individuen.«[57]

Dieser Kongreß hatte Dutschke in noch höhere Sphären einer internationalen Publizität getrieben. Der STERN brachte die Bilder, in deren Mittelpunkt unweigerlich Dutschke mit seinem *alter ego* Gaston Salvatore stand, groß heraus; ebenso die internationalen Medien. In Westberlin riefen der Regierende Bürgermeister Schütz und DGB-Chef Sickert die »anständigen Berliner« – und vor allem die Arbeiter – zu einer großen Gegenkundgebung drei Tage später auf, an deren Rande sich die bekannten pogromartigen Jagdszenen abspielten, die von den Anti-Springer-Medien breit kolportiert wurden und später, nach dem Attentat, den Boden einer eigenen Legendenbildung abgaben.

Zur gleichen Zeit trat Dutschke in Amsterdam auf und forderte, »gegen die schreckliche Kriegsmaschinerie« vorzugehen, »z.B. mit Angriffen gegen NATO-Schiffe«.[58] Dasselbe wiederholte er kurz darauf in Bremerhaven.* Sein immer eigenmächtigeres, teils konspiratives und teils medienbewußtes Agieren ohne Mandat und Beschluß, an allen Strukturen und Gremien vorbei, führte zu wachsender Kritik auch unter den eigenen Gefolgsleuten. Eine Sitzung des SDS-Generalrats nach dem Vietnam-Kongreß wurde zum Scherbengericht. Dutschkes Andeutungen, für einige Zeit Deutschland zu verlassen, steigerten diesen Groll nur noch. Man hatte sich in eine Phase innerer und äußerer Entscheidungsschlachten hineinsuggeriert, die früher oder später, wie er selbst schrieb, »mit Formen des Kampfes zu beantworten (waren), die mit den jetzigen nur noch bedingte Ähnlichkeit haben«.[59] Und ausgerechnet jetzt wollte er sich davonstehlen?!

Dutschkes weit gediehene Vorbereitungen, »nach Amerika« zu gehen, meint Bernd Rabehl, hätten einerseits »eine Nähe zur Mission Che Guevaras suggeriert« – in Wahrheit aber eher Züge einer »zweiten Flucht« (nach der ersten aus der DDR) getragen. In Dutschke selbst scheint völlige Verwirrung geherrscht zu haben. Seine Frau hatte reale Angst, länger in Berlin zu bleiben, zumal mit dem neugeborenen Sohn. Er selbst konnte sich tatsächlich nicht mehr sicher fühlen und mußte damit rechnen, früher oder später in Prozesse verwickelt zu werden – oder das Objekt eines Anschlags zu werden. Die Drohungen fand er mit Kreideschrift auf seiner Wohnungstür.

(*) Irgendwann im März wurde dann (unklar, mit wem) ernsthaft beraten, ob man mit dem von Feltrinelli gelieferten Sprengstoff ein Schiff, das nach Vietnam auslief, versenken wolle. Es scheint Dutschke gewesen zu sein, der (eigenen Aufzeichnungen zufolge) wegen der Unsicherheit der Akteure und der Risiken »für die Massen« schließlich abgewunken hat. Der Sprengstoff geisterte noch eine Weile in der norddeutschen Szene herum, obsedierte die Mitwisser, wie es immer der Fall war, wenn Waffen einmal im Umlauf waren. Schließlich soll die Spur dieses Dynamits sich (so heißt es) verloren haben. [Vgl. Chaussy, Die drei Leben, S. 223]

Währenddessen nahm das Interesse der »bürgerlichen Öffentlichkeit« an Dutschkes Person frenetische Züge an. So posierte er auf der Titelseite des Wirtschaftsmagazins CAPITAL mit Marxens »Kapital« unter dem Arm. Die Reportertruppe, darunter eine Frau, hatte Wein und Delikatessen aus dem KaDeWe mitgebracht und ihn überredet, sich von Charles Wilp, dem prominenten Werbephotographen, mal auf dem Bett, mal mit rotem Pioniertuch, mal mit den blauen Bänden unterm Arm ablichten zu lassen – Hunderte von Photos, die ähnlich inszeniert waren wie die, die der PLAYBOY in einer berühmten Serie 1960 von Che Guevara geschossen hatte und die längst zu Ikonen geworden waren.[60]

Natürlich brachte der CAPITAL-Titel das Faß des internen Grolls um den Dutschke-Kult zum Überlaufen. Auf einer Sonderkonferenz des SDS Ende März ging das Heft durch die Reihen und erntete giftiges Gelächter. Die KP-Fraktion stellte durch ihren Sprecher Hannes Heer sogar einen Ausschlußantrag gegen Dutschke. Zwar wurde das abgeschmettert. Aber auch unter den Prätendenten des eigenen, »antiautoritären Lagers« war der Pegel an Neid und Rivalität jetzt über die Toleranzgrenze gestiegen. Dutschke selbst war wieder unterwegs – in der Tschechoslowakei, wo ein Frühling ausgebrochen war und er unter gespannter Teilnahme und irritiertem Kopfschütteln der Prager Studenten zur Errichtung einer Räte- und Produzentendemokratie und zur Erneuerung der Kommunistischen Partei durch die Bildung »revolutionärer Fraktionen« aufrief.

Nach seiner Rückkehr gab er dann das eingangs zitierte ZDF-Interview mit Venohr, in dem er alle Ängste vor einem Attentat lächelnd leugnete, aber in feierlicher Form sein Weggehen ankündigte. Dann, am selben 11. April, dem Vorabend des Karfreitag – der Schuß.

MEER DER JUGEND
Eine phantasmagorische Internationale
der Jugend

> Unsere Generation besaß ein geniales Talent zur
> Mimikry. (...) Erschlagen von der gewaltigen Erin-
> nerung an das, was wir nicht erlebt hatten, haben wir
> alles imitiert.
>
> *Alain Finkielkraut*

Die Vorstellung einer internationalen Jugendbewegung gehörte zu
den Suggestionen des historischen Augenblicks von 1968, als alle
Weltereignisse plötzlich einen Kontext zu bilden und eine geschichtliche Strömung zu ergeben schienen.

In Wirklichkeit hatten sie nur wenig oder gar nichts miteinander zu tun: die lateinamerikanischen Studenten, die seit den
frühen Sechzigern Gruppen einer Stadtguerilla bildeten; die Studenten von Berkeley, die ab 1964 mit Sit-ins und Teach-ins gegen
den Vietnam-Krieg protestierten; die schwarzen Panther der
Ghettos, die mit ihren Baretten und Pistolen »Black Power« demonstrierten und sich mit den weißen Cops blutige *shoot-outs* lieferten; die Millionen Rotgardisten in China, die auf den Ruf des
Vorsitzenden Mao zu einem terroristischen Kinderkreuzzug auf-
brachen; die wie Samuraikämpfer gerüsteten japanischen Studenten, die der Polizei Feldschlachten mit Dutzenden Toten und Ver-
wundeten lieferten; die Amsterdamer Provos mit ihren frechen
Happenings und weißen Fahrrädern; die schwerblütigen Berliner
»Antiautoritären« mit ihren pompösen Theoriedebatten und rituellen Springprozessionen im Ho-Ho-Ho-Chi-Minh-Takt; die
Pariser Mai-Revolutionäre, die auf ihren filmreifen Barrikaden
»die Phantasie an die Macht« wünschten und aufs Grab des Unbekannten Soldaten pinkelten; die italienischen Studenten und
Arbeiterjugendlichen, die sich mit den gleichaltrigen Neofaschisten blutige Bataillen lieferten und »befreite Gebiete« errichteten;

die tschechischen Studenten, die den guten Vätern ihres »Prager Frühlings« mit blanken Augen zujubelten und im August 68 mit bloßen Händen die sowjetischen Panzer enterten; oder das verlorene Häuflein junger Dissidenten, die auf dem Roten Platz in Moskau für Minuten ein Solidaritätstransparent entrollen konnten; ganz zu schweigen von den Hunderttausenden Hippies und Blumenkindern, die im Sommer darauf in Woodstock unter den Augen einer televisionären Weltöffentlichkeit »love, not war« praktizierten.

Von einer »internationalen Jugendbewegung« als einem tatsächlichen Gesamtphänomen kann nur schwerlich die Rede sein. Aber inmitten aller faktischen Unterschiede und ideologischen Differenzen gab es doch vage Identifizierungen und Affinitäten, die sich aus einer generationellen Gemeinsamkeit der Anlässe und der Motivationen speiste. Oder jedenfalls gab es die enthusiastische *Vorstellung* einer solchen Gemeinsamkeit – die insoweit dann auch eine Realität war.

Immerhin fallen einige Ähnlichkeiten ins Auge. Dazu gehört das jähe, völlig unvermutete Aufschießen dieser Bewegungen. Eben noch hatten Linke wie Konservative in die Klage über eine völlig unpolitische, nur auf Konsum und Karriere orientierte Jugend eingestimmt – da führte irgendein, gar nicht notwendig dramatischer Anlaß zum Ausbruch.

Das galt nicht nur für die Bundesrepublik, wo eine ganze Serie von Studien und Umfragen seit Anfang der sechziger Jahre den einmütigen Befund erhoben hatten, daß von dieser Jugend »keine gesellschaftsverändernden Impulse zu erwarten« seien (so Ludwig von Friedeburg 1965) und gerade die Studenten in ihrer großen Mehrheit konformistisch, apolitisch, vergnügungs- und karriereorientiert seien (wie eine Allensbach-Umfrage für den SPIEGEL im Winter 1966/67 feststellte).[1] Die Sorgfalt dieser Erhebungen und ihr gleichlautender Tenor läßt keinen Zweifel zu, daß die beschriebenen Bewußtseinslagen real waren. Ebenso real müssen aber auch die latenten Motive gewesen sein, die in der Revolte zum Ausbruch kamen – bis zu dem fast absurden Resultat, daß 65 Prozent aller damals immatrikulierten Studenten im nachhinein angaben, sie seien durch die Ereignisse des 2. Juni 1967 »entscheidend« beeinflußt und politisiert worden.[2]

Ganz ähnlich war es in anderen Ländern. Noch am 15. März 1968 wunderte sich LE MONDE, wieso in Frankreich eine verschlafene Ruhe herrsche, während in Amerika, Deutschland, Italien und anderswo die Jugend auf den Barrikaden sei, und spöttelte: »Man hat es schon erlebt, daß Länder sich zu Tode gelangweilt haben.«[3] Zwei Monate später war Frankreich wie kaum ein anderes modernes Land in Friedenszeiten durch Demonstrationen und einen Generalstreik fast völlig zum Stillstand gekommen.

Selbst Mao Tse-tung hatte sich noch am Vorabend der Kulturrevolution gegenüber seinem Vertrauten Edgar Snow tief pessimistisch über die Jugend seines Landes geäußert. Da sie »noch niemals einen Krieg gekämpft, nie einen Imperialisten gesehen und nie den Kapitalismus an der Macht erlebt« hätten, sei es durchaus möglich, daß »die Jugend die Revolution negieren und eine schwache Leistung erbringen« werde, ja, daß sie »mit dem Imperialismus ihren Frieden machen ... und sich auf die Seite des geringen Prozentsatzes von Konterrevolutionären stellen könnte, die noch im Lande sind«.[4] Auch Mao könnte recht gehabt haben. Die Potentiale von Aufruhr und Gewalt, die wenig später in der »Kulturrevolution« zum Ausbruch kamen, waren latent gewiß vorhanden. Aber sie mußten erst geweckt und entbunden werden. Die Bezeichnung der Mao-Tse-tung-Ideen als »geistige Atombombe« könnte man als Metapher insofern beinahe gelten lassen: Denn was passierte, war tatsächlich eine Art *Kernspaltung* der Jugend.

Zu den Ähnlichkeiten der Jugendrevolten gehörte ihre dominierende linke oder ultralinke Ideologie. Die von Marcuse mit programmatischem Nachdruck eingeführte Bezeichnung einer »Neuen Linken« war insofern zutreffend, als diese Bewegungen tatsächlich »nicht klassenmäßig definiert« werden konnten und sogar »auf den ersten Blick gar nicht politisch erscheinen« mochten, sondern sich eher an Fragen der Kultur oder des Lebensstils entzündeten. Allerdings galt das nur auf den ersten Blick. Und daß sie »durch ein tiefes Mißtrauen gegen alle Ideologie, auch die sozialistische

Ideologie« geprägt gewesen seien, wie Marcuse glaubte, war nur ein weiteres romantisches Mißverständnis des alten Herrn.[5] In Wirklichkeit waren diese radikalen Jugendbewegungen hochgradig politisiert und geradezu süchtig nach Ideologie – unter anderem nach der Marcuses, die ihrem jugendlichen Narzißmus besonders entgegenkam.

Daß der Zug der Zeit derart scharf nach links ging, drückte zunächst einen historischen Pendelschlag aus. Extrem rechte, d. h. mit Nationalismus, Militarismus, Faschismus, Rassismus und Antisemitismus identifizierte Regime und Bewegungen waren durch den Weltkrieg radikal diskreditiert und entzaubert worden, ohne daß nach 1945 eine antifaschistische Linke, wie erwartet, ihren Platz eingenommen hätte. »Nach Hitler kommen wir!« – das hatten Kommunisten wie Sozialdemokraten verkündet. Statt dessen standen in den Hochzeiten des Kalten Krieges eine Phalanx konservativer und antisozialistischer Regierungen im Westen den stalinistischen und poststalinistischen Regimen im Osten gegenüber. So konnte eine »Neue Linke« in den sechziger Jahren als Ausbruch aus dieser erstarrten Weltordnung und als die wahre, uneingelöste Antithese zu den Schrecken des vergangenen Zeitalters erscheinen, als nachgeholte »verratene Revolution«, die eigentlich 1945 fällig gewesen wäre.

Natürlich hatte es notwendig zitathaften und theatralischen Charakter, wenn die »Neue Linke« in den westlichen Ländern auf die ideologischen Erbschaften des vergangenen Zeitalters oder auf den Ideologiefundus der Dritten Welt zurückgriff, auf Marxismus, Leninismus, Trotzkismus, Anarchismus, Syndikalismus, Maoismus, Castrismus usw. Tatsächlich bedienten sie sich der diversen Ideologiesysteme, Aktionsstile und Organisationstypen wie in einem »Großen Basar« (um einen Buchtitel von Dany Cohn-Bendit von 1975 zu zitieren).[6] Nur käme es darauf an, das nicht zu denunzieren, sondern zu dechiffrieren.

Die gängige Vorstellung eines jugendlichen Ausbruchs und Aufbruchs nach Jahren der Windstille und »Restauration« ist allerdings eine mystifizierende Deckerinnerung. Fast verhält es sich umgekehrt: Diese »68er«-Bewegung war selbst schon das *Produkt* einer sozialen Umwälzung, die weit einschneidender war als alle Wirkungen, die man ihr selbst zuschreiben könnte.

Tatsächlich waren gerade in den beiden Nachkriegsjahrzehnten, in denen wir aufwuchsen, die Gesellschaften Westeuropas vollkommen umgekrempelt, das heißt auf neuer Stufe urbanisiert, technisiert, mobilisiert, kommerzialisiert und »amerikanisiert« worden. Die Jahre von 1950 bis 1970 brachten im Vergleich zu den vier Jahrzehnten vorher eine *Vervierfachung* des sozialökonomischen Entwicklungstempos.[7] Und das war nicht einfach eine Frage des wachsenden »Lebensstandards«, sondern berührte sämtliche Aspekte der Existenz der Menschen.

So lebte (nur als Schlaglicht) die Masse der Bewohner der Stadt Paris im Jahr 1948 lebenskulturell fast noch auf dem Niveau von 1900, ohne Bad und eigene Toilette und (wenn überhaupt) mit einer Stromleistung von drei Ampere pro Wohnung, was gerade für eine Glühbirne oder ein Radio reichte. Noch 1953 besaßen nur acht Prozent der französischen Lohnabhängigen ein Auto; vierzehn Jahre später waren es bereits fünfzig Prozent.[8] In solcher nie gekannten Progression änderten sich auch alle übrigen sozialökonomischen Daten – und mit den Lebensverhältnissen die kulturellen Muster und Einstellungen jeder einzelnen Person und Familie.

Ähnlich einschneidend waren die Änderungen des soziologischen Profils der Gesellschaften. Nicht nur die noch vorhandenen homogen ländlichen Milieus lösten sich wie im Zeitraffer auf, sondern ebenso die konsolidierten Arbeitermilieus der Industriestädte. Die Frauenarbeit nahm nach einer kurzen Phase hoher Arbeitslosigkeit sprunghaft zu, vor allem im expandierenden Angestellten- und Dienstleistungssektor. Eine Schicht kleiner und mittlerer Unternehmer etablierte sich als neuer Mittelstand; einige von ihnen (vom Typ Grundig oder Neckermann) begründeten neue, erfolgreiche Großunternehmen im Konsumsektor. Aber auch die Etagen des höheren Managements der etablierten Großkonzerne wurden von sozialen Aufsteigern der Kriegsgeneration geentert, während die alten Wirtschaftskapitäne und Industriedynastien über kurz oder lang abdankten.

Daß dieser rapide Prozeß sozialer Umwälzungen sich überwiegend unter der Ägide konservativer Regierungen vollzog, die politischen Autoritarismus mit einem »wilden« Wirtschaftsliberalismus kombinierten, gehörte zur eigentümlichen Dialektik der Zeit. Das Gespann Adenauer/Erhard war dafür prototypisch und bildete, wie die Bundesrepublik insgesamt, ein stabiles Gravitationszentrum dieser Entwicklungen im zusammenwachsenden westlichen Europa. In der ebenso traditionslosen wie historisch belasteten Bonner Republik war nur besonders markant zu beobachten, was auch in anderen Ländern der Fall war: nämlich eine an Schizophrenie reichende Diskrepanz zwischen den tatsächlichen sozialökonomischen Prozessen und ihren subjektiven Ausdrucks- und Bewußtseinsformen. In den deutschen »Heimatfilmen« der fünfziger Jahre, in Schulbüchern oder Festtagsreden konservativer Ideologen, etwa des katholischen Familienministers Wuermeling, wurde eine vormoderne Idylle kinderreicher Familien und traditionsverbundener Menschen als ungebrochenes Ideal beschworen, während der Konsumgeist der Zeit und die Zügellosigkeit der Jugend heftig angeprangert wurde. Und gegen Diktatur und Kollektivismus der stalinistischen Regime des Ostens wurden nicht zuerst westliche Demokratie und individuelle Freiheit, sondern traditionelle Kollektivwerte von Familie, Religion und Eigentum ins Feld geführt. So bildete eine weitgehend anachronistische Ideologie des »christlichen Abendlands« auch das Fundament der ersten Phase der europäischen Einigung – die alle sozialkulturellen Umwälzungen jedoch nur um so rasanter beschleunigte.[9]

In Wirklichkeit handelte es sich wohl auch weniger um eine offizielle Ideologie und Propaganda, als vielmehr um die spontane Bigotterie großer Mehrheiten, d.h. um ein populäres Ressentiment gegen die Folgen einer Entwicklung, die alle selbst mittrugen und vorantrieben. Es war der nostalgische Wunsch, nach den Verwüstungen und gestohlenen Jahren des Krieges möglichst viel von der zu Bruch gegangenen alten Lebenswelt wiederherzustellen – wenigstens im Privaten oder in der Phantasie. Ein Großteil dieser ersten europäischen Aufbaugeneration war in ihrer neuen Lebenswelt noch gar nicht angekommen und mißtraute der Zukunft auch dann noch, als sie längst begonnen hatte.

Die entscheidende sozial- und kulturgeschichtliche Zäsur ist nach allen neueren Untersuchungen zwischen 1958 und 1960 anzusetzen. Die akute Kriegsangst war trotz anhaltender Krisen (Ungarn, Suez, Berlin) allmählich gewichen, das Vertrauen in eine plurale Demokratie und marktwirtschaftliche Integration Westeuropas unter Einschluß Westdeutschlands war mit der Gründung der EWG 1957 deutlich gestiegen. Eine scheinbar neutrale Ideologie des »Wachstums« überspielte nicht nur die alten Reflexe einer klassengebundenen Politik, sondern lockerte auch tiefverwurzelte Einstellungen zu Inflation, Schulden und Kredit, die von jeher im Zentrum eines rechten oder linken Antikapitalismus gestanden hatten.

Dem Gefühl einer sich unaufhaltsam verändernden Lebenswelt konnte sich jetzt niemand mehr entziehen. Eine ganze Reihe epochaler kulturgeschichtlicher Einschnitte fallen in diese Jahre: der Beginn der bemannten Raumfahrt 1961; die Einführung der »Pille«; der Anbruch des Fernseh-Zeitalters; die allgemeine Automobilisierung; oder die Anfänge des modernen Massentourismus – Phänomene, die die Physiognomie der Gesellschaften grundstürzend verändern mußten. Die politisch-militärische Allianz Westeuropas mit den USA, die im ersten Jahrzehnt noch mit jeder Art von europäischem Kulturdünkel und moralischen Vorbehalten von links wie von rechts einhergegangen war, hatte sich unaufhaltsam ins Alltägliche hinein erweitert und nahm Züge einer neuen kulturellen Symbiose an. Ein jüngeres, urbaneres Publikum nahm die »Amerikanisierung« positiv auf und distanzierte sich gerade damit von einer christlich-konservativen Abendländerei, die immer fiktiver und immer unwahrer geworden war.

Als Elvis Presley 1958 nach Europa kam, soll er aus Teenagern »wilde ekstatische Barbaren« gemacht und junge Mädchen zu »berauschenden sexuellen Handlungen« verführt haben, wie es in einer lüstern heuchelnden Boulevard-Presse hieß.[10] Jahre später traten die Beatles ihren Siegeszug an, dann (noch schlimmer) die Rolling Stones. Das Skandalon der weiblichen Fans, die sich bei ihren Konzerten vor Begeisterung in die Höschen machten, hätte größer nicht sein können – und verrät viel von den aufgestauten psychischen Energien und Spannungen. Zu dieser Zeit erreichte in der Bundesrepublik die 1956 gestartete BRAVO, in der das Ideal des modernen, aufgeklärten Teenagers propagiert wurde, bereits Hunderttausende Halbwüchsiger.

Gerade in Fragen der Geschlechterbeziehungen begann der Problem- und Erwartungsdruck die gesellschaftlichen Barrieren in raschem Tempo zu unterspülen. Zwar bestanden einige rechtliche Anachronismen wie der »Kuppeleiparagraph«, das Werbeverbot für Verhütungsmittel oder das nahezu lückenlose Abtreibungsverbot noch bis in die frühen siebziger Jahre auf dem Papier fort. Auch in anderen europäischen Ländern gab es ähnliche Gesetze. Aber sie waren praktisch kaum noch durchsetzbar. Wie der SPIEGEL 1966 berichtete, trug ein Drittel der Bräute »am Tage der Eheschließung ein Kind entweder auf dem Arm oder unter dem Herzen« – was die Zähigkeit wie die Durchlässigkeit gesellschaftlicher Konventionen bezeugte. Eine neue Zunft von »Sexualpädagogen« und »Sexologen« (nach amerikanischem Vorbild) tat sich auf, teils im akademischen oder sozialen Bereich, teils in der Publizistik. Vor allem Oswalt Kolle gewann durch seine populär sexualkundlichen Artikel in QUICK und NEUE REVUE ein breites Publikum und schickte sich an, durch seinen Bestseller »Das Wunder der Liebe« (1967) sowie eine Serie von »Aufklärungsfilmen« die Stellung eines »Sexpapstes« zu erobern.

Das war nur eine Facette des Einzugs von Sex als Thema Nr. 1 in die illustrierten Blätter und in die Boulevard-Presse, wo ab Mitte der sechziger Jahre die Hüllen fielen. Eine linke Zeitschrift wie KONKRET, die bis 1964 von der DDR finanziert worden war, konnte unter ihrem Herausgeber Klaus Rainer Röhl ihre Finanzlücke schlagartig durch eine neuartige Mischung von Politik und Sex schließen. Mit ihren gerade im Milieu der Traditionslinken scharf verpönten Nacktbildern und ihren unermüdlichen »Aufklärungs«-Kampagnen konnte Röhl die Auflage binnen kurzem über 100.000 treiben.[11]

In vielen Ländern Europas kam es Ende der fünfziger, Anfang der sechziger Jahre auch bereits zu einer ersten Welle von Jugendunruhen. Den »Halbstarkenkrawallen« in der Bundesrepublik nach 1956, die sich bis zu den Schwabinger »Krawallnächten« 1962 sporadisch wiederholten, entsprachen in Großbritannien die regelmäßigen Zusammenrottungen der Teddyboys und die permanenten Klassenkämpfe zwischen Mods und Rockern. In Italien machten die *teppisti* (Rowdys) als Autodiebe und fanatische Raser die Straßen unsicher – ähnlich den nächtlichen Fahrduellen der weißen Vorstadtjugendlichen in den USA (wie in Nicholas Rays Film »Rebels without a cause« von 1955, der in deutscher Fassung unter dem sprechenden Titel »Denn sie wissen nicht, was sie tun« lief). James Dean, der Protagonist dieser ersten Nachkriegsgeneration, raste kurz darauf mit seinem Sportwagen selbst in den Tod. Sinnfälliger hätte er nicht sterben können. Man sprach bereits (ressentimenthaft) von einer wachsenden »Wohlstands-Kriminalität«. In mehreren europäischen Ländern wurden eigens Erlasse zur Bekämpfung des »Hooliganismus« herausgegeben – ein Begriff, der nach 1956/57 auch in der Sowjetunion und anderen Ländern des »realen Sozialismus« ins Zentrum heftiger Polemiken und staatlicher Erziehungskampagnen rückte.

Mit den »Beatniks«* und den Vorläufern der Hippie-Kultur kamen die neuen Mode-Drogen wie LSD und Cannabis sowie eine Art »Drugstore-Spiritualität« (Karl Markus Michel) ins Spiel. 1965 prägte der Beat-Poet Allen Ginsberg den Begriff der »Flower Power« zur Bezeichnung einer jugendlichen Gegenkultur, die sich über Musik und Habitus soweit wie möglich von der weißen Mittelklassenkultur distanzierte. Das war der Beginn der »Hippie«-Bewegung.

Natürlich gab es auch einige stark politisierte Segmente der Jugend, wie überhaupt der Grad politischer Unruhe und das Ausmaß politischer Massenbewegungen Ende der fünfziger, Anfang der sechziger Jahre zeitweise ähnlich hoch war wie zehn Jahre später. So wiesen die Streiks und Kundgebungen in der Bundesrepublik um 1958 – wie Wolfgang Kraushaar in seiner »Protest-Chronik« herausgestellt hat – weit größere Teilnehmerzahlen auf als die entsprechenden Protestaktionen zehn Jahre später.[12]

Noch angespannter war zum Beispiel die Lage in Italien, das 1960 fast am Rande eines Straßenkriegs zwischen Neofaschisten und Kommunisten stand; und ganz ähnlich in Griechenland nach der Ermordung des kommunistischen Jugendfunktionärs Lambrakis 1963. Oder in Frankreich, wo der Algerienkrieg und der Rück-

---

(*) Das Wort »Beatnik« war abgeleitet von *beaten* (geschlagen) wie von *beatific* (zum Glück bestimmt).

zug von dort die Nation zunehmend spaltete. 1962 hatte der Pariser Polizeipräfekt und ehemalige Gestapo-Kollaborateur Maurice Papon unter Demonstranten in Paris ein regelrechtes Blutbad angerichtet. In den USA hatte sich eine neue schwarze Bürgerrechtsbewegung seit Mitte der fünfziger Jahre entfaltet und erfaßte zunehmend Teile der weißen Schul- und Universitätsjugend. Der Marsch auf Washington 1963, auf dem Bob Dylan und Joan Baez sangen und Martin Luther King seine legendäre Rede (»I have a dream«) hielt, war ein erster Höhepunkt.

Das politische Resultat all dieser Krisen und Unruhen war eine fast durchgängige politische Linksverschiebung und demokratische Reformbewegung in der Mehrzahl der westlichen Länder, was mit einer deutlichen Verjüngung des politischen Personals einherging. In den USA verkündete der Demokrat John F. Kennedy bei seiner Wahl 1960 den Aufbruch zu einer »*new frontier*«, vor allem in der Sozial- und Bildungspolitik. Nach seiner Ermordung auf einer Wahlkampfreise im November 1963 – deren Live-Aufzeichnung in bis dahin nicht gekannter, schockierender Authentizität über die Fernseher lief – ging in den spontan angesetzten Trauerkundgebungen und Fackelzügen »halb Achtundsechzig ... zum ersten Mal auf die Straße«.[13] Und wenn sich das Bild Amerikas in den Augen vieler Jugendlicher damit jäh verdüstert hatte, dann leuchtete um so heller die Gestalt Kennedys.

Die Wahl einer Labour-Regierung 1964 in Großbritannien, die gleichzeitige »Öffnung nach links« in Italien, der Wahlsieg der Sozialisten in Griechenland oder die Kampagne der Intellektuellen für die von Grass besungene »EsPeDe« Willy Brandts in der Bundestagswahl 1965 und der Eintritt der SPD 1966 in die Regierung waren weitere kräftige Schübe eines politischen Wandels in Richtung einer »sozialen Demokratie« mit liberalem und säkularem Charakter.

So begann im Laufe der sechziger Jahre in mehr oder weniger allen westlichen Ländern eine sprunghafte Ausdehnung des Bildungssektors. In Frankreich gingen 1968 bereits eine halbe Million junge Leute, rund 16 Prozent des Jahrgangs auf die Universität – doppelt so viele wie in den meisten anderen europäischen Ländern. In der Bundesrepublik stiegen die Studentenzahlen zwischen 1964 und 1974 um mehr als das Dreifache, von 330.000 auf über 1,1 Millionen, davon ein Viertel Frauen. Im gleichen Zeitraum stieg die Zahl der Stellen im öffentlichen Dienst um mehr als ein Drittel – Indikator eines rapiden Ausbaus des Sozialstaates und damit eines Prozesses, den man auch als »Sozialdemokratisierung« der Gesellschaften Westeuropas beschrieben hat. Im kultur- und sozialhistorischen Nachhinein läßt sich leicht feststellen, daß nach allen Parametern, die man anlegen kann, besonders die Jahre zwischen 1965 und 1975 die »glücklichen zehn Jahre« (Heinz Bude) in der Geschichte der Bundesrepublik wie der meisten anderen europäischen Länder gewesen sind.

Nur daß diese Periode weitgehend mit der zusammenfällt, die wir hier als das »Rote Jahrzehnt« beschreiben! Kein Weg führt an der Feststellung vorbei, daß wir – genau wir, die Rebellen, Militanten, Kader, Mitläufer oder wenigstens Sympathisanten einer phantasmagorischen Weltrevolution – die *jeunesse dorée* dieser Nachkriegsjahrzehnte und womöglich des gesamten 20. Jahrhunderts gewesen sind. Es ist dieser Zusammenhang, der einer näheren sozial- oder kulturgeschichtlichen Aufklärung bedarf.

Vielleicht ist es gar nicht möglich, eine Bewegung bis in alle Tiefen und Untiefen hinein erklären und verstehen zu wollen, deren psychische Energien und ideologische Ausprägungen sich derart undeutlich zu den wirklichen Problemlagen der Zeit verhielten, die als politisches Phänomen ephemer geblieben ist und deren Texte großteils unlesbar geworden sind. Aber es sollte möglich sein, einige ihrer treibenden Motive und Mechanismen näher zu umschreiben.

Soviel ist mit bloßem Auge zu erkennen, wenn man den Gleichklang der radikalen Jugendbewegungen in so vielen, ganz verschiedenen Ländern um das Jahr 1968 herum in den Blick nimmt: Im Kern muß es um einen außerordentlichen Konflikt von *Weltkriegs- und Nachkriegsgeneration* gegangen sein. Eine andere plausible Erklärung ist schwerlich zu finden. »In der Kette der Generationen sind Kriege heute Scheidelinien. Der Bruch zwischen den Erfahrungswelten der vor und nach dem Kriege Herangewachsenen war im Falle des großen Krieges der Jahre 1939–1945 besonders tief. Das gilt für weite Teile der Welt. Das gilt insbesondere für die Imperialländer Europas. Das gilt in höchstem Maße für Deutschland.«[14] So Norbert Elias in seinen »Studien über die Deutschen«.

Diese Generationsbrüche wären allerdings genauer zu betrachten. Man hat, um das generelle Verhältnis von Weltkriegs- und Nachkriegsgeneration zu beschreiben, das psychoanalytische Modell vom »Ineinanderrücken der Generationen« verwendet.[15] Gemeint ist eine Situation, in der Kinder die Deutung und Verarbeitung einer traumatischen Erfahrung der Eltern stellvertretend übernehmen – so daß die Geschichte der Eltern die ihrer Kinder zu erdrücken droht. In diesem Sinne hat die Jugendrevolte von 1968, wie Heinz Bude bemerkt hat, viele Züge einer »stellvertretenden Rebellion« getragen, mittels derer die Nachkriegsgeneration neben ihren eigenen Problemen auch die »unbewältigte Vergangenheit« ihrer Eltern zum Austrag bringen wollte. Die Geschichte der Achtundsechziger sei zu wesentlichen Teilen auch »eine Geschichte mißlungener Entidentifizierung von ihren Eltern« gewesen.[16]

Die Fragen von »Schuld« und »Wiedergutmachung«, die sich in Deutschland an den realen oder phantasierten Verstrickungen der Eltern in die Verbrechen des Dritten Reichs entzündeten – oder in den Familien mit »antifaschistischer« Vita am realen oder phantasierten *Versagen* der Eltern –, waren durchaus kein exklusiv deutsches Thema. Auch in anderen Ländern Europas, die während des Weltkrieges von Hitlerdeutschland besiegt, dominiert oder okkupiert worden waren, konnten sich die Nachgeborenen auf ihre Weise »schuldig« fühlen, sei es angesichts der Leiden und des Heroismus der Kriegsgeneration oder umgekehrt angesichts ihres Opportunismus und mangelnden Widerstands. Noch zugespitzter findet sich derselbe psychische Zusammenhang im Zwangsgedanken einer »Überlebensschuld« der davongekommenen Opfer des Holocaust, der sich vielfach auf ihre Kinder übertrug. Die stark ausgeprägte Rolle jüdischer Intellektueller an der Spitze der Jugendrevolten von Berkeley über Warschau bis Paris dürfte ganz wesentlich auch in dieser psychologischen Konstellation begründet gewesen sein.

Der kleinste gemeinsame Nenner aller jugendlichen Renitenzen war das Gefühl einer Entwertung der eigenen Existenz. Die Eltern leiteten aus den schweren Zeiten, die sie (gleich auf welcher Seite der Kriegsfronten) durchgemacht hatten, einen energischen Anspruch auf Gestaltung ihres Lebens nach ihren Vorstellungen her. Ihrem termitenhaften Aufbaufleiß, der sich im fanatischen Drang zum Eigenheim oder zum Automobil niederschlug, entsprach geradezu spiegelbildlich der Drang immer neuer Altersgruppen der Nachkriegsgeneration zur Schaffung eigener Jugend-Subkulturen. Tatsächlich wären die unpolitisch-hedonistischen Subkulturen des Jahrzehnts *vor 1968* mit dem Prädikat »antiautoritär« sehr viel genauer bezeichnet als ihre politisierten Nachfolger. Ihre Träger waren die Kriegskinder, die noch eine mehr oder weniger verschwommene Erinnerung an Kämpfe, Bombardements, Verwüstungen und Besetzungen hatten. Sie, die »zornigen jungen Männer« und »Halbstarken«, die »Teenager« und »Twens« der späten fünfziger und frühen sechziger Jahre, waren vielleicht die *eigentlichen* Pioniere des Ausbruchs aus den Bigotterien der Nachkriegsjahre. Allerdings: nur die Pioniere.

Diese jugendlichen Subkulturen und Dissidenzen wurden aber nicht nur zu Lieblingsthemen der Medien (und sei es unter dem Deckmantel der Empörung), sondern sehr schnell zum begehrten Stoff und Resonanzboden der Unterhaltungsindustrie, die in diesen Jahren einen neuen, epochalen Aufschwung und weiterer Zyklus der Globalisierung erlebten. Die Jugendkulturen begannen in diesen Jahren die Mainstream-Kultur in rasendem Tempo zu infiltrieren und bald schon zu dominieren. Und das mächtigste Medium, das das Lebensgefühl bestimmte, war die Musik. Bands mit Sängern und Sängerinnen, die eben noch auf Off-Bühnen und in Kellerlokalen gespielt hatten, wurden über Nacht zu gottgleichen Idolen. Ihre Versuche, sich durch ständige Steigerung der Dosis musikalischer oder verbaler Provokationen das Image von Rebellen zu erhalten oder auf der Bühne bis an die Grenzen ihrer physischen und psychischen Verausgabung zu gehen, endeten (wie im Falle von Elvis Presley, Brian Jones, Jimi Hendrix, Janis Joplin oder Jim Morrison) in einer Serie öffentlich inszenierter Selbstzerstörungen – die auch etwas von der radikalen Entbundenheit der Zeit verraten.

Im übrigen kündete der Kult um die Popstars und die panerotische Aura, die sie umgab, von etwas viel Allgemeinerem: von der

Tatsache nämlich, daß jugendliche Generationen, und nicht mehr soziale Gruppen und Klassen, zum Hauptträger und zur Avantgarde gesellschaftlicher Modernisierungen und Umwälzungen geworden waren.[17] Die Nachkriegskinder waren nur die Erstabkömmlinge und Vorboten eines weltweiten »Babybooms«, der die Sozialkulturen aller Länder grundlegend verändern mußte. Nicht nur in der Bundesrepublik wurde der »Immobilismus« der Älteren als wachsendes gesellschaftliches Entwicklungshemmnis beklagt. Der sozialökonomische Wandel, schreibt Heinz Bude, sei auf der Suche nach seinem Träger gewesen. »Hier bot sich die Jugend als klassenunspezifischer, aber allumfassender Akteur an.«[18]

Dennoch wäre der Radikalismus der Jugend- und Studentenbewegungen von 1967/68 kaum zu verstehen ohne die Gegenreaktionen der jeweiligen Aufbaugeneration, die nicht nur ihre eigenen, noch längst nicht saturierten Lebensansprüche verteidigte, sondern sich im Kern ihrer Lebensleistung gekränkt und getroffen fühlen mußte. Ihre nach dem Krieg mühsam aufgebauten bürgerlichen oder kleinbürgerlichen »Existenzen« wurden jetzt als wahre Spießerhöllen denunziert und die »autoritäre Kleinfamilie« als der Hort eines alltäglichen Faschismus und einer permanenten Unterdrückung jugendlicher Lebenstriebe entlarvt. Im Film »Easy Rider« ist dieser Konflikt aus jugendlicher Perspektive zum beklemmenden Klima einer universellen Lynchstimmung gegen »Abweichler« und »Außenseiter« in den Kleinstädten und Vororten von *middle America* verdichtet. Dabei war nie genau unterscheidbar, was Realität und was projektive Phantasie war. Jedenfalls blieb der Haß der dissidenten Jüngeren gegen die »Pigs« und »Normalos« wenig schuldig. Es war eine Schaukel gegenseitiger Aggressionen, die das übliche Maß generationeller Auseinandersetzungen immer zunehmend überstieg – zumindest in der Phantasie.

In Wirklichkeit steckte in allem prononcierten Rebellentum natürlich immer auch eine intensive *Identifikation* mit der Elterngeneration. Aufgewachsen mit dem ewigen: »Was wißt denn ihr davon! Euch geht es doch viel zu gut! Macht ihr mal mit, was wir mitgemacht haben ...« versuchten wir, der eigenen, flaumleichten Existenz Gewicht zu geben, indem wir unsere eigenen Kämpfe ausfochten und die Schlachten der Weltkriegsgeneration in verstellter Form noch einmal austrugen – siegreich auf alle Fälle und endgültig zum Guten.

Natürlich boten diese Jugendbewegungen für jede Art von künstlerischen Avantgardismen und intellektuellen Radikalismen, die bis dahin Nischenexistenzen gefristet hatten, den lange erträumten Resonanzboden. Literaten, bildende Künstler, Filmemacher, Wissenschaftler, Journalisten verwandelten sich den radikalen Jugendbewegungen an und traten als ihre Sprecher, Anwälte, Interpreten und medialen Vermittler auf. Die großen Medien wiederum sicherten sich Nachschub für ihren sprunghaft wachsenden Bedarf an Autoren und Machern aus dem Pool jugendlicher Aktivisten – während die Bewegung selbst schon die Basis für eine Menge neugegründeter Verlage, Zeitschriften, Agenturen usw. abgab. Ja, sie war der Nährboden für ein mediales Bonanza, das in vieler Hinsicht mit der heutigen Goldgräberstimmung im Software- und Internet-Bereich durchaus verglichen werden kann – nur daß damals der Gestus von Protest und Verweigerung obligatorisch war.

»In den Buch- und Kunsthandlungen herrscht eine Atmosphäre von psychodelischer Trance, Guerillaromantik und geschmacklichem Raffinement ... Man schwärmt für LSD und Black Power, für Chinesisch-Gelb und Mao-Rot. Das Auge weidet sich an geisterhaften Beatles-Portraits in toxischen Farben ..., an Worpswede-Reprisen in der Manier von Andy Warhol, und der letzte Schrei ist das Mädchenbarett der dreißiger Jahre (Bonnie und Clyde). Wie man in den Delikatessenläden der Madison Avenue die Spezereien von allen Ecken und Enden der Welt zusammenträgt, so züngelt man hier nach immer neuen ›thrills‹ und ›kicks‹, nach neuen Freiheiten, Exaltationen, Skandalen.« So Hans Egon Holthusen als ironisch-distanzierter Beobachter nach einem Besuch in Greenwich Village im Dezember 1967. Zu dieser »Gegengesellschaft zu Park und Fifth Avenue« gehörte »eine Ästhetik des Grindigen und Poweren, eine Lust am Unverputzten und Abgerissenen, am Splittrigen und Fasrigen, eine Passion für das Verlotterte und Abgewrackte«. Er fragt sich: »Warum so und nicht anders?« Und gibt sich selbst die Antwort: »Die unumgängliche Identität der geschichtlichen Stunde mit sich selbst!«[19]

Diese »Identität mit sich selbst« lag in einer prinzipiellen Dissidenz – die sich in einer ständigen, verzweifelten Abwehr gegen die (mit Marcuse zu sprechen) »repressive Toleranz« der Gesellschaft befand. Dieser schillernde Begriff bezeichnete einen Konflikt an zwei Fronten: Nach vorne hin kämpften die progressiven Künstler, Intellektuellen und jugendlichen Dissidenten noch immer mit den »alten« Gespenstern einer globalen Reaktion, wie Imperialismus, Faschismus, Rassismus, Spießertum und kultureller Repression. Aber im Rücken hatten sie es bereits mit den neuen, immer machtvolleren Mechanismen einer universellen »Integration« zu tun, denen sie längst einen Großteil ihrer gesellschaftlichen Wirkung verdankten.

Gerade darin lag wiederum eines der Motive der immer weiter getriebenen Radikalisierung und Totalisierung ihrer Opposition. So schrieb der deutsche Herausgeber einer Anthologie amerikanischer »Underground-Poems« 1967, daß diese Gedichte »schnell gelesen werden« sollten. Denn: »Auch der ›New Radicalism‹ wird einkassiert von einer pluralistischen Konsum-Gesellschaft.«[20] *Radikalismus* war also ein Zustand, der immer frisch erzeugt und neu angeschärft werden mußte.

Die europäischen Jugendbewegungen von 1968, schrieb Norbert Elias, hätten in der verstellten Form einer Kritik der »bürgerlichen Gesellschaft« auf den Verlust einer positiven Identifikation mit der Gesellschaft ihres eigenen Landes reagiert. »Nicht nur der Traum der nationalen Größe und Hegemonie Deutschlands, sondern die globale Vormachtstellung Europas ... zerfiel im Zweiten Weltkrieg.« Überall sei es zu einer tiefen Erschütterung der »*Wir-Schicht*«, des vorherrschenden *sozialen Habitus* der jeweiligen Gesellschaften also, gekommen, die für jede normale Sozialisation nachrückender Generationen von elementarer Bedeutung sei. Dabei handele es sich um kollektive psychische Störungen, die unter Umständen »individuellen Neurosen an Kraft und Leidensdruck kaum nachstehen«.[21]

In anderem, schärferem Licht erscheint dieser Zusammenhang in Pascal Bruckners Polemik »Das Schluchzen des weißen Mannes«. Auf »dem gesamten Abendland«, heißt es dort, laste »der

Verdacht eines Verbrechens«, und als junge Nachkriegs-Europäer seien wir aufgewachsen »in der Gewißheit, daß es im Innern unserer Welt eine wesentliche Untat gab«. Diese historische Untat hieß »Kolonialismus und Imperialismus«.[22] Bruckner zeichnet die verschlungenen Wege nach, wie in der scheinbar so bedingungslosen Parteinahme unserer Generation für die »Dritte Welt« alle überkommenen Züge europäischen Hochmuts und Überlegenheitswahns in neuen, verstellten Formen Wiederauferstehung gefeiert hätten. Nicht nur die Leiden und die Armut, auch die ureigenen Differenzen und selbst die Verbrechen der ehemals Kolonisierten sollten nun auf uns, die Europäer, zurückgehen. Was tatsächlich bedeutete, ihnen eine *eigene* Geschichte abzusprechen und »die wesentliche Freiheit (zu verweigern), nämlich diejenige, Fehler zu begehen und selbst schuldig zu werden«.[23]

Die emphatische Identifikation mit den »revolutionären Befreiungskämpfen« der Dritten Welt sei zugleich aber auch eine patente Möglichkeit gewesen, alle Schuldgefühle und narzißtischen Kränkungen der Europäer auf einen Dritten abzuladen – die USA nämlich als die neue Vormacht des westlichen Imperialismus. »Weder Frankreich noch Italien noch Deutschland konnten es den USA verzeihen, daß sie sie vom nationalsozialistischen oder faschistischen Joch befreit hatten«, schreibt Bruckner lapidar. Und da sie allesamt »politisch zu Zwergen geworden waren, blieb ihnen nur noch die Möglichkeit, in die Haut des Opfers zu schlüpfen«.[24] So, als Parteigänger einer gerechten weltrevolutionären Sache, konnte man sich in der projektiven Identität mit den Kämpfern gegen den US-Imperialismus und mit ihrem Heldentum auch selbst noch einmal neu erfinden.

Vor allem der Krieg in Vietnam wirkte als eine negative Epiphanie, worin das innerste Wesen oder vielmehr Unwesen der USA und der von ihnen repräsentierten »freien Welt« sich endlich enthüllte. Die amerikanische Chronik Reinhard Lettaus, der einige Jahre als Literaturdozent in Kalifornien lebte, erschien unter den Titel »Täglicher Faschismus«. Lettau sah das weiße Amerika verkörpert durch »müßige, vor Langeweile fast ohnmächtige, grell hauteng gekleidete Greisinnen und Greise ... und wellenreitende, braungebrannte

Hünen, riesenhafte Blondinen, stumpfsinnige, brutale Musik«. Und wenn man auch nicht behaupten könne, »daß in Nordamerika schon der Faschismus, wie wir ihn historisch kennen, eingeführt« sei, so sei es doch eine Tatsache, »daß für seine Opfer die Unterschiede zwischen dem täglichen, inzipienten amerikanischen Faschismus und dem offenen, erklärten Faschismus nicht existieren«.[25]

Die klassische Formulierung dieses neuen linken Antiamerikanismus lieferte Hans Magnus Enzensberger mit der Ankündigung vom Januar 1968, seine Stelle als Gastdozent an der Wesleyan University in Connecticut aufzugeben, um nach Kuba überzusiedeln. In seinem (in der ZEIT publizierten) Brief an den Präsidenten der Universität schrieb er: »Der Zustand der Vereinigten Staaten erinnert mich heute, in mehr als einer Hinsicht, an die deutsche Situation in den dreißiger Jahren ... (Die) Methoden der Unterdrückung haben sich seit jenen primitiven Zeiten phantastisch verfeinert ... Es hat mich drei Monate gekostet, bis ich einsah, daß die Vergünstigungen, die Sie mir hier eingeräumt haben, darauf hinausliefen, mich zu entwaffnen ... Ich halte die Klasse, welche in den Vereinigten Staaten von Amerika an der Herrschaft ist, und die Regierung, welche die Geschäfte dieser Klasse führt, für gemeingefährlich ... Sie liegt mit einer Milliarde von Menschen in einem unerklärten Krieg mit allen Mitteln, von Ausrottungs-Bombardements bis zu den ausgefeiltesten Techniken der Bewußtseins-Manipulation. Ihr Ziel ist die politische, ökonomische und militärische Weltherrschaft.«[26]

Dort, in Havanna, wohin Enzensberger reiste, um ein revolutionäres Epos vom Untergang der »Titanic« (als Metapher des Weltkapitalismus) zu schreiben, versammelten sich in diesem heißen Sommer der Revolte ganze Kolonien linker Intellektueller aller Länder, um dem heroisch Widerstand leistenden Kuba ihre tätige Solidarität zu bekunden. »Diese Ausländer, die sich photographieren ließen / auf den Zuckerfeldern von Oriente, das Messer hoch / erhoben, die Haare verklebt, das Kattunhemd steif / von Sirup und Schweiß: überflüssige Leute!« – heißt es in Enzensbergers späterem, distanzierten Poem. Und: »Wir sprachen in einem Kauderwelsch, / Spanisch, Russisch und Deutsch, / von der fürchterlichen Zuckerernte / der zehn Millionen ...«[27] – Castros »großer Sprung nach vorn«, der ebenso im Desaster endete wie Maos Kampagne 1960/61 und ebenso begeistert beklatscht wurde.

Der eigentliche internationale Jugendkult der Zeit galt der Figur des toten Ernesto Che Guevara. Alle hatten seine »Aufzeichnungen aus dem kubanischen Bürgerkrieg« gelesen und es nicht etwa komisch gefunden, dort Macho-Elogen auf »die abgehärteten und edelmütigen Krieger« zu lesen, die weinten, »weil sie nicht die Ehre hatten, bei Kampf und Tod an erster Stelle zu stehen«.[28] Und obwohl (oder gerade weil) die Raketenkrise um Kuba von 1962 noch allen in den Knochen steckte, trieb es einem geradezu heilige Schauer über den Rücken, wenn Guevara mit Castro das »fiebererregende Vorbild« des kubanischen Volkes pries, das jederzeit bereit sei, »sich im Atomkrieg zu opfern, damit noch seine Asche diene als Zement für eine neue Gesellschaft«. Weder das blutige Laientum seines Wirkens in Kuba (wo er als Direktor der Nationalbank kurzerhand das Geld hatte abschaffen wollen) noch der offenkundige Autismus seiner Guerillaunternehmungen im Kongo oder in Bolivien brachten irgendeine Brise der Ernüchterung.

Natürlich war Ches heroisch-illusionärer Versuch, im Hochland Boliviens ein »zweites Vietnam« zu schaffen, Teil einer weltpolitischen Auseinandersetzung, die alles andere als imaginär war. Nicht nur in den Augen der jugendlichen Rebellen, sondern wachsender Teile der internationalen Öffentlichkeit hatte der Vietnam-Krieg mit der Ausweitung der Flächenbombardements und der Entsendung einer halben Million amerikanischer Soldaten 1966/67 Züge eines exemplarischen Bestrafungs- und Vernichtungsfeldzuges der größten Macht der Welt gegen ein kleines, um seine nationale Befreiung kämpfendes Volk angenommen.

Che Guevaras »von irgendwo aus Amerika« gesandte, auf einer Konferenz in Havanna verlesene »Botschaft an die Tricontinentale«* vom April 1967 weitete diesen Konflikt zum Panorama

---

(*) Eine in Havanna tagende Konferenz von Befreiungsorganisationen aus drei Kontinenten, deren Bezeichnung als »Tricontinentale« mehr oder weniger deutliche Anklänge an eine neue »Dritte Internationale« der unterdrückten Völker trug.

eines dritten und letzten Weltkriegs aus, das so ungeheuerlich wie grandios war. Vietnam führe seinen Kampf »in tragischer Einsamkeit«, schrieb er. Es genüge nicht mehr, nur von Ferne Beistand zu leisten, sondern es gelte, das kämpfende Vietnam »bis zum Tode oder bis zum Siege zu begleiten«. Die Stunde sei gekommen, um den Imperialismus der USA, dessen »Verbrechen ungeheuer sind und die ganze Welt überziehen«, auf breiter Front anzugreifen. Jetzt müsse die Devise heißen: »Schaffen wir zwei, drei, viele Vietnam!«

Vor allem die Völker Lateinamerikas sah Guevara prädestiniert, einen Kampf »in kontinentalen Dimensionen« gegen die verhaßten Yankees zu entfachen. Gefordert sei der »absolute Krieg« (sprich: der »totale Krieg«), geführt von »internationalen proletarischen Armeen ... unter der Fahne einer heiligen Sache: der Erlösung der Menschheit«. Die Soldaten der Revolution müßten beseelt sein vom »unbeugsamen Haß dem Feind gegenüber«, einem Haß, der sie »in eine wirksame, gewaltsame, selektive und kalte Tötungsmaschine verwandelt«. Wenn der Imperialismus Zug um Zug angegriffen und eingekreist werde, könne »das große strategische Ziel, die totale Vernichtung des Imperialismus«, schließlich erreicht werden.

Und so endet die Botschaft Ches mit einem apokalyptischen Jauchzen: »An welchem Ort der Tod uns auch überraschen mag, er sei willkommen, wenn unser Kriegsruf nur aufgenommen wird und eine andere Hand unsere Waffe ergreift und andere Menschen bereit sind, die Totenlieder mit Maschinengewehrsalven und neuen Kriegs- und Siegesrufen anzustimmen.«[29]

Dieses frenetisch herbeigesehnte Armageddon blieb aus. Che und seine drei Dutzend Mitkämpfer starben Monate später selbst »in tragischer Einsamkeit«, nicht unter Kriegs- und Siegesrufen, sondern unter bitteren Flüchen, die er seinem bolivianischen Tagebuch anvertraute. Aber der Ruhm des Toten begann den des Lebenden fast sofort zu übertreffen, wie einer seiner frühesten Hagiographen begeistert feststellte: »Die Wände von Studierzimmern auf der ganzen Welt tragen mit Kreide geschrieben die Worte CHE LEBT. Sein Martyrium war die Bedingung, unter der er die Jugend inspiriert hat.«[30]

Daß der märtyrisierte Bruder Che gerade unter der westlichen Jugend das Objekt intensiver Phantasien und Besetzungen wurde, hatte allerdings ganz eigene Gründe. Dazu war er auch ein besonders geeignetes Objekt. Für den Sohn einer weißen, wohlhabenden Familie aus dem bürgerlichen Buenos Aires war die weltrevolutionäre Selbstbeauftragung ein Akt des reinsten Voluntarismus gewesen, mit dem sich die radikalen Studenten und Intellektuellen des Westens unmittelbar identifizieren konnten. Wenn Che schrieb: »Wir werden den Menschen des einundzwanzigsten Jahrhunderts schaffen – *wir uns selbst*«[31], dann klang das wie ein Programm der kulturrevolutionären »Neuen Linken« für den Hausgebrauch.

So war schon der Sartre-Schüler Régis Debray seinem Idol auf eigene Faust nach Bolivien gefolgt (und hatte ihn durch seinen Dilettantismus mit ins Verderben gerissen). Auch Dutschkes Freund Gaston Salvatore, Sohn einer wohlhabenden deutsch-chilenischen Familie, sollte 1969 nach dem Vorbild des Commandante Che nach Chile gehen, um dort eine Guerilla-Front zu eröffnen (spürte aber sofort die Sinnlosigkeit der Sache und sah zu, daß er heil wieder herauskam).*

Daß die Bilder des lächelnden Toten, eingeflogen auf den Kufen eines Hubschraubers und als Trophäe einer angekündigten Konterrevolution den Blitzlichtern der Weltpresse zur Schau gestellt, alles enthielten, was es für einen modernen Mythus des 20. Jahrhunderts braucht, ist auch in der historischen Distanz unbestreitbar. Der COMMANDANTE CHE GUEVARA ist schließlich nicht nur in die linke Folklore eingegangen, sondern zur Ikone einer metropolitanen Pop-Kultur geworden. Und ob man das schön oder schauerlich findet, spielt schon längst keine Rolle mehr.

Die Frage ist nur, was diese Ikone der Jugend des Westens eigentlich zu sagen hatte. Hans Egon Holthusen schrieb (auf dem Hintergrund seiner amerikanischen Campus-Erfahrungen) in einem Essay über »Leben, Tod und Verklärung« des Ernesto Che

---

(*) Gretchen Dutschke zufolge sollte Salvatore für Rudi Dutschke Quartier machen, der an der Spitze einer Freiwilligenbrigade von 50 Leuten mit Waffen auf einem Schiff hätte landen sollen – eine fast karikaturhafte Wiederholung der »Granma«-Aventüre von Castro und Che zu Beginn des kubanischen Bürgerkriegs. [Vgl. Gretchen Dutschke, Ein barbarisches schönes Leben, S. 221 f.]

Guevara damals: »Diese ... extrem autoritätsfeindliche und ehr-furchtslose Jugend: Hier erlebte sie, wie zum ersten Male, die Epi-phanie des Heldischen.« Hier fand sie eine reale Figur, die »die ›klassischen‹ Elemente des Heldischen in chemisch reiner Verhält-niszahl in sich vereinigte: Selbstlosigkeit, Unbedingtheit, Todesver-achtung, Großmut und – Grausamkeit«.[32]

Wenn man fragt, worin diese Bewunderung gründete, muß man nicht allzutief graben. Es sind ganz offenkundig die Tugenden einer vergangenen Weltkriegsepoche, die in der Gestalt eines unbefleck-ten Weltrevolutionärs Wiederauferstehung feierten.

Für die große Mehrzahl der jungen Studenten und Schüler, die 1967/68 *en masse* in die politische Bewegung gerissen wurden, war der Weltkrieg, der das Leben ihrer Eltern so einschneidend geprägt hatte, ein mythischer Nebel, ein Krater, ein »schwarzes Loch« eben, das vor ihrer bewußten Lebenszeit oder Geburt lag – und sie deshalb nur um so mehr okkupierte. Dieses ungeheure Geschehen war mit wachsender Distanz nur immer präsenter geworden, in Filmen und Büchern, in der gesellschaftlichen Erinnerung aller Länder.

Unter den europäischen Jugendlichen flossen, wie schon be-schrieben, in die Entidealisierung der USA und der um sie grup-pierten »freien Welt« allerhand diskret nationale Motive mit ein. Von dieser Position aus wurde auch die Elterngeneration noch ein-mal scharf entwertet, die sich der neuen *Pax Americana* so willig ein- und untergeordnet hatte, nur um unter deren Atomschirm ihre bourgeoisen Spießerexistenzen zu begründen. In der bedingungs-losen Parteinahme für die »nationalen Befreiungskämpfe« der Drit-ten Welt – die in Guevaras Botschaft bis zur apokalyptischen Vision eines dritten, endgültigen und gerechten *Weltkrieges* gestei-gert war – konnte man der eigenen Existenz als Nachgeborener endlich Gewicht und Gestalt geben. In diesem Sinne war der Parti-sanengestus der 68er-Revolutionäre ein Stück phantastisch nach-geholter Weltkriegserfahrung – nicht nur in Deutschland.

Eine der Parolen des Pariser Mai ’68 hieß: »Wenn eine Gesell-schaft alle Abenteuer zerstört, dann ist das einzige Abenteuer, das noch bleibt, sie selbst zu zerstören.« Alain Finkielkraut und Pascal Bruckner haben in ihren generationellen Selbsterforschungen diesen Aspekt noch etwas historisch tiefer grundiert. »Das Jahr 1914 macht Schluß mit dem Heldentum, die Atombombe mit dem Krieg überhaupt«, schreiben sie kurz und bündig. Aber gegen diesen Verlust an romantischer Energie »ist Gott sei Dank noch ein Kraut gewachsen: die *Guerilla*«. Sie bekämpft den technisierten Krieg der Massenheere durch einen anderen Krieg, in dem sich der »ganze Zauber des nomadischen Lebens« entfalten kann. »Sie ist der Kampf derer da unten gegen die da oben, der Kampf der Amateure gegen die Profis, der Einheimischen gegen die Fremden.«[33] So eignete der Guerillero sich als Identifikationsobjekt für alle möglichen Ausbruchsphantasien aus den dichten, überkomplexen und saturierten Gesellschaften des Westens, in einem Zeitalter, worin »die Energie, die einst auf Krieg, Eroberung oder revolutionäre Veränderung verwandt wurde«, nur noch »in die unzähligen Leidenschaften des Privatlebens« eingeht.[34]

Für diese Betrachtungsweise spricht auch, daß die »revolutionären« Jugendbewegungen der Jahre um 1968 in den verschiedenen Ländern schließlich eine sehr unterschiedliche Dauer und Durchschlagskraft entwickelt haben, die auf ihre jeweilige nationale Geschichte und die Stabilität des darin geprägten »sozialen Habitus« zurückverwies.

In Frankreich, das im Mai '68 wie kein anderes westliches Land seit dem Zweiten Weltkrieg tatsächlich am Rande des Ausnahmezustands stand, trafen die linksradikal aufgeputzten Mythen der Revolution und Résistance auf den nicht weniger starken konservativen Mythos der Republik und Nation. Gerettet wurde die Republik aber schließlich nicht von der Armee, die notfalls bereit war, auf den Ruf des Generals de Gaulle nach Paris zu marschieren, sondern vom Millionenaufmarsch Klein-Frankreichs, das im Sonntagsstaat auf den Champs Élysées antrat, um mit der Trikolore seinen bescheidenen Nachkriegswohlstand zu verteidigen. Und endgültig endete die Revolution im Millionen-Stau der »bagnoles«, der Familienkutschen, die – wie von Godard filmisch verdichtet – ins »Weekend«, in die verlängerten Pfingstferien fuhren. So wurde die euphorische Anarchie der Jugend am Ende durch die verbissene Anarchie der Kleinbürger gebrochen.

Gewiß, das intellektuelle, kulturell dominierende Frankreich war noch über viele Jahre linksrevolutionär codiert. Auch dort hat es nach 1968 ein massenhaftes Narodnikitum gegeben, einen großen Zug in die Fabriken und in die Provinz, um dort »die Revolution zu machen«. Aber in der Bundesrepublik würden wohl nur wenige mit einem solch gelassenen Enthusiasmus darüber sprechen wie Serge July, der Herausgeber der aus diesem Umfeld entstandenen Tageszeitung LIBÉRATION, der im Rückblick meinte, der maoistische Radikalismus sei vielleicht notwendig gewesen, um (à la Dostojewskij) »die Sache auf die Spitze zu treiben und alle Avantgardeideologien voll auszuschöpfen«. Letztendlich habe man dabei Erfahrungen in gesellschaftlichen Niederungen und Randbereichen gesammelt, in die man auf bürgerlichen Karrierewegen so niemals eingetaucht wäre. Und schließlich habe man auf Basis eigener Erfahrungsprozesse eine besondere Sensibilität für die Gefahr des Totalitarismus entwickelt. Und das sei »vielleicht die wichtigste Errungenschaft von 68«.[35]

Tatsächlich traf der »Gulag-Schock« 1974/75 (nach der Publikation von Alexander Solschenizyns »Archipel GULag«) die Generation der französischen 68er in besonders intensiver Weise.[36] Die daraufhin ausgerufene *Nouvelle Résistance* gegen den Totalitarismus mochte ihre eigenen komödiantenhafte Züge haben, und ihre historischen und philosophischen Kurzschlüsse (etwa in der Entlarvung der deutschen »Meisterdenker« von Herder über Hegel bis Marx) mochten recht zweifelhaft sein. Wenn André Glucksmann »auf der tätowierten Stirn eines russischen Gefangenen« den plebejischen Freiheitswillen von 1789 wiederfand und die antistalinistischen Rebellionen von 1953, 1956 und 1968 umstandslos mit den Fabrikbesetzungen von 1936, der Résistance gegen den Faschismus oder eben dem Pariser Mai '68 auf *eine* Linie des »Widerstands des Individuums gegen den Staat« brachte[37] – dann trug das noch überdeutlich den Stempel linker narzißtischer Selbsterfindungen. Aber es zeigte auch bereits, wie der grandiose weltrevolutionäre Anspruch sich zunehmend auf ein ziviles, demokratisch-republikanisches Terrain begab und in positiv besetzte nationale Traditionen überführt wurde – eben indem er diese Traditionen um so emphatischer für sich selbst in Anspruch nahm.

Ein ganz ähnliches Bild zeigten, wenngleich in anderer Färbung, die amerikanischen Campus-Revolutionäre der sechziger Jahre. Immerhin bildete sich die radikale Jugendbewegung in den USA vor dem Hintergrund sehr realer, ernster Kämpfe und Konflikte. Es ging um *wirkliche* Weichenstellungen von größter Tragweite: um die Aufhebung der Rassentrennung im Süden, die noch fast einem Apartheid-Regime gleichkam; oder um den Widerstand gegen den Vietnam-Krieg, der sich schon früh zu einem nationalen Trauma auswuchs, sogar für die kriegführenden Regierungsmitglieder selbst. Die Serie von Attentaten (gegen John F. Kennedy, Malcolm X., Martin Luther King und schließlich Bobby Kennedy) verdunkelte auch für reformistisch und hedonistisch gestimmte junge Amerikaner/innen das Bild ihres Landes und ihrer Gesellschaft. Die Deserteursbewegung nahm einen immer größeren Umfang an; in der Armee brachen Meutereien aus, vor allem unter den schwarzen Soldaten, die teilweise mit der Black-Panther-Bewegung sympathisierten. Die schwarzen Ghetto-Aufstände, die nach dem Mord an Luther King im März/April 1968 in über hundert Städten der USA aufflammten, nahmen schließlich offen bürgerkriegsartigen Charakter an und wuchsen sich zu den größten Unruhen dieser Art in der gesamten amerikanischen Geschichte seit dem Bürgerkrieg aus. Und als nach dem Mord an dem Friedenskandidaten Robert Kennedy die Konfrontation der radikalen Kriegsgegner mit Polizei und Nationalgarde am Rande des Parteikonvents der Demokraten in Chicago Ende August 1968 sich zu einer wahren »Nibelungenschlacht der Jugendrebellion«[38] auswuchs, deren rasende Feindseligkeit sich allen Seiten tief einprägte, da konnte es tatsächlich so scheinen, als habe der Vietnam-Krieg auf das Herzland der bürgerlichen Demokratien des Westens übergegriffen.

Der amerikanische SDS (STUDENTS FOR A DEMOCRATIC SOCIETY), der nach den ersten Vietnam-Demonstrationen und Free-Speech-Movements 1964/65 sich in kürzester Zeit aus einer kleinen, radikaldemokratischen Studentengruppe zu einer linksrevolutionären Organisation mit 10.000 Aktiven und noch mehr Mitläufern gemausert hatte, wurde von diesen dramatischen Entwicklungen weit emporgetragen, aber auch überrollt und zerrissen. Auf dem Konvent im Spätsommer 1969 spaltete er sich in eine marxistisch-leninistische Minderheit, der sich auf den aussichtslosen Weg des Aufbaus einer neuen, maoistisch inspirierten Arbeiterpartei (der PROGRESSIVE LABOR PARTY) machte, und eine Mehrheit, die auch weiterhin vor allem auf die radikale Jugend und die Minderheiten setzte.

Zur führenden Fraktion unter ihnen wurden sehr bald die WEATHERMEN, die sich offen dem bewaffneten Kampf verschrieben.* Zu ihrem Appeal gehörte es, daß sie ihren »Anti-Amerikanismus in essentiell amerikanischen Termini ausdrückten«, wie Jeffrey Herf, der sich in dieser Gründungsphase in ihrem näheren Umfeld bewegte, in einer reflexiven Nachbetrachtung schrieb.[39] Sie gingen davon aus, daß in kurzer Frist ein offen faschistisches Regime errichtet würde, während der Kampf auf internationaler Ebene einer Entscheidung zustrebe. Und wie alle, die in den Terrorismus abdrifteten, waren sie von der Formulierung Che Guevaras elektrisiert, daß es für die Revolutionäre der imperialistischen Länder darauf ankomme, den Kampf »im Leib der Bestie selbst« aufzunehmen, zusammen mit den Black Panthers, die bereits die »Speerspitze der Revolution« in den USA bildeten.

Herf erinnert sich an eine Versammlung des »Weather collective« der Columbia Universität im Sommer 1969 in seinem New Yorker Apartment, wo »dreißig Leute auf dem Boden lagen und zwischen Sprechgesängen wie ›pick, pick, pick-up the gun, the revolution has begun‹ damit beschäftigt waren, ›die Monogamie zu zerschlagen‹«. Einige von ihnen kamen gerade aus Havanna zurück, wo sie »mit den Vietnamesen gesprochen« hatten, die sie ermutigten, »eine Front in den Vereinigten Staaten zu eröffnen«.[40]

Vom »Mahlstrom der Jahre 1968 bis 1970«, schreibt Herf, sei ihm am stärksten »der Geschmack von Erfolg, der moralische Absolutismus und die Aussicht auf Macht, gemischt mit einer Sprache der Verzweiflung und Frustration« in Erinnerung geblieben. Es sei schließlich um nichts Geringeres gegangen als »um die Führung

---

(*) Schon der Name war der Mythenkammer der amerikanischen Revolution entnommen. »Weathermen« hatten sich die freiwilligen Wächter und Milizionäre in der Zeit der Unabhängigkeitskriege genannt. Offenbar war der Begriff der Zeile eines Dylan-Songs entnommen, die selbst darauf rekurrierte: *»You don't need a weatherman, to know which way the wind blows ...«*

Der Revolution« – wenn auch nur in der Phantasie. Er erinnert sich auch an die panische Angst, nicht mit von der Partie zu sein, ausgeschlossen und abgehängt zu werden, und sich dabei »schuldig, mickrig und eigensüchtig« vorzukommen; und andererseits an die »Macht der totalitären Konzeption von Gemeinschaft«, die besagte, daß »Politik und Leben eins werden« müßten.[41]

Die WEATHERMEN, geführt von der attraktiven Karriere-Juristin Bernadine Dohrn, die zur meistgesuchten Terroristin der USA avancierte, machten 1969/70 eine Serie von Bombenanschlägen gegen Militäreinrichtungen, Forschungslabors, Bank- oder Konzernzentralen, ohne daß dabei ein einziger Mensch zu Tode kam. Insofern blieben es symbolische Aktionen. Allerdings kamen einige ihrer eigenen Mitglieder beim Bombenbau um. Das war auch schon mehr oder weniger das Ende der Gruppe. Dohrn tauchte für mehr als zehn Jahre unter, arbeitete als Kellnerin, bekam zwei Kinder und stellte sich 1980 der Polizei. Sie wurde auf Bewährung verurteilt.

Jane Alpert, eine ihrer Mitstreiterinnen, die sich bereits 1974 gestellt, ebenfalls schuldig bekannt und zu drei Jahren Haft verurteilt worden war, sagte im Interview mit Dany Cohn-Bendit 1985: »Nie dachten wir, daß wir unser Land verraten würden.«[42] Die konventionelle Formulierung verrät viel – nicht nur über die Bindekraft des »amerikanischen Traums«, sondern auch über den Charakter der Generationskonflikte in diesen Ländern mit einer sozial und mental tiefverwurzelten demokratischen Tradition. Die Empörung über den Vietnam-Krieg war – wie in Frankreich die Opposition gegen den Algerien-Krieg und andere koloniale Interventionen – aus einem Fonds lebendiger Erfahrungen und Enttäuschungen gespeist. Die Entidealisierung der Väter und des eigenen Landes war *schmerzhaft*, gerade weil diese in der Weltkriegsperiode vorher auf der gerechten Seite gestanden und zu den Siegern gezählt hatten.

Um wieviel anders in den Ländern, in denen die Generation der Eltern für eine schmähliche Niederlage in einem Weltkrieg einstehen mußte, den sie in den Augen der Welt verbrecherisch angezettelt und noch verbrecherischer geführt hatte. In den revolutionär auftretenden Bewegungen der Nachkriegsgeneration in Japan,

Italien und Deutschland fehlte gerade dieses Verbindende und Verbindliche, Emotionale und Relativierende. Statt dessen dominierte in ihrer Opposition zur eigenen Geschichte und Gesellschaft das Singularisierende, Abstrakte und Absolute.

Felix Culpa
Vergangenheitsbewältigung als deutsche Selbstfaszination

> ›Ich werde ein Buch schreiben‹, sagte ich zu Burton. ›The title of the book will be *Hate*.‹ (...) ›Ein sehr guter Titel‹, sagte Burton, ›das werden die Leute kaufen ...‹
>
> *Bernward Vesper*

»Wir sind die Schlimmsten, flüstert uns unser krankhafter Narzißmus zu« – schreibt Pascal Bruckner an einer Stelle.[1] In dieser Hinsicht konnten wir unsere französischen Altersgenossen allerdings jederzeit überbieten.

Die Verknüpfung von Narzißmus und historischer Schuld mag auf den ersten Blick paradox erscheinen. Aber gerade die prononcierte Anerkenntnis einer pauschalierten »deutschen Schuld« vermochte uns Nachgeborene, wie wir bald herausfanden, in den Stand einer militanten Unschuld und moralischen Superiorität zu versetzen, der mit »nationalem Masochismus«, wie es ein geläufiges Mißverständnis will, rein gar nichts zu tun hat.

Gewiß, die seit den späten fünfziger Jahren immer präsenter gewordene Verbrechensgeschichte der nationalsozialistischen Ära bedeutete für diejenigen unter uns, die das überhaupt an sich heranließen, ein ursprüngliches Erschrecken, das kaum überzeichnet werden kann. Zwar kannte man längst das »Tagebuch der Anne Frank«, die »Todesfuge« von Paul Celan oder Eugen Kogons »SS-Staat«. Aber noch waren alle Massenvernichtungsaktionen der Nazizeit nur Teil eines chaotischen und mörderischen Gesamtgeschehens namens »Weltkrieg«, dessen epische Schlachten, Bombardements, Gefangenschaften und Völkerwanderungen den Stoff für zahllose Dokumentationen, Spielfilme, Romane oder für die spätabendlichen Erzählungen der Erwachsenen abgegeben hatten. Im Staub und in den Ruinen dieses übermächtigen Geschehens waren wir aufgewachsen, es hatte uns als *Nachkriegs*-Generation weitgehend obsediert und geprägt.

Auch der Erste Weltkrieg war noch von bedrängender Gegenwärtigkeit. Die große Historikerdebatte dieser Jahre (die »Fischer-Kontroverse«) drehte sich um die Frage der deutschen Schuld am Ersten Weltkrieg, die sich zu der am Zweiten Weltkrieg noch hinzuaddierte. »Auschwitz« oder »Treblinka« waren in diesem Wahrnehmungshorizont Namen unter vielen anderen von mythischer Tragweite, wie »Stalingrad« oder »El Alamein«, »Verdun« oder »Versailles«. Um so größer war der Schock, als sich aus diesem Gesamtpanorama das System der nationalsozialistischen *Vernichtungslager* in seiner vollen, monströsen Dimension herausschälte.

Wenn man als Jugendlicher die Weltkriegsepopöen noch mit einer Mischung aus Furcht und insgeheimer Faszination nachempfunden hatte – hier blieb nur ein Gefühl von Taubheit, Horror und Scham, das jegliches lebendige Nachempfinden unmöglich machte. Dies alles war, ob wir es wollten oder nicht, *unsere* Geschichte. Sie bedeutete eine fundamentale Erschütterung der »Wir-Schicht« unseres Bewußtseins, von der Elias gesprochen hat, nämlich den Verlust eines kindlichen Urvertrauens in die Gesellschaft, aus der wir stammten und in der wir aufwuchsen.*

Die erste, vitale und in gewisser Weise lebensnotwendige Reaktion war ein wütendes Bedürfnis nach *Distanzierung*. »Sie« (die Älteren, die Eltern) hatten uns das alles schließlich eingebrockt, ihretwegen waren wir genötigt, uns ewig zu rechtfertigen, waren wir blamiert bis auf die Knochen, standen wir da als Unmenschen und Verlierer der Weltgeschichte schlechthin. In Erwin Leisers Doku-

---

(*) Ein Kapitel für sich sind die damals verbreiteten Rettungs-Phantasien gewesen, einen jüdischen Vater oder eine jüdische Mutter gehabt zu haben. Rudi Dutschke z. B. bildete sich als Kind ein, »daß er ein Jude sei, den die Dutschkes bei sich versteckt hätten«. [Vgl. Gretchen Dutschke, Ein barbarisches schönes Leben, S. 21] In ähnlicher Weise hat sich Hans-Joachim Klein seine Mutter, die kurz nach seiner Geburt Selbstmord begangen hatte, als Jüdin vorgestellt – immerhin auf die sporadische Information gestützt, daß sie wegen »Rassenschande« im KZ Ravensbrück gesessen hatte.

mentarfilm »Mein Kampf«, den ich um 1960 im Kino sah, waren die alliierten Dokumentaraufnahmen der Leichenberge in den befreiten Konzentrationslagern zu sehen – und die Bürger von Weimar, wie sie mit vorgehaltenen Schnupftüchern hinschauen oder wegschauen mußten. Recht geschah ihnen!

Wären wir 1945 nicht noch Ungeborene oder Kinder gewesen, sie hätten uns glatt auch noch mitverheizt in ihrem Größenwahn – so wie Fritz Wepper und die andern Vierzehnjährigen in Bernhard Wickis Film »Die Brücke«. Auch wir waren so etwas wie *Überlebende*, Verfolgte des Naziregimes! Und jeder brave Bürger und Dackelführer (so erklärte ich 1963 auf einer Schulfeier der betreten dreinblickenden Elternschaft unseres Gymnasiums) konnte ein blasser Schreibtischtäter vom Schlage Eichmanns sein.

Gesteigert wurden dieses Bedürfnis nach Distanzierung und Neuerfindung durch die Feindseligkeit, auf die man noch überall traf, wenn man als deutscher Jugendlicher in den fünfziger und sechziger Jahren durch Europa trampte oder reiste. Diese Aggressionen von gleich zu gleich zu erwidern, war kaum denkbar. Was einem blieb, war etwas anderes – eine Position nachsichtiger Überlegenheit, in der man sich bald schon ganz gut gefiel. Über derart primitive Nationalvorurteile wie diese Briten, Holländer oder Dänen waren *wir* längst hinaus. Und wenn man nur einmal die Gelegenheit bekam, dies zu demonstrieren, beim Jugendaustausch in Frankreich oder Amerika zum Beispiel, zeigte man sich als junger »neuer Deutscher« von der allerbesten Seite, war sehr bereit, sich mit der anderen Kultur schwärmerisch zu identifizieren – und erntete dafür großen Applaus.

War das brave Anpassung, gekonnte Mimikry, gelungene *»reeducation«* oder moralische Läuterung? Von allem ein bißchen, vielleicht. Aber im Kern war diese neugewonnene Position aus handfesten Motiven und Interessen gespeist. Es bedurfte nämlich keines besonderen jugendlichen Raffinements, um zu bemerken, daß unser geheimer Bonus gerade die Verbrechen und Feindschaften von gestern waren, denen wir so demonstrativ abschworen. Sie blieben unser unsichtbares moralisches Negativkapital, das unseren Status deutlich erhöhte, das »Pfund«, mit dem wir wucherten. So wie die Bundesrepublik im ganzen, hatten auch wir eine latente *Machtposition* inne, ob wir das bemerkten und ausspielten oder nicht. Von John F. Kennedy bis zum General de Gaulle – alle Besucher richteten feierliche Appelle an die »deutsche Jugend«, die begeistert respondierte. Derart im Zentrum der Weltkonflikte zu stehen, erzeugte Angst und Beklommenheit, aber auch ein Gefühl von Bedeutung. So steckte in der Schale aller Unglücks- und Bedrohungsgefühle, in denen man sich tragipathetisch erging, bereits der Keim eines eigentümlichen neudeutschen Avantgardismus.

Wer waren damals »wir«? Ein jugendlich-intellektuelles Gegenlager, das sich immer deutlicher gegenüber einer vermeintlich hermetischen und erstarrten »Adenauer-Republik« herausbildete und abgrenzte. Noch repräsentierte es nur eine Minderheit, aber es war bereits viel stärker zum Kern und Katalysator einer neuen Zeitstimmung geworden, als man, verliebt in die Position einer »radikalen Minderheit«, eingestehen wollte.

In Wirklichkeit waren die späten Fünfziger und frühen Sechziger »eine herrliche Zeit für einen zornigen jungen Mann«, wie Jörg Lau in seiner luziden Biographie über Hans Magnus Enzensberger schrieb[2], der selbst als Prototyp wie als Protagonist dieser bundesdeutschen Zeitströmungen gelten kann (wenn auch stets eine Länge voraus). In seinen Gedichten und Essays hat Enzensberger in exemplarischer Weise der Melange aus Protest und Narzißmus, aus Paranoia und Euphorie Ausdruck gegeben, die bald zum vorherrschenden Weltgefühl der sich konstituierenden ersten Nachkriegsgeneration wurde, der »58er«, wie man auch gesagt hat.

Ihr Symbol schlechthin war »Die Bombe« – deren übergroße Bedeutung im politischen Diskurs der Bundesrepublik sich »jedenfalls nicht allein aus den tagespolitischen Gegebenheiten erklären« ließ, so Jörg Lau, sondern mit der »Kampagne ›gegen den Atomtod‹ zu einer endzeitlich gestimmten Massenbewegung« anwuchs. In der Bilderwelt der Gedichte Enzensbergers war die Radioaktivität allgegenwärtig:

»heute sind im ural und in arizona / nobelpreisträger in rudeln dabei, / den wirkungsgrad zu verbessern … / aus den türritzen dringt ein tau, / ein ausschlag, feucht und human …, / ein heiserer, hauchdünner schweiß …« – Inbegriff einer unheimlichen, kontaminierten, gespaltenen Welt, Nation und Gesellschaft. Darin imaginierten sich die Deutschen als die ersten Opfer einer neuen Weltkatastrophe – und das hatte sowohl etwas von einem nachgeholten Erschrecken über das Vergangene wie zugleich etwas Befreiendes und Entlastendes. Für eine Welt ohne Atomwaffen einzutreten bedeutete, »ganz nebenbei die Seiten (zu wechseln)« und in der Pose des Gerechten den Siegern von damals gegenüberzutreten.[3]

Enzensberger selbst hat dieses Kunststück in Vollendung vorgeführt. In seinen »Reflexionen vor einem Glaskasten«, geschrieben unter den Eindrücken des Tel Aviver Eichmann-Prozesses von 1961/62 und vor dem Hintergrund der gleichzeitigen Weltkonflikte um Berlin und Kuba, nannte Enzensberger Auschwitz »ein Ereignis, das die Wurzeln aller bisherigen Politik bloßgelegt hat« – nämlich daß Gesellschaft, Religion und Staat ursprünglich auf Verbrechen gegründet seien. Zum Inbegriff des Gewaltmonopols des Staates und Ausweis seiner Souveränität sei inzwischen jedoch »die Verfügungsgewalt über das nukleare Gerät« geworden, die Atomwaffen also. »Dieses Gerät aber ist die Gegenwart und die Zukunft von Auschwitz. Wie will den Genozid von gestern verurteilen oder gar ›bewältigen‹, wer den Genozid von morgen plant ...«[4]

Hannah Arendt, auf deren vielzitierte Formel von der »Banalität des Bösen« sich Enzensberger dabei bezogen hatte, verwahrte sich in einer öffentlichen Replik gegen diese Gleichsetzung eines hypothetischen atomaren »Megatods« mit der realen »Endlösung der Judenfrage«.[5] In einem (nicht veröffentlichten) Brief an den Herausgeber des MERKUR wurde sie noch deutlicher: »Sachlich, und nun ganz entre nous, hätte ich sagen müssen: ›Ich habe Ihnen (Enzensberger) ja nicht vorgeworfen, daß Sie leugnen, daß die Deutschen an Auschwitz schuld sind, sondern daß Sie sich dafür noch eine Feder an den Hut stecken‹.«[6] Um mit unübertroffen spitzer Intuition hinzuzufügen: »*Oh, Felix Culpa!*«[7]

Damit war prägnant bezeichnet, worum es sich handelte: um eine damals zum ersten Mal deutlich zutage tretende Tendenz unter den jüngeren, linken, antifaschistischen Deutschen, sich Auschwitz als eines negativen Mythos zu bemächtigen. Martin Walsers Aufsatztitel »Unser Auschwitz«, mit dem das KURSBUCH im Januar 1965 seine Karriere als intellektuelles Leitorgan einer entstehenden neuen Linken eröffnete, konnte auch als Anspruch verstanden werden: Auschwitz gehört uns!*

Empfindungen authentischer Scham und Schuld mischten sich mit steilen Selbststilisierungen und schwülen Selbstfaszinationen. Die Luft der sechziger Jahre war zunehmend aufgeladen mit literarischen Assoziationen und publizistischen Formeln. Die Biedermänner, unter denen wir leben mußten, waren nur verhinderte Brandstifter. Die blonde Bestie war zum Bundesbürger mutiert und hatte Kreide gefressen. Aber der Schoß war fruchtbar noch. Sie hatten einen KZ-Baumeister zum Bundespräsidenten gewählt, während kritische Intellektuelle schon wieder Pinscher genannt wurden. Unter den Talaren moderte der Muff von tausend Jahren. Die von der Großen Koalition betriebenen Notstandsgesetze (NS-Gesetze!) führten in die formierte Gesellschaft, nach Andorra, in irgendein neues Endspiel. Und wer hatte uns wieder verraten? Sozialdemokraten. Wahrlich, wir lebten in finsteren Zeiten! Gestern hatten sie die Juden und Kommunisten abgeholt, und morgen vielleicht uns ...

In unübertroffener Verdichtung hat Franz Josef Degenhardt dieses Lebensgefühl damals in Liedern wie »Deutscher Sonntag« oder »Feierabend« festgehalten – die ich beinahe süchtig gehört habe: »Vorstadtfeierabend, dick von Fliederduft, Mauersegler zersicheln die Luft ...« Alles ist bedrohlich an dieser Idylle: die gesummten Wiegenlieder, die mümmelnden Greise, der kichernde Küster, das Gelächter, das aus den Kneipen dringt, und die Krägen, die gelockert werden. »Schließ die Fensterläden, bring mir das MG ..., küß mich und dann geh.« Denn: »Diesmal Lodenröcke, dieses Mal, da lauern wir, wir sind diesmal Jäger, in die Falle tappt jetzt ihr ...« Bis der Fliederduft verweht, die Abendglocken verklungen, die letzten Betrunkenen nach Hause geschwankt sind. Dann erst »weicht der Krampf im Bauch, löst sich die Hand vom Stahl, bis zum nächsten Mal«.

(*) Eine frappante späte Bestätigung war die erstaunliche Fehlleistung Walsers in der Diskussion mit Ignatz Bubis 1998, als es ihm entfuhr: Er (Walser) sei schon »in diesem Feld« (Auschwitz) beschäftigt gewesen, als er (Bubis) »noch mit ganz anderen Dingen beschäftigt« gewesen sei (mit profanem Busineß nämlich). [FRANKFURTER ALLGEMEINE ZEITUNG, 14. 12.1998] Auschwitz gehörte also dem, der sich »damit beschäftigt« hatte, mehr sogar als dem, der es überlebt hatte.

Man kann das Lied, mit Abstand betrachtet, hysterisch, demagogisch, fast albern nennen – und dennoch wird es auf den, der dieses Gefühl einmal geteilt hat, noch heute beklemmend und leicht berauschend wirken. In dieses ebenso unbedingte wie imaginäre »Diesmal wir!« läßt sich fast alles fassen, was damals begann. Und es dauerte ein gutes Jahrzehnt, bis sich allmählich »die Hand vom Stahl« löste.

Im nachhinein ist offenkundig, daß wir uns in der Zeit und der Gesellschaft, in der wir lebten, weitgehend vertan und versehen haben. Aber mit uns und vor uns hat das immerhin auch ein großer Teil des intellektuellen Deutschland der sechziger und siebziger Jahre getan. Dieser Knick in der historischen Optik war im ubiquitären Vorwurf der »Restauration« gegen die »Adenauer-Republik« konzentriert und ließ einen weiten Spielraum an Assoziationen, was da alles »restauriert« werden sollte. Ja, die Restauration erschien als »die einzige Kontinuität der deutschen Geschichte«[8] – die sich demnach in einem fehlerhaften Zirkel zu bewegen schien.

Tatsächlich war aber gerade die Bundesrepublik alles mögliche, nur nicht »restaurativ«. Sie war eine radikale, wildwüchsige Neuschöpfung. Wenn diese undurchsichtige Metamorphose für uns, die Kriegs- und Nachkriegskinder, so beängstigende Züge trug, dann wegen der vielen offenen und verschlüsselten Pathologien dieses Prozesses, an dem wir selbst unmittelbar teilhatten.

Im Zentrum der psychohistorischen Diagnose, die Alexander Mitscherlich unter dem eindrücklichen Titel »Die Unfähigkeit zu trauern« 1967 (zusammen mit Margarete Mitscherlich) veröffentlichte, stand das Syndrom einer elementaren narzißtischen Kollektivkränkung »der Deutschen«: durch den verlorenen Krieg sowie vor allem durch die absolute Entwertung der Figur des »Führers«, in der das gescheiterte »Herrenvolk« sich selbst idealisiert und ermächtigt hatte. Angesichts der katastrophalen Niederlage von 1945 und der ans Licht gekommenen Kriegsverbrechen hätten die Deutschen, so Mitscherlich, ihr vormaliges Idol wie einen »Fremdkörper« aus ihrem psychischen Haushalt ausgestoßen und alles, was sie selbst gesehen und getan hatten, bis an den Rand einer »Bewußtseinsspaltung« verleugnet und entwirklicht, um sich so vor dem Kollaps ihrer inflationierten Selbstwertgefühle und dem fälligen depressiven Zusammenbruch zu schützen. Diese manischen Abwehrreaktionen hätten es ihnen unmöglich gemacht, für die Opfer ihrer Eroberungs- und Vernichtungszüge eine lebendige Anteilnahme aufzubringen, oder auch nur um ihre eigenen Gefallenen und kulturellen Verluste in tieferer Weise zu trauern. Der Preis dieser ausgebliebenen Trauerarbeit seien: eine eigentümliche Gefühlsstarre, ein allgemeiner »psychischer Immobilismus« sowie eine anhaltende Realitätsverleugnung, wie sie sich etwa in der Nichtanerkennung der deutschen Teilung und der Gebietsverluste im Osten manifestiere.[9]

So plausibel diese Diagnose erschien, so illusorisch und problematisch waren allerdings die Konsequenzen, die Mitscherlich daraus zog. Tatsächlich ging er davon aus, daß die Bundesrepublik angesichts der bereits erfolgten »wirtschaftlichen Restauration« unter einem unheilvollen, fast unausweichlichen »Wiederholungszwang« stehe – falls sie sich nicht noch zu einer späten therapeutischen Durcharbeitung der eigenen Geschichte bereit finde.[10]

Da es eine Therapie ohne Therapeuten natürlich nicht geben konnte, schon gar nicht für »die Deutschen als Kollektiv« (an die sich Mitscherlich mehrmals ausdrücklich wandte), lief diese Intervention am Ende auf die alte Präzeptorenrolle der »Geistigen« oder, moderner, der Intellektuellen hinaus. In vieler Hinsicht war »Die Unfähigkeit zu trauern« eine vom Philosophischen ins Psychologische gewendete Wiederaufnahme von Karl Jaspers' »Die Schuldfrage« von 1946, des wohl ernstesten und meistdiskutierten Versuchs der unmittelbaren Nachkriegsjahre, die Deutschen zu einer großen historisch-moralischen Selbsterforschung und Läuterung aufzurufen. Das war eine Vorstellung von »Reinigung« durch »inneres Jasagen« zur »deutschen Schuld« und tätige, bewußte »Wiedergutmachung« an den Opfern. »Demut (humilitas) wird unser Wesen«, hieß es da etwa. Der »Weg der Reinigung« sollte zu »Erhellung und Durchsichtigwerden im Aufschwung« führen. »Die Reinigung macht uns frei.«[11]

Von allen sprachlichen Unbehaglichkeiten abgesehen, hört man aus der Distanz wohl deutlich heraus, wie in soviel vorangetragener Demut auch Elemente eines neuen Hochmuts liegen (können) und wie der Astralleib eines gereinigten Überdeutschen sich darin als Wunschbild abzeichnete. Kaum nötig zu sagen, daß die geschichtliche Wirklichkeit viel profaner war. Man fühlt sich an Freuds Bemerkungen über das Gebot »Liebe deinen Nächsten wie dich selbst« erinnert, das er nicht nur für undurchführbar hielt, sondern für eine potentiell neurotisierende Überforderung.[12] Freuds Vorstellung einer möglichen Zügelung des menschlichen Aggressions- und Selbstvernichtungstriebes beschränkte sich, ganz unemphatisch, auf eine im materiellen Prozeß der Zivilisation sich allmählich vollziehende Zähmung oder *Domestizierung*.[13]

Der tatsächliche Prozeß der Umwandlung des hochmilitarisierten und mobilisierten Gesellschaftskörpers des Dritten Reichs in die bundesdeutsche Zivilgesellschaft dürfte diesem Modell einer Zähmung oder Domestizierung sehr viel näherkommen, als sich vom Standpunkt einer idealistisch geforderten und stets versagt gebliebenen Selbstreinigung und Selbsttherapie erkennen läßt.

Tatsächlich konnte sich der Nationalsozialismus als politisches und ideologisches System auch nicht überleben. Man hatte alles auf eine Karte gesetzt, den totalsten aller Kriege geführt, kein Verbrechen gescheut und sich die ganze Welt zum Feinde gemacht. Gerade im eigenen ideologischen Bezugssystem, worin das »Lebensrecht des Stärkeren« an erster Stelle rangierte, trug der Zusammenbruch von 1945 daher Züge eines heidnischen Gottesurteils oder eines Fatums. Für Dolchstoßlegenden blieb danach kein Raum. Hitler und seine Paladine besiegelten mit ihrem Selbstmord, daß ihr archaisches Weltreichsprojekt definitiv gescheitert war. Totaler konnte keine Niederlage mehr sein.

Daß die Mehrzahl der Deutschen ihrem Gröfaz bis hart an den Rand des gemeinsamen Untergangs gefolgt war, hatte längst schon weniger mit heißer Führerliebe und einem »inflationierten Kollektiv-Ich« zu tun, sondern mit der Bindung im kollektiven Verbrechen und der Angst vor den Konsequenzen. Daß man von allem »nichts gewußt« haben wollte, war nur der sicherste Indikator, daß man nichts hatte wissen wollen, was man nicht wissen sollte. Die Stabilität des Nazi-Reichs beruhte selbst von Anfang bis Ende auf einer beinahe systematischen Trennung zwischen einem heroisch-öffentlichen und einem spießerhaft-privaten Leben, zwischen kollektivem Verbrechertum und individuellem Ehrenkodex. Es war eine einzige organisierte Bewußtseinsspaltung, deren schlagendster Ausdruck vielleicht jene massenweise produzierten Filmkomödien von unbeschwerter, zeitloser Heiterkeit waren, in denen kein Nazi, kein Jude, kein Kommunist oder sonst jemand die Spießerseligkeit störte.

Die besiegten Deutschen waren den Siegern wie den rückkehrenden Emigranten denn auch auf eine ganz andere Weise unheimlich, als sie erwartet hatten. Martha Gellhorn, die als Reporterin mit den amerikanischen Truppen im April 1945 ins Rheinland vorstieß, stellte verblüfft und erbittert fest: »Niemand ist ein Nazi. Niemand ist je einer gewesen ... Man fragt sich, wie die verabscheute Naziregierung, der niemand Gefolgschaft leistete, es fertigbrachte, diesen Krieg fünfeinhalb Jahre lang so durchzuhalten.«[14] Als Alfred Döblin Ende 1945 nach Stuttgart kam, sah er die Menschen »wie Ameisen in einem zerstörten Haufen hin und her rennen«. Dabei schien ihm, daß die »Zerstörung ... auf sie nicht deprimierend, sondern als intensiver Reiz zur Arbeit« wirkt. Was ihn auf die hellsichtige Vermutung brachte: »Wenn sie die Mittel hätten, die ihnen fehlen, sie würden morgen jubeln, nur jubeln, daß man ihre alten, überalterten, schlecht angelegten Ortschaften niedergelegt hat und ihnen Gelegenheit gab, nun etwas Erstklassiges, ganz Zeitgemäßes hinzustellen.«[15]

Hans Magnus Enzensberger, der in seinem Buch »Europa in Trümmern« eine Reihe dieser Berichte noch einmal zusammengestellt hat, schreibt: »(Man) begreift die rätselhafte Energie der Deutschen nicht, wenn man sich gegen die Einsicht sträubt, daß sie ihren Defekt zur Tugend erhoben haben. Die Bewußtlosigkeit war die Bedingung ihres Erfolgs.«[16]

Das könnte man als eine Bestätigung der Diagnose Mitscherlichs von der »Unfähigkeit zu trauern« nehmen. Aber es widerspricht ihr ganz und gar, was die Folgen anging. Kein »psychischer Immobilismus«, der sich in einer notorischen »Unfähigkeit zu Reformen« äußere, wie Mitscherlich annahm, war das Signum ihrer Nachkriegskarriere – sondern im Gegenteil eine chamäleonhafte Wandlungsfähigkeit.

Das macht die Sache weder schöner noch sympathischer. Tatsächlich ließ sich ein Gutteil der vielbewunderten Aufbauleistungen nur »mit den Termini der Wirtschaftskriminologie beschreiben«, wie Albert Sellner bemerkt hat. Viele der neuen Unternehmerkarrieren entsprangen »der Schwarzmarktzeit, der Kenntnis alter Wehrmachtsdepots, Devisenschieberei, der Bau- und Bodenspekulation, Subventionsreiterei oder auch Korruptionsgeschäften mit den alliierten Militäradministrationen«. Und wer es nicht verstand, sich die nötigen »Persilscheine« zu besorgen, wer als Flüchtling nicht »die Lastenausgleichsbehörden behumste« oder die Techniken der Steuerhinterziehung und »ausgefinkelten Abschreibungspraktiken« beherrschte, der war eben selber schuld. Dieser zynische Egoismus, den konservative Kulturkritiker als »nackten Materialismus« geißelten, gepaart mit dem, was die Politiker als »Ohnemichel«-Mentalität beklagten, hat letztendlich vielleicht, so Sellner, »das ›kollektivistische‹ Erbe aus Preußentum und Nationalsozialismus gründlicher als alle antifaschistischen Mobilisierungen« beseitigt.[17]

Alles in dieser neuen Bonner Republik war doppelbödig, nichts war wörtlich zu nehmen. So hielten große demoskopische Mehrheiten über Jahrzehnte hinweg die »Wiedervereinigung« als das patriotische Staatsziel Nr. 1 hoch, was die (friedlich-vertragliche) Rückgewinnung der Ostgebiete einschließen sollte. »Dreigeteilt – niemals!« Jenseits dieses leeren Anspruchs waren die Bundesbürger aber weit davon entfernt, die Konsequenzen zu ziehen – zum Beispiel in Gestalt eines gesamtdeutschen Neutralismus oder nur des Versuchs, die sowjetischen Angebote näher auszuloten. Die links- oder rechtsneutralistischen Strömungen konnten zeitweise zwar einige Prominenz und relative Massen aufbieten, vor allem in den Kampagnen gegen die Wiederbewaffnung und die Stationierung von Atomwaffen. Aber bei Wahlen hatten sie keine Chance. Statt dessen entschied sich eine »stille«, aber klare Mehrheit für den Weg einer bedingungslosen Westintegration, wie ihn Adenauer von Beginn an zielstrebig einschlug.

Diese Inkaufnahme der deutschen Teilung wurde selbst zu einem zentralen Modus der »Bewältigung« der Vergangenheit. Wenn Günter Grass 1990 unter allgemeiner Empörung erklärte, daß die deutsche Teilung die historische Sühne für »Auschwitz«

gewesen sei – dann war das in Wahrheit nur die veredelte Version eines entlastenden Aufrechnungsdenkens, das seit Beginn der Bundesrepublik zum psychischen Haushalt der Bundesbürger gehört hatte. Man hatte schließlich »bezahlt« – nicht nur durch die zerstörten Städte und die Millionen Kriegs-, Bomben- und Vertreibungsopfer, sondern auch noch in Gestalt der DDR und der verlorenen Ostgebiete, die als historische Konkursmasse stillschweigend abgeschrieben wurden. Damit hatte man Geschichte gegen Territorium getauscht und konnte neuen Ufern zustreben. Die Kerzen in den Fenstern zum Gedenken an die »Brüder und Schwestern drüben« und die Festreden auf den Vertriebenen-Kongressen waren die bigotten Rituale und Selbsttröstungen, unter denen der Abschied von gestern zelebriert wurde.

Das eigentliche Medium und Symbol aller deutschen Spaltungen dieser Nachkriegsära wurde schließlich »Die Mauer«. Gespalten wurde durch sie nicht so sehr die Nation als vielmehr die einzelnen, jeder auf seine Weise. Im Schutz und Schatten dieses physisch schäbigen, psychisch mächtigen Bauwerks konnte man sich neu erfinden und neu orientieren.[*]

Zur unheimlichen Doppelbödigkeit der deutschen Bundesrepublik gehörte, daß mit ihrer Gründung die »Entnazifizierung« für abgeschlossen erklärt und der öffentliche Dienst wie die bürgerlichen Berufe für Hunderttausende Funktionsträger des zerschlagenen

---

(*) Diese psychische Spaltung ging derart in Fleisch und Blut über, daß man sie nicht einmal mehr bemerkte. Erst der Film eines Jüngeren, Oskar Roehlers »Die Unberührbare«, hat eindrücklich gezeigt, welche Macht und Verführung *Die Mauer* auf die Köpfe unserer Generation ausgeübt hat. Der Film zeichnet ein Psychogramm seiner Mutter, der Schriftstellerin Gisela Elsner, die ihn als Kind fortgegeben hatte, um ihren Ekel an der Welt der Bundesspießer, der »Riesenzwerge« (so der Titel ihres bekanntesten Romans), auszuleben und sich als kommunistische Parteischriftstellerin und strenge, schöne Hohepriesterin eines pharaonischen Lenin-Privatkults neu zu erfinden. Was mit dem Mauerfall 1989 in ihr »wie ein Bovist« platzte und »zu Staub« wurde (wie die Heldin des Films an einer Stelle sagt), war weniger eine politische Überzeugung als eine *künstliche Identität*, die die real existierende DDR nicht etwa als Vorbild, sondern als Projektionsfläche brauchte. Darin liegt die metaphorische Kraft dieser wahren Geschichte.

Dritten Reiches weit geöffnet wurde, darunter auch für schwer kompromittierte. Natürlich war einem konservativen Nazigegner wie Adenauer völlig bewußt, daß er damit moralische Integrität gegen soziale Stabilität tauschte. Er dachte katholisch-pragmatisch. Wie die Weimarer Eliten dem Dritten Reich gedient hatten, so würden die Nazi-Eliten nun der Republik dienen.

Von denen, die ihre Beamten- und Berufskarrieren fortsetzen wollten, wurden kaum Beichten und Bußen, nur klare Anpassungsleistungen gefordert – und in aller Regel auch erbracht. Ein Globke war dann eben nicht mehr Kommentator der Rassengesetze, sondern Chef eines Bundeskanzleramtes, das sich unter anderem z.B. mit der Unterstützung Israels und einer gewissen materiellen »Wiedergutmachung« (nach den schäbigen Grundsätzen eines kollektiven Versicherungsrechts) zu befassen hatte. Und gerade einer wie Seebohm hatte nach Adenauers zynischer Kalkulation dafür zu sorgen, das potentiell revanchistische Potential der »Heimatvertriebenen und Entrechteten« an den Regierungswagen zu ketten, der schon ganz woandershin rollte.

Natürlich änderten viele dieser Ex-Nazis ihre Prägungen und Charaktere nicht so leicht, und manche überhaupt nicht. Man traf sie allenthalben, von giftigem Ressentiment gegen die Zeitläufte zerfressen. Überhaupt gab es in dieser frühen Bundesrepublik eine höchst virulente »nicht-öffentliche Meinung« (Franz Böhm). Die autoritären Charaktere, die die Massenbasis des verblichenen Reiches gebildet hatten, paßten sich den neuen Umständen an – und »dachten sich ihr Teil«. Aber der sadistische Sportlehrer, der uns »hart wie Kruppstahl, zäh wie Leder, flink wie Windhunde« sehen wollte, entlarvte sich damit nur als ein Fossil, das wir anfangs noch fürchteten, später haßten und schließlich nur noch verspotteten. Wenn es einen Autoritätsverfall zwischen den Generationen gab, dann beruhte er gerade auf den vielen Äußerungen eines längst lächerlich, dysfunktional und zahnlos gewordenen Autoritarismus, der weder Furcht noch Respekt einflößte, eher schon allzu billigen Spott.

Diese »deutschen Karrieren« mit ihren getürkten Biographien und Rollenwechseln konnten an Schizophrenie reichen, wie im Falle des Verfassungsrechtlers Prof. Maunz, der die maßgeblichen Kommentare zum Grundgesetz in liberalem Geist verfaßte, während er »privat« und unter Pseudonym (wie nach seinem Tode herauskam) für die NATIONAL- UND SOLDATENZEITUNG hetzerische Beiträge verfaßte. Bezeichnender waren aber die kompletten Metamorphosen – wie die des Aachener Germanisten Hans Schwerte, der seine wissenschaftliche Karriere als Hans Ernst Schneider bei der SS-Ahnenforschung begonnen hatte, bevor er zum Mitbegründer einer modernen bundesdeutschen Literaturwissenschaft wurde[18]; oder die des Journalisten Peter Grubbe, der als Kreishauptmann Claus Peter Volkmann im polnischen Generalgouvernement in Deportationen, Erschießungen usw. verwickelt war, bevor er zu einem der führenden publizistischen Verfechter der Dritten Welt und ihrer Anliegen in der Bundesrepublik wurde.[19] Auch der SPIEGEL-Redakteur Georg Wolff, seit 1968 einer der sympathisierenden Gesprächspartner einer Neuen Linken, stellte sich als gewesener SS-Offizier heraus.[20] Diese deutschen Biographien, die Legion sind, spiegelten die Doppelgesichtigkeit und Metamorphosen der Republik selbst.

Die Rede von den »alten Nazis« war ohnehin eher geeignet, den Blick zu trüben, als zu schärfen. Die Eliten des Dritten Reichs waren (neben der stalinistischen Nomenklatura) die jüngsten ihrer Zeit gewesen. Viele von denen, die im Dritten Reich von der Universität oder Schulbank weg ihre kurzen Karrieren gemacht hatten und 1945 um die dreißig Jahre alt waren, dürften mit den jungen Soldaten, »Flakhelfern« oder BDM-Mädeln noch ein Segment jener vielzitierten, von Helmut Schelsky plastisch beschriebenen »skeptischen Generation« gebildet haben, die sich im ersten Nachkriegsjahrzehnt ganz auf Ausbildung und Beruf konzentrierte und mit Ideologie und Politik möglichst wenig zu tun haben wollte.[21] Und nicht wenige dieser jungen »alten Nazis« werden zu denen gehört haben, die sich dem neuen Stil der Zeit anverwandelten, der in der Architektur wie in den Interieurs statt auf bürgerlich-plüschige Behaglichkeit nun auf kühle Sachlichkeit und karge Abstraktion setzte. Sie waren alles andere als »Ewig-Gestrige«, vielmehr hochanpassungsfähige Modernisten – ohne Rücksicht auf Verluste. Die spätere Parole der linksradikalen AUTONOMEN »Haut weg den Scheiß!« wurde im Städtebau oder den Industrialisierungsprogrammen der fünfziger/sechziger Jahre längst schon praktiziert.

Der eigentliche soziokulturelle Umschwung läßt sich allen Untersuchungen zufolge auf die späten fünfziger Jahre datieren, etwa um das Stichjahr 1958 herum, als »sich die demoskopischen Indikatoren einer neuen westdeutschen Mentalität« häuften.[22] So kam Ralf Dahrendorf in Auswertung empirischer Untersuchungen 1961 bereits zu dem Urteil, daß »im Gegensatz zur heroischen, gemeinschaftsbetonten, arbeitsamen Vergangenheit« nunmehr »persönliches Erfolgsstreben, Freizeitorientierung, Konsumorientierung, Individualismus, betonte Ablehnung aller militärischen Disziplin, Sachlichkeit, Materialismus« die dominanten Werte und Verhaltensmuster der Bundesbürger geworden seien.[23]

Offenkundig waren es diese Änderungen des sozialen Habitus, die – mehr als alle Bemühungen um Aufklärung, Erziehung und politisch-moralische »Läuterung« – auch eine wachsende Bereitschaft mit sich brachten, nach einer langen Phase der manischen Abwehr oder des »kommunikativen Beschweigens« (wie Hermann Lübbe über die fünfziger Jahre gesagt hat) sich der NS-Vergangenheit wieder stärker zu stellen oder sie neu zu erkunden.

Eine gewisse historische Distanz scheint generell notwendig gewesen zu sein, um über die eigentlichen, durch den Krieg nicht gedeckten Massenverbrechen zu sprechen. Wenn der Mord an den europäischen Juden (der später als »Holocaust« bezeichnet wurde) erst Anfang der sechziger Jahre mit seiner monströsen Systematik und seinen ungeheuerlichen Umständen ins Bewußtsein der deutschen Öffentlichkeit rückte, dann entsprach das – bei allen Unterschieden der Motive – den Zyklen von Gedächnis und Erinnerung in den anderen Ländern des Westens wie des Ostens, und selbst innerhalb Israels und der jüdischen Gemeinschaft als ganzer.

Teilweise nahm das Interesse an diesen Themen sogar schon fieberhaften Charakter an. Die 16 Folgen der 1960/61 ausgestrahlten Fernsehserie »Das Dritte Reich« wurden von 60 Prozent aller Zuschauer gesehen – einem Fünftel der Gesamtbevölkerung![24] Mit welchen Motiven und Reaktionen, bleibt allerdings offen. Daß sich der Nationalsozialismus mit seiner Ästhetisierung des Politischen, dieser Mischung aus »Kitsch und Tod« (Saul Friedländer), in besonderer Weise auch zum Gegenstand medialer Neugierde und spekulativen Interesses eignet, mag damals noch nicht ganz sichtbar geworden sein. Aber eine latente »Faszination des Bösen«

machte sich schon in den ersten, noch streng politisch-pädagogisch gefaßten Dokumentationen und Theaterstücken (wie Peter Weiss' »Ermittlung« oder Rolf Hochhuths »Stellvertreter«) geltend und begann, sich mit den Bemühungen um Aufklärung und »Bewältigung« unauflöslich zu vermischen.

Mit Blick auf die inneren wie die äußeren Weichenstellungen der frühen Bundesrepublik hat Thomas Schmid die paradoxe Frage oder These formuliert, ob nicht die »Richtigen«, d.h. diejenigen, die eindeutig in demokratischer Tradition standen und vielfach sozialistische Lösungen befürworteten, nach 1945 vermutlich die falschen Entscheidungen getroffen hätten; während die »Falschen«, die eher obrigkeitsstaatliche Traditionen vertraten und etablierte wirtschaftliche Machtverhältnisse konservieren wollten, die richtigen Entscheidungen trafen, die hauptsächlich mit den Stichworten Westbindung, soziale Marktwirtschaft, Verfassungsstaat und Föderalismus umschrieben sind.[25]

Diese Frage ließe sich für die intellektuelle Entwicklung der Bundesrepublik ganz ähnlich stellen. Wer waren eigentlich die Konservativen, und wer waren die Modernen? Wer stand für eine Verwestlichung und wer dagegen? Das ist nicht leicht zu beantworten. Wenn Hans Maier sagte, der einzige wirkliche Systemveränderer der Nachkriegszeit sei Ludwig Erhard gewesen, dann trifft das zwar die Wirkungen, aber kaum die Absichten des Mannes.[26] Dagegen stimmten rechte wie linke Intellektuelle, von Friedrich Georg Jünger bis Adorno und Horkheimer, auf die ersten Prosperitätszeichen der jungen Republik hin die große Klage über die »technische Zivilisation«, die »verwaltete Welt« und die »Massengesellschaft« an, die zur »totalen Entfremdung« und »seelischen Uniformität« führe. Die Formeln und Begriffe waren weitgehend austauschbar.

Von diesem *cantus firmus* (Axel Schildt) der linken wie der rechten Kulturkritiker setzte sich in den Debatten der fünfziger Jahre immer deutlicher eine Schule »moderner« Konservativer ab, die es – wie Hans Freyer in seiner 1955 erschienenen »Theorie des gegenwärtigen Zeitalters« – für das Gebot der Stunde hielten, statt über die Entfremdung zu klagen, über die Möglichkeit nachzudenken, »der Entfremdung gewachsen zu sein«. Helmut Schelsky polemisierte gegen überlebte Vorstellungen von der »Einsamkeit des Großstädters«. Und Friedrich Sieburg postulierte geradezu: »Ohne Krise macht das ganze Leben kein Vergnügen.«[27]

Während diese modernen Neokonservativen sich als wahre Bewegungspartei und Protagonisten einer »Ideologie der Ideologielosigkeit« präsentierten, wurde der »kulturpessimistische Part der Gegenwartsdiagnostik ... immer mehr von der als ›links‹ wahrgenommenen ›Frankfurter Schule‹ ... gespielt«.[28] Zwar sollte das 1951 wiedergegründete Institut für Sozialforschung die Methoden der empirischen amerikanischen *social research* für eine erneuerte deutsche Soziologie fruchtbar machen. Tatsächlich lag die politisch-ideologische Wirkung der Präzeptoren des Instituts auf ihre jugendlichen Auditorien aber ganz umgekehrt in einer hermetischen Kulturkritik, deren implizite oder explizite Stoßrichtung sich zum Teil gegen die rapide Verwestlichung und Amerikanisierung der Bundesrepublik richtete.

Die Frankfurter Kritischen Theoretiker waren Teil eines wachsenden intellektuellen Gegenlagers zur »Adenauer-Republik«, das – nach der »Spiegel-Affäre« von 1962 – bereits erste Züge einer (informellen) außerparlamentarischen Opposition annahm. Ein beachtliches und zunehmend meinungsführendes Segment der Schriftsteller, Publizisten, Künstler und Wissenschaftler begann in diesen Jahren, die Kulturkritik in eine erneuerte Kritik von Klassen- und Produktionsverhältnissen zu überführen – in kategorischem Widerspruch zum »Godesberger Programm« der Sozialdemokratie, das die eingetretenen sozialökonomischen Entwicklungen pragmatisch anerkannt hatte. Man findet in den Zeitumständen mancherlei Plausibilitäten, aber kaum zwingende Gründe für diese forcierte neo- (oder auch pseudo-) marxistische Linkswendung.

Auch hier war nichts wörtlich zu nehmen. Es handelte sich beileibe um keine Hinwendung zur (erodierenden) Arbeiterklasse, sondern um eine forcierte Geste des Ekels am (expandierenden) Kapitalismus ringsum. So war es ein weltanschaulich kaum links einzuordnender Autor wie Rolf Hochhuth, der in einem Spiegel-Essay (»Der Klassenkampf ist nicht zuende«) 1965 verkündete, das dumme Wort von der »Sozialpartnerschaft«, das die neue Regierung Erhard zu ihrem Programm erhoben hatte, sei nichts als

Camouflage, unter deren Schutz »die reichen Asozialen die totale Machtergreifung vollziehen«. Hochhuths Pamphlet reizte Ludwig Erhard auf einem CDU-Wirtschaftstag dann zu der berühmt-berüchtigen Replik: »Da hört bei mir der Dichter auf, da fängt der ganz kleine Pinscher an.« Dieses geflügelte Wort galt fortan als Ausweis eines »restaurativen« Antiintellektualismus, der sofort Assoziationen an die nationalsozialistische Bücherverbrennung nahelegte – wie auch Hochhuth mit der »totalen Machtergreifung« natürlich die einschlägigen Konnotationen benutzt hatte.

Im Zuge dessen wurde »Faschismus« zum Allerweltsbegriff, der den des »Nationalsozialismus« zunehmend substituierte. Bezeichnender Weise war es mit Ernst Nolte ein Konservativer und Heidegger-Schüler, der durch seine große Studie »Der Faschismus in seiner Epoche« (1963) diesen Terminus – der bis dahin fast als kommunistischer Kampfbegriff gegolten hatte – unter allgemeinem Beifall von links wieder in den wissenschaftlichen Diskurs der Bundesrepublik einführte.[29] Noltes ambitiöser Versuch ging darauf hinaus, den deutschen Nationalsozialismus als eine besonders radikale Version des »Faschismus« zu interpretieren, dessen eigentliche Triebkraft der gegenrevolutionäre Affekt gegen Marxismus und Bolschewismus gewesen sei und der als bürgerliche Replik auf die Oktoberrevolution ein allgemeines Epochenphänomen dargestellt habe. Der Antisemitismus der Nazis und ihre deutsch-völkische Rassenpolitik erschienen dann als ein sekundäres Phänomen oder als bloße demagogische Verkleidung – genau so, wie es auch die Kommunisten von jeher behauptet hatten.[*]

In diesen frühen Bemühungen, die Geschichte des Nationalsozialismus ein Stück weit zu normalisieren und zu »entsorgen« (um diesen polemischen Begriff des späteren »Historikerstreits« aufzunehmen), zeigte sich eine deutliche Konvergenz »linker« und »rechter« Interessen – auch wenn sich die Wege dann wieder trennten.

(*) Damit, so hat Nolte jüngst noch erklärt, habe er »der marxistischen Auslegung ein gutes Stück näher« gestanden als der »klassischen Totalitarismustheorie«. [Vgl. François Furet/Ernst Nolte: ›Feindliche Nähe‹ – Kommunismus und Faschismus im 20. Jahrhundert. Ein Briefwechsel, München 1998, S. 40 f.]

Während für Nolte die Faschismen letztlich auf ihr »ursprüngliche-res« Schreckbild und Vorbild, den Bolschewismus, zurückverwie-sen, gehörte für die neomarxistische Linke der Begriff des Faschis-mus in den Kontext des Kapitalismus und Imperialismus. Das aus der Vorkriegszeit stammende Diktum Max Horkheimers »Wer aber vom Kapitalismus nicht reden will, sollte auch vom Faschis-mus schweigen« wurde gegen den erbitterten Protest seines Autors zur zeitlosen Maxime erhoben. Als skandierter Slogan hieß das 1968 dann etwa: »KAPITALISMUS FÜHRT ZUM FASCHISMUS, KA-PITALISMUS MUSS WEG!«

Der »latente Faschismus« des Systems oder eine universelle Ten-denz der »Faschisierung« wurden damit zu einem Hauptvorwurf gegen die bürgerliche Gesellschaft, wo »Ausbeutung« oder »Ent-fremdung« alleine nicht hinreichten, um eine derart radikale Fun-damentalkritik und Gegnerschaft zu begründen. In einer flankie-renden Operation wurde der geläufige Begriff des »Totalitarismus« von den kommunistischen Diktaturen des Ostens abgezogen und auf den Faschismus als Form einer offenen bürgerlichen Klassen-diktatur konzentriert. Natürlich trug das auch Züge einer polemi-schen Retourkutsche gegen den antikommunistischen Gebrauch des Totalitarismus-Begriffs. In der marxistischen Theoriezeitschrift DAS ARGUMENT wurde das wie folgt unterschieden: »Im Fa-schismus setzte sich ein partikulares Interesse total durch, im Bol-schewismus soll sich erstmals in der Geschichte das Interesse der Allgemeinheit total ... durchsetzen.«[30] Faschismus war somit der Inbegriff der »repressiven«, »autoritären«, kurz, der »totalitären« Tendenzen der bürgerlich-kapitalistischen Gesellschaft selbst.

Einer neueren Untersuchung über »Die intellektuelle Gründung der Bundesrepublik« zufolge soll der Einfluß der Frankfurter Schule vor allem auf den politisch-pädagogischen Interventionen beruht haben, mit denen ihre Vertreter, und besonders Theodor Adorno, in die nach 1958 neu aufbrechende Debatte über die »Bewältigung der Vergangenheit« eingegriffen haben. Ihnen wäre es demnach wesentlich zu verdanken, daß »die Beschäftigung mit dem Nationalsozialismus zu einer staatlichen, gesellschaftlichen und politischen Daueraufgabe wurde, an die jede Generation neu herangeführt wird«.[31] Während revisionistische Autoren von Schrenck-Notzing über Mohler bis (neuerdings) Mahler in den jüdischen Vätern der Kritischen Theorie die Dämonen eines Prozesses des nationalen Identitätsverlustes und der kulturellen Selbstentfremdung der Deutschen gesehen haben, meinen die Autoren dieser Untersuchung genau reziprok, daß erst mit Vorträgen und Texten wie Adornos »Aufarbeitung der Vergangenheit« (1959)[32] oder »Erziehung nach Auschwitz« (1966)[33] die Deutschen wieder »ihre kulturelle Identität« gefunden hätten. Erst mit der entschiedenen »Internalisierung« der deutschen Schuld, wie sie die Kritische Theorie vorschlug, habe das Fundament einer *neuen Nationsbildung* gelegt werden können.[34]

Solche verfassungspatriotischen Umdeutungen der kritisch-theoretisch inspirierten Protestjugend zur Gründergeneration unterstellen (genau wie die Gegenthesen der national-fundamentalen Kritiker) ein frommes Lehrer-Schüler-Verhältnis, wo es sich tatsächlich um Prozesse einer wilden Aneignung handelte. Verfehlt wird aber auch die radikale Negativität der fraglichen Texte selbst. Adornos kategorischer Imperativ, alle Erziehung und Bildung darauf auszurichten, »daß Auschwitz nicht sich wiederhole«, wäre ja eine bare Selbstverständlichkeit und leere Deklamation gewesen, hätte er nicht unter der viel weitergehenden Annahme gestanden, daß »die objektiven gesellschaftlichen Voraussetzungen ...‚ die den Faschismus zeitigten«, *unverändert* und womöglich sogar *gesteigert* fortbestehen. Dazu zählte er eine »ökonomische Ordnung«, die die Majorität der Bürger in Abhängigkeit und Unmündigkeit halte; und eine »zur Totalität ausgebreitete Kulturindustrie«, die den universellen »Verblendungszusammenhang« immer dichter knüpfe und damit »das totalitäre Potential« ständig erneuere.[35]

Diese Diagnose bezog sich aber nicht speziell auf die deutsche Bundesrepublik, sondern galt für die gesamte bürgerlich-kapitalistische Welt, und an erster Stelle für ihre Leitmacht, die USA. Daß dieser Welt des Westens im Osten ein »totalitärer Sozialismus« mit expansionistischen Tendenzen gegenüberstand, bedeutete nur eine zweifache Fatalität.[36] Adorno hielt es (wie Enzensberger) für offenkundig, »daß die Erfindung der Atombombe ... in denselben geschichtlichen Zusammenhang hineingehört wie der Völkermord« (sprich: Auschwitz). Ja, er ging davon aus, daß diese Massenvernichtungsmittel angesichts der »Bevölkerungsexplosion« in der Dritten Welt demnächst schon zur »Tötung ganzer Bevölkerungen« eingesetzt werden könnten.[37] Hier dachte Adorno 1966 offenkundig an Vietnam – ohne etwa vom »Nationalismus der sogenannten unentwickelten Länder« das geringste Heil zu erwarten, ganz im Gegenteil.[38]

Das »ganze Grauen« und »vollends Bestürzende« dieser barbarischen Weltzustände lag für Adorno aber in der Feststellung, »daß dieser Trend mit dem der gesamten Zivilisation verkoppelt ist«. Die moderne technische Zivilisation selbst bringe autoritäre, manipulative, emotionslose, technokratische Charaktere vom Schlage eines Höss oder Eichmann *en masse* hervor. Diesen Zivilisationstrend bekämpfen zu wollen »heißt soviel wie gegen den Weltgeist sein«.[39] Das einzige, was sich allenfalls tun lasse, sei, der »Kälte der gesellschaftlichen Monade ... zum Bewußtsein ihrer selbst zu verhelfen«, d.h. den schwachen, von einer blinden und gefährlichen Wut gegen die Zivilisation erfüllten Individuen doch eine gewisse »Kraft zur Reflexion, zur Selbstbestimmung, zum Nicht-Mitmachen« einzuflößen.[40] Durch die Verbindung von Aufklärung und Erziehung mit ein »paar unverwüstlichen Propagandatricks« lasse sich vielleicht unter dem breiten faschistischen Potential »eine Art Schutzimpfung« durchführen.[41] Nach dem etwas zynischen Ton zu urteilen – eine Hoffnung wider alle Einsicht.

Auf solche Texte wäre diese deutsche Bundesrepublik »intellektuell gegründet«? Man darf das redlich bezweifeln. Auf solche Texte ließ sich überhaupt keine Republik dieser Welt begründen. Was mit dem vermeintlich praktischen Postulat begann, alle Erziehung und Aufklärung darauf auszurichten, daß »Auschwitz nicht sich wiederhole«, landete binnen weniger Sätze schon bei der Beschreibung eines universellen Weltverhängnisses, eines drohenden *Welt-Auschwitz*, das dem Trend der gesamten Zivilisation entsprach. Wer sich in dieses Theorie-Labyrinth tiefer hineinarbeitete, der fand sich bald genug im Herzen der Finsternis und erhielt (wie Joseph Conrads Held Marlow) als letzte Auskunft nur: *Das Grauen, das Grauen ...*

Wollte man daraus Maximen einer staatsbürgerlichen Erziehung oder Rahmenrichtlinien für Oberschulen destillieren, mußte man sich diese Texte mindestens so eigenmächtig zurechtlegen, wie es auf der anderen Seite die jugendlichen Rebellen taten, die die Kryptogramme aus dem beschädigten Leben des Emigranten als Kultformeln ihrer eigenen existentialistischen Weltgefühle verwendeten. »Es gibt kein richtiges Leben im falschen. – Das Ganze ist das Unwahre. – Im Faschismus ist der Alp der Kindheit zu sich selber gekommen. – Normal ist der Tod.«[42] Genau, so war's. Das traf exakt den Nerv unserer Lebensgefühle als »Fremde im eigenen Land«. Auch wir waren eine Art Emigranten. Auch wir schärften und trainierten den unversöhnlichen Blick auf eine »falsche«, »unwahre« prosperierende Gesellschaft ringsum. Noch die Paradiese der Kindheit erschienen im nachhinein wie ein langer Ritt über den Bodensee, vom Alp des Faschismus bedroht.

Mit Adorno, schrieb Michael Rutschky, habe man damals »Kritik als intellektuelle Lebensform ausgebildet« und einem »Rausch der Verallgemeinerung« gefrönt. Dem Meister wurde eine »Kritik des gesellschaftlichen Prozesses« zugeschrieben, welcher »allem Besonderen das Leben aussauge, so daß am Ende *die Gesellschaft* als ein wimmelndes Getriebe von galvanisierten Monstren existiere, bei denen es beinahe gleichgültig sei, ob sie leben oder schon tot sind«. Ausgerüstet mit diesem esoterischen Weltwissen, brauchte man dann bloß die Zeitungen aufzuschlagen »und erlebte schon diesen Rausch der Verallgemeinerung«.[43]

Diese »Aneignung« der Kritischen Theorie trug streckenweise Züge einer regelrechten *Expropriation* (im materiellen wie im intellektuellen Sinne). Erst die Raubdrucke der entstehenden Studentenbewegung mit ihren Vorworten und Anmerkungen, die nach eigenem revolutionären Gusto verfuhren, haben denn auch die vollständige Publikation der Hauptschriften der Kritischen Theorie aus den dreißiger und vierziger Jahren (und zuletzt auch der »Dialektik der Aufklärung« 1969) erzwungen.[44] Adorno hatte schon recht, als er in einem Interview sagte, er habe doch schlechterdings »nicht ahnen können«, daß Leute seine Theorien »mit Molotow-Cocktails verwirklichen« wollten. Schließlich habe er »niemals irgend etwas gesagt, was unmittelbar auf praktische Aktionen abgezielt hätte«.[45]

Aber das war ja das Problem! Eben damit versetzte er seine Schüler und Adepten in eine schier unerträgliche Spannung. Wenn die bürgerliche Gesellschaft einer universalen Tendenz zum Faschismus unterlag, und zwar gerade in ihren modernsten Entfaltungsformen wie in den USA – wie konnte der Imperativ, alles zu tun, »daß Auschwitz nicht sich wiederhole«, auf ein paar vage, defensive Erziehungs- und Aufklärungsmaßnahmen oder selbstgenügsame »Anstrengungen des Begriffs« reduziert werden?!

Allerdings wurden die Formeln der Kritischen Theorie mit der weiteren Radikalisierung der Bewegung nur noch *eine* unter vielen Ingredienzen in einem ständig neu und schärfer zusammengemixten Cocktail von Theoremen und Ideologemen. Wo Adornos negative Dialektik im Nichts verlief, da wurde eben Marcuse mit seiner Strategie der »Großen Verweigerung« und seinem »Naturrecht auf Widerstand« herbeizitiert. Von dem einen nahm man die absolute Negation »der Gesellschaft«, von dem andern die enthusiastische Beschwörung ihrer »objektiv« befreienden Potentiale. Und wo Marcuses aktivistische Philosophie in einem offenen, selbst eingestandenen Zirkelschluß mündete, da war es die Stunde von Bloch, Lukács, Lenin oder Marx – frisch wie am ersten Tag.

In all diesen hektischen »Aneignungen« war ein unersättlicher, blinder »Begriffshunger« (so Urs Widmer) am Werk, eine »Utopie der Theorie, des Konzeptualisierens« (Michael Rutschky) oder auch eine eigentümliche »Begriffs-Idolatrie« (Jean Améry). Viel später erst sei ihm klargeworden, schrieb Reimut Reiche, »daß wir in einem unbewußten kollektiven kreativen Akt eine ›undeutsche‹ Sprache erschaffen hatten …, ein jüdisch-intellektuelles Rotwelsch«[46], das eine betonte Entfremdung von der »herrschenden« Mehrheitskultur ausdrückte, während es »uns« vor allem als Schibboleth und Erkennungszeichen diente.

Ging damit auch der »Geist« dieser (jüdischen) Überväter – von Marx und Freud bis Adorno, Marcuse und Bloch – auf uns über? Eine naive Vorstellung. Gewiß, wenn Ernst Bloch 1967/68 zu sporadischen Besuchen in unseren Tübinger SDS-Keller hinabstieg, dann erschien er uns wie der Weltgeist in Person. Wir lauschten seinen langen umwölkten Monologen – der »Blochmusik«, wie

Adorno die dunklen Reden des Leipziger Eschatologen spitz und treffend genannt hat. Nicht ein Wort davon hätte man so recht wiedergeben können – außer imitierend, eine Kunst, die einige der älteren Genossen beherrschten. In Wirklichkeit stand ein völliges, feierliches Mißverstehen zwischen uns. Bloch hoffte auf neue Schüler, auf eine Tübinger Blochschule, einen unverdrossenen Neuanfang »endlich wieder forschender, belehrt-lehrender Theorie«, auf eine »neue Volksfront im Westen« und dergleichen mehr.[47] Wir aber hatten ihn, Bloch, aus ganz eigenen Motiven als eine *Antiautorität* in Beschlag genommen und zitierten ihn wie in einer vexierenden Vogelsprache.

So ging es einem übrigens mit vielen Reden und Texten dieser Jahre, ob von Bloch oder Adorno, von Dutschke oder Krahl: Im Moment des Hörens oder Lesens glaubte man aperçuhaft etwas erfaßt zu haben, flitzte ein Gedanke durch den Kopf wie eine Eidechse. Wollte man ihn festhalten, hielt man eine leere Satzhülle in der Hand, die ihr Geheimnis nicht mehr preisgab. Kurzum, mit den Vordenkern dieser Revolte ging es einem so ähnlich, wie Thomas Mann nach einem Gespräch mit dem jungen, sophistischen Lukács einmal bemerkt hatte: »Solange er sprach, hatte er recht.«[48]

Wenn aber schon die Kommunikation mit den lebenden Antiautoritäten so vielfach gebrochen war, um wieviel mehr galt das für die Lektüren der toten Meister. Bei der Rezeption der Theorien Freuds (meist schon durch das »revolutionäre« Prisma von Wilhelm Reich oder Marcuse gebrochen) wurde zum Beispiel just das weggelassen, was Freud als den Grundpfeiler seiner Lehre sah: *das Unbewußte*. So habe man sich, schreibt Reiche, natürlich auch keinen Begriff davon machen können, daß der Nationalsozialismus auf die eine oder andere Weise im kollektiven Unbewußten fortexistierte, in das man selbst unweigerlich hineingebunden war. Statt dessen wurde mittels der gängigen Faschismus-Theorien das Problem gewissermaßen »entkörpert und auf eine vermeintliche gesellschaftliche Tendenz des Kapitalismus/Imperialismus, auf ›die Herrschenden‹ und ›ihre Institutionen‹ projiziert«.[49]

In dieses Bild paßt es dann wiederum, daß mit dem Eintritt in die Aktionsphase ab 1967 »die Beschäftigung mit der konkreten nationalsozialistischen Vergangenheit ... sowie mit Genese und

Aktualität des Antisemitismus«, die in den Jahren davor deutlich im Zentrum gestanden hatte, innerhalb der Studien- und Schulungszirkel des SDS und der maßgeblichen Publikationen der neuen, außerparlamentarischen Linken wieder spürbar *zurückging*. Das Buch der Mitscherlichs über »Die Unfähigkeit zu trauern« sei bereits kein Thema mehr gewesen, schreibt Reiche, damals einer der Vorsitzenden des Verbands: »Wir schickten uns gerade an, selbst Teil dieses Themas zu werden.«[50]

Der »Aufstand gegen die Nazi-Generation«, den ein Berliner Flugblatt 1967 proklamierte, war ein schlagendes Dokument dieses Versuchs, sich das Problem ein für allemal vom Halse zu schaffen, es zu *externalisieren* (statt etwa zu »internalisieren«, wie die braven Verfassungspatrioten uns gern zuschreiben möchten). Das Flugblatt sagte es ganz krude heraus: »Machen wir Schluß damit ..., daß die ganze Nazi-Scheiße von gestern weiterhin ihren Gestank über unsere Generation bringt.«[51]

»Unsere Generation« ließ sich von der kontaminierten »Nazi-Generation« also säuberlich scheiden. Diese biologische Trennlinie ersparte es gerade, sich persönlich und konkret mit den Erfahrungen und Verstrickungen der Eltern in diesen Zeiten auseinanderzusetzen – und dadurch womöglich in schmerzhafte emotionale Konflikte oder gefährliche Selbstreflektionen verwickelt zu werden. Etwa das meinte Günter Gaus mit seiner spitzen Formulierung von der »Gnade der späten Geburt«. Man imprägnierte sich mit universellen Faschismus-Ideologien und machte sich unverwundbar wie Jung-Siegfried durch ein Bad im Drachenblut (obschon andere den realen Drachen hatten erlegen müssen).

Um so größer der Anreiz, sich in phantastischer Verspätung selbst noch als Drachentöter zu betätigen. Im Dezember 1966 eröffnete Beate Klarsfeld, die deutsche Frau des Sohnes jüdischer Deportierter, Serge Klarsfeld, von Paris aus ihren persönlichen »Kreuzzug gegen Kiesinger«, den Kanzler der Bonner Großen Koalition, der Mitglied der NSDAP gewesen war. Nach vielfältigen, keineswegs erfolglosen Versuchen, mit Dokumentationen und Broschüren die Presse zu mobilisieren, wurde ihr »klar, daß ich zur Aktion schreiten mußte, um Kiesinger den ›Nazistempel‹ aufzudrücken«. Nach öffentlicher Vorankündigung und einer tagelangen Verfolgung »auf Schritt und Tritt« gelang es ihr, Kiesinger auf dem CDU-Parteitag in Berlin öffentlich mit dem Ruf »Faschist!« zu ohrfeigen.[52]

Die Tat, zumal »von der Hand einer Frau« (Klarsfeld), hatte unleugbar etwas Kathartisches – so als habe noch irgendeine symbolische Handlung gefehlt, um das faule Arrangement der Deutschen mit ihrer Vergangenheit zum Platzen zu bringen. Zugleich war Beate Klarsfeld allerdings auch die leibhaftige Verkörperung jener hysterischen Selbstermächtigungen und Avantgardismen, die zum Hauptmerkmal und – mehr als sie ahnten – zum »Erbteil« der neuen deutschen Linken wurden.

In Form eines hymnischen Gedichtes hat die Klarsfeld »Die Ohrfeige, die Deutschland brauchte« selbst besungen – wie sie überhaupt zur unermüdlichen Troubadoura ihrer selbst wurde. »Deutschland« also hatte diese Ohrfeige gebraucht, »damit die Schuld bewiesen wird der Generationen«, die »uns auf ewig den echten Sinn des Wortes ›Ehre des deutschen Volkes‹ verbergen« wollten. »Es brauchte sie, um zu rächen die Toten von Stalingrad ... / Es brauchte sie, für den Rauch, der aus den Kaminen der Todesfabriken in Auschwitz stieg ... / Es brauchte sie, um die letzten Gedanken von Hans und Sophie zu ehren ... / Es brauchte sie, um das jüdische und das deutsche Volk auszusöhnen ...«

Die Rettung der »Ehre des deutschen Volkes« durch einen Schlag »in das abstoßende Gesicht der 10 Millionen Nazis« war am Ende also eine *patriotische* Tat – »für ein Deutschland, befreit von jeglichem Hang nach Sühne« (eine bemerkenswerte, fast könnte man sagen: decouvrierende Formulierung).[53] Und sie – Beate Klarsfeld, geb. Kunzel, die »kurzberockte Mini-Terroristin«, die »schöne Machiavel«, »Jeanne d'Arc«, »Nemesis aus Berlin«, »Charlotte Corday rediviva«, wie sie genußvoll aus ihrer Presselese zitierte – hatte diesen Akt der *Entsühnung* vor aller Welt vollbracht.

Alain Finkielkraut hat in seinem wunderbar selbstreflexiven Büchlein »Der eingebildete Jude« über seinen insgeheimen Verdruß an jenem Tag im Mai 1968 geschrieben, als Daniel Cohn-Bendit die Rückkehr nach Frankreich verwehrt wurde und Tausende in den

Straßen riefen: »WIR SIND ALLE DEUTSCHE JUDEN!« Natürlich war das eine großartige Solidarität, gewiß – aber was ihm einen kleinen Stich gab, war die Tatsache, daß sie sich nun *alle* einen gelben Stern anstecken wollten und überhaupt, daß die »Rolle des Gerechten ... jedem zugänglich (wurde), der sie begehrte«.[54]

Als die »neuen Juden« bezeichneten sich die Aktivisten der deutschen Außerparlamentarischen Opposition immer wieder und mit Inbrunst. Und das war mehr als eine verquere historische Analogie – es war natürlich ein Wunsch, in dem viel Neid steckte, gepaart mit einer neuen Ambition. Alle diese narzißtisch übersteuerten Versuche, sich ein für allemal zu entsühnen und das Geschehene ungeschehen zu machen, gingen denn auch unweigerlich mit moralischen Avantgardismen und politischen Großraumphantasien jeder Art schwanger.

In Enzensbergers großem Absagebrief an Amerika, vor der Abreise nach Kuba im Januar 1968, gibt es eine bezeichnende Passage, die sich an die liberalen Amerikaner richtet, die ihn so wohlmeinend empfangen hatten – und gar nicht ahnten, wie die übrige Welt sie inzwischen sah: »Sie wissen nicht, was das für ein Blick ist, der auf Ihnen ruht ... Es ist ein fürchterlicher Blick, denn er kennt keine Unterschiede und keine mildernden Umstände ... Ich kenne ihn, weil ich ein Deutscher bin: weil er sich, Ende der vierziger Jahre, auch auf mich gerichtet hat ... – ein rücksichtsloser, manichäischer Blick« nämlich. Aber darüber dürften sie sich nun nicht beklagen, so wenig wie die Deutschen damals – denn ihnen, den Amerikanern, als den »Herren der heutigen Welt« stünden mittlerweile ein Vernichtungspotential und verfeinerte Unterdrückungsmittel zur Verfügung, von denen sogar »die Nazis sich nichts träumen ließen«.[55]

Deutlich genug ist hier der junge Deutsche zum berufenen Medium des »rücksichtslosen, manichäischen Blicks« geworden, den die Weltvölker auf ihre Unterdrücker werfen. Uwe Johnson, der zur selben Zeit in New York an seinem Roman »Jahrestage« schrieb, nannte Enzensberger selbst einen »manichäischen« Propheten: »Nach dieser Lehre sind die Welt und der Mensch nur zu retten, wenn die Lichtteile wieder von der Materie getrennt werden und ins Lichtreich zurückgehen. Dieser Prozeß verläuft bis zur endgültigen Reinigung im Weltbrand.«[56]

Das erinnert wiederum an Jaspers' »Weg der Reinigung« als Lehre vom geläuterten, in Demut erhobenen Weltvolk der Nach- und Überdeutschen – die selbst noch ein Reflex war auf die Art und Weise, wie sich das Herrenvolk im totalen Weltenkrieg hatte stählen und höherzüchten wollen. Aber es erinnert auch an die manichäischen Weltbrand- und Reinigungs-Lehren des Ernesto Che Guevara – und ihre Aufnahme durch ein jugendliches westliches Publikum. Im gestählten Blick seines deutschen Herausgebers Sven G. Papcke hatte Che nicht weniger als eine »neue Anthropologie« entworfen: eine »Lehre vom Menschen« nämlich, die »die Annihilation des anderen fordert, um jenseits aller Egozentrik neue, menschliche Zustände zu schaffen«.[57]

Daß die Teilnahme an der guevaristischen Völkererhebung gegen die USA als die »neuen Herren der Welt« auch die diskrete Genugtuung eines späten, verqueren Revanchismus gewährte, ist offenkundig. Kurze Zeit später verlagerte sich die entscheidende Kampffront dann bereits von Vietnam nach Palästina, wo ein heimatvertriebenes, entrechtetes Volk gegen den allmächtigen Welt-Zionismus kämpfte. Auch und gerade dort ließ sich der »deutsche Schuldkomplex« revolutionär tilgen – ein wahres Chamäleon. *Felix Culpa!*

Fetisch Organisation
Auf der Suche nach dem revolutionären Subjekt

> Eine Bewegung hat in dem Maße irrational Autoritäten
> nötig, wie sie nicht organisiert ist ...
>
> *Hans-Jürgen Krahl, Podiumsdiskussion*
> *»Autoritäten und Revolution«, Okt. 1968*

Nicht zufällig waren es die Frauen, die im Herbst 1968 – wohl gegen ihre ursprüngliche Absicht – den hypertroph aufgeschwollenen Bewegungs-Ballon des SDS zum Platzen brachten. Zuerst auf der Frankfurter Delegiertenkonferenz im September, als ihre Resolution abgebügelt wurde und sie Tomaten auf Krahl und den Vorstand warfen wie auf beliebige autoritäre Potentaten. Und zwei Monate später dann in Hannover, als sie eine Unterbrechung der DK erzwangen und das berühmt-berüchtigte Flugblatt verteilten – mit den karikaturhaft als Jagdtrophäen dargebotenen Gemächten der führenden Genossen und der Parole: »Befreit die sozialistischen Eminenzen von ihren bürgerlichen Schwänzen«.[1]

Psychoanalytisch gesehen, war diese Inszenierung von peinlicher Eindeutigkeit – die von den Akteurinnen natürlich schon miteingebaut war (»wir sind penisneidisch, penisneidisch, penisneidisch«). Jedenfalls war der SDS danach *tatsächlich* kastriert und seines Nimbus revolutionärer Potenz abrupt beraubt. Die beiden Konferenzen, die die »Organisationsfrage« hätten lösen sollen, endeten völlig ergebnislos und im Chaos.

Worauf die Frauen reagierten, war der immer härter und machistischer ausgetragene Kampf der Gruppen, Richtungen und Tendenzen um die Dominanz im SDS, der als Label und als virtuelle Plattform mit seinen erfolgreichen Techniken der Provokation und Aktion etwa so umkämpft war wie heutzutage ein Internet-Portal – nur daß damals vorerst in politischer Münze abgerechnet wurde. (Daß diese Meetings auch schon eine *echte* Börse waren, auf der Karrieren, Claims, Beteiligungen usw. gehandelt wurden, war hinter der sozialistisch-revolutionären Rhetorik nicht so sichtbar.)

Ein aufregendes und verwirrendes Getriebe und Geschiebe jedenfalls, das für einen, der aus der Provinz ins Zentrum der Bewegung strebte und sich »verbindlich« engagieren wollte, kaum zu durchschauen war. Man erkundigte sich beim Nachbarn (einem gescheitelten Hänfling, in dem man drei Jahrzehnte später auf einem Photo die früheste Entpuppungsform eines Frankfurter Lokalrivalen und grünen Vizekanzlers wiedererkennen wird), welcher Redner wohl zu welcher Fraktion zu rechnen war.

Die Szenerie mag von heute betrachtet wie ein Käfig voller Narren erscheinen. Aber damals waren diese Strategiedebatten, die bereits im gleißenden Licht einer großen Medienöffentlichkeit ausgetragen wurden, von fast magischer Spannung und Bedeutsamkeit. Und je weniger man ihnen folgen konnte, um so mehr. Die führenden Genossen und illustren Figuren der Bewegung umgab eine erogene Aura von Macht, obschon sie phänomenologisch nicht gerade Sinnlichkeit versprühten. Sie bewegten sich in einem ständigen Pulk von Parteigängern, Jüngern und Groupies, gaben Interviews und trafen fraktionelle Absprachen in den Gängen, während aus dem Saal die erregten Stimmen der Redner schallten.

Die Hauptauseinandersetzung lief das ganze Jahr 68 hindurch zwischen einer Mehrheit von »Antiautoritären«, die auch den Frankfurter Bundesvorstand stellten, und dem Block der »Traditionalisten«, dominiert vom immer offener auftretenden KP-Flügel. Aber damit war wenig gesagt, weil das eine wie das andere Lager sich wiederum als ein verwirrendes Sammelsurium von Gruppen, Fraktionen und Personen darstellte. Außer eingeschriebenen KP-Leuten und ausgefuchsten Antiautoritären gab es linke Sozialdemokraten und JUSOS mit gespaltener Loyalität, Linkssozialisten verschiedenster Couleur, Trotzkisten (mindestens drei bis vier Tendenzen), genuine Neoleninisten, diverse Maoisten (in der Pop- und in der Parteiversion), Guevaristen und Anarchisten, Pazifisten und christliche Sozialisten, Kommunarden und Drogenfreaks. Im übrigen sprach man von den »Frankfurtern«, den »Berlinern«, den »Heidelbergern«, den »Kölnern«, den »Marburgern« usw.,

was verfestigte Partikularitäten und Rivalitäten lokaler Führungs-
cliquen bezeichnete, die die politischen Spaltungslinien nochmals
komplizierten – und latent schon neue eröffneten.

Zur Steigerung des Auftriebs trugen die bekannten Persönlich-
keiten bei, die hereinschauten, Professoren und »Mentoren«,
Schriftsteller und Journalisten. Dany Cohn-Bendit betrat schon als
internationaler Medienstar mit ständiger Entourage die Bühne des
SDS. Und dann waren da noch die legendären Selbstdarsteller der
Bewegung wie Fritz Teufel, der sein in großer Auflage herausge-
kommenes Buch »Klau mich!« bewarb, indem er mit umgehängter
Plastik-MP Vorschläge zur Verschärfung der Justizkampagne
machte. Zur Lösung der Geschlechterfrage im SDS schlug er vor,
die Mädchen auszuschließen, weil sie »nur die patriarchalischen
Strukturen verschleiern« und »noch entfremdeter und blöder
daherquatschen als die Männer«.[2] Die Gesichter auf den Photos
schauen auch bei dieser Teufeliade ernst. Es war nicht mehr die Zeit
für Späße. Es war auch gar nicht so spaßig gemeint.

Dabei hatte sich die Intervention der Frauen, so provokativ sexi-
stisch sie vorgetragen (und entsprechend abgebügelt) wurde,
durchaus noch aus der Besorgnis über die Situation des SDS
gespeist, der sich wie ein hyperaktives Kind in einem Zustand psychischer und physischer Überspannung befand, ohne das einzugehen zu können. Von einer Sezession war noch keine Rede. Immerhin stellten die Frauen ein Viertel der Mitgliedschaft, was damals
sicher die höchste Quote in irgendeiner politischen Organisation
war. Die »Weiberräte« wollten sich als eine selbständige Gliederung
des SDS konstituieren, lehnten es aber kategorisch ab, ihre Forderungen und Aktivitäten »in den gegenwärtigen Kanon einander
bekämpfender Fraktionen« einzureihen.[3]

Die Rhetorik war noch krampfhaft bemüht, auch die Geschlech-
terfragen in das vorgeschriebene Paradigma von Klassenkonflikten
zu pressen. Ob das Strickmuster ihrer Vorstöße »eins vor, zwei
zurück« oder »zwei vor, eins zurück« war, war noch nicht klar
erkennbar. Zuerst jedenfalls Attacke: Die bürgerliche Familie, hieß
es im abgeschmetterten Resolutionsentwurf, bestehe aus dem
»Mann als Bourgeois und der Frau als Prolet – Herr und Knecht«,

was objektiv auf die »Funktion der Männer als Klassenfeind« hinauslaufe. Ebenso sei die »Verleugnung des Führerprinzips im SDS ... blanker Hohn«. Das war (damals) harter Tobak. Dann folgte aber auch schon der Rückzug auf eine Position, die man solidarische Kritik nannte: »Die Begriffe Klasse, Klassenfeind, Ausbeuter sind Hilfskonstruktionen, die den Frauen dazu dienen, sich auf den Begriff zu bringen« und es ihnen erlaubten, »die sinnliche Erfahrung dieser patriarchalischen Gesellschaft im politischen Kampf gegen diese zu wenden«.[4]

Das waren die typischen Kunstfiguren einer SDS-Resolution. Als das nicht verfing, folgte die Anwendung der Provokationstechnik auf ihre Erfinder – mit eher unerwarteter Wirkung. »Zur Enttäuschung der Frauen reagierten die SDSler aufgescheucht und panisch, ja mit echter Angst auf das satirisch gemeinte Flugblatt«, schreibt rückblickend Mona Steffen, die in Hannover als Sprecherin aufgetreten war. So sei die Provokation letztlich nach hinten losgegangen: »Die Weiberräte sahen sich ... auf sich alleine gestellt.«[5]

Daß die Revolte gegen die autoritären »Machtstammhalter« (so Steffen, recht plastisch) von den Frauen ausging, war allerdings kein Zufall. Die später legendär gewordene Formel »Das Private ist politisch« war durchaus doppeldeutig. Sie besagte, daß Fragen des Alltagslebens (wie die Kindererziehung und die Arbeitsteilungen zwischen den Geschlechtern) zum Thema der Politik und der Organisation selbst gemacht werden müßten. Aber das hieß eben auch, daß es »politisch« (d.h. legitim und notwendig) war, das »Private« befriedigend zu gestalten. Das war auch eine Verteidigung der Intimität gegen eine alles dominierende und fressende »Politisierung«, die sich in atemlosem Aktivismus und machistischen Rivalitäten niederschlug.

Gerade in den unstrukturierten, angeblich antiautoritären Formen von Öffentlichkeit und »Selbstorganisation«, dieser nie abreißenden Kette von »Teach-ins«, »Vollversammlungen«, »Plena« usw., konnten die Frauen sich kaum Gehör verschaffen (soweit ihnen das überhaupt verlockend erschien). Was in der Bewegungslyrik ständig als Vorwegnahme von Elementen einer »befreiten Gesellschaft« oder von »Rätestrukturen« in der eigenen Organisation beschworen wurde, das war in der Realität eine Mischung aus

Hackordnung und Dauerbalz. Dabei bedurfte es keiner besonderen patriarchalen Entschlossenheit zur Unterdrückung der Frauen. Es brauchte nichts als die vitale Gier nach Geltung in der vielköpfigen *peer group*, die sich da unablässig versammelte und in Aktion setzte. Und natürlich waren nach einem gelungenen Teach-in-Auftritt, einem theoretisierenden Referat oder einer mutig-militanten Aktion die libidinösen Zuwendungen der Genossinnen ein wesentlicher Parameter des Erfolgs, kombiniert mit den Regeln homophiler Männerbündelei, die die natürliche Ergänzung bildeten.

Die Rhetorik der »sexuellen Repression« als eines angeblichen Hauptherrschaftsmittels des Systems und die dazugehörige Propaganda der »sexuellen Befreiung« waren im übrigen Ausdruck und Generator eines Gefühlsstaus, mit dem alle sich gegenseitig unter Druck setzten – während draußen bereits eine kommerzielle »Sexwelle« rollte, gegen die man sich durch Begriffs-Amulette wie Marcuses »repressive Entsublimierung« zu schützen suchte. Im aktivistischen Kern der politischen Bewegung entstand eine eigentümliche Mischung von permanenter Sexualisierung und puritanischer Abschottung gegenüber den hedonistischen Außenreizen. Die Bewegung war das Medium dieser unaufgelösten, blind ausagierten Spannungen, was zu einer rabiaten Verwahrlosung der Umgangsformen und zum weitgehenden Verlust aller spielerischen Charmanz zwischen Genossen und Genossinnen führte. Die als Schlagworte verwendeten Titel und Thesen wie Wilhelm Reichs »Funktion des Orgasmus« mußten, so Reimut Reiche, »auch dazu herhalten – man kann es fast nur in Begriffen der Primatologie ausdrücken –, um den SDS-Männchen Zugang zum Koitus mit den stets knappen SDS-Weibchen zu verschaffen«.[6]

Diese libidinösen Verspannungen und Konkurrenzen gehörten zu den eingebauten Mechanismen der weiteren Radikalisierung. Bommi Baumann, der sich der außerparlamentarischen Bewegung als proletarischer Aussteiger auf der Jagd nach »Bräuten« und anderen narzißtischen Prämien angeschlossen hatte, schrieb mit schöner, kerniger Offenheit, natürlich seien die Gewalt- und Militanzfragen immer »auch eine Konkurrenzgeschichte ... Wer die knallhärtesten Taten bringt, der gibt die Richtung an.«[7]

Baumann stellte sich auch gern als lebender Beleg für die These zur Verfügung, die im Sommer 1968 beinahe zur fixen Idee wurde: nämlich daß die Arbeiter von Haus aus die Sprache der Gewalt sprächen und die Außerparlamentarische Opposition zum aktiven, gewaltsamen Widerstand übergehen müsse, *um die proletarischen Massen endlich in den Kampf einzubeziehen*. Tatsächlich hatte Innenminister Benda nach den mehrtägigen »Osterunruhen«, die dem Attentat auf Dutschke gefolgt waren, im Bundestag festgestellt, unter den 847 festgenommenen Demonstranten seien neben 92 Schülern und 286 Studenten auch 185 Angestellte und 150 Arbeiter; und jeder Dritte sei älter als 25 Jahre. Diese Aufstellung zeige, »wie falsch es wäre, die Gewaltaktionen als Studentenunruhen zu bezeichnen«.[8]

Bei den mehrtägigen Angriffen gegen die Druck- und Auslieferungsstellen der Springer-Zeitungen im ganzen Land waren über 50 Polizisten und über 400 Demonstranten teils schwer verletzt worden. Zwei Teilnehmer starben, der Student Rüdiger Schreck und der Photoreporter Klaus Frings – beide durch schwere Wurfgeschosse aus den Reihen der Demonstranten. Der kalte Zynismus, mit dem Horst Mahler und andere APO-Sprecher diese Gewaltakte mit Verkehrsunfällen verglichen, die auch nicht dazu führten, daß man sich nicht mehr ans Steuer setze, wirkte schockierend und elektrisierend zugleich.[9] Zu einer richtigen revolutionären Aktion gehörten eben Tote, auf welcher Seite und durch wessen Hand auch immer.

Daß Sicherheitsorgane bei dieser Verschärfung kräftig mitgemischt haben, steht zumindest für Westberlin fest, wo Innensenator Neubauer vom Dach des Springer-Hauses die Ereignisse verfolgte und seiner Polizei erst Zurückhaltung verordnete und dann, als das Gebäude beinahe gestürmt war und die ersten Wagen brannten, den vollen Angriff.[10] Derweilen verteilte unten vor dem Haus sein Top-Agent in der Szene, Peter Urbach, aus dem Kofferraum eines Autos die Molotow-Cocktails. Welches Kalkül dahinter stand, ist nie offengelegt worden.

Offener zutage liegen die Motive der Ostberliner Organe, die natürlich die Unruhen in Westberlin am Kochen halten wollten. Die über Nacht auftauchenden Bauarbeiter-Helme der Demonstranten (die wie eine parodistische Antwort auf den handfesten proletarischen Antikommunismus der Westberliner Bauarbeiter wirkten) sowie eine Reihe anderer Nahkampfutensilien stammten jedenfalls von »drüben«, wo auch Flugblätter, Plakate usw. in großen Mengen unentgeltlich gedruckt wurden.[11]

Was alles nichts daran ändert, daß das Primäre und Treibende der entbundene Radikalismus der Aktivisten selbst war. Eine Ausgabe der Bewegungs-Illustrierten KONKRET vom Juni 1968, die ganz unter dem Eindruck der Osterunruhen, aber auch der »Mai-Revolution« in Frankreich, der Ghetto-Aufstände in Amerika und der weltweiten Jugendunruhen insgesamt stand, schwelgte in einer Reihe anonymer Artikel geradezu in Phantasien revolutionärer Gewalt. Für diese »in kollektiver Schreibweise« verfaßten Beiträge zeichnete ein autonomes »Berliner Redaktionskollektiv« verantwortlich, das aus Rudi Dutschke, Hans Magnus Enzensberger, Bahman Nirumand, Gaston Salvatore, Peter Schneider, Michael Schneider, Jürgen Horlemann und Eckhardt Siepmann bestand.

Im Hauptbeitrag »Gewalt in den Metropolen« hieß es unzweideutig: »Erst seit wir zaghaft beginnen, die Sprache des Systems zu sprechen, werden wir den Arbeitern verständlich und Springer eine Gefahr: diese Sprache ist die Gewalt.« Auch wenn nun zwei Menschen durch die Demonstrationen ums Leben gekommen seien: »Halten wir fest: Es sind *Steine* geflogen, nachdem zum zweitenmal auf uns geschossen worden ist. Solange Springer seine Mordhetze ... weiterverbreiten darf, ... handeln wir in Notwehr.« Auch diese Toten waren also Opfer »des Systems«, wie alle übrigen es auch sein würden – eine weitgehende Generalermächtigung. »In prinzipieller Hinsicht endet die Frage nach der Gewalt in der Frage, ob wir entschlossen sind, unsere Ziele zu erreichen ... Wir werden damit nicht warten, bis noch eine Generation und noch eine Generation kaputtgemacht wird, sondern wir wehren uns jetzt. Den Sozialismus werden wir nur bekommen, wenn wir unsere Feinde wissen lassen, daß wir *alle Mittel* anwenden werden, die nötig sind, ihn zu bekommen.«

Die einzige praktische Frage sei jetzt die: »Können wir, die Studenten, überhaupt Gewalt anwenden, bringen wir das fertig?« Dazu müsse man endlich begreifen, »daß der aktive Widerstand ... nicht nur eine Voraussetzung für die Befreiung des neuen Menschen ist, sondern schon ein Stück seiner Verwirklichung«. Ein

Heckenschütze in Detroit habe einem Reporter gesagt, nachdem er auf die anrückende Polizei geschossen hatte: »Es war unbeschreiblich schön, Baby, du kannst dir gar nicht vorstellen, wie schön es war.« Dieser Mann, so schlossen die Autoren des Artikels, »machte sich in diesem Augenblick zu einem Menschen«.[12]

Auch Rudi Dutschke ließ sich, nachdem er aus seiner langen Nacht erwacht und seine Sprache wieder erlernt hatte, noch einmal von der Suggestion des historischen Augenblicks anstecken. Entgegen seinem ersten Instinkt des Selbstschutzes hatte man ihn überredet, ein Vorwort zu einem rasch kompilierten Band mit »Briefen an Rudi D.« zu verfassen – Briefe, die er nach dem Attentat erhalten hatte, Dokumente des mörderischen Hasses wie der schwärmerischen Bewunderung. Was man ihm über die Osterunruhen berichtet hatte, erschien ihm wie eine nachträgliche Bestätigung seiner eigenen historischen Rolle: »In den Tagen des April haben wir den bisher einzigen Sprung nach vorn in unserer deutschen Nachkriegsgeschichte getan, obwohl er weiterhin fast ›theoretisch‹ blieb.« Jetzt komme es darauf an, diesen Sprung praktisch zu tun. Die »erstmals hinzugetretenen Fraktionen der Lohnabhängigen« hätten vom SDS »viel schärfere Aktionen« erwartet: »Euren Mann laßt ihr erschießen, und ihr spielt weiter herum«, hätten viele gesagt. Und kaum habe es ein paar Opfer gegeben, sei »die lächerliche Gewaltdiskussion« gefolgt, mit der das System die Bewegung wieder integrieren wolle. Dutschke sagt es unzweideutig: »Unsere Alternative zu der herrschenden Gewalt ist die sich steigernde Gegengewalt.« Die Studentenbewegung müsse auf breiter Front in die Betriebe und die Institutionen der Gesellschaft hineingehen und für den Aufbau einer umfassenden revolutionären Organisation arbeiten.[13]

Wie sehr Dutschke sich als Gründerfigur von historischer Statur sah, zeigt in kurioser Weise ein persönlich übermittelter Brief an die Frankfurter Delegiertenkonferenz des SDS, den er offenkundig nach dem Vorbild von Lenins »Testament« verfaßt hatte und der dort unter Ausschluß der »Journaille« verlesen und diskutiert werden sollte. (Tatsächlich ging er dann nur unter irritiertem Grinsen der Eingeweihten und Betroffenen von Hand zu Hand.) Dutschke forderte die »alte Garde« (er nennt u.a. Schauer, Amendt, Reiche, Krahl, Lefèvre, Rabehl, Semler, Gäng) auf, ihre Plätze für junge Aktivisten zu räumen – so wie er selbst »im April für lange Zeit international im Ausland tätig« werden wollte. Allenfalls Christian Semler, der »eine radikale Kampfentschlossenheit« zeige, könne in Zukunft eine Rolle spielen. Hans-Jürgen Krahl und sein »autoritärer Narzißmus« sei dagegen völlig untragbar. Ähnliche Abqualifizierungen erhielten die anderen.

Dutschke schlug vor, sich nicht weiter mit der Polizei herumzuschlagen, sondern in die Illegalität zu gehen und »klandestine Vierer- oder höchstens Sechsergruppen« aufzubauen. Diese müßten »pro Jahr vier Monate in den wichtigsten Institutionen (den Fabriken, den Büros, den Kaufhäusern, den Landbetrieben, den Einheiten der Polizei usw.) arbeiten«, also mit den Lohnabhängigen tätig sein, »von ihnen lernen, ihnen anderes beibringen«. Denn allein dort, in den gesellschaftlichen Einrichtungen, »entstehen die neuen Bedürfnisse, Hoffnungen und Wünsche der Massen, der verschiedenen Fraktionen des Volkes und der Revolutionäre«. Er selbst werde »zur rechten Zeit« zurückkehren, wenn er wieder in der physischen Verfassung sei und die »Fokusse sich herausgebildet haben, zu denen ich gehöre«.[14]

Diese romantischen Vorstellungen standen noch immer im Kontext der Bildung einer internationalen revolutionären Organisation, deren provisorischer Nukleus das Berliner INFI[*] sein sollte. In einem Brief an spanische Genossen sprach Dutschke von einer »neuen Internationale«, die er als »Einheitsfront der um ihre Freiheit und Demokratie (Zerschlagung des Kapitalismus und autoritären Staatssozialismus ...) kämpfenden Völker« beschrieb. Die Vernichtung der letzten, versprengten Guerillaeinheiten in Bolivien und der Einmarsch der Warschauer-Pakt-Truppen in die Tschechoslowakei im August 1968 bezeuge klar die »Zusammenarbeit von US-Imperialismus und Stalinismus«.[15] Die »neue Internationale« sollte demnach die Blocks und die Kontinente übergreifend operieren.

In diesen Aktivitäten zerrieb er sich bis zum erneuten physischen und psychischen Zusammenbruch – zumal sie mit dazu beitrugen, daß er nirgendwo in Europa dauerhaftes Aufenthaltsrecht erhielt und auch der Weg in die USA ihm versperrt war. Erst mit

---

(*) Dieses kurzlebige INTERNATIONALE NACHRICHTEN- UND FORSCHUNGS-INSTITUT hätte nach Dutschkes Plänen ein Berliner Che-Guevara-Institut mit weltweiter Ausstrahlung werden sollen.

der vom neuen Bundespräsidenten Heinemann vermittelten Aufnahme in Dänemark Anfang 1970 fand diese grausame Odyssee ein Ende.

Dort machte er sich an seinen »Versuch, Lenin auf die Füße zu stellen«[16] – was nicht weniger war als der Versuch, eine postleninistische Revolutionstheorie für das Zeitalter des »Spätkapitalismus« zu entwickeln und »die revolutionäre Erbschaft zu verteidigen«, indem er sie einer kritischen Revision unterzog. In seine orthodoxe Textexegese mischte sich allerdings zunehmend die Auseinandersetzung mit den Thesen Karl August Wittfogels über die Kontinuitäten eines »halbasiatischen Despotismus« in Rußland sowie die literarische Fundamentalkritik eines Alexander Solschenizyn, den Dutschke als einen späten Nachfahren der »Narodniki« (der russischen »Volkstümler« des 19. Jahrhunderts) einstufte. Letzten Endes mündete sein Versuch, »Lenin auf die Füße zu stellen«, in einer offenen Frage und immer drängenderen Irritation. Dutschke hatte begonnen, sich selbst auf die Füße zu stellen – so wie wir alle es tun mußten, früher oder später.

Trotz aller Streiks, Demonstrationen und Besetzungsaktionen gingen die Notstandsgesetze mit großer Mehrheit durchs Parlament – ohne daß der »Notstand« verhängt worden wäre, wie Hans-Jürgen Krahl in seiner Römerbergrede Ende Mai vorhergesagt hatte, als er verkündete: »Die Demokratie in Deutschland ist am Ende.« Der Staat und seine Abgeordneten seien »entschlossen, unsere letzten spärlichen demokratischen Rechtsansprüche in diesem Land auszulöschen«, schon bald würden »Zwang und Terror das legale Gesetz des Handelns der Staatsgewalt bestimmen«.[17]

Davon konnte keine Rede sein. Zwar reagierten die etablierten Parteien und Institutionen mit einiger Hysterie auf den Hexensabbat von Aktionen, die sich mittlerweile von den Zentren auf sämtliche größeren und kleineren Orte des Landes ausgedehnt hatten. Fast überall gab es Schülerstreiks, Verkehrsblockaden, Versammlungen, Sit-ins und Go-ins, bildeten sich jugendliche APO-Gruppen, in denen diskutiert und geschult, gekifft und getanzt, organisiert und fraktioniert wurde. Die Haare wurden länger, die Kleidung immer »vergammelter«, am brüderlich-schwesterlichen

»Du«, am Umgangsstil und an der Körpersprache »erkannte man einander«, wohin man auch kam. In jedem noch so kleinen Ort fanden sich Leute, die die Vietcongfahne hißten, Che-Poster an die Wand hingen oder Mao-Buttons ansteckten. Und wer darin von heute aus »nur revolutionäre Halluzinationen von pubertierenden Halbwüchsigen sieht, muß zumindest zur Kenntnis nehmen, daß die oben in der gleichen Weise halluzinierten«.[18]

Bundeskanzler Kiesinger jedenfalls fühlte sich an die »asiatische Grippe« erinnert und beschwor das Gefahrenpotential dieser Bewegung mit dem unvergeßlichen Satz: »Ich sage nur: China, China, China ...« Andere fühlten sich statt an die maoistische Kulturrevolution eher an mittelalterliche Sektenbewegungen erinnert, an die »Wiedertäufer« zum Beispiel. Züge von Bilderstürmerei waren auch tatsächlich nicht zu leugnen. Zeremonielle Feierlichkeiten wie Rektoratseinführungen, Preisverleihungen, Theaterpremieren, Festkonzerte und ähnliches zogen fast unweigerlich Störaktionen auf sich, erst recht, wenn Amtsornate oder sonstige Traditionselemente mit ins Blickfeld kamen. Die spontane Aktion der beiden Jurastudenten Detlev Albers und Gert H. Behlmer (beide SPD-Mitglieder) vom 9. November 1967, die dem Zug der Ornatsträger bei der Rektoratsübergabe in Hamburg das Transparent »Unter den Talaren der Muff von 1000 Jahren« vorangetragen hatten, hatte Schule gemacht. Und indem der Islamist und ehemalige SA-Mann Bertolt Spuler den johlenden Studenten zugerufen hatte: »Sie gehören alle ins Konzentrationslager«, hatte er der Aktion prompt »das Siegel der Richtigkeit« verpaßt.[19] Nichts schien mehr sicher, nichts mehr heilig. Im Goldenen Buch der Stadt Bonn wurde hinter dem Namen des Bundespräsidenten Lübke von unsichtbarer Hand ergänzt: »KZ-Baumeister« – eine der zynischsten und erfolgreichsten Fälschungsaktionen der DDR-Organe, wie jetzt klar ist.[20]

Anfang April 1968 hatten in Frankfurt die Kaufhäuser gebrannt, keine Woche vor dem Dutschke-Attentat und den anschließenden Osterunruhen. Im Mai wurden an nahezu allen Universitätsorten Gebäude und Institute besetzt. Mancherorts wurden die geschnitzten Türen der ehrwürdigen Senate und Rektorate mit Rammböcken aufgesprengt und Amtsträger (wie der Heidelberger Rektor Kurt Baldinger) vor Auditorien zitiert oder gezerrt, die

»Diskussion« forderten. In Tübingen verteidigten wir in fest eingehakten Ketten das Uni-Hauptgebäude gegen korporierte oder sonstige »Streikbrecher« und bildeten »Sprengtrupps«, um alle restlichen Seminare und Vorlesungen lahmzulegen. Die Frankfurter Johann-Wolfgang-Goethe-Universität wurde nach einer ziemlich vandalischen Stürmung und Plünderung des Rektorats mit blutroten Lettern in »Karl-Marx-Universität« umbenannt. Der polizeilichen Räumung folgten massive Verkehrsblockaden in der Stadt und die Besetzung des Schauspielhauses, dessen Akteure sich solidarisch erklärten. Vor 3000 Zuhörern eröffnete Prof. Peter Brückner dort die »Politische Universität« mit »Thesen zur Politisierung der Wissenschaften«. Und der zuständige Landesminister und Vorsitzende der (linken) hessischen SPD, Rudi Arndt, erklärte dem studentischen Streikkomitee erregt: »Wir lassen uns diesen Staat nicht von euch zerstören.«

Die Studentenbewegung setzte mit ihren Aktionen »das Gesellschaftssystem der BRD ... einem Verdacht aus, der sich selbst begründete«, vor allem indem sie die lange vorbereiteten »NS-Gesetze« nun in erster Linie auf sich selbst bezogen. Aber auch der Staat, so Frank Böckelmann, habe zunehmend damals »auf Sinngebungsmuster seiner Geschichte, vor allem aus der Weimarer Zeit«, zurückgegriffen: »Die Außerparlamentarische Opposition gewann als Popanz des Ernstfalls unschätzbaren Wert ... In den Wiederaufführungen zwischen 1966 und 1970 *gab* die reformierte Republik ihre Existenzkrise.«[21]

Eine mehrdeutige Formulierung allerdings: Tatsächlich gab es eben *keine* Existenzkrise, sondern die Republik »gab« sie im Sinne eines unbewußten Rollenspiels, einer weniger realen als vielmehr theatralischen Machtprobe zwischen dem »Establishment« und seinen Jungtürken. Der Grad der Gewaltsamkeit der Jugendlichen und Studenten reichte, um bei vielen Älteren oder Unbeteiligten Assoziationen an den Terror der Roten Garden in China oder den der SA-Studenten vor 1933 zu wecken. Tatsächlich blieb er hinter dem anderer Länder (wie Frankreich, Italien oder Japan) deutlich zurück.

Sowenig wie von der Ausrufung des Notstands konnte vom »politischen Generalstreik«, den Krahl in seiner Römerbergrede gefordert hatte, die Rede sein – erst recht, nachdem auch die Pariser Mai-unruhen, die das Vorbild lieferten, recht sang- und klanglos geen-det hatten. So machte sich pünktlich mit Anbruch der Semester-ferien erster Katzenjammer breit.

Aber die Unruhe hielt an, und immer mehr Menschen drängten in die kurz APO genannte »Außerparlamentarische Opposition«, die immer weitere Kreise zog. Horst Mahler hatte insoweit recht, als er in einem Referat im Republikanischen Club im September 1968 darauf beharrte, daß die *Krise* der Bewegung sich ihrem *Wachstum*, nicht ihrer Stagnation verdanke. Um so dringlicher müsse daher jetzt »die Organisationsfrage auf die Tagesordnung« gesetzt werden. Die APO verfüge in Westberlin bereits über »eine Massenbasis von ca. 50.000«, die jedoch »als Kraftreserve optimal nur dann genutzt werden« könne, wenn die »Partikel dieser Masse durch eine geeignete organisatorische Struktur« zusammengefaßt würden.

Allerdings, so Mahler, könne es »im gegenwärtigen Stadium nicht darum gehen, eine proletarische Klassenpartei aufzubauen« – *noch* nicht. Denn »die notwendige Voraussetzung für die politische Organisation der Arbeiterklasse« sei »die Zertrümmerung der Sozialdemokratischen Partei«. Diese Aufgabe müsse durch syste-matisch gebildete »Widerstandsgruppen« innerhalb der SPD einer-seits, durch die festere organisatorische Zusammenfassung der »vorhandenen sozialistischen Kader« der APO in Basisgruppen, Studienzirkeln, Agitationsteams usw. andererseits unverzüglich in Angriff genommen werden. Im übrigen sei es an der Zeit, die »anti-autoritäre, institutions- und organisationsfeindliche Einstellung in weiten Teilen der Außerparlamentarischen Opposition« zu über-winden, da jede festere revolutionäre Organisierung »eine freiwillig auferlegte Disziplinierung voraussetzt«.[22] Das war eine Position, die im großen und ganzen *repräsentativ* für den Trend der APO-Diskussionen in diesem Sommer '68 war.

Die Geisterarmee von 50.000, auf der Mahler seinen Feldherren-blick ruhen ließ, waren die überaus großzügig geschätzten Teilneh-mer einer euphorischen 1.-Mai-Demonstration gewesen. Neben den antiautoritären Studenten waren linke Sozialdemokraten, JUSOS und Falken, SEW und FDJ, Jungdemokraten, Pfadfinder, christliche Gruppen usw. mitmarschiert. Fast überall in der Bundesrepublik hatten sich solche APO-Blöcke innerhalb oder außerhalb der offiziellen Maikundgebungen des DGB formiert. Es war eine Große Koalition der »Alten« wie der »Neuen Linken«, der inner- wie außerparlamentarischen Opposition, die sich an den Notstandsgesetzen, dem Vietnam-Krieg und der Springer-Presse entzündete – und in dieser Form nur einen kurzen, suggestiven Augenblick lang existierte.

Eins der neuen Elemente, die der APO ihren Bewegungscharakter verliehen, waren die nach den Osterunruhen in den Stadtteilen entstandenen »Basisgruppen«. In Berlin waren es insgesamt zwölf. Initiiert von den aus der Universität herausdrängenden Studenten im Umfeld des SDS, entwickelten sie sich bald zu einem Sammelbecken der Unzufriedenen aller möglichen Couleur und Herkunft. Manche ähnelten schon späteren »Bürgerinitiativen« und beschäftigen sich zum Beispiel mit Miet- und Sanierungsfragen. Andere orientierten sich auf eine »revolutionäre Betriebsarbeit« und schickten einige ihrer Mitglieder (Studenten, Lehrlinge, Berufslose) in die Fabriken. So entstanden in einer Reihe von Berliner Großbetrieben wie AEG-Telefunken, Borsig oder Orenstein-Koppel die ersten »Betriebsgruppen«. Wieder andere konzentrierten sich auf Jugendarbeit und Erziehungsfragen, wobei praktische Initiativen wie die Bildung von »Kinderläden« mit ideologischen Debatten und Schulungen unter dem von Wilhelm Reich entlehnten, magischen Stichwort »Sexpol«* Hand in Hand gingen.[23] Aber meistens gab es von allem etwas, so daß die »Basisgruppen« ihrerseits zu Sammelorganisationen wurden. Es gab wöchentliche Delegiertentreffen, Vollversammlungen, Wochenendseminare, und bald auch den Versuch, ein gemeinsames Sekretariat zu bilden. Natürlich kamen etliche Aktive aus bestehenden politischen Gruppierungen, so daß es von Beginn an heftige fraktionelle Auseinandersetzungen um kleine und große Fragen der Politik, Theorie und Praxis gab. Die Rolle der KPF im Pariser Mai zum Bei-

---

(*) Gemeint war so etwas wie die Organisierung und Politisierung der (jugendlichen) Massen vermittels ihrer »sexuellen Befreiung«. Darunter ließ sich dann natürlich vieles vorstellen – von krampfigen Debatten und Schulungen bis hin zu allerhand praktischen Hilfen und einem entschiedenen »learning by doing«.

spiel, die sich nach Cohn-Bendits eindringlicher Schilderung als »Partei der Ordnung« betätigt hatte und von vielen Linksradikalen mit der der Brandtschen SPD in der Bundesrepublik verglichen wurde, und dann der Einmarsch der Warschauer-Pakt-Truppen im August 1968 in der ČSSR verschärften die Differenzen. Im Vorfeld der Gründung neuer prosowjetischer, maoistischer und trotzkistischer Parteien, Gruppen und Fraktionen begann man, sich gegenseitig zu verurteilen und auszuschließen.

Die Antiautoritären im SDS traten in diesen Auseinandersetzungen ebenso fraktionell auf wie alle übrigen. Und auch sie versuchten, die immer vielgestaltigere Bewegung aus Stadtteil- und Betriebsgruppen, universitären Basisgruppen, Weiberräten, Kinderläden, sozialistischen Anwaltskollektiven usw. »verbindlich« zu organisieren und zu zentralisieren. So postulierte eine Berliner SDS-Vollversammlung im Sommer 1968 »die Herausbildung von kontinuierlich arbeitenden Kollektiven, die als ›informelle Kader‹ innerhalb des SDS gelten können«. Und sie stellte es der praktischen Erprobung anheim, ob und inwieweit »der gesamte SDS in eine derartige Kaderorganisation zu überführen ist«.[24]

Ähnliche Überlegungen waren in nahezu allen SDS-Gruppen im Schwange. Oskar Negt als »Mentor« der Frankfurter SDS-Zentrale entwickelte ein postleninistisches Gesamtmodell der »informellen Kader«, die in allen gesellschaftlichen Bereichen tätig werden sollten. Andere entwickelten universelle Vernetzungsvorstellungen mit Dutzenden Sekretariaten, Kommissionen und bezahlten »Reisekadern«. Eine Hamburger Resolution brachte diese Vorstellungen schließlich in ein ausgeklügeltes »Modell der drei Ebenen und zwei Räte«, durch das »mittels rätedemokratischer Kriterien, d. h. permanenter Kontrolle durch die Basis, direkter Abwählbarkeit, imperativem Mandat und Delegation« die antiautoritäre Bewegung in eine einzige, »verbindliche« *Gesamtorganisation* zu überführen wäre.[25]

Auch hier machte sich geltend, was man das Parkinsonsche Gesetz des Antiautoritarismus nennen könnte: Je höher die ideellen Ansprüche, um so dichter das Organisationsnetz, das im Namen der »Selbsttätigkeit der Massen« entworfen wurde. Auch im praktischen Alltagsleben produzierte das Fetischwort »Organisation« weit Schlimmeres als bloße »Bürokratie« – nämlich einen

Rattenkönig von Terminen und Absprachen, die sich wiederum in Unmengen von bedrucktem Papier (Protokollen, Resolutionen, Entwürfen, Arbeitsplänen usw.) niederschlugen. Das wichtigste Accessoire des Vollpolitisierten war ab jetzt ein gutes Jahrzehnt lang – der Terminkalender! Ein Alptraum, wenn man sich das auf die Gesellschaft im ganzen ausgedehnt vorstellte.

Der mächtige, aber diffuse Zustrom von allen Seiten steigerte diese soziale Bodenlosigkeit nur. Wolfgang Büscher hat in seinem wunderbar schwebenden Zeitmosaik »Drei Stunden Null« geschildert, wie er als junger Schüler aus der bundesdeutschen Provinz auf Berlinbesuch im Herbst 1968 zielstrebig jenes Haus am Kurfürstendamm aufsuchte, in dem der SDS hauste – »unterwegs zu den Gesichtern aus der Zeitung, begierig, die Gesten aus dem Fernsehen im Original zu sehen«. Wie sie auch wirklich dasaßen und diskutierten, umgeben (so die Schülerperspektive) von lasziv geräkelten APO-Schönheiten auf durchgelegenen Sofas in einem von Roth-Händle-Kippen bedeckten Raum, gekleidet aus einem riesigen Fundus historischer Kostüme. Wie er sich einen Termin bei einem der großen Namen der Bewegung geben ließ und ihn in einer der riesigen labyrinthischen Berliner Wohnungen auch tatsächlich traf: »Ein kleiner, hagerer Mensch in blauer Drillichjacke …, wie sie deutsche Klempner und chinesische Revolutionäre trugen … Die karge, klandestine Art machte einigen Eindruck auf mich. Unsere Unterredung war kurz und ergebnislos. Ich erklärte, ein antiautoritärer Schüler aus Westdeutschland zu sein. Er erklärte, die Bewegung sei leider noch nicht soweit, mir eine revolutionäre Perspektive geben zu können.«[26]

In Berlin selbst entstand aus dem Gemisch unbestimmter Erwartungen, chaotischer Gruppen- und Cliquenbildungen und einer immer steileren Rhetorik revolutionärer »Gegengewalt« mit dem Gestus ultimativer Notwehr eine explosive Situation, die sich in der – sofort von Legenden umwobenen – »Schlacht am Tegeler Weg« vom 4. November 1968 entlud. Den äußeren Anlaß bot ein Ehrengerichtsverfahren gegen Horst Mahler vor dem Berliner Landgericht wegen seiner führenden Beteiligung an den Osteraktionen gegen Springer. Zum ersten Mal in dieser Form wurden die unvorbereiteten Polizisten – ganz im Stile der Pariser Mairevolte – mit einem Hagel von Pflastersteinen eingedeckt. Die Polizei, die noch nicht mit modernen Kampfmonturen ausgestattet war (die sie nach den Erfahrungen dieser Schlacht dann im Eiltempo erhielt), sondern mit altertümlichen Tschakos und Stöcken ohne Schilde, war hilf- und kopflos. Der Einsatz von Tränengasgranaten verstärkte nur das Chaos. Ein Wasserwerfer wurde von den Demonstranten erobert. Und es gab Ansätze zum Barrikadenbau klassischen Stiles. Arbeiter der umliegenden Fabriken sollen sich anerkennend geäußert haben. Und überhaupt strömte eine Menge Vorstadtjugend, darunter (sehr spektakulär) eine ganze Rockerbande, den Demonstranten zu Hilfe. Erst nach Stunden und mit einem hohen Blutzoll von 130 verletzten Polizisten (gegen 21 verletzte Demonstranten) wurde die Walstatt dieser neuzeitlichen »Sporenschlacht« wieder von den angeschlagenen Sicherheitskräften beherrscht.

Damals kam das neue, aus Frankreich und Italien importierte Zauberwort »Militanz« auf und kombinierte sich mit der »Organisationsfrage« zum Wunschbild der Ausbildung »militanter Kader«. Christian Semler, der als der Stratege dieser Schlacht gehandelt wurde, sagte auf der SDS-Delegiertenkonferenz in Hannover, daß diese Demonstration »in verschiedenen Etappen eine Organisation verriet«, wie sie bis dahin unbekannt gewesen sei, und »wir tatsächlich in einem viel stärkeren Maße, als wir jemals angenommen hatten, solche Aktionen und Demonstrationen planen können und daß wir auch den Einsatz der Gewalt planen können«.[27] So könnten sich aus einer Eskalationsstrategie von militanten Aktionen – in Verbindung mit Schulung, Theorie, Agitprop usw. – die Strukturen einer künftigen revolutionären Organisation entwickeln lassen.

Heute versichert Christian Semler, diese »Schlacht am Tegeler Weg« habe sich in Wirklichkeit völlig spontan und naturwüchsig entwickelt. Um so deutlicher hebt sich ab, in welchem Grade die Akteure damals bereits Gefangene ihrer eigenen Rhetorik und Aktionslogik waren. Im Beitrag eines Autorenkollektivs des Berliner SDS im (offiziellen) FU-SPIEGEL vom Dezember 1968 findet sich die decouvrierende Bemerkung: »Militante Auseinandersetzungen sind vom Zwang, das eigene Über-Ich bekämpfen zu müssen, freier als bisher – sie sind realer Angriff auf die Staatsmacht.«[28]

139

Der Staat war also der Repräsentant eines »Über-Ichs«, das man in der eigenen Psyche, einem dunklen »Zwang« folgend, immerwährend zu bekämpfen hatte. Militanz machte frei.

Da man (scheinbar) nicht mehr zurückkonnte, mußte man immer weitergehen. Christian Semler war denn auch die Zentralfigur des mehr als einjährigen Versuches, ausgehend von diesen Aktionserfahrungen eine SOZIALISTISCHE MASSEN-ORGANISATION (SoMaO) zu begründen, in der alle politischen Gruppen und Ansätze in den Stadtteilen, Betrieben und Bildungseinrichtungen nach räteförmigen Delegiertenprinzipien zusammengefaßt und zum Plafond einer revolutionären Parteibildung werden sollten. Als das scheiterte, war er wiederum die Zentralfigur des Versuchs, in einer (keineswegs unlogischen) Wendung das Pferd buchstäblich von hinten aufzuzäumen und eine winzige geschulte und gekaderte KPD/AO (AUFBAUORGANISATION) zu begründen. Noch dieser extrem voluntaristische Versuch lebte von der Suggestion einer revolutionären Selbstorganisation der Massen, die eben nur eines *Geburtshelfers* bedurfte.

Ganz ähnliche Prozesse wie in Westberlin spielten sich im »Winter des Mißvergnügens« 1968/69 in nahezu allen Universitätsstädten ab. Unter der Losung des »Aktiven Streiks« (einer Art politischen Generalstreiks aller revolutionär bewegten Studenten) sollte in den Universitäten und ihren Instituten die Machtfrage gestellt werden. Gleichzeitig gab die vom SDS-Rumpfvorstand proklamierte »Justizkampagne« gegen die anrollende Prozeßwelle Anlaß zu einer Welle wilder Aktionen jeder Art, die sich in atemloser Folge aneinanderreihten. Das Berliner SDS-Autorenkollektiv schlug auch in dieser Hinsicht einen neuen Ton an, als es den organisierten »Psychoterror« gegen Richter und Staatsanwälte ausdrücklich legitimierte: »Es mag eine armselige Möglichkeit sein, einen reaktionären Richter so lange zu terrorisieren, bis er psychisch zusammenbricht; nichtsdestoweniger ist es eine praktikable und organisierbare Möglichkeit ...«[29]

Schließlich waren die jeweiligen Anlässe der Demonstrationen, Go-ins und nächtlichen Überfälle nur noch für Eingeweihte zu erkennen. Die Feste der befreienden Militanz wurden gefeiert, wie sie fielen: Mal war es ein Gala-Abend der Deutschen Sporthilfe in Frankfurt, bei dem Kanzler Kiesinger, Altkanzler Erhard und die übrige Prominenz nur mit Mühe heil durchkamen; mal waren es Horte bürgerlichen Wohlbehagens wie das Café Kranzler oder das Kaufhaus des Westens (und weitere Kaufhäuser) in Berlin, die Objekte vandalischer Verwüstungen wurden. Eine Welle klandestiner nächtlicher Stein- und Brandanschläge traf amerikanische und spanische Konsulate, Fluggesellschaften, Kultureinrichtungen, Bankfilialen usw. Auch Podiumsdiskussionen, die dem Versuch dienten, einen Dialog mit den Studenten zu führen, wie unter der Leitung von Eugen Kogon in Frankfurt, gingen (anders als noch Monate zuvor) im Chaos unter. Alle Kommunikation schien abgebrochen, die Radikalisierung unübersehbar.

Tatsächlich sollte dieser hektische Aktionismus, mitsamt der fetischisierten »Organisationsdebatte«, die ihn ständig begleitete, nur die anhaltende soziale Bodenlosigkeit der Bewegung überbrücken und kompensieren. Ein Münchhausen-Projekt.

Der große Lügenbaron dieses Unternehmens war »der Krahl«. Seine plötzliche Prominenz verdankte der Adorno-Schüler und Frankfurter Lokalmatador nicht zuletzt der charismatischen Lücke, die der Ausfall der Präsenz und Wirkung Dutschkes im Gefühlshaushalt der Antiautoritären wie der Medien hinterlassen hatte. Tatsächlich war Hans-Jürgen Krahl wie Dutschke ein begabter Agitator, Organisator, Journalist und Theoretiker in einem. Sieht man alte Wochenschauen und Fernsehbilder, erschrickt man vor der schneidenden Stimme und Präsenz des »Robespierre von Bockenheim«, wie er gelegentlich (ziemlich schief) tituliert wurde. Aus der Nähe betrachtet, war er eine liebenswürdig verkrachte Existenz, der als Clochard in Studentenheimen oder bei Freunden hauste.

Schon damals gehörte es zum festen Repertoire der Legenden um seine Person, und mittlerweile ist es zum eisernen Bestand der Erzählungen aus dem Nähkästchen der Bewegung geworden: Wie »der Krahl« abends im Kreise seiner Jünger am Stammtisch beim »Nutten-Louis« saß und als Ex-Korpsstudent seine doppelten Lagen (Korn und Bier) kippte, während Heintjes »Mama« aus der Jukebox plärrte, wozu er, der nicht allzu bekennende Schwule (es war noch nicht die Zeit der *coming-outs*), selig mitsang; und wie er dann zur Begeisterung oder zum Erschrecken der Anwesenden sein Glasauge ins Schnapsglas fallen ließ, wozu manche ein Monokel assoziierten; was dann wieder mit seiner Stimme, seiner Aura oder Fama (als selbsterfundener roter Adelssproß) zu tun hatte ...

Krahl jedenfalls war der eigentliche Fetischist der »Organisationsfrage«, die er in fast aberwitzige Theoriehöhen emportrieb. Antiautoritär oder libertär kann man sie nur schwer nennen. Che Guevara, erklärte er etwa bei seinem Auftritt vor Gericht, habe uns »die Möglichkeit (gezeigt), eine politische Moral der Kompromißlosigkeit herauszubilden, die ... die Grundlage (ist), um einen der gegenwärtigen Machtstruktur des Staates geschichtlich angemessenen Organisationstypus herauszubilden«. In großer forensischer Rede nahm er sich selbst, den Wanderer von der exremen Rechten zur radikalen Linken, zum Prototypus einer geschichtlichen Emanzipationsbewegung, die von der »Trauer um den Tod des bürgerlichen Individuums« gespeist sei und durch die eine wachsende Zahl von Abkömmlingen der Privilegierten zum »Klassenverrat« getrieben werde. Noch einmal formulierte er sein Credo der Notwendigkeit, »die ersten Keimformen der künftigen Gesellschaft schon in der Organisation des politischen Kampfes selbst zu entfalten ..., selbst um den Preis einer hohen Disziplinierung und Unterdrückung, die wir uns selbst auferlegen müssen« – eine wunderbar paradoxe Formulierung! Auch wir, so Krahl, »können, wie Marx sagt, das künftige Jerusalem in unseren Organisationen nicht vorwegnehmen«. Aber im Bund der Genossen lasse sich »Solidarität und Herrschaftsfreiheit« wenigstens fühlen und proben. Wie Ernst Bloch im »Prinzip Hoffnung« über jene gesagt hatte, die zur roten Fahne übergelaufen waren, auch wenn sie es gar nicht nötig hatten: »Es ist die sich tätig begreifende Menschlichkeit.«[30]

Sylvia Bovenschen hat 1988, aus dem Abstand von 20 Jahren, über diesen Lebensabriß ihres Ex-Genossen verwundert bemerkt: »Würde heute noch einer von uns seine Biographie in vergleichbarer Weise beschreiben? Wie dieser eine riesige geistige Räume durchschreitet ..., wie sich ihm alles ordnet, zeitgeschichtlich, weltanschaulich und politisch synchronisiert und schließlich biographisch zuwächst ... – der aufsässige einzelne, der zurückläßt, der weiterschreitet, der sich befreit ... Ich bezweifle, daß heute noch viele von uns die Befunde dessen, was sie für ihre Individualität halten, in ein solches fortschrittsgeschichtliches Streckbett legen würden.«[31]

Aber Krahl tat mehr. Er theoretisierte die eigene Rolle als »revolutionäres Subjekt« bis zur phantastischsten Überspannung. In seiner Rede vor Gericht zitierte er den französischen Revolutionstheoretiker Merleau-Ponty, der (wie Sartre) versucht hatte, den Marxismus-Leninismus in Kategorien der Existenzialphilosophie zu übertragen: »Die Partei ist also wie ein Mysterium der Vernunft: Sie ist derjenige Ort der Geschichte, an dem der seiende Sinn seiner selbst inne, an dem der Begriff zum Leben wird ...«[32] Diese Annäherung Krahls an den Gedanken der Partei ging einher (wie er selbst attestierte) mit »einer großen Hinwendung zum Proletariat« – auch wenn diese revolutionäre »Klasse an sich« noch weit davon entfernt war, wieder »Klasse für sich« (im Sinne von Lukács) zu werden.

Den *circulus vitiosus*, der darin lag, durchbrach Krahl mittels einer neuen, kühnen theoretischen Improvisation. Wenn Technologie und Wissenschaft unmittelbar zu Faktoren der Produktion geworden waren, dann bedeutete das: »Der Klassenverrat ist organisierbar geworden, die wissenschaftlich technische Intelligenz gehört ihrer objektiven Lage zufolge tendenziell der herrschenden Klasse nicht mehr an ...«[33] Die revolutionären Studenten waren also nicht nur tendenziell Teil des Proletariats, sondern derjenige Teil, der die moderne psychische Verelendung am schärfsten spürte. Ihre Oppositionsbewegung war nicht mehr nur, wie andere SDS-Strategen formulierten, zur *stellvertretenden* Avantgarde der beherrschten proletarischen Massen geworden, sondern griff über jede temporäre Platzhalterrolle weit hinaus: »Die Bewegung wissenschaftlicher Intelligenz muß zum kollektiven Theoretiker des Proletariats werden – das ist der Sinn ihrer Praxis.«[34]

Man könnte darin einen weitreichenden sozialen Machtanspruch sehen, geradezu ein *Programm* der »Intelligenz auf dem Weg zur Klassenmacht« (worin Konrád/Szelényi den Kern der realsozialistischen Partei- und Staatsbildungen gesehen haben[35]). Jedenfalls war klar, wer in diesem kollektiven Theoretiker des Proletariats die führende Rolle hätte spielen sollen. Detlev Claussen nannte in seiner Rede auf dem Begräbnis später Krahl in vollem Ernst unseren »politisch-philosophischen *Lehrer*«.[36]

Tatsächlich war der artifizielle Theoriejargon im Frankfurter SDS längst ein autoritäres Machtmittel *par excellence*. Daß die erste Tomate gerade auf Krahl abgefeuert wurde, war insofern kein Zufall. Sie gab das Signal zu einer Kette von internen Fraktionierungen und Sezessionen, die sich nicht zuletzt aus der Rebellion gegen den unerträglichen Autoritarismus der »antiautoritären« Ideologen speisten.

So hatte sich im Frankfurter SDS eine »Lederjackenfraktion« gebildet (wenig später wurden aus ihnen maoistische Kader oder Mitglieder der Terrorszene, noch später dann Werbeleute, Journalisten und Schriftsteller), die sich – obwohl mehrheitlich selbst Soziologen – aus schierer Wut gegen die opressive Theoriesprache der Kritischen Theorie einen demonstrativen Prollo-Stil zulegten. Während des »Aktiven Streiks« versuchten sie mit Gewalt, Examensklausuren zu verhindern. Ihre unmittelbaren Opponenten waren vor allem Mitglieder der trotzkistischen SAG (SOZIALISTISCHE ARBEITER-GRUPPEN), die ihre Prüfungen absolvieren wollten, um sich endlich einer »revolutionären Berufspraxis« zuzuwenden.

Nach der Besetzung des Soziologischen Seminars und des »Instituts für Sozialforschung« im Januar 1969 spitzte sich auch der Konflikt mit der Krahl-Fraktion zu. Die Studierstuben einiger besonders Theoriebeflissener wurden von den Lederjacken devastiert. (Eine Bücherverbrennung veranstaltet zu haben, wie die Frankfurter Lokallegende es will, leugnen die Beteiligten allerdings.) Als Jürgen Habermas auf dem Abzug der Besetzer beharrte, wurde er von den Lederjacken physisch attackiert – und wiederholte ihnen gegenüber seinen alten Vorwurf des »Linksfaschismus«. Horkheimer, der sich ohnehin immer mehr zurückzog, und Adorno, der wenig später in seiner Vorlesung auch noch von Studentinnen mit nackten Brüsten attackiert wurde, zeigten offene Angst. *»Aus diesem Krahl heulen die Wölfe«,* soll Adorno mit eigener Hand an die Wand des besetzten Instituts geschrieben haben. Krahl, der die Besetzungsaktionen angeführt hatte, aber dem Meister dennoch tief verbunden blieb, beschuldigte die Lederjacken später, Adorno mit in den Tod getrieben zu haben. Nur mit Mühe konnte er sie abhalten, auch noch das Begräbnis zu entweihen. So waren die Zeiten und Sitten.

In diesen chaotischen Fraktionskämpfen verwandelte sich der eben noch so bedeutende SDS in einen Papiertiger (im fast wörtlichen Sinne). Krahls nachgeschobenes, aufwendig begründetes Strategem vom »kollektiven Theoretiker des Proletariats«, das er Ende 1969 auf einer schwach besuchten Konferenz zur Hochschulpolitik vortrug, wirkte bereits wie die verzweifelte Rationalisierung der eigenen Situation. Als im Februar 1970 die Nachricht von seinem tödlichen Unfall eintraf, fühlten alle darin eine seltsame und erschreckende Konsequenz. Nur Tage später wurde der SDS in aller Hast aufgelöst.

Als auf der SDS-Delegiertenkonferenz in Hannover im November 1968 Flugblätter mit dem stilisierten Portrait des Großen Vorsitzenden Mao Tse-tung und einem Aufruf zur Gründung der KOMMUNISTISCHEN PARTEI DEUTSCHLANDS/MARXISTEN-LENINISTEN durch die Reihen gingen, hielten wir das zunächst für einen neuen Gag der KOMMUNE I. Schließlich hatte Kunzelmann die ganze vorherige DK damit genervt, daß er im Foyer in endloser Wiederholung von einem kratzenden Grammophon chinesische Revolutionslieder und Armeemärsche abgespielt hatte.

Bis zu diesem Zeitpunkt war der westliche Maoismus vor allem eine internationale Jugendstimmung gewesen, ein Stück *radical chic* (selbst Brigitte Bardot posierte im »Mao-Look«), so politisch oder unpolitisch wie der parallele Kult um Che Guevara, der allerdings noch sehr viel europäisch-vertrauter war. Reimut Reiche hatte im April 1967 seine eigene Irritation wie die seiner Genossen plastisch beschrieben: »Noch vor einem halben Jahr hätte es niemand gewagt, auf einer SDS-Versammlung sich auf Mao mit einem Zitat zu berufen, heute geschieht es ständig, aber unter affektiertem Gelächter der Lesenden und der Hörenden.« Um tapfer hinzuzufügen: »Jetzt müssen wir lernen, ihn richtig zu lesen: aus der Revolution der Dritten Welt zu lernen.«[37]

Was konnte Mao uns sagen? Ging es wirklich um die Überzeugungskraft eines ideologischen Systems, eben des »Maoismus«, der sich über Nacht unserer Köpfe bemächtigt hätte? Oder um eine authentische Anziehungskraft des Vorbilds der chinesischen Kulturrevolution? Wohl kaum. Sicherlich gab es die sophistischüberklugen, vielgelesenen Schriften intellektueller Exegeten wie Joachim Schickel, der hinter der »Großen Methode« Maos – der permanenten kulturrevolutionären Mobilisierung der Massen gegen bürokratische Machthaber und alle Formen bürgerlichen und feudalen Denkens und Verhaltens – das Ziel sah, eine neue »Große Ordnung« zu errichten. Überhaupt gab es eine reichhaltige, enthusiastische und weit bis ins konservative Lager reichende China-Literatur, die einigen Einfluß hatte und noch näher zu würdigen sein wird.

Aber aus Maos Texten war bei noch so angestrengtem Studium für unsere Verhältnisse nichts zu lernen, und die Nachrichten aus China blieben trotz aller verklärenden Interpretationsfilter höchst verwirrend und erschreckend. Eben drum! Sich einen Mao-Button anzustecken, die Sprüche des Großen Vorsitzenden zu rezitieren oder sein lächelndes Portrait als Mona Lisa der Weltrevolution an die Wand zu pinnen, bezeichnete nunmehr die radikalste und plakativste Antithese zur »alten« bürgerlichen Welt ebenso wie zur »alten« reformistisch-revisionistischen Linken.

Der eigentliche Appeal des Maoismus dürfte allerdings in seiner Idolisierung der Jugend als einer weltverändernden Kraft schlechthin gelegen haben. So wie es in einer von Maos Ansprachen an die Jugend Chinas hieß: »Die Welt ist euer, wie sie auch unser ist, doch letzten Endes ist sie eure Welt! Ihr jungen Menschen, frisch und aufstrebend, seid das erblühende Leben, gleichsam die Sonne um acht oder neun Uhr morgens. Unsere Hoffnungen ruhen auf euch ...«[38]

Nachzulesen war das im »Roten Buch« – einem Katechismus zeremonieller Mao-Sprüche, die der Verteidigungsminister Lin Piao zur täglichen Indoktrination seiner Rekruten kompiliert hatte. Auch in der westlichen Welt wurde der Mao-Katechismus 1967/68 in Abermillionen Exemplaren verkauft.[*] Natürlich waren die schmucken feuerroten Bibeln aus Peking mit ihrem abwaschbaren

---

(*) Nach Angaben des Pekinger Volksverlags sollen in chinesischer Sprache 740 Millionen Exemplare, in anderen Sprachen noch einmal 350 Mio. Exemplare des »Roten Buchs« vertrieben worden sein. Allerdings waren diese Hyperzahlen selbst schon ein Stück maoistischer Suprematismus im Geiste seines Zöglings Lin Piao, der im Vorwort schrieb, Mao sei der »größte Marxist-Leninist dieser Zeit« – der neue Führer des Weltproletariats also.

Einband ein hübsches *gadget*. Aber das gilt wohl kaum für die schmucklose Taschenbuch-Ausgabe, die im Frühjahr 1967 im ehrwürdigen FISCHER-Verlag erschien und binnen eines Jahres noch einmal in 75.000 Exemplaren verkauft wurde.[39] Dort verkündete der deutsche Herausgeber Tilemann Grimm, daß dieses Mao-Brevier das »Rote Buch« genannt werde, weil es »so unübersehbar in den Händen der jungen Menschen die ›rote‹ revolutionäre Begeisterung symbolisiert« und weil Rot überhaupt »in China die Farbe der Lebensfreude, der Jugend und des Frühlings« sei, weshalb inmitten bitterer Auseinandersetzungen dort »Freude, hochgestimmter Eifer und anscheinend glückliche Begeisterung« von »einer Milliarde dienstbereiter Revolutionäre« das Bild bestimmten.[40]

Wenn altgediente Sinologen so sprachen, war das schon erstaunlich genug. Aber wieso reagierten wir nicht allergisch auf diesen penetrant paternalistischen Ton der Ansprache? Wieso akzeptierten wir bereitwillig ein vor Kitsch triefendes Vokabular wie »hochgestimmt« und »dienstbereit«, »Frühling« und »Lebensfreude«, »frisch« und »aufstrebend«, das uns in jedem anderen Zusammenhang Schüttelfrost bereitet hätte? Und überhaupt: Wie paßten diese schwülen Kulte der roten Überväter, die von ihren Tribünen herabwinkten, in das Bild einer »antiautoritären Revolte«?![41]

Das war nun allerdings kein Privileg der Maoisten. Wenn ein unbefangener Beobachter die Photos so mancher 68er-Demonstrationen anschaute, dieser zeremoniellen Umzüge mit den Ikonen von MARX und ENGELS, LIEBKNECHT und LUXEMBURG, THÄLMANN und BAKUNIN, LENIN und TROTZKI, HO und KIM, MAO und ENVER, FIDEL und CHE, dann würde er wohl kaum eine »antiautoritäre« Kundgebung dahinter vermuten. Es waren Heroen- und Führerkulte durchaus älteren Stiles, allerdings als reine (insofern postmoderne) Zitate. Diese Lebenden und Toten wurden weniger als reale Autoritäten denn als imaginäre *Antiautoritäten* gegen die eigene Gesellschaft ins Feld geführt, als rote Überväter mit einer symbolischen Bedeutung, deren psychische Funktion ziemlich offenliegt.

Aber die Präsenz Maos besaß noch eine besondere Virulenz. Ob Schüler freie Kondome forderten, Kinderladen-Eltern die

Revolutionierung der Erziehung diskutierten, Haschrebellen zum
»Smoke-in« aufriefen oder die ersten Stadtguerilleros ihre Brandbomben warfen – überall auf den Flugblättern, Papers oder Plakaten der Jahre 1968/69 prangten die passenden Mao-Sprüche: Von
der Rebellion, die gerechtfertigt ist. Vom steten Widerspruch, der
die Vorbedingung der Freiheit ist. Von allem Reaktionären, das
nicht fällt, wenn man es nicht niederstößt. Oder von der Revolution, die kein Deckchensticken ist, sondern ein Akt der Gewalt.
Eine lyrisch-revolutionäre Hausapotheke.

Das entscheidende Triebmittel war jedoch der Narzißmus der
Jugend, der sich darin spiegeln konnte. »Sie sind alt, wir sind jung –
Mao Tse-tung!« skandierten die Demonstranten, die eine Konferenz der Berliner SPD am 18. Januar 1969 belagerten. Zu dieser
»Anti-SPD-Demonstration« zum 50. Jahrestag der Ermordung
von Liebknecht und Luxemburg hatten die »Basis- und Ad-hoc-
Gruppen im SDS« aufgerufen sowie eine »Rote Garde Berlin«, die
zu dieser Zeit mehrere hundert Schüler und Lehrlinge um sich
scharen konnte. Der (insgeheim längst von der SED übernommene
und finanzierte) BERLINER EXTRA-DIENST berichtete mit deutlichen Untertönen der Mißbilligung: »Maos Name kam den 2000
APO-Anhängern, die am Samstag von der Turmstraße zum SPD-
Parteihaus in der Müllerstraße marschierten, wesentlich öfter von
den Lippen als die von Rosa und Karl. Mao prangte denn auch auf
den Flugblättern, die von 7- bis 12jährigen an der Spitze des Zuges
verteilt wurden.«[42]

Wenn der Maoismus 1967/68 für ein Jahrzehnt zu einem internationalen Phänomen und einer geistigen Strömung des Westens
wurde, dann weil er wie die Quadratur des Zirkels wirkte. In ihm
verbanden sich der von den Zeitumständen beflügelte Kult der
Jugend und ein Gestus militanter Unschuld mit dem Phantasma
unendlicher, immer erneuerter Bewegung und dem Fetisch universeller Organisation.

IDIOTEN DER FAMILIE
Die Tage der Kommune 1 –
Mythen einer sexuellen Revolution

> Your inside is out and your outside is in . . .
> Everybody's got something to hide
> Except for me and my monkey
>
> *The Beatles*

»Welch ein Jahr der Irrungen und Wirrungen, dieses 1969. Alles war in Auflösung begriffen, alle gingen auf Reisen – in sich selbst, zu Gurus nach Indien, nach Italien, wo die Klassenkämpfe und das pralle Leben tobten, zu den nationalen Befreiungsbewegungen in Süd- und Mittelamerika oder nach Palästina. Welch ein Jahr der Windungen und Wendungen, dieses 1969. An einem Tag Hasch-rebell und Stadtindianer, am nächsten maoistischer Kader und Fabrikarbeiter, an einem Tag Stadtguerilla, am nächsten JUSO-Funktionär, Jungunternehmer, Verleger, Kunstkritiker, Theater- und Filmregisseur. Eindeutig erkennbar war nur die Unübersicht-lichkeit, waren Fluchten auf der Suche nach Selbstverwirklichung, Aufbrüche zu neuen Ufern. Und da waren noch die Drogen, keine harmlosen wie Marihuana und Haschisch, gefährliche, lebenszer-störende Drogen.«[1]

Das schrieb mit einer Verve, der auch zwanzig Jahre später noch eine gewisse Erschütterung anzumerken ist, Dieter Kunzel-mann in seinem sonst bemerkenswert humor- und leidenschafts-losen Lebensbericht. Noch immer sei sein Kopf »vollgestopft mit Bildern aus diesem 69er Jahr«. Und fest stehe, »daß die folgen-den Jahre bis zum deutschen Herbst 1977 im Nebel verbleiben, wenn nicht Klarheit herrscht über dieses Jahr der Großen Kon-fusion«.[2]

Der Text ist, von allem anderen abgesehen, ein eindrucksvolles Zeugnis des Autismus der Politaktivisten. 1969 landete der erste Mensch auf dem Mond, wurde Willy Brandt nach zwanzig Jahren

CDU-Herrschaft an die Spitze einer sozialliberalen Koalition gewählt. Hier dagegen – nur Crashs und Flashs, Fluchten und Karrieren, Verwandlungen und Aufbrüche, in denen die akkumulierten Größenphantasien der zwei vorangegangenen Bewegungsjahre zusammenschossen.

Zu den erstaunlichsten Karrieren zählte jedenfalls die der Protagonisten der KOMMUNE I. Im Wachsfigurenkabinett der Republik firmieren Teufel, Langhans & Kunzelmann, diese drei, mittlerweile als amtlich anerkannte Provokateure, Idioten des bundesdeutschen Familienromans.* Häufig wird ihnen eine größere und nachhaltigere Wirkung zugeschrieben als Dutschke, Krahl und den politischen Aktivisten überhaupt. Wer »1968« vor allem als eine lebenskulturelle Umwälzung sieht, als eine »Kulturrevolution« im eher heiteren Sinne, wird unweigerlich an die Kommunarden denken. *Sie* wären demnach die eigentlichen Avantgardisten all dessen gewesen, was – mit positivem oder mit negativem Akzent – als sexuelle Befreiung, hedonistische Individualisierung, antiautoritäre Lockerung, demokratische Liberalisierung oder als Übergang von der tragischen zur »ironischen Nation« (H. Bude) beschrieben worden ist.

Das steigert allerdings nur das Paradox, das die Wirkungsgeschichte der 68er-Bewegung insgesamt kennzeichnet. Denn die realen Aktivitäten und Biographien der Kommunarden entsprechen höchstens ganz partiell dem, was sie in der allgemeinen Erinnerung vorstellen (sollen). Was freilich nur die Intensität der schon damals auf sie gerichteten Phantasien beweist, in denen ein sozial und generationell breit gelagerter, kultureller Veränderungswillen sich projektiven Ausdruck verschaffte. Es geht nicht darum, diese Phantasien und Erwartungen nachträglich zu blamieren. Im Gegenteil: Je größer das Mißverständnis zwischen den Kommunarden und ihrer ideellen Fangemeinde, um so bezeichnender.

(*) Literarische Referenzen sind: Hašeks Schwejk als »amtlich anerkannter Idiot«; Sartres Flaubert als »Idiot der Familie«; Dostojewskis Fürst Myschkin als gutherziger »Idiot«.

Immerhin darf man sich wundern. So hätte es doch irritieren und nachdenklich machen müssen, daß nach Auflösung der kurzlebigen Kommune-Experimente die einen (Dieter Kunzelmann und Fritz Teufel) im Terrorismus und andere (wie Ulrich Enzensberger, Eike Hemmer, später auch Kunzelmann) zeitweise bei den Marxisten-Leninisten landeten. Nur Rainer Langhans ist nach 1968 seiner angenommenen Rolle folgend zum Lebensreformer geworden, einer von der trüb-esoterischen Sorte allerdings, nicht ohne eine schwere Dosis deutsch-völkischen Tiefsinns.[*]

Aber auch in den Hochzeiten der Bewegung hatte das, was die Kommunarden faktisch propagierten und praktizierten, und das, was eine jugendbewegte Öffentlichkeit gerne in ihnen sehen wollte – nämlich den Inbegriff eines lustbetonten, unfanatischen Antiautoritarismus –, schon ziemlich weit auseinandergelegen. Die KOMMUNE 1 und ihr folgend die KOMMUNE 2 waren nie einfach fröhlich-kulturelle Underground-Projekte, sondern gingen aus

---

(*) In einem 1997 geführten Gespräch mit einem jungen Mann der »Neuen Rechten« erläuterte Langhans u.a. Äußerungen in einem bereits 1989 veröffentlichten TAZ-Interview: »Es gibt ein Naturgesetz, nach dem wir unsere Eltern lieben müssen und nicht anders können, als das von ihnen Getane fortzusetzen ... Daraus resultierend habe ich nun eine Faschismus-Position, eine deutsche Position (entwickelt) ... Ich habe damals gesagt: ›Spiritualität in Deutschland heißt Hitler‹ oder ›Wir müssen die besseren Faschisten werden‹. Ich meinte damit, daß wir den Ansatz Hitlers – und damit unsere Eltern – endlich erlösen müssen ... Die Leute im ›Dritten Reich‹ ... befanden sich auf der Suche nach Gott, bemühten sich, das ›Himmelreich auf Erden‹ durch Technik, aber auch durch Magie zu errichten. Über die Zivilisationskritik sollte eine Wiederbeseelung und Wiederverzauberung der Welt erreicht werden ... Sie suchten also den Zugang zu Gott – und landeten dafür in der Hölle ... Der Nationalsozialismus war also ursprünglich ein ehrenwerter Versuch. Darüber muß man schon reden.« Man müsse ja nur einmal »die begeisterten Gesichter und Körper, die phantastischen Aufzüge« von damals betrachten, um zu erkennen, daß es um ekstatisch-spirituelle Gemeinschaftserlebnisse gegangen sei. Gegenüber solch »ekstatischen Erfahrungs- und Lustmöglichkeiten« in der Großgemeinschaft sei selbst »wirklich guter Sex zu zweit ... ein Witz«. Die Rave-Jugend mache schon längst solche »konkrete Erfahrungen eines Gemeinschaftserlebnisses außerhalb des Körpers«. Die KOMMUNE 1 sei ihre Vorläuferin gewesen, »ein ekstatischer Auftakt, dessen Energie wie ein heiliger Geist über uns alle ausgeschüttet worden ist«. [»Berlin wollte seinen Krieg. Ich wollte ihn nicht. Ich wollte diese Schönheit.« In: Claus-M. Wolfschlag, Bye-bye '68, S. 181 ff., 188]

langwierigen Organisations- und Strategiedebatten der SUBVERSI-
VEN AKTION und dann des Berliner SDS hervor, an denen anfangs
auch Dutschke, Rabehl und andere teilnahmen. Die ganze Bewegung oder jedenfalls ihr politischer Kern sollte sich nach den Vorstellungen dieser aktionistischen Fraktion in Kampf- und Studien-
kollektiven organisieren (eine Vorstellung, auf die man nur in dem
von Abwanderung und Leerstand geprägten Westberlin kommen
konnte). Im Begriff der »Kommune« mischten sich anfangs noch
Ideen der amerikanischen »Community« (in dem von Marcuse
popularisierten Sinne einer Gegengesellschaft der Konsumverwei-
gerer) mit den klassisch-rätesozialistischen Konnotationen von
»Commune« oder mit Reminiszenzen an die Erziehungs-Kommu-
nen im frühen Sowjetrußland. Auch in der Kulturrevolution in
China war der Begriff mit der »Kommune von Shanghai« wieder
aufgetaucht.

Dieter Kunzelmanns »Notizen zur Gründung revolutionärer
Kommunen in den Metropolen« vom November 1966 beginnen
denn auch mit einem Mao-Zitat und enden mit Ches Aufruf, den
»Menschen des 21. Jahrhunderts« zu schaffen. In diesem Text,
der ansonsten ganz im hochgestochen soziologisierenden Jargon
der Zeit verfaßt war, wird jedes bloße lebenskulturelle Experiment
als »solipsistischer Akt, Psychose und elitärer Zirkel« schroff *abgelehnt*. Alle angestrebten psychischen Verwandlungsprozesse
stehen unter dem strikten Primat des Politischen. Im Zentrum der
zu bildenden »Kollektive« soll eine »gemeinsam zu leistende
Praxis« stehen, durch die »die verschiedenen individuellen
Geschichten in einer gemeinsam zu beginnenden Geschichte auf-
zuheben« wären.[3]

Kunzelmann, der im Schwabinger Künstlermilieu (ohne selbst
Künstler zu sein) früh seine spezielle »Begabung in der Produktion
öffentlicher Erregung« entdeckt hatte, war eine politische Gründer-
natur, ebenso wie Dutschke, den er anfangs an sich zu ziehen
suchte und mit dem er – nach dessen Entscheidung für eine
(un-)bürgerliche Hochzeit mit Gretchen und angesichts seines
Aufstiegs zur SDS-Führerfigur und zum Medienstar – eifersüchtig
rivalisierte. 1966 zog er eilends von München nach Berlin nach,

weil ihm »bewußt wurde, welche Möglichkeiten sich uns im Kontext der Westberliner Frontstadthysterie und der extraordinären Medienlandschaft eröffnen würden«.[4]

Die um Kunzelmann gescharte »Kommune«-Gruppe war, als sie sich Anfang 1967 schließlich konstituierte, eine radikale Fraktion der außerparlamentarischen Bewegung, die sich mit einer Serie von politischen Happenings in Szene zu setzen wußte. Eines ihrer Hauptmittel zur Schockierung der bürgerlichen wie der linken Öffentlichkeit war das frühe Auftreten als maoistische Rotgardisten, vorläufig noch mit einer Prise ironischer Distanz. Politisch-publizistische und materielle Motive gingen dabei aufs glücklichste Hand in Hand. »In dieser Zeit hielten wir bereits intensiven Kontakt zur chinesischen Botschaft in Ostberlin.« Dort bestellten die Kommunarden »reihenweise Broschüren und Zeitschriften, die in größerer Auflage per Post von Guozi Shudian aus Peking nach Westberlin gesandt wurden«. Dieses Material, »Peking Rundschau und Mao-Bibeln etc., das wir natürlich umsonst erhielten, haben wir neben unseren Raubdrucken auf unserem Büchertisch gewinnbringend umgesetzt«. Insofern habe die Springer-Presse schon »ein wenig recht (gehabt), wenn sie seinerzeit reißerisch behauptete, wir seien von Peking finanziert«.[5]

Zynisch-sarkastische Selbstbekenntnisse wie diese gehörten von jeher zu den unfehlbaren Provokationstechniken der Kommunarden. Was immer die Boulevard-Presse an schmutzigen und geilen Phantasien über sie ausgoß, was immer ihre linken Gegner zu Recht oder zu Unrecht über sie behaupteten, es wurde von ihnen mit freudiger Begeisterung aufgegriffen. »Bei den Zeitungsausschnitten (wie am Morgen nach einer Theaterpremiere) während unseres Kommunefrühstücks haben wir uns immer köstlich darüber amüsiert, wie die Streicheleinheiten neu verteilt waren und der eine als ein größerer Star als der andere herausgestellt wurde.« Auch dabei verknüpften sich politische und materielle Interessen. »Erst blechen, dann reden«, stand an der Tür, und das »war dann auch wirklich so, daß wir bald einen Teil unseres Lebensunterhaltes aus solchen Einkünften bestreiten konnten«.[6] Amerikanische Fernsehsender, STERN und SPIEGEL gaben sich bald schon die Klinke in die Hand. Aber entscheidend war die Springer-Presse, ohne deren unermüdliche Schmähungen es die KOMMUNE 1 als öffentliches Phänomen mit Langzeitwirkung überhaupt nicht gegeben hätte.

Der Vorwurf, »Springers Hofnarren« zu sein, war denn auch gang und gäbe. Der SDS-Vorstand machte sich sogar die Mühe, die KOMMUNE I, die ihre Flugblätter nach Gusto mit »SDS« unterschrieb, in aller Form aus dem Berliner Verband auszuschließen – was von den Betroffenen mit derselben freudigen Akklamation aufgenommen wurde wie »die ständigen Attacken der Moabiter Justiz«, die, so Kunzelmann heute, »(uns) in unserer selbstbewußten Perseveranz sehr wohlgetan« haben.[7]

Ein derart treffender, mit unverkennbarem Erfinderstolz eingeführter Begriff wie »selbstbewußte Perseveranz« ist tatsächlich gut geeignet, den Mechanismus zu erhellen, nach dem die KOMMUNE I agierte. Die Kommunarden bedienten ganz einfach alle Vorurteile, Ängste und Schreckensvorstellungen der Staatsorgane, der Bürger *und* der Altlinken (incl. SDS) – und riefen dann: April, April!

Das Thema Nr. 1 in diesen Agitationen und Happenings war keineswegs Sex, wie die Legende es will, sondern Gewalt. Genauer gesagt, ging es um das projektive Spiel mit den Gewaltphantasien der Bürger. Man inszenierte sich als virtuelle Guerilla und setzte nach bewährtem Reiz-Reaktions-Schema auf die »faschistischen« Selbstentlarvungen des Staates, der Medien, der Herrschenden und der autoritären Kleinbürger, die wiederum das *eigene* Spiel mit der Gewalt legitimierten und nährten. Ein Perpetuum mobile.

Neben Kunzelmann war es jetzt vor allem Fritz Teufel, der dafür sorgte, daß diese Aktionen mit einigem szenischen und verbalen Witz vorangetrieben wurden. Lustig waren sie deshalb nicht. Schlagartig berühmt wurde die »K 1«, wie sie bald nur noch genannt wurde, durch das »bedauerlicherweise nicht zur Ausführung gekommene Puddingattentat« (Kunzelmann) auf den amerikanischen Vizepräsident Humphrey im April 1967. Daß die Sicherheitsorgane (voran der amerikanische Geheimdienst) angesichts der heftigen Vietnam-Demonstrationen in Westberlin die öffentlich betriebenen Attentatsvorbereitungen der Kommunarden ernst nehmen würden, war leicht ausrechenbar. Homerisches Gelächter begleitete die ebenso unbeholfenen wie überdimensionierten Aktionen der Staatsschützer.

Die Kommunarden setzten nach, indem sie im Mai 1967 unter Titeln wie »Wann brennen die Berliner Kaufhäuser?« eine Serie von Flugblättern herausgaben. Verfaßt waren sie von Kunzelmann, der in seinen Erinnerungen dazu trocken bemerkt, ein vorangegangener Großbrand in einem Brüsseler Kaufhaus, bei dem 251 Menschen in einem Flammeninferno qualvoll zu Tode gekommen waren, habe sie »derart fasziniert«, daß sie auf die Idee gekommen seien, den Unfall »als bewußte Aktion einer belgischen Anarchistengruppe« gegen den Krieg in Vietnam darzustellen.[8] *Komischerweise* habe die Polizei auch diesen Jux wieder ernst genommen – zum Beispiel den Text des Flugblattes Nr. 8, in dem es doch *lediglich* geheißen hatte: »Unsere belgischen Freunde haben endlich den Dreh heraus, die Bevölkerung am lustigen Treiben in Vietnam wirklich zu beteiligen: Sie zünden ein Kaufhaus an, zweihundert saturierte Bürger beenden ihr aufregendes Leben, und Brüssel wird Hanoi.« Also, wenn es demnächst in Berlin irgendwo brenne, eine Kaserne in die Luft gehe oder eine Tribüne einstürze – nicht überrascht sein! Auf die Bombardierung Hanois habe Brüssel »uns die einzig richtige Antwort« gezeigt: »burn, ware-house, burn«.[9]

Es folgten Durchsuchungen und Beschlagnahmen, die zeitweise Verhaftung Teufels (nach dem 2. Juni) und der anschließende Prozeß, der von den Kommunarden – unter bereitwilliger Mithilfe der Justiz und der Medien – als »Moabiter Seifenoper« in zwei Akten inszeniert und publiziert wurde und mit Freispruch endete. Die Anklage wegen »Anstiftung zur Brandstiftung« war auf den Protest einer liberalen Öffentlichkeit gestoßen, und eine Reihe prominenter Autoren und Professoren hatten auf Anfrage des Verteidigers Horst Mahler in Expertisen an das Gericht den satirisch-literarischen Charakter der Flugblätter bestätigt.

Wochen später brannten in Frankfurt tatsächlich Kaufhäuser. Einer Aufforderung hatte es dafür kaum bedurft. Phantasien dieser Art obsedierten längst einen ganzen Teil der Szene, weniger im engeren politischen Kern als an den subkulturellen Rändern. »Wann brennt das Brandenburger Tor? / Wann brennen die Berliner Kaufhäuser /

Wann brennen die Hamburger Speicher ... / Wann röten sich die Münchner Oktoberwiesen ...« – so die krud naturalistischen Lyrikversuche des Studenten Thorwald Proll, der sich mit Andreas Baader und Gudrun Ensslin angefreundet hatte, die seit längerem in der Szene verkehrten.

Andreas Baader, der sich seit seinem Eintreffen in Berlin 1964 vornehmlich in einem bestimmten Künstlermilieu bewegt, dort den Part des Dandys und bisexuellen Décadent gegeben, sich mit Klauaktionen über Wasser gehalten hatte und mit Politik wenig im Sinn zu haben schien, schloß sich im Sommer 1967 lose der KOMMUNE I an und nahm an mehreren ihrer Aktionen und Happenings teil. Auf Photos sieht man ihn Schulter an Schulter mit dem Spitzel Peter Urbach einen Sarg tragen, dem Kunzelmann mit der Zipfelmütze entsteigt; oder man sieht ihn mit dem als Hutzelweib verkleideten Langhans auf dem Kudamm tanzen. Eine bukolische Szenerie.

Tage nach dem Freispruch im Moabiter Prozeß tauchten Baader, Ensslin und Proll in der KOMMUNE I auf und schlugen vor, doch *wirklich* einmal in Kaufhäusern zu »zündeln«. Bommi Baumann, der als proletarischer Outdrop damals in der Kommune lebte, hätte schon Lust gehabt mitzumachen. »Dafür, daß man Bomben baut, war ich schon immer, schon 67 in der K 1. (...) Für mich war sowieso klar, Revolution ist 'ne Gewaltgeschichte, und irgendwann fängst du damit sowieso an.«[10] Aber er hatte gerade keine Zeit mitzumachen. Und Baader war nicht sein Typ.

Also fuhr das Trio auf eigene Faust los. Man kann sich das als einen »Trip« vorstellen, beflügelt von den Adrenalinstößen, die die erste, noch spielerische Überschreitung des Rubikon reichlich geliefert haben wird. Alles ging in einer merkwürdigen, euphorischen Sorglosigkeit ab: Die Fahrt nach München, um einen früheren Freund Baaders, den Theatermacher Horst Söhnlein, ad hoc zu überreden, als vierter Mann mitzukommen (was er auch tat). Dort erst lieh man sich einen VW und fuhr mit einem halben Dutzend selbstgebastelter Brandsätze im Kofferraum weiter ins Pfarrhaus der Ensslins nach Cannstatt, um sich zu duschen, zu verpflegen und in vagen Andeutungen zu ergehen. Nach der Ankunft in Frankfurt, das inzwischen als Ziel ausgeguckt war, besorgte man sich eine Unterkunft bei Bekannten von Bekannten (wie es damals so ging). Dann die Deponierung der Brandsätze in den Zeil-Warenhäusern kurz vor Ladenschluß, so daß Baader und Ensslin durch ihre Kleidung und ihr gehetztes Auftreten sofort auffällig wurden. Das aufgeregte Bestaunen der Brände und der Löscharbeiten nach klassischer Pyromanenmanier in der Menge der Zuschauer. Und die prahlerischen Bemerkungen vor den Zufallsbekannten im Club Voltaire, bis am nächsten Tag die Polizei vor der Tür stand.

Bleibt die Frage nach der »sexuellen Befreiung« und der Rolle, die der KOMMUNE I in dieser Hinsicht zugeschrieben wurde und wird. In der Berliner Szene hieß sie, mißverständlich genug, »Psychokommune«, und wegen ihrer angeblichen terroristischen Selbstanalysen wurde sogar von der »Horrorkommune« gesprochen. Auch Dutschke nannte sie in einem frühen SPIEGEL-Interview so und erklärte, daß der dort praktizierte Partnertausch »nichts anderes als die Anwendung des bürgerlichen Tauschprinzips unter pseudorevolutionärem Vorzeichen« sei. Schuld an diesem neurotischen Exhibitionismus sei allerdings »die Gesellschaft«.[11]

Antje Krüger, eine der weiblichen Teilzeitkommunardinnen, erinnerte sich 25 Jahre später mit milder Ironie an den »Kinderkram« der diesbezüglichen Selbstinszenierungen: »Ich war mit Rainer (Langhans) befreundet, und das war es auch. Sexuelle Befreiung gab es bei uns nicht, das war wieder so ein großes Gerücht. Als dieses Photo gemacht wurde für den STERN, in dem alle nackt mit dem Rücken zur Kamera an der Wand stehen, machte das zwar unheimlich Furore. Tatsächlich mußte das Ganze schnell gehen, weil alle froh waren, sich wieder anziehen zu können ... Unser Zusammenleben bot gar keine Voraussetzungen für Sexualität. Zumindest im Anfang gehört dazu doch eine gewisse Heimlichkeit, Zartlichkeit und Erotik.«

Antje Krüger zog (wie alle Frauen) nach ein paar Monaten aus, weil sie einen anderen, »sehr schnuckeligen Mann kennengelernt« hatte. Für sie als experimentierlustige Zeitgenossin war die Kommune sowieso kein besonderes Abenteuer gewesen. »Ich habe vorher Sachen erlebt, die viel verrückter und lustiger waren.« Das Leben in der Kommune war völlig durchorganisiert, und es »wurden sehr zermürbende Diskussionen geführt, aber ich weiß nur noch, daß ich davon einen Blähbauch kriegte«.[12] Der ganze Witz der Geschichte der KOMMUNE 1 liegt demnach vor allem in der Düpierung einer bigotten Öffentlichkeit – die bis heute anhält und (frei nach Theweleit) noch immer »wirklicher« wird.

Man könnte den nachsichtigen Erinnerungen der Teilzeitkommunardin die – im Sinne von Karl Kraus – »gemütvollen« Nachbetrachtungen gegenüberstellen, die der Oberkommunarde Kunzelmann zu diesem Thema beigesteuert hat: »Wenn wir mit den einzelnen Beziehungen untereinander, besonders mit den festen Beziehungen innerhalb der Kommune, so gut hätten umgehen können wie mit den Medien, wäre sicherlich der eine oder andere Auszug verhindert worden. Dagmar Seehuber ist kurz nach dem 2. Juni 1967 ausgestiegen, weil ich das Kind, das sie erwartete, nicht haben wollte, da ich aufgrund meiner Perspektive keine Verantwortung zu übernehmen bereit war oder meinte übernehmen zu können … Häufig hatten wir Besuch von Freundinnen und Bekannten, manche blieben über Nacht und ließen Probleme zurück, manche verschwanden sogleich und ließen ebenfalls Probleme zurück. Viel zu oft ergaben sich gewollte oder ungewollte Verstrikkungen, die Rückwirkungen auf die Verhältnisse innerhalb der eigentlichen Kommunegruppe hatten. Die in diesem Kontext aufbrechenden Konflikte waren mindestens so gravierend wie alles, was infolge der zunehmenden Verfolgungen durch Polizei und Justiz auf uns einprasselte.«[13]

Schon der bürokratisch-humorlose Duktus verrät, wie die Liebschaften, die Schwangerschaften und der ganze Beziehungskram auch im Rückblick nur Ärger und Probleme für die »*eigentliche* Kommunegruppe« bedeuteten, deren Zwecke offenkundig ganz andere waren. Und jedenfalls bezeichnen diese beiden unterschiedlichen Erinnerungen an die Tage der KOMMUNE 1 ziemlich trennscharf die Differenz oder Distanz zwischen einem erotisch-lebenskulturellen Avantgardismus und einem politischen Aktivismus, der sich des Themas der »sexuellen Befreiung« wie jedes anderen Themas nur bediente und bemächtigte. Wie Klaus Hartung bemerkt hat, ging es in der KOMMUNE 1 eben nicht um die Totalisierung eines individuellen Glücksanspruchs, sondern um »die Totalisierung der Politik«.[14]

Die »eigentliche Kommunegruppe«, von der Kunzelmann spricht, war ihrer Konstruktion nach ein reiner *Männerbund* (bestehend aus Kunzelmann, Langhans, Teufel und U. Enzensberger), während die weiblichen Besatzungsmitglieder in schneller Folge wechselten. Ein Grund dafür war, daß *sowohl* ein Endogamie- *wie* ein Exogamie-Verbot herrschte. Im Klartext: Feste Liebesverhältnisse (»repressive Zweierbeziehungen«) innerhalb wie außerhalb der Kommune waren verpönt. Allerdings bedeutete das nicht, wie allgemein phantasiert und von den Kommunarden auch gerne als Phantasie genährt wurde, wilde Promiskuität.* Es bedeutete vielmehr eine programmatische *Bindungslosigkeit* der Hauptakteure. Weder Liebesbeziehungen noch sexuelle Konkurrenzen untereinander sollten den aktionistischen Kern der Gruppe beeinträchtigen. In diesem Sinne handelte es sich eher schon um ein politisch begründetes *Zölibat*.**

Deshalb und wegen des Terrors der permanenten Öffentlichkeit, also des von Antje Krüger beklagten Mangels an Intimität, liefen ihnen die Frauen – oder vielmehr »die Mädchen«, wie man zu der Zeit noch sagte – regelmäßig davon. Allerdings kamen stets neue nach; und bald schon ganze Gruppen weiblicher Teenager auf Klassenfahrt, die zur KOMMUNE 1 wie zu Popstars pilgerten. Vor allem Fritz Teufel war es, der – zur Erbitterung seiner Mitkommunarden – ein reguläres Groupiewesen aufzog, das prompt mit zur Spren-

---

(*) Stellenweise näherte sich das Spiel mit den (realen oder vermeintlichen) Phantasien der chauvinistischen Spießergesellschaft draußen einer Sprache der Unmenschlichkeit, die den eigenen Sadismus (wie in den Kaufhausbrand-Flugblättern) kaum noch kaschieren konnte. So berichteten die Kommunarden, ganz männliche Urhorde, in der satirischen Zeitschrift PARDON über ihre angeblichen promisken Praktiken: »Es ist wie bei der Pferdedressur. Erst muß einer das Tier einreiten, dann steht es allen zur Verfügung. Erst ist es Liebe oder so etwas Ähnliches, nachher nur noch Lust. Der Trick ist schrecklich einfach: Man macht ein Mädchen verliebt, schläft mit ihr und markiert nach einer Weile den Enttäuschten oder Desinteressierten. Dann überläßt man sie der Aufmerksamkeit der anderen, und das Ding ist gelaufen. So ist sie vollwertiges Mitglied.« [PARDON Nr. 8/1967, S. 22] – Möglich, daß das auch irgendwie satirisch gemeint war. Was nichts am Charakter einer sadistischen Machtphantasie ändert, die auf ihre Autoren zurückfällt.

(**) Daß der mittelalterliche Begriff des Zölibats »Ehelosigkeit« (also *Bindungslosigkeit*) meint, und nicht unbedingt sexuelle Enthaltsamkeit, ist wohl bekannt.

gung der Kommune beitrug.[15] Der andere Sprengsatz war das Auftauchen des Photomodells Uschi Obermaier, die »ihren Rainer«
(Langhans) wollte, und zwar für sich alleine. Wer daraufhin vor
Wut und Eifersucht gegen »diese Frau« raste, war nicht etwa eine
andere Geliebte – sondern Kunzelmann, dem sofort klar war, daß
mit der Exklusivität dieser narzißtischen Paarbildung und dem
Übergang zum zeitgemäßen Körperkult zwar die Publizität noch
einmal gesteigert, die ursprüngliche Versuchsanordnung aber endgültig gesprengt wurde.

Kunzelmann, immerhin, lebte diese zölibatäre Beziehungs- und
Verantwortungslosigkeit konsequent. Für die Schwangerschaft seiner Freundin Dagmar lehnte er jede Verantwortung ab. Die Tochter,
die er mit seiner ersten Freundin Marion hatte, wurde in die Kommune 2 abgeschoben. Kinder konnte die K 1 nicht gebrauchen.

Bei den draußen im SDS schaudernd erwähnten »Psychodiskus-
sionen« in der Kommune sei es, Kunzelmanns Erinnerungen zufolge, »um nichts anderes gegangen, als sich kennenzulernen«.[16] Um
etwas mehr wird es schon gegangen sein. Wie in jedem revolutionären Projekt, waren die Motivationen, Ansichten und Bereitschaften
der einzelnen offenzulegen und zu analysieren. Und schließlich
sollte es bei der Kommune ja programmatisch um die »Zerschlagung der bürgerlichen Familie« und die Durchbrechung der dort
ausgebildeten Prägungen und Charakterpanzerungen gehen. Maoistische Riten von Kritik und Selbstkritik vermischten sich mit
gegenseitigen Laienanalysen im reichistisch-marxistischen Zeitjargon. Letztendlich dürfte das den ideologischen Festigungsprüfun-
gen kommunistischer Parteien nähergekommen sein, als die antiautoritäre Fama gerne möchte. »Stellenweise hat es ja richtigen
sadomasochistischen Charakter angenommen, diese ewigen
Selbstkritiken und Anklagen gegen andere.« So Bommi Baumann,
der sich davon entsprechend angeödet fühlte und auf Durchzug
stellte.[17] Natürlich waren diese Dauerdiskussionen auch die Form,
in der sich informelle Hierarchien und Hackordnungen herausbil-
deten. Hier stand, nach Langhans' plastischer Erinnerung, Kunzelmann »ganz oben in der Nahrungskette«.

Um so erstaunlicher könnte – nach allen Kriegserklärungen an
die »bürgerliche Familie« – die Liebeserklärung an die eigenen
Eltern und Geschwister, Onkel und Tanten anmuten, mit der Die-

ter Kunzelmann seinen späten Lebensbilderbogen – vom Münchener Original zum Berliner Revolutionär – eröffnet: dort die geliebte Mutter, die ihrem Sohnemann bis zum Schluß besorgte Postkarten schickt, und hier der Vater, der Augsburger Sparkassendirektor, der ihm 1990 auf dem Todesbett zuflüstert: »Wir sind uns doch gut?!« Was dem altgewordenen *provocateur professionel* das Wasser in die Augen treibt: »Das ist doch klar!« Und in einer atemberaubenden Volte heißt es dann zusammenfassend: »Der Grundstein für dieses Leben war in meiner Familie gelegt worden, in der ich Liebe, Solidarität und Toleranz erfuhr. Die Rebellion, die mein Leben prägte, richtete sich gegen eine Gesellschaft, die dieser Werte verlustig gegangen war.«[18] Kunzelmann, der konservative Rebell?

Man reibt sich die Augen – und würde ihn ja gerne beglückwünschen, wären da nicht diese endlosen Suaden über die »Zerschlagung der Familie« als den Urgrund des Faschismus gewesen, um die das ganze Kommune-Projekt sich doch im Kern hatte drehen sollen. Aber bei den Mitkommunarden sah es auch nicht besser – oder vielmehr: auch nicht schlimmer – aus. »Mutter Teufel« hatte den Saal schon im ersten Moabiter Prozeß zu Beifallsstürmen hingerissen, als sie resolut erklärte, Fritz sei ihr jüngstes und intelligentestes Kind, das es deshalb wohl schwerer im Leben haben werde! Und: »Wir hatten immer ein gutes Einverständnis in der Familie ...«[19] Auch Rainer Langhans kann über seine Familienverhältnisse in der Nachbetrachtung nichts Nachteiliges berichten, im Gegenteil: Der Vater, ein gescheiterter Naturwissenschaftler und Verbindungsstudent, war »ein schöner Mann, eine Art ›Playboy‹«, der schließlich Autohändler aus Leidenschaft wurde. Dessen Lebensweg Langhans jun., wie das »Naturgesetz« es verlangt, nun fortsetzen muß.[20]

Die bürgerlich-faschistische Familienhölle, das waren, frei nach Sartre, immer die anderen.

In vieler Hinsicht interessanter und authentischer als die Karriere der KOMMUNE I, deren Protagonisten von Beginn an die Gefangenen ihrer eigenen Publicity waren, ist die Geschichte der KOMMUNE 2, die ursprünglich aus derselben Gruppe im Berliner SDS hervorging.

Ganz entgegen der ursprünglichen Trennung in »Psychokommune« (K 1) und »Politkommune« (K 2) waren es gerade die Männer und Frauen der KOMMUNE 2, die sich zeitweise einem kollektiven Experiment am eigenen Leib unterzogen. Ihr auf Basis der Gruppenprotokolle nachträglich verfaßter Kollektivbericht über »Die Revolutionierung des bürgerlichen Individuums« wurde, als er 1970 erschien, zu einem Szenebestseller.[21] Darin erst wird ein Stück jenes lebensweltlichen Radikalismus faßbar, der sich parallel zum politischen Radikalismus – oder als eine seiner Äußerungsformen – entwickelte und ab 1968 in einer chaotischen Vielzahl von Wohn-, Lebens- und Erziehungsexperimenten niederschlug und in der sogenannten »Alternativbewegung« der siebziger Jahre seine Fortsetzung fand. In vieler Hinsicht führen gerade diese Erfahrungen an den innersten, generationellen Kern der Kulturrevolution des »roten Jahrzehnts«, mehr vielleicht als der politische Aufruhr.

Der entscheidende Unterschied zur KOMMUNE 1 lag in der Zusammensetzung der KOMMUNE 2. Hier gab es neben dem politisierenden männlichen Kernkader, dessen Oberideologe Eike Hemmer war, und einer Reihe von »Mädchen«, die kamen und gingen, eine (scheinbar) starke, schöne und lebenshungrige Frau, die von Anfang an dabei war und blieb: Marion Stergar, Kunzelmanns Münchener Ex-Gefährtin und Mutter seiner dreijährigen Tochter Grischa. Das Kind wurde nach einigen Wochen aus der K 1 in die K 2 abgeschoben und bildete mit Nessim, dem Sohn von Hemmer, das Objekt diverser Erziehungsexperimente. Das ergab sich zunächst aus der schieren Anwesenheit der Kinder und fiel dann mit den ersten Kinderladen-Projekten in Berlin zusammen. Im übrigen wurden Raubdrucke von historischen Schriften zur »revolutionären Erziehung« zu einer Haupterwerbsquelle der K 2. Grischa und Nessim waren also die ersten in einer ganzen Generation von »revolutionär erzogenen« Kinderladenkindern, das *Urpaar* gewissermaßen.

In der KOMMUNE 2 wurden »feste Beziehungen« innerhalb wie außerhalb der Gruppe pragmatisch toleriert. »Anders als bei der KOMMUNE 1 war die Auflösung der Verhältnisse nicht ausdrücklich geplant.«[22] Allerdings gab es keinen geschützten Raum, und Mann und Frau hatten über ihre gegenseitige »irrationale Abhängigkeit« Rechenschaft abzulegen. Über eine strikt kommunistische

Haushaltsführung hinaus (kein privates Geld, gemeinsame Kasse »und zu ihrer Kontrolle das gemeinsame Kassenbuch«) galt als erstes, apriorisches Ziel der Kommune 2 eine »gemeinsame politische Praxis«. Dabei ergab sich sehr schnell jedoch eine »Trennung zwischen denen, die (politisch) arbeiten konnten, und denen, die es nicht konnten« – und diese Trennungslinie »verlief in der Gruppe weitgehend zwischen Männern und Frauen«.[23] Allerdings gab es auch männliche Kommunarden, die unter »Arbeitsschwierigkeiten« litten, darunter Jan Carl Raspe, der spätere RAF-Kader.

Aus diesen und anderen Motiven ergab sich der von Marion eingebrachte Vorschlag, in einer Serie von Gruppengesprächen sich der Reihe nach gegenseitig zu analysieren. Diese Sitzungen führten sehr schnell zu Krisen, Weggängen und zum Ausbruch einer wilden Gruppendynamik. Marion brachte zeitweise ihren Münchner Analytiker mit, der – wie sich herausstellte – ein Verhältnis mit ihr hatte, während sie eigentlich die feste Freundin eines anderen Kommunarden war. Als »Analytikerin« von Raspe begann sie, ihren unglücklichen Analysanden zu trösten. Aber auch ihrem Kommune-»Analytiker« Eike machte sie bei Gelegenheit Avancen. Sie war das eigentlich erotisch umtriebige Element, der Inbegriff – so hätte man glauben können – der befreiten Frau.

Hinter ihrem erotischen Aktivismus lagen allerdings eigene traumatische Erfahrungen, die auf diese Weise betäubt und verdrängt werden sollten und in den Laienanalysen der Kommunarden gefährlich nach oben drängten. Wie man den in Buchform ausgebreiteten Protokollen der Kommune 2 andeutungsweise entnehmen kann, war Marion selbst Halbwaise und ein von der Mutter verlassenes Kind gewesen. Sie hatte eine erste Tochter bereits zur Adoption weggegeben. In einer der Sitzungen brechen alptraumhafte Erinnerungen an dieses namenlose, fortgegebene Kind ein: »Als ich's mal wiedersah, starrer Blick, aufgeschwemmt, kaum Reflexe, starrer Blick, grauenhaft ...«[24] Fast das Bild eines *ermordeten* Kindes. Grischa, ihre zweite Tochter, hatte sie beim Vater (Kunzelmann) lassen wollen, der das Kind aber an sie zurückreichte. Nach Auflösung der Kommunegruppe und aller festen Verhältnisse im Lauf des Jahres 1968/69 wird Marion in die Drogenszene abtauchen. »Grischa ließ ich dort, ich habe mich damals ganz bewußt von ihr getrennt, weil ich merkte, daß ich für einige Zeit viel zu intensiv mit mir und den neuen Erfahrungen beschäftigt sein würde, um viel mit ihr anfangen zu können.«[25] Hier streifen die damals enthusiastisch verfolgten »Versuche zur Revolutionierung des bürgerlichen Individuums« tatsächlich an die Welt der »Elementarteilchen« des Michel Houllebecq.[*]

In seinem Aufsatz »Sexuelle Revolution – Erinnerung an einen Mythos« hat Reimut Reiche vor Jahren ein Quidproquo beschrieben, das dem Programm der »sexuellen Befreiung« insgeheim zugrunde gelegen habe und das in der Psychoanalyse mit dem Terminus *Sexualisierung* bezeichnet werde: »Einem ›anderen‹, dahinterliegenden, unbewußten Affekt, der nicht bewußt werden darf, wird ein sexueller Ausdruck gegeben«, um ihn auf diese Weise beherrschen und abreagieren zu können.[26]

Dieser unbewußte Affekt, vermutet Reiche, habe im Falle der deutschen 68er-Revolutionäre wesentlich mit der »unbewältigten Vergangenheit« der eigenen Eltern und der Gesellschaft, in der man lebte, zu tun gehabt. Unter den Losungen des Kampfes gegen die »autoritäre Kleinfamilie« und die »sexuelle Repression« sei in Wahrheit der forcierte Versuch unternommen worden, sich von der historisch kontaminierten Welt der Eltern abzunabeln und zu »entidentifizieren«, um als revolutioniertes und befreites Individuum wieder aufzuerstehen und »sich selbst zu verwirklichen«.

Daß auch persönliche Traumata und individuelle Pathologien (wie im beschriebenen Fall) im Schutz dieses generationellen Großprojekts ausagiert werden konnten, versteht sich von selbst. Marion etwa erinnerte sich an ihre frühe Münchener Zeit, als sie

---

(*) Zu den vollends kuriosen Seiten des Buches »Kommune 2 – Versuch der Revolutionierung des bürgerlichen Individuums« gehört, daß es, als es 1970 schließlich herauskam, mit einem Nachwort seiner Hauptprotaganisten versehen wurde, worin das geschilderte Selbstexperiment weitgehend *denunziert* wird. Nur im politischen Kampf gesammelte kollektive Erfahrungen, heißt es in einem leicht gezügelten ML-Stil, »könnten Prozesse in Gang setzen, in denen die bürgerliche Ideologie und die individualistische psychische Struktur nachhaltig überwunden würden«. [S. 320] Das Ziel der »Revolutionierung des bürgerlichen Individuums« war danach die Ausbildung disziplinierter, entsagungsbereiter *kommunistischer Kader!*

164

überall begeistert mitmachte und durch ihre Verbindung mit Kunzelmann, »der Autorität damals«, auch selbst »zu einem passablen Image« kam. Sie hatte »endlich einen äußeren Feind gefunden«; und »endlich hatte ich Begriffe für das Unbehagen, das mich schon lange quälte«.[27] So ließen sich alle persönlichen Unglücke im großen generationellen Projekt der totalen Weltveränderung unterbringen. Endlich konnte man sie mit politischen *Bannbegriffen* belegen, scheinbar materialisieren und damit »bekämpfen«.

Diese vielfältigen Bemühungen, sich selbst als »neuer Mensch« zu erschaffen, beschränkten sich aber keineswegs auf die eigene Person und Psyche, sondern wurden auch an den eigenen Kindern ausagiert. Sie waren, nach einem geflügelten Wort Mao Tse-tungs, jene »weißen Blätter, auf die man die schönsten Schriftzeichen malen« konnte. So kamen in der Kinderladenbewegung, die 1968 in großer Breite begann, neben allen, höchst legitimen praktischen Interessen und reformpädagogischen Impulsen auch eine Masse ideologischer Überfrachtungen mit im Spiel, die im Projekt einer »revolutionären Erziehung« konvergierten.

Reiche exemplifiziert das gerade auch an dem hier zitierten Bericht der KOMMUNE 2 über den »Versuch einer Revolutionierung des bürgerlichen Individuums«. Den Ausgangspunkt ihrer Erziehungsexperimente bildeten die jeweils von einem Elternteil verlassenen, vom anderen Elternteil nur widerwillig aufgenommenen Kinder, Grischa und Nessim. Beide waren offenkundig tief verstört und reagierten mal mit aggressiver Abwehr, mal mit übergroßer Anhänglichkeit. Das erste Ziel sollte es daher sein, mittels »kollektiver Erziehung« durch die Gesamtgruppe »die Fixierung der Kinder an ihre jeweiligen Eltern auf(zu)heben«.[28]

Dieses Ziel wurde durch die Gründung eines Kinderladens noch ein Stück weiter nach außen verlagert und anonymisiert. Am Ende, während des chaotischen Auflösungsprozesses der Kommune, wurde zufrieden konstatiert: »Im Kinderladen deutete sich inzwischen der erste Erfolg unserer einjährigen Bemühungen an: Die Kinder hatten ihre Fixierungen an die Eltern in einem langwierigen Lernprozeß teilweise abgebaut und begannen, ihre Bedürfnisse zunehmend auf das entstehende Kinderkollektiv zu richten.«[29] Das »Kinderkollektiv« sollte sich nicht nur möglichst mit sich selbst beschäftigen und kämpferische »Solidarität« (gegen die feindliche Außenwelt der Bürger und für eine imaginäre freundliche Welt der Unterdrückten) lernen. Sondern dort im Kollektiv sollten sie auch »ihre Bedürfnisse befriedigen«. Gemeint waren auch ihre frühkindlichen erotischen Impulse. In einem protokollierten Bericht (der heutzutage sämtliche Instanzen zur Bekämpfung der Pädophilie und des sexuellen Mißbrauchs auf den Plan rufen würde) wird ein sexuelles Spiel zwischen dem Mädchen Grischa als dem kindlich-forschenden und dem Kommunarden Eberhardt als dem erwachsen-aufklärenden Teil geschildert – ein Spiel, das nach vielen zärtlichen Streicheleien in der Erkenntnis des Kindes mündet, mit dem zur Erektion gebrachten Glied des erwachsenen Mannes leider nicht kopulieren zu können. Die anschauliche Erkenntnis der »Unmöglichkeit, ihre genitalen Wünsche mit Erwachsenen befriedigen zu können«, heißt es im Protokoll, werde die Kinder dazu anhalten, »ihre genitale Sexualität realitätsgerecht mit Gleichaltrigen ... zu befriedigen«.[30]

Die durchaus einfühlsame Schilderung dieser Szene enthüllt vielleicht keinen sexuellen Übergriff, allerdings ein halbbewußtes Kalkül, das sich eben mit dem Terminus der »Sexualisierung« beschreiben läßt. Die wohlwollend geförderten erotischen und autoerotischen Stimulationen der traumatisierten Kinder haben de facto die zynische Funktion eines Surrogats oder Placebos für ihre massiven Verlust- und Verlassenheitsängste. Und sie sollen dazu dienen, ihre »Fixierung« auf die Eltern weiter abzubauen und sich statt dessen auf die eigene, auch in der Bewältigung der Trauer »solidarische« Kindergruppe zu orientieren.

Theoretische Gestalt gewinnt diese Überlegung in der Schriftenreihe »Anleitung für eine revolutionäre Erziehung« aus dem Jahr 1969, die vom Berliner ZENTRALRAT DER SOZIALISTISCHEN KINDERLÄDEN herausgegeben wurde, in dem die K2-Kader führend tätig waren. Eine Broschüre unter dem Titel »Kinder im Kollektiv« präsentierte eine Studie von Anna Freud über eine Gruppe traumatisierter jüdischer Kinder, die das KZ Theresienstadt überlebt hatten und in einem britischen Waisenheim aufwuchsen. Diese Kinder, heißt es im Vorspann, seien im vollständigsten Sinne »elternlos« gewesen, d. h., sie waren nicht nur verwaist, »sondern die meisten von ihnen besaßen kein unbewußtes frühes Mutter- oder Vaterbild, an das ihre frühesten libidinösen Strebungen hätten gebunden sein können«. Somit waren allein »ihre Altersgenossen ihre wirklichen Liebesobjekte«, an denen sie sich noch lange festhielten.[31]

Dieses Schicksal und die (im britischen Kinderheim fortgesetzten) Verhaltensweisen der KZ-Kinder werden in der Broschüre des Zentralrats als Lehrstück einer »kollektiven Erziehung« vorgestellt, die großteils eine *Selbsterziehung* der Kinder gewesen sei. Ihr Verhalten zueinander sei nach dem Bericht Anna Freuds »so warm und spontan« gewesen, wie man es »aus den üblichen Beziehungen zwischen kleinen Altersgenossen nicht kennt«. Weshalb die Zentralrats-Ideologen nicht anstanden, »das kollektive Verhalten« dieser ehemaligen KZ-Kinder, ihre »Selbständigkeit« und »Solidarität« in salbungsvollem Ton als eine »Bereicherung menschlicher Beziehungen« zu rühmen.[32]

Der »manisch-gewalttätige Rigorismus, in dem hier ... das Band zwischen Eltern und Kindern durchtrennt wird« – schreibt Reimut Reiche –, sei ein offenkundiger Ausdruck für »das unbewußte intergenerationelle Schuld-Thema der Revolte« gewesen.[33] Aber das Schuld-Thema der Revolte, so könnte man den Gedanken weiterführen, war zugleich auch ein Hebel, um mit den Verstrickungen und Schlacken der Geschichte alle familiären und gesellschaftlichen Prägungen hinter sich zu lassen und am Programm der eigenen narzißtischen Neuerschaffung bzw. Selbstverwirklichung zu arbeiten, die allerdings im Trend der Zeit überhaupt lag. Und die Kinder waren dabei mal lästige Störenfriede und mal die prädestinierten Objekte dieses Versuchs.

Kaum weniger seltsam als die positive Identifikation mit den Überlebenspraktiken der jüdischen KZ-Kinder mutet im übrigen der verbreitete Enthusiasmus an, mit dem Vorbilder einer revolutionären Pädagogik ausgerechnet in der Lagererziehung der *besprisornij*, der umherstreunenden, elternlosen Kinderhorden der sowjetischen Nach-Bürgerkriegszeit, und in der Gestalt ihres strengen Präzeptors Makarenko gesucht wurden. Was besagte diese (zunächst) metaphorische Verwandlung der eigenen Kinder in *Bürgerkriegswaisen*?

Natürlich gab es auch jenseits der politischen Kommune-Experimente die Parolen und Ideen der »sexuellen Revolution« und einer

»antiautoritären Erziehung«. Die meist noch aus frühen Heiraten stammenden Szene- und Bewegungskinder mußten von ihren in hektische Aktivität geworfenen Eltern schließlich irgendwie versorgt werden. Das war der sehr pragmatische Ansatz der Kinderläden, an denen zuallererst die Frauen interessiert waren, um sich an der politischen Bewegung beteiligen zu können. Die Ideologien einer »revolutionären Erziehung« wurden vielfach erst später draufgepfropft und spiegelten vor allem den Selbstlauf der politischen und persönlichen Radikalisierungsprozesse der Eltern.

Hier ergaben sich allerdings dann auch entschiedene Differenzen mit denjenigen, die sich wirklich dem Experiment einer antiautoritären (d.h. un-autoritären und repressionsfreien) Erziehung verpflichtet wußten. Wenn das Gros der Kinderladenkinder dieser Zeit alles das, was mit ihnen angestellt wurde, am Ende doch wohl ganz gut verkraftet haben, dann einfach deshalb, weil kindliche Liebe und Elternliebe sich in der großen Mehrzahl der Fälle gegen die eigenen ideologischen Deklarationen vital behauptet haben dürften.

Überhaupt war es mit der Liebe in diesen Zeiten des großen Aufruhrs weder so großartig noch so katastrophal bestellt, wie behauptet worden ist. Diese ganze Jugendbewegung war sicherlich heftig in sich selbst verliebt und bildete einen Hexenkessel frei flottierender libidinöser Energien. Die durch die Einführung der »Pille« erleichterte Promiskuität ebenso wie die damals verfügbar gemachten Formen sexueller Surrogate (wie die Produkte einer industriell produzierten Pornographie) ermöglichten es, die generationellen Spannungen und die Gier nach narzißtischer Anerkennung in einem wahllosen Beziehungshunger oder entsprechenden autoerotischen Ersatzhandlungen auszuagieren. Reiche bestreitet, daß es damals ein besonders »ausgeprägtes Gefühl von Leiden unter sexueller Unterdrückung gegeben« habe. »Dieses Gefühl und dieses Leiden haben wir zuallererst politisch hergestellt, also etwas getan, was wir damals ›Bewußtmachung‹ nannten.«[34]

Die (vermeintliche) Gegenthese stammt wiederum von Klaus Theweleit, der versucht hat, den 68er-Mythos von der sexuellen Befreiung noch einmal neu zu formulieren: »Frühere Generationen haben auch mit bestimmten Wünschen an der unerreichbaren oder entzogenen Instanz ›Frau‹ gehangen, aber anders. Ab Mitte der Fünfziger war … ›der Frauenkörper‹ sexuellen Phantasien ausgesetzt, die vor allem eines schienen: verwirklichbar (jedenfalls ›im Prinzip‹). […] Der verdurstende Seemann auf dem Ozean, das war der verdurstende Schüler zwischen Myriaden von Frauen, eine schöner und wirklicher als die andere, ein echter Ozean …« Und weiter: »Von den sechs Männern (mich eingeschlossen), die ich 1962 ff. auf der Uni gut genug kannte, um auch über ihr (frauenloses) Sexualleben einigermaßen Bescheid zu wissen …, ›landeten‹, wie man sagte, drei bei der versuchten Verwirklichung ihrer Erwartung über kürzere oder längere Zeit in der Psychiatrie … […] Ich würde nicht zögern, das als Indiz zu nehmen für die Menge unerlöster ›sexueller Energie‹, die in die sog. Studentenbewegung einging …«[35]

Eine plastische Schilderung, gewiß – auch wenn die Unbefangenheit verblüfft, mit der Th. noch heute die Befreiung der »›unerlösten‹ sexuellen Energien« mit dem freien Zugang zur »Instanz Frau«, zum Ozean der (»im Prinzip«) erreichbaren und verfügbaren »Frauenkörper«, gleichsetzt – so als wäre das nicht der infantile Knabentraum aller Zeiten schlechthin. Daß gerade dieser »freie Zugang« zum weiblichen Körper sich damals in surrogathafter und kommerziell expansiver Form Bahn gebrochen hat, beschreibt er sehr schön. Etwas ganz anderes ist es aber, die gesteigerten adoleszenten Verklemmungen, die das naturgemäß mit sich brachte, als Ausdruck und Resultat einer allgemeinen, von den Eltern exekutierten, faschistischen Sexualrepression zu stilisieren.

Wenn die jugendlichen Opfer dieser faschistischen Repression es dennoch schafften, ein Stück politisches »Bewußtsein« zu erwerben, dann war das (nach Theweleit) überhaupt erst »aus schönen sexuellen Berührungen entstanden, aus der Gewißheit, wirklich *woanders* zu leben als diese naziverbundenen Elternkörper«.[36] Man habe sich von diesen Elternkörpern, durch die man bis in die tiefsten psychischen Schichten »geschichtlich ›verdorben‹« war, erst gewaltsam losreißen müssen – oder war schon ein potentieller Fortzeuger »der faschistischen Untaten unserer Eltern, in uns gelangt durch deren Eingriffe, Reden, Berührungen«.[37] Statt einer Gegenthese liefert Theweleit tatsächlich noch einmal eine eigene, eindrucksvolle Illustration zur These der »Sexualisierung«. Nicht um Liebe und Erotik ging es demnach bei der »sexuellen Befreiung«, sondern vor allem um den forcierten Versuch, sich vom »naziverbundenen Elternkörper« loszureißen und die durch elterliche Berührung *per Ansteckung* übertragenen »faschistischen Verbrechen« aus dem eigenen Leib und der eigenen Psyche herauszuwaschen – ein Akt der psychohistorischen Hygiene oder rituellen inneren *Reinigung* also, in dem die Objekte der »schönen sexuellen Berührungen« sekundär und austauschbar waren.

In diesem »Theweleit-Syndrom«, wie man es nennen könnte, als einem System von elaborierten Zwangsgedanken hat man eine nahezu exakte Beschreibung, mehr noch: eine fast getreue *Reproduktion* der hypochondrischen Weltgefühle von damals.

In Dieter Kunzelmanns Erinnerungen firmiert das Attentat auf Rudi Dutschke Ostern 1968 als der historische Punkt, an dem die heiter-antiautoritäre Bewegung umgekippt sei. »In jedem von uns war nach den Schüssen auf Rudi ... etwas zerbrochen. Dieses undefinierbare ›Etwas‹, eine Verhärtung im Innersten, eine Unversöhnlichkeit mit stark irrationalen Zügen widersprach der Intention einer ganze Lebensbereiche umfassenden spielerisch-hedonistischen Radikalität ...«[38]

Die Auslöserwirkung der Tat ist nicht zu bestreiten. Aber das, was sie an aufgestauten Hysterien und Aggressionen freisetzte, dieses »undefinierbare ›Etwas‹« eben, war nicht von außen angeflogen, sondern in der scheinbar noch »spielerisch-hedonistischen Radikalität« längst schon latent vorhanden. Man wartete auf irgendein Signal wie auf den Blitz in einer aufgeladenen Atmosphäre. Nur so läßt sich annähernd deuten, was Inga Buhmann vom Tag des Attentats berichtet hat: »Ich befand mich ... gerade in der K 1, als die Nachricht durch das Radio kam. Die Kommunarden brachen in schallendes Gelächter aus, das ich wohl nie ganz verstehen werde.«[39]

Die Osterunruhen sehen die Kommunarden in vorderster Linie. Und wie eine Metapher, ein Urbild der eigenen, ziellosen Getriebenheit wirkt der Bericht, den Bommi Baumann von dieser langen Nacht gegeben hat: »An dem Abend nach den brennenden Autos, da bin ich mit Urbach und Fritz (Teufel) rumgefahren im VW mit einer Kiste mit den restlichen Mollies, und wir haben überlegt, was wir noch anstecken können, ... ist uns aber nichts Richtiges eingefallen, wollten denn noch die Oper anstecken, aber sind denn ratlos nach Hause gefahren.« Auch Jahre später (nachdem er seinen Ausstieg aus dem bewaffneten Untergrund verkündet hatte) erklärte Baumann noch autoritativ, mit den Anti-Springer-Aktionen seien natürlich »die Terrorprobleme sofort sehr aktuell« geworden, da man ja gesehen habe, daß es ohne Logistik, Vorbereitung und entschlossene Organisationskerne »nicht weitergeht, daß man da schon konkreter werden muß auf dem Sektor«.[40]

Auf diesem Weg in den Untergrund dienten »bewußtseinserweiternde Drogen« als ein Medium der Enthemmung und des Übergangs. Bis Mitte 1968 waren sie auch in der KOMMUNE I noch verpönt gewesen. Im Sommer/Herbst 1968 hielten sie auf breiter Front Einzug. Äußerlich erschien das wie ein Rückzug in die Subkultur. Die Kommunarden arbeiteten fleißig am eigenen Mythos – etwa in Gestalt des Voltaire-Buchs »Klau mich«, das, als es zur Buchmesse erschien und staatsanwaltlich beschlagnahmt werden sollte, bereits in 20.000 Exemplaren ausgeliefert war. Der Zug der Besucher in der K 1 war so dicht, daß sie ein leerstehendes Fabrikgebäude mieteten, in dessen Parterre später eine Diskothek untergebracht werden sollte, während im 1. Stock ein Matratzenlager für Gäste war. Einige blieben länger, wie der Frankfurter P. G. Hübsch, der sich als Beat-Poet und regulärer Dealer betätigte (bevor er 1970 zum Islam konvertierte und als »Hadyatullah Hübsch« wiedergeboren wurde).[41] »Wir hatten genug Geld und ein riesiges Haus und waren Könige und rauchten unendlich viele gedrehte Joints mit langen, langen Filtern.« Ab und an ging man nach draußen, um etwas Terror zu machen, »denn Terror zu verbreiten verstanden wir als notwendige politische Methode, eine Herrschaft des Schreckens zu errichten, während wir in der Gruppe zärtlich zueinander sein wollten«.[42] Ein Leitmotiv, hier und immer wieder.

Mittlerweile war eine ganze, brodelnde »Szene« am Rande von APO und SDS entstanden, gruppiert um eine Reihe anderer Kommunen, vor allem die WIELANDKOMMUNE, deren führender Kopf

Georg von Rauch war (der ephebenhafte Sohn des Osteuropa-Historikers), oder die LINKECK-Kommune, die eine gleichnamige Anarcho-Postille herausgab. Fritz Teufel ging nach München und gründete dort ebenfalls eine neue Politkommune. In dieser Szene bildete sich unaufhaltsam eine Stimmung und Mentalität, die sich in Slogans wie MACHT KAPUTT, WAS EUCH KAPUTTMACHT und HIGH SEIN, FREI SEIN, TERROR MUSS DABEI SEIN ziemlich genauen Ausdruck verschaffte.

Jenseits dessen gab es kein bestimmtes politisches Ziel und wohl auch keinen bestimmten Plan. Was es statt dessen gab, war eine Dynamik teils von innen, teils von außen kommender Eskalationen. Und es gab den »Kampf als inneres Erlebnis« (wie beim einstigen Kriegsfreiwilligen Ernst Jünger). Die Springer-Blockaden, aber mehr noch Ereignisse wie die »Schlacht am Tegeler Weg«, die es in kleinerem Maßstab in fast allen westdeutschen Städten gab, bildeten für Tausende von frisch Radikalisierten eine Initiation, ein symbolisches »Kriegserlebnis«.

Natürlich raubdruckte, las und schulte man querbeet durch den revolutionären Gemüsegarten: Bakunin, Lenin, Stalin, Mao, Debray, Marighela, Cleaver – und so weiter. Diese Schriften und Diskussionen hatten, zumal in Verbindung mit dem Drogenkonsum, selbst etwas Narkotisches. Die von Che Guevara entlehnte Vorstellung, als Avantgarde einer weltweiten Befreiungsbewegung »im Kopf des Ungeheuers«, des Imperialismus, zu agieren, nahm Züge einer fixen Idee und berauschenden Größenphantasie an. Sie taucht in obsessiver Wiederholung in allen einschlägigen Texten der Zeit auf und konkretisierte sich immer zunehmend im Begriff einer »Stadtguerilla« oder »Metropolenguerilla«, wie er bereits seit 1967 im Raume gestanden hatte.

Den emotionalen und szenischen Hintergrund lieferte, wie beschrieben, die anschwellende Prozeßwelle. Allein in Berlin gab es 1900, in der ganzen Bundesrepublik 3000 Ermittlungsverfahren gegen APO-Aktivisten. Die zahlreichen Vorladungen und Gerichtsverhandlungen lieferten Anlässe für erste Anschläge und Vendetten, angefangen von Brandanschlägen auf Justizgebäude und Polizeistationen oder auf die Wohnungen und Autos exponierter Richter und Staatsanwälte bis hin zu Überfällen auf Belastungszeugen oder Journalisten, die »gepetzt« oder »gehetzt« hatten. Aktionen dieser Art nahmen im Laufe des Jahres 1969 epidemischen Charakter an. Auch der Pegel routinemäßiger Alltagskriminalität stieg. Nicht wenige in der Szene lebten vom systematischen Klauen in Buch- oder Lebensmittelläden. Andere betrieben es als Sport oder Mutprobe, auch als Gesinnungsausweis. Einige wurden darin wahre Virtuosen. Wurde Anzeige erstattet, gab es »Putz«.

Bei einem Teil der Szene ergab sich aus dem regelmäßigen Konsum von Drogen sehr schnell das professionelle eigene Dealen. Für die zweite, jüngere Kommunardengeneration wurde das eine ihrer Hauptfinanzierungsquellen. Man konnte es dann zum politischen Akt erklären, »bestimmte Dealertypen ...., die einfach nur Kohle gemacht haben« (so Baumann), mit Gewalt draußen zu halten, d.h. die eigenen Claims und Reviere mit Zähnen und Klauen zu verteidigen. Dasselbe galt gegenüber der Polizei, die in der Nähe bestimmter Szene-Kneipen immer häufiger bei Streifenfahrten oder Razzien mit Steinen oder Molotow-Cocktails attackiert wurde. Das eskalierte bis hin zu mittelschweren Gefechten zwischen Überfallkommandos oder ganzen Hundertschaften der Polizei und einer ad hoc sich bildenden Straßenkämpfer-Guerilla. Man beanspruchte so etwas wie »befreite Gebiete« zu errichten, die insoweit natürlich den Revieren der anderen Dealer durchaus glichen.

Im Winter 68/69 bildeten sich in Berlin unabhängig voneinander zwei Gruppen, die zum Ziel hatten, »die erste Keimzelle für eine Stadtguerilla zu schaffen«.[43] Im März 1969 waren plötzlich kleine, handgebaute Bomben da. Eine mit Zeitzünder wurde von Baumann am Rand des Staatsbesuchs von Richard Nixon deponiert, explodierte aber nicht. Tage später, während des Zusammentritts der Bundesversammlung in Westberlin, auf der Gustav Heinemann zum neuen Bundespräsidenten gewählt wurde, fanden sich bei einer Hausdurchsuchung in der K 1 Brandbomben. Kunzelmann und Langhans kamen in U-Haft, eine schwere Anklage drohte.

Geliefert hatte diese Sprengsätze wiederum der Staatsschutz-Agent Peter Urbach, der klassische Typ des *agent provocateur*. Zuerst Molotow-Cocktails, dann die Bomben, später wurden es Pistolen – bis in die Gründungsphase der RAF hinein. Daß die

Westberliner Polizei damals nicht nur Fallen gestellt hat, sondern daß ihre Organe mit ganz eigener krimineller Energie die »Szene« bis an die Schwelle des Terrorismus und darüber hinaus getrieben haben, muß bis zum Beweis des Gegenteils als gesichert angenommen werden. *Erklärt* ist damit allerdings nichts. Es mußte erst einmal eine gewaltbereite »Szene« dasein, die diese Brand- und Sprengsätze oder Schußwaffen auch wollte und suchte, also »provoziert« werden konnte. Die larmoyanten oder heroischen Selbstlegendisierungen vieler Ex-Terroristen, wonach der Staat, den sie bekämpften, ihnen noch selbst die Waffen in die Hand gedrückt habe, mit denen sie dann in einer Art kollektiver Putativnotwehr nur »zurückgeschossen« hätten, sind allerdings Teil einer gespaltenen Moral, die von Beginn an zu ihrem Markenzeichen geworden ist.

»Genossen, die Lage ist ernst, wir befinden uns in einer Kampfphase, in der nicht mehr wir bestimmen, was gespielt wird, sondern UNS wird der Rhythmus vorgeschrieben ... Man will uns kaputtmachen! Nun ist es an uns, die Situation wieder in den Griff zu bekommen ... Unsere Devise: Terror ohne Maß macht maßlos Spaß!« Sprüche dieser Tonlage prägten die Flugblätter des ZENTRALRATS DER UMHERSCHWEIFENDEN HASCHREBELLEN, der 1969 in Westberlin eine Vorläufer- und Übergangsorganisation zu den Terrorkadergruppen der 70er Jahre bildete.[44] Das dazugehörige Szeneblatt war die AGIT 883, mit wöchentlich 10-12.000 Exemplaren die größte politische Underground-Zeitung ihrer Art. Diese Auflage beschreibt eine Einflußsphäre: Ohne ein hohes Maß an Zustimmung und Zugehörigkeit war das Blatt weder lesbar noch mit seinen kryptischen Kleinanzeigen nutzbar.

Die Bildung einer solchen »Szene« drückte im übrigen auch eine erhebliche soziale Verschiebung aus. Viele politisierte Studenten oder Oberschüler wurden zu Outdrops und proletarisierten sich im ideologischen wie im materiellen Sinne. Wer in einer der Stadtteil-Basisgruppen draußen Betriebsarbeit, Lehrlingsarbeit, Mieterarbeit, Arbeit mit proletarischen Kindern usw. machte, tauchte tatsächlich für kürzere oder längere Zeit in eine andere Welt ein. Schon das Beiwort »-arbeit« hinter jeder solchen Aktivität signalisierte, daß man sich mit existentiellem Ernst darauf einzulassen hatte.

Andererseits enterten jetzt viele aktions-, bildungs-, kontakt- und erlebnishungrige Jungen und Mädchen, Männer und Frauen aus allen möglichen sozialen Bereichen jenseits von Schule und Universität die Bühne, die die außerparlamentarische Bewegung ihnen bot. Dazu kamen die diffus Unzufriedenen, die Schwarmgeister und Querulanten, die es immer gibt und die hier ein Ventil und ein Auditorium suchten und fanden. Es gab die Bildungshungrigen, die hier einen zweiten Bildungsweg absolvierten, der sie am Ende oft auf die Abendgymnasien oder Hochschulen führte. Und es gab die Gescheiterten und Verklemmten, die sich hier einen sozialen Ort und ein wenig »sexuelle Befreiung« erhofften. Und gleichzeitig gab es die vitalen Freibeuternaturen, wie sie jede solche Bewegung nach vorne bringt. Bommi Baumann war so ein Abenteurer der ersten Stunde, nicht anders als der Spitzel Peter Urbach. In Frankfurt stand bei jeder Aktion oder Demo in der vordersten Reihe der »Lederjacken« die auffällige Apachengestalt des Luis T., eines Österreichers, dessen schwere Zimmermannskluft überdeutlich auf seinen ursprünglichen Beruf verwies. Auf einem STERN-Photo läuft er Arm in Arm mit der Tochter des Polizeipräsidenten, Claudia Littmann, einem Photomodell, ebenfalls in Lederjacke.

In Lederjacke mit Mao-Button tauchten auch Andreas Baader und Gudrun Ensslin nach ihrer (bedingten) Haftentlassung im Sommer 1969 wieder in Frankfurt auf. In ihrem Gefolge hatten sie jetzt fast immer einen robusten Trupp von »Staffelbergern« – entlaufenen Fürsorgezöglingen, die im Rahmen einer Kampagne »gegen den Heimterror« in einer spektakulären Aktion aus ihrem Heim in Mittelhessen herausgeholt worden waren. Nun wurden sie von ihren neuen, revolutionären Fürsorgern in einer anfangs ca. 50 Jungen und Mädchen starken »Kampfgruppe ehemaliger Fürsorgezöglinge« zusammengefaßt und von Baader und Ensslin im »Roten Buch« geschult. Einer von ihnen war das spätere RAF-Mitglied Hans-Jürgen Boock.

Später strömten immer mehr solcher Trebegänger, Abhauer oder Haftentlassenen zu. Mit ihnen änderte sich spürbar Ton und Klima der Bewegung. Fast alle der sich sprunghaft vermehrenden Wohngemeinschaften (so auch unsere) bekam einen »Staffelberger« zugeteilt. Unser Zögling, ein bräsiger, maulfauler Bursche, klaute als erstes die Haushaltskasse. Später war das nicht mehr nötig, er hatte viel Geld. Auf die Frage woher, sagte er grinsend: »Schwule ticken!« Wir wußten nicht einmal, was das war, und erbleichten, als wir es erfuhren. Eines Tages war er dann wort- und grußlos verschwunden. Die »Randgruppen-Theorien« hatten seither unter uns keine Anhänger mehr. Wir suchten das »richtige« Proletariat.

Die Anfänge des organisierten Terrorismus in der Bundesrepublik können verschieden datiert und lokalisiert werden. Ein Meilenstein war jedenfalls das »Knastcamp« im fränkischen Ebrach, auf halber Strecke zwischen Frankfurt und Nürnberg, Berlin und München, wo sich Mitte Juli 1969 an die 200 »Außergesetzliche« (so F. J. Strauß) eine Woche lang zu Diskussionen und Aktionen versammelt hatten. Als äußerer Anlaß diente die Tatsache, daß im Jugendgefängnis des Ortes der damals *einzige* »politische Gefangene« der APO, ein Münchener Genosse, einsaß.

In Ebrach waren viele von denen versammelt, die später zum harten Kern oder zum engeren Unterstützerkreis der verschiedenen terroristischen Gruppen gehören würden. Auf den Photos dieser linksradikalen Familienszene ziehen einige junge Frauen und Männer alle Blicke auf sich, die hier noch wie Blumenkinder der Weltrevolution wirken und von denen wir schon wissen, daß sie nur wenige Jahre später »im Kampf gefallen« oder fürs Leben gezeichnet sein werden: Ina (Siepmann) und Inga (Irmgard Möller), Georg (von Rauch) und Tommy (Weißbecker) …

Hier in Ebrach beginnt eine Odyssee, die abermals wie eine *Metapher* dieser ganzen Bewegung oder jedenfalls ihres in den Terror abgleitenden Segments wirkt. Fünfzehn Teilnehmer machen sich auf Einladung einer Gruppe italienischer Anarchisten auf nach Sizilien. Aber »in einer endlosen Nachtdiskussion in einer eleganten Wohnung zu Roma« beschließen Kunzelmann, Ina Siepmann (in die der Erzkommunarde sich verliebt hat), Georg von Rauch und zwei andere, mit ihrem Ford-Bus lieber zur Al Fatah nach Palästina weiterzufahren. Feltrinelli (ganz der große Pate) gibt ihnen das Reisegeld, und sie machen sich über Jugoslawien, Bulgarien, die Türkei, Syrien und den Libanon auf den langen Weg nach Jordanien. In Amman werden sie gastfrei aufgenommen, dürfen mit Führern der Bewegung, sogar mit Arafat selbst, sprechen, um dann bei einer Elite-Einheit der Fatah in den Höhlen der Jordansenke eine Kurzausbildung zu absolvieren.

Von dort schickt Kunzelmann lunatische Briefe an AGIT 883 in Berlin, in denen seine nächsten Karriereschritte deutlich vorgezeichnet sind. Er verbrennt alle Brücken hinter sich, indem er *öffentlich* mitteilt, er habe sich vor einer möglichen Haftstrafe (wegen der Bombenfunde in der K 1) nach Palästina abgesetzt. Dann heißt es, schon in ganz neuer Diktion: »Hier ist alles sehr einfach. Der Feind ist deutlich ... Ich habe hier zum ersten Mal begriffen, was es heißt, daß Menschen sich im ›langandauernden Volksbefreiungskampf‹ revolutionär verändern.« Und direkt an die Daheimgebliebenen adressiert: »Solidarität heißt UNSEREN KAMPF AUFNEHMEN ... Unsere Aufgabe ist, den Feind wieder sichtbar zu machen ... Daß die Politmasken vom Palästina-Komitee die Bombenchance nicht genutzt haben, um eine Kampagne zu starten, zeigt nur ... die Vorherrschaft des Judenkomplexes.«[45]

Die »Bombenchance«, mit der die »Vorherrschaft des *Judenkomplexes*« gebrochen werden sollte, war der Anschlag auf das Jüdische Gemeindezentrum in Westberlin am 9. November 1969, zum Jahrestag des Pogroms von 1938. Die Bombe war vorzeitig entdeckt worden. Und so gab es nicht die erhofften Brände, Verwüstungen und (zumindest in Kauf genommenen) Menschenopfer, sondern nur ein Flugblatt mit dem Titel: »Schalom – Napalm«. Dieselbe Parole war in der Nacht auf eine Reihe jüdischer Mahnmale geschmiert worden, zusammen mit dem Zeichen der Al Fatah.

Das Flugblatt, unterzeichnet mit SCHWARZE RATTEN TW (TW als Kürzel für TUPAMAROS WESTBERLIN), erging sich – ganz im Stil der sowjetischen Antizionismus-Kampagnen dieser Jahre – in Tiraden gegen den Aufbau einer imperialistischen Militärbasis im Nahen Osten, während das europäische und US-Kapital »die Zionisten in ihren aggressiven Expansionsfeldzügen im arabischen Raum« unterstützten. Besonders gelte das für die Bundesrepublik mit ihrer »Wiedergutmachung« (in Anführungsstrichen).

Die eigentliche Botschaft des Textes war jedoch an eigene Genossen mit ihrem ewigen »Judenkomplex« gerichtet: »Das bisherige

Verharren der Linken in theoretischer Lähmung bei der Bearbeitung des Nahostkonflikts ist Produkt des deutschen Schuldbewußtseins ... Die neurotisch-historizistische Aufarbeitung der geschichtlichen Nichtberechtigung eines israelischen Staates überwindet nicht diesen hilflosen Antifaschismus. Der wahre Antifaschismus ist die klare und einfache Solidarisierung mit den kämpfenden Fedayin ... Aus den vom Faschismus vertriebenen Juden sind selbst Faschisten geworden, die ... das palästinensische Volk ausradieren wollen.« Gegen diesen imperialistisch-zionistischen Machtblock gelte es, »eine revolutionäre Befreiungsfront in den Metropolen aufzubauen«.[46]

Baumann zufolge, der wohl nicht beteiligt war, aber die Attentäter kannte, sollte »genau diese Bombe ... der Beginn der Guerilla in Deutschland« sein. Statt auf den Vietnam-Krieg, der schon »quasi vorbei« war, sollte die revolutionäre Linke jetzt »auf die Palästinaproblematik (einsteigen)«, damit »das der neue Überbau wird, um den Kampf hier zu führen«.[47]

Tiefergehende Interpretationen erübrigen sich fast, so könnte man meinen. Die erste Bombe der »Guerilla in Deutschland« sollte unter allen Dingen in der Welt gerade gegen den Zionismus als den »neuen Faschismus« gerichtet werden! Und ausgerechnet der Kampf gegen Israel und die Chimäre des Weltzionismus sollte »der neue Überbau« für den Kampf in der Bundesrepublik werden.

Allerdings handelte es sich auch hier um kein rein deutsches Phänomen. Die sechziger und siebziger Jahre waren die Hoch- und Blütezeit eines weltweiten, von links erneuerten »Antizionismus«, dessen feste Achse das Bündnis zwischen dem sowjetischen Lager, dem »arabischen Sozialismus« bzw. panarabischen Nationalismus (von Nasser bis Gaddafi) und den palästinensischen Befreiungsorganisationen und Terrorgruppen bildete. Auch zahlreiche andere nationalrevolutionäre Staatsgründer und Befreiungsbewegungen machten sich dieses neue, globale Feindbild zu eigen, und bald auch ein Großteil der »Neue Linken« des Westens.

Dabei ging es längst nicht mehr nur um den Palästina-Konflikt. Sondern die propagandistischen und theoretischen Hervorbringungen der sowjetischen und sonstigen Ideologen dieses neuen »Antizionismus« *erweiterten* potentiell noch die Vorstellung des absolut Bösen und Negativen, das im älteren Antisemitismus mit dem Begriff des »Weltjudentums« verbunden worden war, und zwar gerade durch die Ablösung vom engen physischen Substrat des Judentums. Der »Zionismus« war diesen neueren linken Theorien zufolge eine ganz besonders perfide, international operierende Form des Rassismus und Faschismus. Vor allem in den USA, so hieß es, dominierten »zionistische Organisationen« und das »zionistische Kapital« schon weithin Banken und Börse, Medien und Universitäten, natürlich den ungeheuren »militärisch-industriellen Komplex« und in Wirklichkeit auch die Regierung. Der »Zionismus« nahm in diesen Elaboraten und Resolutionen die Statur einer unsichtbaren, gigantischen, weltweit operierenden Macht an, und nicht immer war klar, ob er nur ein *Instrument* des Imperialismus war oder nicht sogar sein eigentliches Machtzentrum und insgeheimer *spiritus rector*.[48]

Auch in weiten Teilen der jungen westlichen Linken waren nach dem Sechstagekrieg von 1967 die Sympathien zunehmend auf die Seite der unterdrückten Palästinenser hinübergewandert. Dafür konnte man sicherlich Gründe anführen, die in der Sache lagen. Aber was sich hauptsächlich verändert hatte, war die innere Disposition der Neuen Linken des Westens. Ihre propalästinensischen Sympathien waren im wesentlichen eine Funktion und Ausdruck ihrer *allgemeinen* Radikalisierung.

So kam es, daß sich in diesem Sommer 1969 ein ganzes Assortiment von Linksradikalen aller Länder in den jordanischen und libanesischen Lagern versammelte: neben Deutschen auch Amerikaner, Schweizer, Schweden, Franzosen (unter ihnen Alain Geismar, einer der »drei Musketiere« des Pariser Mai, selbst Jude), Kämpfer der nordirischen IRA und andere mehr. Unmittelbar vor Kunzelmann und Genossen fuhr eine zwanzigköpfige Delegation des SDS nach Jordanien. Auch sie führten Gespräche mit leitenden Kadern der Al Fatah und der Demokratischen Volksfront, und auch sie ließen sich in Militärmontur stecken und übten sich etwas im Schießen. Das war eher komisch und natürlich rein symbolisch. Auch blieben den meisten vom »Studium des palästinensischen Revolutionsmodells« (so das erklärte Ziel der Reise) erhebliche

Zweifel zurück.* Aber die aggressive Abwehr war eben doch bezeichnend, mit der Hans-Jürgen Krahl (der nicht dabei war) die Frage zurückwies, ob man auch nach Israel reisen würde: »Was sollen wir in Israel? Dort gehen wir hin, wenn's sozialistisch ist.«[49] Die Frontlinie zwischen Fortschritt und Reaktion, Befreiung und Imperialismus verlief also am Jordan. Aber warum gerade am Jordan?

Lassen wir die Frage einstweilen offen, ob es sich bei alledem nur um die »Wiederkehr des Verdrängten« handelte oder nicht eher um eine brachiale Befreiung von etwas allzu Präsentem, Bedrängenden, Hemmenden. Jedenfalls hatte ein so demonstrativer und absoluter Tabubruch wie der Bombenanschlag auf ein jüdisches Gemeindezentrum am 9. November psychologisch auch die Bedeutung, die letzte Verbindung zum Wertekodex der Mehrheitsgesellschaft, aber auch der außerparlamentarischen Linken, aus der man kam, zu kappen, um »freie Hand« (in einem weiten Sinne) zu haben. Die Tat diente als Scheidemünze, die bewußt in die Bewegung geworfen wurde, und folgte einer intuitiven Strategie der Polarisierung wie der Verunsicherung. Die nahezu einhellige (freilich nicht durchweg eindeutige) Verurteilung durch das Gros der Linken und des eigenen Milieus wurde in Kauf genommen, um einen ersten, harten Kern derer zu sammeln, die bereit waren, alle Brücken hinter sich zu verbrennen.

Am Beginn des bewaffneten Kampfes stand eben die leere, existenzielle Tat des Übergangs in die Illegalität, in den »Untergrund«. Alle Forderungen, Theorien, Programme wurden erst nachgeliefert und dienten der Begründung und Legitimierung dessen, was man bereits getan hatte oder im Begriff stand zu tun. Da eine Guerilla in der Bundesrepublik sich nicht aus sich selbst erklärte, bedurfte es, in Baumanns aufgesetzter Diktion, eines zusätzlichen »Überbaus« – zuerst Vietnam, dann Palästina.

(*) Ähnlich erging es offenbar den Teilnehmern einer weiteren SDS-Delegation (darunter der SDS-Ko-Vorsitzende Udo Knapp und der jugendliche Joschka Fischer), die wenige Monate später zu einer internationalen Solidaritätskonferenz mit der PLO nach Algier fuhr. [Udo Knapp: Die Reise nach Algier. In: FRANKFURTER ALLGEMEINE ZEITUNG, 15.2.2001]

Wer diese magische Linie einmal überschritten hatte, befand sich in einem völlig anderen System von Werten und Bezügen. In diese Sphäre der Weltrevolution gegen den Imperialismus überzugehen war ein Akt der Transzendenz. Man machte radikal Kehraus, revolutionierte sich selbst, wurde ein »neuer Mensch«. Man lebte nur noch als Phantom in der eigenen verfaulten Gesellschaft, die zu einer feindlichen Außenwelt geworden war, während man insgeheim einer Bruder- und Schwesternschaft der Weltguerilla angehörte, die die eigentliche, innere Welt darstellte. *Inside is out and outside is in …*

Am einfachsten war dieser transzendente Standpunkt dort zu gewinnen, wo die imaginären Hauptkampflinien der Weltrevolution verliefen – etwa in der jordanischen Wüste, wo »alles sehr einfach« und »der Feind deutlich« war. Ina Siepmann blieb für mehrere Monate im palästinensischen Lager – und sollte für die restlichen zwölf Jahre ihres Lebens (bis sie 1981 in einem Beiruter Lager einen obskuren, gewaltsamen Tod findet) eine Doppelexistenz als deutsch-palästinensische Terroristin führen. »Erich«, dem konspirativ nach Berlin zurückgekehrten Kunzelmann, schrieb sie Anfang 1970, ihr Traum sei: »military training und dann als weibliches Beispiel in der ersten Linie am Jordan«.[50] Jenseits dieser »ersten Linie« lag der Feind – nicht die Israelis oder gar die Juden, wie sie beteuerte, sondern der »Imperialismus« und »Zionismus«. Die Führer dieser Revolution seien »schöpferische Kommunisten, wie jene, die die chinesische Revolution anführten«. Das tiefste Erlebnis aber war es offenbar, sich mit Haut und Haaren dieser Sphäre des reinen Kampfes zu überantworten und darin eine andere zu werden: »Ich lebte mit dem Kommando, ich kriegte einen anderen Namen, und nach wenigen Tagen konnte ich mich an alles, was mein früherer Name bedeutet hatte, nicht mehr erinnern.«[51]

Baumann berichtet: »Die Palästina-Leute … waren, als sie wiederkamen, nur noch für ein paar Leute zu sprechen. Sie hatten kurze Haare, falsche Pässe und waren eben quasi als Fremde wiedergekommen.«[52] Einer von ihnen war Kunzelmann. Als er es im Sommer 1970 riskierte, Ina Siepmann (deren Verschwinden noch nicht aufgefallen war) in Tempelhof abzuholen, wurde er festgenommen. Im nachhinein sah er darin »eine glückliche Fügung des Schicksals«.[53]

Niklas Luhmann hat den Beatles-Song mit der Zeile *Your outside is in and your inside is out* für ein Signum der Jugendbewegungen von 1968 überhaupt gehalten. Man habe eine Position der radikalen Unschuld *(Everybody's got something to hide, except for me and my monkey)* »irgendwo in der Welt, aber außerhalb der Gesellschaft« gesucht, von der aus man diese Gesellschaft »kritisieren, eventuell angreifen kann, ohne selbst dazuzugehören«.[54]

Dieser Wunsch, aus den Bindungen und Verbindlichkeiten der eigenen Gesellschaft auszutreten, um »das Bestehende« zu transzendieren und »die herrschenden Verhältnisse« grundlegend zu revidieren, lag sicherlich im Zug der Zeit. Aber er gewann in Deutschland eine besondere Virulenz. Ein erheblicher und zunehmend meinungsführender Teil dieser Generation spielte den »Idioten der Familie« *(me and my monkey)*, wollte sezessionieren, raus aus dem »Muff von tausend Jahren«, sich vom faschistisch kontaminierten Elternkörper (als Gesellschaftskörper) mit einem klaren Schnitt abtrennen, sich einen Kriegsnamen zulegen, ein anderer werden.

Insofern war der Schritt der angehenden Terroristen, in einem existenziellen Akt die Linie zur Illegalität zu überschreiten und in den Untergrund zu gehen, die *paradigmatische Form* der vielfältigen politischen Gründungsakte und Sezessionsbewegungen, die 1968/69 einsetzten, als die vom SDS geprägte Studenten- und Jugendbewegung an ihre Grenzen stieß. Der Entschluß Tausender, Zehntausender, sich »verbindlich zu organisieren«, für einen der großen linksrevolutionären ISMEN zu optieren, eine »klare Position« zu beziehen und sich ein Feld der »politischen Arbeit« zu suchen, auf dem man als Kader wirken konnte, sei es im Rahmen einer »revolutionären Berufspraxis« oder unter Abbruch aller Ausbildungs- und Berufsgänge – das waren nicht weniger existentielle Entscheidungen.

Alte Bekannte, die sich auf der Straße trafen, pflegten sich nach kurzen Präliminarien zu fragen: »Und was machst du jetzt *politisch?*« Diejenigen, die sich so begrüßten, bezeichnen in etwa das generationelle Segment, das zum »politisch bewußten«, tatsächlich hochgradig *unbewußt* agierenden Subjekt dieses »roten Jahrzehnts« geworden ist.

GRÜNDUNGSFIEBER
Von der SDS-Auflösung zur Organisationsbewegung

Man kommt immer noch früh genug zu spät.

Helmuth Plessner

Die Prätendenten, die mit kleinerer oder größerer Gefolgschaft erschienen waren, musterten sich mit kalter Verachtung. Die kurzfristig einberufene Versammlung im Frankfurter Studentenhaus, nur wenige Tage nach dem Begräbnis von Krahl im März 1970, glich einer Erbenversammlung, auf der man sich kaum noch etwas zu sagen hat – zumal es auch nichts mehr zu verteilen gab. Man war nur da, weil die anderen auch da waren.

Udo Knapp, der dem provisorischen SDS-Bundesvorstand angehörte, aber mittlerweile die PROLETARISCHE LINKE/PARTEI-INITIATIVE (PL/PI) repräsentierte, begründete seinen Auflösungsvorschlag mit jenem angestrengten Optimismus, der jetzt zum neuen Kaderstil gehörte: »Die Erschöpfung der Studentenrevolte darf nicht etwa bloß negativ von der Seite des sich auflösenden SDS her beschrieben werden, sondern muß beschrieben werden als Prozeß der Selbsterkenntnis der Akteure ..., die heute als sozialistische Intellektuelle kein Interesse mehr an der Reorganisation einer Studentenorganisation als SDS haben, sondern für die sich die Organisationsfrage als die Frage nach den Perspektiven des Klassenkampfes und der Organisation des Proletariats stellt.«[1]

Unter den 350 Anwesenden weder Beifall noch Protest, nur diffuses Getuschel. Niemand meldet sich. Mona Steffen vom WEIBERRAT wirft in die Runde, der SDS brauche sich doch gar nicht mehr aufzulösen, er habe sich als reine Männerorganisation längst aufgelöst. Jürgen Horlemann, bleicher Napoleon im Trevira-Anzug, gibt unter Zwischenrufen und hektischem Gelächter bekannt, daß der Wiederaufbau der Kommunistischen Partei mit der Gründung einer AUFBAUORGANISATION (KPD/AO) als ihrem Kernkader seit einem Monat begonnen hat. Vertreter des Heidelberger, Hannoveraner und Frankfurter SDS wenden sich gegen derart einseitige und voluntaristische Gründungsakte und fordern, die bestehenden SDS-Gruppen zumindest noch für eine Programm- und Strategiedebatte zu nutzen. Dany Cohn-Bendit springt in den Ring und schlägt vor, die Lage in den einzelnen Orten und die Chancen einer neuen linksrevolutionären Gesamtorganisation für die Bundesrepublik zu erörtern.

Eine echte Diskussion wollte nicht zustande kommen. Aber ein formeller Auflösungsbeschluß wurde ebenso abgelehnt. Wozu auch? Die meisten Anwesenden folgten der Debatte, so wie ich, ohnehin nur noch mit ironischer Distanz. Viele hatten sich längst ein neues Organisationsdach gesucht oder befanden sich im akuten Gründungsfieber. Die Stimmung stand ja keineswegs auf Abbruch, sondern auf neuen *Aufbruch*, gerade unter den jüngeren Leuten, die im Lauf der Studentenbewegung erst zugeströmt waren, aber auch unter den APO-Aktivisten aus dem zweiten Glied, die jetzt nach vorne drängten.

Mitte 1969 veröffentlichte Umfragen besagten, daß unter der »jüngeren Intelligenz« (Oberschüler, Abiturienten, Studenten) rund 30 Prozent erklärten, mit dem Marxismus oder Kommunismus zu sympathisieren.[2] Diese breite ideologische Linkswendung[*] war aber weniger die Ursache als vielmehr ein *Produkt* der Studentenbewegung. Und natürlich war klar, daß man bei einer abstrakten Parteinahme für den Marxismus/Kommunismus nicht stehenbleiben konnte. Udo Knapp hatte durchaus einen verbreiteten *Konsens* formuliert, wenn er dem SPIEGEL sagte: »Die richtige Fortsetzung des Hochschulkampfes ist der proletarische Klassenkampf.«[3]

(*) Zwei Drittel (65 %) der »jüngeren Intelligenz« fühlten sich diesen Umfragen zufolge vom bestehenden Parteiensystem der Bundesrepublik nicht mehr repräsentiert oder standen ihm mit offenem Mißtrauen gegenüber. 8 % erklärten, sie würden eventuell eine kommunistische Partei wählen, 20 % eine links von der SPD stehende Partei, 10 % eine radikal-demokratische Partei. Andererseits waren immerhin 18 % auch bereit, eine mehr national orientierte Partei zu wählen.

Für die Masse der APO-Aktivisten hatte der Machtantritt einer sozialliberalen Koalition in Bonn im Herbst 1969 durchaus keine politische Zäsur bedeutet. Von einer Entspannung der Lage konnte keine Rede sein, fast im Gegenteil: Die Radikalisierungsprozesse in einem minoritären, aber meinungsführenden Segment der Jugendbewegung begannen sich vom politischen und gesellschaftlichen Prozeß immer weiter zu lösen und fanden darüber hinaus nun einen erweiterten Resonanzboden an der jugendlichen Basis der beiden Regierungsparteien sowie in einem beachtlichen Segment des wissenschaftlichen, literarischen und publizistischen Betriebs. Die frühen siebziger Jahre waren dem intellektuellen Zeitklima nach eher noch linker als die späten sechziger, und die jüngeren Brüder und Schwestern der Achtundsechziger, die jetzt nachströmten, häufig noch radikaler.

Das hatte seine eigene, innere Logik. Gegenüber dem »CDU-Staat« und der »Großen Koalition« war alles einfacher gewesen. Die Rhetoriken von Reform und Revolution hatten noch problemlos ineinander verschwimmen können. Jetzt, unter sozialdemokratischer Ägide, war größere Eindeutigkeit gefordert – zumal man überzeugt war, daß die »technokratischen« Reformvorhaben und »halbherzigen« Entspannungsübungen der neuen Regierung Brandt/Scheel ohnehin Episode bleiben würden. Die heftigen Reaktionen gegen die neue Ostpolitik am rechtsextremen Rand der Gesellschaft wie auch innerhalb des gestürzten CDU/CSU-Blocks, in dem sich (wie es aussah) Strauß als der neue starke Mann gegenüber so laschen Figuren wie Barzel und Kohl etablierte, schienen den erwarteten faschistischen Gegenschlag schon deutlich anzukündigen. Wahrscheinlich hatte die Sozialdemokratie wie eh und je nur die Aufgabe, im Auftrage der »Herrschenden« die Vorarbeit leisten – durch die Spaltung und Lähmung der proletarischen Massen oder sogar dadurch, daß sie selbst zur »sozialfaschistischen« Unterdrückung der neuen Opposition und der sich ankündigenden Klassenkämpfe übergehen würde.

Solche eingemotteten Begriffe wie »Sozialfaschismus«, die schon durch die Studentenbewegung geirrlichtert waren, tauchten jetzt wieder aus der historischen Versenkung auf. Aber auch wer derartige ML-Formeln ablehnte, konnte sich auf eine zentrale APO-These berufen, wie sie Johannes Agnoli und Peter Brückner in ihrer Abrechnung mit dem bürgerlichen Parlamentarismus »Die Transformation der Demokratie« schon 1968 systematisch entfaltet hatten. Dieser maßgeblichen Analyse zufolge war der demokratische Wohlfahrtsstaat mit seinen Instrumenten der autoritären Entmündigung und Abspeisung selbst die organische Fortsetzung und zeitgemäße Form einer faschistischen Diktatur.[4] Die »Konzertierte Aktion« Karl Schillers galt denn auch als direkte Fortsetzung der »Formierten Gesellschaft« Ludwig Erhards, die als düsteres Phantom unverändert im Raume stand. So oder so ähnlich sah ein erheblicher Teil der linksrevolutionär gestimmten Szene die neue politische Situation.

Den entscheidenden Anstoß für die Gründerphase, die jetzt begann, hatte aber erst der zeitliche Zusammenfall des Bonner »Machtwechsels« mit der »wilden« Streikbewegung im September 1969 geliefert, deren Schwerpunkt in den Stahlbetrieben und Kohlegruben im Ruhrgebiet lag, aber die auch einige andere Großbetriebe in der Bundesrepublik sporadisch streifte und insgesamt rund 150.000 Arbeiter auf die Straßen und vor die Betriebstore brachten. Zwar standen fast alle Gruppen der Linken – auch die, die schon »im Proletariat« arbeiteten, wie einige Betriebsgruppen in Berlin oder im Stuttgarter Raum – dieser spontan aufbrechenden Bewegung überrumpelt und hilflos gegenüber. Aber die Forderungen der Streikenden nach einem außertariflichen Lohnzuschlag richteten sich offensichtlich auch gegen die gewerkschaftliche »Arbeiterbürokratie« und ihre Ideologie der Sozialpartnerschaft. Ein Hauch von APO lag über der Szene. Da war sie plötzlich, die stets beschworene Arbeiterklasse – und führte einen Klassenkampf!

Allerdings mußte man aller großen sozialen Konflikte schon ziemlich entwöhnt sein, um diesen Verteilungskampf zur proletarischen Unabhängigkeitserklärung zu stilisieren. Doch genau das geschah jetzt. Die »Septemberstreiks« wurden, kaum daß sie beendet waren, zu einem der Gründungsmythen der neokommunistischen Gruppen und Parteien.

Wer mit der Orientierung auf den »proletarischen Klassenkampf« halbwegs ernst machen wollte, mußte früher oder später eine

Option treffen: sich entweder einer der bestehenden Parteien oder Aufbauinitiativen anschließen oder an einer der provisorischen Zirkelorganisationen beteiligen, wie es sie bald zu Dutzenden oder zu Hunderten gab.

Das letztere war durchaus keine Notlösung, sondern eine selbstbewußte Alternative. Nichts schien natürlicher, sobald man sich mit den historischen Bildungsprozessen der revolutionären Parteien und Bewegungen befaßte, als daß ihnen eine Phase des »Zirkelwesens«, der Kämpfe und Debatten um die »richtige Linie« und Strategie vorausging. Und daß über die Bedingungen, Formen und Inhalte einer sozialistischen Umwälzung in den »spätkapitalistischen« Ländern noch einmal vertieft nachgedacht werden mußte, daß die Vorbilder des »realen Sozialismus« sowjetischer Prägung dafür ebensowenig hergaben wie die Drittwelt-Sozialismen in Kuba oder China, das war dann doch die deutliche Mehrheitsmeinung gegenüber den beiden feindlichen Parteiklonen DKP und KPD/ML.

Andererseits mußte man das Rad auch nicht neu erfinden, wie der Heidelberger SDS-Führer Joscha Schmierer im Februar 1970 schrieb. Die Sprecher und Theoretiker der Studentenbewegung (gemeint war vor allem Krahl) hätten zwar »die Aufgabe der Rekonstruktion der Arbeiterbewegung richtig erkannt, ... sie aber nicht gleichzeitig als Rekonstruktion der marxistisch-leninistischen Theorie begriffen«. Damit sei »die revolutionäre Aktion zum ›Sesam öffne dich‹, die revolutionäre Organisation zur unio mystica ... und die Frage der Revolution selbst zur Pascalschen Wette verkommen«. Die Organisationsprinzipien Lenins und Mao Tsetungs seien keineswegs überholt, ließen sich aber nicht einfach auf die spätkapitalistischen Metropolen übertragen. »Wir müssen die Grenzen unserer eigenen Erfahrungen einsehen und dürfen uns nicht mit den Erfahrungen der russischen und chinesischen Revolution großtun, statt sie sorgfältig zu studieren ...«[5]

Dieser Gestus von Ernsthaftigkeit und Bescheidenheit konnte gerade im Gegensatz zur aufschneiderischen Selbstsicherheit der selbsternannten Parteigründer Eindruck machen. Im übrigen lag dem elementaren Drang »zurück zu den Quellen« und zu den authentischen Anfängen ein tieferes psychisches Bedürfnis zugrunde: Man mußte sich irgendwo in der Welt verankern. Wenn man schon in der eigenen Gesellschaft keinen festen Boden und keine gesicherte Tradition mehr vorfand, an die man anknüpfen konnte, und wenn auch die Berufungen auf revolutionäre Vorbilder in der Dritten Welt keinen sicheren Halt boten, dann bedurfte es zumindest der Bestätigung durch eine Position, die einen historischen Moment lang irgendwo praktisch geworden war und eine Alternative zur (leider immer »fehlerhaften«) Politik der kommunistischen Parteien hätte bilden *können*. Die Geschichte ist bekanntlich die beste Utopie.

Eine solche süchtig-utopische Rückwendung in die Historie, die für die Jugendbewegungen der Nachkriegsgeneration insgesamt charakteristisch war, hatte in Deutschland natürlich noch eine besondere Virulenz. Für die eigene Rehabilitation und Neuerfindung suchte man in der Zeit vor 1933, vor der Katastrophe, nach »verschütteten« Ansätzen und Traditionen – und wurde reichlich fündig. Es stellte sich heraus, daß Deutschland neben Sowjetrußland die stärkste revolutionäre Arbeiterbewegung überhaupt gehabt hatte, daß Berlin einmal die designierte Hauptstadt der Kommunistischen Internationale gewesen war und daß alle Wege des Marxismus über China und Rußland nach Deutschland zurückführten.

In deutscher Sprache waren nicht nur die Urtexte von Marx und Engels verfaßt, die gerade zu unserer Zeit erstmals (fast) vollständig vorlagen und ihrer zweiten Entdeckung harrten. Der deutsche Sozialismus hatte auch eigenständige und charismatische Revolutionäre wie Liebknecht oder Luxemburg hervorgebracht. Es gab die KP-Strategen und Führerfiguren der zwanziger Jahre von Brandler bis Thälmann und die dissidenten Positionen der KAPD, KPO, SAP usw., aber auch intellektuelle Querdenker wie Korsch, Benjamin oder Rühle zu entdecken. Einige tragikumwitterte historische Gestalten lebten noch und konnten Auskunft geben, so Erich Wollenberg, Franz Jung, Rosa Meyer-Leviné und andere – während Manès Sperber, Arthur Koestler oder Margarete Buber-Neumann bereits dem Verdikt des »Renegatentums« verfielen und wieder ausgemustert wurden. Schließlich kann die intellektuelle Ausstrahlung einer Jahrhundertfigur wie Bertolt Brecht, zumal in der Verbindung mit den großartigen Musiken eines Hanns Eisler oder Kurt Weill, kaum überschätzt werden.

In den Wärmestrom dieser Rückbesinnung aufs deutsche revolutionäre Erbe mischte sich zugleich der Appeal eines grenzenlosen, damals erst in Wort, Bild und Ton zugänglich gewordenen Kosmos der Revolutionskunst aller Gattungen und aller Länder. Manches hatte in den östlichen Staatskulturen überwintert, ohne daß wir es (außer in Bruchstücken) gekannt hätten; anderes aus der avantgardistischen Frühzeit Sowjetrußlands war erst im Laufe der sechziger Jahre wieder aus dem stalinistischen Permafrost aufgetaucht – und wurde von einem jugendlichen westlichen Publikum als wahre Offenbarung aufgenommen: die klassischen Revolutionsfilme von Sergej Eisenstein, die Erzählungen aus der Roten Reiterarmee von Isaak Babel, die Versepen von Majakowskij, die Keilbilder und Konstruktionen von El Lissitzky oder die Programm-Musiken von Schostakowitsch. Die Schicksale jedes einzelnen dieser Künstler hätten auch ein Warnruf sein können. Man hätte uns frei nach Brecht zurufen müssen: Glotzt nicht so romantisch! Aber für uns flossen damals Raum und Zeit zu einem einzigen Kontinuum zusammen, einer gewaltigen und berauschenden *Synästhesie*. Die Bilder, Verse und Gesänge der russischen Revolution oder des spanischen Bürgerkrieges waren darin ebenso gegenwärtig wie die der lateinamerikanischen Guerilla, der afrikanischen Befreiungsbewegungen oder der chinesischen Roten Armee. Die Welt – unsere Welt – war Klang, Bild, Bewegung und Symbol.

Aber das Höchste blieb das Wort, die Schrift, die »Wissenschaft von der Geschichte« und der Gesellschaft. So viele Elemente eines revolutionären Pantheismus es gab, so sehr blieb auch diese Neue Linke in all ihren Verzweigungen zuerst und zuletzt eine Schriftreligion. Für die Anhänger jeder der feindlichen linken Konfessionen waren ihre jeweiligen kanonischen Texte Alpha und Omega.

Auf diesem großen Basar der Ideologien war erst jetzt nahezu *alles* in Textform verfügbar, was im 19. und 20. Jahrhundert unter dem Banner des Marxismus, Sozialismus, Anarchismus, Syndikalismus, Kommunismus usw. jemals gedacht und entwickelt worden war – eine fast einmalige und erstmalige Situation. In der Welle von Raubdrucken und Studienausgaben, die die Büchertische und die Buchläden überschwemmte, machte sich ein eigentümlicher deutscher Theorie-Fanatismus geltend, der auf den Mangel an realen Erfahrungen, Traditionen und Anknüpfungen verwies. Vor allem die Früh- und Spät-, Haupt- und Nebenschriften von Marx und Engels, einschließlich des »Kapital« (oft alle drei Bände), wurden damals in großen Hörsälen und kleinen Seminaren, in Wochenendfreizeiten und zahllosen, auf sich gestellten Schulungsgruppen intensiv durchgearbeitet oder vielmehr: *geschult*.

Nach Marx und Engels hielt Lenin auf breiter Front Einzug – und schlug durch seine scheinbar zeitgemäße Anwendung und Fortschreibung des Marxismus (in seiner »Imperialismus«-Schrift oder in »Staat und Revolution«), wie durch den überwältigenden polemischen Schwung und kühnen Pragmatismus seiner Partei- und Programmschriften (wie »Was tun?«) viele in seinen Bann – auch und gerade seine Kritiker, die ihn unter Berufung auf Lukács, Korsch, Gramsci, Pannekoek, Gorter usw. zu korrigieren, im Grunde aber zu *überbieten* suchten.

Nach den ziellos kreisenden, im eigenen Jargon erstickenden Debatten im SDS erschienen diese systematischen »Klassiker«-Lektüren zunächst wie ein Sauerstoffstrom. Endlich Perspektiven, die sich weder in kulturpessimistischen Sackgassen verloren noch auf ein fades Utopia verwiesen. Endlich ein theoretisches Instrumentarium, das es erlaubte, die bestehende Gesellschaft insgesamt als eine sozialökonomische Formation bestimmten Typs unter dem Gesichtspunkt ihrer objektiven und überfälligen Entwicklungspotentiale zu analysieren. Endlich eine Philosophie in praktischer Absicht, die es ermöglichte, die menschliche Geschichte in einem Sinnkontinuum jenseits der alten, toten Religionen zu sehen. Endlich der Ansatz einer handfesten Realpolitik, die den Horizont in planetarische Dimensionen erweiterte und den Internationalismus aus dem Himmel der feierlichen Phrase auf den Boden einer praktischen Notwendigkeit zurückholte. Endlich eine Sprache und Methodik, mittels derer es möglich war, die bürgerliche Ideologie in die »Sprache des wirklichen Lebens« rückzuübersetzen, statt sie im Stil der Kritischen Theorie immer weiter zu verrätseln.

Diese Kurse und Schulungen sind vielen als staubtrockene und unsinnliche Selbstkasteiung in Erinnerung geblieben. Für andere, zu denen ich mich zähle, war vor allem der originale Marx – vom »Manifest« über die »Grundrisse« und den »Louis Bonaparte« bis zu einigen Kapiteln des »Kapital« – mit seiner überwältigenden literarischen Ausdruckskraft und maßlosen dialektischen Spekulationslust, die die menschliche Welt und Geschichte buchstäblich zu umfassen schien, ein prägendes Bildungserlebnis, wie man es nur einmal im Leben hat.

Keine Rede davon, daß diese schrittweise Hinwendung zum Marxismus, Leninismus, Trotzkismus oder Maoismus sich in barer »Begriffslosigkeit« vollzogen habe, wie es die Erbhüter der Frankfurter Kritischen Theorie gerne wollten. Eher möchte ich behaupten, daß nie zuvor und nie danach so intensiv und so ausschweifend gelesen worden ist wie in dieser Gründungsphase, deren Kernzeit man von 1969 bis 1972 datieren kann. Ganze Heerscharen von »unbehausten Intellektuellen« und jüngeren Leuten verschiedenster Provenienz suchten vor allen Stürmen der Zeit ein theoretisch befestigtes Weltanschauungsdach, einen politischen Standpunkt und eine passende Form, in der sie sich »verbindlich« organisieren konnten.

In mancher Hinsicht glich diese Gründungsbewegung allerdings auch einer Flucht aus den devastierten Zentren der »antiautoritären« Bewegung, in denen der Ton immer rauher, schriller, aggressiver geworden war und ein feindliches Matadorentum mit Zügen von Bandenwesen die Szene beherrschte. In Frankfurt hatte diese Entwicklung ihren (un-)sinnlichen Ausdruck im Zustand des »Kolbheims« gefunden, in dem die wöchentlichen SDS-Versammlungen stattfanden und das zunehmend begann, einer ausgebrannten Bürgerkriegs-Ruine zu gleichen.

Natürlich hatte ein Stil der betonten Verwahrlosung von jeher dazugehört und den Zentren der Jugend- und Studentenrebellion dieser Jahre ihr eigentümliches Flair verliehen, als Protest also gegen die Perfektion der Wohlstandsgesellschaft und eine (als hohl empfundene) bürgerliche Wohlanständigkeit – kaum anders, als man es von vielen anderen, späteren Subkulturen mittlerweile her kennt. Eine andere Frage war, warum diese zentralen

Orte der Bewegung so rasch eine Atmosphäre des Feindlichen atmeten. Jedenfalls verbindet sich die Assoziation vom »schwarzen Loch« in meiner Erinnerung auch mit dem Frankfurter SDS-Keller, der im Basement jenes »Kolbheims« lag und schwarzgetüncht, mit nackter Birne, einem wahren Instrument der sensuellen Deprivation glich (ganz anders als unser liebenswürdig vergammelter Tübinger SDS-Keller). Hier hinunter zog man, wenn die Plena am Samstagabend sich in Frust und Geschrei und irgendeiner notdürftigen Verabredung für die nächste Aktion aufgelöst hatten. In diesem düster illuminierten Laboratorium erotischer Konkurrenzen fanden der informelle Autoritarismus der antiautoritären Bewegung und die Verarmung ihrer Kommunikationsformen dann ihre letzte und konzentrierteste Ausprägung.

Die Situation spitzte sich noch zu, als im Herbst 1969 ein Teil der »Staffelberger« im Kolbheim sein Hauptquartier aufschlug, unterstützt von Baader, Ensslin und Resten der »Lederjacken«-Fraktion. Binnen kurzem errichteten die Heimzöglinge ein wahres Schreckensregiment, mit Plünderungen, Verwüstungen und körperlichen Übergriffen – einschließlich versuchter (oder auch vollendeter) Vergewaltigungen. Die Bewohner, von denen nur noch ein Teil Studenten waren, bildeten eine Art »Heimwehr«, die sich notdürftig bewaffnete. Die Reibereien eskalierten, bis das Haus halb in Flammen stand. Die Feuerwehr hielt mit aggressiver Lust in das Chaos hinein. Angekokeltes Mobiliar und versiffte Matratzen lagen noch Monate vor der verrußten Fassade. Die Stadt, der Trägerverein, die Müllabfuhr ließen den Ort verkommen. Immer wieder rückte die Polizei an, versuchte das Haus gewaltsam zu räumen, um die Kontrolle wiederzugewinnen, und traf dabei auf den vereinten Widerstand aller verfeindeten Fraktionen. Das »Kolbheim« blieb befreites Gebiet.

Wir mieden diese und ähnliche Kampfzonen zunehmend. Die ideelle Hinwendung zum Proletariat und zu Formen einer festeren kommunistischen Organisation bedeutete insoweit auch die ideologisch überhöhte Abgrenzung von einer brodelnden Subkultur, in der sich in Berlin, aber auch in Frankfurt die Konturen einer entstehenden Terrorszene abzeichneten, auch wenn sie noch recht unorganisiert und anarchomäßig auftrat.

»Die ersten amerikanischen Konsulate, Amerikahäuser und andere amerikanische Einrichtungen gingen in Flammen auf. Auch in Frankfurt flogen nun nachts die Mollos gegen diese Schweine ... Ich fand den Vorwurf von Genossen gegen Genossen, die nachts ihre Haut gegen das Monstrum USA und ihre Beschützer hier in Ffm. riskierten ..., arrogant und unverschämt, kurz: unsolidarisch ... Massenaktionen, kollektive Gewalt gegen Sachen, wie sah die denn zu diesem Zeitpunkt aus? ... Wir marschierten kreuz und quer durch die Stadt, um dann irgendwann bei einer der diversen amerikanischen Einrichtungen die Bullen, Pferde und Wasserwerfer zu bestaunen ... Es waren dann meistens immer dieselben (wenigen) Genossen/innen, die damit anfingen, die Steine aufzunehmen, den Strand unterm Pflaster freizulegen ... Natürlich, Massengewalt hieß auch ..., daß wir uns zur Not halt den Weg mit Gewalt nahmen. Auch da waren die Genossen/innen mit den Steinen und den nützlichen Fahnenstangen in der Minderheit ... Wie oft habe ich Genossen/innen aus den Händen von Bullen freigeprügelt und wie oft wurde ich wegen meiner Militanz beschimpft.«[6] So beschrieb 1977 der als »Verräter« verfemte Ex-Terrorist Hans-Joachim Klein die Anfänge seiner Karriere in der Frankfurter Politszene, in einem Ton gekränkten Stolzes, der die eigentliche Authentizität des Textes ausmacht.

So absurd es klingt: aber unsere Organisierung in einer neo-leninistischen Gruppe war nicht zuletzt ein Instrument der *Sublimierung* eigener destruktiver Tendenzen und der Errichtung eines neuen, selbstgewählten strengen Über-Ich. Bei aller abstrakten Gewaltbereitschaft, die diese Option implizierte, war sie zunächst auch ein instinktiver Akt der Selbstkontrolle und des *Selbstschutzes*.

Am plastischsten zeigt sich dieser Zusammenhang bei einer ersten, frühen ML-Formation in Frankfurt 1969, an der Teile der Lederjakken-Fraktion führend beteiligt waren. Seit dem Frühsommer waren in einem blindwüchsigen Prozeß Gruppen wie die ROTE GARDE SACHSENHAUSEN oder ähnlich phantastische Kleingebilde aufgeschossen, in denen Lehrlinge, Schüler und Outdrops jeder Sorte sich um lokale SDS-Kader und ihre Wohngemeinschaften scharten, die den Charakter von Hauptquartieren trugen, mit irgendwie martialisch klingenden Namen wie »der Schaumainkai« oder »das Sachsenlager«.

Vorbilder waren die maoistischen Jugend- und Massenorganisationen in Frankreich, wie die ultramilitante, von de Gaulle verbotene UJC-ML. Aber mehr noch wurden die maoistisch-revolutionären Organisationen Italiens bewundert, etwa die UNIONE DI MARXISTI-LENINISTI mit ihrer Zeitung SERVIRE IL PÓPOLO oder andere linkskommunistische Organisationen wie SINISTRA PROLETARIA, POTERE OPERAIO oder LOTTA CONTINUA, die in den Quartieren und Fabriken ein ganzes aufständisches Milieu um sich gesammelt hatte und Ziel eines Stroms deutscher Revolutionspilger war – darunter Peter Schneider, der seine Berliner Betriebsgruppe verließ, um dort im Süden die reine Luft der authentischen Revolte zu atmen, und diese Erfahrung Jahre später in seinem Kultroman »Lenz« im Stile eines Büchner-Epigonen verarbeitet hat.[*]

Noch ging vieles wild durcheinander. Die Frankfurter »Lederjacken« trugen Mao-Buttons, aber kifften schwer, und einige wurden bald zu regulären Drogendealern. Die Mädels (erinnert sich einer) flogen auf sie, die harten Jungs mit Hasch, Leder und dem nötigen Kleingeld. Die alten Bürgerwohnungen, in denen sie mit

---

(*) Auch Bernward Vesper war mit dem flüchtigen Andreas Baader in solcher Lenz-Stimmung über die Alpen gefahren und hatte für sein (hinterlassenes) romanhaftes Fragment »Die Reise« diese alte-neue deutsche Italiensehnsucht in tagebuchhafter Verdichtung frisch notiert. Ihm träumte: Da unten, »im Dunst der Industriestädte, brechen die Widersprüche rein auf«. Hier »zwischen Apennin und Alpen fällt die Entscheidung«. Die Widersprüche sind klar, die »psychologische Scheiße interessiert niemanden ernstlich«. Es geht »um alles oder nichts«. Auf jeden Schlag der Unternehmer, des Staates, der Faschisten wird mit einem Gegenschlag geantwortet. Die Wände sind übersät mit den Slogans und Namen der revolutionären Gruppen – SINISTRA PROLETARIA, LOTTA CONTINUA, POTERE OPERAIO. Verschwunden sind in der Praxis der Kämpfe in den Fabriken und Wohnquartieren die Unterschiede von Arbeitern und Intellektuellen. Die Mao-Parole SERVIRE IL PÓPOLO (Dem Volke dienen) bedeutet hier eben keine »masochistisch verkrampfte Klassenflucht«, sondern ein ganz einfaches praktisches Postulat, da die Arbeiter die Intellektuellen für konkrete Aufgaben brauchten. Aber noch tiefer wird Vesper von etwas anderem berührt: »Keine antiautoritäre Bewegung, kein Generationskonflikt, wie er uns zeichnet. Kinder – Erwachsene: derselbe Kampf!« [Bernward Vesper, Die Reise, S. 299–303, passim]

ihren wechselnden Besuchern hausten, waren große Matratzenlager. Auch Kunzelmann hing eine Zeitlang dort herum, schon auf harten Drogen und mit einer »Krankenschwester« (vielleicht Ina Siepmann), die ihm die Spritzen setzte. Er beklaute seine Gastgeber, war unerträglich, und halb im Spaß, halb im Ernst wurde diskutiert, ihn »mit Bleischuhen im Main zu versenken«. Von solch diffuser Gewalt geladen waren die Phantasien.

Dann tauchten die entlassenen Baader und Ensslin auf, mit Söhnlein und den Geschwistern Proll im Gefolge – und wenig später mit ihren Trupps von »Staffelbergern«, die die Szene endgültig chaotisierten. Während sie Mao-Texte schulten, animierten sie sich gegenseitig zu Raubzügen und Vandalismen und nahmen, was ihnen gefiel. Auch die dealenden Lederjacken waren für sie »Kopfwichser« und wurden ausgenommen. So klaute Baader aus der »politischen Haushaltskasse« der Kommune, in der er hauste, 22.000 Mark und kaufte sich davon seinen legendären weißen Mercedes, mit dem er und sein jugendliches Gefolge bei Tag und Nacht herumrasten. Er lebte ganz in seinem filmhaften Rebellenimage aus *Action*, Skandal und Gewalt, das von einer die Szene umlagernden Journalistenmeute geradezu verlangt und als Droge eigener Art in die Szene zurückinjiziert wurde.

Vorfälle wie diese ließen den Konflikt eskalieren. Die Lederjacken, die sich immer deutlicher maoistisch orientierten und die Baader-Garde »mit Mao Mores lehren« wollten, führten den ehrwürdigen Begriff des »Lumpenproletariats« wieder ein, mit dem sie zur handgreiflichen Säuberung ihrer eigenen Szene von allen derart qualifizierten Subjekten schritten. In einer abrupten Kehrtwendung (irgendwann im August/September 1969) schnitten sie sich die Haare und verordneten sich eine puritanisch-kommunistische Lebensführung unter dem totalen Primat der Politik. Gruppenweise gingen sie in die Betriebe, »unter das Proletariat«, um dort revolutionäre Arbeit zu leisten.

Diese Wendung zum organisierten Marxismus-Leninismus entwickelte eine ungeahnte Anziehungskraft. Binnen weniger Monate sammelten sich an die 500 junge Leute in Frankfurt unter dem Banner des Marxismus-Leninismus und der Mao-Tse-tung-Ideen. Zu diesem spontanen Parteibildungsprozeß gehörten terroristische Aufnahmerituale mit bohrenden Fragen über Herkunft, Motivation, Lebensweise und ideologische Festigkeit. Nachher schauten die Kader grinsend, ob »der Stuhl naß« sei, auf dem der Kandidat gesessen hatte. Bei allen Demonstrationen trat diese Frankfurter ML, die über Nacht zur stärksten Fraktion am Ort anwuchs, jetzt als geschlossener Block auf, mit scharfgemachten Ordnern, die wie Schäferhunde alle »lumpenproletarischen Elemente« handgreiflich aussortierten. Ihr Schlachtruf hieß, euphorisch skandiert: MARX – ENGELS – LENIN – STALIN – MAOO TZZEEE-TUNNNNG!

Betrachtet man den Kontext, wird überdeutlich, daß dies alles Züge einer Selbstdisziplinierungs- und *Selbstrettungsaktion* trug. Man schuf sich ein terroristisches Über-Ich, einen ideologischen Götzen oder Totem, dem man huldigte wie die ausgesetzte Schulklasse in William Goldings Roman »Herr der Fliegen«.

Zur inneren Hierarchisierung gehörte dann auch, daß man in einer nächsten, kurz entschlossenen Aktion das Projekt des »Parteiaufbaus« auf die bereits existierende Minipartei der KPD/ML mit ihren symbolischen Vaterfiguren übertrug. Den nötigen pädagogischen Eros lieferte dabei weniger die (ziemlich uncharismatische) Figur des Vorsitzenden Ernst Aust als vielmehr ein kleines, auratisches Milieu von Altkommunisten in der bis Mannheim reichenden Industrieregion: grollende alte Männer und Frauen, die in einem proletarischen Spitzendeckchen-Ambiente kleine Stalinbüsten in der Vitrine hielten und alles Störende in der Welt auf der Stelle und rücksichtslos »liquidiert« sehen wollten – vorneweg aber die Verräter in der Arbeiterbewegung selbst, die Reformisten, Revisionisten und Opportunisten aller Couleur. Verhinderte Westentaschen-Mielkes im Vorruhestand also, die ihre jugendlichen Zuhörer tief beeindruckten.

Entsprechend wurden für die entstehenden ML-Betriebsgruppen mit ihren Zeitungen wie der ROTE METALLER von Anfang an die Betriebsräte mit ihren Mehrheiten aus Sozialdemokraten und bald auch DKP-Leuten zu Hauptgegnern. Die blieben ihrerseits wenig schuldig und machten regelrecht Jagd auf die versteckten maoistischen Dissidenten in den Belegschaften. Scharfe Rivalität herrschte andererseits auch mit den rührigen Gruppen von Trotzkisten verschiedener Observanz, die gleichfalls in die Betriebe strebten, sowie mit den »undogmatischen« Betriebs- und Stadtteilgruppen, die es hier und da gab. Es war ein großes, eifriges Fraktionieren und Rekrutieren – bis Mitte 1970 dieser erste, frühe ML-Block in Frankfurt mitsamt der Partei, der er sich verschrieben hatte, auseinanderbrach, genauso plötzlich und über Nacht, wie er sich gebildet hatte.

Daß jeder Schritt einer programmatischen Festlegung und verbindlichen Organisierung mit immer neuen Fraktionierungen, also Spaltungen und Trennungen erkauft war, war unvermeidlich. Das eine war ohne das andere nicht zu haben. Jeder neue Konsens, auf den sich eine Majorität hinbewegte, traf auf den Widerstand einer Minorität in den eigenen Reihen. Jede neue, endliche gefundene ideologische Formel war inkompatibel mit den anderen. Aber alle schmerzhaften Krisen und Abbrüche, die damit verbunden waren, wurden immer wieder von der *Lust der Gründung* überwogen.

Die promiske Stimmung, die in den Jugendrepubliken der APO-Szene herrschte, gab es eben auch in Fragen der Ideologie und Organisation. Man war ja ohnehin immer auf der Suche nach neuen Leuten, neuen Bekanntschaften, neuen Erfahrungen. Viele haben beschrieben, wie man, oft ganz zufällig, in den Sympathisantenkreis einer der bestehenden Parteien oder revolutionären Zirkel geriet. Dort war alles zunächst anders und aufregend, und alles war noch offen – die eigene Position in der Hierarchie und Arbeitsteilung, aber auch die Perspektive der Gruppe selbst, die noch viel Raum (im heutigen Börsenjargon) für »Kursphantasien« ließ.

Dafür war man über Nacht zu erheblichen Anpassungsleistungen bereit, was Haare, Kleidung, Habitus und Lebensstil betraf. In der Anfangszeit eines solchen Zirkels konnte eine Stimmung herrschen, die fast an Verliebtheit grenzte – bis diese erste Attraktion durch die reifere Erotik einer festen Beziehung ersetzt wurde. Nicht selten ergab sich das synchron im Politischen wie im Privaten. Man erprobte, ganz altersgemäß, seine Bindungs- und Beziehungsfähigkeit.

Das Fraktionieren, Spalten und Ausschließen war im übrigen kein Privileg der als »dogmatisch« bezeichneten Gruppierungen. Kaum weniger eifersüchtig wachten die »Undogmatischen« über die Reinheit ihrer Reihen und Positionen. So wurden im Sommer 1969 viele der frischgebackenen DKP- und SEW-Mitglieder, soweit sie nicht die Mehrheit hatten, wegen ihrer Werbung für das linke Wahlbündnis ADF aus den bestehenden APO-Gruppen hinausgedrängt. In der BASISGRUPPE SPANDAU z. B. wurde ihnen vorgeworfen, den »revisionistischen« Standpunkt zu vertreten, »daß es aus taktischen Gründen notwendig sei, ... am Parlamentarismus festzuhalten« – während die »undogmatische« Mehrheit ihre Aufgabe darin sah, durch den Aufbau revolutionärer Betriebsorganisationen »die Arbeiterschaft in ihrem Betrieb auf die Machtübernahme systematisch vorzubereiten«.[7]

Alle, auch die »undogmatischen« Linkssozialisten, Rätekommunisten, Libertären oder Anarchisten, hatten eben ihren Kanon von ideologischen Kronzeugen und theoretischen Lektüren, aus denen sich eine eigene »Linie« oder »Position« konstruieren ließ. Und jede neue Richtung definierte sich primär über Abgrenzungen zu den anderen Gruppen, Linien und Positionen. Das im April 1969 gegründete SOZIALISTISCHE BÜRO zum Beispiel formulierte als seinen Ausgangskonsens: die Überwindung »unbrauchbarer traditionell-bürokratischer Organisationsvorstellungen« einerseits und die Vermeidung »ebenso unbrauchbarer ›reiner‹ und teils blinder Spontaneität« andererseits. Auch sollte die Kluft »zwischen isolierten Tageskämpfen einerseits, weit gespannten sozialistischen Zukunftsvorstellungen andererseits« geschlossen werden.[8] So arbeiteten alle auf ihre Weise an der Quadratur des Kreises.

Der revolutionäre Lokalzirkel, dem ich irgendwann im Winter 1969/70 beitrat, nannte sich betont unprätentiös KOMMUNISTISCHE GRUPPE und hatte bereits eine erste Spaltung in »Rote Linie« und »Schwarze Linie« hinter sich. Der Großteil der »Roten Linie« war zur KPD/ML abgewandert. Der Ausgangskonsens bestand auch hier zunächst in einer Serie von Abgrenzungen nach allen Seiten. Abgelehnt wurden: der offene Reformismus der JUSOS; der verkappte Reformismus des SOZIALISTISCHEN BÜROS; die selbstgenügsamen Exerzitien der kritisch-theoretischen Seminaristen; der »blinde Aktionismus« und »Spontaneismus« der Frankfurter Betriebs- und Stadtteil-Basisgruppen; der praktische Opportunismus und theoretische »Revisionismus« der DKP (wie überhaupt der »reale Sozialismus« sowjetischer Prägung); die leere Zitaten-

und Phrasendrescherei und das lächerliche Parteigehabe der KPD/ ML; der unausgewiesene Avantgardismus und Führungsanspruch der parallel entstehenden Berliner KPD/AO – und so weiter. Das ergab dann schon eine erste Standortbestimmung, die sofort auch wieder Affinitäten zu ein paar anderen Gruppen in der Bundesrepublik begründete, etwa zur Berliner PL/PI oder zur Heidelberger SDS-Mehrheitsgruppe, die die Zeitschrift NEUES ROTES FORUM herausgab.

Bald wurde unser kurz KG FRANKFURT/OFFENBACH genannter Zirkel von weiteren Fraktionierungen und Abspaltungen getroffen. Einigen war die ganze Sache zu theoretisch und zu langwierig; sie wandten sich den maoistischen Miniparteien KPD/ AO oder KPD/ML zu. Andere begannen, sich an der »spontaneistischen« Bewegung zu orientieren, dem neubegründeten REVOLUTIONÄRER KAMPF (RK). Wieder andere schlossen sich dem SOZIALISTISCHEN BÜRO (SB) an. Aber der Kern der KG überstand alle diese Abspaltungen und Desertionen und fraktionierte selbst immer fleißig weiter – nicht ohne Erfolg, jedenfalls in lokalen Größenordnungen gemessen. Und auf die kam es erst einmal an.

Diese politische »Urwahl« hatte unter all den Prämissen, die wir uns im Laufe der Studentenbewegung zu eigen gemacht hatten, für mich eine hohe innere Schlüssigkeit. Jedenfalls erschien sie mir keineswegs als voluntaristischer *Bruch*, sondern ganz im Gegenteil als logische *Fortsetzung* und organische *Erweiterung* dessen, wovon seit ein, zwei Jahren bereits ständig die Rede gewesen war. Im übrigen blieb man Mitglied der universitären oder außeruniversitären Gruppe, in der man bis dahin mitgearbeitet hatte. In meinem Falle war das die HISTORIKER BASISGRUPPE, die zwanzig bis dreißig Studentinnen und Studenten des Historischen Seminars umfaßte. Tagsüber leistete man hier also die »Massenarbeit«, abends traf man sich konspirativ im revolutionären Zirkel, um über die Perspektiven einer »allseitigen« Tätigkeit jenseits der Universität zu diskutieren, Texte der Klassiker zu schulen, aktuelle Analysen über die »Politik des Kapitals« oder »Imperialismus heute« zu studieren und Positionspapiere zu diskutieren. Ohne daß die Mitstreiter in der Basisgruppe es schon erfuhren, rückte man ihnen gegenüber in die Position eines »Kaders«, der die Aufgabe hatte, sie »anzuleiten«

und zu »fraktionieren« – ein lustvolles Gefühl insgeheimer Über-legenheit, das man arglos auskostete.

Die HISTORIKER BASISGRUPPE war ihrerseits das Produkt einer lebhaften inneruniversitären Organisationsbewegung, in deren Rahmen an praktisch allen Universitäten und Fachbereichen ROTE ZELLEN aufschossen, die sich nach den »aktiven Streiks« des Win-tersemesters 68/69 verstärkt auf Schulung und Organisation ver-legten und versuchten, ihre fachspezifischen Themen im Rahmen einer Perspektive »revolutionärer Berufspraxis« oder einer Tätig-keit als »rote Experten« für die allgemeine politische Bewegung und Mobilisierung nutzbar zu machen. An vielen Universitäten und Fachschaften errangen 1969/70 die ROTEN ZELLEN mit Stim-manteilen von 30–40 % klare Mehrheiten. Im Verhältnis zum alten SDS war das eine deutliche Hinwendung zum Marxismus-Leninis-mus in seinen gegensätzlichen Variationen.

Auch unsere HISTORIKER BASISGRUPPE schulte sich in den Schriften der Klassiker und agitierte zu Vietnam oder anderen The-men der Politik, während wir uns gleichzeitig in einer verschärften »Kritik der bürgerlichen Wissenschaften« übten. In den Vorlesun-gen forderten wir »Diskussion«, in den Seminaren »Mitbestim-mung« (über Referatthemen und Arbeitspläne), was aus der Sicht der gequälten Ordinarien und Assistenten einer Diktatur marxisti-scher Geschichtsschemata gleichgekommen wäre. Dabei waren wir (meine ich) nicht besonders aggressiv, allerdings ziemlich insi-stent. Das genügte, um eine Serie entnervter Vorlesungs- und Semi-narabbrüche auszulösen – meist zu unserer Überraschung, aber auch insgeheimen Erleichterung. Es wäre wahrhaftig nicht schwer gewesen, uns vorzuführen, also zu zwingen, die Tragfähigkeit unserer Thesen und Kritiken selbst zu erproben, so daß alle etwas hätten lernen können. Wir versammelten auch nicht gerade die Unbegabtesten und büffelten für unsere »Seminarkritiken« fast wie für eine Prüfung, um die es sich ja auch handelte.

Kaum einer der Professoren war souverän genug, uns dieser Prü-fung *live* zu unterziehen. Nur wenige schafften es wie Jürgen Habermas in seinen Seminaren, den Pressionen der Studenten gerade so weit nachzugeben, daß ein Diskussionsraum erhalten blieb, in dem sich die Positionen messen konnten – selten zum Vorteil der Agitatoren, wenn es sich nicht gerade um »den Krahl« handelte, der sich mit Habermas noch im Winter 69/70 eine Serie spektakulärer Seminarduelle lieferte. Dann verlor auch Habermas die Lust an diesem aufreibenden Spiel und ging aus Frankfurt an den Starnberger See, um in Ruhe forschen und schreiben zu können. Leszek Kolakowski, dem der Adorno-Lehrstuhl zuerst angetragen worden war, wurde von den Studenten wegen seiner Marxismus-Kritiken aufgefordert, Frankfurt fernzubleiben, was er gerne tat. Es wurde öder auf dem Campus, aber das merkten wir nicht.

Jedenfalls kann der psychologische Terror, den die nicht abreißenden Störungen, Sprengungen und Besetzungen für viele Universitätslehrer bedeutete, nicht bagatellisiert werden. Horkheimer hatte voller Erbitterung notiert: »Die Affinität zur Geisteshaltung der nach Macht strebenden Nazis ist unverkennbar. Sollte es, wie es wahrscheinlich ist, in den westlichen Industrieländern zu einer Rechtsdiktatur kommen, dann wird man nicht wenige der heutigen linken Radikalen in den Reihen der neuen Machthaber finden können.«[9] Solche Assoziationen waren weit verbreitet, gerade unter den zurückgekehrten Emigranten, die die Atmosphäre der späten zwanziger und frühen dreißiger Jahre erlebt hatten. Manche oder fast alle von ihnen wurden in der studentischen Agitation jetzt als »Rechte« gebrandmarkt, wobei es genügte, der SPD oder FDP nahezustehen, um in diesen Verruf zu geraten, von der CDU oder Positionen eines genuinen Konservativismus noch ganz abgesehen. Was sich schließlich im »Bund Freiheit der Wissenschaft« sammelte, war ein trotziges, schwer gezaustes Fähnlein der Ungebeugten.

Dagegen entwickelten sich in den neuen Fachbereichen und Instituten oder an den zahlreichen Gründungsuniversitäten, die im Zuge des rasanten Ausbaus des Bildungswesens aus dem Boden gestampft wurden, aber auch in den klassischen Fakultäten der alten Universitäten ganz eigene Sektoren einer »kritischen Wissenschaft«. Beim Blick in ein beliebiges Vorlesungsverzeichnis der frühen siebziger Jahre springen einem die Signalbegriffe und -themen nur so entgegen: angefangen mit den obligatorischen Grundkursen zur

»Kritik der politischen Ökonomie«, die es in vielen Fächern zur Einführung gab, über die »Kritik des bürgerlichen Rechts unter besonderer Berücksichtigung der politökonomischen Grundlagen«, gefolgt von einer »Kritik und Theorie der Bewußtseinsindustrie« oder einer »Kritik der bürgerlichen Sozialisationstheorien«. Wissenschaft hieß Kritik (nicht im philosophischen, sondern im politischen Sinne) und hatte mehr oder weniger unvermittelt auf eine »revolutionäre Berufspraxis« vorzubereiten. Pädagogen wurden also über »Politische Sozialisation und soziales Lernen« instruiert, Politologen über die »Aktualität der Faschismustheorien am Beispiel der BRD«, Ökonomen über »Das kapitalistische Weltwährungssystem und die Währungskrise«, Mediziner über die »Politische Ökonomie des Gesundheitswesens«. Und so weiter.

Die Universitäten hörten weitgehend auf, als Gesamtinstitutionen zu funktionieren. Die alte Ordinarienherrlichkeit wurde durch ein Gruppen- und Klientelwesen abgelöst, in dem Gesinnungskumpanei zu einem wichtigen Movens rascher Karrieren wurde. Was früher ein Privileg der politischen Rechten und der Korporationen gewesen war, fand jetzt seine Ergänzung und Überbietung auf der Linken mit ihren eigenen korporativen Organisationsformen und »schlagenden Verbindungen«. Es muß ein beispielloses Stellen-Bonanza gewesen sein. Jedenfalls rieben wir, die tapferen politischen Basis-Aktivisten, uns immer wieder die Augen, wie flott und diskret das lief, wenn prominente Wortführer der Roten Zelle Pädagogik (ROTZPÄD) oder Roten Zelle Germanistik (ROTZEG) plötzlich verzogen waren und mittels Sammel-Promotionen oder -Habilitationen (ohne viel mehr als ein paar Aufsätze oder Papers »Zur Kritik von ...« verfaßt zu haben) als wohldotierte Mitglieder der Planungsstäbe und des Lehrkörpers nördlicher Gründungsuniversitäten wieder auftauchten.

Im Schnittpunkt dieses »kritischen« Lehr- und Wissenschaftsbetriebes bildeten sich ganz neue akademische Disziplinen, darunter eine professionelle Marxologie, die sich mit ungeahnten Intensitäten in die Begriffslogik und Methodik der beiden Gründerväter des »wissenschaftlichen Sozialismus« verstrickte, so als wäre hier zu finden, »was die Welt im Innersten zusammenhält«. Angelsächsische Seminarmarxisten, die auch nicht gerade schlecht belesen waren, sprachen halb spöttisch, halb bewundernd von »*the German Ableitungsdebatte*«.

Alles in allem bewegten wir uns viel mehr, als uns bewußt wurde, im Strom einer stürmischen sozialen Aufwärtsmobilisation, dessen Haupttransportmittel das erweiterte Bildungswesen bildete. Auch unter den jüngeren Arbeitern, Angestellten und Lehrlingen, die sich in dieser Gründungsphase unserer KOMMUNISTISCHEN GRUPPE annäherten oder anschlossen, hatte die Mehrzahl den Drang, früher oder später über das Abendgymnasium oder das Hessen-Kolleg (alles Hochburgen der Linken) noch ihr Abitur nachzumachen und vielleicht zu studieren. Das heißt, Gruppen wie unsere funktionierten selbst als eine Art »zweiter Bildungsweg«. Diese Aufgabe haben sie manchmal nicht schlecht erfüllt. So korrespondierte dem Typus des bürgerlichen Aussteigers gar nicht selten der Gegentypus des proletarischen Einsteigers.

Jenseits all dieser Bewegungen links (wie rechts) außen gelang es dem neuen Bundeskanzler Willy Brandt, durch sein Versprechen, »mehr Demokratie zu wagen«, den Sozialstaat weiter auszubauen und eine Öffnung nach Osten einzuleiten, einen Gutteil der gesellschaftlichen Veränderungsenergien über die Sozialdemokratie zu integrieren und zu kanalisieren. Auch die weitgehende Amnestie für »APO-Delikte«, die 1970 erlassen wurde, verhinderte, daß der Jugendradikalismus des »roten Jahrzehnts« noch weitere Kreise zog, als er es dann tat.

Von den rund 300.000 neuen Mitgliedern, die der SPD in den Jahren von 1969 bis 1972 zuströmten, waren etwa ein Drittel in der Altersgruppe von 18–25 Jahren und zwei Drittel im Juso-Alter bis 35 Jahren. Dieser in der deutschen Parteiengeschichte ziemlich einmalige Zustrom junger und jugendlicher Mitglieder bedeutete eine Kulturrevolution eigener Art – späte Rache für den Ausschluß von SDS und Anti-Atomtod-Bewegung aus der Partei zehn Jahre zuvor, der am Anfang der Formierung einer Außerparlamentarischen Opposition gestanden hatte. Im Dezember 1969 wurde der alte, vorstandsloyale Vorsitzende Corterier gestürzt, der daraufhin die neue Mehrheit einen »Brückenkopf der APO in der SPD« nannte.

Das war nicht ganz falsch. Für viele der frischgetauften JUSOS war die Partei das primäre Feld und Objekt einer »Doppelstrategie«, die darauf abzielte, eine breite »Mobilisierung, Politisierung und Organisierung« der werktätigen Massen mit der Eroberung von Positionen für die neue innerparteiliche Linke zu verbinden. Ähnliches galt für das kleinere, aber ebenfalls hoch ideologisierte und aktivierte Segment der JUDOS (alias »Jungdemokraten«), die versuchten, die FDP von innen aufzumischen. Die überall aus dem Boden schießenden JUSO-Arbeitskreise und JUDO-Gruppen blieben stark von den Theorien und Debatten der außerparlamentarischen Linkszirkel und Parteien mitgeprägt – und repetierten daher auch viele ihrer Fraktionierungen und Verfeindungen.

Nicht wenige der Neumitglieder sahen sich anfangs als »Entristen«, sei es im Geiste von Rudi Dutschkes »langem Marsch« oder per geheimer Doppelmitgliedschaft, zum Beispiel in einer trotzkistischen Organisation. Teile der FALKEN und des SOZIALDEMOKRATISCHEN HOCHSCHULBUNDES (SHB), aber auch der GEWERKSCHAFTSJUGEND waren dagegen mehr als nur loyale Bündnispartner, eher schon informelle Parteigänger der entstehenden DKP und ihrer Bündnisorganisationen. Hinzu kamen diejenigen, die aus Überzeugung oder Abenteuerlust regelmäßig in Ostberlin Bericht erstatteten, was sich keineswegs auf eine »Stasi-Mitarbeit« reduzierte. Und wer in dieser Weise direkt für die »Genossen drüben« arbeitete, *durfte* gar nicht DKP-Mitglied werden, sondern ging in die SPD. Noch aus den fünfziger und sechziger Jahren heraus gab es eine ganze Grauzone vertraulicher Kontakte nach »drüben«, die bis tief in den Funktionärsbestand der SPD hineinreichte – ohne daß die Leninsche Frage »Wer wen?« damit schon beantwortet war.[*]

Innerhalb der JUSOS bildete sich eine zeitweise und ortsweise dominierende »STAMOKAP«-Fraktion, die den DKP-Theorien nahestand und forderte, daß der »staatsmonopolistische Kapitalis-

---

[*] So erstaunlich und auf den ersten Blick dramatisch sich die Rekonstruktion der östlichen Unterwanderungs- und Subversionsstrategien liest, etwa in Hubertus Knabes Buch über »Die unterwanderte Republik« (1998) – der Ausgang 1989 hat gezeigt, wie haltlos und hilflos diese Aktivitäten letztlich waren gegenüber dem ungleich subversiveren Appeal westlicher und demokratischer Lebensformen.

mus« durch Verstaatlichungen, Planvorgaben und universelle Mit-
bestimmungsrechte überwunden und ein breites »antimonopolisti-
sches Bündnis« der Linken hergestellt werden müsse. Ihre Gegen-
spieler von den »Anti-Revisionisten« schöpften dagegen stärker
aus den Traditionen der antiautoritären Bewegung und Neuen Linken oder waren einem selbstgestrickten, doktrinären Rätesozialis-
mus verpflichtet, wie er auch in linksintellektuellen Milieus am
Rande der IG Metall (etwa im Hannoveraner Kreis um Peter von
Oertzen) gepflegt wurde. Und auch die dritte Fraktion der
»Reformsozialisten« stand einer »Strategie systemüberwindender
Reformen« nicht ablehnend gegenüber, wollte sie aber entlang konkreter Gegenwartsprobleme statt abstrakter Gegenentwürfe entwickeln. Die JUSO-Kongresse 1971 und 1974 drehten sich – dem
Geist der Zeit entsprechend – über weite Strecken um reichlich
scholastische Fragen wie die der richtigen sozialen Zusammensetzung des revolutionären Subjekts oder der Einschätzung der Rolle
des Staates als »ideeller« oder »reeller Gesamtkapitalist«[10]. In diesen Debatten und Fraktionskämpfen um den JUSO-Vorsitz hat sich
ein Gutteil der heutigen Bundesregierung, von Schröder über
Scharping bis Wieczorek-Zeul, seine ersten Sporen verdient.

Was vielen dieser Doppelloyalitäten, Verbalradikalismen und revolutionären Gedankenspielen am Ende die Spitze nahm, war ihre
Einbindung in einen demokratischen und zivilen Kontext. Alle die
kurzlebigen Triumphe nächtlicher Abstimmungen für diese oder
jene Resolution oder für ein von der eigenen Fraktion dominiertes
linkes Vorstandsticket waren schlußendlich Pyrrhussiege. Denn
auf die Dauer konnte nur weiterkommen, wer sich auf die praktischen Alltagsfragen der Politik einließ, fachlich qualifizierte, einen
Beruf suchte – und wäre es der des Politikers.

Das war allerdings ein langwieriger Prozeß voller Entfremdungen und Verfeindungen, in dem der alte Funktionärsapparat und
die neue, jugendliche Mitgliedschaft sich allmählich gegenseitig
assimiliert haben – vorwiegend erst in der Ära Kohl. In der Ära
Schmidt schien die Kluft zeitweise fast unüberbrückbar, wobei der
sog. »Radikalenerlaß« von 1972 (der nach 1974 auch in die Partei
übernommen wurde) eine Hauptrolle gespielt hat. Die populistische Bedenkenlosigkeit vieler Anti-Terror-Maßnahmen, der blind
forcierte Ausbau der Atomindustrie und andere Ausprägungen

einer technokratischen Entwicklungs- und Betonierungspolitik fanden den aktiven Kern der Parteijugend auf der anderen Seite der Barrikade. Wenn das für einige der Opponenten von damals einen positiven Fundus sozialer Erfahrungen bedeutet hat, die in einer professionellen Politikerkarriere nicht selbstverständlich sind, dann gehörte zur negativen Erbschaft dieser Zeit ein theoretisierendes Politikastertum und eine langwirkende Dominanz ideologischer Weltbilder – etwa im moralischen Relativismus gegenüber den Verbrechen (angeblich) »progressiver« Regimes und in der Blindheit gegenüber den epochalen Umbrüchen, die sich in den Einparteienstaaten des östlichen Europa anbahnten, auch der DDR. So gehörten gerade linke Sozialdemokraten aus der Juso-Schule der siebziger Jahre zu den hartnäckigsten Dogmatikern einer illusionären »Konvergenz« der Systeme.

Der ganze, hier kurz umrissene Vorgang ist in seiner Tragweite nicht zu unterschätzen: Es ging nach 1969 auch um eine späte Revanche für die Wende von Godesberg (von der Klassen- zur Volkspartei) und – parallel zu den außerparlamentarischen Oppositionen und zum linken Zeitgeist des »roten Jahrzehnts« – um den halb spielerischen, halb ernstgemeinten Versuch einer Übernahme und »Umgründung« der alten Volkspartei SPD.[11] Er konnte nur so viel oder nur so wenig gelingen wie die »Umgründung« der Republik im ganzen.

WEST-ÖSTLICHES GELÄNDE
Begegnungen mit dem »realen Sozialismus«

In the East, everything matters and nothing goes.
In the West, nothing matters and everything goes.

Philip Roth

Auf der Parteitagstribüne hinter dem Redner flimmerten kleine weiße Spiralnebel, zuerst nur einige wenige, dann, von Parteitag zu Parteitag, immer mehr. Sie flimmerten dort, wo eigentlich die Köpfe saßen, die aber inzwischen wohl hoppla! gefallen waren. Die Gestalten in ihren dunklen Anzügen saßen noch auf ihren erhöhten Plätzen, aber ihre Gesichter waren Bild für Bild mit einer Nadel aus dem Filmstreifen herausgekratzt – die stärkste Darstellung von *Unpersonen*, die sich denken läßt. Sie waren nicht nur physisch, sondern selbst in der Erinnerung »liquidiert«. Um so prägnanter trat die Figur im hellen Anzug am Rednerpult hervor, die immer dieselbe blieb. Sein harmloses Apothekergesicht gewann erst jetzt, vor den sich drehenden Nebelwölkchen, jenen Ausdruck unerbittlicher Entschlossenheit, die ihm nachgesagt wurde.

Daneben gab es im malerischen Freiluftkino am Meer verblaßte Historienschinken über den Nationalhelden Skanderbeg und ein paar Filme über den Partisanenkampf und die Durchsetzung der Revolution zu sehen – die zuweilen an Kriminalfilme erinnerten. Die malerisch gezeichneten Agenten, Banditen und Faschisten mitsamt den sie unterstützenden Kompradoren, Popen und Bourgeois waren am Ende regelmäßig tot oder verhaftet. Nach dem Film ging es hinunter in die kleine Bar, wo der trübe lächelnde Dolmetscher schon beim Cognac Marke »Skanderbeg« saß und auf alles, was man fragte oder sagte, sybillinische Antworten gab.

Über das Ghetto der fünf Devisen-Hotels, in denen damals nur Freundschaftsreisende und Delegationen aus aller Welt logierten, konnte man sich kaum hinausbewegen. Das Areal war durch eine unsichtbare Schranke vom allgemeinen Strand und von den umlie-

genden Parteisanatorien, Gewerkschaftsheimen und Jugendferien-
lagern abgetrennt, wo braungebrannte Mädchen und Jungen den
ganzen Tag Volleyball spielten. Zwar gab es keine ausdrücklichen
Verbote, diese unsichtbare Linie zu überschreiten, aber Männer in
undefinierbaren Uniformen oder in Zivil wuchsen aus dem Boden
oder hefteten sich an die Fersen, sagten etwas Unverständliches,
deuteten zurück auf die Hotels. Ein Apartheidsystem.

Auf den benachbarten Stränden, hinter der unsichtbaren Schranke, lagen sozialistische Proletarier in der Sonne, fast nur Männer
(wenn ich mich richtig erinnere), jeder mit einem winzigen Tran-
sistorradio am Ohr. Daraus wisperten italienische Stimmen und
immer wieder, wie ein Leitmotiv, der große Sommerhit des Jahres
1972, Tom Jones' »Delilah«. Hier und da rief uns einer etwas zu,
meistens »Bäckenbauärr! Müllärr!« – es war Weltmeisterschaft! Sie
alle, das konnte man sich kaum verhehlen, waren in ihren Phantasien drüben auf der anderen Seite dieses Meeres und träumten vielleicht schon von den apokalyptischen Seelenverkäufern, mit denen
sie (oder ihre Kinder) zwanzig Jahre später versuchen würden, um
den Preis ihres Lebens hier heraus- und dort hinüberzukommen,
wo ein mythisches »L' America« lag.

Allerdings gab es auch ein paar flotte Jungs, die sich auf unseren
Strand vorwagten, uns englisch ansprachen, aus der Hauptstadt
kamen, und zwar mit Autos, wie sie behaupteten, über die Welt
draußen (Mode, Fußball, Technik) viel wissen wollten, aber auch
ganz gut Bescheid wußten, ernstere Diskussionen nicht aufkommen ließen, mit unseren Genossinnen flirteten und den Strand-
wächtern und Zivilstreifen, die regelmäßig vorbeikamen, lässige
Antworten gaben. Wie sich herausstellte – Kinder von hohen Funktionären des Landes. Eine sozialistische *jeunesse dorée*.

Die Errungenschaften des Sozialismus bekamen wir nur mittels
organisierter Bustouren zu sehen – soweit man uns als Freundschaftsreisende dritter oder vierter Klasse mitnahm. Erster Klasse
reisten die Genossen von der KPD/ML (Roter Morgen), der anerkannten Bruderpartei. Sie würdigten uns keines Blickes, wenn sie
morgens ihre Sonderbusse oder Parteilimousinen bestiegen oder
spätabends zurückkamen. Sie waren offenbar ganz mit Besuchen,
Banketten, Ansprachen und Besichtigungen in Anspruch genommen und am Strand kaum einmal zu sehen. Die Reisenden zweiter

Klasse waren die Genossen der abgespaltenen KPD/ML (Rote Fahne), die uns widerwillig in ihren Bussen mitnahmen und knurrend die hinteren Plätze anwiesen. Wir hatten über eine »Deutschalbanische Freundschaftsgesellschaft« gebucht, ohne ihr allerdings anzugehören. Also waren wir vierte Kategorie: bloße Revolutionstouristen, Sympathisanten.

Wir fuhren durch das mit den berühmten Ein-Mann-Betonbunkern wie mit Pickeln übersäte Land, durch ärmliche, staubige Orte und Stadtquartiere mit Wohnblocks, die nichts Städtisches, aber auch nichts Ländliches hatten. Auch die Hauptstadt Tirana wirkte mit Ausnahme der Regierungsbauten leer und wenig urban. Wir besichtigten marode, etwas verschlampt wirkende Traktoren- und Textilfabriken, in denen nur ein paar chinesische Maschinen aus unserer zweiten Jahrhunderthälfte zu stammen schienen. Wir sahen endlose Monokulturen in der Ebene, wo früher angeblich nur Sümpfe waren, und terrassierte Obsthänge, wo früher nur blanker Fels gewesen sein sollte.

Einmal besuchten wir die Staatsjugend bei ihren »freiwilligen Arbeitseinsätzen« an einer neuen Eisenbahnstrecke hoch in die Berge. Auch hier wurde alles vermieden, was persönliche Kontakte oder Gespräche erlaubt hätte. Sogar an ihrer Aufbauarbeit durften wir uns nur mimetisch beteiligen. Meiner verblaßten Erinnerung nach gab es ein paar Ansprachen, die üblichen enthusiastischen Sprechchöre (»Hoch mit! Nieder mit! Es lebe!«) – die ersten Worte in Albanisch, die man lernte. Vielleicht gab es auch ein paar gemeinsame Revolutionslieder hüben und drüben (»Durchs Gebirge, durch die Steppe zog, unsre rote Division«) und eventuell ein Bankett mit den Funktionären, das kaum üppiger gewesen sein wird als das tägliche Hotelessen: Berge von öltriefendem Gemüse und fettem Fleisch. Die Apartheid blieb überall sorgfältig gewahrt, auch hier.

Vor jedem der zahlreichen Partisanenkriegs-Denkmäler ließen die Häuptlinge von der ROTEN-FAHNE-Fraktion den Bus halten und formierten einen Gänsemarsch, um mit geballter Faust zu schwören, daß nie wieder von deutschem Boden das albanische Volk mit Krieg überzogen werden solle. Die Bonner Imperialisten und ihre sozialfaschistischen Handlanger, die mit der sogenannten »Neuen Ostpolitik« auf Revanche sannen, würden diesmal von der deutschen Arbeiterklasse unter Führung ihrer Kommunistischen Partei/Marxisten-Leninisten eine vernichtende Abfuhr erhalten. Das gelobten sie! Wir wanden uns in Krämpfen peinlicher Berührtheit, während wir hinterhertrotteten, um die Gastgeber nicht zu brüskieren.

Die Menschen in den Orten, durch die wir fuhren, waren in undefinierbares Blaugrau gekleidet und sahen braungebrannt und soweit ganz gesund aus. In der Abenddämmerung liefen sie in endlosem Corso, oft Arm in Arm und nach Geschlechtern getrennt, die Straßen und Plätze auf und nieder. Kaum etwas, das man als »Schaufenster« hatte bezeichnen können, war zu entdecken. Dafür erklangen aus den überall aufgehängten Lautsprechern morgens und abends hymnische Musiken und große Gesänge mit ergreifendem balkanischem Schmelz und Feuer. Am schönsten war die unermüdlich wiederholte Nationalhymne, die etwas Narkotisches hatte.

Habe ich das wirklich erlebt? Und wie habe ich das damals gesehen und empfunden? Ich meine, annähernd schon so, wie ich es jetzt beschreibe. Jedenfalls ging mir jede echte Begeisterung ab. Um so seltsamer ist, wie wenig uns das *ausmachte* – so als hätten wir auch nichts anderes erwartet. Als Ersatz diente ein abstrakter Respekt, den wir uns vorweg schon beigebracht hatten. Schließlich war das Land, wie es stereotyp hieß, von jeher das »Armenhaus Europas« gewesen und durch die faschistische Okkupation nochmals schwer verwüstet worden. Und dann war die kleine Volksrepublik seit ihrer Gründung gleich einer doppelten Blockade und Infiltration ausgesetzt gewesen – nicht nur durch die westlichen Imperialisten, sondern auch noch durch die sowjetischen Revisionisten und die titoistischen Oberrevisionisten! Nur das revolutionäre China lieferte noch Maschinen, Güter des täglichen Bedarfs (vom Spielzeugpanzer bis zum Toilettenpapier Marke »Butterfly«) sowie die nötigen Brennstoffe, damit das letzte »Leuchtfeuer des Sozialismus in Europa« nicht erlosch.

Das alles schien uns Erklärung genug – sogar für das krankhafte und ziemlich kränkende Mißtrauen uns selbst gegenüber. Im übrigen konnte man sich dieses Bild uniformer Armut auch in die weicheren Pastellfarben mediterraner Einfachheit übertragen. Diese Menschen, sagte man sich, hatten zumindest Arbeit, etwas zu essen, ein Dach über dem Kopf und offenbar eine herzliche Kommunikation wie auf jedem südlichen Dorfplatz. Na gut, ein paar Cafés, Eisdielen, Restaurants hätte es schon geben können. Aber dafür verfügten sie (wie man uns erzählte) über vielfältige »soziale Rechte« und lebten in wehrhaftem Frieden. Für ihre Kinder und deren Ausbildung wurde gesorgt. Wenn man es also recht bedachte: Was für ein Fortschritt! Und wie westlich und bürgerlich arrogant, das nicht anzuerkennen! Diesen Sozialismus konnte man natürlich in der Bundesrepublik nicht direkt als Modell propagieren, aber man mußte ihn auf jeden Fall *verteidigen*, schon weil er sich gegenüber einer Welt von Feinden behauptete und einen Riß in der von uns bekämpften Weltordnung bedeutete.

Im übrigen waren wir 1972 schon etwas anders gestimmt als in den Hochzeiten der Studentenbewegung. Sicherlich gab es noch Nachklänge jenes universellen Enthusiasmus für die »kämpfenden Völker«, der zur Halluzination des historischen Augenblicks von 1968 gehört hatte. Aber die Hinwendung zum Marxismus-Leninismus und zu einer revolutionären Praxis bedeutete auch, sich vor »kleinbürgerlich-intellektueller Schwärmerei« zu hüten. Die Welt wurde immer komplizierter. Man mußte höllisch aufpassen, um nicht die Orientierung zu verlieren. Ausgerechnet der Chefimperialist Nixon war soeben auf Staatsbesuch in Peking gewesen, während die Konflikte Chinas mit der Sowjetunion sich noch immer am Rande eines Atomkriegs bewegten. Der Anführer der Kulturrevolution und Kompilator des »Roten Buches«, Lin Piao, war im Jahr zuvor als faschistischer Putschist (!) entlarvt und auf der Flucht über der Mongolei abgeschossen worden. Auch Nordvietnam schien seinen Frieden mit den USA machen zu wollen. In Angola war dagegen schon ein mörderischer Bruderkrieg zwischen den drei rivalisierenden Befreiungsbewegungen entbrannt, noch bevor sie gesiegt hatten. Und so weiter.

Das alles hätte uns eigentlich nachdenklicher, vorsichtiger, skeptischer machen müssen. Aber gerade das sollte es eben nicht. Also wurde jede dieser Enttäuschungen oder Irritationen mit einem noch massiveren Aufgebot an »theoretischen« Rationalisierungen beantwortet. Darin zeigte sich, stärker noch als im schwärmerischen

Enthusiasmus der früheren Jahre, daß diese fernen Parteinahmen weniger Ausdruck eines revolutionären Altruismus oder einer hochherzigen internationalen Solidarität waren als vielmehr ein Kernstück unseres ureigenen politischen Narzißmus und einer entschiedenen Egozentrik. Ob Albanien oder China, DDR oder Sowjetunion, Vietnam oder Kuba – wir verteidigten damit immer auch einen Teil *unserer*»Identität« und Größenvorstellungen. Und was immer dort geschah, es mußte in das Prokrustesbett unserer Freund- und Feind-Bilder hineingepreßt werden. Weniger denn je galt unser Interesse dem, was tatsächlich vorlag. Im Gegenteil, wir imprägnierten uns mit immer höheren ideologischen Lichtschutzfaktoren gegen alle unmenschlichen Realitäten – der Bürgerkriege, die wir als »Befreiungskriege« beklatschten, oder der Praktiken der Kommunisten an der Macht, die wir oft noch viel zu bürgerlich und »bürokratisch« fanden, was nur Codewörter waren für: nicht scharf und rücksichtslos genug. Insofern lief die »internationale Solidarität«, in der wir uns so großartig gefielen, noch stärker als früher auf ein angestrengtes und oft brutales *Desinteressement* hinaus. Es war eine negationistische Logik, die später in den Zeiten des Terrors der siegreichen Vietcong und Roten Khmer ihren Höhepunkt, aber auch ihren Umschlagspunkt erreichen würde.

Aber so war es von Anfang an und von Grund auf. Den Sozialismus, den Marxismus, den Antiimperialismus und das Proletariat – das alles hatten wir nur auf der Grundlage unserer *eigenen* gesellschaftlichen und generationellen Konflikte und Oppositionen entdeckt. Natürlich konnten sich an diesem Gegenpol dann auch emotionale Affinitäten und Wärmeströme bilden, in die sich persönliche Motivationen und Reminiszenzen mit hineinmischten.

Wollte ich das am eigenen Fall näher explorieren, müßte ich sehr weit zurückgehen – zu den Spielen der Trümmerzeit mit Klöse und Siwitt, den Bergmannskindern aus dem Ziegelkotten hinter der Mauer unserer Villa, mit denen uns der Umgang streng verboten war. Sie führten uns Bürgerkinder (die »Parkbande«) in die endlosen, manchmal blutigen Zwillenschlachten mit der (sozialdemokratischen?) »Gewerkschaftsbande«. Ihr Kommunistenvater lief nach Schicht im Unterhemd herum, hatte Pomade im Haar und züchtete Kaninchen. Beide Jungen gingen mit 14 »auf Zeche«, wie es Tradition war. Später sind sie nach »drüben« gegangen und SED-Kader geworden. Auch das – deutsche Karrieren.

Dann die Ostermärsche im Ruhrgebiet, als ich von einem deutschen Gaullisten unvermittelt zum linken Neutralisten wurde. Das Schlüsselerlebnis war der Morgen im Oktober 1962, als die sowjetischen Frachter auf den Blockadegürtel der US-Flotte vor Kuba treffen sollten. Die Schule ging weiter wie sonst. In gedämpftem Ton wurde über die zugespitzte weltpolitische Lage gesprochen. Und aus dem grauen Himmel über der Ruhr sah ich in zeitlupenhafter Überdeutlichkeit Raketen, die eher Zeppelinen glichen, sich auf uns herabsenken, um alles binnen Sekunden in einem Feuerball verglühen zu lassen. Dann – die Entwarnung, das Leben ging weiter, äußerlich wie vorher, aber es blieb ein Gefühl des Unheimlichen und einer tiefen *Derealisierung*. Man traute dem Frieden dieser Gesellschaft nicht mehr.

Also liefen wir, junges Gemüse im Parka, die Ostermarsch-Rune auf der Brust, zwischen älteren Pazifisten, Protestanten und (wie flüsternd erzählt wurde) *Kommunisten*, und wurden mit ihnen zusammen von allen Brücken herunter geblitzt und gefilmt (aha, der *Verfassungsschutz!*), während vorn in der ersten Reihe die Prominenz marschierte, einmal auch Joan Baez, die mit ihrer kristallklaren Stimme »We shall overcome« anstimmte. Da waren wir alle Teil einer großen internationalen Bürgerrechtsbewegung gegen Kriegsrüstungen und Rassenunterdrückung, und die Kommunisten waren die Verfolgtesten und die Standhaftesten unter uns.

Mein Vater hatte oft ergrimmt die Betriebszeitungen der illegalen KP-Zelle aus der Zeche mitgebracht, die graphisch und den Überschriften nach ein komplettes Imitat der offiziellen Betriebszeitung waren; nur die Texte waren ausgetauscht. Alles drüben gedruckt, sagte er. Schon möglich – aber jenes »Drüben« zeigte damit eine Präsenz in unserer Welt, die geheimnisvoll und irgendwie ein Stachel war.

Zwar hatte Ostberlin hinter der Mauer 1964 bei einem Tagesbesuch (und einem improvisierten Treffen mit der Ostberliner Brieffreundin eines Freundes meines Bruders – sonst kannte man niemanden »drüben«) einen ziemlich deprimierenden Eindruck gemacht. Überhaupt hatte ich mich als Gymnasiast mit dem

»Sowjetmarxismus« eifrig und scharf ablehnend auseinanderge-
setzt. Aber darin steckte auch eine gewisse Neugierde und intellektuelle Herausforderung. Zumal diese Auseinandersetzung unter
den Prämissen der Totalitarismusthese immer auch eine verstellte
Auseinandersetzung mit dem Nationalsozialismus und der Welt-
kriegsgeschichte war. Und das eigentliche Epos dieses Zeitalters
der Weltkriege, das einen bis in phantastische Tiefen hinein beschäftigte, war der »Rußlandkrieg«.

Der Onkel, der Stalingrad und zehn Jahre Gefangenenlager überlebt hatte, hatte die Grausamkeit des Kommunismus immer von der
Menschlichkeit der Russen unterschieden, die ihn (zusammen mit
einer »jüdischen Ärztin«, die seinen Bauchschuß operierte) gerettet
habe. Überhaupt wirkte, was man über die Lager, die Leiden und
die Armut in Rußland hörte, zugleich abschreckend und seltsam
anziehend. Ältere literarische Vorstellungen mischten sich mit hinein, auch wenn man es partout nicht schaffte, einen Dostojewskij-
Roman ganz durchzulesen.[*] Reiseberichte wie Wolfgang Koeppens
»Nach Rußland und anderswohin« oder Klaus Mehnerts sympathe-
tisches Kollektivportrait »Der Sowjetmensch« trugen dazu bei,
daß sich Gefühle von Bedrohung mit Impulsen einer vorsichtigen
Hinwendung überlagerten. Auch Polen wurde im Lauf der sechziger Jahre immer präsenter, mit Filmen (Wajda, Munk, Polanski), Versen (Różewicz, Herbert), absurdem Theater (Mrożek), aufsässigen
Erzählungen (Hłasko) und »unfrisierten Gedanken« (Lec). Es war
die Zeit der Ostdenkschrift der EKD und der »Aktion Sühnezeichen«. Vielleicht hat sogar der Mauerbau dieses weiter ausgreifende
Interesse entscheidend befördert.

Der einsame Entschluß, den ich im Herbst 1964 faßte, den Wehrdienst zu verweigern, hatte sicherlich mit alldem zu tun. Die
umfangreichen weltpolitischen Begründungen, die ich dazu lieferte, führten prompt zur Ablehnung durch alle Instanzen und
zwangsweisen Einziehung zur Bundeswehr im Sommer 1965. Es

(*) Kuriose Wege konnten diese jugendlichen Rußland-Halluzinationen gehen.
Inga Buhmann wollte Anfang der sechziger Jahre als Studienanfängerin auf
eigene Faust über Finnland nach Rußland reisen, um dort, in der Welt der
Straflager, ganz im Sinne Dostojewskijs »Gewißheit über den Sinn des Lebens
(zu) finden, z. B. die Antwort auf die Frage, ob es einen Gott gibt oder nicht«.
[Buhmann, Eine Geschichte, S. 40 f.]

gab Konflikte vom ersten Tag an, Weigerungen, die mit Drohungen jeweils gebrochen wurden, trotzige Einsprüche und erregte Diskussionen, bis ich nach der definitiven Weigerung, auf die »Iwans« (die Schießscheiben in den Umrissen feindlicher Soldaten) zu schießen, schließlich aus der Truppe herausgenommen und in das Sanitätsrevier abgeschoben wurde. Der führende Anwalt für solche Fälle, Diether Posser, Sozius von Gustav Heinemann und späterer Justizminister von NRW, hatte den Fall übernommen. Die letzte Gerichtsinstanz brachte schließlich die Anerkennung und Überstellung zum zivilen Ersatzdienst an der Universitäts-Nervenklinik Tübingen.

Dramatische Erfahrungen für einen Zwanzigjährigen, sicherlich. Alles sehr authentisch, sehr hochherzig. Ich bin weit davon entfernt, mich von mir selbst zu distanzieren. Aber gut erkennbar ist auch der Zug von Melodramatik und das Baden in Gefühlen eigener moralischer Superiorität.

Nach dem 2. Juni 1967 finde ich in meinen Briefen nach Hause wortwörtlich die Formulierung: »Auf uns«, die Studenten, die wir »aus nackter Selbsterhaltung um die Herstellung demokratischer Verhältnisse in Deutschland« kämpften, werde nur »repressiv geantwortet und neuerdings geschossen«. Und, moralisch sehr überlegen und versteckt polemisch: »Keine Angst, wir haben aus den Fehlern der deutschen Geschichte gelernt. Unsere Opposition ist friedlich: Wir bilden keine Freikorps, wir halten Teach-ins (offene Diskussionen) und demonstrieren ...« Nachhilfeunterricht für die beunruhigten Eltern.

Noch hatte es nur spielerisch-provokative Bedeutung, daß wir als nächtlicher Stoßtrupp zum 50. Jahrestag der Oktoberrevolution die rote Fahne auf dem Hauptgebäude der Tübinger Universität pflanzten. Oder war es sogar die Sowjetfahne? Ihr Lieferant könnte der enigmatische Genosse im schweren Ledermantel gewesen sein, der sich im SDS und bei allen Aktionen nur am Rande herumtrieb, dazugehörte und doch nicht dazugehörte, sich als Kommunist zu erkennen gab und in vagen Andeutungen erging, daß sich jenseits dieses studentischen Kinderkrams ganz andere Entscheidungen und Kämpfe vorbereiteten.

Doch das Programm der illegalen KPD, das auch im Studentenheim in Samisdat-artigen Kopien zirkulierte und neugierig gelesen wurde, beeindruckte uns wenig. Das war nicht unsere Sprache, nicht unsere in offener Gärung befindliche Welt. Hier wurde eh und je Feststehendes nur feierlich bekräftigt oder in Nuancen variiert, jeder Satz war mit tonnenschwerer Bedeutung beladen, im Grunde defensiv, fast schon unüberzeugt. Auch die beiden Funktionäre vom »Ausschuß für die Wiederzulassung der KPD«, Manfred Kapluck und Kurt Erlebach, für die wir inmitten der Hektik der eigenen Aktionen eine Veranstaltung an der Uni arrangierten, machten mit ihrer Aura proletarischer Ruhe und konspirativer Erfahrung zwar Eindruck. Aber zugleich wirkten sie fremd und antiquiert, wie Emissäre einer längst untergegangenen Welt. Kein Angriffsschwung, keine frische Polemik, jede Aussage fast diplomatisch abgezirkelt. Eine Sprache aus Holz, die nur durch Kaplucks vertrauten Ruhrslang etwas Farbe bekam.

Da waren die im Frühjahr 1968 aufbrechenden Jugendrebellionen und Reformationsbewegungen im Osten Europas schon sehr viel interessanter. Aus Warschau hörte man von Studentendemonstrationen, und die kritische Abrechnungsschrift »Monopolsozialismus« von Jacek Kuron und Karol Modzelewski, die schon im Herbst 1967 in Auszügen im KURSBUCH erschienen war, zirkulierte jetzt auch als Broschüre. Daß dieser Text mit seiner Melange aus polnischem 56er-Revisionismus und Trotzkismus eigentlich schon vier Jahre alt und etwas angestaubt war, daß die neue Warschauer Studentenbewegung schon viel weniger doktrinär in die Welt schaute, entging einem ebenso wie die Tatsache, daß die Gegenkampagne der Partei, mit der die Bewegung zerschlagen und inkriminiert wurde, einen chauvinistischen und antisemitischen Charakter angenommen hatte. Noch hielt man Antisemitismus für ein deutsches Privileg, und jedenfalls für ein sicheres Erkennungszeichen der Rechten. Niemals hätte man sich zum Beispiel vorstellen können, daß der Chefeinpeitscher dieser Kampagne, ein gewisser Kazimierz Kąkol, zugleich der Vorsitzende einer Staatskommission war, die sich mit den Folgen und Hinterlassenschaften der Naziverbrechen in Polen befaßte.[1]

So blieben uns auch die entsprechenden Untertöne verborgen,

die in der sowjetischen und Ostberliner Propaganda zunehmend gegenüber der Reformbewegung in der ČSSR angeschlagen wurden, in der ebenfalls »Kosmopoliten« und »Zionisten« als »imperialistische Agenten« eine führende Rolle spielen sollten. Dieser »Prager Frühling« hatte von einigen intellektuellen Debatten und Jugenddemonstrationen ausgehend binnen kurzem die Partei selbst und das ganze Land erfaßt. In unserer grandiosen Selbstbezüglichkeit begrüßten wir das als Ausdruck derselben Aufbruchbewegung, der wir uns selbst zurechneten.

Immerhin sollte es auch in der Tschechoslowakei ja um die »Erneuerung« des *Sozialismus* gehen und nicht um seine Abschaffung. Wie überhaupt unter der oppositionellen Jugend im Osten der Zug der Zeit ebenfalls deutlich nach links zu gehen schien. Nicht nur die »Kulturrevolution« in China war ideologisch ultralinks ausgerichtet. Auch die Anfänge einer intellektuellen Opposition und Dissidentenbewegung in der Sowjetunion der sechziger Jahre waren in ihrer Frontstellung gegen eine stalinistische Restauration überwiegend neoleninistisch orientiert. Es gab jugendliche Kampfbünde und Geheimzirkel im Stil der frühen Bolschewiki. Und auch die offen auftretenden demokratischen »Dissidenten« oder Vertreter der Nationalitäten, die die Rehabilitierung ihrer Opfer, Rückkehr aus den Deportationsgebieten und größere kulturelle Autonomie verlangten, beriefen sich überwiegend noch auf die »Leninschen Prinzipien«. Selbst Alexander Solschenizyn hatte sich anfangs als »ethischer Kommunist« deklariert, und seine berühmte Novelle »Ein Tag im Leben des Iwan Denissowitsch« war von Georg Lukács noch als literarische Widerspiegelung der Welt der Lager nach den Kriterien des sozialistischen Realismus gepriesen worden.

Entsprechendes galt für die Studentenbewegungen in Warschau oder Prag, Zagreb oder Belgrad und für die oppositionellen Zirkel, die sich hier und dort neu bildeten. Nur sehr intime Kenner der Szene hätten damals schon erkennen können, daß sowohl die Keime einer liberal-demokratischen Abwendung vom sozialistischen System wie umgekehrt auch die Ansätze eines völkischen und religiösen Fundamentalismus, die nach '89 plötzlich die politische Szenerie bestimmten, in diesen 68er-Dissidenzen ebenfalls schon enthalten waren. Noch waren die linken, sozialistischen

Strömungen die sichtbareren und dominierenden – auch unter den Oppositionellen des Ostens.

Trotzdem – als wir Ende März 1968 in Bratislava aus unserm halben Dutzend Privatautos stiegen und mit zusammengekniffenen Augen die Szene musterten, da waren wir mit unseren Che-Guevara-Mützen, Kommissars-Jacken, hippen Klamotten und deutlich länger gewordenen Haaren diejenigen, die die Szene von vornherein beherrschten. Die Vorstandsmitglieder des Kommunistischen Studentenverbandes der Slowakei, die dieses Seminar mit dem Tübinger AStA vereinbart hatten, sahen in ihren Trevira-Anzügen und Bindern ziemlich blaß aus. Damit hatten sie nicht ganz gerechnet.

Die Enttäuschung war radikal und beidseitig. Das Seminar ging um »Demokratie und Sozialismus«. Die Bratislavaer Studentenfunktionäre beriefen sich auf ihre (uns großteils unbekannten) Reformpolitiker und -theoretiker; aber sie argumentierten auch mit frisch angelesenen Bruchstücken liberaler Theorie von Popper bis Dahrendorf. Wir konterten mit unseren nicht weniger frischen Lesefrüchten aus Marx und Marcuse und holten auch Che, Mao oder Lenin wie einen Knüppel aus dem Sack. Die Siege nach Punkten (Schiedsrichter waren wir selbst) feierten wir – deren schmale Stipendien oder Überweisungen sich beim Wechsel von D-Mark in Kronen verzehnfacht hatten – mit recht üppigen Gastmählern und Gelagen in den Restaurants der Stadt. Wir waren die Mambo Kings samt einer reizvollen Queen (heute eine bekannte Juraprofessorin).

Das Geschehen des »Prager Frühlings« ringsum verfolgten wir bald nur noch mit mattem Interesse, wenn nicht hochmütigem Desinteresse. Schon weil wir immer wieder verärgert hingewiesen wurden, daß dies auch ein »*slowakischer* Frühling« und Bratislava die Hauptstadt der Slowakei sei, daß die Reformbewegung sich auch gegen den Prager Zentralismus wende usw. Für derart kleinkarierten »Nationalismus« hatten wir nur wirklich keine Antenne! Daß mit Ludvík Svoboda soeben ein Slowake zum Präsidenten gewählt wurde und daß seine Wahl mit blumengeschmückten Autokorsos und Portraits gefeiert wurde, erweckte bei uns eher

Spott als Anteilnahme. Reichlich autoritär, diese sogenannte Reformbewegung!

Für ein Fortsetzungsseminar in Tübingen hatten wir im übrigen schon das Thema Faschismus/Nationalsozialismus ins Auge gefaßt. Das dürfte kaum das Hauptinteresse unserer Gastgeber getroffen haben. Um so mehr unseres. Denn hier in östlichen Sphären war besonders deutlich zu spüren, wie die (selbst-)anklägerisch vorgetragene Behauptung, an den westdeutschen Universitäten wese unter den Talaren der »Geist von tausend Jahren« und die Bonner »Große Koalition« bereite mit den »NS-Gesetzen« und »Öffnung nach Osten« einen kalten Übergang zum Faschismus und Revanchismus vor, unsere Bedeutung gewaltig erhöhte. Natürlich wagte niemand so richtig zu widersprechen. Und die politisch-moralische Superiorität, die es uns verschaffte, wenn »gerade wir als Deutsche«, als junge deutsche Antifaschisten also, uns nunmehr auf die Seite der kämpfenden Völker stellten, auf die Seite Vietnams und Kubas, der ganzen revolutionären Tricontinentale eben, war beinahe mit Händen zu greifen. Was galten dagegen irgendwelche slowakischen Beschwerden über die Prager Bürokratie oder über sozialistische Versorgungsmängel?

Sie werden uns redlich gehaßt haben, unsere slowakischen Gastgeber. Denn die spürbarste Folge unseres so bedeutungsvoll vorangetragenen deutsch-zentrischen Antifaschismus war ein hochmütiges Desinteresse gegenüber allem, was sich darauf nicht beziehen ließ.

Was den Triumph vollkommen machte, war die Tatsache, daß die Gastdelegierte der Universität Budapest, eine Genossin K., sich ganz auf unsere Seite schlug und uns in Verbalradikalismus fast noch überbot. Das fand ich scharf. Sie fand uns auch scharf.

Im August fuhr ich sie besuchen. Ein Stück hinter der Grenze bei Hegyeshalom, schon spätabends, stoppte ein Militärpolizist das Auto – ein sowjetischer, wie ich sah! Unwirkliches Grollen war in der Luft, und wie urzeitliche Ungetüme schoben sich riesige Schwimmpanzer von rechts über die Straße und verschwanden einer nach dem andern in der Finsternis auf der anderen Seite. Die

Spannungen rings um die ČSSR waren auf dem Höhepunkt; aber noch am Vortag war ein Abkommen unterzeichnet worden. Ein Manöver also, nahm ich an. Daß gleich links im Dunkeln die Donau lag, daß ich dem Beginn der Invasion *live* beigewohnt hatte, erfuhr ich erst am nächsten Morgen in Budapest, als ich mit der Nachricht vom Einmarsch in Prag geweckt wurde.

Auf allen Zeltplätzen, auf denen wir Station machten, in Belgrad, in Sofia, später an der Schwarzmeerküste waren Tausende Tschechen und Slowaken gestrandet, hingen in Trauben um die Transistorradios. Die Stimmung war düster, gedrückt, auch gespannt. Rumänien, das sich als einziges Mitglied des Bündnisses nicht an der Invasion beteiligt hatte, mobilisierte seine Armee. Auch Jugoslawien war im Alarmzustand. Noch wurden aus Prag und anderen Städten Demonstrationen gemeldet. Ein Geheimsender war noch aktiv. Es gab Tote, Schüsse, brennende Panzer. In diesem Augenblick waren unsere Gefühle eindeutig auf der Seite der Angegriffenen – der »Tschechen«. Danach setzten die politischen Rationalisierungen wieder ein, erschien die Sache »nicht so einfach«.

In der Bundesrepublik hatten SDS und andere APO-Gruppen ein paar Demonstrationen und Teach-ins zum Einmarsch in der ČSSR veranstaltet. Aber die Anklagen gegen die Sowjetunion klangen sofort eigentümlich hohl, fast zweideutig. Im Westberliner Aufruf (unterzeichnet von den ASten von TU und FU sowie SDS, SHB, Falken und Republikanischem Club) etwa hieß es: »Weder der Vernichtungskrieg der US-amerikanischen Imperialisten gegen die revolutionäre Bewegung in Südvietnam noch die Terrorangriffe der US-Luftwaffe gegen das sozialistische Nordvietnam haben es vermocht, die Streitkräfte des Warschauer Paktes in Marsch zu setzen oder auch nur eine Interventionsdrohung hervorzurufen. Dagegen haben fadenscheinige Gründe gereicht, um in der ČSSR einzumarschieren.« Nur ein drohender Rechts-Putsch hätte aber »ein militärisches Vorgehen gerechtfertigt«. Dabei sei »die Entwicklung in der ČSSR mit ihren bürgerlichen Erscheinungsformen nur als Reaktion auf die bürokratische Erstarrung in allen gesellschaftlichen Bereichen wie in der Partei selbst zu begreifen«. Mit der Intervention seien nunmehr »alle Chancen für eine wirklich kommunistische Entwicklung abgeschnitten«. Die einzige Losung oder Forderung des Flugblatts

hieß: »Es lebe die sozialistische Weltrevolution!!!«[2] Mit drei originalen Ausrufezeichen.

Das war alles andere als eine Solidaritätserklärung. Verteidigt
wurde vor allem das eigene weltrevolutionäre Phantasma. Wo in
Prag ein »Rechts-Putsch« anfing und die »bürgerliche Entwicklung« endete, blieb der Interpretation überlassen. Die Sowjetunion
wurde somit eher einer politischen Fehleinschätzung beschuldigt
und des Versuchs, ihren feigen Opportunismus in Vietnam zu
decken, wohin sie *eigentlich* hätte ihre »Streitkräfte in Marsch setzen« sollen.

Ob meine östlichen Liebesverwicklungen und Bindungen die
Ursache einer gewissen lebensgeschichtlichen Interessensverlage-
rung waren oder bereits Ausdruck davon, bleibt unentscheidbar.
Jedenfalls bildete unser Linksradikalismus ein Fluidum, in dem
man sich leicht hin und her bewegen konnte. Nur in Umrissen
erfuhr ich bei einem Besuch in Budapest allerdings von dem im
Vorjahr aufgelösten »Vietnam-Ausschuß«, der über zwei, drei Jahre
hinweg die Frontorganisation eines dahinterstehenden maoisti-
schen Zirkels (GRUPPE UNGARISCHER REVOLUTIONÄRER KOM-
MUNISTEN) mit den konspirativen Strukturen und megalomanen
Ambitionen einer Gegenpartei dargestellt hatte. K., die sich im
Sympathisanten-Umfeld dieser halb legalen, halb konspirativen
Gruppe bewegt hatte, redete nicht ganz deutlich darüber. Es hatte
Verhaftungen und einen Prozeß gegeben, die Hauptangeklagten
hatten sich gegenseitig belastet, die Gruppe war zerschlagen und
demoralisiert, und eine gewisse Angst stand noch im Raum.
György Dalos (selbst einer der Angeklagten und Mitbegründer)
hat zwanzig Jahre später in seinem Buch »Kurzer Lehrgang – Langer Marsch« dieser eigentümlichen Generationserfahrung ein iro-
nisch-literarisches Denkmal gesetzt.[3]

Die Mitglieder des Zirkels stammten sozial aus sehr verschiedenen Milieus, manche aus spießig kleinbürgerlichen Verhältnissen,
andere waren Kinder gestürzter Parteikader aus der stalinistischen
Ära (darunter Gábor Révai, der Sohn des früheren Chefideologen
und Oberzensors). Etliche, so wie Dalos, waren angehende Dichter oder Künstler, die sich noch einmal in revolutionärer und anti-

bürgerlicher Attitüde gefielen. Und fast alle waren sie jüdischer Herkunft. Motive der Rebellion gegen die Eltern oder umgekehrt, der Verpflichtung gegenüber den 1956 gestürzten Vätern, verbanden sich mit einem tiefen, traumatischen Mißtrauen gegen die angeblich faschistisch infizierte ungarische Bevölkerungsmehrheit.

Auch K.s Eltern hatten den Krieg nur haarscharf überlebt: der Vater in der »Arbeitsarmee« (Zwangsarbeitsbataillone, in die die jüdischen Männer als Hilfs- und Schanztruppen der regulären ungarischen Armee eingezogen und bis in die Tiefe Rußlands verschleppt wurden); die Mutter und das Gros der Familie in Budapester Kellerverstecken. Der Großvater, Inhaber einer Herrenschneiderei, war 1948 enteignet worden und wenig später gestorben. Die früher wohlhabende Familie war stark verarmt. Für K. konnte es schwerlich einen anderen Grund geben, sich linksradikal zu orientieren, als die Vorstellung, daß eine demokratische Mehrheit der Ungarn nur faschistisch sein konnte.

Plötzlich fand ich mich, als SDS-Student und »Nazikind«, ohne es ganz realisiert zu haben, in einer Familie von Überlebenden des Judenmords (von »Holocaust« sprach man damals noch nicht), anfangs skeptisch, später herzlich aufgenommen – Aspirant auf die einzige Tochter, die wegwollte, mit mir und wegen mir, aber auch, um sich kopfüber hineinzustürzen in unsere schöne neue linksradikale westliche Welt. Einige ihrer Jugendfreunde gingen den Weg der Parteikarriere, einige mußten ihre maoistischen Verirrungen durch kürzere Gefängnisstrafen und Relegationen von der Universität büßen – darunter Miklós Haraszti, der in die Fabrik ging und darüber die Reportage »Stücklohn« schrieb, ein Gemälde realsozialistischer Fabrikausbeutung und Entfremdung.[*]

K. dagegen siedelte in unsere neugegründete WG nach Frankfurt über – nachdem wir in einem, wie wir meinten, betont unbürgerlichen Akt geheiratet hatten, um ihre Ausreise zu legalisieren – und fand sich erstaunlich schnell im Gewimmel unserer BASISGRUP-

---

[*] Die Übergabe des Manuskripts, das wir hätten herausschmuggeln sollen, scheiterte nachts auf der Margarethen-Insel, da es in allen Büschen kicherte und raschelte. Agenten und Liebespaare waren nicht zu unterscheiden. Haraszti nahm das Manuskript hastig wieder an sich. Später hieß es, Enzensberger habe es aus Ungarn herausgebracht, K. hat es jedenfalls übersetzt, und der Rotbuch Verlag hat es gedruckt. [Miklós Haraszti: Stücklohn, Berlin 1971]

PEN, ROTEN ZELLEN und entstehenden kommunistischen Zirkel zurecht. Sie erhielt ein Stipendium und konnte ihr Studium ohne große Schwierigkeiten abschließen. Unsere abstrakte Gegnerschaft gegen »das System«, die »bürgerliche Gesellschaft«, den »BRD-Kapitalismus« blieb von all diesen konkreten, vielfach positiven Erfahrungen vollkommen unberührt. Unser langer Marsch hatte gerade erst begonnen, und wir wollten unbedingt mit von der Partie sein.

Man konnte damals natürlich über Sozialismus, Kommunismus oder den Aufbau einer kommunistischen Partei nicht sprechen ohne Seitenblicke nach »drüben«, zur DDR. Jedes Gespräch, gerade mit Arbeitern, kam nach wenigen Sätzen dort an. Dabei bedeutete die Existenz der DDR sogar eine doppelte Verlegenheit. Weder hatten wir Lust, dem peinlichen »Arbeiter-und-Bauern-Staat« auf deutschem Boden irgendwie näherzutreten, noch dieser angeblich ungelösten »deutschen Frage«, die daran hing. Die »neue Ostpolitik« Brandts trug dazu nur noch mehr bei. Dem Kniefall in Warschau trauten wir nicht, im Gegenteil. Und daß Brandt in Erfurt, sobald das Fenster sich nur einen Moment öffnete, gleich offen bejubelt wurde, weckte erst recht Befürchungen, nicht aus Sympathie für die DDR, sondern aus Sorge um unsere eigene Sache. Das fehlte noch – irgend so ein nationaler Einigungsrausch!

Immerhin, einen gewissen Informationsbedarf und einen Rest Neugierde gab es schon – und jenen sporadischen Briefkontakt aus den frühen Sechzigern nach »drüben«. Anfang 1971 fuhren K. und ich nach Dresden, um die angebliche Cousine zweiten Grades zu besuchen (solche Pseudoverwandtschaften mußten simuliert werden, um eine Aufenthaltserlaubnis zu erhalten). Jemand von der »Stadtverwaltung« hatte sich schon vorab erkundigt, wofür der Vetter aus dem Westen sich so interessiere, was er mache. Ich hatte großspurig zurückgeschrieben (ohne die kleinen Warnsignale zwischen den Zeilen zu beachten), als alter SDSler hätte ich natürlich Interesse, mit »allen« zu diskutieren: Partei, FDJ, Betriebsräte usw.

Mit Ingrid und Bernd, unseren Gastgebern, verstanden wir uns auf Anhieb. Die etwas heruntergekommene, sparsam möblierte Wohnung, in der ein Kind herumkrabbelte und das nächste unterwegs war, weckte vertraute WG-Gefühle. Sie als Dolmetscherin und er als Physiker hatten als Nicht-Parteimitglieder und wegen ihrer Kontakte zur kirchlichen Jugendszene keine große berufliche Zukunft vor sich, lebten ein wenig am Rande, in kritischer, aber (noch) loyaler Halbdistanz zum System. Sie hörten sich neugierig und skeptisch unsere Erzählungen aus der linksradikalen Frankfurter Szene an, wir ähnlich skeptisch und etwas weniger neugierig über ihre kirchlichen Kontakte. Dresden selbst war nur ein Schatten seiner selbst. Die historischen Gebäude schwarz verrußt, die neuen, sozialistischen Viertel und Straßenzüge (wie die Prager Straße) von triumphaler Häßlichkeit.

Dann der Auftritt des Genossen Haase (so nannte er sich tatsächlich), angeblich zuständig für die Besucherbetreuung bei der Stadtverwaltung. Er plazierte sich breit in der Wohnstube, schlug alle möglichen Gesprächs- und Besichtigungstermine vor, überreichte ein Gastgeschenk (ein biographisches Handbuch), das mir beim Studium der Geschichte nützlich sein könne, und schleppte mich zu einem Treffen mit dem Vorsitzenden einer BGL (Betriebs-Gewerkschaftsleitung) in das große Restaurant des neuen Kulturpalastes. Es gab ordentlich zu futtern, bei den Pilsrunden konnte ich bald nicht mehr mithalten, die ohnehin wenig erhellenden Auskünfte wurden immer verschwommener, und als ich zum Aufbruch drängte, fuhr der schwankende Haase mich, offenbar um kein Strafmandat besorgt, in seinem Wartburg zurück. Und kam mit wehender Fahne auch gleich zur Sache: Ob ich von der Frankfurter Uni nicht mal ein paar Berichte schreiben könne. Das würde auch honoriert. Sie wüßten ja gar nicht, was bei uns los sei. Die DKP, der MSB Spartakus? Na ja, ob die immer so richtig durchblickten. Sie bräuchten mal eine *unabhängige* Einschätzung der Lage. Ich könnte dann auch mal Gast der Regierung sein, man würde sich ein paar Tage mit kompetenten Genossen in Ostberlin treffen und mal *so richtig* alles durchdiskutieren. Gefühle von Schüttelfrost und Beklemmung. Nichts wie raus! Und Haase, der sich an mich krallte, wissen wollte, wann man sich wiedersieht. Ein Anwerbungsversuch also. Alles wie im schlechten Film. Man hatte schon in der Schule darüber gehört und es für alberne Kalte-Kriegs-Propaganda gehalten. Jetzt übertraf die Realität an Albernheit jede Propaganda.

Aber in Hunderten von Fällen hat das auch geklappt! Ich habe mir das nie vorstellen können. Erst als im Lauf der neunziger Jahre eine Reihe solcher (teilweise prominenter) Fälle aufgerollt wurden, habe ich mich gefragt, was gewesen wäre, wenn damals ein intelligenterer Mann auf der Klaviatur meiner Oppositionen und Ambivalenzen gespielt hätte. Vielleicht war es mit der DDR ja gar nicht soviel anders wie mit Albanien. Es bedurfte eben keiner Begeisterung über diesen »real existierenden Sozialismus«. Dessen eigentliche Attraktion lag eben in seinem *Existieren*, d. h. in seiner stationären, grauen, scheinbar unerschütterlichen Rolle einer Gegenmacht zum weltbeherrschenden westlichen Block. Für die Phantastik sorgte schon die globale Auseinandersetzung und dann das gewaltige Panorama der Weltkriegs- und Revolutionsepoche, in der sich noch immer wähnen konnte, wer als Bürger des Westens für die östliche Seite optierte. Die vitale Lebensspannung einer Existenz mit doppelter Buchführung und die Lust an der geheimen Macht über die nichtsahnenden Objekte der eigenen Berichterstattung kamen dazu. Die materiellen Gratifikationen waren allenfalls die Spesen, nicht der Preis.*

(*) Diether Dehm zum Beispiel, über lange Jahre eine Art Generalmusikdirektor der SPD, der auch ihre neue, nie gesungene Parteihymne »Das weiche Wasser bricht den Stein« gedichtet hat. Damals, Anfangs der siebziger Jahre, kannten wir ihn schon als Protestsänger »Lerryn«. Als Beau im Blauhemd (ohne FDJ-Emblem allerdings) schritt er auf allen großen Demonstrationen seiner Falken-Jungschar voraus, die Klampfe wie eine Kalaschnikow umgehängt, das Megaphon in der geballten Faust. Seine Lieder faßten die STAMOKAP-Theorie in Vers und Ton: »Was freut sich da das Kapital / bleibt ungeschoren noch einmal / darf still wie's will die Fäden ziehn / solang wir nur die Marionetten sind.«

Dehm wurde die ganzen siebziger Jahre hindurch in den Stasi-Akten als »IM Dieter«, später »IM Willy« geführt. »Die Werbung erfolgte auf der Basis der politischen Überzeugung im Dezember 1971«, heißt es in einem Abschlußbericht 1980. Seine »operativ verwertbaren Informationen« betrafen: Jusos, Falken und SPD-Unterbezirk Südhessen, weiter die Universität Frankfurt/M. sowie trotzkistische und maoistische Kreise (das waren wir – hallo Dieter!); schließlich die Kunst- und Kulturszene. Zum dicksten Fisch an der Angel seines Kulturmanagements wurde dann Wolf Biermann nach dessen Ausbürgerung 1976.

In mancher Hinsicht kann die Karriere des Dieter Dehm als ein Gegenstück zu der der Gisela Elsner gesehen werden. Auch für ihn war die DDR kein Objekt irgendeiner positiven Begeisterung, um so mehr aber einer abstrakten

Unsere Abreise aus Dresden ähnelte ein bißchen einer Flucht. Der Kontakt nach »drüben« riß wenig später ab. Die DDR wurde für mich wie das Gros meiner Generation zum unbekanntesten Land der Welt, zu einem *weißen Fleck* auf der Netzhaut. Erst Jahre nach dem Mauerfall war Gelegenheit, sich mit Ingrid und Bernd A. über unsere parallelen Biographien näher auszutauschen. Sie ergeben ein instruktives Muster.

Als wir sie damals in Dresden besuchten, hatten sie beide an der 68er-Unruhe bereits vielfältig partizipiert: In Ostberlin, wo sie studierten, hatte es rege Kontakte zwischen den Evangelischen Studentengemeinden in beiden Teilen der Stadt gegeben. (Noch waren die Kirchen die einzige, nicht staatlich getrennte Organisation.) Die Westberliner waren bereits ganz vom Fieber der Aktionen gegen den Vietnam-Krieg und vom Geist der Opposition erfaßt. Aber auch unter der DDR-Jugend gärte es. Es war die Zeit der überall nachgesungenen Biermann-Lieder und zirkulierenden Havemann-Texte. Und auch in den kirchlichen Jugendzirkeln, die dem Zugriff des Staates halb entzogen waren, beschäftigte man sich wie im Westen mit dem Marxismus und mit den Fragen der Dritten Welt.

Diese linken Orientierungen waren auch im Osten Teil einer generationellen Auseinandersetzung mit den eigenen Elternhäusern und der Welt der Erwachsenen, in denen sich konformistische Anpassung vielfach mit einem unterdrückten, rein ressentimenthaften Antikommunismus paarte. Tagsüber redete man öffentlich Ost, und abends hörte oder sah man heimlich West – eine unerträgliche und schizophrene Situation. Daß dahinter lange Erfahrungen von Terror und Zurichtung standen, war aus der Position jugendlicher Selbstgerechtigkeit weniger sichtbar, oder es blieb verdrängt,

Überzeugung, das notwendige Gegenstück seiner zweiten, phantastischen Identität und narzißtischen Größenvorstellung. Anders als die Schriftstellerin, hat Dehm sich durch einen Panzer von Politik und Geschäft allerdings vor jedem inneren Zusammenbruch zu schützen gewußt. Noch seine Niederlagen-Rhetorik der neunziger Jahre war nur eine neue, tragipathetische Selbststilisierung und Verwandlungsnummer des ewigen Kandidaten, der schon kurz nach seinem Hinauswurf aus dem SPD-Bezirksvorstand Vorsitzender der Frankfurter PDS und stellvertretender Vorsitzender der Bundespartei wurde. In einem anderen, entgegengesetzten Sinne als die Elsner ist er »Der Unberührbare« geblieben.

so wie über unzählige Dinge nicht gesprochen wurde – noch weniger wohl als bei uns.* Eher gingen die Jüngeren davon aus (und das war ja auch nicht falsch), daß es sich um die Reste der autoritären Gesinnung aus den Zeiten des Faschismus handelte.

Dieser »Faschismus« war für die in sozialistischen Kinder- und Klassenkollektiven Aufgewachsenen tatsächlich wohl etwas phantasmagorisch äußerst Präsentes. Freya Klier hat aus ihren eigenen Erfahrungen heraus geschildert, wie gut diese moralische Erpressung von Loyalitäten selbst bei Kindern von »Staatsfeinden« (wie sie und ihr Bruder es waren) funktioniert hat. »Immer wieder luden wir alte Widerstandskämpfer auf unserere Pioniernachmittage, ihren Erlebnisberichten lauschten wir erschüttert und mit tiefem Respekt.« Da der »Widerstand« fast exklusiv mit den Kommunisten assoziiert war und der »Friede« gegen eine Welt von »Kriegshetzern« draußen vor den Toren gesichert werden mußte, wurde das Militärische bedenkenlos schon in die frühesten Kinderspiele integriert; und von dieser manichäischen Einteilung war die ganze bunte Welt der Ferienlager, Kindertheater, Pionierpaläste durchzogen. Die Welt draußen ließ sich, gerade weil man sie nicht kannte, nach dem Muster des Kriminalromans schildern. Als Preis in einem Sportwettbewerb erhielt sie 1960 einen Roman »Gehetzte und Gejagte«, der in einem Heim für Schwererziehbare in Westdeutschland spielte, worin faschistische Erzieher ihre Zöglinge viehisch prügeln und zu Verbrechern abrichten. »Das Buch schärfte mein Feindbild von den Bonner Ultras auf lange Zeit.«[4]

Nach dem Mauerbau mußte die DDR-Führung mit einem erhöhten Innendruck fertig werden, gerade auch der unruhigen, zunehmend störrischen Jugend, die sich zu »Banden« zusammenrottete. Sie versuchte dazu ihren Propagandaeinsatz noch einmal drastisch zu steigern – insbesondere was die Ausmalung des zähne fletschenden bundesdeutschen »Revanchismus« und der »faschistischen Umtriebe« jenseits des Friedenswalls anging. Allerdings mußte sie gleichzeitig auch ebenso riskante wie haltlose Versprechungen machen, etwa im Jugendkommuniqué von 1963, in dem

---

(*) Ingrid erinnert sich, daß aus ihrem Haus in den Fünfzigern eine Frau abgeholt und offenbar in ein sowjetisches Lager deportiert wurde, von der nie wieder etwas zu hören war. Aber niemand erwähnte sie auch je wieder. Es war, als hätte sie *nie existiert.*

es heißt: Das neue, sozialistische Zeitalter verlange von der Jugend »einen größeren Pioniergeist, als es die Entdeckung Amerikas verlangt hat«, dafür aber garantiere die Partei »der Jugend auch weit größere und viel mehr echte Freiheiten, als sie die deutsche Jugend jemals besaß«.[5]

Diese kurzfristigen Freiräume suchten eben auch kirchliche Jugendgruppen wie die, in denen Ingrid und Bernd A. aktiv waren, zu nutzen. Ihre Beschäftigung mit linken Theorien und Theologien oder die Initiierung eigener Solidaritätsaktionen für das kämpfende Vietnam waren immer auch der Versuch, eine eigenständige und legitime Position gegenüber dem Regime der SED zu gewinnen, gerade indem man dessen hochgetriebene Ansprüche beim Wort nahm und in einem marxistischen Vokabular einforderte.

Im Juni 1968 fahren Ingrid und Bernd A. (frisch verheiratet) nach Prag, wo sie einiges von der Euphorie einer demokratisch-sozialistischen Reformbewegung mitnehmen. Um so größer ist zwei Monate später der Schock des Einmarschs, an dem auch ostdeutsche Truppen teilnehmen. Das Gefühl der Ohnmacht, nichts tun zu können oder getan zu haben, wird Bernd lange verfolgen. Daß im Westen die Jugendlichen sich gegen den Vietnam-Krieg und die herrschenden Autoritäten auf den Barrikaden befinden, dürfte diesen Stachel noch spürbarer gemacht haben. Und immerhin hatte es ja in Ostberlin die vier gegeben, die öffentlich protestiert hatten (Erika Berthold und Thomas Brasch, die Kinder zweier hoher Parteikader, sowie Florian und Frank Havemann, die Söhne des Dissidenten) – und die dafür hohe Gefängnisstrafen kassiert hatten.*

(*) Bernd Rabehl hat eine ganze Reihe dokumentarischer Hinweise gefunden und zitiert, die von der Beunruhigung der SED-Führung und Stasi-Stellen wegen eines möglichen Übergreifens der Westberliner und westdeutschen Jugendproteste auf die DDR zeugen. Durch diese Dokumente geistern sogar eine Reihe »scheinsozialistischer« Gruppen, die als »SDS-DDR«, »Gruppe von Genossen«, »Bund der Gerechten«, »Fortschrittlich-kommunistische Jugend der DDR« usw. namhaft gemacht werden. Was Angstphantasien und was Wirklichkeit war, ist kaum auszumachen. In einem internen Bericht »Zur Einschätzung des politischen Bewußtseinsstandes der Berliner Bevölkerung«, der Ulbricht vorgelegt wurde, heißt es: »Besonders Oberschüler, Studenten und

Überlagert wurde das zunächst von den Erfahrungen eines anschließenden zweijährigen Arbeits- und Studienaufenthalts in der Sowjetunion: Ingrid, die gelegentlich dolmetschen darf, und Bernd unternehmen (teilweise über den Rahmen des Erlaubten hinaus) Reisen in die Tiefe des Landes, haben das Gefühl, daß zumindest nach dieser Seite die Welt offen ist, freuen sich über die warme Gastlichkeit und Geselligkeit. Der Eindruck von Armut im Verhältnis zur DDR wird eher mit (historisch gefärbten) Schuldgefühlen kompensiert. Dafür redet man in den sowjetischen Studentenheimen oder bei privaten Begegnungen eher offener als daheim. Um so schockierender sind immer wieder auftauchende private Äußerungen von Antisemitismus, Stalinkult, selbst Bewunderung für Hitler.

Was sie bei alledem nicht wissen, aber halbwegs ahnen, ist, daß sie längst Objekt ausgiebiger Überwachungen der einschlägigen »Organe« sind und der erste Ordner in ihren Stasi-Akten (von einem halben Dutzend, die noch kommen werden) sich bereits mit Spitzelberichten, Beurteilungen usw. füllt. Dabei sind sie, als wir sie 1971 in Dresden treffen, keineswegs schon »Oppositionelle«. Aber sie haben sich in kirchlicher Gemeindearbeit engagiert. Dort wird viel über Kindererziehung diskutiert; es gibt eine offene Jugendarbeit und eine Gemeindeband. Die Haare werden länger, man spielt die Beatles und andere, nicht genehme Musiken. Die Gruppe wächst, es sind schließlich 40–50 Leute zwischen sechzehn und Ende Zwanzig, und die Diskusionen werden politischer. Der Ausgangspunkt sind die eigenen Alltagserfahrungen: die tägliche, plumpe Indoktrinierung, die alles durchdringende Disziplinierung, die Militarisierung des Lebens. Ein Ex-Soldat ist dabei, der 1968 wegen kritischer Fragen zur ČSSR-Invasion eineinhalb Jahre Knast bekommen hat. Die Gruppe gestaltet Gottesdienste und bringt in langen, gospelartigen Fürbitte-Gebeten einiges zur Sprache, wenn auch in äsopischgleichnishafter Sprache – so 1974 zum 25. Jahrestag der DDR-Gründung unter dem mehrdeutigen Titel »Ich bin so frei«.

Kreise der jungen Intelligenz bewundern ... die oppositionelle Haltung einer Reihe westdeutscher Wissenschaftler, Studenten und Künstler. Das führt auch dazu, daß die ideologischen Positionen der westdeutschen Atomwaffen- und Notstandsgegner ... auch für unseren Staat als gültige und berechtigte Anschauungen betrachtet werden.« [Vgl. Rabehl, Feindblick, S. 105 ff.]

Aus diesem Erfahrungsfonds heraus beschließen sie beide, ihre Berufe als Physiker und Dolmetscher an den Nagel zu hängen und Theologie zu studieren. Hier am Theologischen Seminar in Leipzig, wo sie ab 1976 studieren, ist das Klima eher noch linker. Sie schließen sich einem Kreis für Marxismus-Studien an, lesen Texte der Kritischen Theorie, der Befreiungstheologie und alles mögliche, was nicht in den offiziellen Kanon gehört. 1977 zirkulieren in hektographierter Form die Vorträge von Rudolf Bahro, der kurz darauf inhaftiert wird, Vorform seines Buches »Die Alternative«.

Als die Verhaftung ruchbar wird, trifft Bernd den einsamen Entschluß, sein verfassungsmäßiges Recht auf freie Meinungsäußerung individuell wahrzunehmen. Irgend jemand anderen, selbst die eigene Frau einzuweihen, wäre schon eine verbotene »Gruppenbildung« gewesen. Also malt er ein Schild, auf das er in der Aufregung schreibt FREIHEIT FÜR WOLFGANG BAHRO, und radelt damit die Einkaufzone rauf und runter, vorbei an entgeisterten Passanten, bis ihn die überall präsenten Greifer auch schon zu Boden reißen und »zuführen« – so hieß im DDR-Rechtsjargon eine Festnahme. Die erste Frage, die ihm gestellt wird, lautet: »Haben Sie die Absicht, die DDR zu verlassen?« Das hat er nicht, schließlich gibt es mittlerweile drei kleine Kinder, weshalb Ingrid bei allem Respekt heute mit einer gewissen Bitterkeit über diesen individual-demokratischen Kamikaze-Akt spricht.

Die Sache geht glimpflich aus. Nachdem alle hektischen Recherchen nach der dahinterstehenden »Organisation« im Leeren verlaufen sind, kommt Bernd nach sechs Wochen »Strafhaft« (für das Ordnungsdelikt § 214: »Beinträchtigung staatlicher Organe«) wieder frei. Beide werden sie nach 1980 Pfarrer in einem kleinen Pfarrbezirk in der Nähe von Dresden. Die überall entstehenden Friedens- und Ökologiegruppen finden hier ein Dach. Auch die Ereignisse in Polen 1980/81 werden lebhaft diskutiert und in vieler Hinsicht bewundert, ohne freilich einen Moment zu glauben, das ließe sich auf die DDR übertragen. 1987 machen sie eine Veranstaltung mit Stefan Krawczyk und Freya Klier. Bernd meint (halb kritisch, halb anerkennend), die beiden seien »radikal bürgerlicher« gewesen, aggressiver im Ton, was der noch durchgängig linken Codierung der DDR-Opposition entgegenstand, die sich allzusehr von den ideologischen Vorgaben des Regimes beeindrucken ließ.

Aber diese Opposition war eben nicht in erster Linie eine politische Bewegung (als die sie nur konspirativ hätte existieren können), sondern ein offenes und autonomes *Milieu*. Heute denken sowohl Ingrid wie Bernd mit einer gewissen Nostalgie an diese Zeit materieller Bedürfnislosigkeit zurück, die damals die Garantie der eigenen Unabhängigkeit war. Das Haus stand immer offen, wer kam, der kam. Daß darunter auch Informanten und reguläre Agenten der Stasi waren, war von vornherein in Rechnung gestellt. An dieser nonchalanten Unbesorgtheit scheiterten alle noch so raffiniert angesetzten »operativen Maßnahmen«. Als sie später ungläubig ihre Aktenberge durchblätterten, haben höchstens Anzahl und Stil der Berichte und natürlich die konkreten Personen Erstaunen oder leichte Übelkeit erregt. Darf man den Stasi-Berichten trauen (in dem Punkt widersprechen die Protagonisten nicht), ging es jedenfalls ziemlich locker zu. Die ständigen Treffen, Seminare und Freizeiten quer durch die Republik gaben auch Gelegenheit für allerhand gefährliche oder ungefährliche Liebschaften. Auch die Stasi mischte mit und inszenierte »Zersetzungsmaßnahmen«: mal sollte ein blondes Gift auf den Pfarrer angesetzt werden, mal wurden anonym Flugzettel verbreitet, die ihn als Gehörnten zeigten. Am Ende war alles doch mehr Qualtinger als Kafka.*

So haben sie Kinder gezeugt, ein widerständiges Milieu gebildet und am Ende zur eigenen, nicht *nur* freudigen Überraschung zum

---

(*) So hieß es zum Beispiel in einem Bericht der zuständigen Kreisdienststelle des MfS an die vorgesetzte Behörde vom Mai 1988 – nur als Kostprobe des Stils, in dem da bis kurz vor Toresschluß geredet wurde: »Genosse Generalleutnant! ... Beim Verdächtigen handelt es sich, wie Sie in der Dienstversammlung zum Ausdruck brachten, um das ›Oberschwein‹ der reaktionärsten Kräfte der evangelisch-lutherischen Kirche weit über den Kreis Brand-Erbisdorf hinaus. So organisierte er den Auftritt der Feinde Krawczyk und Klier in der Kirche Frauenstein oder er beherbergte die Kinder der Gegner der DDR Wollenberger. Er versucht ständig unter dem Deckmantel des Kampfes für den Frieden und unter Nutzung der Freiräume der Kirche, eine politische und organisatorische Basis für das Wirken der feindlich-negativen Kräfte für die Formierung einer oppositionellen Bewegung im Raum Frauenstein zu schaffen. So initiierte er die Bildung einer sogenannten Ökologiegruppe, die sich jetzt als ›Arbeitskreis Frieden/Umwelt‹ bezeichnet.« – In diesem Stil geht es dahin. Die vorgeschlagenen Maßnahmen zur »operativen Bearbeitung« und »Differenzierung« lassen in ihrer Banalität erst das Ausmaß der Niedertracht, aber auch der Rat- und Hilflosigkeit dieser Staatsschutzorgane ahnen.

Sturz dieses obsoleten Duodez-Staatswesens beigetragen. Der einfache Unterschied zwischen ihnen und uns war: Bei ihnen *ging es um etwas*. Sie, die gar keine richtige politische Opposition sein wollten oder sein konnten, haben einfach durch ihr »reales Existieren« mitgewirkt an der einschneidendsten Veränderung Europas seit dem Zweiten Weltkrieg.

Wir, die Kämpfer für die Weltrevolution-West, haben derweilen unter gewaltigem Kraft- und Geistesaufwand Trockenschwimmübungen vollführt. Der Schlagzahlmesser stand auf Orkan, während wir uns keinen Zentimeter voranbewegt haben – in der angestrebten Richtung jedenfalls, nämlich gegen die Strömung.

STADT DER FRAUEN
Feministische Sezessionen und lebenskulturelle Umbrüche

> Die Liebe ist so unproblematisch wie ein
> Fahrzeug. Problematisch sind nur der Lenker,
> die Fahrgäste und die Straße.
>
> *Franz Kafka*

Die Formel »das Private ist politisch« war, wie schon bemerkt, höchst doppeldeutig. Sie bot denen, die vordringlich an Veränderungen ihrer persönlichen – natürlich »gesellschaftlich bedingten« – Lebenswelt interessiert waren, einen gewissen Schutz vor den Einmischungen oder Abqualifizierungen der Politkader, die eifersüchtig auf der Hierarchie von »Haupt-« und »Nebenwidersprüchen« bestanden. Andererseits spiegelte die Parole aber auch eigene Bemühungen der »Politisierung« und Ideologisierung dieser Anliegen wider, die sehr weit gehen konnten.

Jedenfalls, was 1968 mit der Gründung der ersten Weiberräte, Kinderläden, Sexpol-Gruppen usw. begonnen hatte, wurde nach dem Zerfall von APO und SDS endgültig zu einer Bewegung im gesamtgesellschaftlichen Maßstab. Anfang der siebziger Jahre zählte man in der Bundesrepublik Hunderte von Kinderläden, die sich parallel zu den (ungleich zahlreicheren) WGs entwickelten. Auch Alleinerziehende, jüngere Paare, frisch Geschiedene, Leute in bürgerlich etablierten Stellungen, die mit der Zeit gingen, nahmen an Wohnexperimenten teil und brachten ihre Kinder in Kinderläden unter, deren pädagogische Maximen jetzt allerdings eher aus Summerhill stammten als aus den Erziehungskolonien der Bolschewiki. Ein neues liberal-sozialistisches *juste milieu* entstand, aber auch eine neue, ausgedehnte Subkultur, die begann, sich ihre eigene Ökonomie und Struktur zu schaffen, und in der fröhliche Anarchie und lebensweltlicher oder politischer Fanatismus oft dicht beieinanderlagen.

Das treibende, in mancher Hinsicht übergreifende Element war die Frauenbewegung in ihren verschiedenen Ausprägungen und internen Fraktionierungen. Sie setzte von zwei ganz unterschiedlichen Enden her an. Den Anfang hatten, wie beschrieben, die Frauen aus dem Umfeld des SDS und der APO mit ihren Kinderladen- und Erziehungsprojekten gemacht, die sich nach dem Eklat in Hannover im AKTIONSRAT ZUR BEFREIUNG DER FRAU weitgehend selbständig organisiert hatten. Sie sahen sich unverändert in kritisch-sozialistischer Tradition, versuchten dies aber mit reformpädagogischen Ansätzen und Theorien aus den zwanziger Jahren (von Bernfeld über Benjamin bis Reich und Rühle) sowie mit einer ersten Rezeption der aus den USA und Frankreich herüberkommenden neuen Frauenliteratur zu verknüpfen.

Noch immer lag ein Akzent auf den Aspekten »proletarischer« Sozialisation und Lebensverhältnisse, und insgesamt auf der Verknüpfung von »Frauenfrage« und »sozialer Frage«. Aber zunehmend drehten sich die Diskussionen auch um Fragen wie die der »sexuellen Verfügbarkeit« von Frauen (sprich, »Pille« ja oder nein), um private und gesellschaftliche Arbeitsteilungen zwischen den Geschlechtern, um Diskriminierungen in Beruf und Gesellschaft (von den Leichtlohngruppen bis zur Repräsentation von Frauen in Führungspositionen), und um alte oder neue »Frauenrollen«. Im übrigen blieb der Abscheu vor rigiden Strukturen und unsensiblen Umgangsformen innerhalb der politischen Szene ein ständiges Motiv für die Sezessionen der Frauen. Das gewachsene Selbstbewußtsein fand ersten Ausdruck in der FRAUENAKTION 70, die das fortbestehende Verbot der Abtreibung durch den §218 wieder auf die politische Agenda setzte und die ersten Selbsthilfe-Projekte in Angriff nahm – der Beginn eines Netzwerks selbständiger Fraueninitiativen.

Mit ganz anderem Aplomb und ideologischer Akzentuierung betrat Alice Schwarzer 1971 die Bühne. Die Journalistin und späte Studentin hatte sich in ihrer Zeit in Paris mit Simone de Beauvoir bekannt gemacht und ein MOUVEMENT DE LIBÉRATION DES FEMMES (MLF) mitbegründet – eine Gruppierung, die schon durch ihre Bezeichnung als »Befreiungsbewegung« die Frauen in die Reihe der »Kolonisierten« rückte und einen Begriff von »Feminismus« vertrat, wie er in der Bundesrepublik noch fast unbekannt war.

Dabei war mit Händen zu greifen, daß im Zuge der Bildungs-expansion und durch die überfälligen sozialökonomischen Moder-nisierungen und Mobilisierungen die Fragen weiblicher Lebensent-würfe, Rollenzuteilungen, Aufstiegsperspektiven verstärkt auf die Tagesordnung rücken würden, und zwar gerade in den bürger-lichen Berufen. Vor allem in den USA gab es eine rapid wachsende Literatur des »Feminismus« und eine (teilweise militante) *Women's Lib*-Bewegung, die sich nicht mehr in der Subkultur einigelte, son-dern für die entschiedene Vertretung ihrer Interessen und Forde-rungen alle politischen und medialen Hebel in Bewegung setzte. Alice Schwarzer stieg nach diesem Rezept gleich ganz oben ein: Die von ihr initiierte Bekenntniskampagne im STERN (»Ich habe abgetrieben«) mit 374 Bekennerinnen aus Film, Fernsehen, Politik, Kunst und Publizistik war die genaue Kopie einer Kampagne im französischen NOUVEL OBSERVATEUR und erzielte (wie jene) auf Anhieb große Publizität.

Gleichwohl blieben Feminismus und Frauenbewegung – die nie ganz zusammenfielen – in dieser Gründungsphase noch immer Teil eines linken Milieus, in dessen Rahmen sie sich überwiegend zu legitimieren oder auszudrücken versuchten. Etliche dieser femini-stischen Aktionen, Parolen und Gesellschaftsvorstellungen waren kaum weniger sektiererisch und mit totalitären Phantasien geladen als die der politischen Organisationen. Aber was die Frauenbewe-gung von vornherein unterschied, war die Tatsache, daß sie um eine Reihe vitaler, persönlicher, lebenspraktischer Anliegen und Forderungen zentriert war. Eben deshalb konnte sie zum Motor eines gesellschaftlichen Wandels werden, der über alle engeren »Frauenfragen« weit hinausreichte.

Ähnliches wie für die Frauen ließe sich auch für das organisierte *coming out* der männlichen und weiblichen Homosexuellen sagen, dessen Anfänge in der Bundesrepublik ebenfalls auf die Zeit von 1970/71 datiert werden können. Auch in ihrem Falle ging es um eine Reihe politischer und gesellschaftlicher Diskriminierungen, deren Hauptinstrument der (erst 1974 aufgehobene) §175 war. Gleichzeitig lieferten ihnen die wachsende Aktualität des Themas in Filmen und literarischen Texten sowie die Bedürfnisse sozialökonomischer Modernisierung (kurz gesagt, die Ablösung der »Orga-nisationsmenschen« durch die »Kreativen« und »Flexiblen«, zu denen die Schwulen in besonderem Maße gehören) die Basis eines gewachsenen Selbstbewußtseins. *Ein* Ausdruck dessen war, daß sie etwa 1972/73 begannen, sich selbst als »Schwule« und »Lesben« (in subversiver Übernahme der Schimpfworte) zu bezeichnen.

Auch den frühesten Texten der Schwulenbewegung merkt man das deutliche Bemühen, sich vom Diskurs des linken Milieus nicht zu trennen, aus dem man überwiegend kam. Wenn man schon das eigene Problem nicht als »Nebenwiderspruch« abtun lassen wollte, mußte man eben versuchen, sich im Zentrum eines eigenen »Hauptwiderspruchs« zu placieren. In der »Vorläufigen Grund-satzerklärung« einer der ersten Gruppen, der HOMOSEXUELLEN AKTION WESTBERLIN (HAW), hieß es etwa, ganz in der Diktion der Zeit: »Wir sehen in der Unterdrückung der Homosexualität nur einen speziellen Fall der allgemeinen Unterdrückung der Sexualität, die der Sicherung der politischen und ökonomischen Macht dient.«[1]

Dabei fällt in der frühen Schwulenbewegung eine *Ambivalenz* besonders ins Auge, die für die Frauenbewegung und die Neue Linke insgesamt prägend war und letztlich unausgetragen blieb – nämlich ein unvermitteltes Schwanken zwischen Hedonismus und Puritanismus, Affirmation und Negation. Um die Zentralthese von der »allgemeinen Unterdrückung der Sexualität im Interesse der Herrschenden« durchhalten zu können, mußte auch in den zitier-ten Texten der Berliner Homosexuellen die draußen vor der Tür rollende Sex- und Lifestyle-Welle zu einem einzigen, monströsen Surrogat erklärt werden, das schon durch seinen kapitalistischen Warencharakter jeder echten Bedürfnisbefriedigung widerspreche und somit ein kaum verhülltes Instrument der Massenunter-drückung darstelle.

So wurde etwa über ein »Sexfestival in der Hasenheide«, auf dem »die schärfsten Sachen« gezeigt werden (»nicht prüde etwa nur auf Pornophotos, sondern nackt und handfest auf der Bühne«, so »daß es einem nur so kribbelt«), mit angestrengter Ironie herge-zogen, aber ebenso über sämtliche Attribute der Kosmetik, Mode oder des Komforts, von der Nachtcreme über die Reizwäsche bis zum »Braun-Sixtant mit beweglichen Scherköpfen« – reines Teu-

236

felszeug offenbar, das allein der kapitalistischen »Geschäftemacherei« diene und ansonsten Ausdruck der Entfremdung und Mittel der Manipulation der ausgebeuteten Massen sei.[2]

Ein kurioser Text: Nicht nur, weil ihm anzumerken ist, wie es »kribbelt«; sondern weil sein ganzes angestrengt puritanisches Raisonnement mit einem Augenzwinkern daherkommt. Kurzum, für die Schwulenbewegung trifft sicher noch viel stärker zu, was eine Teilnehmerin der ersten Heidelberger Frauengruppe rückblickend – ein wenig zur eigenen Entlastung – bemerkt hat, nämlich: »Unsere größte Tugend war die Inkonsequenz.«

So soll auch jene »Pfingstaktion '73«, zu der mit diesen puritanisch-kulturkritischen Texten eingeladen wurde, durchaus schon einen gewissen Vorgeschmack auf die heutigen »Christopher Street Day«-Paraden geliefert haben, die mittlerweile ja ein einziges Laboratorium erotischer Moden und hedonistischer Jugendstile sind. Das Zeitgemäßeste vom Zeitgemäßen also.

Tatsächlich kann man diese ganze zweite Gründungs- und Aufbruchphase um 1970 als eine der Entmischung und Differenzierung der zuvor (scheinbar) einheitlichen Bewegung sehen. Neben und inmitten der politisch-ideologischen Radikalisierungen erhielten die Impulse einer Revolutionierung der Alltagskultur, der Sozialisationsformen und Geschlechterbeziehungen im Laufe der siebziger Jahre noch einmal verstärkten Auftrieb. Die Grundform des einen wie des anderen, gewissermaßen das Basismodul, war die »Wohngemeinschaft«, jetzt abgekürzt WG. Der Begriff »Kommune« irrlichterte noch eine Weile herum, vor allem in Gestalt der ersten »Landkommunen«, verschwand aber allmählich aus dem Blickkreis.

Diese »Säkularisierung der Wohngemeinschaftsidee« (R. Mohr) hatte mit der Ausdehnung und Verallgemeinerung, aber auch der Pragmatik zu tun, die dieser Lebensform jetzt zunehmend zugrunde lag. Es bedurfte keiner feierlichen Gründungsakte und Verabredungen mehr. Die »WGs« blieben, die Bewohner wechselten – aus persönlichen Gründen wie durch politische Fraktionierungen. Trat man einer politischen Gruppe bei, zog man oft auch in eine ihrer Wohngemeinschaften ein. Auch in dieser Hinsicht dürften sich »dogmatische« und »undogmatische« Gruppen sehr viel weniger unterschieden haben, als die Mitglieder der letzteren bis heute annehmen. Tatsächlich hat auch ein Großteil der Kader, Mitglieder und Sympathisanten der »K-Gruppen« der 70er Jahre in WGs zusammengelebt, selbst wenn sie nach außen hin bemüht waren, alle Attribute des Subkulturellen und »Chaotentums« abzulegen.

Natürlich gab es dafür eine ganze Reihe ökonomisch-praktischer Gründe. Für Hauseigentümer konnte es sehr lukrativ sein, heruntergewohnte Altbauwohnungen in innerstädtischen Sanierungsgebieten solchen WGs zu überlassen, während der Zug der Zeit in die Neubauviertel vor der Stadt ging. Und ob ein türkischer Clan einzog oder eine studentische Clique, das blieb sich gleich. Allein die sprunghaft wachsenden Studentenzahlen sorgten für einen dramatisch gestiegenen Mietbedarf, der mit Dachbuden und Heimplätzen nicht zu decken war. Auf der Seite der jugendlichen Mieter trugen steigende Einkommen der Eltern, vermehrte sozialstaatliche Unterstützungen (Wohngeld, Bafög usw.) sowie bessere Nebenjobs dazu bei, daß solche Freiräume entstehen konnten.

Dahinter verbargen sich tiefgreifende soziale und lebenskulturelle Verschiebungen. So gab es in Fragen der Gestaltung des Privatlebens bereits eine erhebliche Liberalisierung des gesellschaftlichen Klimas, flankiert und erleichtert von der endgültigen Beseitigung antiquierter Gesetzesrelikte wie dem »Kuppeleiparagraphen«. Junge Paare hatten längst begonnen, gewohnheitsmäßig vor oder außer jeder eventuellen Ehe zusammenzuleben, vielfach auch mit anderen Paaren oder mit Freunden, was die jeweilige »Beziehung« zusätzlich von aller lebensgeschichtlichen Schwere entlastete, wie sie Jahre zuvor noch im geläufigen Begriff der »Verlobung« enthalten war. Die selbstverständlich gewordenen Formen der Verhütung und die ersten Schritte einer Entkriminalisierung der Abtreibung bedeuteten auch, daß die Frage, ob Kinder oder keine, auf eine Zeit irgendwann »danach« verlagert werden konnte. Kurzum, die Lebensplanungen wurden fließender. Für die große Masse der in höhere Ausbildungsgänge strömenden »jungen Erwachsenen« tat sich der Raum einer zweiten, verlängerten Adoleszenz auf – länger sogar als für die heutigen jungen Leute mit ihren berufsnäheren Ausbildungen und Studiengängen.

Die feministische Frauenbewegung haben wir, die Kommunisten in unserer hermetischen Welt, die ganzen Siebziger über nur ein paarmal aus der Nähe gesehen. So vor der großen § 218-Demonstration in Bonn im September 1975, als die autonomen Frauen mit weißbemalten Gesichtern, wildem Indianergeheul und obszönen Gesängen (wie DIE HERRSCHAFT DER SCHWÄNZE HAT IHRE GRENZE oder WIR FAHREN SCHWARZ BIS AN DEN HARZ UND SINGEN NULLTARIF) den Sonderzug enterten, den wir – oder vielmehr, den unsere Genossinnen und die von ihnen mitgetragenen »§ 218-Komitees« – in Frankfurt mühsam organisiert hatten. An der Vorbereitung und Durchführung dieser Demonstration, einer der größten ihrer Art, waren wir (der KBW) »führend« beteiligt gewesen, natürlich alle gemeinsam, Männer und Frauen. Was für ein reaktionärer Quatsch, dachten wir, daß diese wildgewordenen Kleinbürgerinnen die Frage der Abtreibung als reine Frauensache behandeln wollten (»Mein Bauch gehört mir«); daß sie überhaupt alles partout allein und selber machen wollten; oder daß sie allen Ernstes glaubten, in einer Klassengesellschaft könnten »die Frauen«, *alle* Frauen, gemeinsame Interessen haben.

Der Schock über diesen ersten richtigen Zusammenstoß mit der neuen, autonomen Frauenbewegung saß dennoch tief. Im Zentralorgan wurde entsprechend scharf abgerechnet: »Der Feminismus als eine Version des bürgerlichen Individualismus will den proletarischen Frauen einreden, statt am Kampf der Klasse teilzunehmen, ihn zu spalten und zunächst mal ihre Männer als ›Chauvinisten‹ usw. zu bekämpfen ...« Und zur Frage, warum wir bei dieser Demonstration klare Distanz zum Block der autonomen Frauen gehalten hatten, hieß es: »Wir hätten uns als kommunistische Organisation an einen Feministinnenaufzug anhängen müssen, der sich, Pop-Musik spielend, kostümiert, Farbe klecksend und ideologisch einen üblen Gestank verbreitend durch die Gegend bewegt. Oder wir hätten uns mit diesen eifersüchtigen, auf ihre Selbstdarstellung bedachten Weibern herumklopfen müssen.«[3]

Die Feindseligkeit war gegenseitig. Die Feministinnen sahen unsere Genossinnen als Polittanten, die nur nachplapperten, was die (wie sie annahmen, männlichen) ZK-Kader ihnen eingetrichtert hatten. Unsere Genossinnen sahen die Feministinnen als Blaustrümpfe, die ihrer läppischen Egozentrik frönten. Phänomenologisch unterschieden sie sich – bis dahin jedenfalls – nicht besonders. Alle bevorzugten noch einen Stil burschikoser Lässigkeit, der die Attribute kommerzieller Schönheitsvorstellungen samt Kosmetik, Fashion usw. zugunsten der natürlichen Attraktion von Jugend und Weiblichkeit verschmähte. Gewiß hatten sich einige Feministinnen früh schon ein paar schräge Accessoires zugelegt, einen großen Hut, einen bunten Schal oder ein exotisch wallendes Gewand. Bald tauchten auch die ersten hennaroten Haarschöpfe auf. Aber das war (wie jedes Photo aus dieser Zeit belegt) beileibe noch nicht die Regel. Unsere Frauen beließen es, wie die meisten andern auch, bei den Fedayin-Tüchern, der universellen Revolutionsmode der siebziger Jahre, die auch nicht ohne radikalen Chic war.

In vieler Hinsicht teilten Politfrauen und Feministinnen ohnehin noch das romantische Bild der »revolutionären Frau«, das seine eigene erotische Aura hatte. Die junge Vietnamesin im Pyjama, die einen gefangenen US-Piloten vor sich hertrieb; die wunderschöne Guerillera in Oman-Dhofar, die mit ihrem Gewehr im Arm einer Instruktion vor dem Kampf lauschte; Leila Khaled mit einer MP, das palästinensische Supermodel unter den Flugzeugentführerinnen; Angela Davies und die Black-Panther-Frauen mit ihren Afro-bomben; oder die schwarzgekleideten Landbesetzer-Frauen in einem imaginären südlichen Land, die rote Fahne gegen Polizei oder Militärs schwenkend – das alles waren Bilder von Traumfrauen der etwas anderen Art.

Überhaupt stimmt das Bild von der Trennung in Feministinnen und Politfrauen für die ersten Jahre nur bedingt. In den ersten Frauengruppen und -zentren arbeiteten anfangs noch viele anderweitig politisch Organisierte mit, die hier ihr spezielles politisches Arbeitsfeld sahen. Irgendwann lief es allerdings auf eine Entscheidung hinaus: Entweder wurden die Frauen vom Sog der feministischen Sezessionsbewegung erfaßt, oder ihre ewige politische Agitiererei wurde als unvereinbar empfunden – dann wurden sie ausgeschlossen. Oder sie gründeten (wie wir in der § 218-Kampagne) eben eigene Komitees und Gruppen, in denen oft eine Menge unorganisierter Frauen, Gewerkschafterinnen, weiblicher Juso- und SPD-Mitglieder etc. versammelt waren, Frauen anderen Typs, als man sie in der engeren »Frauenbewegung« fand. Es gab natürlich Überläuferinnen hin und her, in erster Linie sicher nach der Seite der

»frauenbewegten« Frauen, die eine zunehmende Attraktion entfalteten, obwohl sie unter ihren weiblichen Altersgenossinnen auch manche Aversionen weckten.

Umgekehrt waren auch die auf Sezession ausgerichteten Feministinnen anfangs noch einer eigenen hochpolitischen Revolutionsrhetorik verhaftet. In den Programmtexten einer der frühesten und bekanntesten autonomen Frauengruppen – BROT UND ROSEN in Berlin – bedeutete die Anklage des »Sexismus« (definiert als »Frauenunterdrückung«) nur eine Verschärfung aller gängigen Vorwürfe gegen den Kapitalismus. Ob Ausbeutung der Arbeitskraft, Zerstörung der Gesundheit, sexuelle Unterdrückung oder hoffnungslose Vereinzelung – alles das traf die Frauen, hieß es, doppelt und dreifach.

Das Gemälde, das da entfaltet wurde, war ungeheuerlich: Die Geschichte des patriarchalischen Kapitalismus war die Geschichte eines langen *Genozids* an den Frauen, durch Kriege, Vergewaltigung oder Hexenverbrennung, mittels derer das Wissen der »weisen Frauen« über Verhütung, Abtreibung und Geburt vernichtet werden sollte. Die »Kirchen als älteste, größte und bestorganisierte Verbrecherorganisation aller Zeiten« konnten noch immer ihr Unwesen treiben – statt daß sie als grundgesetzwidrige Organisationen verboten wären! Die Ärzte und ihre Verbände (eine Art akademischer Metzgerinnungen) waren nur die brutalen Handlanger der kapitalistischen Ausbeutung und patriarchalen Okkupation des weiblichen Körpers, der zum Sexobjekt und zur Gebärmaschine gemacht wurde. Dabei waren Kinder im Kapitalismus nichts weiter als »ein toter Kostenfaktor«. Diese Gesellschaft bürdete sämtliche Kosten den Eltern auf, für die deshalb Kinder »eine Katastrophe« waren. Deshalb mußte »mit gesetzlichen Mitteln dafür gesorgt werden, daß noch Kinder geboren werden« – per staatlichem Gebärzwang mittels § 218. Soweit aber verhütet werden durfte, sollten die Frauen gefälligst die »Pille« schlucken, mittels derer sie den Männern allzeit sexuell verfügbar gehalten wurden, um den Preis schwerer Gesundheitsrisiken durch hormonelle Verstümmelung.

Für die Frauen von BROT UND ROSEN stand daher axiomatisch fest, »daß es keinen Feminismus ohne Sozialismus geben kann und keinen Sozialismus ohne Feminismus«. Der Marxismus stand zur Frauenbewegung keineswegs im Widerspruch, sondern wurde nur von männlichen Marxisten gegen die Frauen in Stellung gebracht. Statt dessen kam es darauf an, den Begriff des Sozialismus aus der Perspektive der Frauen radikal zu erweitern und neu zu entwerfen. So mußten zum Beispiel alle »durch Kinder entstehenden Kosten von den einzelnen Eltern weg auf die Gesellschaft gelegt« werden. Hausarbeit war wie Lohnarbeit zu bezahlen. Gesamtgesellschaftlich gerechnet, standen den 72 Mrd. Arbeitsstunden von Frauen pro Jahr ganze 43 Mrd. Arbeitsstunden von Männern gegenüber. Und dafür spielten diese Drohnen sich auch noch als die »Ernährer« auf!

Es bedurfte demnach einer gewaltigen gesellschaftlichen Umschichtung und Sozialisierung. Für dieses Programm – so hätte man schlußfolgern müssen – galt es, die Frauen als die schweigende, größere Hälfte der Gesellschaft, die das eigentliche Proletariat verkörperte, zu mobilisieren und in den Kampf zu führen. Im zitierten Text wurden dafür allerdings keinerlei politische Strategien oder Vorstellungen entwickelt. Sämtliche praktischen Konsequenzen konzentrierten sich auf eine organisierte Selbsthilfe in Sachen Sexualität, Verhütung und Abtreibung. Kurzum, aus dem ganzen ungeheuren Tableau von kapitalistischer und patriarchaler Ausbeutung, Entrechtung, Verstümmelung und Vernichtung wurden im wesentlichen *gynäkologische* Maßnahmen und Schlußfolgerungen abgeleitet.[4]

Etwas anders war das bei der FRAUENGRUPPE IM REVOLUTIONÄREN KAMPF. Einem ihrer Grundsatzpapiere von 1972 zufolge war eine zu schaffende »revolutionäre Frauenbewegung« prädestiniert, im Kampf gegen das kapitalistische Ausbeutungssystem »zur vorantreibenden Kraft« zu werden, das heißt zur *eigentlichen* Avantgarde. Und zwar deshalb, weil sie »von vornherein durch ihren übergreifenden Charakter auf die gesamten Lebensbedingungen des Proletariats« verwies. Als die ausgebeutetsten und unterdrücktesten Elemente des Proletariats seien die Frauen auch die revolutionärsten, während die proletarischen Männer »die Ideologien … von Sozialpartnerschaft, Gemeinwohl usw.«

verbreiteten, also natürliche Reformisten und Opportunisten waren, die die Frauen patriarchal bevormundeten und vom Kampf zurückhielten. Daraus eben ergab sich die Notwendigkeit einer »autonomen revolutionären Frauenbewegung«, weil die Proletarierinnen erst in diesem Rahmen in der Lage sein würden, ihre vermeintlich »privaten« Probleme als gesellschaftliche zu erkennen. Nicht einmal die LOTTA-CONTINUA-Genossen hätten kapiert, »daß die Frauen das vorwärtstreibende Element im Angriff auf die Herrschaftsstrukturen im Proletariat sein werden«.[5]

Das Papier diente vor allem zur Legitimation der Sezession der RK-Frauen von der männlichen Hauptgruppe. Zeitweise gingen einige von ihnen in Betriebe, wo vornehmlich Frauen arbeiteten, wie beim Neckermann-Versand oder in den Großraumbüros der Allianz, um dort eigene Frauenbetriebsgruppen als Kerne der angestrebten autonomen proletarischen Frauenbewegung zu bilden. Die Erfahrungen dort waren vielleicht noch ernüchternder als alle übrigen Bemühungen, »revolutionäre Betriebszellen« zu bilden.

Möglicherweise war der ultrarevolutionäre Avantgardismus der RK-Frauen mit ihrer Logik der Übertrumpfung aber auch nur die Camouflage einer ganz anderen, weitaus persönlicheren Konfliktdynamik. Jedenfalls blieb es nicht bei der politischen Unabhängigkeitserklärung. Sondern die Frauen begannen, sich nach und nach auch aus den gemischten Wohngemeinschaften in getrennte »Frauen-WGs« zurückzuziehen – was aus den Hinterbliebenen notgedrungen »Männer-WGs« machte. Kurzum, die Szene wurde je länger, je mehr von einer Welle der sexuellen Segregation erfaßt. Das war allerdings auch eine explizite Reaktion auf die homophile Männerbündelei, die die informellen Machtstrukturen und das fetischisierte Militanzgehabe des RK prägte.

In Heipe Weiss' Genrebildchen wird die ganze Geschichte der Frankfurter Sponti-Gemeinde um die der Fußballmannschaften und -turniere herumgebaut, die ihren Kern bildeten.[6] Anfangs (1969) spielten die Roten Zellen noch hippiemäßig barfuß, Jungs und Mädels miteinander. Dann trennte sich die Spreu vom Weizen, und nicht zuletzt mit Joschkas Auftauchen 1970 sei die Bolzerei schon härter geworden. Man trug jetzt mindestens Turnschuhe. Die letzten Frauen zogen sich von diesem »blöden

Männersport« zurück. Sollten die Typen sich doch die Fresse polieren!

Dann kamen die Zeiten der »Häuserkämpfe«, der »Putzgruppe« und der Straßenmilitanz, mit Helm und »Sackschutz«. Kurzlebige Versuche, eine eigene »Frauenputzgruppe« aufzustellen, scheiterten unter dem verstohlenen Gegriene der männlichen Genossen. Frauen mit Sackschutz waren ja wohl auch ein Widerspruch in sich. Derweilen wurde der Fußball reiner Kampfsport, Training für die nächste Bataille. Mann trug jetzt Stollen unter den Schuhen und war in gehobener Weise nach festem allsamstäglichem Ritual unter sich. Wie es in einem Lied von Qualtinger heißt: »Die Weiber die hamma nachhaus expediert und war'n, wie man so sagt, après ...« Noch standen die Aktien an der erotischen Wochenendbörse für die Straßen- und Rasenkämpfer nicht schlecht. Vielleicht erhöhte die sexuelle Segregation sogar eine Zeitlang die erotische Spannung. (Hier differieren die Berichte.) Noch wollten die Frauen auf die »Typen«, wie sie jetzt hießen, nicht ganz verzichten.

Manche versuchten, phallisch mitzuhalten. Barbara Köster zum Beispiel, eine Soziologin und RK-Frau, die »damals auf einem ziemlich körperlichen Trip« war, lebte nach ihrem Rausschmiß bei Opel noch eine Zeitlang in Rüsselsheim als Braut in einer Rockergang – so wie andere Frauen damals zu den Rastas nach Jamaica zu fahren begannen. Diese Rüsselsheimer Rocker, die sich im autonomen Jugendzentrum die Platzherrschaft erkämpft hatten, »sahen toll aus, waren gewalttätig und mit einer Energie geladen, die sehr positiv hätte werden können«. Sie kamen in die Disco, und »dann sagten sie: ›Macht Platz, die Frau will tanzen‹, und ich tanzte«. Das, sagt sie, habe sie besonders geliebt.[7] Noch ihr erinnernder Blick bleibt ethnologisch, wie der von Margret Mead auf Samoa oder der von Leni Riefenstahl bei den Nubas.

Was die Männer – vor allem in der Sponti-Szene – dann allerdings schwer mitnahm, war die nächste Stufe einer radikalen Verweigerung, die in der Frauenbewegung 1974/75 einsetzte. Die Frauen kamen nicht nur nicht zurück, sie schlossen sich noch hermetischer ab und entdeckten theoretisch, literarisch und praktisch ihr Lesbentum. Das ging, jedenfalls in Frankfurt, mit der letzten Phase einer »Massenmilitanz« und dem darauf folgenden metaphysischen Katzenjammer in höchst sinnfälliger Weise parallel. Matthias Beltz und Klaus Trebes gaben diesen Stimmungen in wundervoll verquerer Weise Ausdruck, als sie schlitzohrig verkündeten: »Die Erlaubnis, phantasievoll zu onanieren, bedeutet nicht aufopfernde Rücksichtnahme auf Frauen, sondern kann bedeuten, sexuelle Herrschaft über Frauen gar nicht mehr ausüben zu wollen.«[8] Auch die Männer kamen also, wenn's sein mußte, allein zurecht.

Joschka Fischer ging da schon weiter. In seinem (mittlerweile vielfach zitierten) Autonomie-Aufsatz von 1977 gab er der Krise des narzißtischen Eigenbildes eine – zumindest vordergründig – fundamental-feministische Deutung. In allen historischen Revolutionen von Rußland bis Kuba und zuletzt Vietnam, schrieb er, hätte am Ende immer nur »die schwarze Hälfte des Himmels« gesiegt, die Männer. Auch der Militantismus der eigenen Sponti-Szene, diese »Typen-Militanz« mit ihrer Lust am Schlagen und Kämpfen, sei klar sexistischen Mechanismen gefolgt. Stalin zum Beispiel sei genau »so ein Typ wie wir« gewesen, und zwar »im wahrsten Sinne des Wortes eben auch ein Typ«, ein Mann.

Und also sprach der vom Saulus zum Paulus Gewendete mit großer, dramatischer Geste zu seinen Mitgenossen: »Was bleibt dir also anderes, ... als dich auf diese, unsere Männlichkeit selbst vernichtende radikale Kritik der Frauenbewegung und schweigenden Kinder einzulassen ... Es gibt ja keine andere Wahl, Bruder: Entweder schaffen wir's, die Macker und Gewaltmuftis, auf die andere Seite der Barrikade zu kommen, zu den Frauen und Kindern, oder wir gehen ... an unserer herrschenden Männlichkeit zugrunde.«

Ja, er spürte es genau: Sogar Sexual- und Massenmörder waren nur Widergänger seiner selbst – »irgendwo hängt das als Typ in dir drin«. (Also: Der Hitler-Stalin in uns.) »Jeder Genosse werde wohl selber wissen, wie kaputt Mann wirklich ist, wie kaputt seine Sexualität, seine Phantasie, seine Fähigkeit, gewaltfreie Beziehungen einzugehen.« Nun hätten die Frauen »eine ziemlich radikale Konsequenz aus ihrer Kritik an uns gezogen (und ziehen sie noch): Sie lösen sich von uns, trennen sich, wollen mit uns nichts mehr zu tun haben«. So bleibe den verbliebenen Männern auch »nur ein Weg: Die Trennung von uns selbst«.[9]

Wie ernst oder unernst dieses ausgiebige Bad in der Lauge einer radikalfeministischen Kritik wirklich zu nehmen war, bleibe dahingestellt. Immerhin war der Aufsatz ein höchst zeitgemäßer Reflex einer kurzen Dominanzphase feministischer Ideologien (etwa von 1975 bis 1978, bevor das Ökologie-Paradigma das Szepter übernahm). In den feministischen Fundamentalschriften wurde die Totalkritik des Kapitalismus durch eine noch totalere Kritik des Patriarchats überlagert und schließlich ganz ersetzt. Die dialektische Widersprüchlichkeit des historischen und gesellschaftlichen Prozesses wurde abgelöst von einem erdrückend monokausalen, ein-eindeutigen Bild der Welt und der Geschichte, worin nichts mehr regierte als die blanke physische oder die versteckte psychische Gewalt des global herrschenden Geschlechts.

Das floß zusammen zum Bild eines »Krieges, den sie, die Männer, die Mächtigeren, alltäglich gegen uns führen«, wie Alice Schwarzer verkündete. In der Frauenfrage sollte daher nun jede andere gesellschaftliche Frage aufgehen. Denn nichts sonst, »weder Rasse noch Klasse, bestimmt so sehr ein Menschenleben wie das Geschlecht«.[10] In diesem permanenten, völlig einseitigen Krieg der Geschlechter bildeten »Männer und Frauen zwei Nationen auf einem Boden«. Eine »patriarchalische Weltzivilisation« war seit zwei Jahrtausenden dabei, die ursprünglicheren, dem Leben und der Natur zugewandten weiblichen Kulturen zu unterdrücken und notfalls auszurotten.[11] »So wie im Dritten Reich der physischen Vernichtung von Millionen Juden eine Propaganda vorausging, die jüdische Menschen als Untermenschen zeigte, so geht der Ausbeutung und Schändung von Frauen in einer patriarchalischen Gesellschaft ihre Darstellung als Objekt voraus: das allzeit benutzbare, verfügbare, mißbrauchte Geschlecht.«[12] Der Vergleich mit dem Holocaust erschien den Autorinnen dieser Texte beileibe nicht übertrieben, *im Gegenteil*: Dieses andauernde »Töten von Entwicklungsfähigem, das Abtöten von Kreativem, das Vernichten von Geistigem, die Ausrottung des Lebendigen in Millionen und Milliarden Frauen heute und durch unsere ganze Geschichte hindurch«[13] war offenkundig *das* Verbrechen der menschlichen Geschichte schlechthin.

Nahm man diese Theorien beim Wort, waren sie womöglich noch hermetischer und totaler, um nicht zu sagen: *totalitärer*, als es jede noch so radikale Rassen-, Klassen- oder Imperialismustheorie hätte sein können. Wo *nichts* als Gewalt, Roheit, Mißbrauch, allenfalls Verführung herrschte, da hätten wohl die extremsten Maßregeln geboten und gerechtfertigt sein müssen. Valerie Solanas »Manifest zur Vernichtung der Männer« hatte das zumindest provokativ ausgesprochen. Aber mehr als ein Bestseller war das natürlich nicht, verstärkt allenfalls durch die expressive Kunstgeste eines Attentates – ausgerechnet auf Andy Warhol, das pure Negativ eines Mannes.

Was nur schlagend deutlich machte, daß die radikalen Feministinnen keine politischen Aktionen, Strategien, Gesellschaftsvorstellungen vorschlagen und entwickeln konnten oder wollten, die annähernd der Radikalität ihrer eigenen Diagnosen entsprochen hätten. Zwar konnte Alice Schwarzer logisch deduzieren, die Frauenfrage sei »mehr als eine Frage des Bewußtseins: Sie ist auch und vor allem eine Frage der Macht, das heißt letztendlich: eine Frage der Gewalt«.[14] Aber jenseits dieser dräuenden Feststellung ging's nicht weiter. Die Konsequenzen waren weder materiell noch ideell auszubuchstabieren.

Abgesehen von den üblichen Mitteln demokratischer Lobbypolitik mit Demonstrationen, Flugblättern, Zeitungen, Wahleinmischungen usw. blieb nur die Organisation der Frauen selbst, nicht in Form traditioneller Verbände oder Parteien, sondern in Gruppen, die sich zunächst und vor allem der eigenen »Bewußtmachung« widmeten. Für das, was bei den Amerikanerinnen *consciousness raising* hieß, bürgerte sich der Begriff »Selbsterfahrung« ein, der der Sache näherkam. Das konnte durchaus mit einer Art »Schulung« wie bei den revolutionären Politgruppen beginnen. Man studierte Texte und betrieb »Theoriebildung«. Aber wo die Politköpfe sich darin ergingen, revolutionäre politische Programme und Parolen zu entwerfen oder hypothetische Umsturzszenarien in die blaue Luft zu zeichnen, da handelte es sich bei den Frauen unmittelbar um sie selbst. Der gesellschaftliche Widerspruch, den sie beschrieben, saß in ihrem engsten Lebensumfeld, in ihren eigenen, intimsten Beziehungen und Empfindungen. Alle Analogien zu den Klassen- oder Rassenkämpfen versagten hier vollständig. Und wenn sie bei Shulamith Firestone lasen, daß »die feministische Revolution nicht einfach auf die Beseitigung männlicher Privilegien, sondern der Geschlechtsunterschiede selbst zielen« müsse, dann blieb ihnen – angesichts der notorischen Unreformierbarkeit der Männer – erst recht nur, bei sich selbst anzufangen.[15]

Unter den verschiedenen Versuchen, diese Konflikte literarisch zu verarbeiten und zu gestalten, ragen Verena Stefans »Häutungen« heraus, die 1975 in einem der ersten Frauenverlage veröffentlicht wurden und eine gewaltige Resonanz fanden (135.000 Exemplare binnen eines Jahres, völlig abseits des regulären Buchhandels und Medienbetriebs). Das Büchlein mit dem Untertitel »Autobiographische Aufzeichnungen – Gedichte – Träume – Analysen« (nach Format und Charakter ein klassisches Kopfkissenbuch) ist jenseits aller melodramatischen Selbstinszenierungen von einer radikalen Konsequenz, die jeden Spott verbietet. Was da in den Widerschein eines Höllenfeuers gerückt und als »Schrecken der Sexualität« geschildert wird, sind die Frustrationen und Verletzungen einer Adoleszenz – allerdings in den Zeiten der politischen Jugendbewegung mit all ihren entgrenzten Glücks- und Unglückserwartungen. Die Heldin (die Autorin) hatte ursprünglich »über sexualität die auseinandergerissenen zusammenhänge von kopf bis fuß neu erahnen« wollen. Als feministisch erweckte Frau spürte sie »ein meer von angestauten orgasmen in sich, das sie zu keinen lebzeiten wird ausgießen können«.[16]

Aber umgeben von einer verschweinten Männerwelt, die aggressiv nach ihr grabscht und sie bedrängt, kann sie nur »unter der schirmherrschaft eines einzelnen mannes ... die bedrohlichkeit der andern« für einen Moment vergessen.[17] Sie wirft sich in eine Reihe von Liebesbeziehungen – so zu einem Schwarzen, einem Black Panther, den sie bewundert, weil er »seinen körper mehr als die meisten weißen (bewohnte)«, aber der sie nur chauvinistisch benutzt. Hier lernt sie ihre erste Lektion: »sexismus geht tiefer als rassismus als klassenkampf.«[18] Dann liebt sie einen weichen marxistischen Intellektuellen, der ihr verbal weit entgegenkommt, aber sich mit ihrem immer strikteren Feminismus (sie ist mittlerweile eine der Mitgründerinnen von BROT UND ROSEN geworden) nicht ernsthaft auseinandersetzen mag. Und außerdem bleibt immer

»dieser verfluchte genitale ernst, den ich nie verstanden habe«.[19] Während er seine »verkümmerung« (so nennt sie den männlichen Samen) in sie entleert, bleibt sie kalt. Der Koitus bleibt »ein zu ärmliches Unterfangen, um Glück zu produzieren«. Es fehlt die tiefe innere Verbindung. Also beginnt sie sich auch von ihm zu entfernen – unter Elendsqualen, die sie als *Entzugserscheinungen* deutet: »ich setze die droge sexualität ab ... ich bin mir wichtiger.«[20]

Das ist Teil des bewußten Experiments, »in eine andere haut zu schlüpfen«, d.h. mit Haut und Haaren in einer Welt des eigenen Geschlechts zu leben, die sich bei ihr freilich weniger bunt, laut und überdreht ausnimmt wie in Fellinis »Stadt der Frauen« – sondern eher schmerzensreich und gedämpft. »ich wollte zu ende denken, was geschehen würde, wenn frauen sich von männern lossagten.«[21] Ohne originäre lesbische Neigung, versucht sie die »genitale Fixierung«, die sie als »abrichtung« glaubt verstanden zu haben, sich rigoros *abzutrainieren* und, wenn überhaupt, eine ganz neue Form weiblicher Sexualität zu suchen, die »keine ersatzsprache für alles unausgesprochene« ist, sondern die der »mütterlichkeit« als universeller, zweckfreier Zärtlichkeit wieder ähnlich wird.[22]

Ob ihr das gelingen wird, ob sie wenigstens das zu werden vermochte, was im schnöden Szenejargon eine »Bewegungslesbe« hieß, bleibt offen. Eher erscheint das Eintauchen in die Frauenbewegung als Rückkehr in den schützenden Mutterschoß, d.h. in einen *vorsexuellen* Zustand. Wichtig ist nur die Schlußfolgerung, die allerdings höchst zeitgemäß war: »der mensch meines lebens bin ich.«[23]

»Häutungen« ist ein todtrauriges, hochneurotisches Buch, das in seinem spätexpressionistischen Duktus außerhalb seiner Zeit und seines engeren Kontextes vollkommen unlesbar geworden ist. Aber damals war es eines der Kopfkissenbücher einer Frauengeneration, die intime Geschichte einer »Selbstfindung«, die vor allem eine neue, große Verweigerung ist: »das wichtigste, was ich formulieren lernte, war das wort *nein*.«[24]

Natürlich war es mit dem radikalen Feminismus wie mit allen Ideologemen der Neuen Linken: Sie wurden nur selten so heiß

gegessen wie gekocht. Etwas ganz anderes kam aber dazu: nämlich, daß die notgedrungene Wendung der Frauen zu sich selbst
und ihren Belangen eine – anfangs verstellte, dann immer offe-
nere – Auseinandersetzung mit den eigenen Motiven und Lebensfragen war. Mochten sich die Großtheorien am feministischen
Weltanschauungshimmel noch so türmen und mit Titeln wie
Hammerschlägen gegenseitig überbieten: »Sexus«, »Das andere
Geschlecht«, »Der weibliche Eunuch«, »Frauenbefreiung und
sexuelle Revolution« – die Frauenbewegung stand fest auf dem
Boden höchst realer Probleme. Darin lag sicherlich ein Moment
ihres unglücklichen Bewußtseins. Aber diese soziale Bodenhaf-
tung unterschied sie am Ende – sehr zu ihrem Vorteil – von den
meisten andern radikalen Bewegungen in diesem langen roten
Jahrzehnt.

Die Selbst(er)findungsversuche der Frauen konnten wie die
Revolutionsspiele der Männer in nicht wenigen Fällen auf Kosten
der Kinder gehen.* Aber das »Leben mit Kindern« gehörte von
Anfang an zu den Zentralthemen der Frauenbewegung. Von den
»Kinderläden« hatte sie vielfach überhaupt ihren Ausgang genommen. Damit kam ein Element sozialer Verantwortung ins Spiel, das
dem Autismus und Narzißmus dieser radikalen Jugendbewegungen
sofort ein Stück weit entgegenstand. Nicht umsonst hatten sich die
frühesten Kritiken an der großspurigen Sprach- und Verantwortungslosigkeit der linken Bewegungsmänner entzündet. In diesem
Sinne war die Frauenbewegung weniger eine Parallelbewegung als
von vornherein eine faktische *Antithese* zur radikalen Linken und
ihren Attitüden eines berufsrevolutionären Totalengagements.

(*) Michel Houllebecqs pamphletistischer Roman »Elementarteilchen«, der sich
(mit autobiographischem Hintergrund) als Generationsdrama der von den
Wirren der »sexuellen Revolution« ausgespuckten, von der Mutter verlassenen
Kinder darstellt, behandelt in Wirklichkeit ein Thema, das ebensogut die
Gebrüder Mann achtzig Jahre zuvor beschäftigt hat, deren Mutter mit einem
Liebhaber durchgebrannt war. In Houllebecqs Fall taucht die Mutter der beiden Halbbrüder Michel und Bruno Anfang der sechziger Jahre im kaliforni-
schen Esalen, in einer der »auf der Grundlage von sexueller Freiheit und dem
Gebrauch psychodelischer Drogen« gegründeten Kommune unter und führt
auch danach eine Boheme-Existenz. Das Ganze ist eher eine Jet-Set-Geschich-
te unter Filmemachern und Schönheitschirurgen, ohne spezifischen Bezug auf
»68« und auf das, was als »Frauenbewegung« bezeichnet wird.

Da ich in dieser Zeit auf der anderen Seite stand, eben der eines imaginären berufsrevolutionären Totalengagements, bin ich (mit Joseph Roth zu sprechen) »nicht begabt«, über das wirkliche Leben in der Frauenbewegung zu berichten. Statt dessen mag der reflexive Bericht der Mitgründerin einer Heidelberger Frauengruppe etwas vom Lebensgefühl dieser Zeit, den Motivationen der Akteurinnen, den inneren Spannungen der Gruppe in ihrem politischen Umfeld usw. vermitteln. Man versteht dann besser, daß eine »Bewegung« nur aus Lebensanteilen und -energien einzelner Personen besteht, die sich in der Zeit ihrer Teilnahme selbst verändern.

Die Geschichte beginnt im November 1972. Sechs Frauen treffen sich im selbstverwalteten Collegium Academicum (CA), einer Hochburg der Heidelberger Studentenbewegung. Eine vage Idee von »Women's Lib« steht im Raum, und die Überrepräsentanz ausländischer Frauen (Schweiz, Polen, USA) hat von vornherein etwas zu tun mit Gefühlen des Fremdelns gegenüber der politischen Bewegung, die draußen die Szene beherrscht und in der die angehenden KBW-Matadore dominieren. Der Widerwillen gegen die Strukturen und Umgangsformen der Linken, sagt die Berichtende, sei eigentlich das primäre Motiv, der emotionale Impetus zur Gründung der Gruppe gewesen. Genauer gesagt: die Zumutung der äußerst uncharmanten, nötigenden Umgangsformen der Politmacker gegenüber den Frauen – und die eigene Unfähigkeit, sich gegenüber derartigen Zumutungen entschieden genug zu behaupten.
Dieser Widerwille äußert sich zunächst in der Zurückweisung jener bekannten Hierarchie von »Hauptwiderspruch« und »Nebenwidersprüchen«, wie sie der Klipp-Marxismus der »Lohnarbeit und Kapital«-Schulungen stereotyp verkündet. Die Frauen als »Nebenwiderspruch«?! Was bilden diese Burschen sich eigentlich ein! Auch das Ansinnen an die entstehende Frauengruppe, sie könne ja »eigene Marx-Schulungen« einrichten, kann den Damen gestohlen bleiben. Sie haben durchaus keine Lust, den linken Gruppen geschulte Genossinnen zu liefern. Sie werden die ganzen ollen Kamellen zur »Frauenfrage« im Sozialismus – von Engels über Bebel bis Zetkin – überhaupt beiseite legen. Simone de Beauvoir, Germaine Greer, Kate Millett, Shulamith Firestone – das sind die Texte, auf die

es ankommt. Die feministische Frauenbewegung ist eine Welt für sich, Messieurs! Sie braucht euch und eure Klassiker nicht.

Das erste Aktionsfeld ergibt sich von selbst – die Kampagne gegen den § 218. Das strafrechtliche Verbot der Abtreibung war eben kein Fall von »sozialer Unterdrückung«, sondern von Unterdrückung der Frau. Wenn die Genossen das nicht verstehen – ihr Problem. Man macht seine eigenen Flugblätter, Lieder, Straßentheater, und es gibt einen regen Zustrom von aktionswilligen Frauen. Aber die Auseinandersetzungen verlagern sich jetzt auch in die Gruppe. Die feministischen Gründerinnen treffen auf sozialistischen Widerspruch in den eigenen Reihen. Die Parolen gehen ja quer durch die Republik. REICHE KÖNNEN NACH ENGLAND FLIEGEN, ARME MÜSSEN AUF DEM KÜCHENTISCH LIEGEN – ist das wirklich die Situation? Die Sozialistinnen sagen, die Frauenbewegung dürfe die Klassenbewegung nicht spalten. Die Feministinnen sagen, irreale soziale Spaltungslinien verhindern nur die Solidarisierung der Frauen in dieser Frage. Ihre Parole heißt rigoros: MEIN BAUCH GEHÖRT MIR. Jedenfalls soll es um das Selbstbestimmungsrecht der Frau in dieser Frage gehen.

Es sind gerade die vielfachen Anfeindungen aus dem umgebenden linken Milieu, die die Feministinnen dazu bringen, nach amerikanischem Vorbild »Selbsterfahrungsgruppen« zu bilden. Es ist eine emphatische Beschäftigung mit sich selbst. Tabus gibt es keine: Menstruation, Entjungferung, sexuelle Vorlieben – alles Aspekte des noch recht jungen Frauenlebens werden ausführlich durchgenommen. Um so befriedigender ist es, daß man diese intensive Selbstbezogenheit mit dem Bewußtsein verbinden kann, besonders revolutionär zu sein! Denn revolutionär wollte man natürlich unbedingt sein. Gerade auch wegen des bösen Gezischels ringsum, daß das alles nur »kleinbürgerliche Selbstbespiegelung« sei.

Um so stärker der Drang, durch Aktionen sich auch als »militant« zu erweisen. So wird eine Heidelberger Modenschau zum Objekt eines turbulenten Go-ins, obwohl sie eigentlich nur ein kümmerliches Ersatzobjekt für die überall in den USA und in etlichen Orten der Bundesrepublik gesprengten »Miss-Wahlen« ist. Das Ziel dieser Aktionen ist der Kampf gegen die öffentliche Darbietung des weiblichen Körpers in der Öffentlichkeit, die als »sexploitation« angeprangert wurde. Die Parolen sind in freiem Versmaß gehalten: WIR SIND NICHT LIEB, WIR SIND WÜTEND, WIR SIND NICHT SÜSS, WIR SIND SAUER, WIR BRAUCHEN KEINE FLEISCHBESCHAUER.

War das nun puritanisch, blaustrümpfig, sogar »biologistisch«, wie viele Linke befanden? Ein Angriff auf die sexuelle Befreiung? Jedenfalls markierten diese Aktionen einen Bruch mit den herrschenden Paradigmen der politischen Szene. Meine Gewährsfrau findet auch heute noch, daß der Angriff auf die Intimsphäre, den die permanente Zurschaustellung weiblicher Körper bedeutet, solche Aktionen historisch gerechtfertigt hat, auch wenn sie heute völlig donquichottisch erscheinen.

Noch größer war der Schock für viele Linke, als die Frauengruppen begannen, vehement die Pille abzulehnen, die es doch seit ein paar Jahren erst frei zu kaufen gab. Ja, wollten sie wieder das Mittelalter der Kondome einführen, das »mann« gerade hoffte überwunden zu haben? Die Frauen sagen kühl: Und wieso nicht? Wieso wir und nicht ihr? Für sie war die Pille jetzt geradezu der *Inbegriff* der »Phallokratie« geworden, dessen Gegenstück die universelle Verfügbarkeit der Frauen war. Als Revanche gegen die eben erlittenen Gefühle von Ohnmacht und Unterordnung spielte man jetzt Lysistrata, machte sich rar, gab sich höchstens in kleinen Dosen her an das andere Geschlecht, das dabei selbst Vorsorge zu treffen hatte.

Manches aus dieser Zeit treibt der Gewährsfrau heute die Schamröte ins Gesicht, besonders die exzessive Art, sich nach der Devise »Das Private ist politisch« in holperigen Parolen zu exhibieren: FRAUEN ZERREISST EURE KETTEN, SCHLUSS MIT OBJEKTSEIN IN BETTEN, FRAUEN GEMEINSAM SIND STARK! Oder: MANCHE MÄNNER SAGEN FRAU UND MEINEN MÖSE, DIE WERDEN RADIKAL BEKÄMPFT!

Am besten standen jetzt natürlich die Lesben da, die diese »schwanzfixierte Penetrationssexualität« längst abgesetzt oder gleich verschmäht hatten und den kolonialisierten Heterofrauen vorrechneten, daß sie sich noch immer opportunistisch mit den Unterdrückern zu arrangieren suchten. Ein Hauch von Gesinnungsterror streifte die Gruppe. Aber, sagt die Berichtende, alles war nicht so schlimm. Was uns immer wieder rettete, war der hedonistische Impuls, der bei allem mit im Spiel war. Und vor allem unsere größte Tugend – die Inkonsequenz.

Überall in der Bundesrepublik entstehen, so wie 1974 auch in Heidelberg, »Frauenzentren«, die den feministischen Aktivistinnen Raum zur Entfaltung eigener Aktivitäten und ungestörter Diskussionen schaffen und eine endgültige, institutionelle Unabhängigkeitserklärung von der übrigen linken Szene bedeuten. Nicht selten geschieht das, wie in Heidelberg, zunächst über eine Hausbesetzung, an der sich dann Diskussionen über Militanz und Legalität entzünden. Den Frauen geht es um ihre Sache, nicht um die Konfrontation als solche – was zu heftigen Vorwürfen und weiteren Entfremdungen führt.

Am Ende jedenfalls gibt es in Heidelberg so wie anderswo eine legale Einrichtung, eben ein FRAUENZENTRUM, das sich mit Fragen von Kinderbetreuung, medizinischer Beratung, Hilfe bei Abtreibungen usw. befaßt. Um dieses Zentrum herum bildet sich wie in nahezu allen größeren oder kleineren Orten eine ganze, eigene Frauenszene mit Frauen-WGs, Frauenbuchläden und Frauencafés, regelmäßigen Festen und einer jährlichen Walpurgisnacht-Demo. Eine ganze Reihe rasch expandierender Frauenverlage hat sich derweilen aufgetan, an erster Stelle die FRAUENOFFENSIVE in München, die mit Verena Stefans »Häutungen« groß wird. 1975 entsteht mit COURAGE die erste bundesweit vertriebene Frauenzeitschrift, die sich ganz als Bewegungsorgan versteht.

Aber seltsam: Die Heldin des Berichts nimmt an alledem zwar noch teil, aber ihre Erinnerungen sind viel blasser als die an die frühe Kampf- und Aufbauperiode. Einmal etabliert, zeigt die autonome Frauenwelt ihre Nachteile und ihre kleinlichen Seiten. Manchmal erscheint sie wie eine besitzergreifende Mutter, die eifersüchtig auf das nicht unterdrückbare Interesse ihrer Töchter für die Männerwelt reagiert. Als ein starkes Symbol dessen ist ihr ein Lied in Erinnerung geblieben, eine amerikanische Folkballade, die auf einer der ersten Schallplatten mit »Liedern der Frauenbewegung« zu hören war und eine Zeitlang zum Szeneschlager wurde:

»Sing keine Lieder vor meinem Fenster, / Du weckst sonst meine Mutter auf. / Sie liegt im Bett mit einem Messer / und sagt: Nie werd ich deine Braut. – Mein Vater war ein böser Teufel, / er nutzte meine Mutter aus, / an jedem Finger eine Geliebte, / nur wenn er was brauchte, kam er nach Haus. – Trau keinem Mann, sagt meine Mutter, / sie schwören dir Liebe, doch nur zum Schein. / Erst wollen sie dich und dann eine andre / und lassen dich im Schmerz allein. – Geh nun, um mich brauchst du nicht werben, / Dein Eigentum will ich nicht sein. / Ich bin gewarnt und hab entschieden: Lieber schlafe ich allein ...«

War man, Pardon: *frau* dazu wirklich bereit? Keine Bindung, keine Kinder, keine Familie? Nichts als die Nestwärme einer flukutierenden Bewegung? Schließlich kommen mit der Zeit auch neue Interessen hinzu. Mit Abschluß der Ausbildung schält sich aus wechselnden Jobs langsam das Bild eines Berufs heraus. Auch die frauenbewegte Frau tritt in eine Gewerkschaft oder einen Berufsverband ein. Sie zieht um. Sie engagiert sich vielleicht in ganz anderen Aktivitäten – einer Bürgerinitiative, einer Hilfsaktion oder einem Protest –, die mit den früheren wenig zu tun haben.

Kurzum, für viele Aktivistinnen der aufregenden Gründerjahre wird ein bloßes Leben in der Szene bald zu eng, nicht lebbar. Man, Pardon: *frau* ist schließlich keine feministische Berufsrevolutionärin. Selbst die Leiterinnen von Frauenbuchläden oder Frauengesundheitszentren (zum Beispiel) heiraten womöglich, haben Kinder und machen ihren Beruf mit einem professionellem Einsatz, der das reine Engagement zum Teil ersetzt. Außerdem haben die großen Verlage, die Illustrierten, die Feuilletons längst die Themen der Frauenbewegung aufgegriffen. Die Grenzen zwischen Szene-Publizistik und großer Medienöffentlichkeit werden fließend. Dasselbe gilt für die große Politik. Der Feminismus wird zu einer breiten Strömung, die – ob seine Protagonistinnen es wollen oder nicht – in den breiten Strom gesellschaftlicher Veränderungen und kulturellen Wandels mit einfließt.

Ein einschneidendes Datum ist der Moment, als 1977 EMMA die Bühne betritt. EMMA ist eine Zeitschrift, die mit der Person ihrer Herausgeberin Alice Schwarzer weitgehend verschmilzt. Das Titelblatt der Jubiläumsausgabe »20 Jahre Emma« wurde denn auch allein vom Portrait ihrer Herausgeberin geziert. EMMA war Alice, Alice war EMMA. Sie war ihr eigenes Markenzeichen geworden.

Ihre relative Berühmtheit verdankte sie schon bei der Gründung 1977 im wesentlichen ihren Auftritten, Beiträgen und Büchern in den großen Medien und Verlagen, die nach dem Muster von Reiz und Reaktion funktionierten. »Eins rein, zwei zurück« hieß ihr selbstgewähltes Motto. Sie etablierte sich in einer männlich dominierten Öffentlichkeit als Provokateurin vom Dienst. Nach der erfolgreichen STERN-Kampagne »Ich habe abgetrieben« (1972) landete sie mit ihrem Buch »Der kleine Unterschied und seine großen Folgen« (1975) einen Bestseller, in keinem der neuen Frauenverlage, sondern in einem großen Verlagshaus.

Freilich war das auch Programm. Alice Schwarzer trat von vornherein (und sehr zu Recht) gegen die »Ghettoisierung des Feminismus« an. Nicht nur von den Bewegungsfrauen des Konkurrenzblatts COURAGE, auch von einem Teil ihrer eigenen Mitarbeiterinnen wurde sie allerdings je länger, je mehr als Usurpatorin empfunden. Aber mit diesen robusten Methoden und mit ihren krassen, garantiert medienwirksamen Formulierungen boxte Alice Schwarzer die »Frauenfrage« zu einem der gesellschaftlichen Großthemen hoch. Damit hat sie es schließlich zur TV-Talkmasterin und insgesamt zu jenem Typus von Prominenz geschafft, der auch im kleinbürgerlichen Verständnis die große, offizielle Gesellschaft ausmacht.

ALTE LINKE, NEUE LINKE
Die Welt der DKP, Trotzkisten, »K-Gruppen« und MG

> Der nicht-literarischen Methode, Literatur zu produzieren,
> entspricht die nicht-medizinische Methode, Kranke zu heilen,
> die nicht-politische Methode, Politik zu machen ... Authenti-
> zität besitzt solches gewiß: der Wolfsrachen des Volksredners,
> die Querschnittslähmung des Langstreckenläufers.

Ernst Jandl

Frankfurt, im Februar 1990. In einer Fechenheimer Turnhalle spielen an einem Sonntagnachmittag ein halbes Dutzend Kinder um
einen Büchertisch, auf dem »Die Wahrheit über Josef Stalin« liegt.
Dreißig Menschen mittleren, auch jüngeren Alters sitzen familiär
vor Kaffee, Mineralwasser und Bier. Enver Hodscha (dessen Denkmal in Tirana gerade gestürzt worden ist) grüßt leutselig von einem
Plakat. Eine Parteifahne mit Hammer, Sichel & Gewehr ziert die
Frontseite des Saales. Eingeladen hat die KPD (ehemals mit dem
Zusatz »ML«), die mittlerweile Mao aus der Reihe der »Klassiker«
gestrichen hat und nur noch Marx, Engels, Lenin und Stalin als solche anerkennt. Drei bleiche Mitglieder der Sektion DDR, die zusammen 20 Jahre in Honeckers Gefängnissen verbracht haben,
analysieren mit einem Unterton von Befriedigung, daß der staatliche Bonzenkapitalismus der SED nunmehr vor seinem Original,
dem westlichen Kapitalismus, kapituliert habe, so wie sie es schon
lange erwartet hatten. Aber dieser vermeintlichen Befreiung werde
eine große Ernüchterung folgen. Endlich seien die Fronten wieder
klar. Der Aufbau einer echten, revolutionären Partei der Arbeiterklasse stehe mehr denn je auf der Tagesordnung.

Begeistertes Kopfnicken, ruhiger, verhaltener Applaus. Und
ein schräger Blick von der Seite: Na, was machst *Du* denn hier?
PFLASTERSTRAND! Ah, ja ... Feines Lächeln durch runde Bril-
lengläser, Marke revolutionärer Intellektueller. – Und woher
kennen *wir* uns? – Wir waren beide vor über zwanzig Jahren
ein paar Monate in demselben Zirkel. Dann bin ich in die Partei

eingetreten. – Vor zwanzig Jahren!? O Gott, woher nimmst Du die Motivation? Auf welche Revolution hoffst Du? – Spöttisches Gläserfunkeln: Auf die Weltrevolution natürlich. Unsere Generation wird das vielleicht nicht mehr erleben. Aber im Weltmaßstab verschärfen sich die Widersprüche doch ins Ungeheure. Und wenn die Revisionisten und Opportunisten aller Schattierungen jetzt endlich einpacken, um so besser...

Ein leichtes Schwindelgefühl. »Im Winde klirren die Fahnen.« Mehr als zwanzig Jahre! Und jetzt, da ich mich an diese Szene erinnere, ist das alles bereits dreißig Jahre her. Nur wenig mehr als dreißig Jahre hat die ganze Periode der Weltkriege und Revolutionen des 20. Jahrhunderts, die im August 1914 eröffnet wurde, gedauert.

Dreißig Jahre nach 1968 trafen wir, die ehemaligen Tübinger SDSler, uns im Juni 1998 in Schwäbisch-Hall. Peter W. hatte uns eingeladen, mit einem Bild aus seinem Zyklus »Verdammt weit weg«: Eine Frau zieht einen kleinen Jungen weg, der zurückschaut, während im Hintergrund etwas brennt – nach einem Photo aus dem Jugoslawien-Krieg, wie er mir später erklärt. Peter hat mit fünfzig angefangen zu malen. Eine mit Erinnerungen gesättigte, von Assoziationen okkupierte Malerei. Sein Vater war Mitte Zwanzig, als er vor dem brennenden Leningrad lag, wo ihn eine tödliche Kugel traf. Über diese von fernen Bränden erleuchtete Szene hat der Sohn mehr als fünfzig Jahre später ein großes Triptychon angefertigt, in das er seine Kinderspielzeuge eingearbeitet hat.

An die 25 Ex-Genossinnen und -Genossen waren zum Klassentreffen erschienen. Etwa die Hälfte von ihnen (da konnte ich mich entspannt zurücklehnen) hatten in den siebziger Jahren so wie ich eine kürzere oder längere Zeit in einer marxistisch-leninistischen Aufbauorganisation mitgearbeitet, die Mehrzahl im KABD (Kommunistischer Arbeiterbund Deutschlands), der 1970/71 im Spannungsfeld Stuttgart-Tübingen gegründet worden war. Einer hatte nicht kommen können: Martin K. – an den wir uns deutlich erinnerten, ein breiter, jovialer Mensch. Jetzt schrieb er: »Lieber P., ... Ich hatte mir meine Teilnahme fest vorgenommen, aber es sind die politischen Aufgaben, die nun den Vorrang haben, auch wenn es mich sehr interessiert, was aus den Leuten geworden ist, die einmal konsequent für die Befreiung des vietnamesischen Volkes eingestanden sind und auch begannen, ... den

Kampf gegen Imperialismus und für eine befreite Gesellschaft auf-zunehmen.« (Während Peter vorliest, nicke ich etwas ein. Das funktioniert noch immer: dieser sonore Suggestivton, der dich in eine Art Trance versetzt.) »Nachdem ich 1970 dem KOMMUNISTI-SCHEN ARBEITERBUND DEUTSCHLANDS beitrat, bin ich seither aktiv am Aufbau der revolutionären Partei der Arbeiterklasse in Deutschland beteiligt, unterstützte die Gründung der MARXI-STISCH-LENINISTISCHEN PARTEI DEUTSCHLANDS (MLPD) und bin in ihr grundorganisiert. Nun seit über einem Vierteljahrhun-dert ist mein Hauptlebensinhalt der Kampf für den Sozialismus. Aus dem Niedergang der kleinbürgerlichen Studentenbewegung sowie der verschiedenen ML-Gruppen mit ihren gescheiterten Par-teiaufbaukonzepten, aus dem Zerfall der bürokratisch-kapitalisti-schen Sowjetunion und DDR konnten grundsätzliche positive Lehren gezogen werden ... Das wird Jahre, vielleicht Jahrzehnte dauern, ist aufgrund meiner Überzeugungen und Erfahrungen jedoch die einzige Alternative und Perspektive.«

Martin K. läßt uns noch wissen, daß er nach absolviertem Ökono-miestudium eine Lehre zum Betriebsschlosser gemacht und jahrelang im Stahlbau der MAN-Gutehoffnungshütte Sterkrade bei Oberhau-sen gearbeitet habe. »In dieser Zeit der gemeinsamen Arbeit meist in dreifacher Schicht und des gemeinsamen Kampfes um Arbeiterrechte habe ich feste dauerhafte zahlreiche Freundschaften mit Arbeitern ge-schlossen und bin in meinem Denken, Fühlen und Handeln mit ih-nen seither aufs engste verbunden. Auch wenn diese Knochenarbeit in Sterkrade einen Teil meiner Gesundheit raubte, bin ich doch stolz, diesen Weg konsequent gegangen zu sein. Diese Jahre gehören zu den besten und wichtigsten in meinem bisherigen Leben.«

Nicht nur in Deutschland, sondern in fast allen von radikalen Jugendbewegungen erfaßten Ländern gab es nach 1968 eine Welle von politischen Neugründungen. So entstand weltweit eine Viel-zahl rivalisierender maoistischer Bünde und Parteien, ohne daß die KP Chinas jemals den Versuch gemacht hätte, aus ihnen eine neue Internationale zu schmieden oder sie – wie es die KPdSU über ihre Parteitage und über Internationale Konferenzen zu Ideologiefragen tat – zu einem festgefügten Block von Vasallen zu formieren. Fast überall bildeten sich nach 1968 auch neue trotzkistische Gruppen und Ligen aus den Fragmenten der alten und erneuerten ihren Traum von der »Vierten Internationale«. Dasselbe gilt für anarchistische und syndikalistische Gruppen wie für die diversen Versuche der Neugründung radikalsozialistischer Parteien.

In Deutschland waren diese Neugründungen jedoch in besonderer Weise traditions- und bodenlos. Alles war hier *neo* – selbst die angeblich »traditionalistische« DKP. Man konnte das in historisch-pathetischer Interpretation natürlich auf die Verwüstungen des Nationalsozialismus zurückführen. Aber warum hatten sich in dem Vierteljahrhundert seit 1945 keine neuen Traditionen gebildet? Zwar gab es das KPD-Verbot von 1956 – das jedoch einer Partei galt, die als verlängerter Arm einer zweiten, nur mit Gewalt aufrechterhaltenen deutschen Staatsmacht jenseits der befestigten Grenze fungierte und sich dadurch selbst den Boden unter den Füßen wegzog. Andere, nicht weniger radikal auftretende Gruppen – Trotzkisten, Anarchisten, Rätesozialisten – konnten in der Bundesrepublik (anders als in der DDR) durchaus legal existieren, führten aber nur eine Schattenexistenz. Die linken Intellektuellen, die im Laufe der sechziger Jahre immer mehr an Gewicht gewannen, waren »heimatlose Linke« in weitem Sinne.

Als 1966/67 die »Rebellen von Berlin« ganz offen und fast schon obsessiv über gewaltsamen Umsturz, Bildung einer Metropolenguerilla, Abschaffung des Parlaments, Unterdrückung aller »rechten« Strömungen (wenn man es wörtlich nahm: einschließlich der SPD und der bürgerlichen Liberalen) sprachen, hielten viele die Luft an. Ja, *durfte* man das denn einfach so sagen?! Ach, man durfte längst. Und hatten sich Revolutionäre je an das gehalten, was man durfte und was nicht? Nein, das Hauptproblem der Armada neulinker Gruppen, die mit der Gründungsphase 1969/70 in der Bundesrepublik ausschwärmten, war ihre soziale und politische Bodenlosigkeit, die sich darin ausdrückte, daß es um nichts Genaues ging außer eben um das Allgemeinste: den Sturz des Kapitalismus und Imperialismus. Ihre fanatischen Theoriebemühungen liefen zum guten Teil darauf hinaus, sich ein sophistisch ausgeklügeltes Bild des Feindes zu erhalten und virtuelle historische Traditionslinien zu »rekonstruieren«.

Aber wie und warum optierte jemand wie in einer Sartreschen »Urwahl« ausgerechnet für den und keinen andern der großen historischen Ismen? Warum wurde jemand also ausgerechnet Trotzkist, Leninist, Stalinist, Maoist, DKPist, Castrist, Anarchist, Syndikalist oder sonst etwas? Und wieso schloß jemand sich dann gerade einer ganz bestimmten Fraktion, Tendenz, Gruppe oder Partei an? Schwerlich nur wegen der abstrakten Überzeugungskraft der speziellen ideologischen Doktrin, der man sich verschrieb. Vielmehr standen alle diese Optionen unter dem Wunsch oder geradezu dem Gesetz der Gemeinschaftsbildung, die sich auch als Angst äußerte, den Anschluß zu verlieren. Wo man schließlich andockte, ergab sich meist aus einem subtilen Spiel von Zufällen und Umständen, von Kontakten und Neigungen. Aber jede Gruppe, einmal konstituiert, bildete ein spezifisches Milieu oder Biotop, prägte eigene Stile und Traditionen und zog Leute eines bestimmten Sozial- und Charaktertyps nach.

Beschreibt man die linksradikale Organisationslandschaft der siebziger Jahre, blickt man auf eine nahezu feudal anmutende Musterkarte deutscher Partikularismen. Schon im SDS hatten, wie geschildert, »die Berliner«, »die Frankfurter«, »die Münchner«, »die Marburger«, »die Kölner«, »die Heidelberger«, »die Hamburger« usw. immer auch für bestimmte Tendenzen gestanden. Entsprechend bildeten die neuentstehenden Bünde, Aufbauorganisationen und Parteien sich von lokalen oder regionalen Inkubationszentren aus, die für die gesamte Dauer ihrer Existenz meist auch ihre Organisationsschwerpunkte blieben und ihrem Innenleben wie äußeren Auftreten einen leicht folkloristischen Zug verliehen. Ein Teil der Gruppen und Mini-Parteien nahm im Laufe der Jahre geradezu landsmannschaftliche Züge an, was Dialekt und Habitus betraf. Entsprechendes ließ sich auf Mikroebene in den Großstädten beobachten, in denen zwei oder drei rivalisierende Stammesverbände um die Platzherrschaft kämpften. Auch hier gab es »Hochburgen« in Gestalt bestimmter Stadtviertel, Einrichtungen, Fachbereiche usw., die den jeweiligen Gruppen, Untergruppen oder Zellen eine Patina von Lokalpatriotismus oder Cliquenstolz verliehen. Für eine politische Gründerzeit mochte das ganz normal sein. Aber nicht normal war eben diese traditionslose – und um so geschichtslastigere – Welle der

Neugründungen und der existenzielle Ernst, mit dem sie betrieben wurden.

Das Bild, das die »neukonstituierte« DKP bot, war die ganzen siebziger Jahre hindurch von einer täuschenden Übereindeutigkeit. In geradezu erstaunlicher Weise hatten die Gründer auf jede, selbst kosmetische Korrektur verzichtet – bis auf die vertauschten Buchstaben und ein paar legalistische Formelkompromisse im Programm.

Formell handelte es sich um keine *Wieder*gründung (die wegen des fortbestehenden KPD-Verbots nicht zulässig gewesen wäre), aber auch um keine *Neu*gründung, die einen Bruch hätte erkennen lassen, sondern eben um eine »Neukonstituierung«. Die seit 1967 aktiven »Ausschüsse zur Wiederzulassung der KPD«, die im Windschatten der Außerparlamentarischen Opposition die Aufhebung des KPD-Verbots betrieben hatten, lösten sich daraufhin gehorsam auf, obwohl für viele der alten KP-Kader der Abbruch dieses Kampfes eine halbe Kapitulation war. Nicht wenige hielten sich grollend abseits. Nur wenige von ihnen zog es allerdings zur studentischen Neuen Linken oder zu den prochinesischen Parteigründungen.

In der überraschenden Gründung der DKP im Frühjahr 1969 kamen eine Reihe ganz unterschiedlicher innen- und außenpolitischer Interessen zusammen. Der Justizminister der Großen Koalition, Gustav Heinemann, hatte den Kommunisten den rechtlichen Weg einer »Neukonstituierung« vorgezeichnet und zugesagt, daß die Regierung in diesem Falle darauf verzichten werde zu prüfen, ob es sich um eine Nachfolgeorganisation handele. Das Aufkommen der viel radikaleren und offen verfassungsfeindlichen APO-Gruppen auf der einen Seite, der rechtsextremen NPD auf der anderen Seite hatte das fortbestehende KPD-Verbot in ein immer schieferes Licht gestellt. Gleichzeitig hatte die Regierung Kiesinger/Brandt in der Neukonstituierung einer bundesdeutschen KP eine flankierende Maßnahme zu der von ihr mittlerweile eingeleiteten »neuen Ostpolitik« gesehen. Von sowjetischer Seite war das wiederholt als Vorbedingung einer Normalisierung der angespannten Beziehungen angemahnt, aber auch mit entsprechenden Angeboten gepflastert worden.

Schließlich entsprach die DKP-Gründung der Wendung, die die Politik der SED nach dem Mauerbau genommen hatte. Die früher (scheinbar) so dringlich erhobene Forderung nach »nationaler Einheit«, etwa in Gestalt einer »Konföderation der beiden deutschen Staaten«, war immer mehr in den Hintergrund getreten zugunsten der Anerkennung der DDR als festem Bestandteil des sozialistischen Lagers. Die Beteiligung der Nationalen Volksarmee am Einmarsch in die ČSSR im August 1968 war in diesem Sinne die Überschreitung eines Rubikon. Die SED begann sich auf die Theorie von den »zwei deutschen Nationen« zuzubewegen. Eine neue westdeutsche KP konnte jedenfalls glaubwürdiger als die alte den *pro-forma*-Eid auf das Grundgesetz der »Bonner Spalterrepublik« (wie sie noch 1967 in der DDR-Propaganda genannt worden war) ablegen. Tatsächlich blieb das immer eine durchsichtige Doppelstrategie. Auch die neue DKP hing, wie die alte KPD, ideologisch und materiell am Tropf der SED und ihrer »Westabteilung«.

Dadurch verschenkte sie allerdings auch von vornherein die Gunst der Stunde. Die Mischung aus beinharter Verteidigung sowjetischer Panzerpolitik, beflissener Demonstration von Verfassungstreue und strikter Vermeidung jeder intellektuellen Eigenständigkeit (wie sie die italienischen Eurokommunisten zur selben Zeit erfolgreich demonstrierten) war in einer bewegten Zeit wie 1968 so ziemlich die unattraktivste Kombination von allen. So gelang es auch nicht, den Kreis der Bündnispartner über das alte Spektrum von Linksneutralisten hinaus zu erweitern. Die zur Bundestagswahl 1969 aus der Taufe gehobene AKTION DEMOKRATISCHER FORTSCHRITT (ADF) war eine glatte Totgeburt. Mit 0,6 % der Stimmen erzielte sie ein noch deprimierenderes Ergebnis als alle ihre Vorläuferorganisationen, wie zuletzt die DEUTSCHE FRIEDENS-UNION (DFU).

Die Neugründung wurde denn auch mit höhnischen Kommentaren von links aufgenommen. Im September 1968 hatte die SDS-Delegiertenkonferenz fünf Mitglieder des KP-Flügels ausgeschlossen, die bei den vorangegangenen Weltjugendfestspielen in Sofia handgreiflich gegen eine Protestaktion der eigenen Delegationsmitglieder (angeführt vom SDS-Vorständler K. D. Wolff) vorgegangen und die bulgarische Polizei herbeigerufen hatten. Das war das Signal zur offenen Spaltung. Eine große Mehrheit der Delegierten lehnte jede Teilnahme an dem von der DKP vorgeschlagenen Wahlbündnis ab und warf der DKP vor, sie verfestige »das parlamentarisch entpolitisierte Bewußtsein der lohnabhängigen Massen«. Für die revolutionären Kräfte gelte es, »die scheinhafte Opposition der DKP ebenso (zu) entlarven wie den Schwindel der CDU/SPD«.[1]

Zum Gründungsparteitag der DKP im April 1969 schickte der SDS-Bundesvorstand eine höhnische Grußadresse, die der Freude Ausdruck gab, daß »der jahrzehntelange Kampf der proletarischen Vorhut der Massen, der KPD, durch machtvolle Verhandlungskämpfe mit dem staatsmonopolistischen Apparat der Bundesrepublik zu einem heroischen Ende geführt und so euer Kommunismus in der Bundesrepublik endlich zu staatlicher Konzession gebracht wurde«.[2] Eine FU-Projektgruppe um Bernd Rabehl verfaßte eine programmatische Abrechnung, die ihr Urteil im Titel trug: »DKP – eine neue sozialdemokratische Partei«.[3]

Dieser Gestus linksradikaler Überlegenheit war allerdings etwas vorschnell. Denn so geringe Wirkung die DKP-Gründung in der demokratischen Öffentlichkeit zeigte, so erfolgreich war die neue Partei darin, einen beachtlichen Teil des aktivistischen Kerns der APO an sich zu ziehen. Aus nicht wenigen antiautoritären Rebellen wurden brave Mitglieder der Partei und ihrer Massenorganisationen.

Mit einer echten Attraktivität des »real existierenden Sozialismus« waren diese Konversionen kaum zu erklären. Fast umgekehrt: Der graue Utilitarismus und das armselige Angebot der sozialistischen Waren- und Lebenswelt hatte etwas scheinbar Grundehrliches, schwer Erarbeitetes, auf seine Weise Kämpferisches – jedenfalls in der Perspektive derer, die die kapitalistischen Gesellschaften der »freien Welt« wegen ihres hemmungslosen Kommerzialismus, ihres frivolen Reichtums und schnöden Egoismus ablehnten. Die sozioökonomische Überlegenheit des Westens, die sich in diesem Jahrzehnt ganz unübersehbar abzeichnete, sprach dann nicht für, sondern *gegen* ihn.

Und natürlich *konnte* man es so sehen, daß der Krieg in Indochina und die finsteren, von den westlichen Mächten gestützten Militärregimes in verschiedenen Ländern der Dritten Welt und europäischen Peripherie (wie in Griechenland oder der Türkei) der wirkliche Preis dieser Prosperität seien. Ja, selbst die Panzer in den Straßen von Prag konnte man sich als eine eher konventionelle Form kämpferischer Selbstbehauptung im Vergleich zu den mörderischen Flächenbombardements in Vietnam zurechtlegen. Sah man die Dinge einmal durch diese Brille, dann waren die relative Armut, das militaristische Gepräge und die zivilisatorische Zurückgebliebenheit der Länder des »realen Sozialismus« in Wahrheit ein *Produkt* dieser brutalen Politik der Einkreisung und Subversion, als deren jüngste Erscheinungsform in den ersten Stellungnahmen der DKP-Gründer 1968/69 auch noch die »neue Ostpolitik« der Bundesregierung erschien. Wie gesagt, so *konnte* man es sich damals mit einer gewissen Plausibilität zurechtlegen.

Die ideologische Unbeweglichkeit und das ausgeprägte Funktionärstum der neuen Partei, die binnen weniger Wochen einen schlagkräftigen Apparat aus dem Boden stampfte, erschien dann als kampfgestählte Festigkeit und unbeirrte Gradlinigkeit. Und schließlich war da die Aura der gejagten Untergrundpartei und die Sphäre konspirativer Grenzgänge nach »drüben«, die etwas von Spannung und Abenteuer in die sonst eher dröge Tagesarbeit brachten. Hier im inneren Kaderkreise der »alten Genossen« war jederzeit klare Sache, daß irgendwann, wenn die Klassenkämpfe oder die internationale Lage sich zuspitzten, die Waffe der Kritik wieder durch die Kritik der Waffen ersetzt werden müsse. Und was in den ewigen »Gewalt«- und »Militanz«-Diskussionen der linksradikalen Avantgarden an die große Glocke gehängt und mit dilettantischer Aufgeregtheit in Angriff genommen wurde, das lag hier in der Hand erfahrener, besonnener Genossen, die die Sache professionell betrieben – und das nicht erst seit gestern.

Der Kaderstamm der neuen Partei wies eine biographische Schichtung auf, die verschiedene Erfahrungselemente miteinander verband und in dieser Hinsicht einzigartig war. Da waren vorab die alten Genossen und Genossinnen, viele aus dem klassischen Arbeitermilieu, die das Dritte Reich oder das sowjetische Exil (oder beides) erlebt und überlebt hatten – und nun auch noch die lange Phase des KPD-Verbots. Sie bildeten das fossile Urgestein der Partei und waren ein starkes Bollwerk gegen jede Abweichung und Erneuerung. Mit dem, was sie aus der Kampfzeit erzählten, und mit dem, was sie eisern verschwiegen, lieferten sie den neu Eintretenden eine emotionale Bindung, die es in den rivalisierenden Gruppen der »Neuen Linken« so nicht gab und auch nicht geben *konnte.*

Tonangebend waren aber bereits die Kader der ersten FDJ-Generation der Nachkriegszeit, die um die Vierzig waren und sich in den Jahren der Illegalität (überwiegend in der DDR) auf diese Aufgabe für den Tag X vorbereitet hatten. So hoch geschult und organisatorisch erfahren sie waren, so lebensfremd wirkten sie bei ihrem ersten Wiederauftauchen im bunten Getriebe des westlichen APO-Alltags. Manfred Kapluck vom »Ausschuß zur Wiederzulassung der KPD« erschien zur Veranstaltung in Tübingen im Frühjahr 1968 im Originalkostüm eines FDJ-Funktionärs der frühen Fünfziger, mit Schillerkragen und Landserfrisur, die beinahe schon etwas Exzentrisches hatten (als wäre er mit Krachledernen oder Knickerbockern erschienen). Beatles, Miniröcke, lange Haare und abstrakte Kunst waren diesen im stalinistischen Proletkult sozialisierten Kadern erkennbar ein Greuel. Sie mußten sich in der von ihnen geführten neuen Partei selbst noch einmal mühsam akkulturieren.

Ein Stück näher am bundesdeutschen Geist und Stil der Zeit waren dann schon diejenigen, die nach 1956 insgeheim der Partei beigetreten waren und in Gewerkschaften, SDS oder anderen Organisationen eine legale Doppelaktivität geführt hatten. Viele von ihnen waren aus den Gruppen und Delegationen von Ostermarschierern, Junggewerkschaftern, Naturfreunden, Falken oder SDS-Studenten rekrutiert worden, die seit den späten fünfziger Jahren in die FDJ-Villen und Ferienlager an den märkischen Seen geschleust und dort über die SED-Politik instruiert worden waren. Diese Schulungen und Freizeiten waren, wenn man den sporadischen Berichten glauben darf, durchaus nicht ohne sinnlichen Appeal. Es gab üppige Bankette, die mit Toasts im russischen Stil eröffnet, mit Revolutions- und Fahrtenliedern fortgesetzt und mit Klatschmärschen und volltrunkenen

266

Polonaisen (mit Anfassen) abgeschlossen wurden.* Noch reizvoller waren für mittellose Jugendliche und Studenten aus dem Westen die FDJ-Festivals und Weltjugendfestspiele, die das illegale KP-Mitglied Klaus Rainer Röhl bereits 1955 in Warschau als eine große »Freß-, Sauf- und Liebesorgie mit koexistentiellem Überbau« erlebt hatte.[4]

Die bloße Tatsache, daß diese Fahrten unter halbkonspirativen Bedingungen vonstatten gingen – Besuche in der »Zone« mit politischem Hintergrund wurden vom Verfassungsschutz beobachtet und waren dienstlich zu melden –, bedingten für viele eine Umkehrung der Perspektive: Nicht die SED-Führer hatten sich mit dem Mauerbau und einer rigorosen Unterdrückungspraxis gegen die unterminierenden Einflüsse einer demokratischen und prosperierenden Gesellschaft abgeschottet; sondern die westdeutschen »Antikommunisten« und »Ewiggestrigen« versuchten fortschrittliche Menschen daran zu *hindern*, sich mit dem realen Sozialismus und dem Marxismus-Leninismus näher bekannt zu machen. Wie Wolf Biermann (ganz anders gemeint) damals sang: Denn was verboten ist, das macht uns gerade scharf!

Über die Romantik der Konspiration hinaus (die auch bei den regelmäßigen Treffs in Ostberlin strikt zu wahren war – der Klassenfeind spähte überall!) blühte unter diesem KP-Nachwuchs ein ganz eigener, freilich streng kontrollierter Kult der revolutionären Gewalt, der sich ab 1967/68 häufig auch in schwerer Tschekisten-Lederkluft und diversen Revolutions-Accessoires kostümhaft ausleben und an den metallischen Revolutionsgesängen des Ernst Busch berauschen durfte. »Arbeiter, Bauern, nehmt die Gewehre, / nehmt die Gewehre zur Hand. / Zerschlagt die faschistischen Ausbeuterbanden, / steckt alle Herzen in Brand! / Pflanzt eure roten Banner der Arbeit / auf jeden Acker, auf jede Fabrik! Dann steigt aus den Trümmern der alten Gesellschaft, / die sozialistische Weltrepublik!«

Die sich daran berauschten, waren vielfach die APO-Aktivisten, die jüngsten in dieser kommunistischen Großfamilie. Sie stellten

---

(*) Eine eindrucksvolle Schilderung einer Instruktionssitzung für junge KP-Rekruten Ende der fünfziger, Anfang der sechziger Jahre mit Besäufnis und Polonaise im Ernst-Thälmann-Heim, einer Villa in Caputh am Schwielow-See, findet sich z. B. in Klaus Rainer Röhls halbfiktivem Meinhof-Roman [»Die Genossin«, S. 110–114]

unter dem neuen Mitgliederstamm der Partei bald schon die Mehrheit. Und obwohl die politische Führung und Kontrolle jederzeit in den Händen der alten KPD-Kader – und damit der SED- und KPdSU-Führer – blieb, glich die DKP ihrer sozialen und kulturellen Prägung nach bald den »K-Gruppen« der siebziger Jahre. Entgegen ihrer Absicht war sie doch eine *Neugründung* geworden, deren Hauptanziehungskraft nicht nur und nicht einmal primär in ihrer Ideologie und Politik lag, sondern in ihrem Charakter einer politischen und sozialen Großfamilie, einer Gegengesellschaft – eines alternativen Milieus sozusagen.

Dabei wurde die Partei in den Gründerjahren 1969–72 buchstäblich um ihren zentralen Apparat herum aufgebaut, der binnen kurzem schon Hunderte von Hauptamtlichen beschäftigte. Bis in die achtziger Jahre waren 80–90 Prozent des DKP-Führungskaders ehemalige KPD- und FDJ-Kader. Fast alle hatten zuvor in der DDR gelebt. Angeleitet wurden sie von der »Westabteilung des Zentralkomitees der SED« unter Herbert Häber, dem Paten und Instrukteur der neuen Westpartei.[5]

Daß man nicht umhinkommt, die DKP-Aufbauerfolge zunächst in Apparatmassen zu beschreiben, entsprach dem Charakter ihrer Einflußstrategien selbst. Zum Kernapparat gehörten das 1970 gegründete INSTITUT FÜR MARXISTISCHE STUDIEN (IMFS) in Frankfurt/M., das als Hüterin der Orthodoxie fungierte, und die KARL-LIEBKNECHT-SCHULE in Essen als zentrale Schulungsstätte der Partei. Die nächsthöheren Einrichtungen wie das FRANZ-MEHRING-INSTITUT der SED oder das INSTITUT FÜR GESELLSCHAFTSWISSENSCHAFTEN beim ZK der KPdSU lagen dann schon in den Hauptstädten des »sozialistischen Lagers«. Binnen weniger Jahre wurden einige tausend Parteimitglieder in Viertel-, Halb- oder Jahreskursen durch diese Kaderschmieden geschleust. In dieser Hinsicht war die DKP, wie der Pressedienst der SPD 1975 schrieb, wohl »die bestorganisierte Partei in der Bundesrepublik«.

Aus dem Stand konnte die DKP auch ein beachtliches Publikations- und Verlagswesen aufziehen. Das Zentralorgan UNSERE ZEIT (UZ) erschien erst wöchentlich, ab 1973 als Tageszeitung mit einer Druckauflage von 30.000 Exemplaren. Daneben gab es die Theoriezeitschrift Marxistische Blätter (8000), das Jugendmagazin elan (30.000) und die Studenten-Zeitschrift rote blätter (30.000). Hinzu kamen der Partei verbundene Publikationen wie die Deutsche Volkszeitung als Organ der Linksneutralisten oder die Kulturzeitschrift kürbiskern für die sympathisierenden Künstler und Intellektuellen. Zum Parteiimperium gehörten direkt oder indirekt nicht weniger als 16 Verlage (Pahl-Rugenstein, Röderberg, Weltkreis, pläne, Asso, Monitor usw.) sowie 36 Buchhandlungen. Den Vertrieb der Publikationen sicherten bundesweit mehr als 100 Auslieferungsstellen. Das zentrale Druckhaus Plambeck in Neuss war ein technisch hochmodernes Unternehmen; daneben gab es ein Netz regionaler Druckereien.

Wie das alles finanziert wurde, war ein offenes Geheimnis und wurde in den Berichten des Verfassungsschutzes wie in der Presse auch ebenso offen ausgesprochen. Die DKP hütete sich (oder hielt es nicht für nötig), jemals gegen diese »niederträchtigen Verleumdungen« zu klagen. Von sporadischen Geldkoffern abgesehen, wurden die Transaktionen offenkundig über ein verzweigtes System von etwa 30 im »Osthandel« tätigen Import- und Exportfirmen sowie über Speditionsunternehmen, Reise- und Werbeagenturen in der Bundesrepublik abgewickelt.

Das Bundesinnenministerium schätzte 1975 die Gesamtaufwendungen der Partei auf etwa *100 Millionen jährlich.*[*] Die Mitgliedseinnahmen und sonstigen selbsterwirtschafteten Mittel dürften höchstens 10–20 Prozent dieser Summe betragen haben. Der

---

(*) Allein die ca. 800 Hauptamtlichen der Partei kosteten (bei vergleichsweise bescheidenen Gehältern) Ende der siebziger Jahre 30 Millionen West-Mark jährlich. Das *ausgewiesene* Parteibudget – das selbst zu vier Fünfteln aus »Spenden« und nur zu einem Fünftel aus »Beiträgen« bestand – deckte gerade einmal die Hälfte dieser Gehaltssumme. Dazu kamen die Aufwendungen für zwölf Bezirks- und 200 Kreisbüros, für die Forschungsinstitute, Parteischulen, Verlage, Redaktionen, Druckereien und Vertriebsapparate, für die Westreisen und die Ostreisen, für Schulungskurse, Ferienlager usw. Und für die aufwendigen Wahlkampagnen der Partei. Bedeutende Mittel verschlangen ab Mitte der siebziger Jahre auch die Volksfeste und Jugend-Festivals, die eine Massenunterstützung suggerieren sollten und bei denen an nichts gespart wurde, bis hin zu teuren Bands und den aus der DDR gratis gelieferten Broilern oder Würstchen. Alles zusammen läßt Gesamtaufwendungen von 100 Mio. jährlich nicht unrealistisch erscheinen.

Rest mußte (direkt oder indirekt) von »drüben« kommen. Die von Regierungsseite offiziell genannten 30 Millionen an jährlichem Netto-Devisenzuschuß seitens der DDR-Organe waren insofern noch eine sehr rücksichtsvolle Schätzung.[6] Jedenfalls handelte es sich um erheblich größere und konstantere Summen als die, die von Flick & Co. über die »Staatsbürgerliche Vereinigung« oder andere Kanäle zur gleichen Zeit in die schwarzen Kassen der CDU geleitet wurden, die im Vergleich beinahe als *peanuts* erscheinen. Eine schwere Hypothek für die östliche Bruderpartei, sollte man meinen. Oder war es eher eine massive Investition? Jedenfalls strafte die stete direkte Anleitung und Finanzierung der DKP von Ostberlin aus alle Deklarationen der SED über die »zwei Nationen auf deutschem Boden« doch einigermaßen Lügen.

Die Schere, die zwischen diesen Investitionen, den tatsächlichen Organisationserfolgen und der zählbaren demokratischen Unterstützung klaffte, wollte sich selbst in den stürmischen Anfangs- und Aufbruchzeiten nicht schließen. Bis 1972 konnte die DKP ihren Mitgliederbestand auf 34.000 erhöhen, von denen rund 7000 frühere KPD-Mitglieder waren. Im Lauf der Jahre kamen noch ein paar tausend Neumitglieder hinzu. Dann begannen die Austritte die Eintritte aufzuwiegen und bald zu übersteigen. Mehr als 40.000 aktive DKP-Mitglieder hat es wohl nie gegeben, plus den 4–5000 der Westberliner SEW, die formell eine Eigenexistenz führte. Die weit höheren Mitgliedszahlen, die bis in die achtziger Jahre hinein genannt wurden, um steten Fortschritt zu simulieren, waren tote Seelen.

Bei ihrer ersten eigenen Wahlbeteiligung 1972 errang die DKP trotz enormen Materialeinsatzes und einer vorherrschenden linken Zeitstimmung nur vernichtende 0,3 Prozent der Stimmen. Auch später ist sie nur bei einzelnen Landtags- und Kommunalwahlen über den Status einer politischen Halbprozent-Sekte hinausgekommen. Kaum viel besser sah es mit ihrer Agitation in den Großbetrieben aus, wo Hunderte Betriebsgruppen mit eigenen Betriebszeitungen aktiv waren. Wenn sich die Parteiführung in ihren Rechenschaftsberichten nach einem Jahrzehnt angestrengter Bemühungen ihrer 1000 kommunistischen Betriebsräte rühmte, so waren auch das nur ein halbes Prozent aller gewählten Betriebsräte im Land.

So konnte sich die Partei je länger, desto weniger darüber hinwegtäuschen, daß sie im breiten Elektorat wie unter den Kernschichten der industriellen Arbeiterschaft kaum ein Bein auf den Boden bekam. Um so erstaunlicher waren allerdings ihre »Bündnis«-Erfolge in bestimmten Sektoren, vor allem unter der gebildeten Jugend und den Intellektuellen.

Das entscheidende Feld waren die Hochschulen, auf dem der SDS die Vorarbeit geleistet hatte – und zwar in doppelter Hinsicht: Hatte er 1967/68 den KP-Kadern als informelle Einflußplattform gedient, so danach als offenes Einfallstor in die ASten und den Verband Deutscher Studentenschaften (VDS). Diese Organe waren von den SDSlern und ihren Verbündeten nur noch für ihre jeweiligen, meist außeruniversitären politischen Zwecke ausgeschlachtet worden. Den VDS hatten die SDS-Delegierten auf der Jahreskonferenz im Dezember 1969 einfach sich selbst überlassen. In diese Lücke konnten die Gruppen der losen, im April 1969 gegründeten ASSOZIATION MARXISTISCHER STUDENTEN »SPARTAKUS« hineinspringen. Mit ihrem Doppelbekenntnis zu den Traditionen der außerparlamentarischen Studentenbewegung wie der »internationalen Arbeiterbewegung« vermochten die Spartakisten auch viele der früheren Verbündeten des SDS an sich zu binden, vor allem den SOZIALDEMOKRATISCHEN HOCHSCHULBUND (SHB), der sich auf Basis der »Stamokap«-Theorie zu ihrem zuverlässigen Sozius entwickelte.

Im Mai 1971 wurde schließlich der MARXISTISCHE STUDENTENBUND (MSB) »SPARTAKUS« in feierlicher Form als zentralisierter, von der DKP formell unabhängiger Verband aus der Taufe gehoben. In kurioser Imitation wurden jetzt die byzantinischen Rituale östlicher Parteitage oder FDJ-Kongresse eingeführt: Die Mitglieder des Präsidiums und Gäste wurden mit minutenlangen stehenden Ovationen begrüßt und klatschten zurück, so wie auch die Redner, wenn sie Beifall erhielten, sich onanistisch selbst applaudierten. Der MSB Spartakus – so erklärte Robert Steigerwald, der als Vertreter der »marxistischen Kampfpartei der Arbeiterklasse in der Bundesrepublik« mit »kaum enden wollendem Beifall« begrüßt wurde – sei »kein intellektueller Debattierklub und Tummelplatz für die vom bürgerlichen Wissenschaftsbetrieb enttäuschten Studenten«, sondern gehe »von der inneren Einheit des antimonopolistischen und sozialistischen Kampfes« aus. Auf dem Kongreß gab es praktisch keine Kontroversen, sondern alle badeten in einem brühwarmen Meer der Affirmation und des Enthusiasmus. Sämtliche personellen »Vorschläge« wurden *einstimmig* unterstützt – nicht mit 99 %, sondern mit 100 % der Stimmen!

Dennoch (oder auch deshalb) war der MSB bis 1974 bereits in den meisten Asten vertreten, oft in führender Position. Zeitweise stellte er mit fast 6.000 Mitgliedern die größte einzelne Studentenorganisation der Bundesrepublik, die etwa ein Viertel bis ein Fünftel aller Studentenratssitze einnahm – bei sehr niedrigen Wahlbeteiligungen allerdings. Bei einer Umfrage 1974 gaben immerhin 5 % der Studenten die DKP als ihre Parteipräferenz an. Diese Umfrage belegte eindrucksvoll den allgemeinen Stimmungsausschlag nach links: 45 % nannten die SPD, 18 % die FDP und nur 14 % die CDU als ihre bevorzugte Partei. 18 % der Studenten sahen ihre politischen Präferenzen völlig außerhalb des parlamentarischen Spektrums, der größte Teil sicherlich auf der revolutionären Linken.

Allerdings übten die Organisationserfolge im Hochschulbereich auf das DKP-Lager eine *Gravitationswirkung* aus, der es sich nur schwer entziehen konnte, obwohl eigens DKP-Hochschulgruppen aufgebaut wurden, um diesen sozial fluktuierenden und ideologisch irisierenden Sektor unter Kontrolle zu halten. Die zu erwartenden politischen »Schwankungen« waren dennoch empirisch klar feststellbar. So lebten einer internen Umfrage des IMFS zufolge fast die Hälfte der MSB-Studenten in Wohngemeinschaften – was an sich schon ein gefährliches Einfallstor ideologischer Promiskuität war. Auch hatte ein erheblicher Teil der jungen DKP-Parteimitglieder, die 1977 befragt wurden, zuvor schon andere linke Organisationen durchlaufen, von den JUSOS bis zu den maoistischen K-Gruppen. Viele erklärten denn auch, Vorbehalte gegen die DDR und die Länder des »realen Sozialismus« (gehabt) zu haben. Und etliche äußerten offen Zweifel daran, ob die »antimonopolistische« Strategie der DKP überhaupt revolutionär genannt werden könne.[7] Da war er also, der Bazillus des linken Radikalismus, mitten in der Partei.

Auch die SOZIALISTISCHE DEUTSCHE ARBEITER-JUGEND (SDAJ), die nach ihrer frühen Gründung 1968 nur mit einiger

Mühe, manchmal sogar mit physischer Gewalt von trotzkistischen und anderen Abweichungen hatte »gesäubert« und auf Linie gebracht werden können, erfüllte die in sie gesetzten Erwartungen nicht recht. Zwar machte die SDAJ nach Jahren intensiver Aufbauarbeit mit ihren offiziell 30.000, tatsächlich eher 15.000 aktiven Mitgliedern schon etwas her. Zu ihren Jugendfestivals kamen an die 100.000 Besucher und aßen, tranken und tanzten zu »Lehrlingspreisen«, ohne damit unbedingt eine politische Präferenz auszudrücken. Aber statt proletarischen Nachwuchs für die Partei zu liefern, erwies sich auch die SDAJ – wie alle linken Gruppen – als Instrument sozialer Aufwärtsmobilisation und bei näherem Zusehen als eine zunehmend kopflastige Organisation mit einem wachsenden Anteil von Schülern und Oberschülern.

Überhaupt verschob sich die soziologische Zusammensetzung des gesamten DKP-Blocks über die Jahre immer mehr und mußte (ähnlich wie in den östlichen Staatsparteien) statistisch mühsam hinfrisiert werden, um noch halbwegs den Anschein einer »Arbeiterpartei« zu wahren. Jedenfalls waren von den jungen DKP-Mitgliedern in der zweiten Hälfte der siebziger Jahre auch nach den eigenen Erhebungen nur noch 20% Arbeiter, Jungarbeiter oder Lehrlinge; dagegen über 35% Angestellte und Beamte und über 40% Schüler und Studenten.[8]

Ähnlich zweischneidig wirkten die Erfolge der DKP im Bereich der Künstler und Intellektuellen. Zum 1. Kulturpolitischen Forum 1970 in Nürnberg kamen 500 Teilnehmer. Der Schriftsteller Martin Walser und der Sänger Franz Josef Degenhardt gehörten zu den prominentesten. Im Jahr zuvor hatte Degenhardt im Lied »Jahr der Schweine« noch gesungen: »Die, die uns jetzt verfolgen, / verstehen ihr Geschäft. / Weh dem, der jetzt noch sorglos / Und ohne Waffe schläft.« Erst mit dem Anschluß an die Partei löste sich auch bei ihm langsam »die Hand vom Stahl«.

Martin Walser hat sein kurzzeitiges Engagement für die »Partei der Arbeiterklasse« schon zwei Jahre später in einem autobiographischen Schlüsselroman »Die Gallistlsche Krankheit« positiv verarbeitet. Gallistl ist der Prototypus des einsamen, an Selbstzweifeln über Sinn und Zweck seines Schreibens laborierenden Literaten,

der schließlich in einem kommunistischen Freundeskreis Anschluß findet (so wie Walser selbst in der Gruppe um den KÜRBIS-
KERN mit Frieder Hitzer, Uwe Timm, Erika Runge und anderen).
In der Ankündigung des SUHRKAMP-Verlages heißt es: »Seine
neuen Freunde erklären ihm die Praktiken des Kapitalismus, sie
geben ihm eine neue Sprache, sie verhelfen ihm zu einem anderen
Bewußtsein ... Er ist süchtig nach Positivem. Immer wieder dro-
hen Rückfälle in die alte Konkurrenz-Mentalität. Es bleibt ein
Kampf, d.h., Gallistls Lage bleibt kritisch, aber er ist nicht mehr
allein; er arbeitet mit anderen zusammen.«[9]
Was Walser damit beschrieb, war ein Prozeß, der der DKP in der
Tat beachtliche »bündnispolitische« Erfolge brachte, sie zugleich
aber auch in wachsende Verlegenheit setzte: die Tatsache nämlich,
daß Scharen unbehauster Intellektueller bei ihr Anschluß suchten.
Trotz aller emphatischen Unterwerfungsbereitschaft brachten sie
die Partei und ihren Apparat mit den sozialen und kulturellen
Bewegungen ringsum und mit einer veränderten Wirklichkeit in
Kontakt, der sie sich ein Stück weit *öffnen* mußte und gegen die sie
sich gleichzeitig *abzuschirmen* versuchte. Beides zugleich ging aber
nicht.
Erika Runge zum Beispiel, die in ihren schlichten, aber ungeahnt
erfolgreichen Interviewbänden »Bottroper Protokolle« (1968) und
»Frauen – Versuche zur Emanzipation« (1969) die disparaten
Lebenssignale des in Auflösung begriffenen Ruhr-Proletariats und
die widersprüchlichen Äußerungen weiblich-proletarischer Le-
bensentwürfe aufgezeichnet hatte, verkündete nach ihrem Beitritt
zur DKP tapfer, das »Emanzipationsproblem« sei kein »Ge-
schlechtsproblem«, sondern ein »Klassenproblem«. Aber das blieb
eine bloße Liturgie, ein ideologisches Amulett. Denn ihre eigenen
Bücher boten für diese patentierte Lösung aller Weltprobleme überhaupt keinen Ansatzpunkt. Noch schwieriger war es im Fall der
Karin Struck, auch sie DKP-Mitglied, Arbeiterkind und Mitglied
im WERKKREIS LITERATUR DER ARBEITSWELT. Ihr Roman
»Klassenliebe« wurde von Kritikern als subtiles Abbild sozialer
Sprachbarrieren (Arbeiterkind liebt bürgerlichen Intellektuellen)
gepriesen. Aber die Kollegen im WERKKREIS fanden das noch viel
zu »privat« und monierten das Fehlen eines klaren Klassenstand-
punkts.

Auf der Suche nach diesem klaren Klassenstandpunkt waren sie ja alle, so wie die Künstler früherer Zeiten auf der Suche nach der blauen Blume. Aber wo ihn finden? »Wir können Euch nicht sagen, wie Ihr zu leben habt. / Aber wir rufen Euch auf mitzuarbeiten / an der Befreiung aller Unterdrückten, / an der Veränderung dieser Klassengesellschaft, / gegen die, die uns und andere Minderheiten diskriminieren ...«, hieß es reichlich holperig im »Schwulen-Lied« einer SEW-nahen Fraktion der HOMOSEXUELLEN AKTION WESTBERLIN zum »Kampftag der Arbeiterklasse« 1972.[10]

Soviel zudrängender Liebe konnte sich die DKP/SED nicht einfach entziehen – nicht von den Schwulen, nicht von den Frauen, nicht von rebellischen Jugendlichen oder von umtriebigen Künstlern, von protestantischen Friedensfreunden und schwärmerischen Naturfreunden. *Alle* suchten sie Anschluß, waren süchtig nach Positivem, drängten an die imaginäre Mutterbrust einer Partei, die doch längst unfruchtbar und ausgetrocknet war. Und so streng deren Ideologiekader diese neuen, unprogrammgemäßen Kunden auf die ewigen »Klassenfragen« und »Hauptwidersprüche« zurückverwiesen, so wenig war das komplexe Material einer rasant sich beschleunigenden gesellschaftlichen Wirklichkeit darin noch unterzubringen. Im Gegenteil, der »klare Standpunkt« der Partei selbst drohte beständig untergraben zu werden. So konnte sie sich gegen die subversiven Einflüsse aus ihrem Sympathisantenumfeld nur durch ängstliche Abschottung schützen, die zu ihrer rapiden Sklerotisierung beitrug – ähnlich wie es mit den DDR-Organen oder dem ganzen sowjetischen Block der Fall war.

Das nahm schließlich Züge von manifestem Verfolgungswahn an. So wurden die Parteigenossen beispielsweise gewarnt, daß unter dem Schafspelz der vielen lokalhistorisch Interessierten, die sich seit Ende der siebziger Jahre in den überall aufschießenden »Geschichtswerkstätten« landauf, landab mit Nationalsozialismus, Widerstand und Arbeiterbewegung befaßten, viele sich aus unsauberen Motiven speziell für den illegalen Kampf der alten KPD interessierten und die führende Rolle der Kommunisten in den Schmutz ziehen wollten. Gegenüber solchen Spitzeln und Provokateuren gebe es nur ein bewährtes Mittel: »Nicht erst reinlassen in die Wohnung und sofort hinauswerfen!!!« Wer ernsthaftes geschichtliches Interesse habe, »der wendet sich wohl an den Parteivorstand in Düsseldorf oder an die Bezirkssekretariate der DKP«.[11] Man kann das als ein beinahe tragisches Dokument der Selbsteinschließung lesen.

Diejenigen, die vielleicht mit größerem Recht als die DKPler beanspruchen konnten, das authentische Erbe der bolschewistischen Revolution zu vertreten, waren eben deshalb auch ihr historisches Haßobjekt Nr. 1: die TROTZKISTEN. Im Zuge ihrer Revitalisierung im Rahmen der Neuen Linken haben sie einen ganz eigenen, seltsam melancholischen Organisationstypus hervorgebracht, vielmehr ein ganzes Gestrüpp ineinander verhakelter Gruppen und Fraktionen, deren Debatten und Aktivitäten – wie die illustre Figur ihres Gründers Leo Trotzki selbst – nicht einer gewissen literarischen Phantastik entbehrten.

Allein schon die fünf Tendenzen, die sich auf internationaler Ebene den Einfluß streitig machten – FRANKISTEN, LAMBERTISTEN, HEALYSTEN, POSADISTEN und PABLOISTEN – signalisierten, daß es sich dem Genre nach um einen *Familienroman* handelte. Benannt waren sie nach ihren jeweiligen Oberhäuptern: Pierre Frank, der noch als einer der Sekretäre Trotzkis fungiert hatte und die ungebrochene Kontinuität der IV. Internationale vertrat; Pierre Boussel alias Lambert, der diese Kontinuität bestritt und der Brüsseler Internationale den Vorrang streitig machte; Gerry Healy, der wiederum Lambert den Vorrang streitig machte; Juan Posadas, der von Lateinamerika aus agierte; und Michel Raptis alias Pablo, der das als Belgier von Paris aus tat. Der durchaus literarische Charakter der Sache wurde noch dadurch unterstrichen, daß es esoterische Querverbindungen etwa zur neodadaistischen SITUATIONISTISCHEN INTERNATIONALE des Guy Debord gab, die selbst wie eine einzige Parodie der trotzkistischen Internationale wirkte.

War es schon schwierig, sich in diesem Dschungel der konfligierenden Tendenzen auszukennen, so wurde die Lage durch eine Unzahl nationaler Spaltungen weiter kompliziert. In der Bundesrepublik z.B. zählte man 1973 zehn trotzkistische Gruppen mit ungefähr eintausend Mitgliedern insgesamt. Jede dieser Gruppen war ihrerseits durch mehrere (nach trotzkistischer Tradition unbedingt erlaubte) Fraktionen und Plattformen geteilt, die sich wiederum oft mit literaturwürdigen Selbstbezeichnungen schmückten wie BOLFRA (für Bolschewistische Fraktion) und KOMMFRA (für Kommunistische Fraktion). Dazu kam noch das ausgeprägte Faible der Trotzkisten für malerische *noms de guerre*, also revolutionäre Pseudonyme. Einem beliebten Witz zufolge erkannte man einen Trotzkisten daran, daß er sich mit seinem Pseudonym nachts auf der Brücke traf.

Solche launigen Anekdoten treffen allerdings nicht ganz den Ernst der Sache. Denn 1968 waren die Trotzkisten ein recht bedeutender Faktor der Bewegung. Der geistreiche und eloquente Ernest Mandel, Gefährte und Erbe von Pierre Frank als Chef der wiederbelebten IV. INTERNATIONALE, spielte nicht nur auf dem Berliner Vietnamkongreß im Februar 1968 eine Hauptrolle. In vielen europäischen Ländern, am stärksten in Frankreich, waren die Trotzkisten eine der dominierenden Strömungen der außerparlamentarischen Opposition und vor allem der radikalen Jugendbewegung. Rudi Dutschke zum Beispiel war in vieler Hinsicht von ihren Texten und Doktrinen beeinflußt, so wie andere führende SDSler auch. Für die 1968 gegründete trotzkistische Zeitung WAS TUN? zeichneten noch Rudi Dutschke, Christian Semler, Günther Amendt u. a. als Herausgeber – so groß war das Prestige von Mandel, und so wenig war man schon fraktionell festgelegt. Auch unter der neuen Jugendopposition in Osteuropa gab es mehr oder weniger starke trotzkistische Einflüsse – etwa beim Kreis um Kuroń, Modzelewski und Michnik in Warschau oder um Petr Uhl in Prag. In Großbritannien war Tariq Ali eine charismatische Figur der Studentenbewegung aus dem brodelnden Immigrantenmilieu der »Indopaks«. Prominente Künstler wie Vanessa Redgrave haben sich über zwei Jahrzehnte zu ihrer trotzkistischen Konfession bekannt. Und einer wie Ken Livingstone, der alte und neue Bürgermeister von Groß-London, verkörpert bis heute eine Tradition des zähen »Entrismus«, an dessen Wirkungen die britische Labour Party ungleich schwerer laboriert hat als die deutsche Sozialdemokratie an ihren linken JUSO-Zirkeln. Immerhin: Die informelle Frontfigur der westdeutschen Trotzkisten (Frankisten), Jakob Moneta, war Chefredakteur von METALL, dem Organ der damals größten Einzelgewerkschaft der Welt.

Die im Frühjahr 1969 gegründete GRUPPE INTERNATIONALER MARXISTEN (GIM) deklarierte sich als deutsche Sektion der Brüsseler (Frankistischen) IV. INTERNATIONALE, deren Führungsanspruch allerdings trotz der komplizierten Einigungsverhandlungen von 1963 sofort wieder durch eine neubegründete (Lambertistische) Gruppe namens INTERNATIONALE KOMMUNISTEN DEUTSCHLANDS (IKD) bestritten wurde. Als Gründer einer Jugendorganisation der letzteren Tendenz trat 1968 die Berliner Schülergruppe NEUER ROTER TURM auf, deren prominentester Protagonist der Kanzlersohn Peter Brandt war. Daraus ging dann die KOMMUNISTISCHE JUGENDORGANISATION (KJO) SPARTACUS hervor. Ihr Vorbild war die französische JEUNESSE COMMUNISTE REVOLUTIONAIRE (JCR), die in Alain Krivine einen charismatischen Führer hatte und im Pariser Mai '68 wie auch in den Jahren danach (trotz Verbots) durch ihre ultramilitanten Aktionen im Samurai-Stil und Tscheka-Outfit für Furore sorgte.*

Die Geschichte der fünf Tendenzen, zehn Gruppen und circa zwanzig Fraktionen der Trotzkisten – um nur von der Bundesrepublik der 70er Jahre zu reden – kann hier nicht referiert werden. Wahrscheinlich läßt sich diese Geschichte auch gar nicht referieren, weil niemand das Geflecht ihrer Differenzen im nachhinein je noch entwirren könnte. Denn historisch-materialistisch betrachtet, war die manische Fraktionierungs- und Spaltungstätigkeit der Trotzkisten Ausdruck einer politischen *Daseinsform* eigener, unwiederholbarer Art: »Während aber Maoisten und Sowjetophile sich auf real existierende Staaten, die ›Eurolinken‹ zumindest auf relevante gesellschaftliche Organisationen berufen können, ... bleibt den Trotzkisten nur ein Arsenal an Schriften, Manifesten, Parolen.« So ein österreichischer Autor über die Versuche der Trotzkisten, in der Gegenwart Halt zu finden: »Unablässig suchen sie die glatte Marmorwand des Spätkapitalismus nach Spalten ab, um in diese

---

(*) Nach dem Mai '68 wurde die JCR zusammen mit einer Reihe anderer trotzkistischer, maoistischer und anarchistischer Organisationen verboten, ging in theatralischer Weise in den Untergrund, um später in verwandelter Form wieder aufzutauchen. In gewisser Weise waren und sind die Trotzkisten in Frankreich – selbstverständlich gespalten in zwei bis drei Hauptorganisationen – die eigentlichen politischen Überlebenden des Mai '68, stärker als die französischen Grünen etwa.

ihre Finger zu stecken und sie zu erweitern. Meist schließt sich der Spalt, und der Finger ist nun ab. Nun beginnt der Streit, ob der danebenliegende Riß nicht der geeignetere gewesen wäre, und dieser wird von eindrucksvollen Exegesen der klassischen Schriften begleitet – und in der Regel mit einer Spaltung der Organisation abgeschlossen.«[12]

Die Trotzkisten, kurzum, waren so etwas wie die *Luftmenschen* dieser ganzen neorevolutionären Bewegung, die in ihrer IV. INTERNATIONALE wie in einer vierten Dimension der Geschichte lebte. In ihrer Version nahm der »revolutionäre Marxismus« vollends die Züge einer reinen Schriftreligion an. Und selbst dort, wo sie ultramilitant auftraten und durch Gestus und Kostüm ihr soldatisches Kämpfertum signalisierten, war das noch ein historisches Zitat. Die ganze Welt, Geschichte wie Gegenwart, war für sie ein endloser Pil-Pul von Taktiken und Strategien, Zitaten und Auslegungen, eine Mühle der Dialektik, in der das Mehl der banalen Empirie fein gemahlen und zu neuen, raffinierten Texten ausgebacken wurde.*

Dieser Stil zog in den meisten Ländern (außer in Deutschland) überproportional viele jüdische Intellektuelle an. Überhaupt, betrachtet man die Szenerie der 70er Jahre als ein Getriebe von politisch-ideologischen Spezies und Stämmen, dann waren die Trotzkisten (inmitten von »Italienern«, »Albanern«, »Chinesen« usw.) sicherlich so etwas wie die »Juden« unter uns. Alles, was in der Welt passierte, verhielt sich unmittelbar zu ihnen selbst. Die Spaltung einer Gruppe in Bolivien oder der Richtungswechsel einer anderen Gruppe auf Ceylon bedeutete jeweils eine neue schwärende Wunde oder einen Prozeß der Heilung am Körper der Weltpartei des Proletariats, als die sie sich unbeirrt imaginierten. Alle Strategien, alle Politiken, alle Analysen bildeten einen einzigen globalen Kontext. Und es waren unverrückbar die »Arbeiter *aller* Länder«, die sich früher oder später vereinigen und für eine sozialistische Weltrepublik und für den Kommunismus kämpfen würden – für jenes »Einfache« also, »das schwer zu machen ist«, wie

---

(*) »Pil-Pul« hieß das Hin- und Herwenden der Argumente, mit dem die talmudischen Gelehrten alle auftauchenden Probleme des Lebens aus den Sätzen der heiligen Schriften zu »klären« suchten. Den Vergleich mit der kommunistischen Parteidialektik hat zuerst Manès Sperber gezogen.

Brecht einmal gesagt hatte, der ja in Moskau auch als halber Trotz-kist gegolten hatte und ein Exil dort so wenig überlebt hätte wie alle seine Freunde und Gefährten, die dorthin gegangen und ver-schwunden sind.

Mit Jakob Moneta habe ich in den Jahren unserer gemeinsamen »Solidarität mit Solidarność« (nach der Verhängung des Kriegs-rechts in Polen 1981) einmal über die Situation bei Kriegsausbruch 1939 nach dem Hitler-Stalin-Pakt diskutiert und darüber, welche »Position« man damals hätte einnehmen müssen. Ich sagte, ideal-typisch gesehen hätte ich mich zur britischen Armee gemeldet, weil von ihrem Durchhalten in dieser Situation das Schicksal der Welt abhing. Und er? Er hätte sich, sagte er, natürlich gegen den Weltkapitalismus und auf die Seite der Sowjetunion gestellt. »Aber Jakob, Du wärst doch der erste gewesen, den sie erschossen hätten, wenn sie Deiner habhaft geworden wären!« Das sei eine ganz andere Frage, sagte er. Es ging um die »prinzipielle« Haltung zur Situation.

Jakob Moneta war ein sanfter, kluger, sympathischer Mann. Aber diese freundlich bestimmte Art, bei aller Pragmatik im Alltag so ganz und gar in »Prinzipien« zu denken und zu leben, war unheimlich. Natürlich erkannte ich darin uns selbst wieder. Noch zwei, drei Jahre vorher hätte ich womöglich ähnlich geantwortet wie er. In vieler Hinsicht waren die Trotzkisten die Vorläufer und Archetypen der »Neuen Linken« insgesamt.

Der Maoismus war eine diffuse Grundstimmung der »Neuen Lin-ken« gewesen, bevor er sich organisatorisch fixierte. In der Bundes-republik ist über dieses Kapitel bisher nur unter dem ominösen Sammelbegriff »K-Gruppen« gesprochen worden. Das dürfte eine ausgrenzende Klassifikation aus dem Lager derer gewesen sein, die als Sozialisten oder »Undogmatische« nicht mit den Parteimao-isten verwechselt werden wollten. Aber vielleicht war es auch nur eine journalistische Begriffsprägung aus dem Bereich der linkslibe-ralen Medien, die sich festgesetzt hat.

In Wirklichkeit waren die »K-Gruppen« eine kleine Welt für sich, die sich ebensowenig über einen Kamm scheren läßt wie die Neue Linke insgesamt. Ihre Protagonisten kamen – bis auf ein paar

Altkommunisten – aus dem politischen und intellektuellen Kern der 68er-Bewegung. Daß es sich dabei weder um unbegreifliche Konversionen noch um eine Invasion von außen gehandelt hat, dürfte bereits deutlich geworden sein.

Die Organisation, der ich selbst angehört habe, der KOMMUNISTISCHE BUND WESTDEUTSCHLAND (KBW), war den Maximen der ausgehenden Studentenbewegung sogar in besonderer Weise verpflichtet. Die Kerngruppe stammte aus dem Heidelberger SDS, der in den Fraktionsauseinandersetzungen des alten SDS stets eine zentristische Position eingenommen hatte und über die Auflösung des Gesamtverbandes hinaus versucht hatte, seine Tätigkeit als lokale sozialistisch-revolutionäre Organisation fortzusetzen, bis er im Herbst 1970 durch die baden-württembergische Landesregierung verboten wurde. Danach folgte eine ausgedehnte theoretische Programmdiskussion und bundesweite Sammlungsbewegung unter den vielen, konfessionell noch nicht festgelegten lokalen Zirkeln. Erstes Ziel war die Bildung einer Organisation, die noch keine Züge einer proletarischen Partei tragen, allerdings in leninistischer Tradition ihrem zügigen Aufbau dienen sollte.

Kurzum, der im Sommer 1973 aus einem Zusammenschluß von ursprünglich sechs und schließlich fast einhundert lokalen kommunistischen Zirkeln hervorgegangene KBW war alles andere als das Produkt eines voluntaristischen Gründungsaktes. Er war ein bedächtiger Spätkömmling, der seine Zelte erst aufschlug, als viele schon einpackten, was zu seinem anfänglichen Charisma durchaus beitrug. Die Geschichte dieser gar nicht so kleinen, sehr eigentümlichen Kaderorganisation wird später noch im einzelnen zu erzählen sein und kann hier übersprungen werden.

Nehmen wir also die nächsten in der Reihe, die Genossen von der KPD/Aufbauorganisation (kurz KPD/AO). Als diese Protopartei im Frühjahr 1970 gegründet wurde, zählte sie nicht mehr als 70 handverlesene Mitglieder – die sich allerdings von der Überzeugung getragen fühlten, einen gordischen Knoten durchschlagen zu haben. Denn »daß der Aufbau einer marxistisch-leninistischen Kaderorganisation notwendig ist«, wie Christian Semler am Ende einer endlosen Arbeitskonferenz aller Berliner Betriebs- und Basisgruppen im Dezember 1969 bekanntgab, war schließlich in einem überwiegenden Teil des Berliner SDS und seiner angrenzenden Milieus im Lauf des Jahres 1969 längst Konsens. Nur gab es hundert praktische und theoretische Differenzen und Rivalitäten. Also beschlossen die Gründer der KPD/AO, nicht länger zu warten und mit einem Parteiaufbau »von oben« zu beginnen. »Ende 69 glaubte ich, die Bewegung müsse notwendigerweise zerfallen, und traf meine Wahl«, sagte Christian Semler später.[13] Das war eine ähnlich existenzielle Entscheidung wie zur gleichen Zeit bei den Gruppen, die sich auf ihren Einsatz als »Stadtguerilla« oder als »Innenkader« revolutionärer Fabrikkämpfe vorbereiteten.

Tatsächlich konnte sich das Unternehmen eines »Parteiaufbaus von oben« ohne weiteres auf Vorbilder in der Geschichte der kommunistischen Parteien berufen. Es entsprach insbesondere der Gründungsgeschichte der KP Chinas, die ebenfalls aus einem winzigen Intellektuellen-Zirkel hervorgegangen war. In den historischen Analysen von Charles Bettelheim, dem Theoretiker des französischen Maoismus, die auch in der Bundesrepublik einige Verbreitung fanden, wurde die Geschichte der KP Chinas als das beispielhafte Gegenmodell zum »Ökonomismus« der sowjetophilen Parteien dargestellt.[14] Die Vorstellung einer forcierten »Politisierung« der Massen entsprach andererseits völlig den Traditionen der Studentenbewegung. »Wir glaubten, man könne durch einen Prozeß von Organisierung und Untersuchung sich einerseits als Kern herausbilden, aber andererseits transformieren«, so noch einmal Christian Semler.[15]

Die »Vorläufige Plattform« vom Frühjahr 1970 machte auch noch keinen Führungsanspruch geltend: »Gegenwärtig kann noch keine revolutionäre Organisation den Anspruch erheben, sich KPD zu nennen, denn das Prinzip der organisierten Klassenanalyse, die Verankerung der zukünftigen Partei in den Massen nehmen gerade erst ihren Anfang.«[16] Die eigentliche Attraktion der Sache lag im quasi-experimentellen Charakter, den vor allem das Konzept der »Untersuchungsgruppen« hatte. So wurden ein oder zwei jüngere Mitglieder in ausgewählte Großbetriebe geschickt, um einige Arbeiter oder Lehrlinge aus dem Betrieb selbst zu rekrutieren, während leitende Parteikader ihre Aktivitäten und Erfahrungen supervidierten. Das entsprach weitgehend dem Modell von

»Innenkadern« und »Außenkadern«, das auch die »Spontaneisten« vom Frankfurter REVOLUTIONÄREN KAMPF (RK) zur selben Zeit praktizierten. Während diese allerdings stets ihre Rückbindung an das heimatliche Frankfurter Milieu beibehielten, zogen Voraustrupps der KPDler im Stil der russischen »Narodniki« oder eben der chinesischen Kommunisten in die versteppten Industrieareale des Ruhrgebiets, die nach den legendären »Septemberstreiks« und wegen der anhaltenden Kohle-und-Stahl-Krise als der archimedische Punkt ausgemacht worden waren, von dem aus das System der Sozialpartnerschaft von Kapital und Gewerkschaftsbürokratie aus den Angeln gehoben werden könnte.

Der Anfangsschwung dieser Gründung war nicht zu unterschätzen. Christian Semler, Vertrauter Dutschkes, war einer der Teach-in-Matadore der Zeit und besaß seit der »Schlacht am Tegeler Weg« den Nimbus eines militanten Strategen. Jürgen Horlemann war der Autor des bekanntesten Buches über den Vietnam-Krieg und insofern ein glaubwürdiger Propagandist der Losung »Sieg im Volkskrieg«. Beide waren Industriellensöhne und von der Romantik des »Klassenverrats« umweht – eine Aura, die die von ihnen begründete »KPD« unter ihrem Mao-Wahlspruch »Dem Volke dienen« dann in besonderer Weise pflegte. So sympathisierte ein prominenter Teil der Berliner Kulturszene – etwa um Peter Steins »Schaubühne« – anfangs mit dem Projekt dieser Retortenpartei. Auch etliche bildende Künstler – am bekanntesten wohl Jörg Immendorff – stellten sich in den Dienst dieser Propaganda und malten Bilder in einem Stil frommer Einfalt, der selbst wieder ein historisches Zitat war.

Die angehende KPD mußte nicht trommeln, um Mitglieder zu gewinnen, im Gegenteil, sie hatte einen spontanen Zustrom von Kandidaten zu kanalisieren und zu filtern. Sie tat das mit dem bedeutungsvollen Gestus strikter Konspiration*, der auf viele

---

(*) Immerhin konnte dieser Konspirationstick insoweit durch die Realität gedeckt erscheinen, als die Usurpation des Namens der verbotenen KPD die maoistische Neugründung potentiell als »Nachfolgeorganisation« qualifizierte, wobei sie es auf eine solche historische Identifikation ja gerade anlegte. Tatsächlich

höchst attraktiv wirkte: »Da gab es Sachen, die einen faszinierten. Zum Beispiel Treffs in Wohnungen, in die man nur mit einem besonderen Code reinkam, wenn man einen Termin hatte. Das waren Wohnungen, die direkt dafür gemietet waren … Der nächste kam 'ne Viertelstunde später, damit das nicht auffiel in dem Haus.«[17]

Angezogen wurden hauptsächlich jüngere Leute, die 1968/69 der APO zugeströmt waren und in dem Gewirr örtlicher Basisgruppen, ROTER ZELLEN oder Zirkelorganisationen keine weiterführende Perspektive sahen. Die meisten machten sich selbst auf die Suche und besorgten sich die »Positionspapiere« der Gruppen, die sich bereits einem weitergehenden Ziel verschrieben hatten. Recht repräsentativ dürfte der Bericht eines Schülers aus einer südwestdeutschen Kleinstadt sein, der im Sommer 1970 bei einem Besuch in der Frontstadt mit seiner Freundin die Kontaktnummern von drei Berliner Organisationen mit Schrägstrich (KB/ML, PL/PI und KPD/AO) anwählte, aber nur bei der letzteren das Büro besetzt fand. Dort berichteten sie den diensthabenden Kadern über ihren »Bruch mit dem Antiautoritarismus« und über die Gewerkschafts- und Schulungsarbeit, die ihre Gruppe aufgenommen hatte. »Das Erzählte wurde sehr beifällig aufgenommen und in einer schwarzen Kladde sorgfältig notiert – was uns das Gefühl vermittelte, sehr wichtige Informationen zu geben.« Anschließend wurden sie über die »Prinzipien und Positionen« der KPD/AO instruiert und aufgefordert, weiteres Material und Berichte zu schicken. Im Austausch erhielten sie fünf Freiexemplare der ROTEN FAHNE zugeschickt.

Wochen später erschien ein dreiköpfiger »Untersuchungstrupp« aus Berlin, der den Eindruck vermittelte, daß überall in der Republik Sympathisantengruppen im Entstehen seien und eine Art »Fahrplan« für den nationalen Parteiaufbau existiere. Jedenfalls bildete sich in der Kleinstadt eine KPD-Aufbaufraktion, deren primäre Aufgabe es nun war, innerhalb des regionalen Ver-

wurde 1973 auch eine erste Verbotsdiskussion geführt, die aber im Sande verlief. Im Jahr darauf wurde die neugegründete KPD zur Beteiligung an den Landtagswahlen in einer Reihe von Bundesländern zugelassen und mit dem »Parteienprivileg« ausgestattet, d. h., sie wurde als »verfassungsfeindlich«, aber legal eingestuft.

bundes von Schüler- und Lehrlingsgruppen die Positionen der angehenden Partei zu propagieren und weitere Sympathisanten zu rekrutieren. Die eigentliche Attraktion lag, wie der Kleinstadt-Nachwuchskader sich erinnerte, in dem Gefühl, »Teil einer exklusiven Elite der Linken zu sein«, wobei das »Unverständnis Außenstehender ... das gehobene Selbstgefühl der Kader« gerade bestätigte.[18]

Zum Unverständnis der Außenstehenden trug bei, daß die KPD/AO-Führer von Anfang an die Riten einer kommunistischen Partei ältesten Stiles imitierten: die bis zur Absurdität mit Organisations-Emblemen und Transparenten geschmückten großen Säle, die bedeutsam angekündigten und frenetisch beklatschten Redner, die zurückklatschten; und die Demonstrationsaufzüge, die wie eine einzige Staffage ihrer selbst aussahen. Aber was den einen nur lächerlich vorkam, wirkte auf andere um so berauschender. Die Generalprobe war die seit 1968 traditionell gewordene Berliner »Revolutionäre Mai-Kundgebung«, bei der es der KPD/AO 1971 erstmals gelang, einen Block von (angeblich) Zehntausend um sich zu scharen und der SEW wie den anderen Szene-Konkurrenten die Schau zu stehlen.

Diese trügerischen Erfolgserlebnisse verleiteten die AO-Führer, sich im Juli 1971 zur Verblüffung der eigenen Mitglieder und Sympathisanten selbst zur KOMMUNISTISCHEN PARTEI DEUTSCHLANDS (KPD) zu ernennen. In einem bizarren Akt der »Selbstkritik« wurde festgestellt, daß durch die Wahl eines *falschen* Namens nur verdeckt worden sei, daß die Aufbauorganisation vom ersten Tage ihres Wirkens an in Wirklichkeit bereits alle Aufgaben einer kommunistischen Partei wahrgenommen habe.

Im Frühjahr 1972 übersiedelte die Zentrale von Berlin nach Dortmund, um hier im Widerschein der Hochöfen unter den Kernschichten des deutschen Industrieproletariats so wie in den Höhlen von Jenan zu leben. Dieses Projekt war nichts weniger als »begriffslos«; es war vielmehr mit der üblichen Überdosis an Theorie ausgeklügelt. Stärker noch dürfte allerdings der romantische Impuls gewesen sein. Der KPD-eigene OBERBAUM-Verlag gab in dichter Folge die »proletarischen Romane« der Weimarer Jahre wieder heraus, ebenso wie die klassischen chinesischen Romane der frühen Kampfzeit. In der Phantasie verschmolzen Genreszenen des Roten Wedding oder der Roten Ruhrarmee mit denen der chinesischen Arbeiter- und Bauernarmee. Und die Heldenfigur in diesen legendenhaften, literarisch überformten Beschreibungen war unweigerlich der selbstlose Kommunist, der sich unter die Massen begibt und durch mancherlei ideologische Irrungen und gefährliche Erlebnisse mit den offenen und (schlimmer noch) den versteckten Feinden, den Opportunisten und Verrätern in den eigenen Reihen, es schließlich lernt, die Besten des Proletariats und Aktivsten der Volksmassen um sich zu sammeln.

Die Berufung auf die »Volksmassen« vermittelte bei aller Arbeitertümelei das wohltuende Gefühl, potentiell große Mehrheiten versammeln zu können, ohne deshalb nach Manier der DKP-»Revisionisten« die Klassenantagonismen überhaupt im Begriff eines »antimonopolistischen Bündnisses« verschwinden zu lassen. Indem man statt dessen die »Widersprüche im Volk« kategorial von den »Widersprüchen zwischen dem Feind und uns« unterschied, konnte man mit einiger Freiheit politische Etappenziele und breite Bündnisse entwerfen. Kurzum, die Maoisten waren eigentlich emphatische *Volkstümler* und Populisten – oder sie wären es doch sehr gerne gewesen.

Nicht zufällig wurden die frühesten und heftigsten Auseinandersetzungen – außer mit den »Revisionisten« – mit den Trotzkisten ausgetragen, die die unmittelbarsten Rivalen waren. Über deren doktrinären Arbeiterkult und ihre starre Fixierung auf bolschewistische Aufstands-Rhetoriken konnte man noch hinwegsehen. Viel »gefährlicher« war die Tatsache, daß sie auch für die Dritte Welt nichts als die reine sozialistische (trotzkistische) Arbeiterrevolution gelten lassen wollten. Das bedeutete aber, die »Dritte Welt« als revolutionären Faktor überhaupt zu leugnen und die nationalen Befreiungsbewegungen als bürgerlich oder kleinbürgerlich abzuqualifizieren – ein ungeheuerliches Sakrileg! Und dann zogen sie auch noch häßliche Parallelen zwischen dem maoistischen China und der stalinistischen Sowjetunion, die sie als ein Regime des thermidorianischen (»weißen«) Terrors bezeichneten. Da hörte der Spaß dann endgültig auf und fing die »konterrevolutionäre Agententätigkeit« der Trotzkisten an.

Natürlich waren das alles Einstellungen, die man sich selbst andressiert hatte. Aber der spontane Haß unter den Szene-Gruppen konnte tatsächlich zuweilen fast mörderische Intensität annehmen – obwohl er sich um nichts als Formeln und abstrakte »Positionen« drehte. So gab es ein paarmal schwere Schlägereien zwischen KPDlern und GIMlern, aber auch mit DKPisten und SEWlern, bei denen sogar Blut floß, wenn auch nur aus Platzwunden. In der »Programmatischen Erklärung« zur Gründung der KPD wurde neben Mao Tse-tung als zweiter historischer Kronzeuge nun drohend Jossif Wissarionowitsch Stalin aufgerufen, und für Deutschland Ernst Thälmann. Die Ideologie der Partei entwickelte sich zu einem düsteren Amalgam aus Stalinismus und Maoismus, kombiniert mit Versatzstücken der KPD-Politik vor 1933, von der »Sozialfaschismus«-Theorie bis zur »Revolutionären Gewerkschafts-Opposition«.

Gemildert wurde diese ziemlich unappetitliche Mischung durch einen Snob-Appeal, der die Mini-Partei von oben nach unten durchwehte. Sie war ein derartiges Kunstprodukt, daß darin schon wieder etwas wie ein Stilwillen zu erkennen war. Und während in anderen ML-Organisationen heftig in lokalen oder regionalen Dialekten gevolkstümelt wurde, befleißigte sich der zentrale KPD-Kader einer unbestimmten Hochsprache – darin wieder den Trotzkisten vergleichbar, die die Dialekte ähnlich verabscheuten.

So wie die KPD ab 1970 scheinbar aus einem Guß »aufgebaut« wurde, so hat sie sich 1980 auch in aller Form aufgelöst und verabschiedet. Daher ist es auch kein Zufall, daß sie als einzige von allen Gruppen dieses Typs eine selbstkritische Literatur hinterlassen hat, die dieses eklatante Scheitern nicht nur in Kategorien »politischer Fehler«, sondern auch nach der Seite der eigenen psychischen Motivationen und selbstproduzierten Charaktertypen hin reflektiert. Nur deshalb ist es lohnend, ihre Karriere noch etwas genauer zu verfolgen.

Aus den 70 Ursprungskadern von 1969/70 waren zum Termin der Parteiproklamation im Juni 1971 rund 300 geworden und bis 1973 rund 700. Auf dem Höhepunkt 1975 mögen es an die 1000 gewesen sein. Ab 1976 wurde der Bestand dann durch Austritte und Ausschlüsse wieder rapide dezimiert. Diese kleine Kaderpartei leitete eine Reihe von sogenannten »Massenorganisationen« an, darunter einen KOMMUNISTISCHEN JUGENDVERBAND (KJV), einen KOMMUNISTISCHEN STUDENTENVERBAND (KSV) sowie die LIGA GEGEN DEN IMPERIALISMUS und eine VEREINIGUNG SOZIALISTISCHER KULTURSCHAFFENDER (VSK). Mit anderen Nebenorganisationen zusammen waren es etwa 5000 Aktive, die die KPD in ihren besten Zeiten in Bewegung setzen konnte. Das Zentralorgan ROTE FAHNE wurde wöchentlich in 15.000 Exemplaren gedruckt, aber sicherlich nur zur Hälfte verkauft. Und bei den Landtagswahlen erreichte die KPD im allgemeinen 0,1% der Stimmen, in einzelnen Berliner Wahlbezirken immerhin schon mal 1%. Bei den Bundestagswahlen 1976 erhielt sie über 22.000 Stimmen (wobei der ehrwürdige Markennahme zu Buche schlug).

Aber was sich aus unbeteiligter Perspektive als ridiküle Mini-Partei darstellt, war von innen und in den Kategorien der linken Szene betrachtet ein kleines Königreich oder zumindest ein Herzogtum von beträchtlicher Organisationspotenz. Wie ein Autor des Bändchens »Erfahrungsberichte aus der Welt der K-Gruppen« 1977 richtig bemerkt hat, konnte man in dieser Kleinpartei »die Entstehung von Elementen eines Staatsapparats verfolgen«.[19] Schließlich handelte es sich um keine bloße Mitgliederpartei, sondern um eine Kaderorganisation, die ihre Aktivisten mit Haut und Haaren rund um die Uhr in Anspruch nahm. Das konnte – jedenfalls ein knappes Jahrzehnt lang – tatsächlich zu einer Potenzierung der Organisationskraft führen, so daß solche Kadergruppen im wörtlichen wie im übertragenen Sinne manchmal ebensoviel oder mehr auf die Beine stellen konnten als selbst die großen Volksparteien.

Für die Teilnehmer dieses Projektes »waren die Opfer, die zu bringen waren – Reduzierung oder Unterbrechung des Studiums ..., Abbruch sozialer und familiärer Beziehungen usf. – einkalkuliert, gewissermaßen als ›notwendige Unkosten der Revolution‹«, schrieb im Rückblick Karl Schlögel, einer der Redakteure des Zentralorgans.[20] Man bezog daraus gerade einen Teil seines Organisationsstolzes oder Kaderethos. Allerdings war die KPD besonders hierarchisch strukturiert. Statistischer Ausdruck dieses – als »Bürokratisierung« viel zu harmlos beschriebenen – Prozesses war die Tatsache, daß vom (relativ stabilen) Kernkader der Partei im Laufe des Jahrzehnts *ein Drittel* zu freigestellten Funktionären avancierte.[21]

Das produzierte einen Typus von Berufskadern, wie sie in andern Gruppen der maoistischen Neuen Linken vielleicht in solcher Reinkultur nicht zu finden waren. Ein ehemaliger KSVler hat ihm ein anschauliches Denkmal gesetzt: »Das Jackett seines Tweedanzugs auseinandergeschlagen, die Fäuste in die Hüften gestemmt, die Beine gespreizt, als wolle er Wurzeln schlagen ...« – so sei der hohe Parteibeamte vor die wechselnden Versammlungen getreten, auf die er geschickt wurde: heute ein Teach-in in Berlin, morgen eine Veranstaltung irgendwo in Westdeutschland. »Dazwischen bewältigt er eine ungeheure Menge an Sitzungen, organisiert Einsätze, liest Direktiven, schreibt Direktiven – sein Wasser ist die Politik, darin schwimmt er wie ein Fisch, fern von den trockenen Ufern des Alltags: ein Professional ...« Äußeres Repräsentationsmerkmal eines KPD-Berufskaders wurde statt einer Aktentasche bald schon ein Diplomatenköfferchen. Am erschreckendsten sei freilich die »beamtete Abgebrühtheit« gewesen, mit der auch die Fähigkeit verlorenging, sich überhaupt noch spontan empören zu können – selbst in politischen Dingen, etwa beim Putsch in Chile, der die Kampagnenfahrpläne nicht unterbrechen durfte, zumal Allende sowieso ein Reformist oder Revisionist war, der die Massen entwaffnete und auch noch dem Sozialimperialismus in die Hände spielte.

Je höher in der Hierarchie, um so besser allerdings die Möglichkeiten, sich Entlastungen zu verschaffen. »In Kader-Wohngemeinschaften verständigte man sich entweder augenzwinkernd auf der Ebene der Doppelmoral, oder man lebte wie in einer Polizeikaserne.« In jedem Fall konnte man den Druck partiell nach unten weitergeben. Vor allem die Studenten wurden gnadenlos eingespannt. Der Ausstoß an bedrucktem Papier war so enorm, daß oft »ein Tagestrupp fünf oder sechs Flugblätter zu verteilen hatte«. In den Parteizentralen häuften sich die Stapel nicht verteilter Materialien. »Dazwischen bewegten sich die Sekretäre und leitenden Kader, die man als Personen schon nicht mehr wahrnahm, so sehr waren sie bereits zum Inventar geworden.«[22]

Aber nicht nur die Hauptamtlichen, auch die einfachen Mitglieder begannen immer exklusiver in der geschlossenen Welt der Organisation zu leben. »Da alle Kader unserer Wohnung in KSV-Zellen, Betriebszellen oder in ›Leitungsgremien‹ arbeiteten, niemand aber tatsächlich im Betrieb war oder richtig studierte, entwickelte sich unser Zusammenleben in seiner eigenartigen Gesellschaftsferne zu einer ausgesprochenen Subkultur, ganz im Gegensatz zu den politischen Postulaten der ›Partei‹«, heißt es im bereits zitierten Erfahrungsbericht des ehemaligen Provinzkaders.[23] In etwa halbjährlich stattfindenden »Kritik/Selbstkritik«-Sitzungen (kurz: KSK) wurden Selbsteinschätzungen und gegenseitige persönliche Beurteilungen abgegeben, womit alle Zweifel und Probleme erst recht »sprachlos in den Untergrund bürgerlicher Privatheit abgedrängt« wurden.[24] Gab es akute psychische Krisen oder manifeste »ideologische Unklarheiten«, rückte ein ZK-Mitglied zu »Ermittlungsgesprächen« an. Wer allzu deutliche Zweifel an der Politik der Partei äußerte, wurde zum »Sicherheitsrisiko« und unter informelle Quarantäne gestellt. Oft waren es aber nicht die Leitungskader, sondern Zellengenossen, die die »Abweichungen« oder »Schwankungen« besonders unnachgiebig geißelten – und sich damit gegen eigene Zweifel zu immunisieren suchten.

Zu den ursprünglichen Attraktionen des Maoismus hatte noch 1969/70 das Schwelgen in Panorama-Gemälden eines »Volkskriegs« der aufständischen Völker der Dritten Welt gegen den Imperialismus gehört, deren Speerspitze eben das rote China war. Mit dem Ende der Kulturrevolution und der Entlarvung des »Ultralinken« und »faschistischen Verschwörers« Lin Piao – den man immer schon verschlagen und unsympathisch gefunden hatte, wie einem jetzt einfiel – mußte bereits ein Stück weit umgedacht werden. Während Mao sich kaum noch zeigte, trat die aristokratische Figur des roten Mandarins Tschou En-lai für einige Jahre in den Vordergrund. Er konnte immerhin auf seine Weise begeistern, so wenn er in gemessener Ruhe sagte: »Staaten wollen Unabhängigkeit, Nationen wollen Befreiung, Völker wollen die Revolution. Das ist bereits eine unwiderstehliche Strömung der Geschichte geworden.« Damit konnte man die Toasts, die 1972 mit Nixon und Kissinger in Peking getauscht wurden, einigermaßen verkraften. Noch ahnte man die Fußangeln der darin angelegten »Drei-Welten-Theorie« nicht, sondern profitierte vom Sympathiezuwachs, den die Volksrepublik China damals verzeichnete.

Daß in das wiedergeöffnete »China nach dem Sturm« sich nun eine ganze Welle von Reisenden der Oberklasse aufmachte, darunter auch sehr konservative Politiker und Publizisten, ist bereits erwähnt worden. Klaus Mehnert etwa hatte im Verlauf seiner Chinareise 1971 überall »nur treue Ergebenheit zum Vorsitzenden Mao und zu seinen Ideen gefunden«, und als Deutsch-Konservativer dafür viel Verständnis gehabt: »Einer Gemeinschaft anzugehören, in sie einzutauchen, von ihr getragen zu sein, das gibt dem Menschen an sich schon ein Gefühl der Geborgenheit und des Glücks.«[25] Auch linke Journalisten, Wissenschaftler und politische Sympathisanten bereisten jetzt (wieder) das Land ihrer Träume und lieferten eine Welle literarischer Chinoiserien, die bis tief ins linksliberale Publikum hineinwirkten. Der Sinologe Joachim Schickel etwa hatte, als er China im Oktober/November 1970 wieder betreten konnte, »ein einziges Buch bei mir: Goethes Italienische Reise«, der das Motto vorangestellt war: »Auch ich in Arkadien!« In diesem hohen Ton eines lyrischen Enthusiasmus war sein ganzer Bericht gehalten.[26]

Jenseits politischer Sympathien waren es vor allem die lebensreformerischen Themen, in denen das kulturrevolutionär bewegte China als Vorbild diente. In welchem Kinderladen hing er nicht – der Poster mit der »Roten Rübe«, die die kleinen Chinesenkinder mit vereinten Anstrengungen aus der Erde zogen? Und welche feministisch bewegte Frau hätte nicht den Szene-Bestseller »Die Hälfte des Himmels« von Claudie Broyelle gelesen, die mit einer Gruppe von zwölf »aktiven Kämpferinnen für die Befreiung der Frau« nach China gefahren war und dort die »späte Heirat« und »strikt monogame Sexualität« ihrer chinesischen Altersgenossinnen als revolutionären Akt der Emanzipation entdeckt hatte, der dazu beitrug, »daß die chinesischen Frauen keine Sexualobjekte mehr sind«.[27]

Für die maoistischen Parteien und Aufbauorganisationen waren das kräftige Auf- und Rückenwinde. Aber die raschen Politikwechsel der KP Chinas machten ihnen dann doch schwer zu schaffen. So wurden im Rahmen der spätmaoistischen »Drei-Welten-Theorie« die Europäer als Angehörige einer bürgerlichen »zweiten Welt« eingestuft, deren Widersprüche gegenüber den »beiden Supermächten« USA und UdSSR es auszunutzen galt. Das hätte es durchaus ermöglicht, sich über Fragen der internationalen Politik etwas differenziertere Gedanken zu machen. Aber die konkreten Ausformungen der chinesischen Politik und Propaganda, in der die Stoßrichtung gegen den sowjetischen »Sozialimperialismus« immer mehr in den Vordergrund trat und immer bizarrere Formen annahm, erforderten dann doch ziemliche Verrenkungen, sofern man ihnen sklavisch folgte.

Genau das tat die KPD, die sich vorgenommen hatte, die KPD/ML aus der Gunst der KP Chinas zu verdrängen – und mutete ihren Mitgliedern und Mitläufern damit einiges zu. Zeitweise glich das einem Amoklauf im Zickzack. Eben noch hatte die Partei während einer Demonstration gegen den Besuch des südvietnamesischen Staatspräsidenten Van Thieu im April 1973 ihre KSV-Studenten vorgeschickt, um das Bonner Rathaus zu vandalisieren, da rief die Partei im Mai schon zu einer »Anti-Breschnew-Demonstration« auf, bei der sich 3000 Demonstranten abermals eine schwere Schlacht mit der Polizei lieferten. Gegenstand des Protestes war diesmal die sozialliberale Ostpolitik, die als eine Art Kollaboration mit dem »Sozialimperialismus« dargestellt wurde und sich ausgerechnet in einer drohenden Zerschlagung der KPD manifestieren sollte – eine Konstruktion, der kein Mensch mehr folgen konnte.

Das Ende der Loyalität war für viele Mitglieder und Sympathisanten erreicht, als nicht nur der Putsch in Chile sehr lasch verurteilt wurde, sondern der in der gesamten Linken enthusiastisch begrüßte Umsturz des faschistischen Kolonial-Regimes in Portugal 1974 von der KPD immer mehr in einen »sozialfaschistischen Putschversuch« umgedeutet wurde. Auch wenn das Szenario einer militärischen Machtergreifung der sowjetophilen KP Portugals nicht ganz so abwegig war, wie die deutschen Portugal-Romantiker dieser Jahre taten, war die in Lissabon von diversen maoistischen Organisationen proklamierte Politik einer »antihegemonistischen Einheitsfront« doch mehr als verfehlt. Jedenfalls wurden die Mitglieder der Semler-Horlemann-KPD damit in einen derart schroffen Gegensatz zum Gros der übrigen Linken gesetzt, daß nur noch hartgesottene Kader diese Verfeindungen aushalten konnten.

Entsprechendes galt für die Anwendung der chinesischen Drei-Welten-Theorie auf Mitteleuropa und die »deutsche Frage«. Die KPD verkündete nun, daß die NATO durch entschiedene Verteidigungsanstrengungen der Europäer gestärkt werden müsse, »um einem militärischen Angriff des sowjetischen Sozialimperialismus, dem Hauptfeind der europäischen Völker und Staaten, erfolgreich begegnen« zu können.[28] Eine entscheidende Aufgabe der Partei sei es, die Arbeiterklasse und die Volksmassen auf einen »nationalen Verteidigungskrieg« vorzubereiten, in dem sie dann die Führung übernehmen könne. Die KPD-Genossen in der Bundeswehr sollten nunmehr gegen jede pazifistisch-revisionistische Zersetzungspropaganda und für eine revolutionäre Stärkung der Wehrkraft eintreten – gleichzeitig aber beim Aufbau einer »eigenen Militärorganisation« der Partei mitwirken, die das Rückgrat des »revolutionären Befreiungskrieges« sein würde.[29] Diese Mischung von markiger Umsturzpropaganda mit neonationaler Verteidigungsrethorik war ein unauflösbares Paradox.

Auf Basis einer »antihegemonistisch-demokratischen Volksbewegung« sollte dann auch der aktive Kampf um die deutsche Wiedervereinigung aufgenommen werden. Entsprechend verschärfte sich der Ton gegenüber dem »Honecker-Regime«, dessen Sturz freiweg auf die Tagesordnung gesetzt wurde. Das Ziel einer Kundgebung von KPD-Mitgliedern am sowjetischen Ehrenmal in Treptow zum 9. Mai 1975 sollte es sein, »der Arbeiterklasse und allen fortschrittlichen Kräften in der DDR zu demonstrieren, daß gerade angesichts der Besatzungstruppen Breschnews die Lehren des antifaschistischen Kampfes gezogen werden müssen, das Vermächtnis des Genossen Stalin hochgehalten werden muß«.[30] Man kann sich die Resonanz dieser Aktion in Ost und West lebhaft vorstellen.

Die chinesischen Genossen honorierten diese Bemühungen zwar bei den Besuchen zweier Parteidelegationen im November

1976 und im Oktober 1977 mit einer Aufwertung, die (nach dem Abfall der KPD/ML) einer Privilegierung gleichkam. Insgesamt blieben sie aber sehr vorsichtig, sich mit den maoistischen Mini-Parteien der kapitalistischen Welt allzu eng zu liieren. Erst die dritte KPD-Delegation im Mai 1978 wurde vom Übergangs-Vorsitzenden Hua Guo-feng selbst empfangen, nachdem diese ihm wegen der Verhaftung und Aburteilung der maoistischen »Vierbande« überschwenglich gehuldigt hatte. Aber da war schon alles zu spät, hüben wie drüben. Im ersten Pekinger Frühling richteten Studenten die »Mauer der Demokratie« ein, und in Deutschland war es bereits die Zeit der allgemeinen Auflösungen und Neuorientierungen.

Alle diese wechselnden Politiken und »Linien« der KPD trugen dasselbe Signum des Künstlichen und Ausgedachten wie die Partei im ganzen. Nichts entsprang oder entsprach den lebendigen Impulsen und vitalen Interessen ihrer Subjekte – am wenigsten wohl der penetrant »nationale« Ton, der ihre Publikationen jetzt durchwehte. Vielmehr entsprang der hierarchische Rigorismus nach innen der Notwendigkeit, den eigenen Genossen die jeweils letzte Änderung der »Linie« der Partei beizubiegen.

Damit ist nicht gesagt, daß es in allen ausgeklügelten Positionsnahmen nicht auch Funken einer Vernunft gab. Aus Verrenkungen konnten dialektischerweise auch Lockerungsübungen werden. »So paradox es vielleicht für einen Außenstehenden klingen mag: die als ›vaterländisch‹ kritisierte, ja verfemte Umorientierung unserer Organisation war in meinen Augen die entscheidende Wende von den festgefahrenen und überholten Koordinaten der 60er Jahre zu einer sich verändernden Realität.«[31] So noch einmal Karl Schlögel 1981. Die starren Schemata vom Kampf »Klasse gegen Klasse« waren damit ebenso zu revidieren wie die alten maoistischen Weltrevolutionskriegs-Szenarien. Aus der These vom aggressiven Sozialimperialismus entstand bei vielen ein neues, 1980/81 schon sehr avanciertes Interesse an den Dissidenzen und Umbrüchen im östlichen Europa, aus dem auch die DDR nicht ausgeschlossen war. Und gleichzeitig mußte man sich in einer realpolitischen Wendung wieder mit praktischen Reformperspektiven in der bundesdeutschen Politik sowie mit den Anliegen der neuen sozialen Bewegungen und Bürgerrechtsinitiativen befassen.

Insofern war es kein Zufall, daß ein Gutteil der Mitglieder der sich auflösenden KPD nach 1978 sukzessive Anschluß an den Parteibildungsprozeß der GRÜNEN fanden und sich gegenüber den Reizen eines neuen Öko-Fundamentalismus großteils immun zeigten. Als die (von Anfang bis Ende stabile) Führungsgruppe der KPD, die sich im Zuge der fraktionellen Auseinandersetzungen jetzt » Gruppe der 99« nannte, 1980 für ihre organisierte Auflösung votierte – fast wie in einem komplementären Akt zur Gründung der Partei zehn Jahre zuvor –, fiel ihnen selbst eine Last von den Schultern.

Dabei wirkt die Geschichte der Semler-Horlemann-KPD im Verhältnis zu der ihrer unmittelbaren Konkurrenten, der KPD/ML und MLPD, noch beinahe geradlinig. Diese beiden maoistischen Urparteien hatten sich aus dem Halbdunkel eines stalinistischen Sektenwesens der 60er Jahre herauskristallisiert, das am Rande der sowjettreuen KPD entstanden war und sich über marginale Zeitschriften wie ROTER MORGEN oder SOZIALISTISCHES DEUTSCHLAND verständigte.

Die beiden Galionsfiguren der im Dezember 1968 gegründeten KPD/ML, Ernst Aust (Hamburg) und Willi Dickhut (Solingen), wären aus eigener Kraft allerdings nie in diese prominente Rolle gekommen, hätten die vagierenden Studentenkader, die bei ihrem Zug ins Proletariat unbedingt solche historischen Kronzeugen und Vaterfiguren brauchten, sie nicht gesucht und aufs Schild gehoben. Aust, der Vorsitzende der neuen Partei, war damals 45 Jahre alt und eine eher schillernde als charismatische Figur. Der gelernte Bankkaufmann, KPD-Mitglied seit 1948, hatte einige Jahre als Herausgeber des legal erscheinenden KP-Blatts BLINKFÜER in Hamburg gewirkt, bevor er sich mit der Partei überworfen hatte. Eindrucksvoller war da schon die Figur des 20 Jahre älteren Willi Dickhut, Metallarbeiter von Haus aus, KP-Mitglied seit 1926, Insasse nationalsozialistischer Gefängnisse, der von 1948 bis zum Verbot der KPD in der Kaderabteilung der Partei tätig gewesen und 1966 wegen prochinesischer Sympathien ausgeschlossen worden war. Nach allen Parteischulungen und Jahren erzwungener Untätigkeit hatte er sich zu einem autodidaktischen Halbintellektuellen entwickelt, der einige knorrige Abrechnungen mit dem sowjetischen »Revisionismus« und »Sozialimperialismus« verfaßte.

Als die kaum gegründete KPD/ML sich 1970 in mehrere rivalisierende Fraktionen aufsplitterte, die sich des »Trotzkismus« oder »Revisionismus« bezichtigten und gegenseitig ausschlossen, gelang es den beiden Altkadern Aust und Dickhut, mit deren Zerwürfnis der ganze Kladderadatsch begonnen hatte, sich gegen diesen Jungtürkenaufstand zu behaupten und jeweils aus der Konkursmasse neue, eigene Gruppierungen zu bilden. So konnte sich Aust 1972/73 als Chef der Rest-KPD/ML neu etablieren, in erster Linie durch seine exklusive Anerkennung seitens der Partei der Arbeit Albaniens, deren Führer Enver Hodschas er seinerseits zum Vorkämpfer des revolutionären Sozialismus in Europa hochlobte. Willi Dickhut blieb nur der steinige Weg, eine neue Parteiaufbau-Organisation zu begründen, den KOMMUNISTISCHEN ARBEITERBUND DEUTSCHLANDS (KABD), der 1982 dann zur MLPD mutierte. Dickhut selbst trat allerdings nie an die Spitze, sondern zog es vor, in erprobter stalinistischer Manier als Chefideologe, Herausgeber des »theoretischen Organs« REVOLUTIONÄRER WEG und Herr der Kaderakten die Fäden zu ziehen.

Während Aust von Hamburg aus Richtung Ruhrgebiet agierte, sammelte Dickhut seine frischen Truppen zunächst im südwestdeutschen Raum. Hier hatten sich rund um Tübingen und Stuttgart vielfältige Kontakte zwischen studentischen Reisekadern, Schüler- und Lehrlingsgruppen, versprengten Linken und Gewerkschaftern, örtlichen republikanischen Clubs und andern lokalen Zirkeln ergeben. Ein »Zentrales Aktionskomitee« (ZAK) um die marxistisch-leninistische Zeitschrift REBELL hatte sich gebildet, während unter den Studenten in Tübingen eine Zeitschrift ROTER PFEIL als Organ einer KOMMUNISTISCHEN STUDENTENGRUPPE (KSG) auftauchte, die durch ihre schwüle Dem-Volke-dienen-Propaganda in erstaunlichem Maße Furore machte und für einige Jahre Fachschaftsräte und AStA dominierte. Daraus ging ein KOMMUNISTISCHER ARBEITERBUND (KAB) als regionale Organisation hervor, der sich mit Dickhuts Rest-ML vereinigte.

Das idyllische Tübingen, aber auch viele der umliegenden schwäbischen Kleinstädte blieben noch für längere Zeit ein ergiebiges Reservoir, aus dem Kader zur Verschickung in große Industriebetriebe oder entlegene Albdörfer rekrutiert werden konnten, um dort in zäher, entbehrungsreicher Hand- und Kleinarbeit den Parteiaufbau voranzutreiben. Später wurde auch für den KABD das Ruhrgebiet zur Schlüsselregion, in das die Kader systematisch geschickt wurden (so wie unser alter Tübinger Genosse Martin K.). Hier haben sie sich aufgerieben. Das Ruhrgebiet wurde, statt zum Hunan oder Jenan, zum Grab des bundesdeutschen Maoismus.

Zur atmosphärischen Grundausstattung der Dickhut-Leute gehörte ein derber Ton proletarischer Volkstümlichkeit mit Faustformeln wie »Kampf gegen reformistische Illusionsmacherei und revisionistische Schalmeienklänge« oder »Stählen in der Schmiede des Volkskrieges«. Auch musikalisch liebte man das gute alte Tschingderassa der Rotfrontkämpfer, als die man sich gern kostümierte (mit Kitteln und Mützen). Die armen Trotzkisten wurden als »imperialistisch-faschistische Sabotageorganisation« schon mal verbal hingerichtet, während Stalin als leuchtendes Vorbild revolutionärer Prinzipienfestigkeit gepriesen wurde. In betont harscher Form wurde zum gewaltsamen »Sturz des westdeutschen Imperialismus« wie auch zum Kampf gegen die »Honecker-Clique« aufgerufen, die »den Weg Adenauers, den Weg der Spaltung im Auftrag einer ausländischen imperialistischen Macht« gehe. Die Wiedervereinigung Deutschlands sollte allerdings der sozialen Revolution in beiden Teilen Deutschlands überlassen bleiben.

Die darin schon angedeuteten unterschwelligen Differenzen zur Politik der KP Chinas, von der man sich überdies stiefmütterlich behandelt fühlte, traten 1976 nach dem Tode Maos und mit der Verhaftung und Verurteilung der »Viererbande« (darunter der Mao-Witwe Tschiang Tsching) offen zutage. Der KABD, später dann die MLPD, machten die standhafte »Verteidigung der Großen Proletarischen Kulturrevolution« zu ihrem ganz speziellen Feld- und Markenzeichen. Und die lebenden Künder und Märtyrer dieser größten Revolution der zweiten Jahrhunderthälfte waren eben die Genossen der sogenannten »Viererbande« – die engsten und treuesten Gefährten Maos, die nun in den Gefängnissen der »revisionistischen Deng-Clique« schmachteten.

Damit rückten Dickhut und Genossen ironischerweise in die Rolle von »Trotzkisten« des Maoismus, d.h. von Loyalisten eines Urmaoismus, den es im Geiste Tschiang-Tschings zu verteidigen und schöpferisch weiterzuentwickeln galt. Auf diesem Weg des »Tschiang-Tschinismus« blieben allerdings draußen in der Welt immer weniger Verbündete. Als letztes ruhmvolles Vorbild galt schließlich der archaisch-blutrünstige »Leuchtende Pfad« des Vorsitzenden Gonzalo alias Guzmán in den Tälern der peruanischen Anden – bis auch dieses Fanal verlosch. So waren es zuletzt nur noch die Texte, Bilder und Legenden, die den letzten Getreuen Maos am Ausgang des 20. Jahrhunderts als historische Beglaubigung blieben – wie den verhaßten Trotzkisten auch.

Konsequenterweise machte die 1982 gegründete MLPD – die Ende der neunziger Jahre immer noch über 2000 Mitglieder zählte und ihren Sitz nach Gelsenkirchen verlegt hat – sich zum Vorbild ihrer selbst, indem sie sich ihre ganz eigene Legende und Tradition erschuf. Beim Ableben des Gründervaters Willi Dickhut 1992 erklärte sie in einer Sondernummer des Zentralorgans ROTE FAHNE: »Die Stellung zum Vermächtnis Willi Dickhuts ist der Prüfstein für den Kampf zwischen proletarischer und kleinbürgerlicher Denkweise.«[32]

Ernst Aust hat, als er 1985 starb, solchen Nachruhm nicht geerntet. Zwar hatte er es noch geschafft, sich nach der Auflösung der Semler-Horlemann-KPD das begehrte Parteilabel selbst an die Brust zu heften. Führer einer KOMMUNISTISCHEN PARTEI DEUTSCHLANDS (KPD) zu werden, die über eine Massenorganisation mit dem malerischen Banderolentitel VOLKSFRONT GEGEN REAKTION, FASCHISMUS UND KRIEG, FÜR FREIHEIT UND DEMOKRATIE, WOHLSTAND UND FRIEDEN verfügte – das war sicherlich die Erfüllung aller seiner persönlichen Größenphantasien. Nur waren die Truppen, die er 1980/81 noch um sich scharen konnte, schon arg geschrumpft und zerzaust.

Dabei hatte er seine Jungen und Mädels doch ganz ordentlich zickzack über den Platz gescheucht und als Spieltruppen unter dem martialischen Parteiemblem mit Hammer, Sichel & Gewehr paradieren lassen. Sie hätten wirklich besser in Form sein können! Hatte er nicht 1975 in der Stadthalle Offenbach noch eine Heerschau seiner ROTEN GARDE mit 2000 jungen Leuten abgenommen, deren Mitglieder »im Geiste des unausweichlichen bewaffneten Kampfes« zu erziehen waren? Seine Partei mit ihren rund 800 Mitgliedern war klein, aber oho! Sie trieb die Kunst der Konspiration mit Decknamen und Deckadressen, abgeschirmten »Treffs« und »toten Briefkästen« zu einsamen Höhen und hielt sogar ihre Parteitage »konspirativ« ab. Tatsächlich dürfte das ihr eigentliches Lebenselixier gewesen sein.

Angeblich verfügte die KPD/ML (gemeinsam mit einer türkischen Bruderorganisation) 1978 noch über 60 Betriebsgruppen, die sie sogar formell in einer REVOLUTIONÄREN GEWERKSCHAFTS-OPPOSITION (RGO) zusammengefaßt hatte. Zu einem RGO-Kongreß in der Dortmunder Westfalenhalle waren (angeblich) noch einmal 1500 Teilnehmer zusammengetrommelt worden. Der ROTE MORGEN, das Zentralorgan, war fast ein Jahrzehnt lang wöchentlich in einer Auflage von 10.000 Exemplaren gedruckt worden. Und als Einnahmen hatte die Partei (offiziell) 1977 eine Million DM jährlich angegeben. Damit konnte man schon etwas anfangen.

Was die »Linie« der Partei betraf, konnten sich die Mitglieder über einen Mangel an Abwechslung nicht beklagen. Der Ultra-Maoismus der ersten Jahre war ab 1972/73 durch eine immer engere Anlehnung an die Partei der Arbeit Albaniens überformt, aber nicht ersetzt worden. 1974 hatte Enver Hodscha erstmals persönlich Ernst Aust in Einzelaudienz empfangen – und dürfte sich geschmeichelt haben, einen so treuen Statthalter im Herzen des deutschen Imperialismus zu besitzen. 1975 war eine KPD/ML-Delegation aber auch in Peking von einem Mitglied des Politbüros der KP Chinas empfangen worden, was sie fast in den Rang einer »Bruderpartei« erhob – während eine »Arbeiterdelegation« der KPD nur als »befreundete Partei« behandelt worden war. Dem Drängen der chinesischen Genossen, sich zu vereinigen, hatten allerdings weder die einen noch die anderen nachgeben wollen.

Zumal die KPD/ML störrisch daran festhielt, die obligate Propaganda gegen den sowjetischen »Sozialimperialismus« mit der gegen den »BRD-Imperialismus« zu verknüpfen. Dazu insinuierte sie etwa, Breschnew und Brandt seien »ein Herz und eine Seele«, oder Honecker und Schmidt seien nur die gehorsamen Besatzungsvögte ihrer jeweiligen Vormacht. In der Wortwahl wurde auf eine kräftig nationale Akzentuierung Wert gelegt, die zumindest bei Aust selbst (dessen Frau von »drüben« kam) halbwegs glaubhaft war. »Die deutsche Nation existiert!«, verkündete der ROTE MORGEN 1974 der ganzen Welt. Gekämpft wurde laut Programm für ein »vereintes, unabhängiges, demokratisches Deutschland«. Mit der »Drei-Welten-Theorie« der KP Chinas, die infolge ihrer antisowjetischen Ausrichtung auf eine Verbesserung der Beziehungen zur Bundesrepublik und zur Europäischen Gemeinschaft setzte und – mit dem Strauß-Besuch 1975 sehr sichtbar – eher auf Schulterschlüsse mit konfrontationswilligen Konservativen als entspannungswilligen Sozialdemokraten erpicht war, waren die Positionen der KPD/ML nur noch begrenzt kompatibel.

Die latenten Differenzen kamen mit Maos Tod 1976 offen zum Ausbruch. Wie Willi Dickhut verurteilte auch Ernst Aust – in enger Anlehnung an die albanische Bruderpartei – die Verhaftung der »Viererbande« und prangerte den 1977 wiederaufgetauchten Deng Hiao-ping (mit Serien von Mao-Zitaten) als eine bourgeoise, konterrevolutionäre und revisionistische Kreatur an. 1978 dann passierte das Ungeheuerliche: Ernst Aust verstieß Mao Tsetung aus dem Klassiker-Himmel! Die unverwechselbar von den »Fünf Köpfen« gezierte Parteizeitung ROTER MORGEN erschien plötzlich nur noch mit vieren. Natürlich geschah auch das nach dem Vorbild des unfehlbaren Enver Hodscha, dessen kleines Land »zum großen Leuchtfeuer des Sozialismus, nicht nur für Europa, sondern für die Welt«, erhoben wurde. Für wen der fünfte Kopf reserviert war, war also klar – auch wenn Enver sich noch zierte.

Die erfolgreiche Gründung der GRÜNEN, der Abgang der KPD, die Friedensbewegung und die SOLIDARNOŚĆ-Bewegung in Polen 1980/81 – das alles ließ auch die KPD/ML natürlich nicht unberührt. Sie mäßigte ihre ubiquitäre Gewaltrethorik ein wenig und konnte kurzfristig noch einmal Teile der zerfallenden ML-Bewegung und 70er-Jahre-Linken über die neugegründete VOLKSFRONT (mit dem langen, malerischen Titel) an sich binden. Ihr Erster Vorsitzender war im übrigen kein anderer als Eike Hemmer, der ehemalige Chefideologe der KOMMUNE 2. Diese neue Bündnisorganisation beteiligte sich sogar an der Bundestagswahl 1980, der »Anti-Strauß-Wahl«, und verpulverte fast 700.000 DM in einer aufwendigen Plakat-Kampagne, die am Ende ganze 9300 Zweitstimmen brachte, was 0,0 Prozent entsprach. Danach war die Partei pleite. Auch ihre eilige Umbenennung in KPD konnte nicht mehr verhindern, daß die Mitgliederzahlen und Druckauflagen kontinuierlich sanken.

1983 dann – der endgültige Showdown: Auch Enver Hodschas PARTEI DER ARBEIT ALBANIENS ging auf Distanz zu ihrem deutschen Halb-Klon. Und Aust selbst sah sich auf dem vorletzten Parteitag der eigenen Partei von seinem Zögling und Rivalen Koch, einem wahren Brutus, kalt abserviert. Zwei Jahre später starb er, mit lauwarmen Elogen wie welkem Lorbeer bedeckt. So mußte er wenigstens die letzte, bizarrste Wendung nicht mehr erleben: die Vereinigung seiner Partei, der KOMMUNISTISCHEN PARTEI DEUTSCHLANDS (vormals KPD/ML), mit der trotzkistischen GRUPPE INTERNATIONALER MARXISTEN (GIM) im November 1986 – unter feierlichem Hereintragen der Parteifahnen von links und von rechts, wie bei der Gründung der SED. Aus dieser Kreuzung (Stalin hätte wohl gesagt: von Affe und Schwein) entstand die VEREINIGTE SOZIALISTISCHE PARTEI (VSP), die 1996 – noch kurioser – in der Nachfolgeorganisation der SED, der PDS also, aufging.

Eine Epopöe für sich ist schließlich die Geschichte der »Sektion DDR« der KPD/ML, deren Gründung Ernst Aust zur Jahreswende 1975/76 feierlich verkündet hatte. Ihr Ziel sollte es sein, die »sozialfaschistische Diktatur« der Honecker-Clique zu stürzen und eine echte »Diktatur des Proletariats« wiederzuerrichten. Nicht mehr, nicht weniger.

Aber was alle Welt für einen Treppenwitz hielt, war in gewissem Umfang doch Realität. Zwei Zirkel, die sich nach 1968 in Ostberlin und Rostock aus Schülern, Studenten und einigen jungen Berufstätigen gebildet hatten, waren (teilweise über die Botschaft Albaniens) in losen Kontakt mit Austs KPD/ML gekommen und für das Projekt eines illegalen Parteiaufbaus gewonnen worden. Exakt nach dem alten Muster der Anleitung der illegalen KPD-Zellen im Westen durch DDR-Instrukteure wurden sie nun über konspirative Treffs von »Instrukteuren« der Westpartei angeleitet. Zeitungen, Broschüren, Schulungsmaterialien, Flugblätter, Klebezettel und technische Materialien wurden über gesonderte Kuriere hinübergebracht. Im Lauf der Zeit wurde sogar eine eigene Dünndruck-»Ausgabe DDR« des Zentralorgans ROTER MORGEN produziert und per Post oder per Briefkasteneinwurf verbreitet, während von Westen aus Flugblätter mittels selbstfabrizierter Ballons über DDR-Gebiet abgeworfen wurden. Ein regulärer Papierkrieg.

Da es für die Ost-Genossen ausgeschlossen war, zu irgendwelche Aktionen aufzurufen, war ihre Haupttätigkeit das Rekrutieren und Schulen weiterer Anhänger, überwiegend aus den Reihen unzufriedener SED-, FDJ- oder Ex-KPD-Mitglieder, darunter auch kaltgestellter Alt-Stalinisten. Dagegen war ihr Versuch, in den Reihen der neuen linken Bürgerrechtsgruppen Fuß zu fassen, ergebnislos. Immerhin: Nach den Recherchen eines Mitarbeiters der Gauck-Behörde (der sich im wesentlichen auf die Stasi-Akten stützt) scheinen bis Anfang der 80er Jahre ein rundes Dutzend Parteizellen der KPD/ML mit drei bis fünf Mitgliedern in einer Reihe von Städten der DDR (Ostberlin, Rostock, Cottbus, Magdeburg, Karl-Marx-Stadt) entstanden zu sein, die einen Sympathisantenkreis von weiteren 50 bis 60 Leuten um sich scharten und von rund 20 Instrukteuren und 30 Kurieren der Westpartei angeleitet und versorgt wurden.[33]

SED und Stasi nahmen die Sache in grotesker Weise ernst. Mielke machte sie 1976 zur Chefsache und forderte, die Aufklärung der KPD/ML-Aktivitäten »maximal zu verstärken«, wobei von vornherein geplant war, durch eine »differenzierte Behandlung« von Verhafteten und Verdächtigen oder durch gezielte Desinformationen die West-KPD/ML ihrerseits aktiv zu »zersetzen«. Ohne zynisch zu sein, wird man sagen können, daß dieser Kleinkrieg im ost-westlichen Halbdunkel ein gefundenes Fressen für beide Seiten war, ein echtes Lebenselixier. Der stagnierenden, von tiefen Dissonanzen erschütterten KPD/ML brachte die Osterweiterung ihrer Aktivitäten einen zusätzlichen Schub an konspirativer Spannung und Motivation. Und für die Stasi-Abteilung »Terrorabwehr« gab es endlich wieder echte Konspiration und Opposition alten Stils – statt dieser pazifistischen Langhaarigen und Pseudodissidenten mit ihrer Friede-Freude-Eierkuchen-Litanei!

Die Stasiführung jedenfalls ließ sich – nachdem sie bereits 1979 die Kerngruppe der KPD/ML-Mitglieder und Sympathisanten samt ihrer Instrukteure weitgehend ausgekundschaftet hatte – noch zwei Jahre Zeit, bevor sie zuschlug. Etliche der enttarnten Mitglieder wurden durch diskrete »Bearbeitung« zunächst einmal »umgedreht«, ohne daß die Westinstrukteure es merkten. Auf andere wurden IMs angesetzt, die sich als Sympathisanten ausgaben und »beitraten«. In beeindruckender Weise gelang es dem MfS auch, das gesamte Organisations-Netz der KPD/ML im Westen auszukundschaften. Ab Frühjahr 1981 (vor dem Hintergrund der Krise in Polen) wurden dann eine Reihe führender Kader der Untergrundpartei verhaftet – aber noch immer genau dosiert und getimt. Ab dann bestand die »Sektion DDR« in ihrer aktiven *Mehrheit* aus Stasi-IMs. 1984 meldete die Stasi-Führung Vollzug: die sogenannte »Sektion DDR« sei befehlsgemäß zerschlagen.

Und da saßen sie also im Frühjahr 1990 in der Turnhalle in Frankfurt-Fechenheim, friedlich vereint unter dem alten, vertrauten Banner der KPD (ML) mit Hammer, Sichel & Gewehr, drei Kommunisten, frisch aus Honeckers Gefängnissen entlassen und mehr denn je überzeugt, daß die Weltrevolution siegen wird. Aber – Moment mal! Hatte sich die alte Austsche KPD (ML) nicht zuvor mit der GIM des Jakob Moneta zur VSP vereinigt? Doch, schon, aber zunächst hatte sie sich natürlich gespalten, so wie die GIM auch. Statt aus zwei Organisationen *eine* zu machen, gab es am Schluß deren *drei* – Parkinsons Gesetz der Einheitsfront.

Die Geschichte der bundesdeutschen ML-Organisationen hält noch viele erstaunliche Stories bereit und wahrt ihre Geheimnisse. Zwei Organisationen müssen allerdings noch gewürdigt werden, die von gewissem Einfluß und vor allem von eigener, strenger Charakteristik waren.

Die erste nannte (oder nennt) sich ARBEITERBUND FÜR DEN WIEDERAUFBAU DER KPD (kurz: AB) und ging aus den 1970 gegründeten Münchener ARBEITER-BASIS-GRUPPEN (ABG) hervor. Darin hatten sich eine Reihe von Gruppen und Fraktionen zusammengeschlossen, die am Ausgang der Studentenbewegung, in München wie überall, »revolutionäre Betriebsarbeit« (darunter bei BMW) und andere außeruniversitäre Aktivitäten betrieben hatten. Eine Zeitlang waren die ABG lokal recht einflußreich und

Orientierungspunkt für andere Zirkel in Niederbayern. Auch einer der aktivsten Bewegungsverlage, TRIKONT, gehörte anfangs zu diesem urwüchsigen Bayernkartell. Unvermeidlich kam es jedoch zum Kampf der »Linien«, wurden die »kleinbürgerlichen Kräfte« hinausgedrängt, und die bis dahin nur verbale Orientierung auf einen Wiederaufbau der KPD wurde zur obersten Leitmaxime erklärt. 1973 entstand daraus der besagte ARBEITERBUND (AB), geführt von zwei alten Münchner SDS-Kadern, Helge Sommerrock und Thomas Schmitz-Bender.

Vielleicht wegen der ständigen Verlockungen einer Schwabinger oder Bayerischen Folklore entwickelte der (bis heute existierende) AB eine ganz eigene, strenge Organisationsfolklore, die ihresgleichen sucht. Das Kernstück war eine ans Phantastische streifende Arbeitertümelei, die sich in der statutenmäßigen Bestimmung niederschlug, daß jedes neue Mitglied »zwei Bürgen aus dem Industrieproletariat« beibringen müsse. Immer wieder wurde dem »Industrieproletariat«, welches »der konzentrierteste, geschlossenste, aufgeklärteste und kampfgestählteste Teil der werktätigen Massen« sei, in schwülen Wendungen gehuldigt. Oder es wurde beschlossen, von einer zur nächsten Delegiertenkonferenz den Mitgliederanteil aus dem Industrieproletariat »zu verdoppeln« und das »Sammeln von kleinbürgerlichen Kräften« ruhig den andern Pseudoorganisationen zu überlassen. Kurzum, der AB wollte so etwas wie ein unzerstörbarer Diamant aus purem proletarischem Kohlenstoff werden. Das wollten wir zwar alle; aber keiner war reiner als der in Helges Waschlabor wieder und wieder gesäuberte Astralleib des ARBEITERBUNDES.

Das andere Charakteristikum dieser Organisationsfolklore ergab sich aus der »Anti-Strauß«-Fixierung der ABler, die zwanghafte Züge annahm, bis weit über den Tod des Erzfeindes hinaus. Ganz Niederbayern wurde nach und nach mit »Anti-Strauß-Komitees« gepflastert, die sich sogar ein eigenes Organ (»Demokratischer Informations-Dienst«) schufen. Die Kampagne erreichte in der »Anti-Strauß-Wahl« 1980 schließlich frenetische Höhepunkte. Dabei konnten auch einige bündnispolitische Erfolge erzielt werden, zumal der AB es immer mehr vorzog, nur noch im Gewande diffuser Komitees und Initiativen aufzutreten.

Zum Evergreen der Aktivitäten und fast schon zur eigentlichen Existenzform dieses zunehmend logenartigen Geheimbundes wurde schließlich die jährliche Inszenierung eines »Anachronistischen Zuges«, dessen Regie die enterbte Brecht-Tochter Hanne Hiob übernahm, zusammen mit der AB-Schauspielgruppe »Roter Wecker«. Auch wohlmeinende Prominente wie Günter Wallraff oder Klaus Staeck zeichneten die begleitenden Aufrufe. Der erste Zug richtete sich 1979 gegen die Wahl des Bundespräsidenten Carstens, im Jahr darauf ging's dann gegen die Strauß-Kandidatur. Schließlich wurde der Zug zu einer festen Einrichtung.

In diesem jährlich im Mai sich eine Woche durch die Republik wälzenden Anachronistischen Zug für Freiheit und Democracy (nach einem Kalten-Kriegs-Poem von Bertolt Brecht) liefen in möglichst krasser Verkleidung alle Charaktermasken dessen mit, was eine traditionelle Linke je als »die Herrschenden« und eine Antifa-Propaganda nach dem Krieg je als »Faschisten« bezeichnet hat – jetzt natürlich im Gewande des »freien Westens«: Bankier, Industrieller, Nazi, Offizier, Priester usw. Gemeinsam fordern sie »Freiheit und Democracy« und singen: »Allons, enfants, god save the king / Und den Dollar kling, kling, kling.« (Das sind allerdings die schwächeren Verse dieses großen Brechtschen Haßgesanges, den er 1947 noch im US-amerikanischen Exil geschrieben hat.)

Anfangs beteiligten sich am Zug rund 1500 Personen, die auch mitspielen durften, später wurden es weniger. Aber es war immer ein Ereignis – und für den Münchner Arbeiterbund natürlich ein probates Trojanisches Pferdchen, mit dem er jährlich einmal ins Hessische, Pfälzische, Niedersächsische, kurzum: ins »Preußische« ausreiten konnte, wo er sonst nicht hinkam, Immer brauchte es dafür allerdings einen lebenden Popanz, und wo der des Überfeindes Strauß langsam verblich und der des Überkanzlers Kohl nicht genug hergab, da mußten andere Lokalfiguren ins Dämonische gerückt werden. So gründete der AB in Frankfurt z.B. eine Initiative »Gewerkschafter gegen Wallmann«, die bis weit in die neunziger Jahre hinein bestand, als kein Wallmann mehr da war und auch kein Strauß.

Das Flair der Sache erschließt sich allerdings nur, wenn als letzter folkloristischer Zug des Arbeiterbundes sein ähnlich künstlich inszenierter und schnaubend intonierter »Patriotismus« mit ins Bild kommt. Die Partei, die die Münchner Arbeiterbündler wiederaufbauen wollten, war genau die aus der Entstehungszeit des Brechtschen Gedichts, 1947, als man in der Sowjetischen Zone die Fahne des Kampfes gegen alle Kosmopoliten und Westler, gegen die Spalter der Nation und Verräter an der gesunden deutschen Volkskultur entrollte. In diesem Ton verlangten die Münchner Wiedergänger der Gruppe Ulbricht nun »die Erfüllung des im ganzen deutschen Volk lebendigen Wunsches nach Beseitigung seiner knechtischen Unterdrückung«. Mit der Spaltung der Nation sollte auch die Spaltung der Arbeiterbewegung nochmals überwunden und sollten KPD und SPD zu einer neuen, *echten* SOZIALISTISCHEN EINHEITSPARTEI DEUTSCHLANDS vereinigt werden. So enthüllte sich in der jährlichen Inszenierung der Münchner Arbeiterbündler unter Regie der Brecht-Erbin am Ende ein tieferer Sinn. Indem sie ihrer Vorstellungswelt Kostüm und Gestalt gaben, verwandelten sie sich selbst in jenen »Anachronistischen Zug«, den sie zu *spielen* glaubten.

Sehr viel zeitgemäßer, wenngleich auch nicht ohne folkloristische Züge, waren die Positionen und Aktionen des Hamburger KOMMUNISTISCHEN BUNDES (KB), der meist nur (mit hanseatischem Nasal) KB/Nord genannt wurde. Man könnte diese Gruppierung fast als Antithese zu den Münchner Arbeiterbündlern sehen. Wie jene, blieb der KB/Nord als Organisation weitgehend auf sein Ursprungsgebiet beschränkt, wirkte aber durch sein Zentralorgan, den ARBEITERKAMPF, weit darüber hinaus – nicht zuletzt, weil das Blatt (mit dem doppelten Textvolumen der ZEIT) so etwas wie die Klatsch- und Tratschecke der westdeutschen Radikallinken war. Und wenn die Münchener die Unzeitgemäßesten waren, so die KBler sicher die Zeitgemäßesten unter allen MLern. Was nicht in jedem Sinne ein Kompliment ist.

Daß der KB zu den erfolgreichsten Gruppen der gesamten Neuen Linken zählen sollte, war ihm nicht in die Wiege gelegt. Die Anfänge waren kaum origineller als bei allen andern ML-Gruppen. Studenten, Schüler, Lehrlinge gründeten 1969/70 in Hamburg, Bremen und ein paar andern norddeutschen Städten lokale Zentren und Zirkel, die sich Ende 1971 zum KOMMUNISTISCHEN BUND zusammenschlossen. Obligate Grundlage waren der Marxismus-Leninismus und die Mao-Tse-tung-Ideen. Vom frühen Stalin wurde die Idealdefinition der anzustrebenden kommunistischen Partei entlehnt. Der spätere Stalinismus galt dagegen schon als eine Vorstufe des »Revisionismus«; und die Entstalinisierung der KPdSU auf dem XX. Parteitag 1956 sollte die »bürgerliche Restauration« in der Sowjetunion bereits vollendet haben.[34]

Der KB wollte noch keine Partei sein (und sprach das Recht dazu entsprechend allen rivalisierenden Organisationen ab), sondern nur eine Vorstufe dazu. Sein Ziel war es, Kader zu sammeln und zu schulen, die sich dann »in der Massenarbeit bilden und bewähren können«. Eine intensive Betriebsarbeit – allein in Hamburg an (oder in) nicht weniger als 42 Betrieben – gehörte zu den frühen Erfolgen des KB, der sogar zwei Dutzend Vertrauensleute und Betriebsräte stellte. Parlamentswahlen dagegen galten als ein bürgerlicher Betrug, an dem Revolutionäre sich vorläufig nicht beteiligen sollten. Denn die »Faschisierung« der Gesellschaft schritt unablässig voran. Und der Staat mußte schließlich »zerschlagen werden«, um den Weg zum Sozialismus zu eröffnen. So weit, so brav (gebrüllt).

Ziemliche Ultras waren die KBler allerdings in Fragen der Konspiration. Nicht nur, daß sie die üblichen »Kriegsnamen« trugen und sich in eine Aura der bedeutungsvollen Konspiration hüllten. Sie brachten es fertig, ein anonymes »Leitungsgremium« (LK) bis ins Jahr 1980 durchzuschleppen, das von den Mitgliedern der Organisation nicht nur niemals gewählt worden war, sondern das ihnen tatsächlich *nicht bekannt* war! Es gab keine Delegiertenkonferenzen oder Kongresse, keine Rechenschaftslegung, gar nichts! Die jeweils gültige Linie wurde vom Großen-Bruder-und-Schwester-Kollektiv im Zentralorgan bekanntgemacht.

Immerhin widersprachen sich die Führenden auch schon einmal. Da fingen dann die zeitgemäßeren Seiten des KB an. Er *diskutierte* tatsächlich. Es gab verschiedene Kommissionen, die ihre Papiere publizierten. Danach gab es regelmäßig Contra. Der ganze ARBEITERKAMPF war zwar ein Tendenzblatt der giftigsten Sorte, soweit es sich darum handelte, Neid, Hohn und Spott über die Rivalen auszugießen (und wir, der KBW, waren ihr unbestrittenes

Lieblingsobjekt). Aber nach innen hin entwickelte sich, wenn auch in sehr enger Marge, ein gewisser fraktioneller Pluralismus. Die ultraautoritäre Organisationsform trug dazu womöglich noch bei. Wenn man schon nicht wählen konnte, wollte man doch wenigstens widersprechen.

Das machte den KB anfällig für die »neuen sozialen Bewegungen«, die ihn ab 1975 heimsuchten: Frauen, Schwule, Lesben, Alternative – und vor allem die Anti-Atom-Bewegung. Hier waren die KBler allerdings nicht die einzigen. Alle linksrevolutionären Gruppen und Parteien stürzten sich nach anfänglichem Zögern darauf. Brokdorf und Grohnde waren 1976/77 die legendären Schlachtfelder, auf denen über Sieg oder Niederlage, Geltung oder Nichtgeltung entschieden wurde. Und der KB – dessen Anhängerschaft in Hamburg allein um die 3000 zählte – hatte hier nicht nur einen klaren Heimvorteil; sondern er konnte auch durch den Mund der neuen Bürgerinitiativen sprechen, die er weithin dominierte.

Mit einer »Öffnung« der eigenen Organisation war das allerdings nicht zu verwechseln. Fast im Gegenteil. Kein Thema der neuen sozialen Bewegungen, dessen der KB sich nicht zu *bemächtigen* versuchte – sei es, indem er seinen Senf dazu gab, sei es durch organisatorische und personalpolitische Intrigen. Hier im Norden war *er* der Platzhirsch und wollte das bleiben. Die Kernideologie blieb so arbeitertümelnd und orthodox wie eh und je. Noch die »Gruppe Z« um das eloquente Trabergespann Ebermann und Trampert, die sich 1979 formell abspalteten, um innerhalb der GRÜNEN Karriere zu machen, beklagten in ihren »Überlegungen zur Krise des KB« das Auftreten »von Fehlströmungen aller Art (v.a. solcher des kleinbürgerlichen Individualismus, z.B. des Ultra-Demokratismus, Utopismus, Feminismus)«.[35] Ein decouvrierender Jargon, dem das tiefe Mißvergnügen über alle diese un-sozialistischen Umtriebe deutlich anzumerken war. Aber da war nichts mehr zu machen. Der Wurm saß bereits im Organisationsgebälk.

Zumal man über die Jahre auch kräftig von diesen »kleinbürgerlichen Fehlströmungen« mitzehrte! Kein Zufall, daß das Zentralorgan mit dem kernigen Uralt-Titel ARBEITERKAMPF und dem Emblem eines in die aufgehende Sonne gereckten Schraubenschlüssels seine Spitzenauflage (25.000 gedruckte Exemplare) im

Jahr 1977 erreichte, als die linksradikalen Bewegungen in den »deutschen Herbst« mündeten und die Hysterien hüben wie drüben am höchsten gingen. Keiner konnte so bedeutungsvoll unken und expressiv klagen wie der Arbeiterkampf. Er schwelgte geradezu in Niederlagen – der »Niederlage der RAF«, die angeblich auch eine »Niederlage der Linken« war; oder der »konterrevolutionären Entwicklung in China«. Ach, unsere Niederlagen, die mindestens so grandios waren wie die Siege, die wir beinahe errungen hätten! Der Arbeiterkampf war immer vorneweg beim nächsten fälligen Rückzug. Er war, wenn so sagen darf, das Organ des heroischen Opportunismus und lieferte stets den frischesten Stoff zum landesweiten Kneipengespräch. Das war seine eigentliche, seine große Zeit.

Danach ging's rapide bergab. Bis 1982 hatte sich die Auflage des AK wie der Mitgliederbestand des KB gefünftelt. Als 1980 (*neun Jahre nach Gründung!*) der *erste* Mitgliederkongreß abgehalten wurde, kam das fast im Wortsinne einem Offenbarungseid gleich. Es waren denn auch die Köpfe der »Z-Fraktion« (Trampert und Ebermann), die sich längst den Grünen angeschlossen und es dort zu Positionen gebracht hatten, die ihren Ex-Genossen, die die Auflösung des KB noch immer standhaft verweigerten, den Ausweg wiesen. Dieser Weg hieß, gut trotzkistisch, »Entrismus«: Aus taktischen Gründen, so Ebermann, sollten sie alle jetzt in die Grüne Partei eintreten, »um das Überleben der Kommunisten in dieser Situation zu sichern«.[36]

Und wenn sie nicht gestorben sind, dann leben sie noch heute. Für eine – bisher übergangene – Gruppe der siebziger Jahre gilt das in besonderer Weise. Sie hat sich erfolgreich überlebt und in ihren eigenen Wiedergänger verwandelt. Es geht um die Marxistische Gruppe (MG).

Die Anfänge dieser ominösen Organisation reichen in die allgemeine Gründerzeit 1969/70 zurück, als Teile der Münchener Roten Zellen sich zu einer »kommunistischen Intellektuellenorganisation« namens ROTZ zusammenschlossen, die bis 1974 den AStA der dortigen Universität stellte und (wie sie ganz offen erklärte) für ihre Zwecke plünderte. Ab 1971 firmierte die Gruppe nach den üblichen fraktionellen Querelen – vor allem mit den Lokalrivalen von den entstehenden ARBEITER BASIS-GRUPPEN (ABG) – unter der kryptischen Bezeichnung AK-Fraktion. Aus ihr gingen die Gründer der ab 1977 formell so bezeichneten »Marxistischen Gruppen« hervor, die sich ab 1980 dann nur noch im Singular MARXISTISCHE GRUPPE (MG) nannten.

Dabei hatten wir diesen Verein in allen Fraktionskämpfen der siebziger Jahren überhaupt nicht auf der Rechnung. Zwar tauchten immer öfter bei Meetings und Großaktionen unbekannte Leute auf, die schmucklose, mit langen Textkolonnen in winziger Schrift gefüllte Faltblätter verteilten, die sich MARXISTISCHE STUDENTEN-ZEITUNG oder MARXISTISCHE ARBEITER-ZEITUNG nannten und über alles, was gerade anlag, einen seltsam zynischen, vage marxisierenden Sermon ausgossen. Man nahm sie kaum viel ernster als die Proselyten der (später weit rechtsaußen gelandeten) EUROPÄISCHEN ARBEITERPARTEI (EAP) mit ihren abstrusen Weltverschwörungstheorien über die »Trilaterale Kommission«, in denen man schon gleich die Weisen von Zion ahnte.

Was man nicht ahnte war, daß diese andere, namenlose Gruppe (als Herausgeber der Blätter fungierte ein »Verein zur Förderung des studentischen Pressewesens e.V.«) in ihrer Bewegungshauptstadt München zu jener Zeit bereits »Teach-ins« mit 1000 Teilnehmern veranstaltete, die mäuschenstill über zwei oder drei Stunden den endlosen Referaten der nur mit Vornamen vorgestellten Referenten lauschten. Als Führungskern der MG stellte sich im Laufe der Zeit schließlich ein Triumvirat heraus, das die ideologischen Kerntexte formulierte und bis heute die Fäden zieht: Theo Ebel, Herbert Fertl und Karl Held; dazu noch drei, vier andere Namen: alles Männer, alle im selben Alter und alle im gleichen Ausgangsmilieu großgeworden (dem SDS bzw. AStA in München und Erlangen 1969–74). Eine derart homogene Führungsgruppe haben in der Geschichte des Kommunismus im 20. Jahrhundert nur die Roten Khmer aufgewiesen (bevor sie sich in einem letzten, blutigen Showdown ostrazierten und liquidierten).

So konstant wie die Führungsgruppe der MG ist ihre Ideologie. *Alles*, was *einmal* von den Ideologiekadern autoritativ in die Welt gesetzt wurde, ist bis heute verbindlich. Andererseits gab es nie einen positiven Programmtext der Gruppe oder etwa ein Statut;

dementsprechend natürlich auch niemals Delegiertenversammlungen, Wahlen usw. Das bedeutet nicht, daß man es mit einer diffusen Gesinnungsgemeinschaft zu tun hätte. Ganz im Gegenteil: Betrachtet man das Phänomen »MG« mit einem gewissen historisch-literarischen Abstand, gerät man in die geschlossene Binnenwelt eines festgefügten Clans mit tiefverwurzelten Überzeugungen und patriarchalen Strukturen – der mitten unter uns lebt. Und schon besuchen die herangewachsenen Kinder der Gründergeneration die Sympathisanten-Plena und Schulungskurse, um ihre ersten Grade des Wissens zu erwerben.

Denn darum geht es bei der MG: um den Erwerb eines geheimen Weltwissens, in das man immer tiefer eindringt, während man Stufe um Stufe in der Hierarchie der Wissenden aufsteigt, bis man selbst zum Lehrenden wird. Dieses Wissen ist die immer schärfer gefaßte Negation alles Bestehenden und bringt das Wesen der Dinge hinter jeder empirischen Wirklichkeit zum Vorschein. Der Schlüssel zu dieser Erkenntnis liegt in der Kritik der politischen Ökonomie von Marx (nicht aber in seiner Philosophie der Geschichte, die man besser vergessen sollte). Von Lenin stammt die Konzeption eines Ordens der Berufsrevolutionäre, der im entscheidenden Augenblick ohne Rücksicht auf demokratische Mehrheiten die Macht in die Hände nimmt. Leider täuschte sich Lenin in bezug auf die furchtbare *Erfolgsgeschichte* des Kapitalismus im Stadium des Imperialismus, so wie sich die Kommunisten darüber täuschten, daß gerade die freiheitliche Demokratie die *geeignetste* Form ist, um die proletarischen Massen auszubeuten und zu unterdrücken.

Deshalb muß jede revolutionäre Tätigkeit mit der Entwicklung einer neuen revolutionären Theorie und einer immer schärferen und konkreteren Kritik der Verhältnisse beginnen – und zwar einer radikal »destruktiven Kritik«, die zur Produktion von »Illoyalität« bei all denen führt, die fühlen, wie sie tagtäglich über den Löffel balbiert werden. Kurzum, gebraucht wird ein geschlossener Kampfverband kritischer Kritiker, die in der Lage sind, sämtliche gängigen Werte und die ganze »Moralkacke« in dieser Gesellschaft völlig umzuwerten. Demokratie und Freiheit bedeuten freiwillige Selbstversklavung. Gleichheit vor dem Recht ist die Gewähr der realen Ungleichheit. Grundrechte definieren in Wirklichkeit nur die

Pflichten gegenüber dem Staat. Frieden ist die Vorbereitung auf den nächsten Krieg. Und so weiter. Das Ganze ist das Unwahre. Auch Reste der Kritischen Theorie finden sich – neben Spuren von Marxismus, Leninismus oder Maoismus – im Schwabinger Theorieeintopf der MG.

Überhaupt könnte man sagen, daß die MARXISTISCHE GRUPPE die konsequente Realisierung des Krahlschen Programms von der sozialistischen Intelligenz als kollektivem Gesamttheoretiker des Proletariats sei – so konsequent, daß man auf das Proletariat vorerst verzichten kann. Die MG haben ganz offen den revolutionären Willen zur Elite. Sie *sind* die »Intelligenz auf dem Weg zur Klassenmacht«. Ihre ganze Originalität lag und liegt darin, daß sie mit zynischem Humor (in dem sogar Traditionsreste der alten Schwabinger SUBVERSIVEN AKTION mitschwingen) offen aussprechen und praktizieren, worum die kommunistischen Organisationen seit jeher nur herumgedruckst haben. Jawohl, das Proletariat braucht die feste Hand und geistige Führung der marxistischen Intellektuellen. Jawohl, die Revolution ist eine »Revolution von oben«, nicht von unten, und hat zur Gewalt ein rein instrumentelles Verhältnis, jenseits aller »Moralkacke« (Humanismus oder so weiter). Sozialismus bedeutet nur das eine: lückenlose Planung zwecks Produktion von Gebrauchswerten, mit denen die materiellen Bedürfnisse der Massen sich sättigen lassen – und *nichts weiter.* Erst kommt das Fressen und Saufen, und dann braucht es keine weitere Moral. Auch keine sonstigen »Affirmationsinstrumente«: weder Kunst noch Kultur, weder Religion noch Philosophie, nur noch Naturwissenschaften und Technik.

Im übrigen ist eine revolutionäre Organisation eine *Elite*, innerhalb deren die anerkannten Führer keiner formellen Bestätigung bedürfen, weil es die Organisation ohne sie überhaupt nicht gäbe. Sie *wirbt* denn auch nicht um Mitglieder, sondern schaut mal, wer sich ihr nähert. Schon eine öffentliche »Diskussionsveranstaltung« oder ein »Teach-in« heißt, daß denen, die diese Veranstaltung besuchen, eine *Belehrung* zuteil wird (wie der Begriff »Teach-in« ja auch eigentlich besagt) – eine Belehrung, die sie annehmen oder ablehnen können. Wenn sie sie ablehnen, sollten sie sich nicht zu mausig machen. Fragen und Einwände sind nur in einer bestimmten Marge zugelassen. Beharrt jemand auf seiner querulatorischen Dissidenz, wird er vom schrillen Chor der Umsitzenden niedergemacht.

Wer die empfangene Botschaft aber annimmt, hat sich der Organisation über eine Reihe von Stufen und demütiger Haltung zu nähern. Zuerst wird man zu einem *Sympathisanten-Plenum* eingeladen. Wer wöchentlich hinkommt, muß schon gehörig spenden und sollte nicht zu hartnäckig widersprechen. Danach kann man zur *Sympathisanten-Schulung* zugelassen werden, die drei bis vier Jahre dauert. Hier erfährt man eine gründlichere Belehrung und kann die Sprech- und Argumentationsweisen der Organisation einstudieren. Wer auch das erfolgreich durchgestanden hat, darf endlich (nach fünf oder sechs) Jahren sich dem inneren Kreis der Organisation nähern, indem er eine *Mitglieder-Schulung* besucht. Hier wird ein erster Schleier gelüftet. Man lernt wichtigere Leute kennen, die sich nur mit Vornamen anreden. Noch immer darf und sollte jeder nur so viel wissen, wie er wissen muß. Die Beiträge zur Organisation sollten jetzt alles umfassen, was den persönlichen Verbrauch übersteigt. Man liefert dieses Geld regelmäßig in bar und ohne Quittung ab. Aber noch ist man kein Mitglied, sondern nur *Kandidat*.

Wer schließlich (nach einem Jahrzehnt) zum regulären *Mitglied* wird, muß schon ein ideologisch gut durchgebackener Kader sein, der neue Sympathisanten und Kandidaten schult und anleitet. Der Mitgliedsstatus entspricht (in Orwellschen Kategorien) schon dem der »Inneren Partei« – aus der man natürlich nicht mehr einfach austreten kann. Man lebt jetzt in organisationseigenen Wohngemeinschaften. Die Liebes- und Ehepartner müssen möglichst auch der Gruppe angehören oder zumindest Beweise ihrer Loyalität und Lernbereitschaft gezeigt haben. Und die Berufswahl, die man nun trifft, muß ihrerseits nun auf der Linie der Organisation liegen. Man hat sich verschrieben.

Darüber thront dann die letzte Ebene – die der Großmeister oder Weisen, unbekannt wie viele. Die vier, fünf Führenden kennt man mit Namen (unter denen auch einige der verbindlichen Schriften publiziert werden). Es ist insofern keine Beschimpfung, sondern eine ganz sachliche und nicht einmal allzu heftig bestrittene

Behauptung, daß die MG einer *Loge* gleicht, einem *Illuminaten-Bund* oder einer Organisation *revolutionärer Scientologen*. Der Vergleich ist sogar ziemlich präzise. Die Ideologie der MARXISTISCHEN GRUPPE ist wirklich eine Art marxistischer Scientology – mit allen entsprechenden Beimischungen von *Science fiction*. Mehr noch: Nach dem Vorbild der Scientologen hat die MG sich seit den späten achtziger Jahren darauf hinorientiert, ihre Mitglieder vor allem sozial und beruflich zu placieren. Eine eigene »revolutionäre Berufsberatung« hat den Sympathisanten und Mitgliedern den besten Weg in gesellschaftliche Einflußpositionen gewiesen, in die »Jobs der Elite«, wie eine Broschüre von 1987 explizit hieß. Daneben wurden eigene Betriebe und Firmenketten gegründet, in denen MG-Angehörige, in verschiedenen Rechtsformen assoziiert, mehr oder weniger erfolgreich operier(t)en.

Dabei gibt es sie offiziell ja gar nicht mehr, die MARXISTISCHE GRUPPE! Im Frühjahr 1991 hat sie sich aus heiterem Himmel für *aufgelöst* erklärt. Zu diesem Zeitpunkt zählte sie (geschätzt) an die 10.000 Mitglieder plus ein paar tausend Sympathisanten – fast soviel wie die »K-Gruppen« der siebziger Jahre zusammen aufbieten konnten. Die Titelseite der letzten Ausgabe des Zentralorgans, der sechsmal jährlich erschienenen MSZ (MARXISTISCHE STREIT- UND ZEITSCHRIFT), schmückte der faksimilierte Titel einer Broschüre des Bundesamtes für Verfassungsschutz mit dem Titel »Marxistische Gruppe (MG) – Ideologie, Ziele und Arbeitsmethoden eines kommunistischen Geheimbundes«.[37] Mit dieser Exponierung, so hieß es im Text, habe die staatliche Verfolgung den Charakter einer *Vernichtungsstrategie* angenommen. Alle öffentlichen Veranstaltungen wurden über Nacht eingestellt, alle Buchläden und Büros geschlossen – eine eindrucksvolle Demonstration der Geschlossenheit. Zugleich hieß es: »Nein, wir nehmen nichts zurück von der kommunistischen Kritik ... Wir geben auch nicht auf, weil die Welt den Kommunismus für tot erklärt. Wir lösen uns auf, weil uns der freiheitliche demokratische Rechtsstaat mit seinem *Verfolgungswahn* keine Wahl läßt.«[38] Damit sind die MG auch formell das geworden, was sie vorher schon waren: eine *virtuelle* Eliteorganisation im leeren Raum der

Geschichte. Das heißt nicht, daß sie verschwunden wären. Man findet sie ohne Mühe per Mailbox oder im Internet. Ihre Zeitungen und Zeitschriften erscheinen wie seit dreißig Jahren. Man kann sich die Beiträge herunterladen oder die Publikationen per e-mail bestellen. Es gibt Lesertreffen und Diskussionsforen (in rund 20 Orten der Bundesrepublik), abgeschirmte »e-groups« im Internet und eine wöchentliche Sendung »Gegenstandpunkte« in Radio Lora (München). Sie sind eine Art Kameradschaftsbund Gegenaufklärung geworden, irgendwo draußen im Cyberspace-Dschungel, der verlorene zwölfte Stamm einer einstigen Bewegung – ihr überlebender Genpool gewissermaßen, auf dem Sprung zur nächsten Evolution.

Mythen der Militanz

Vom revolutionären Spontaneismus zur alternativen Sponti-Szene

> Ich will alles, ich will alles, und zwar sofort,
> eh der letzte Traum zu Staub verdorrt.
> Niemand speist mich ab, niemand macht mich satt,
> zu lang hab ich mich klein gemacht.
> Ich will alles, ich will alles, sperrt mich nicht ein.
> Ich will nie mehr zufrieden sein.
>
> *Gitte (1982)*

»Chuck geht oft ins Zentrum. Er betrachtet es ein bißchen als sein Kind. Jahrelang hat er nur davon geträumt. Jetzt ... gibt es einen Ort, wo sich die revolutionäre Bevölkerung aus der Urban-Zone Frankfurt am Main treffen kann ... Chuck ist jeden Tag mindestens eine Stunde im Zentrum, er schaut mal rein, diskutiert mit diesem und jenem, regelt einige organisatorische Fragen und wundert sich immer wieder: Es läuft tatsächlich! Es ist kein Wunschtraum mehr! Der Bewegung ist es gelungen, ihre eigene Institution aufzubauen, die sie selber verwaltet.«[1]

Der sich da seine persönliche, blaßrote Utopie für das Jahr »1984« ausmalt, ist Daniel Cohn-Bendit im Jahre 1975. Er sieht die künftige Urban-Zone Rhein-Main von vielen kleinen Zentren überzogen – linken Buchhandlungen, Betriebsgruppen, Frauenzentren, antiautoritären Kindergärten oder »Multi-Kantinen«, in denen es täglich zwei reichliche und schmackhafte Gerichte zur Auswahl gibt. Allerdings, was ihn, Dany alias Chuck, angeht, »so ist er ein unversöhnlicher Gegner des ›übertriebenen Föderalismus‹ einiger Genossen«. Für ihn ist und bleibt »das Große Zentrum ein vereinheitlichendes Moment der Bewegung«. Ohne das Große Zentrum bleibt alles Kleckerkram. Zwar sind die vielen Projekte und Initiativen »die Negation dieser Gesellschaft, und dadurch bringen sie in erster Formulierung das zum Ausdruck, was unsere Gesellschaft sein müßte«. Aber sehr schnell wird ein »Gegenmilieu, das zum Ghetto geworden ist, unerträglich, selbstzerstörerisch«. Deshalb muß der Sturz des Kapitalismus das Ziel bleiben. Und deshalb begreift Dany alias Chuck »die Gruppe, die Organisation, in bezug auf die Revolution«, und nicht als Selbstzweck.[2]

Im Moment, in dem er das schreibt (1975), hat seine eigene Organisation, der REVOLUTIONÄRE KAMPF (RK), sich gerade in einem solchen Gegenmilieu aufgelöst, das »noch keineswegs vollständig mit der umgebenden Gesellschaft gebrochen« hat. Und deshalb wird es auch weiterhin echte »Berufsrevolutionäre« brauchen, so wie er selbst seit 1968 einer ist, d. h. eine »interne Avantgarde ...«, die wirklich die Bedürfnisse der Menschen artikuliert, die kämpfen«. Durch das »große Zentrum«, in dem nach Chucks Vision eine Zeitung und ein wöchentliches »Fernseh-Journal« produziert werden, müßte diese Avantgarde dafür sorgen, daß die Bewegung nicht »abschlafft«, sich nicht abschließt oder gar völlig entpolitisiert.[3]

Mochte der Blick des SPONTIFEX MAXIMUS noch so wohlwollend auf den vielen kleinen »alternativen« Projekten und Initiativen ruhen, sie konnten doch nur der Stoff für ein neues, viel größeres Stück sein. Und seine Forderung eines »Großen Zentrums« war erkennbar nur eine Chiffre für die große Politik- und Medienbühne, auf der er seit dem Mai '68 wie kaum ein anderer die Rolle des habituellen Kulturevolutionärs zu spielen gelernt hatte – und auf die er keineswegs zu verzichten gedachte.

Darin liegt freilich nicht die geringste Enthüllung. Zu Danys glücklichem Naturell gehörte es von jeher, daß er die Sponti-Forderungen nach »Selbstverwirklichung« und »Politik in der ersten Person« ganz wörtlich nahm und mit puerilem Begeisterung ausgelebt hat. Im »Großen Basar« läßt er seine Karriere seit 1968 Revue passieren – mit Anflügen von Zerknirschung, denen stets sofort listiges Augenzwinkern folgt. Ja, ja, damals sei er echt im »Höhenrausch« gewesen und zum »Star mit allem, was das im Showbineß bedeutet«, geworden. Natürlich bekämpfe und verabscheue er jede Art von Mackertum, habe aber leider Gottes »ein diebisches Vergnügen daran, selber Macker zu sein«.[4]

Also was hätte er damals tun sollen? »Die Entscheidung, wieder nach Frankfurt zu gehen, sollte dem Starkult ein Ende machen.« Die deutschen SDS-Genossen setzten »große Erwartungen in mich«, aber »reagierten gleichzeitig mißtrauisch gegenüber dem Führer«. Abgeschnitten von seinen Wurzeln, habe er sich schließlich nur noch als »eine kraftlose Sprechmaschine« gefühlt, als »Witzbold in akademischen Debatten«.[5] Aber dann seien die wilden Septemberstreiks gekommen und hätten Gott sei Dank diesen lahmen, akademisch debattierenden SDS auseinandergesprengt – und mit ihm die »ganze Theorie von der Integration und Verbürgerlichung der Arbeiterklasse«.[6]

Das war wieder Danys Stunde. Denn schließlich hatte der Pariser Mai ja gerade erst das revolutionäre Potential der Klasse gezeigt, sobald es gelang, die Fesseln des Reformismus und Stalinismus abzustreifen! Das im November 1968 groß herausgebrachte Manifest des »Linksradikalismus« der Gebrüder Cohn-Bendit war mit seinen ausschweifenden historisch-theoretischen Exkursen ein erster Versuch gewesen, im Lichte der Erfahrungen der Mai-Revolte wie der »revolutionären Theorie und Praxis der letzten fünfzig Jahre« zur Bildung neuer revolutionärer Avantgarden beizutragen, die in der Lage wären, »durch exemplarische Aktionen die Lohnabhängigen *zur kollektiven Übernahme der Führung der Gesellschaft* zu bringen«.[7]

Angesichts soviel romantischem *Ouvrierismus* (dt. Arbeitertümelei) war es nur konsequent, daß Dany sich im Frühjahr 1970 einer Gruppe von Genossinnen und Genossen anschloß, die noch im Frankfurter SDS eine BETRIEBSPROJEKTGRUPPE (BPG) gebildet hatten und sich darauf vorbereiteten, die revolutionäre Arbeit im Fabrikproletariat aufzunehmen. Tatsächlich war dieses Unternehmen wesentlich von der Konkurrenz mit den im Dutzend aufschießenden, frühen ML-Betriebsgruppen diktiert – und kaum weniger elitär und fraktionell. Die verstreuten Stadtteil-Basisgruppen und »Klitschengruppen«, die es in Frankfurt und Rhein-Main seit den Anti-Notstands- und Anti-Springer-Kampagnen 1968 gab, sollten eine neue avantgardistische Leitgruppe mit antiautoritärer Ausrichtung erhalten.

Dabei machte die BETRIEBSPROJEKTGRUPPE ein volles Jahr lang nur, was alle damals machten: »sich schulen«. Neben Texten von Marx, Mao, Luxemburg, Pannekoek und andern wurden aktuelle und historische Texte zur bürgerlichen Sozialisation und proletarischen Erziehung, zur Frauenfrage und sexuellen Repression gelesen, kurz: zur Totalität dessen, was im Sponti-Jargon jetzt »proletarischer Lebenszusammenhang« genannt wurde.[8] Diese Lektüren waren sicherlich undogmatischer und weitgreifender als die der marxistisch-leninistischen Gruppen – aber kaum weniger *doktrinär*. Es ging so oder so um das forcierte Bemühen, »eine Theorie zu finden, die eine politische Praxis heute ermöglicht«.[9]

Zum entscheidenden Anstoß für die Entwicklung einer eigenen revolutionären Organisation wurde jedoch das Vorbild, das die militanten Fabrik- und Straßenkämpfe in Italien 1969/70 lieferten. Aus einer begleitenden, eilends übertragenen Literatur wurde der Leitbegriff destilliert, der zum Banner und Markenzeichen wurde: *Spontaneismus* – in leninistischer Terminologie ein negativer Begriff, der nun bewußt ins Positive gewendet wurde. Der nach langen Debatten angenommene Name REVOLUTIONÄRER KAMPF (RK) verwies mehr oder weniger direkt auf das Vorbild der italienischen LOTTA CONTINUA, die an die zehntausend junge Arbeiter, Schüler und Studenten zu einer schlagkräftigen linksradikalen Avantgardeorganisation zusammengeschlossen hatte und durch einige (teilweise vor der Justiz geflüchtete) Mitglieder – oder wie man jetzt sagte: »Militante« – auch in Frankfurt vertreten war. Die von einer frontalen Faust geschmückte RK-Zeitung wurde WIR WOLLEN ALLES getauft – eine wörtliche Übersetzung der Lotta-Parole *Vogliamo tutto*.

Im November 1970 gingen die ersten 15 RKler (darunter zwei Frauen) nach Opel Rüsselsheim in den Betrieb, um dort als »Innenkader« zu arbeiten. Weitere rückten nach. Die Opel-Werke mit ihrer mehrtausendköpfigen Belegschaft von »Arbeitsemigranten« (wie die ausländischen Arbeiter jetzt genannt wurden) sollten zu dem werden, was im heißen Turiner Herbst 1969 die FIAT-Werke oder im Pariser Mai 1968 die Renault-Werke gewesen waren – Fokus einer radikalen Rebellion gegen die kapitalistische Fabrikdisziplin und gegen den gesamten Modus eines »entfremdeten« Alltagslebens und einer deformierten Bedürfnisbefriedigung.

Der Form nach unterschied sich diese Sponti-Strategie wenig von der, die die Berliner KPD/AO zur selben Zeit einschlug. Jedem »Innenkader« waren zwei »Außenkader« zugeordnet. Zusammen bildeten sie einen »Zellkern«. Die strategische Devise hieß: von der *Untersuchung* über die *Aktion* zur *Organisation*. Die Kader sollten (nach maoistischem Vorbild) mit einer systematischen »Untersuchungsarbeit« im Betrieb beginnen. Zu diesem Zweck wurden ausführliche Protokolle geführt und die gemachten Erfahrungen nach soziologischen oder sozialpsychologischen Gesichtspunkten ausgewertet. Auf allwöchentlichen Plena wurde dann die jeweilige Strategie und Taktik festgelegt, um die innerbetrieblichen Konflikte zu radikalisieren und mit allgemein politischen Kampagnenthemen zu verknüpfen.

Die Anforderungen an die RK-Kader waren erheblich. So wurde die prinzipielle Bereitschaft vorausgesetzt, selbst ein Jahr in den Betrieb zu gehen. Anfangs gab es Mitglieder und Kandidaten – wie bei den anderen neokommunistischen Gruppen auch. Und nicht jeder, der beitreten wollte, wurde auch aufgenommen. Gegen den Kandidaten Fischer zum Beispiel gab es durchaus Bedenken. Er galt als fanatischer Theoriefuchser, gerade weil er kein Student war, sondern abgebrochener Oberschüler und Autodidakt. Erst als der Kandidat seine Bereitschaft signalisierte, mit in den Opel zu gehen, wurde er aufgenommen und avancierte zum Schulungsleiter, bevor er dann »Innenkader« wurde.

»Wir sind natürlich Kommunisten«, hieß es im Editorial der ersten RK-Betriebszeitung beim Opel. Die Texte waren allerdings schon ziemlich LOTTA-mäßig: »Wir wollen, daß dieser Laden nicht mehr läuft! Nur so kann unser Programm wirklich werden; eine Gesellschaft, die die unsere ist, ohne die jetzige Unterdrückung, ohne die Scheißarbeit, ohne alles, was jetzt nur besteht, um uns auszubeuten. Genau das bedeutet: WIR WOLLEN ALLES!«[10]

Mittlerweile liegt über dieser ganzen Sponti-Opel-Aventüre eine dicke Lackschicht der Selbstverklärung. »Ich war am Fließband bei Opel. Das war hart und lehrreich. Es ist schade, daß die Aktivisten bei den GRÜNEN auf solche Erfahrungen verzichten.«[11] So hat es der angehende Minister Joschka Fischer seinen Parteigenossen vor

Jahren ins Stammbuch geschrieben – und sich selbst zugute gehalten. Beim »Tigerpalast«-Direktor Johnny Klinke klingt das schon von Berufs wegen hedonistischer und enthusiasmierter: »Da hat man Sprachen gelernt, da hat man Arbeiten, da hat man's Leben gelernt. Wunderbar!« Immerhin muß Johnny schon einiges mehr aufbieten, um (vor allem sich selbst) zu erklären, warum er viereinhalb Jahre seiner Jugend im Opel verbracht hat, während Joschkas harte Lehrzeit kein halbes Jahr währte, bevor er flog.

Für Matthias Beltz, den Kabarettisten, reicht selbst sein schwarzer Humor nicht ganz aus, um die endlosen sechseinhalb Jahre, die er am Band gestanden hat, in einer schlagenden Pointe unterzubringen. Er habe, sagt er, doch gar nicht mehr gewußt, was er *sonst* hätte machen sollen; sogar etwas *Angst* gehabt vor der Welt da draußen, außerhalb der eigenen Szene. Sein Jura-Referendariat hatte er, als er sich 1970 in die Sphäre des revolutionären Aktivismus begab, mit Eklat abgebrochen. Subjektiv wie objektiv (wegen der »Berufsverbote« usw.) schien es kein Zurück in eine bürgerliche Zivilkarriere zu geben. Er hätte sich das auch gar nicht mehr vorstellen können. Das entsprach völlig der Situation, in der sich Tausende Politaktivisten anderer ideologischer Konfession in diesen Jahren ebenfalls befunden haben, die alle Brücken hinter sich verbrannt hatten – oder das zumindest glaubten.

Im Unterschied zu den ML-Kadern dachten die Sponti-Kader allerdings nicht daran, sich mit Haut und Haaren in die proletarische Lebenswelt zu begeben. Lieber bretterten sie frühmorgens in ihren fliegenden Kisten aus ihren Frankfurter WGs nach Rüsselsheim hinaus. Eine solche lebensweltliche Rückbindung ins eigene Milieu entsprach praktischerweise auch ihrer Ideologie. Reimut Reiche, selbst eine Zeitlang »Innenkader« und Stapelwagenfahrer bei Opel, sagte damals mit rücksichtsloser Offenheit über seine Arbeitskollegen: »Ich wäre schon nach zwei Tagen in der Psychiatrie echt gelandet, wenn ich mit ihnen ihre Lebensweise auch noch nach Feierabend teilen müßte, in den Kneipen oder zu Hause, und den Fraß fressen müßte, den sie fressen!«[12]

Für die Entbehrungen im Betrieb gab es immerhin handfeste Gratifikationen in der eigenen, sich rasch ausdehnenden Szene, in der man wie in einem geschlossenen Biotop leben konnte. Die Betriebskader rangierten in der informellen Sponti-Hierarchie weit oben. Außerdem, wie sich Tom Koenigs (der spätere Frankfurter Stadtkämmerer und heutige UNO-Beauftragte im Kosovo) erinnert, verfügte man als Opel-Arbeiter über ziemlich viel Geld, hatte Anspruch auf eine geregelte »Reproduktion« – und war dem egalitären Sozialneid der Mitgenossen entzogen, die sich von schmalen Stipendien oder schlecht bezahlten Nebenjobs nährten, nachts Flugblätter drucken und am nächsten Morgen verteilen mußten. Und dann war da ja noch das Allerwichtigste: die »neue Qualität des Zusammenlebens«, das Sponti-Credo schlechthin. Der Kitt der Szene, sagt Beltz, seien zu einem wesentlichen Teil die allwöchentlichen WG-Feten gewesen, die auch als sexuelle Börsen funktionierten.

Im Verhältnis zu den narzißtischen Gewinnen im eigenen Milieu waren die revolutionären Erfolge im Betrieb bescheidener. Dabei war das Selbstbewußtsein und die Konfliktbereitschaft der Belegschaften in diesen Jahren anhaltender Hochkonjunktur und Vollbeschäftigung kräftig gewachsen. Wie leicht es damals war, Arbeit zu finden, merkten nicht zuletzt die RK-Genossen selbst, die mit flüchtig zusammengebastelten Papieren und Legenden bei Opel eingestellt wurden. Aber weder ihre aus Italien entlehnten Losungen einer gezielten Produktions-Sabotage noch ihre wiederholten Vorschläge, an heißen Tagen kollektiv »Hitzeferien« zu nehmen, fanden ernsthafte Resonanz. Dasselbe galt für ihren Aufruf, sämtliche Überstunden zu verweigern. Den »Kampf gegen die Arbeit«, in der Sponti-Ideologie das höchste Ziel, praktizierten die Arbeiter längst in der Form des individuellen Blaumachens – um dann im Akkord ranzuklotzen und gutbezahlte Überstunden zu schinden.

Die Kluft zwischen diesen *spontanen* Individualstrategien der Arbeiter und den *spontaneistischen* Kollektivstrategien, die der RK (mit ähnlichem Aufwand an Druckerschwärze wie alle andern linken Gruppen) in die Belegschaften hineinpuschen wollte, mußte den »Innenkadern« natürlich als ersten auffallen. So hieß es Anfang 1973 in einem der Betriebsprotokolle: »Es ist irgendwie hirnverbrannt, gegen soviel Arbeit zu wettern, wenn die meisten eine Motivation haben, mehr zu arbeiten, ohne die ganze kapitaladäquate Konsumscheiße zu diskutieren. Wer unbedingt einen

Farbfernseher haben will, ein neues Auto oder Schlafzimmer, wird kaum etwas gegen Überstunden unternehmen.«[13] Die mentale wie soziale Kluft, die allein in diesen zwei Sätzen deutlich wird, war natürlich unüberbrückbar.

Einen (vermeintlichen) Erfolg gab es. Bei den Tarifverhandlungen im Herbst 1971 hatte die griffige Losung »Eine Mark für alle« – die von vielen linken Gruppen damals propagiert wurde – unter den spanischen und italienischen Arbeitern bei Opel einige Resonanz gefunden. Auf der Betriebsversammlung gab es einen Tumult, als Mitglieder linker Ausländergruppen die Bühne enterten und zum sofortigen »wilden« Streik aufriefen. Die RK-Genossen waren mit von der Partie. Die Soziologin Barbara Köster, eine der raren weiblichen »Innenkader«, blond und sexy, ging unter frenetischem Gejohle und Gepfeife ans Rednerpult und unterstützte die Forderungen agitatorisch – ohne allerdings einen praktischen Vorschlag zu machen. »Wir dachten, es sei jetzt an den Massen, selbst zu handeln. Alles ist wie eine Seifenblase geplatzt. Mir bleibt die Erinnerung an eine große Verwirrung, das ist alles.«[14]

Neben mehreren ausländischen Arbeitern und Politkadern wurden auch die meisten RKler entlassen, darunter Joschka Fischer und Barbara Köster – ohne daß irgend etwas erreicht worden wäre. In den RK-Texten wurde aus der faktischen Niederlage allerdings ein großer moralischer Sieg: »Diese massenhafte, lautstarke und in Ansätzen gewaltsame Intervention der Ausländer war ... eine der ersten Massenaktionen der ausländischen Arbeiter in der BRD.«[15] So fing sie also an, die Selbstlegendisierung.

Trotz dieser Rückschläge wurden noch einige Jahre lang bei Opel Flugblätter und Zeitungen verteilt, und die Reihen der »Innenkader« wurden durch neue Gesichter aufgefüllt. Aber der Anfangsschwung war dahin, die Frustration wuchs stetig. Die »wilden Streiks«, die 1973 bei Ford in Köln, Opel in Bochum und Hoesch in Dortmund ausbrachen, konnte sich eher noch die Konkurrenz von den K-Gruppen auf die Fahnen heften. In Rüsselsheim blieb alles ruhig.

Ein programmatischer Artikel über Betriebsarbeit, abgedruckt charakteristischerweise in der Studentenzeitung DISKUS Ende 1973, stellte fest, daß die Frage immer mehr in den Vordergrund rücke: »Was soll das Ganze überhaupt?« In ziemlich naiver Weise sei man davon ausgegangen, daß »der Schock, den jeder Genosse, der in die Fabrik ging, wegbekam, der Arbeitshorror, die unglaubliche Gewalttätigkeit der Lohnarbeit, die Verstümmelung durch Stumpfsinn und Wechselschicht« – das all dies notwendig »zum großen Krach« führen müsse. Dafür hatte man mit Parolen wie MACHT KAPUTT, WAS EUCH KAPUTTMACHT – KAMPF DEM SYSTEM, DAS UNS AUF RATEN TÖTET – WAS WIR BRAUCHEN, DAS MÜSSEN WIR UNS ERKÄMPFEN agitiert. Aber das waren die Parolen kampagnenhungriger Studenten, die eben nicht in den Opel gegangen waren, um dort ihre Existenz zu fristen, sondern um die Revolution zu machen. Kleiner Unterschied.

Im übrigen stellte der Artikel nüchtern fest, daß von einer Diktatur der Betriebsmeister und »gelben« Gewerkschaften, wie sie bei FIAT vor den großen Streiks geherrscht habe, bei Opel so keine Rede sein könne. Die Arbeiter redeten miteinander bei der Arbeit, ohne daß die Meister einschritten, und es werde »nach Lust und Laune geraucht, gegessen und vor allem auch getrunken«. Die Arbeitshetze steige nur langsam, fast unmerklich. Und gebe es doch einmal einen Konflikt, »beginnt ein umfassender innerbetrieblicher Apparat der Gewerkschaften zu arbeiten«, der auch durchaus in der Lage sei, etwas für die Arbeiter herauszuholen. Und die seien schließlich auch keine mittellosen Emigranten aus dem Mezzogiorno, sondern Leute »mit eigenem Haus und Weingarten«, für die die Arbeit bei Opel »nicht die schlechteste aller Möglichkeiten verkörpert«. Kurzum, wenn man hier wirklich revolutionäre Arbeit machen wolle, dann nur mit sehr langem, ruhigeren Atem. Ob »das die Innenkader politisch und individuell« durchhielten, sei aber die Frage. Dagegen hätten drei Wochen Häuserkampf mehr von einer »neuen Klassenbewegung« offenbart als drei Jahre Opel. Die Folgerung blieb (noch) unausgesprochen, aber war auch so ziemlich klar.[16]

Das eigentliche Lebenselixier und Erfolgsrezept der Frankfurter Spontis und Oberspontis war denn auch ein ganz anderes. »Jenseits der revolutionären Ideologie haben sich Lebenszusammenhänge, hat sich so was wie ein Dorf herausgebildet ... Das verbindet – für ein ganzes Leben, wie ich mittlerweile feststellen muß.«[17] So hat es Joschka Fischer zwanzig Jahre später seiner Biographin

Sibylle Krause-Burger erklärt. Das kommt der Sache schon sehr viel näher als die angeblich so lehrreiche und harte Schule des Lebens am Opel-Band.

Dieses keltische Sponti-Dorf in der kleinen Weltstadt Frankfurt war wie eine Miniaturausgabe von McLuhans »*global village*« – ein vor Kommunikation summendes Gebilde, das als Medium auch schon seine eigene Message war. »Man hat alles ausdiskutiert, alles war politisch, die Politik, das Leben, die Beziehung. Es war eine permanente Diskussion der realen und der möglichen Probleme.«[18] Kurzum, die Sponti-Szene trug, je länger sie existierte und je breiter sie sich entfaltete, ihre Definition in sich selbst. Das »andere Leben«, für das sie kämpfte, war einfach sie selbst. Die Hölle, das waren die anderen.

Die innere Verfassung dieser Szene war die der Brüderhorde. Unter ihnen war natürlich Dany der »Älteste«, weil Berühmteste. Joschka Fischer zum Beispiel schloß sich nach eigenem Bekunden statt einer »K-Gruppe« dem RK an, weil er Dany toll fand. »Dany le Rouge – irgendwo angesiedelt zwischen Charles de Gaulle und Fidel Castro.«[19] Dany war lebende Legende und netter Kumpel in einem. An seine Person heftete sich die halluzinatorische Vorstellung, man könnte noch einmal so wie einst im Mai ein reiches, hochorganisiertes Land über Nacht zum Stillstand und eine repressiv empfundene gesellschaftliche Realität zum Tanzen bringen – wenn es nur gelänge, die tief in den Massen schlummernde Wunschmaschine wieder anzuwerfen.

Dany war in dieser Hinsicht sein eigenes Credo und sein erster Kronzeuge. Die »Barrikadengemeinschaft«, die er damals mitgestiftet hatte, verkörperte ihm zufolge schon »den Einbruch der Zukunft in die Gegenwart«. Jene magische Barrikadennacht des 10. Mai '68 sei »ein großes Fest« gewesen. Das Aufreißen des Pflasters – ein Akt des Übertritts in einen anderen Zustand des Bewußt-Seins. Unter dem Pflaster lag der Strand, auf dem sich der Zivilisationsmensch in seinem Naturzustand als *homo ludens* wiederfinden konnte. »Hier wurden die Grundlagen neuer emotionaler Beziehungen gelegt ... Diese Nacht hat viele Psychoanalytiker arbeitslos gemacht.«

Entgegen manchem Mißverständnis war Dany auch darin authentischer Repräsentant der Sponti-Bewegung, daß er den ganzen »Psychokram« von Herzen verabscheute. Die Formel, daß das Private politisch sei, hieß in seiner Version, daß alle persönlichen Neurosen und Verklemmungen politisch lösbar waren, nämlich durch »Militanz« und die darin gestiftete große Kommunikation. In jener Mainacht zum Beispiel hätten alle Lust gehabt, »miteinander zu reden und zu lieben« – die schräge Formulierung läßt die fixe Idee nur noch stärker hervortreten. »In dieser Nacht wurde mein Optimismus in bezug auf die Geschichte geboren. Nachdem ich diese Stunden erlebt habe, werde ich nie mehr sagen: Es ist unmöglich!«[20] Die Revolution war also ein Produkt positiven Denkens. Geschichte ist machbar, Herr Nachbar! Die Bewegung war alles, das Ziel würde sich schon finden: »Ein anderes Leben« mit »neuen emotionalen Beziehungen« ... Von dieser Sorte leerer, sentimentaler Floskeln bekamen meine damaligen Rivalen und heutigen Freunde, die Spontis, niemals genug.

Natürlich mußte Dany als informeller Chef einer antiautoritären Gruppe sich schon fragen: »Bin ich ein Führer? Eine Persönlichkeit? Eine Autorität?« Na und wenn! Seine Rolle als »antiautoritäre Autorität« war eben ein Element der Bewegung: »Mein Leben in der Gemeinschaft, ja sogar meine materielle Existenz hängen von der Stärke der Bewegung ab. Alles, was ich sein kann, bin ich durch sie, und ohne sie bin ich nichts.«[21] Die Zweideutigkeit dieser Aussage verschwindet in einer vollkommen arglosen, selbstverständlichen Identifikation von Ich und Bewegung.

Tatsächlich wäre es auch nicht ganz passend, die inneren Strukturen der Sponti-Bewegung als »autoritär« zu beschreiben. Das griffe viel zu kurz. Da es reguläre Formen einer Beschlußbildung nicht gab, bildete sich wie in jeder anomischen Situation oder Gruppe ein dichtes Geflecht von *informellen* Polaritäten und Rivalitäten, Cliquen und Korporationen. Als Antipode zu Dany etablierte sich sehr bald Joschka, der in der Fußballmannschaft anfangs »Dschugasch« gerufen wurde (nach einem georgischen Revolutionär mit gleichem Vornamen).* Dany dagegen zog es vor, mit Danton verglichen zu werden.

(*) Tatsächlich gab es bereits im SDS-Milieu 1968 und wohl an jedem Ort solche »Dschugaschs«, manchmal sogar gleich mehrere. Es war ein ausgesprochen

Zusammen bildeten sie eine bemerkenswerte Doppelspitze: Hier der antiautoritär erzogene, polyglotte jüdische Bürgersohn, lustlose Ex-Student, revolutionäre Bonvivant, Softie und Insider.** Dort der autoritär erzogene deutsche Fleischersohn, fanatische Autodidakt, revolutionäre Asket, Macho und Outsider. Im internen Jargon der Gruppe wurden sie nach einem bekannten Italowestern bald »der Gute« und »der Böse« genannt. Joschka (sagt Dany) war derjenige, der die Debatten zuspitzte und Aktionsvorschläge radikalisierte, Dany (sagt Joschka) war derjenige, der mäßigte und am Schluß »einen bestimmten Konsens formuliert hat«.[22]

Darin machte sich eine Konkurrenz geltend, die nie zu einer Rivalität wurde – schon weil ihre Rollen einander viel zu sehr bedingten. Daß sie 1973 in einer WG zusammenzogen, bedeutete im Kontext ihres Milieus sehr viel. Es verhinderte, daß aus einer latenten eine formelle Fraktionierung wurde. Wenn tatsächlich, wie Christian Schmidt als Lauscher an der Szenewand kolportiert hat, am großen WG-Tisch von Joschka und Dany »am Nachmittag die Entscheidungen getroffen wurden, die das Plenum dann am Abend strikt basisdemokratisch fällen würde«[23], müßte man sagen: *Gott sei Dank!* Denn solche Vorabsprachen dürften im Hauen und Stechen der Sponti-Plena das einzig regelnde und mildernde Prinzip überhaupt gewesen sein. Analog zur »Schrei- und Brüllhierarchie« der samstäglichen Fußballturniere mußte auch die Hackordnung der Gruppe stets von neuem hergestellt werden.

Unter diesen Bedingungen mußten sich auch die Generationskonflikte in konzentrierter Form Luft machen. Die Beschleunigung der Ereignisse produzierte politische Binnen-»Generationen« im drei-vier-fünf-Jahrestakt. Ob man 1967/68 schon dabeigewesen war oder 1970/71 bei der Gründung dazustieß, ob man erst in den

---

beliebter Spitzname unter Antiautoritären, der offenbar als trotzige, sogar witzige Replik auf die Welt der »Adolfs« verstanden wurde.

(**) Die Outsider der Mehrheitsgesellschaft waren die natürlichen Insider der Bewegung. Von daher relativiert sich die von Wolfgang Kraushaar für einige Führerfiguren der internationalen Studentenbewegungen reklamierte Figur des »Paria« (nach Hannah Arendt). Auch gesamtgesellschaftlich wurde damals im übrigen der Gestus des Outsiders schon »das sicherste Kennzeichen des Insiders« (Dagmar Barnouw).

Häuserkämpfen der Jahre 1971-74 oder noch später mit von der Partei war, das machte einen großen Unterschied. Im Zweifelsfall herrschte, wie in jedem richtigen Stamm oder Clan, das Senioritätsprinzip. Schon Joschka war gegenüber dem Veteranen Dany eine Art Jungtürke. Der Zustrom von Hunderten frisch Radikalisierter in den Häuser- und Straßenschlachten, dann die Gründung einer Sponti-Studentengruppe (SHI) 1973 und einer eigenen Frauenliste 1975, die im Jahr darauf den AStA eroberten, das alles führte zu lebhaften Spannungen zwischen dem ursprünglichen RK-Kader und dem immer weiter sich verzweigenden Sponti-Milieu.

Aus dem Kreis dieser Jungspontis sind später auch die intimsten und genauesten Kritiken des eigenen Milieus gekommen. Wolfgang Kraushaar etwa befand schon 1978, die informellen Strukturen dieser von »politischen Machtinhabern« dominierten Szene glichen vielfach »denen einer subkulturell verbrämten Kleinstadtmaffia« *(sic)* und seien ohne weiteres geeignet, Frankfurt in »ein kleines Chicago« zu verwandeln.[24]

Eine Metapher wie »Klein-Chicago« ließ früh schon – wenn auch rein assoziativ – an Bandenkriege und Schweigegelübde, Schüsse und Brände, Tote und Verwundete denken. Das alles ist sehr spät nun (anno 2001) zum Gegenstand erregter Enthüllungen und Pseudoenthüllungen, Anklagen und Gegenanklagen rings um »Fischers wilde Jahre« geworden. Das trifft sich in ironischer Weise mit Verdächten aus dem Arsenal alter linker Intimfeindschaften, die einen mehr oder weniger direkten Weg vom machistischen Straßenkämpfer und ehrgeizigen Sponti-Führer Fischer zur späteren Ministerkarriere und zur Politik der rot-grünen Bundesregierung im Kosovokrieg konstruieren möchten.* Fischer seinerseits bezahlt nun den Preis dafür, daß er der Versuchung nicht widerstehen konnte, seine Erfahrungen von damals immer wieder, mal listig zwinkernd und mal düster orakelnd, in seine narzißtischen Verwandlungsspiele einzubauen, bis hin zum großen Gestus eines *ex*

(*) So neben dem ehemaligen Szene-Mitläufer und Titanic-Autor Christian Schmidt zuletzt auch der Ex-SB-Mann und TAZ- bzw. ZEIT-Redakteur Michael Schwelien in seiner Fischer-Biographie.

profundis Erretteten und Erleuchteten, dessen »Biographie« (allein das Wort soll Authentizität verbürgen) sich zu einem deutschen Bildungsroman und Generationsschicksal schlechthin summiere.[*]

Wichtiger, auch spannender ist es allerdings, sich die Psychodynamik der *kollektiven* Prozesse innerhalb dieses Milieus noch einmal zu vergegenwärtigen, die ihren Protagonisten zeitweise völlig über den Kopf gewachsen war. Joschka Fischer selbst hat Anfang 1977 darüber einmal mit ungeschützter Offenheit gesprochen: »Wir Militanten in der Sponti-Bewegung (PUTZGRÜPPLER etc.)«, schrieb er in einem Aufsatz in der von Thomas Schmid herausgegebenen Zeitschrift AUTONOMIE, »haben dabei im wesentlichen eine ähnliche Entwicklung durchlaufen wie die Genossen der Stadtguerilla ... Und diese IM WESEN gleichlaufende Entwicklung, diese gleichartige Verarbeitung von Unterdrückungserfahrungen und Ängsten bei Sponti-Militanten und Stadtguerilla, hat uns in eine ähnliche Sackgasse abgleiten lassen, wobei mir die Unterschiede klar sind, am wichtigsten wohl der, daß keiner aufgrund unserer Aktion BISHER im Knast sitzt.«[25]

Der Text (mitsamt den markanten Hervorhebungen) war Teil einer *internen* Diskussion, in der die Chiffren und Signale noch funktionierten. Jeder wußte natürlich, wer die »Putzgrüppler« waren und was der Hinweis bedeutete, daß keiner »BISHER im Knast sitzt«. Wenn diese Passagen das Gefühl eines Ritts über den Bodensee vermitteln, dann weil unausgesprochen klar war, in welchen *circulus vitiosus* von Aktion und Reaktion auch die Sponti-Militanten fast zwangsläufig geraten wären, wenn jemand aus ihrer Mitte (zu Recht oder Unrecht) verhaftet und wegen »Mordversuchs« an einem Polizisten unter Anklage gestellt worden wäre.

Die »Aktion«, um die es ging, der Angriff mit Molotow-Cocktails gegen die Polizei während einer verbotenen Demonstration am 10. Mai 1976, einen Tag nach dem Selbstmord von Ulrike Meinhof, ist mittlerweile allgemein bekannt: Einer der Brandsätze wurde in einen Polizeiwagen geworfen, der abseits des Demonstrationszugs stand. Der 23jährige Polizeiobermeister Jürgen Weber konnte sich

---

(*) An Treuherzigkeit in dieser Hinsicht nicht zu überbieten: Sibylle Krause-Burgers Fischer-Portrait vom »Marsch durch die Illusionen«, das auf Basis einschlägiger Selbstauskünfte ihres Protagonisten verfaßt ist.

nicht mehr befreien. Als man ihn endlich herauszerrte, war er »eine lebende Fackel«, wie die Zeitungen schrieben. Er überlebte nur knapp, mit schweren, lebenslangen Verletzungen. Unter den anfangs vierzehn, dann fünf wegen »Mordversuchs« festgenommenen Sponti-Militanten war auch Fischer, in dem die Polizei den Kopf der (inzwischen zu eigentümlicher Berühmtheit gelangten) »Putzgruppe« vermutete, einer informellen 30- bis 40köpfigen Sponti-Miliz, die früher gelegentlich den Nah- und Distanzkampf mit der Polizei geübt hatte. Hauptbelastungszeuge war (hier wie in einer Reihe anderer Fälle) ein Mitglied der Szene, das alle erlittenen Kränkungen in einer Orgie haltloser Denunziationen seiner bisherigen Genossen kompensieren wollte. Keinem der kurzfristig Festgenommenen konnte eine Beteiligung nachgewiesen werden.

»Damals genau hatte uns DIE REPRESSION am Wickel«, schreibt Fischer in dem zitierten Aufsatz im Jahr darauf, »und es hätte nicht viel bedurft, damit wir daran endgültig kaputtgegangen wären (mit Einzelheiten kann ich hier leider nicht dienen).«[26] Das war noch immer die typische Sprache der Zeit mit ihrem hohen, erregten Unschuldston universaler Verfolgtheit: Die Reaktion will uns alle vernichten ... Aber zugleich gibt es in diesem Text erstmals ein Element genuinen Erschreckens darüber, wohin es *einen selbst* trieb oder hätte treiben können, sobald man sich ganz auf die Logik von Terror und Antiterror einließ.

Dieser Text knüpfte explizit an die beschwörende und vielbeachtete Römerbergrede zu Pfingsten 1976 an, die Fischer bei einem vom SOZIALISTISCHEN BÜRO (SB) veranstalteten »Antirepressionskongreß« vor 10.000 Teilnehmern gehalten hatte, keine zwei Wochen nach der Meinhof-Demonstration. In früheren biographischen Skizzen wurde diese Rede des öfteren als Fischers öffentliche und prinzipielle Absage an den Terror – oder an die Gewalt überhaupt – referiert. Heute plötzlich gilt sie einem erschrockenen Publikum als Beweis, daß das Prädikat »ehemaliger Straßenkämpfer« tatsächlich meinte, was es besagt. Wenn diese Rede auf die damalige Terror- und Sympathisantenszene Wirkung hatte, dann allerdings gerade deshalb, weil Fischer noch ganz in der Logik *ein und desselben* Kampfes argumentierte.

Angekündigt als »ein Sponti-Genosse« (die Rede sollte als Kollektivbeitrag verstanden werden und war es auch), ließ Fischer die unmittelbar voraufgegangenen Ereignisse noch einmal Revue passieren. Als »Ulrike im Knast von der Reaktion in den Tod getrieben, ja im wahrsten Sinne des Wortes vernichtet« worden sei, habe sich in Frankfurt wie in vielen anderen Städten der zornige Widerstand Tausender erhoben. In diesem Kampf seien sie, die Sponti-Militanten, an die »Grenze« ihrer militanten Aktionsformen gestoßen und auf dem besten Wege gewesen, »denselben Fehler wie die Stadtguerilla« zu begehen: »Je isolierter wir politisch wurden, desto militärischer wurde unser Widerstand, desto leichter wurden wir isolierbar, desto einfacher war es für die Bullen, uns von ›Politrockern‹ zu ›Terroristen‹ umzustempeln und auf den Landfriedensbruch die kriminelle Vereinigung und Mordanklage folgen zu lassen.«

Somit von der Reaktion selbst ums Haar in die Falle des Terrorismus getrieben, wandte sich Fischer mit einer direkten Kritik an die »Genossen der Stadtguerilla«. Durch ihre isolierten Aktionen hätten sie allen übrigen Revolutionären »ihre politischen und sonstigen Waffen aus der Hand geschlagen«. Statt »uns damit Mut zum Kampf und Widerstand (zu) machen«, hätten ihre Bomben und Attentate nur Mutlosigkeit und Ohnmacht produziert. Dabei sei die »Weigerung, sich noch nicht selbst politisch aufzugeben, obwohl der Gegner übermächtig und seine Gewalt jeden Tag barbarischer erscheint«, ein wesentlicher »Bestandteil der politischen Identität von vielen von uns«.

Dies vorausgeschickt, holte Fischer zu einem feierlichen Credo aus, das den Bogen zur historischen Arbeiterbewegung schlug: »War es früher der Neid der Hungernden, den die Bourgeoisie unter ihrem reichlich gedeckten Tisch vermutete, so ist es heute der Wahnsinn gescheiterter Existenzen, die sich in Karriere und Konsumgesellschaft nicht mehr zurechtfinden. Generäle und Politiker, die die globale Selbstvernichtung planen, sind normal ... und ein Prolet, der sein dreißigjähriges Fließbandjubiläum begeht, ist auch normal. Und wir Linksradikale, die wir von Glück und Befriedigung reden, von anderen Arbeits- und Lebensformen, die wir nicht einfach wegsehen können, wenn wir (den Putsch in) Chile sehen, die den Fordstreik 1973 als das kleine Santiago des westdeutschen

Kapitalismus erlebt haben, und die auch das schleichende, antiseptisch saubere Santiago in den Knästen nicht vergessen können – wir sind die Wahnsinnigen, die Utopisten. Wir wollen ein anderes Leben, ein revolutionäres Leben. Wir wollen nicht eines fernen Tages den Sozialismus aufbauen, sondern für uns vollzieht sich Befreiung im alltäglichen Widerstand, in unserem Leben.«

Sie, die Sponti-Militanten, könnten sich nicht einfach distanzieren – »weil wir uns dann von uns selbst distanzieren müßten«. Gerade deshalb aber »müssen wir die Aktionen der Genossen der Stadtguerilla entschieden angreifen, weil wir wissen und fühlen, daß sie die Selbstaufgabe bedeuten«. Und direkt an sie und ihre Sympathisanten gewendet, sagte Fischer: »Gerade weil unsere Solidarität den Genossen im Untergrund gehört, weil wir uns mit ihnen so eng verbunden fühlen, fordern wir sie hier auf, Schluß zu machen mit diesem Todestrip, runterzukommen von ihrer ›bewaffneten Selbstisolation‹, die Bomben wegzulegen und die Steine und einen Widerstand, der ein anderes Leben meint, wiederaufzunehmen.«[27]

Soweit die berühmte Römerbergpredigt des Joseph Martin Fischer an und über die Terroristen. Es war, wie man sieht, noch längst keine *prinzipielle* Kritik, sondern eine konkrete Auseinandersetzung über die Perspektiven eines revolutionären Widerstands – und ein letztes Hurra eines pathetisch beschworenen militanten Linksradikalismus. Die Umkehr oder Abkehr vom Terrorismus sollte sich als *Rückkehr* der Guerilla in die Reihen derer vollziehen, die die »Einheit von Widerstand und anderem Leben« praktizierten. Statt Bomben – wieder Steine, statt konspirativer Absonderung – eine neue, kämpferische Solidarität ... Nur der Ton äußerster Überspanntheit, den der Redner mit seinen Hörern teilte, die ja (fast) alle von der *Ermordung* Ulrike Meinhofs durch »die Reaktion« ausgingen, deutete schon den Umschlag an.

Dieser Dialog mit den »Genossen im Untergrund« suggeriert, heute wiedergelesen, eine Nähe, die es faktisch und politisch kaum gab, aber ideell und persönlich dennoch gegeben hatte. Die RAF hatte in ihrer Anfangsphase nicht zufällig Frankfurt zu einer ihrer Hauptbasen gemacht und nicht etwa im ML-Milieu, sondern wenn, im »undogmatischen« akademischen und außerakademischen Milieu Unterstützung gesucht und gefunden. Wo man antippt, schwirrt es von Anekdoten. Da wurde einer bedeutungsvoll aus einer Westend-Kneipe rausgewunken, und um die Ecke warteten im Dunkeln nervös rauchend Meinhof und Proll – es wurden Photos für falsche Pässe gebraucht. Oder einer kam abends in die WG zurück, und Raspe saß auf dem Bett – es ging um Beschaffung von Quartieren oder um das Ausbaldowern von Objekten.

Die Methode war die der frontalen moralischen Erpressung: Du *mußt* uns nicht helfen, es ist *Deine Entscheidung* – aber wenn wir morgen abgeknallt oder geschnappt werden, dann weil *Du* uns die Hilfe verweigert hast! Über solche willig oder widerwillig geleisteten Hilfsdienste konnte man dann in die Gruppe hineinrutschen. Mitgegangen – mitgefangen – mitgehangen. Mancher sinniert bis heute, wie kinderleicht das womöglich ging. Wäre man nur fünf Minuten früher oder später in eine bestimmte Kneipe oder Wohngemeinschaft gekommen, wäre man vielleicht eingespannt, dann rekrutiert worden und schließlich selbst auf dem Terrortrip gelandet.

Der Staat war eben *per se* der Verfolger, der Imperialismus das global herrschende Gewaltsystem, weshalb »Widerstand« grundsätzlich legitim war. Und sie, die Genossen im Untergrund, waren eben »die Wahnsinnigen«, die sich entschlossen hatten zurückzuschlagen, und nun die Gehetzten und Gejagten waren. Im RK-Organ WIR WOLLEN ALLES hieß es denn auch im August 1973: »Die RAF hat das Recht beansprucht, sich zu verteidigen. Das ist ein legitimes Recht! Jeder hat das Recht, sich gegen tägliche Gewalt dieses Staates, gegen die Gewalt dieser gesellschaftlichen Verhältnisse zu wehren ... Ein Revolutionär kann sich nur der Notwendigkeit der Situation unterwerfen, nicht aber dem Gesetzbuch seiner Henker.«[28]

Auch die LOTTA-Genossen in Italien standen ja sporadisch in bewaffneten Auseinandersetzungen mit dem Staat, der aus ihrer Sicht mit den Faschisten paktierte oder selbst fast schon faschistisch war. Die Differenz zur RAF (oder zu den BRIGATE ROSSE) war die, daß nach spontaneistischer Ideologie die Gewalt »von den Massen« ausgehen oder zumindest mitgetragen sein sollte – so wie das in Mailand oder Turin angeblich der Fall war, wenn Antreiber aus den Fabriken, Polizeikommissare, Richter, Denunzianten oder Faschisten überfallen, zusammengeschlagen, angeschossen und in Einzelfällen auch umgebracht wurden, wie zum Beispiel der verhaßte Kommissar Calabresi 1972.[*]

Ulrike Meinhof hatte viele in der Frankfurter Szene in einem magischen Moment erreicht: Als sie sich am 31. Mai 1972 auf einem Tonband, das bei einer Uni-Versammlung im Hörsaal VI vor 2000 Zuhörern abgespielt wurde, zu Wort meldete. In diesem (natürlich verabredeten) Teach-in-Beitrag setzte sie sich mit den Einwänden gegen die eben angelaufene Bombenkampagne der RAF auseinander, bei der unter anderm im Frankfurter US-Korpskommando im IG-Farben-Gebäude ein US-Offizier zerfetzt und 13 Soldaten und Zivilisten verwundet worden waren. Klammheimliche Freude und blanker Schrecken über diese Eskalation hielten sich in der Szene damals die Waage. Mit ihrer hohen, singenden Stimme wandte sich die Unsichtbare direkt an die Versammelten und an jeden einzelnen: »Genossen, hört auf, euch hinter den Massen zu verschanzen! ... Hört auf, eure Angst vor der maßlosen Gewalttätigkeit des Systems als Vermittlungsproblem zu rationalisieren! Hört auf, eure Ratlosigkeit als Belesenheit auszugeben, eure Hilflosigkeit als den großen Durchblick! ... Habt Mut zu kämpfen, habt Mut zu siegen!«[29]

Fischers Rede von 1976 kann als eine direkte, späte *Replik* auf diesen frühen Appell von 1972 gelesen werden. Zwar hatten die Sprecher des RK, darunter neben Dany auch Joschka, diese unverhüllte Aufforderung, sich dem bewaffneten Untergrund anzuschließen, damals bereits zurückgewiesen. Bomben seien nicht das richtige Mittel im Kampf gegen die beschissenen Zustände; vielmehr komme es darauf an, die »Massenmilitanz« zu entfachen – so das zentrale Argument. Aber offensichtlich genug waren es *Sirenenklänge*, vor denen man das fasziniert lauschende Auditorium und sich selbst an den Mast binden mußte.

(*) Wegen dieses Mordes sitzt heute der von einem zweifelhaften Kronzeugen belastete Kopf von Lotta Continua, Adriano Sofri, der sich vor einigen Jahren selbst zum Prozeß gestellt hat, in Haft.

Zumal auch die LOTTA-Genossen auf diesem Teach-in erklärten, zwar könne politischer Mord nicht »die entscheidende Waffe zur Emanzipation der Massen« sein; doch eine entschlossene Tat der »Säuberung« (diesen stalinistischen Terminus benutzte der Sprecher tatsächlich) wie die Erschießung des Kommissars Calabresi könne ein befreiender Akt sein, »in dem die Ausgebeuteten ihren Willen erkennen, Gerechtigkeit zu üben«.[30]

Wären nicht einen Tag nach diesem intimen Dialog zwischen »Szene« und »Guerilla« Andreas Baader, Holger Meins und Jan Carl Raspe in Frankfurt nach stundenlangem Shoot-out festgenommen worden, kurz darauf Gudrun Ensslin und der Rest der Ursprungsgruppe der RAF, darunter auch Ulrike Meinhof selbst – die Wirkung ihrer Ansprache wäre vielleicht sehr viel größer gewesen. Auch so blieb ihre wie ein verletzter Vogel zitternde Stimme in der Erinnerung vieler haften. Mit ihrer anfänglichen Totalisolation Ulrike Meinhofs im »toten Trakt« in Köln-Ossendorf begannen die Kampagnen gegen die »Isolationsfolter«, mit denen die Schraube des Terrorismus sich weiterdrehte. »Ulrike« wurde zur Ikone und Märtyrerfigur der Linken schlechthin, und gerade der »undogmatischen«.

Nicht zur Entschuldigung, nur zu Vervollständigung des Bildes sei gesagt, daß wir – die (zahlenmäßig recht starke) Vorläufergruppe des KBW in Frankfurt – bei all diesen an der Uni laufenden Debatten kaum eine Rolle spielten und oft nicht einmal anwesend waren. Wir diskutierten damals unsere Programmtexte, verteilten unsere Betriebszeitungen oder Flugblätter und machten bei den allwöchentlichen Demonstrationen mit oder auch nicht. In den Augen unserer Sponti-Rivalen waren wir totale Lahmärsche, revolutionäre Schwätzer, denen gegenüber sie *die Bewegung* verkörperten. Und das taten sie auch, relativ gesehen. In den »massenhaften« Gewaltfaszinationen und Machtphantasien dieser Zeit wurden sie groß und überrundeten uns zeitweise mühelos – bis sie 1976/77 hart am Rande zum Stehen kamen. Da fingen wir dann erst richtig an.

Jenseits aller RAF-Connections gab es in der Frankfurter Szene eine parallele und noch bezeichnendere Entwicklung, die in der Gründung der REVOLUTIONÄREN ZELLEN (R.Z.) ihren Ausdruck fand. Wenn die BEWEGUNG 2. JUNI – als die zweite Hauptströmung des deutschen Terrorismus neben der RAF – ihre Ursprünge vor allem in der Berliner Szene hatte, dann die REVOLUTIONÄREN ZELLEN als dritte und jüngste Strömung vor allem in Frankfurt und Rhein-Main. Man könnte Reste einer Sponti-Ideologie darin sehen, wenn die R.Z.-Kader es vermieden, von sich aus den Schritt in den Untergrund zu machen. Sie agierten völlig klandestin, wollten aber so lange wie möglich Teil der Szene bleiben, teils um hier Deckung zu finden und ein Rekrutierungsfeld zu behalten, teils auch, um sich von der »Massenarbeit« nicht völlig zu isolieren. Kurzum, sie führten in WGs und besetzten Häusern, in politischen Gruppen und Initiativen, in der ROTEN HILFE oder den FOLTER-KOMITEES ein organisiertes Doppelleben. Wer alles über kürzere oder längere Zeit dazu gezählt hat, ist bis heute nur teilweise klar, zumal es vielfältige Abstufungen des Engagements der einzelnen gab.

Die Kerngruppe der R.Z. stammte jedenfalls aus einer kurzlebigen Organisation, die sich nach einem proletarischen Stadtteil in Frankfurt ROTER GALLUS nannte und aus der üblichen Stadtteilarbeit in der Endphase des SDS hervorging. Faktisch war das eine weitere, konkurrierende Parallelgruppe zur elitären BETRIEBS-PROJEKTGRUPPE des entstehenden RK. Viele Aktive des ROTEN GALLUS gehörten seit 1969 auch dem BLACK-PANTHER-SOLIDARITÄTSKOMITEE an, das wiederum in Frankfurt, Kassel und Freiburg Jungarbeiter- und Lehrlingsgruppen als Ableger unterhielt, die sich ROTE PANTHER nannten – der Idee nach so etwas wie die Organisation einer militanten deutschen und ausländischen Ghettojugend.

Informeller Führer und *spiritus rector* war K.D. Wolff, der frühere Ko-Vorsitzende des SDS und Lektor beim MÄRZ-Verlag, der seit 1968 als Hauptunterstützer und Propagandist der BLACK PANTHER PARTY in der Bundesrepublik auftrat und am Aufbau einer Reihe von Komitees beteiligt war, die in den US-Kasernen in Frankfurt, Heidelberg, der Pfalz usw. zur Desertion oder zum Widerstand aufriefen. Zum wilden Ideologie-Mix aus Texten von Eldrige Cleaver, Marx und Mao hatte K.D. Wolff nach einer mehrwöchigen Nordkorea-Reise im Herbst 1970 nebst einem enthusiastischen Bericht noch die Reden und Aufsätze Kim Il Sungs beigesteuert, die sich (im Unterschied zu denen der chinesischen Führer) durch ihren frenetischen Antiamerikanismus auszeichneten.[31] Ein eigenes KOREA-KOMITEE widmete sich seither Studium und Propaganda der »Juche«-Ideen Kims, die auf eine Utopie der radikalen Autarkie hinausliefen. Der neugegründete ROTE-STERN-Verlag brachte die gesammelten Werke des geliebten Führers in Volks- wie in Prachtausgaben (mit Goldschnitt und Ledereinband) heraus.[*]

In dieses fluktuierende politische Milieu – irgendwo zwischen Sponti und ML, Kunst- und Kulturszene, Drogen- und Rotlichtmilieu, Antiimperialismus-Komitees, Stadtteilgruppen und Cliquen jugendlicher Outdrops angesiedelt – brachten vor allem die schwarzen GIs unter dem Eindruck des täglichen Rassismus in der Armee, aber auch der sich auflösenden Militärdisziplin einen Zug desparater Gewaltbereitschaft, der viele elektrisierte. Ihr Blatt hieß programmatisch: VOICE OF THE LUMPEN. Gedealt wurde nicht nur mit harten Rauschgiften, sondern hier und da auch schon mit Armeewaffen.

Die rechte Hand von K.D. in der revolutionären GI-Arbeit und bei den ROTEN PANTHERN waren die Studenten Johannes Weinrich und Winfried Bonifazius (»Bonni«) Böse. Als Mitglied des ROTEN GALLUS hatte Böse in einer Straßentheatergruppe (noch ganz in der Tradition der revolutionären Stadtteilarbeit der späten SDS-Phase) stets den bösen Kapitalisten gespielt. Auch er hatte Nordkorea mitbereist und im KOREA-KOMITEE mitgearbeitet. Böse war offenbar die treibende Kraft bei der Bildung der REVOLUTIONÄREN ZELLEN. Zusammen mit seiner Freundin Brigitte Kuhlmann kam er bei der Geiselnahme in Entebbe 1976 im Kugelhagel des eingeflogenen israelischen Befreiungskommandos um. Wein-

---

(*) Daß die Nordkoreaner eine Art revolutionärer Scheckbuch-Diplomatie betrieben, war in linken europäischen Verlagskreisen die ganzen siebziger Jahre hindurch ein offenes Geheimnis. Ob und inwieweit die Subvention der Kim-Texte – neben der Abfindung für K.D. Wolff aus dem sprudelnden Pornogeschäft bei MÄRZ/OLYMPIA PRESS [vgl. Jörg Schröder erzählt Ernst Herhaus: Siegfried, Frankfurt/M. 1972; Tb-Ausgabe 1983, S. 241] – zum Startkapital für den Verlag ROTER STERN beigetragen haben, muß natürlich dahingestellt bleiben. Freilich, wenn die »Geschichte der O« und die »Reden von Kim« gemeinsam zur Finanzierung von Hölderlin und Kafka beigetragen haben – wer wollte dawider sein?

rich dürfte zu der Zeit bereits als rechte Hand des internationalen Berufskillers »Carlos« fungiert haben.

Bei den ROTEN PANTHERN und beim ROTEN GALLUS hospitierte 1970 auch Hans-Joachim Klein (genannt »Klein-Klein«), der vier Jahre später dann von Winfried Böse für die R.Z. angeworben, mit »Carlos« in Kontakt gebracht und Ende 1975 für den Überfall auf die Wiener OPEC-Konferenz rekrutiert wurde. Kleins Karriere führt mitten hinein in den eigentümlichen Stickicht der Frankfurter Szene, deren Produkt er in vieler Hinsicht ist. Seine Selbsterklärungen – in dem langen, verzweifelten und vorwurfsvollen »Appell eines ausgestiegenen Terroristen« von 1979 – wirken wie ein naives, spätes Echo aller ideologischen Weltbilder und latenten Gewaltphantasien dieser Szene selbst.* In ihm, Hans-Joachim Klein, könnten alle, die damals »dabei« waren, sich ein Stück weit wiedererkennen – wenn sie das wollten.

Klein war als Charaktertypus schließlich genau der, auf den sich alle *theoretisch* beriefen: der Proletarier, der Rebell, der Marginalisierte, der Gescheiterte, der Utopist, der »Wahnsinnige«. Unter den protestierenden Studenten fand er die fertigen ideologischen Raster, um seine traumatische Lebensgeschichte in die allgemeine Metapher einer »unmenschlichen Gesellschaft« einfließen zu lassen. Seine Mutter, die Jahre im Frauen-KZ Ravensbrück verbracht hatte (wegen Rassenschande, weshalb er sie sich später als Jüdin vorstellte), hatte sich kurz nach seiner Geburt 1947 mit der Dienstpistole des Polizisten-Vaters erschossen, der das Kind zunächst weggegeben, dann wieder zurückgeholt und mit harter Hand erzogen hatte. So verschmolz für Klein die Figur des tyrannischen Vaters unmittelbar mit dem »Bullen-Staat«, dem System, mit »Auschwitz«. Seine Rächerphantasien waren maßlos: »Ich weiß nur eins, daß man nach 1945 das halbe deutsche Volk wegen Kriegsverbrechen vor Gericht hätte schleppen müssen.«[32] Das war jedenfalls ein weitgehender Freibrief – ganz im Geist der Zeit.

(*) Hans-Joachim Klein: Rückkehr in die Menschlichkeit (1979) – Daß etliche seiner Ausstiegshelfer, darunter Heipe Weiss, Klein bei der Abfassung des Buches geholfen haben, macht die Repräsentativität seines Textes nur noch deutlicher.

Als einer der (ziemlich zahlreichen) proletarischen Mitläufer am Rand der Studentenbewegung lebte er von Gelegenheitsjobs, las querbeet Flugblätter, Broschüren, politische Bücher (Max Hoelz, Che Guevara, Cohn-Bendit), unterzog sich den Exerzitien einer Mao-Schulung, immer mit dem lähmenden Gefühl, die ihm klassenmäßig zugeschriebene Avantgarderolle nicht recht ausfüllen zu können. Er hing auf allen Teach-ins und SDS-Versammlungen herum, machte ab und an Putz, weil die Genossen so hochgestochen daherredeten. Aber Krahl war für ihn ein dufter Typ, dem er sich in brenzligen Situationen als Bodyguard zur Verfügung stellte. Und nicht wenige Genossinnen schätzten ihn als hübschen, etwas gewalttätigen Galan. Die Bewegung nahm ihn im wahrsten Sinne an ihren Busen.

1969/70 lebte Klein im verwüsteten Kolbheim wie im Heerlager, flippte beim ROTEN GALLUS und bei den ROTEN PANTHERN herum und ließ sich von der Machomilitanz der Schwarzen beeindrucken. Harte Drogen waren nicht sein Ding. Sein Ding war die »Aktion« – und früh auch die Faszination der Waffen. Wo immer es nächtliche Anschläge auf Banken, Konsulate usw. gab oder wenn es bei den Demonstrationen krachte, war er mit dabei. Gleichzeitig hospitierte er auch beim entstehenden RK, verteilte Flugblätter bei Opel, bewunderte den großen Dany, aber vielleicht mehr noch Joschka mit seiner Aura militanter Asozialität und autodidaktischer Intellektualität. Die elitäre Gruppe stand ihm jedoch nur halb offen. »Im RK lief die Schulung ebenso wie in den K-Gruppen«, schreibt er, wenn auch »nicht so sektiererisch und verbissen«. Bei den Versammlungen und Gruppendiskussionen traute er sich erst recht nicht, etwas zu sagen. Trotzdem »war der RK meine politische Heimat, meine politische Bezugsperson«.[33] Aber offenbar zu wenig. Da war kein Halt, keine Bindung, die er so sehr suchte – und dann woanders fand.

Erst mit dem Frankfurter »Häuserkampf«, nicht mit der Opel-Betriebsarbeit, wurde der RK zum Platzhirsch der radikalen Linken am Ort. Und dem Nimbus der legendären Bataillen um die besetzten Häuser verdankte er hauptsächlich auch seine Ausstrahlung auf ähnliche Milieus in anderen Städten, wo es ähnliche Konflikte gab. In dieser Zeit erst wurde es schick, sich mit dem Label »Sponti« zu schmücken.

Wenn man fragt, was das war: dieser legendäre »Häuserkampf«, muß man wieder einige Schichten negativer oder positiver Legenden und Mythen abtragen. Natürlich stand am Anfang ein reales Konfliktpotential, und das nicht nur in Frankfurt: eine akute Wohnungsnot, vor allem unter den im Strom der Bildungsmobilisation in die Universitätsstädte geschwemmten jungen Leuten, verstärkt durch das rapide Anwachsen einer Immigrantenbevölkerung, die sich familienweise niederzulassen begann. Dieser gesteigerte Mietbedarf kontrastierte vielerorts grell mit Wohnungsleerständen und Abrissen, die Teil einer meist von Sozialdemokraten geführten Politik technokratischer Stadterneuerung waren, bei der die brachiale Implantierung von Einkaufszentren, Bürokomplexen oder Verkehrsknoten Vorrang vor der Erhaltung alter Stadtkerne erhielt. Der gewachsene »Wohnbedarf« sollte in Neubauvierteln draußen vor der Stadt gedeckt werden. Das kam der SED-Plattenbauphilosophie durchaus nahe.

Ihren zugespitzten Ausdruck fanden diese Konflikte überall dort, wo massive Abriß- und Entmietungskampagnen auf kompakte jugendliche Populationen trafen. Deren WGs lagen fast durchweg in unsanierten, zum Abriß bestimmten Altbauten, die auf Zeit zwischenvermietet wurden und in denen man sich mit Apfelsinenkisten und ausgelegten Matratzen provisorisch einrichtete. Gerade diese Provisorien waren aber der Traum und das Symbol jugendlicher Autonomie schlechthin geworden. Untermischt mit den überfüllten Wohnungen und ambulanten Läden ausländischer Familienclans, entstanden in Umrissen bereits multikulturelle Stadtquartiere neuen Typs, die zugleich den Charakter kleiner Jugendrepubliken trugen.

In Städten wie Frankfurt oder Heidelberg gab es aber auch bereits Proteste aus der gesamten Wohnbevölkerung gegen diese Sanierungspolitik mit der Abrißbirne – erste Bürgerinitiativen also wie die AG WESTEND in Frankfurt, in denen die *konservativen* Motive sehr viel expliziter zum Ausdruck kamen. Tatsächlich lagen sie aber auch in den jugendlichen Renitenzen ganz dicht unter der Oberfläche. In Michael Buselmeiers »Untergang von Heidel-

berg«[34] zum Beispiel fließen Ausbruchsimpulse und Heimatbe-
dürfnisse der 68er-Rebellen unmittelbar zusammen. Die betonier-
ten Breschen und Schneisen, die in das Gefüge der alten Stadt
geschlagen werden, erscheinen stets zugleich als Angriff auf die
jugendlichen Lebenskulturen, die sich in diesen Gemäuern angesiedelt hatten. Mochte wahre »Heimat«, nach Bloch, für sie nur ein
Ort sein, wo »noch niemand war«, ein utopisches Niemandsland
also, so war der erste Fußbreit dieses Paradieses ihr heimatlicher
Kiez, den sie bedingungslos verteidigten.

Daß diese Kämpfe um die Orte eines geschützten, eigenen
Lebens in einem Land wie Deutschland, das durch massenhafte
(aktive und passive) Vertreibungen und Devastierungen hindurch-
gegangen war, eine besondere magische Bedeutung erhielten, liegt
aus der Distanz betrachtet deutlicher zutage als damals. In Frankfurt jedenfalls ging es für das bürgerliche Protestmilieu in der AG
WESTEND nicht weniger als für die Linksradikalen vom HÄUSER-
RAT um eine apokalyptische Vorstellung von »Entwurzelung«, die
vielerlei – und manchmal auch sehr zweideutige – Konnotationen
hatte. Die »Spekulanten« wurden zum Inbegriff von Kapitalismus,
worin manche ältere Vorstellungen vom machtgeschützten Wuche-
rer trübe Urständ feierten.

So schaut in Gerhard Zwerenz' Romanpamphlet »Die Erde
ist unbewohnbar wie der Mond« der reiche jüdische Spekulant
Abraham (ein Klischee, das jeder gelernte Frankfurter mit Namen
wie Bubis oder Buchmann auffüllen konnte) mit geiler Spannung
hinunter auf die Straße, wo ein faschistoider Polizeipräsident
(in Frankfurt der Ex-JUSO Müller) nach den Vorgaben des allmächtigen Spekulanten die gewaltsame Räumung der besetzten
Häuser vollzog. Die Beschreibung der Polizeiaktion erinnert
(ganz bewußt) an ein SS-Massaker, eine kalt exekutierte Massen-
hinrichtung, worin stiefelbewehrte Uniformträger langhaarige
Demonstranten und alte Damen unterschiedslos niederstrecken,
jungen Mädchen den Schädel zertrümmern oder Kindern den
Knüppel zwischen die Beine schlagen, bis diese leblos auf dem
Pflaster liegen. Eine pornographische Szene durch und durch, zu
der Zwerenz den von kaltem Haß erfüllten reichen Juden innerlich monologisieren läßt: »Nein doch, diese Opfer sind nicht
deine Brüder, womit er sich freisprach von Verantwortung und

menschlichem Mitgefühl ... Warum sollte er das Schicksal seiner Todfeinde beklagen? ... Abraham würde sich sogar mit wirklichen Nazis und Naziverbrechern verbünden, erforderten dies seine Interessen.«[35] Erst Fassbinder mit seinem verkoksten Stück »Die Stadt, der Müll und der Tod« hat posthum die Proteste auf sich gezogen, die der Roman des Häuserkampf-Sympis Zwerenz im unmittelbaren Schlagschatten der Ereignisse nicht geerntet hat.

Um konventionellen Antisemitismus handelte es sich auch tatsächlich nicht, eher um einen primitiven Antikapitalismus, worin jeder Mensch mit kommerziellen Interessen sowieso schon wie die Karikatur eines Stürmer-Juden ausschaut. Hinzu trat das symbolische Motiv der »Entwurzelung« und »Vertreibung« – mit all seinen tiefdeutschen Subtexten. Das Ergebnis waren populäre Horrorgemälde zerstörter Lebenswelten, auf denen die anonymen Mächte von Geld und Besitz wie Hyänen über das Schlachtfeld streiften, das »unbewohnbar wie der Mond« war.

Als im Herbst 1970 die ersten Häuser im Frankfurter Westend besetzt wurden, war das für den auf Betriebsarbeit fixierten RK noch eher uninteressant gewesen. Aktionen im »Reproduktionsbereich« (wie es gut seminar-marxistisch hieß) konnten allenfalls von zweitrangiger Bedeutung sein. Erst als es im Jahr darauf bei der Räumung eines eben besetzten Hauses zu exzessiven Übergriffen der Polizei und einem unerwartet heftigen Widerstand der Besetzer und Demonstranten kam – der »Schlacht um den Grüneburgweg«, als die sie in die Szene-Chroniken einging –, erkannten die RK-Leute, welche Musik hier spielte. Da das mehr oder weniger mit ihrer Massenkündigung beim Opel zusammenfiel, begannen sie, sich mit den LOTTA-Genossen an die Spitze der neuen Bewegung zu setzen.

Als rivalisierendes Neben- und Gegenzentrum zur RK-Betriebsgruppe etablierte sich im Zuge dessen der HÄUSERRAT. Schon mit der ersten Protestdemonstration gegen die Räumung im Grüneburgweg wurde auf Offensive umgeschaltet: Ein ganzer Häuserblock rund um die »Bockenheimer III«, in dem sich seit langem linke WGs befanden, wurde für besetzt erklärt und in eine verbarrikadierte Festung verwandelt.* In raschem Rhythmus folgten weitere Besetzungen: »der Kettenhofweg«, die »Bockenheimer 93« und andere mehr.

Was da Zug um Zug entstand, war ein System von befestigten Bastionen, über denen trotzig die rote oder schwarze Fahne wehte und von deren Fassaden zerschlissene Transparente die Faust zeigten – Zentren einer symbolischen Gegenmacht also. Und genau das sollten sie auch verkörpern. Die Vorbilder lagen wiederum in Italien, wo militante Mieterbünde in den proletarischen Quartieren (UNIONE INQUILINI) und jugendliche Hausbesetzer in den Altstädten längst eine linksrevolutionäre Kampffront bildeten – in der Vorstellung der Organisationen jedenfalls, die dabei das Wort führten, darunter auch LOTTA CONTINUA. Schon 1968/69 waren die besetzten Häuser und Mieterkomitees in Mailand, Turin oder Bologna Objekt eines lebhaften Polittourismus aus dem Norden gewesen.

Ums Wohnen und Zusammenleben konkreter Personen ging es bei den Hausbesetzungen allerdings nur in zweiter Linie; dazu waren sie mit einem viel zu hohen Preis an Zeit, Arbeit und Nerven bezahlt. Vielmehr wurden jeweils Besetzerkollektive unter politisch-fraktionellen Gesichtspunkten zusammengestellt, die die Sache dann »generalstabsmäßig« durchzogen. Heipe Weiss, ehemaliger Bewohner der Bockenheimer 93, hat in seinem – als Auftragswerk geschriebenen – Schlüsselroman »Fuchsjagd« fast ein Vierteljahrhundert später diese Jagdszenen der frühen siebziger Jahre recht anschaulich beschrieben.[36]

Das zu besetzende Haus (die »93« in dem Fall) war in geheimen Absprachen – »pro Fraktion eine Etage« (RK, MAO, ROTE HILFE) – vorab aufgeteilt worden. Kuriere gaben den verteilt aufgestellten Gruppen das Signal, und in konzentrischen Marschkolonnen wurde das Haus geentert. Alle trugen bereits Helme, Leder-

---

(*) Ich habe selbst bis Ende 1970 in der Bockenheimer III in einer der sieben Zimmer und mehr als 200 qm großen WGs gewohnt, in die nach den üblichen fraktionellen Auseinandersetzungen dann Spontis einzogen – noch immer in einem regulären Mietverhältnis. Meine vorherige Frankfurter WG in der Lichtensteinstraße 2 war derweilen schon eine Inkubationszelle des späteren Terrorismus geworden: neben »Klein-Klein« wohnte dort 1971/72 Hannah Krabbe. So eng lag alles damals beieinander.

344

jacken oder Parkas, Halstücher sowie handliche Knüppel, die als Fahnenstangen camoufliert waren. Noch bevor die Polizei da war, standen die Möbelwagen (sprich: AStA-Pritschen) vor der Tür und waren bereits entladen. Und die linken Anwälte waren schon »in Verhandlung« mit dem düpierten Hausbesitzer eingetreten, dem Teppichhändler und Immobilienbesitzer Ali Selmi, angeblich ein »Vertrauter des Schah«.* Als die erste Hundertschaft der Bereitschaftspolizei eintraf, sah sie sich einer im Vorgarten aufgebauten Phalanx von 200 »Politrockern« (wie sie in der damaligen Boulevard-Presse regelmäßig bezeichnet wurden) gegenüber. Das war eine der Schlüsselszenen, in denen die »neue Stufe der Militanz« eingeübt wurde.

Diese Strategie war alles, nur nicht spontan. Sie war vielmehr das Resultat langwieriger Debatten über das notwendige und gebotene »Frankfurter Niveau der Militanz«. So der *terminus technicus*, der ironisch an eine Polizeiakademie erinnerte. Einerseits wollten die Sponti-Militanten den Polizei-Bullen »auf Augenhöhe«, also von gleich zu gleich, gegenübertreten. Andererseits sollte dieses Niveau der Gewalt noch »politisch vermittelbar« und »subjektiv durchhaltbar« sein.

Im Klartext hieß das: Solange man sich »erst« in einer Phase der »Massenmilitanz«, also im »Widerstand gegen die alltägliche Gewalt« des Systems befand, galten nicht nur die Mittel der »Guerilla« wie Schußwaffen und Bombenanschläge, sondern auch der Einsatz von Molotow-Cocktails *gegen Personen* (nicht gegen Sachen) als tabu. Gefordert war statt dessen: eine ausgeklügelte passive Bewaffnung in Form einer modernen Ritterrüstung, wozu außer einer dicken Lederjacke oder einem gepolsterten Parka ein

---

(*) Gerüchte dieser Sorte bedurften keiner näheren Überprüfung, sondern lebten aus sich selbst. Dem Bauherrn Ali Selmi war zuvor schon unter allgemeiner Schadenfreude ein ganzes Hochhaus – eines der ersten in Frankfurt – nachts abgebrannt. Er war in vieler Hinsicht ein »gebrannter« Mann. An ihm konnte sich manches populäre Ressentiment gefahrlos austoben – ein moderner »Jud Süß« in gewisser Hinsicht. Heute würde man ihn einen wagemutigen »Entrepreneur« nennen, und jeder rot-grüne Magistrat würde sich um solche Investitionen reißen.

fester Helm, Gesichtstuch, Chlorgasbrille sowie ein Karategürtel, der sog. »Sackschutz«, gehörten. Dazu kamen: eine zu trainierende Schlag- und Trittechnik im Nahkampf (für die im Karatekeller des Studentenhauses fleißig geübt wurde); der Einsatz von Hartholzknüppeln, die auch als Transparent- oder Fahnenstangen dienen konnten; Nagelbretter, Krähenfüße, Rauchbomben etc. gegen die anrückenden Polizeikolonnen; und schließlich koordinierte Wurfsalven mit Pflastersteinen oder zerkleinerten Gehsteigplatten, die in Depots bereitgelegt oder mittels entsprechender Instrumente herauszubrechen waren.

Die Taktik hieß im großen und ganzen: »Hit and run« – also Attacke, Rückzug und überraschende Gegenattacke gegen einzelne, zu weit vorgepreschte oder von der Truppe entfernte Beamte, vorzüglich in Zivil, die es dann in Überzahl »aufzumischen« galt. Wenn es dabei »krachte«, stieg das Gefühl des Triumphes. Recht mittelalterlich anmutend war auch der Brauch, möglichst Beute zu machen: vor allem Schilde, Schlagstöcke und Helme; in legendären Einzelfällen Dienstpistolen. Entsprechende Kampfformen waren schon bei den allwöchentlichen Demonstrationen, die in den frühen Siebzigern noch dichter aufeinanderfolgten als in den späten Sechzigern, reichlich zur Anwendung gekommen. Ob Vietnam, Kambodscha, Palästina, Libanon, Spanien, Angola, Mozambique, Chile, Portugal, Nordirland, Oman-Dhofar, die Black Panther oder die baskische ETA – die Zuständigkeiten für das Schicksal der Welt waren so grenzenlos wie die Verbrechen des Weltimperialismus. Und dessen Nebenzentren lagen bekanntlich in Bonn, Berlin oder Frankfurt, von wo auch die »Verschärfung der Repression« nach innen ausging. Zeitweise gab es fast jeden Samstagmorgen »Putz« auf der Zeil, der Haupteinkaufsstraße, um die gekämpft wurde, als handele es sich um ein Dien Bien Phu im Frankfurter Stadtdschungel.

Mit dem Netz der befestigten »Häuser« und den Maßnahmen ihrer Verteidigung kam eine neue, blinde Automatik der Militarisierung mit ins Spiel. So nannten die Verteidiger der Häuser sich ironisch-bezeichnend zunächst »Sicherungsgruppe Westend«. Später wurde daraus die besagte PUTZGRUPPE, was humoristischerweise gern mit »Proletarische Union für Terror und Zerstörung« (P.U.T.Z) übersetzt wurde. Das war die erste große Zeit von Joschka F., der intern auch der »Verteidigungsminister« hieß – eine schöne Pointe für seine heutigen Feinde und Biographen.[*]

Die Gerüchte blähten sich damals schon wie die Calzone im Szenelokal »Pizza-Peter«: daß die 30–40 Mann starke RK-»Putzgruppe« (darunter ein paar Frauen) zu sonntäglichen Wehrsportübungen in den Taunus ausrücke, um mit erbeuteten Polizeiutensilien Nahkampf und Gefangenenbefreiung zu üben. Tatsächlich sind diese verspäteten Ritterspiele ziemlich bald wieder eingestellt worden, nachdem man sich mehrfach aus Versehen bös zugerichtet hatte. Sie waren sowieso nur die Fortsetzung der wöchentlichen Fußballbolzereien im Ostpark mit anderen Mitteln. Vielleicht könnte man darin sogar das halb bewußte, halb unbewußte Bestreben sehen, die aufgestauten Aggressionen halbwegs unter Kontrolle zu halten, indem sie in organisierter Form ausagiert wurden.

Die eigentlich gefährlichen Entwicklungen spielten sich denn auch in den nur halb oder gar nicht eingebundenen *Randzonen* der Sponti-Kernszene ab, wo – etwa in der ROTEN HILFE oder den FOLTERKOMITEES – die Identifikation mit den angeblich von Vernichtungshaft bedrohten Gefangenen der RAF in die konspirative Bereitschaft umschlug, sich selbst der Guerilla anzuschließen. Oder wo pyromanische Fanatiker nur mit Mühe abgehalten werden konnten, das von Räumung bedrohte Haus am Kettenhofweg mit einer Barrikade aus benzingefüllten Mülltonnen zu verteidigen. Hans-Joachim Klein, der überall dabei war, bescheinigte sich im nachhinein selbst eine für ihn und andere kaum noch beherrschbare »Django-Mentalität« – und das keineswegs nur gegenüber den Staatsorganen, sondern zunehmend auch in der eigenen Szene.

In mehreren der besetzten Häuser hatten sich seltsame oder sinistre Gestalten unterschiedlichster Sorte eingenistet. Da war z. B.

(*) Die mittlerweile berühmte Bilderfolge von 1973, in der Joschka F. den schwarzen Ritter gibt, der den Polizisten Marx zu Boden stößt und nach den Regeln des Straßenkampfes malträtiert, war – wenn man seinen Erinnerungen an die Szene (STERN-Interview, 2/2001) glaubt – eine Art Gesellenstück des Clanführers, der es den Seinen endlich einmal nach- oder vormachen mußte. Mit im Bild: Hans-Joachim Klein und ein gewisser »Buddy«, den manche damals schon als Polizei-Informanten verdächtigt haben wollen – heute jedenfalls.

ein verschrobener älterer Typ, der bald nur noch »Barrikaden-Konrad« hieß, weil er mit fanatischem Eifer an der Verbarrikadierung der Häuser arbeitete, als wäre es der »Westwall«. Gleichzeitig wurden Diebstähle, Schlägereien und Kleinkriege verschiedenster Art epidemisch. So entwickelte sich (notwendigerweise!) eine Sphäre der Selbstjustiz. Joschka Fischer erinnerte sich mit Schaudern, wie ein Fall von brutaler Vergewaltigung in einer WG (der Täter, ein junger Marokkaner, hatte der Szene-Genossin das Messer dazu an die Gurgel gesetzt) nach kurzem Volksgerichtsprozeß mit der Abstrafung des Täters per Faustrecht im Hof geahndet wurde[37] – eine Art Sponti-Scharia. Oder ein gewisser »Speedy« (ein Ex-Staffelberger wohl), der im Basement der besetzten Bockenheimer III für einige Zeit ein ambulantes Bordell mit Drogenkids betrieb, ohne daß es jemand bemerkte, mußte schließlich von einem hausinternen Rollkommando vor die Tür gesetzt werden. Das war nicht der einzige Fall, wo es zu milieuhaften Überschneidungen und handfesten Auseinandersetzungen mit der Drogenszene und organisierten Unterwelt kam. Kurzum, die Klagen der Behörden, daß rings um die Häuser »rechtsfreie Räume« entstanden seien, trafen ziemlich wörtlich zu. Anders betrachtet, waren die Bewohnerinnen und Bewohner der besetzten Häuser Gefangene der selbstgeschaffenen Situation.

Natürlich gab es auch das fröhlich autonome Leben in den besetzten Häusern, mit ständigen Feten und mit öffentlich inszenierten Beziehungsdramen, wie in einer beliebigen Jugendszene eben (obschon die ersten da auf die Dreißig zugingen). Zwar zeigten die Sponti-Hierarchen wenig Neigung, in den besetzten Häusern zu leben, schon weil es sich um eine Art bewohnter Kommunikationszentren handelte, in denen die Besucherscharen devastierend wirkten: verpißte Klos, überfüllte Aschenbecher, leergefressene Kühlschränke, vermüllte Treppenhäuser usw. Aber im Keller der »93« entstand eine Tanz- und Musikhölle, die »legendär« gewesen sein soll. Und hier und da machten welche selbst Musik oder Straßentheater. Es wurde studiert, aber auch gedichtet und philosophiert. Und unverändert gab es jede Menge Schulungszirkel und Arbeitsgruppen, die sich in langen Papers mit Positionen und Polemiken traktierten. Neben Flugblättern, Plakaten und Pamphleten wurden (etwa vom HÄUSERRAT) ernstzunehmende

Analysen zum Städtebau und zur Wohnraumsituation, zu miet-rechtlichen oder sozialpolitischen Fragen erstellt. Eine ganze Reihe Künstler-, Anwalts- oder Wissenschaftskarrieren hat hier ihren Anfang genommen.

Aber hätte es dafür dieser Militarisierung und rituellen Schlacht-szenen bedurft? Womöglich waren sie selbst beim Kampf gegen die Wohnraumzerstörung und Kaputtsanierung der Stadt eher kontraproduktiv. Sicher, die Sponti-Besetzer zogen gerade durch ihre Militanz eine Masse Leute in ihren Bann und bildeten ein jugendliches Rebellenlager gegenüber dem Magistrat. Und mit ihrem volkstümelnden Radikalismus in Frankfurter Mundart (»Je-der Stein, wo abgerisse, werd von uns zurückgeschmisse!«), ihren fast schon ans gesunde Volksempfinden appellierenden Knüttelver-sen (»Bubis, du Gangster, bald bist du weg vom Fenster«) und ihrem unverwüstlichen Humor (»Die Schweine von heute sind die Schinken von morgen«) genossen sie für kurze Augenblicke sogar eine echte Popularität »ganz unten«, in Läden und an Werkbänken, in Kneipen und an Wasserbüdchen.

Aber sie schufen zugleich um sich herum einen leeren Raum und zogen eine sektiererische Linie der Abgrenzung gegenüber allen, die nicht »dazu«gehörten. Mit politischen Demonstrationen und zivilem Widerstand, mit offenen Bürgerinitiativen und mobili-sierter Sachkompetenz hätte man jedenfalls genausoviel oder mehr erreichen können – und hat das ja auch unabhängig von der Sponti-Szene getan. Gerade die »rechtsfreien Räume« und die Kette ge-waltsamer, zeitweise bürgerkriegsförmiger Zusammenstöße gaben dem herausgeforderten Magistrat womöglich erst das wohlfeile Argument und den öffentlichen Rückhalt, die Häuser bei Nacht und Nebel zu räumen und abzureißen.

Das geschah allerdings mit einer Brutalität sondergleichen, die zur Eskalation gewaltig beitrug. Aber was vielen damals als schie-rer Dauerexzeß polizeilicher Gewalt oder als nacktes Faustrecht einer Spekulanten-Mafia erschien – und die Beispiele sind wirklich Legion und bestimmten zeitweise die Wahrnehmung einer demo-kratischen *Mehrheit* in der Stadt –, war tatsächlich doch eher wohl das Symptom einer verfehlten Politik der *Modernisierung*. Ihre Protagonisten waren (wie 1967 in Berlin) linke Sozialdemokraten, die sich angesichts des überbordenden Widerstands, auf den sie trafen, in eine maniakische Wut hineinsteigerten. Diese Wut resultierte aber gerade aus einer gewissen *Nähe* zu den Protestierenden und aus der Resonanz, die deren Proteste in der *eigenen* Partei fanden.

Kurzum, es handelte sich um eine Überreaktion (die sie heute großteils bereuen, und sehr zu Recht). Dämonische Unterdrückernaturen kann und konnte man aus einem Rudi Arndt oder Knut Müller – sobald die Situation des Nahkampfs einmal aufgehoben war – beim besten oder schlechtesten Willen nicht machen. Sowenig wie sich aus einem Ignatz Bubis die Figur des allmächtigen Großspekulanten und reichen Juden schnitzen läßt und ließ, der alle Fäden zieht und kein Gemeinwohl kennt.

Jenseits aller realen Konflikte hatte die Droge »Militanz« aber für die Szene selbst noch eine andere Funktion als die wahre, große Feier der Gemeinschaft. Matthias Beltz hat das mit gewohnter kabarettistischer Prägnanz in das Bekenntnis gefaßt: »Ich habe nie mehr Menschen zur gleichen Zeit geliebt als bei den Straßenschlachten im Frühjahr 1974.« Man darf das (fast) wörtlich nehmen. Erst der ständige Außendruck von Kampf und Verfolgung, dieses kunstvoll inszenierte *Tantra der Gewalt*, vermochte die richtige libidinöse Spannung und Schwüle im Innern der Bewegung zu erzeugen, jene Dualität von »Zärtlichkeit und Härte« (wie es später bei den Autonomen hieß), die in Wirklichkeit ja das eigentliche Betriebsgeheimnis *aller* revolutionär auftretenden Gruppen dieser Zeit war.

Aber während die ML-Organisationen sich in einem Kokon paranoider Konspirativität und antagonistischer Weltbilder einspannen, um in dieser schützenden Hülle ein ganz anständiges, libidinös sublimiertes und im Grunde selbstgenügsames Familienleben aufzuziehen – während die Metropolen-Guerilleros in ihrem, einsamen Untergrundquartieren sich bei der Vorbereitung ihrer blutigen Anschläge von einer ozeanischen »Zärtlichkeit der Völker« umspielt fühlten –, da wollten die Sponti-Kader die Dualität von »Liebe und Terror« (auch ein Szenespruch dieser Jahre) im Hier und Jetzt ausleben, sie narzißtisch bis zur Neige auskosten. Sie wollten eben ALLES.

Noch im Moment, als er der Militarisierung öffentlich abschwor (1977), schwelgte Joschka Fischer in Erinnerungen seiner Kampfzeit und mochte sich nicht vorstellen, künftig ganz ohne diese Droge auskommen zu müssen: »Und ich sag's hier laut: spontane Solidarität, ein echtes emotionales Aufeinandereinflippen, ein Verschwinden von dieser ganzen Terminkampagnenflugblattkonkurrenzichkanndichnichtleidenscheiße habe ich vor allem auf der Straße erlebt (und werd's erleben!), wenn's richtig schön gebollert hatte ...«[38]

Nur hatte gerade der exzessive Konsum dieses aphrodisiakischen Bölkstoffs »Militanz« sie ja zum Spielball ihres eigenen Aktionismus und Konkretismus gemacht, wild schwankend zwischen kläglicher Niederlage und überspannten Machtphantasien. Ob Häuserkampf oder Fahrpreiskämpfe, ob Putsch in Chile oder Hungerstreik der RAF – für den Erfolg und Mißerfolg ihrer Aktionen und Kampagnen gab es für sie keine anderen Kriterien mehr als die, ob sie »als Sieger vom Platz gingen« oder nicht. Ein Fußballerstandpunkt in politischen Dingen. Sie kannten nur Sieg oder Niederlage – oder bestenfalls ein Unentschieden, das keiner Mannschaft weiterhalf und daher sofort ausgebügelt werden mußte.

So landeten sie im bereits zitierten Katzenjammer der Jahre 1976/77. Daß sie mit ihrer ständig gesteigerten Straßenmilitanz »im wesentlichen eine ähnliche Erfahrung ... wie die Genossen der Stadtguerilla« durchlaufen hätten, wie Joschka Fischer 1977 in seinem AUTONOMIE-Beitrag formulierte, ist allerdings nicht *wirklich* wahr. Erschrockene Selbsterkenntnis mischt sich darin bereits wieder mit einem kräftigen Schuß melodramatischer Selbststilisierung. Man tritt den RK-Genossen nicht zu nahe, wenn man feststellt, daß sie den »Terror«, von dem sie im Tone einer *Spaßgerilja* (à la Teufels Fritz) oft und gerne sprachen, nur *simuliert* haben. Oder anders herum: Sie glaubten noch zu spielen, als es schon ziemlich ernst war.

Schon bei der koordinierten Werferattacke von 200 Vermummten mit Aberdutzenden von Mollies (im Stil einer Stalinorgel) auf das Spanische Generalkonsulat im September 1975, als der krepierende Caudillo Franco noch eine Reihe von ETA-Genossen mit ins Grab nehmen wollte, befanden sich die überrumpelten Polizeikräfte vor Ort am Rande der Hysterie und des Einsatzes von

Schußwaffen. Schon da war eine Grenze überschritten. Auch diese Aktion hätte der Punkt gewesen sein können, an dem aus »feurigen Grüßen« und anderer Gaudi plötzlich tödlicher Ernst geworden wäre. Aber alles ging (abgesehen von den üblichen leichten und schweren Blessuren) noch einmal glimpflich ab. Es bedurfte erst der entgleisenden Meinhof-Demonstration ein halbes Jahr später, bis die Sponti-Kader endgültig begriffen, daß jetzt Schluß gemacht und ein geordneter Rückmarsch angetreten werden mußte.

Fischers Römerbergpredigt war nur der erste, nicht der letzte Akt, mit dem der Kern des Frankfurter Altsponti-Kaders seinen Abschied von der Militanz als ein elegisch-ironisches Adieu von jugendlichen Größenvorstellungen zelebrierte – und sich gerade damit als dominierender Clan im größer gewordenen Dorf von neuem etablierte. Im Sommer 1976 wurde die (längst erfolgte) Auflösung des REVOLUTIONÄREN KAMPFES auf einer Dampferfahrt den Main abwärts nach Rüsselsheim begossen, wo auch Matthias Beltz als letzter »Innenkader« dabei war abzumustern – der auf dieser Fahrt, so wird erzählt, gleich auch in seiner neuen Berufsrolle als postrevolutionärer Sarkastro in »Karl Napp's Chaos Theater« debütierte. Draußen zogen die Kulissen ihrer heroischen Zeit vorbei – der Römer, die Farbwerke, der Opel. Es konnte ruhig erst einmal Deutscher Herbst werden. Sie würden bleiben.

Irgendwann um das Jahr 1973 herum muß es sich eingebürgert haben, den strengen Leitbegriff des »Spontaneismus« – der ja ein kategorisches politisches *Postulat* formulierte, nämlich die Weckung der revolutionären Spontaneität der Massen – durch die ironisch gebrochene Selbstbezeichnung »Sponti« zu ersetzen. Das hieß nun einfach, daß man linksradikal und revolutionär war, ohne spezifischere ideologische Festlegung. Wer nicht JUSO oder SB, DKP oder K-Gruppe war, der war eben irgendwie »Sponti«.

Diese Aufweichung des Begriffs fiel zusammen mit einem ersten Generationsbruch in der Szene. In Frankfurt vollzog er sich nicht nur zwischen REVOLUTIONÄREM KAMPF und HÄUSERRAT. Noch deutlicher war er an den Universitäten, wo »undogmatisch-linke« Gruppen oft aus dem Stand heraus relative Mehrheiten gewinnen konnten. In denselben Kontext gehörte die Sezession der Sponti-Frauen, die ihre eigenen Projekte machten, oder die Entstehung der Schwulengruppen.

Dieser erste Szenenwechsel ging mit den frühesten Gründungen von »Alternativbetrieben« einher, zuerst Druckereien, Buchläden, Kinderläden und Kneipen, dann Handwerksbetrieben (Kfz, Renovierungen, Tischlereien), Dienstleistungsunternehmen (Reisen, Umzüge, Entrümpelungen) oder Läden (Second-hand, Schmuck, Dritte Welt). Hinzu kamen die ab 1973 sich rasch ausbreitenden »Landkommunen«, die erst einmal eine Welt für sich waren. Bei ihrem Auszug registrierten sie verwundert »den erbitterten Widerstand gegen unsere Absichten und die massive Verurteilung in den politischen und Wohnzusammenhängen, in denen wir steckten«.[39]

Nur in Frankfurt und in einigen Universitätsorten (wie Heidelberg, Göttingen oder Freiburg) trat diese Sponti-Szene oder, wie man zunehmend sagte: Alternativbewegung, überhaupt als eine eigene politische Bewegung auf. Um so mehr waren diese Gruppen und Milieus durch ihren tiefen Grimm gegen die organisierte Linke, vor allem die »K-Gruppen« zusammengeschweißt, die angeblich das Erbe der (bereits legendenumwobenen) »antiautoritären Bewegung« gestohlen oder verschleudert hatten. Jenseits dieser Abgrenzungen waren diese Gruppen und Milieus freilich alles andere als homogen. Schon die lokalen Mentalitäten und regionalen Partikularismen verhinderten, daß es irgendeine Form politischer Koordination gab. Es war ein Stammeswesen im fast wörtlichen Sinne, und einige ideologisierten das auch folgerichtig zum Begriff des »Stadtindianers« oder, lokalspezifischer, zum Typus des Göttinger Mescalero oder Schwabinger Apachen.

Der positive Effekt war eine hohe Beweglichkeit: Wann immer die Buschtrommel rief und Rauchzeichen aufstiegen, versammelten sich die Sponti-Freischaren blitzschnell zu lokalen Plena oder Demos, um unter improvisierten Parolen in den Kampf zu ziehen. Man kam sich durchaus auch mal zu Hilfe, aber etwa so wie befreundete Fangruppen entlegener Vereine. Natürlich fuhr man zu allen Großkampftagen wie Brokdorf oder Gorleben, oder zu den regelmäßig abgehaltenen SB-Kongressen. Im großen und ganzen aber bewegte man sich im Radius des eigenen Kirchturms, eben weil man mit den Brüdern und Schwestern aller Länder und mit dem Geist der Weltrevolution spirituell korrespondierte.

Jeweilige Synthesen aus Lokalgeist und Weltgeist repräsentierten auch die diversen Leitorgane, wie die Autonomie (Frankfurt-München), das BUG-Info (Göttingen-Berlin), die Graswurzelrevolution (Göttingen-München) oder Carlo Sponti (Heidelberg) – um nur einige zu nennen, die neben die älteren Anarcho-Postillen (wie die Schwarzen Protokolle) traten. Jede dieser Sponti- und Alternativ-Zeitschriften wurde zum Ort des wildesten Denkens und ungeschütztesten Redens in einer chaotischen Pluralität von Stimmen, die kaum auf irgendeinen Nenner zu bringen waren, zumal sie sich nur selten aufeinander bezogen. Ein Paradiesgarten voller zwitschernder oder brüllender Gedanken. Die letzten Schreie der Gesellschaftstheorie (zunehmend französischer Provenienz) mischten sich mit den leidenschaftlichsten Seufzern der Selbstenthüllung.

Ende 1976 kam dann Cohn-Bendits PflasterStrand in Frankfurt hinzu, der bald schon den neuen Typus einer »Stadtzeitung« (mit Veranstaltungskalender und Annoncenteil) repräsentierte – ironischerweise, müßte man sagen, denn Danys Polemik gegen den »übertriebenen Föderalismus« und die drohende Entpolitisierung der Szene war noch kein Jahr alt. Freilich, der Pflaster-Strand wollte, glaubt man seiner Gründungserklärung, den *hat-trick* vollbringen: »Die Zeitung sollte also (das ist unsere Idealvorstellung) eine Darstellung und Auseinandersetzung eines Spektrums werden, das von dem Makrobioten bis zur Revolutionären Zelle reicht ... Vielleicht kann sich durch diese Vielfalt wieder so etwas wie Identität unter uns herstellen, eine Identität, die in letzter Zeit ziemlich angeknackst war.«[40]

Darum kreiste jetzt alles: um die *Identität*. Leben hieß Selbsterfahrung. Der PflasterStrand war der Pionier einer Haltung, wonach *alles* ausgesprochen oder erbrochen, trotzig bekannt und giftig angeprangert werden durfte, nein: sollte. Nieder mit der »Zensur der Träume«! Aaah, ich spüre den Päderasten, den Vergewaltiger, den Verbrecher in mir! Buuuh, du machistisches Schwein, du Wichser, du Krypto-Faschist! So wogte es an die zehn Jahre hin und her. Über all diesem kollektiven Beziehungsknatsch, genährt vom Triebstau der sexuellen Segregationen, konstituierte sich die

Szene immer von neuem – die Sloterdijksche *Erregungsgemein-schaft* im ursprünglichsten Sinne. Am Ende herrschte existentielle Ermüdung, gepaart mit der praktischen Vernunft oder dem vitalen Elan sich spät noch eröffnender grüner und anderer Karrieren.

In politischen Generationen gesprochen, war das eine zweifache Metamorphose. Einerseits löste sich der harte Kern des politischen Spontaneismus in das um ihn herum entstandene gegenkulturelle Milieu auf – wodurch das Bild der »Spontis« sich rückwirkend weichgezeichneter darstellt, als die meisten damals je hätten gezeichnet werden mögen. Gerade auf diese Weise blieb anderer-seits der Altsponti-Kader Herr des Verfahrens – schon weil es ande-re regelnde Prinzipien als das Senioritätsprinzip (plus medialer Pro-minenz) nach wie vor nicht gab. Nach dem Motto »Wir zeugen unsere Enkel selber« setzten sie sich selbst an die Spitze der neuen Bewegung und damit einer Gegenkultur, vor der sie gerade noch als »Getto« gewarnt hatten. Damit war der Übergang in jene »78er-Bewegung« vollzogen, die bereits einige selbstreflexive und plasti-sche Darstellungen gefunden hat.[*]

Durch diesen fließenden Übergang haben die revolutionären Sponti-Kader von einst sich, anders als die »K-Gruppen«, aller-dings auch jede tiefere Einsicht ihres politischen Scheiterns erspart. Da sie stets ALLES gewollt hatten, hatten sie ja nie etwas Bestimm-tes gewollt. In diesem Sinne *konnte* der Spontaneismus als politi-sche Bewegung gar nicht scheitern. Er mußte nur immer wieder seine Formel ändern. Die ungebrochene narzißtische Treue zu sich selbst, das luxuriöse Gefühl, sich durch große wie durch kleine Zei-ten hindurch »treu geblieben« zu sein, ist das trügerische Flair des politischen Erfolgs, das sie bis heute gern um sich verbreiten.

Richtig ist, daß die Sponti-Bewegung durch ihre Verwandlungen hindurch eine besonders geeignete Probebühne für Selbstdarsteller

---

(*) In dem von Matthias Horx, Albert Sellner und Cora Stephan herausgegebe-nen Sammelbändchen »Infrarot. Wider die Utopie des totalen Lebens« (1983) geht es bereits um die Sackgassen, in denen die Lebensexperimente der späten siebziger Jahre gelandet waren. Reinhard Mohrs »Zaungäste. Die Generation, die nach der Revolte kam« (1992) ist eine Genreskizze der 78er als der »ewig verspätete(n) Generation«.

jeder Art war. Daß aus ihr heraus eine Reihe politischer, kabarettistischer oder künstlerischer Karrieren begründet wurden, hatte mit ihrem (von Mathis Dienstag in einem frühen ironischen Essay konstatierten) »oralen« Charakter zu tun – was lustbetont, aber auch *mündlich* bedeutet.[*] Wo praktisch alle »analen« Politgruppen – von den JUSOS über SB und DKP bis Trotzkisten, »K-Gruppen« und selbst den richtigen Anarchisten – sich in durchgearbeiteten Texten und Druckschriften pflichtschwer materialisiert haben, da haben die Spontis sich ganz überwiegend in luftigen Reden, uferlosen Meetings und physischen Aktionen artikuliert. Waren jene eine schriftliche, so waren sie eine mündliche Kultur. In diesem Fluidum ließ sich alles Mögliche spielerisch erproben, von der linksradikalen Blasmusik über artistische Simulationen jeder Art bis zur säkularen Massenpredigt – eine Schule der modernen Mediengesellschaft.

Andererseits trug gerade die Unbestimmtheit und Bodenlosigkeit ihrer Ziele und Aktionen auch die Logik der Steigerung ihres Einsatzes an »Militanz« in sich. Ihr leerer, existentieller Radikalismus hatte sie näher als alle anderen linksradikalen Gruppen der siebziger Jahre an die Wegbiegung geführt, hinter der das Medusenantlitz des Terrorismus sie erwartete. Bevor sie hineinschauten und versteinerten, wandten sie sich in einer vitalen Reaktion ab – und neuen Ufern zu.

»Hauen wir gemeinsam ab . . . Wir wollen alles und wir wollen es jetzt!« Die Tausenden, die sich zum TUNIX-Kongreß in Berlin Januar 1978 versammelten, um am Ende der »bleiernen Zeit« ihre Traumschiffe bunt zu beflaggen und in einen ideellen Süden ihrer

---

(*) Mathis Dienstag (Eingeweihten zufolge Karl Markus Michel) hat in einem ironischen Essay von 1975 die politischen Stämme der Roten in »Dunkelrote« und »Hellrote« eingeteilt. *Beide* Hauptgruppen sah er als doktrinäre Manichäer, puritanische Kulturverächter und metropolitane Provinzler, die sich allerdings je nach Neigung und Temperament in zwei Hauptrichtungen teilten: »So sammeln sich heute die von ihrer Prägung her eher rigiden, asketischen, autoritären (oder kurz ›analen‹) Elemente in den (übrigens zerstrittenen) Organisationen der Dunkelroten (K-Gruppen, ML-Organisationen, Kaderparteien) . . ., während die anderen, die mehr lasziv, libertär und chaotisch (kurz ›oral‹) veranlagt sind, die lockeren Haufen der Hellroten bilden und sich gern *Spontis* nennen.« [Mathis Dienstag: Provinz aus dem Kopf. In: Wolfgang Kraushaar (Hrsg.): Autonomie oder Getto?, S. 155]

Lebensgefühle davonzusegeln, waren die jüngsten Brüder und Schwestern der »Spontis«, die dritte Generation. In Wirklichkeit handelte es sich um eine letzte Apotheose dessen, was Albert Sellner einen »Aufbruch zum totalen Leben« genannt hat[41] – der die Faktoren seiner Erschöpfung in sich selbst trug.

Tatsächlich siedelten alle diese romantischen Überspannungen schon viel näher an den Wassern der »Realpolitik«, als die Beteiligten wahrhaben wollten. In der eigentümlichen *Popularität* des Joschka Fischer verknüpft sich diese ganze, immer noch fortgeschriebene Sponti-Aventüre als »langer Lauf zu mir selbst« längst mit den Lebensgefühlen eines weiten, sogar *sehr* weiten Spektrums der Bundesbürger.

Schwarze Milch des Terrors
Der bewaffnete Kampf als deutsche Selbstbefreiung

> Wenn der Feind uns bekämpft, ist das gut und nicht
> schlecht ..., denn es ist ein Beweis, daß wir zwischen
> uns und dem Feind einen klaren Trennungsstrich gezo-
> gen haben. Wenn uns der Feind energisch entgegentritt
> und in den schwärzesten Farben malt und gar nichts bei
> uns gelten läßt, dann ist das noch besser; denn es zeugt
> davon, daß ... unsere Arbeit auch glänzende Erfolge
> gezeitigt hat.
>
> *Mao Tse-tung, 1939*[*]

»Ihr geht deshalb nicht in den Untergrund, weil ihr zu feige seid, diese Todesschwelle zu überschreiten. Denn im Untergrund könnt ihr nicht mehr so lavieren wie bisher, da müßt ihr kämpfen, auch ums Überleben, ohne Wenn und Aber und ohne die rettende Tür eurer Legalität.«[1] So lautete – nach dem Zeugnis von Hans-Joachim Klein – der Hauptvorwurf, den Kader der Bewegung 2. Juni (irgendwann 1975) ihren Rivalen von den Revolutionären Zellen machten, die die Taktik verfolgten, ihre legale Existenz so lange wie möglich als Tarnung zu wahren.

Das Zitat enthüllt jenseits aller taktischen Differenzen eines der zentralen Betriebsgeheimnisse der terroristischen Gruppen, die sich ab 1969/70 sukzessive formierten. Schon das Beispiel der frühen Palästinafahrer wie Kunzelmann hatte gezeigt: Am Beginn des bewaffneten Kampfes stand die leere, existentielle Tat des Übergangs in die Illegalität, in den »Untergrund«. Alle konkreteren Forderungen, Theorien und Strategien wurden nachgeliefert und dienten nur der Begründung und Legitimierung dessen, was man bereits im Begriff stand zu tun. Und hatte man diese magische »Todesschwelle«, diesen Jordan, einmal überschritten, befand man sich in einem völlig anderen System von Werten und Bezügen. Es

---

(*) Leitmotto der ersten RAF-Broschüre »Das Konzept Stadtguerilla«, 1971

war ein Akt der Transzendenz, in dem man radikal Kehraus machte und sich selbst revolutionierte, ein »neuer Mensch« wurde. Der Kampf als inneres Erlebnis war hier zur absoluten Lebensform geworden.

Schon der Initiationsakt des deutschen Terrorismus, die Frankfurter Kaufhausbrandstiftung im März 1968, hatte ganz im Zeichen dieses politischen Existentialismus gestanden. »Wir haben gelernt, daß Reden ohne Handeln Unrecht ist«, sagte Gudrun Ensslin schließlich am dritten Tag des Prozesses in einer kurzen, gewundenen Erklärung.[2] Es war also das schiere »Handeln«, das zählte, gleich wie unsinnig die Tat im Verhältnis zu ihrem angeblichen Anlaß – dem »Protest gegen die Gleichgültigkeit der Menschen« angesichts des Kriegs in Vietnam – auch sein mochte. Als ein Journalist sie noch einmal fragte, ob die Tat denn richtig gewesen sei, sagte sie: »Es war richtig, daß etwas getan wurde. Daß wir das Falsche gemacht haben …, müssen wir mit den Leute diskutieren, die so denken wie wir.«[3]

Gerade das völlig Zwecklose gab ihrer Tat erst die Aura einer reinen Gesinnungstat. Gudrun Ensslins Vater, der Pfarrer, sagte mit empathischer Hellsicht, seine Tochter habe in ihrem Auftritt vor Gericht »fast den Zustand einer euphorischen Selbstverwirklichung erlebt, einer ganz heiligen Selbstverwirklichung«.[4] Das war höchstens etwas zu fromm gedacht. Betrachtet man die Bilder der Angeklagten auf der Bank, wie sie im Blitzlichtgewitter Castro-Zigarren rauchen, das Rote Buch schwenken, sich küssen oder über die Bänke hechten, fühlt man sich wie in einem Film. Schon der Aufbruch zur »Tat« selbst hatte ja, wie beschrieben, Züge eines *road movie* getragen. Offensichtlich fühlten sie sich als Akteure und Stars eines selbstinszenierten Filmdramas, dessen Bühne und technische Ausrüstung die großen Medien lieferten und zu dessen Komparsen auch das Publikum drinnen und draußen gehörte, vor dem sie agierten.

Im deliranten Schlußwort, vorgetragen von Thorwald Proll, diente denn auch nicht mehr Vietnam, sondern der »Terror der bürgerlichen Ordnung« schlechthin als Begründung der Tat. Und der Herausgeber der Voltaire-Flugschrift zum Frankfurter Brandstifterprozeß, Bernward Vesper (formell noch Verlobter von Gudrun Ensslin und Vater ihres Kindes), trieb in seinem Nachwort die

Sache bereits einen Schritt weiter: Der Prozeß habe klargemacht, daß diese von Gewalt durchdrungene kapitalistische Gesellschaft als solche »in der moralischen Illegalität« stehe, während »jeder Widerstand gegen sie ... legal« sei. Die Schlußfolgerung aus dem Terrorurteil von drei Jahren Zuchthaus, das auf die Vernichtung der Angeklagten abziele, könne nur heißen: »Schafft zwei, drei, viele Kaufhausbrände.«[5]

Diese zirkuläre Rhetorik von Gewalt und Widerstand vereinte die Kerntruppen der Protestbewegung nach dem Dutschke-Attentat und den Osterunruhen mit einigen ihrer publizistischen, literarischen oder juristischen Anwälte und Exegeten. Zu letzteren zählte auch Ulrike Meinhof, die in Hamburger Society-Kreisen umworbene Kolumnistin von KONKRET, die im Zuge ihrer persönlichen Lebenskrise, der Trennung von Röhl, 1968 in die Berliner Szene übergewechselt war. Seither hatte sie sich in ihren Kolumnen darauf spezialisiert, ihre aus der illegalen KP-Zeit stammenden, älteren Vorstellungen von »Widerstand« mit den in der Protestbewegung gepflegten, aus der Dritten Welt entlehnten Vorstellungen einer »befreienden Gewalt« zu verknüpfen. In dieser Kombination lag die suggestive Wirkung ihrer Texte.

In ihrer KONKRET-Kolumne zum Frankfurter Prozeß schrieb sie: »(So) desparat es immer sein mag, ein Warenhaus anzuzünden, dies, daß die Brandstifter ... das Gesetz brechen, das die Logik der Akkumulation schützt, nicht aber die Menschen vor dieser Logik und ihren barbarischen Folgen, dieser Gesetzesbruch ist das progressive Moment in einer Warenhausbrandstiftung.«[6]

Nach ihrem Selbstmord in Stammheim 1976 hat ihr Freund und früher Unterstützer Peter Brückner in seinem Büchlein »Ulrike Marie Meinhof und die deutschen Verhältnisse« ihre Gedanken noch einmal zu rekonstruieren versucht. Ein zentrales Axiom darin war, daß »*Herrschaft* in Deutschland« sich durch alle Staatsformen hindurch »als *präventive* Konterrevolution« noch immer gleich geblieben sei[7] und sich »als *Selbstunterdrückung*« verfestigt habe. Daher sei es vielen Genossen des Jahres 1968 möglich und denkbar erschienen, »daß solche Verinnerlichung *im Kampf* sich lösen, die Bereitschaft zum Kampf aber ... durch *offene* Repression erzeugt werden würde«.[8] Diese »Provokations«-These – derzufolge man das System zwingen mußte, seine Maske der »repressiven Toleranz« fallenzulassen, um die nötige Kampfbereitschaft bei sich und den andern zu erzeugen – war in der Tat die zentrale *idée fixe*, die das politische Kernpersonal der 68er-Bewegung mit den terroristischen Gruppen verband.[*]

Brückner, der zu dieser fixen Idee selbst einiges beigetragen hat, mußte sich in seinem Buch allerdings fragen, wie der Weg von dort zur ausweglosen Selbstvernichtung seiner Heldin geführt hatte. Er studierte ihre letzten Gefängnistexte, worin die soziale Welt als ausweglos »verknastet«, jegliches Alltagsleben als unmöglich, die Entfremdung als total erscheint – ein wahrer »Amoklauf an Abstraktionen«, wie er feststellte, der in ihrem Satz kulminiert: »in der vollständigen durchdringung aller beziehungen im imperialismus durch den markt und im prozeß der verstaatlichung durch die repressiven und ideologischen staatsapparate gibt es aber keinen ort und keine zeit, wo du sagen könntest: von da geh ich aus.«[9] (**)

Dieses völlige Verschwinden von Zeit und Ort, und damit jeder empirischen Realität, erschreckte auch den Sympathisanten Brückner, wenn er ihre Gedanken konsequent weiterdachte: »Ohne Ort und Zeit: Da wird alles Bewegung … In ihrer Bewegung *allein*, in der Aktion, wird die Metropolen-Guerilla Teil des ›Weltproletariats‹ – … ja: Gehend konstituiert sie erst den Boden, auf dem sie geht.«[10]

In dieser totalen »Ortlosigkeit« und sozialen Bodenlosigkeit fand Peter Brückner (zu Recht) die Wurzeln der tiefen Affinität und exklusiven Beziehungen zwischen der deutschen Metropolen-

---

(*) So hatte das Berliner »Autorenkollektiv« (Dutschke, Enzensberger, Horlemann, Nirumand, M. Schneider, P. Schneider, G. Salvatore, E. Siepmann) in dem bereits zitierten anonymen Artikel über »Gewalt« im Juni 1968 geschrieben: »Erst wenn die manipulative Gewalt der Herrschenden sich in die offene Gewalt zurückverwandelt hat, kann die verinnerlichte Gewalt der Lohnabhängigen sich zur proletarischen Gewalt befreien.« [Vgl. KONKRET Nr. 6, 1968, S. 35]

(**) So, in kultischer *raf-kleinschreibung*, steht es in der Broschüre da. Aber eine faksimilierte Manuskriptseite aus Ulrike Meinhofs letzten Texten zeigt keine Spur dieser Marotte – sondern eine etwas altertümliche, schöne Handschrift mit normaler Groß- und Kleinschreibung.

Guerilla und den Palästinensern als einem »Volk im Zwischen-
land«, das sich im Kampf erst erschuf. Wie deren Kämpfer lebten
»auch die Genossen der RAF ... im ›Niemandsland‹« und sei ihnen »jeder Ort ununterscheidbar potentieller Kriegsschauplatz«.[11]
Und ohne jede Spur von Polemik, höchst bedeutungsvoll zitierte er
Nietzsche, der gesagt hatte: »Heroismus – das ist die Gesinnung
eines Menschen, welcher ein Ziel anstrebt, gegen das gerechnet er
gar nicht mehr in Betracht kommt. Heroismus ist der gute Wille
zum Selbstuntergang.«

Bis heute sind alle Scheinwerfer auf dieses Kapitel des deutschen
Terrorismus gerichtet, das sich mit dem Namen RAF verknüpfte.
Nicht zufällig – handelt es sich doch um eine der Schlüssel-
geschichten der Republik, worin das »Rote Jahrzehnt« insgesamt
kulminierte. Und längst sind die Toten von Stammheim Teil einer
bundesdeutschen Nationalmythologie geworden, die im nebligen
Begriff des »deutschen Herbstes« beziehungsreichen Ausdruck
gefunden hat.

So ist etwa Gerhard Richters Gemälde-Zyklus *18. Oktober 1977*
nach dem Urteil Jean-Christophe Ammans letztlich »ein Werk
über Deutschland selbst«, welches nach den Gesetzen der Tragödie
auf eine »Katharsis« der Betrachter abziele, also auf die Läuterung
der zuvor aufgewühlten und unbeherrschbaren Leidenschaften.
Andere haben gerade diese kathartische Wirkung allerdings bestritten. »Sie wird nur ›ex negativo‹ evoziert«, schrieb Hannes Böhrin-
ger. Die Bilder blieben stumm.[12] Richter wollte seinen Zyklus als
Memento gegen den deutschen Ideenfanatismus gleich welcher
politischen Konfession verstanden wissen. Seine ganze Empathie
gilt freilich den ideologisch (sich) »opfernden« (oder doch geopfer-
ten?) RAF-Gefangenen. Herausgekommen ist eine Bleikammer
des kollektiven Unbewußten, in der ungleich stärkere, historisch
kontaminierte Bedeutungen und Reminiszenzen wie in einem Sar-
kophag versiegelt liegen.

Nichts fehlt hier in der Tat zu einem modernen Mythos – mit
Zügen von antiker Tragödie oder germanischer Götterdämme-
rung. Selbst die Namen wirken wie theatralische Erfindungen:
»Stammheim« etwa könnte aus einem der Weihespiele Richard

Wagners entlehnt sein. Eine Geisterburg jedenfalls, in deren siebtem Stock, frei nach Theweleit, das »Töterfleisch der Eltern« nach Rettung durch das Opfer der Kinder schrie. Aber auch Ödipus Rex und Antigone sind nicht weit – und das Thema des kollektiven Vatermords, als welcher die Erschießung Hanns Martin Schleyers auch tatsächlich verstanden werden konnte.

Alle Akteure dieser deutschen Tragödie schienen wie unter einem blinden Zwang zu handeln, einem Fatum, das sie spürten, aber nicht entschlüsseln konnten. Stefan Wisniewski, einer der Entführer Schleyers, konnte am Ende eines langen Gesprächs zwanzig Jahre nach der Tat auf die Frage, warum sie ihr Opfer nicht einfach hatten laufen lassen, nachdem das ganze Unternehmen in Mogadischu und Stammheim doch bereits katastrophal gescheitert war, nur sagen: »Eine Freilassung ohne politische Gegenleistung wäre nicht als menschliche Geste verstanden worden, sondern als Eingeständnis der Niederlage ... In der Logik der Aktion war dann auch das bittere Ende konsequent. Aber für unsere menschlichen und politischen Ziele war es ein Desaster.«[13] So sehr hatte also die »Logik der Aktion« und ein Habitus der absoluten »Konsequenz« jedes irgend noch benennbare politische Ziel überlagert und dominiert. Es gab keinen anderen Ausweg als diese vollkommen leere, sinnlose, eben nur noch »konsequente« Mordtat. Daß sie die tiefste aller möglichen Niederlagen war, deutet Wisniewski nur an; er kann es nicht aussprechen.

Dazwischen – Touristen und Flugpersonal als Kriegsgeiseln in einer irgendwie Rommelschen Wüstenschlachtlandschaft, terrorisiert oder zu Tode gebracht im Namen anonymer, zufälliger Verstrickungen und schließlich befreit von einer Eliteeinheit im Otto-Skorzeny-Stil. In den Lagezentren daheim – das stumme Ringen zwischen den ehemaligen Leutnants der WEHRMACHT (Schmidt, Strauß, Wischnewski, Herold) und den Kommandeuren und Kommandeusen einer ROTE ARMEE FRAKTION. Und schließlich – der als Exekution fingierte Kollektivselbstmord im Bunker von Stammheim, der mehr oder weniger verschlüsselt angekündigt und dennoch nicht verhindert wurde. Daß alle diese Endkampf-Szenarien einen ganzen Bodensatz deutscher Erinnerungen aufwühlen mußten, konnte nicht ausbleiben.

Am Ende stand inmitten aller Hysterien und Schuldzuweisungen das Erschrecken vor den Konsequenzen des eigenen Handelns

364

auf allen Seiten. Über das Gros der »revolutionären Linken« legte
sich – genährt auch durch die Entwicklungen in China, Vietnam,
Kambodscha, Angola und weiten Teilen der Dritten Welt – ein
Mehltau von Enttäuschung und Ernüchterung, der in verschlungenen Formen Paradigmenwechsel produzierte, und bald dann auch
politische Formwechsel und Zielkorrekturen. Bis auf jene ver-
sprengte »dritte Generation« der RAF und der Revolutionären
Zellen, die weitermachte und deren geisterhafte Physiognomie
(bis heute) sich dem leeren Raum verdankt, in dem sie noch zwanzig weitere sinnlose Jahre lang agiert hat.

Dagegen hatte die ursprüngliche Ausstrahlung und Wirkung der
Gründergeneration der RAF gerade darin gelegen, daß sie Teil der
viel größeren generationellen Bewegung und Strömung blieb. Wie
die ML-Bewegung, lassen sich auch die RAF und die anderen
bewaffneten Gruppen der frühen siebziger Jahre aus der »68er«-
Geschichte nicht exkommunizieren.

Dabei geht die Geschichte des deutschen Terrorismus nicht
annähernd in der Geschichte der RAF auf. Der Gedanke und
die psychologische Disposition zur Aufnahme eines »bewaffneten
Kampfes« entstand mit dem Ende von Studentenbewegung und
APO an vielen Ecken zur gleichen Zeit. Jede dieser Gruppen
entwickelte ihre eigene Physiognomie und Sprache, ihren eigenen Stil und Habitus, ihre eigene Ideologie, Strategie und Taktik. Und natürlich bildeten sie auch eigene, mehr oder weniger
scharf abgegrenzte und miteinander rivalisierende Strukturen und
Milieus.

Schon der Kernkader der RAF ging nach längeren Verhandlungen im Winter 1969/70 aus einer Fusion *zweier* konkurrierender
Initiativgruppen hervor – einer um Baader/Ensslin und einer anderen um Horst Mahler. Ulrike Meinhof (mit ihrem »Bambule«-Zög-
ling Irene Goergens) hatte zu beiden Verbindung, stieß aber erst
mit der Gefangenenbefreiung Baaders im Mai 1970 endgültig
hinzu. Später im Gefängnis spitzten sich die internen Widersprüche erneut zu, und Mahler (der 1972 eine eigene Programmschrift
»Über den bewaffneten Kampf in Westeuropa« verfaßt und publiziert hatte[14]) wurde aus der RAF förmlich ausgeschlossen. Darauf-

hin trat er (wie Kunzelmann) der maoistischen KPD und ihrer
ROTEN HILFE bei, die ihn mächtig hofierten.

Der Kern der »zweiten Generation« der RAF, die sich vor und
nach der Verhaftung der Gründergruppe 1972 bildete, kam aus
einem vollkommen anderen Kontext: dem SOZIALISTISCHEN
PATIENTENKOLLEKTIV (SPK), das sich in Heidelberg und Mannheim Anfang 1970 unter der Führung des suspendierten Psychia-
trie-Assistenten Wolfgang Huber gebildet hatte. Innerhalb des als
militante Selbsthilfegruppe konzipierten SPK bildete sich bald ein
geheimer »innerer Kreis« von einem Dutzend Leuten, der sich auf
den bewaffneten Kampf vorbereitete und aus der etwa 300köpfi-
gen Gesamtmitgliedschaft weitere hinzurekrutierte. Nach längeren
Gesprächen mit Baader und Ensslin schloß sich 1971 ein Dutzend
SPK-Aktivisten der RAF an, deren »erste Generation« durch Verhaftungen und Desertionen bereits stark dezimiert war und im Jahr
darauf völlig aufgerieben wurde.[*]

Die RAF-Gründer hatten ursprünglich auch mit der Gruppe um
Kunzelmann verhandelt, die es jedoch vorzog, unter dem Titel
TUPAMAROS WESTBERLIN (TW) 1970/71 ihre eigenen Wege zu
gehen. Sie stand wiederum in loser Verbindung mit den aus der
»Haschrebellen«-Szene hervorgegangenen Gruppen um Georg
von Rauch, Tommy Weißbecker, Ralf Reinders und Bommi Bau-
mann, die sich rauchig-poetisch »DER BLUES« nannten. In dieser
diffusen Berliner Szenerie rings um die Zeitschriften LINKECK und
AGIT 883 tummelten sich noch eine Anzahl weiterer terroristischer
Ad-hoc-Gruppen, die mal als SCHWARZE RATTEN (beim
Anschlag gegen das jüdische Gemeindezentrum), mal als MILI-
TANTE PANTHER-TANTEN firmierten. Zeitweise kam eine ephemere FRAUEN-BEFREIUNGSFRONT um Angela Luther und Anne-
rose Reiche hinzu.

Schließlich ist eine Gruppe um Peter Paul Zahl, Werner Sauber
sowie Norbert und Gabriele Kröcher zu erwähnen, die 1972 von
Berlin ins Ruhrgebiet zogen, um dort eine ROTE RUHRARMEE aufzubauen. Dazu stießen andere wie der Arzt und Hamburger APO-
Aktivist Karl-Heinz Roth. In München hatten Fritz Teufel mit Rolf

---

(*) Das SPK, mit dem Dr. Huber eigene große Pläne gehabt hatte, existierte noch
eine Zeitlang als PATIENTENFRONT (PF) fort und zerfiel dann.

Heißler und anderen eine Gruppe der TUPAMAROS MÜNCHEN gebildet, bevor er wieder nach Berlin zurückstrebte und mit ins Ruhrgebiet zog, um dort eine »bewaffnete Betriebsarbeit« aufzunehmen.

Die ab 1972 unter diesem Namen auftretende BEWEGUNG 2. JUNI fungierte als (in-)formeller Sammel- und Bezugspunkt all dieser versprengten Gruppen und Personen, die nicht bereit waren, sich dem Führungsanspruch der scharf zentralistischen und marxistisch-leninistischen Kaderorganisation der RAF zu unterstellen. Zeitweise konnte die BEWEGUNG 2. JUNI, deren Schwerpunkt in Westberlin blieb, sich der zudrängenden Freiwilligen aus dem Milieu der überall aufschießenden ROTE-HILFE- oder SCHWARZE HILFE-Gruppen kaum erwehren – so zum Beispiel einer Gruppe von Jugendlichen aus Wolfsburg und Braunschweig, die sich um die sehr viel ältere Ilse Schwipper scharten und die durch ihren Fememord am »Verräter« Ulrich Schmücker 1974 offenbar die Anerkennung der Hauptgruppe erwerben wollten. Insgesamt bildete die BEWEGUNG 2. JUNI bis in die achtziger Jahre den zweiten Hauptflügel des bundesdeutschen Terrorismus.

Die Initiative zur Gründung der dritten größeren Strömung, der späteren REVOLUTIONÄREN ZELLEN (R.Z.), scheint – wie beschrieben – auf eine Frankfurter Gruppe um Winfried Böse und Hannes Weinrich zurückzugehen, die zu Beginn der siebziger Jahre Aktivisten des ROTEN GALLUS bzw. BLACK-PANTHER- und KOREA-KOMITEES waren. Offenkundig existierten früh schon Verbindungen zu palästinensischen Gruppen sowie zu Iljitsch Ramirez Sanchez (dem späteren »Carlos«), der damals noch als venezolanischer Student Mitglied diverser Pariser Solidarität-Komitees war.[15] Jedenfalls sollen Winfried Böse und seine Freundin Brigitte Kuhlmann bereits 1972 beim Münchener Olympia-Attentat des »Schwarzen September«logistische Hilfe geleistet haben.[*]

Weitere REVOLUTIONÄRE ZELLEN (die unter dieser Bezeichnung ab 1974 in Erscheinung traten) gab es in anderen Orten

---

(*) So hat es jedenfalls Hans-Joachim Klein unter Berufung auf Böse selbst in seinem SPIEGEL-Interview (Nr. 38/1978) behauptet. [wieder abgedruckt in: Klein, Rückkehr in die Menschlichkeit, S. 268]

des Rhein-Main-Gebiets, in Heidelberg und in Bochum. Eine dritter R.Z.-Nukleus bildete sich in dieser Zeit um den POLIT-LADEN in Erlangen und die dazugehörige Druckerei in Gaiganz, wo eine Masse linker Schriften und Zeitschriften gedruckt wurden.

Noch Jahre nach dem spektakulären Überfall auf die OPEC-Konferenz in Wien und der brutalen Flugzeugentführung nach Entebbe war den Strafverfolgungsbehörden nicht klar, daß die R.Z. längst kein lockerer Verbund lokaler Freizeitbomber waren, sondern eine Organisation mit festen informellen Strukturen und einer professionellen »internationalen Ebene«, die im wesentlichen als verlängerter Arm von »Carlos« und seinen arabischen Geld- und Auftraggebern fungierte.

Alle diese bewaffneten Gruppen und Strömungen waren zunächst nur ein Segment der linksrevolutionären Gesamtszenerie, mit der sie auf vielfältige Weise verwoben blieben. Ihre jeweilige Bildungsgeschichte und ihre Fraktionierungen entsprangen einem ganz ähnlichen Spiel lokaler Besonderheiten und individueller Zufälle wie im Falle der diversen K-Gruppen, Bünde und Parteien.

Die RAF war ihrer ganzen ideologischen Ausrichtung nach eine bewaffnete ML-Organisation, die sich von Anarchismus, Spontaneismus, Revisionismus und Reformismus als verschiedenen Spielarten des Opportunismus schärfstens abgrenzte. Die erste, als Extrablatt verbreitete Programmschrift von 1971 DAS KONZEPT STADTGUERILLA war, wie alle späteren Texte der Gruppe, mit Mao-, Lenin- und Marx-Zitaten nur so gespickt. Darin trat die Gruppe zum ersten Mal unter ihrem neuen Organisationsnamen ROTE ARMEE FRAKTION (RAF) und mit eigenem Emblem (Stern mit Kalaschnikow) auf. Soweit sie sich auf die Traditionen der Studentenbewegung positiv berief, dann wegen der »Straßenkämpfe, Brandstiftungen, Anwendung von Gegengewalt«, die diese schon praktiziert habe, aber auch, weil die Studentenbewegung »den Marxismus-Leninismus im Bewußtsein wenigstens der Intelligenz als ... politische Theorie rekonstruiert« habe.[16] Ansonsten war der Text in weiten Passagen eine explizite Auseinandersetzung mit den »›proletarischen Organisationen‹ der Neuen Linken«, denen im dicksten Zeitjargon entgegengehalten wurde: »Eine Führungsrolle der Marxisten-Leninisten in zukünftigen Klassenkämpfen wird es nicht geben, wenn die Avantgarde selbst nicht das Rote Banner des Proletarischen Internationalismus hochhält und ... die Frage nicht beantwortet, wie die Diktatur des Proletariats zu errichten sein wird« – nämlich durch eine gewaltsame Machteroberung. Das solle nicht heißen, »daß die Organisierung von bewaffneten Widerstandsgruppen legale proletarische Organisationen ersetzen könnte«, aber doch, »daß das eine die Voraussetzung für den Erfolg und Fortschritt des anderen ist«. Im übrigen lautete die vielzitierte Maxime der RAF: »Ob es richtig ist, den bewaffneten Widerstand jetzt zu organisieren, hängt davon ab, ob es möglich ist; ob es möglich ist, ist nur praktisch zu ermitteln.«[17]

Hier und dort ist in den Texten noch die literarisch-polemische Handschrift von Ulrike Meinhof zu spüren, die sich (mangels praktischer Fähigkeiten) als Publizistin der Gruppe betätigte. So wenn es zum Beispiel mit schneidender Pseudologik hieß: »Wer sich die illegale Organisation von bewaffnetem Widerstand nach dem Muster von Freikorps und Feme vorstellt, will selbst das Pogrom.«[18] Oder an anderer Stelle: »Stadtguerilla geht davon aus, daß es die preußische Marschordnung nicht geben wird, in der viele sogenannte Revolutionäre das Volk in den revolutionären Kampf führen möchten.«[19] Das saß. Aber vorne und hinten herrschte ganz der hölzerne Stil der ML-Parolen dieser Jahre – unbedingt in klotzigen Großbuchstaben: DIE KLASSENKÄMPFE ENTFALTEN! DAS PROLETARIAT ORGANISIEREN! DIE ROTE ARMEE AUFBAUEN![20]

Eine weitere RAF-Schrift, die ihrer blutigen Bombenkampagne vom Mai 1972 unmittelbar vorausging, hieß DEM VOLKE DIENEN und atmete denselben Geist von Hysterie und Triumphalismus, der auch die Propaganda der übrigen revolutionären Gruppen dieser Zeit prägte. Die Argumentation balancierte auf Messers Schneide: »Es ist nicht die Frage, ob wir die reaktionäre Militarisierung wollen oder nicht; es ist die Frage, ob wir die Verhältnisse, die sie (die Herrschenden) zur faschistischen Militarisierung zwingen, zur revolutionären Mobilisierung nutzen können.« Diejenigen, die der RAF vorwürfen, den offenen Faschismus zu provozieren, sähen eben »in der Hetze von ›Bild‹ nur die Hetze, nicht die Unzufriedenheit der ›Bild‹-Leser«, und »im Terror gegen uns nur den Terror, nicht die Angst vor der sozialen Explosivkraft der RAF, die sie ›im Keim‹ ersticken müssen«.[21] Auch dieser populistische Optimismus war klarer ML-Stil.

Im Mai 1972, zwei Jahre nach der Baaderbefreiung, war es endlich soweit. In einer Serie rasch aufeinanderfolgender Bombenanschläge wurden die beiden US-Hauptquartiere in Frankfurt und Heidelberg von devastierenden Anschlägen getroffen. Vier Soldaten werden getötet, dreizehn schwer verletzt. Dazu kamen Anschläge gegen Polizeistationen und gegen das Hamburger Springer-Haus, die weitere Verletzte forderten. Diese Bombenkampagne folgte weitgehend der *Generallinie* der RAF, wie Manfred Grashof sie später im Stammheimer Prozeß bekanntgab, »nämlich bewaffneter Kampf gegen den Hauptfeind, den Imperialismus, die US-Militärpräsenz in der Bundesrepublik und in Westberlin«.[22]

Die triumphierende Kommandoerklärung zum Heidelberger Anschlag schlug denn auch einen tief nationalen Ton an. Als primäre Rechtfertigung dienten die Bombardierungen Vietnams, die als eine neue »Endlösung« bezeichnet wurden, nur um fortzufahren: »Die Menschen in der Bundesrepublik unterstützen die Sicherheitskräfte bei der Fahndung nach den Bombenattentätern nicht, weil sie ... Auschwitz, Dresden und Hamburg nicht vergessen haben, weil sie wissen, daß gegen die Massenmörder von Vietnam Bombenanschläge gerechtfertigt sind.«[23] Somit waren die Bombenanschläge der RAF eine späte Antwort auf die alliierten Bombardements von Hamburg und Dresden im vergangenen Weltkrieg, die in eine Reihe mit Auschwitz und der »Endlösung« in Vietnam gestellt wurden. Und »die Menschen«, »das Volk«, die »BILD-Leser«, die »nicht vergessen haben«, würden das alles sehr genau verstehen und die Rächer der RAF decken ...

Die, die sich dem Führungsanspruch der RAF als bewaffneter ML-Gruppe nicht unterstellen wollten, wie »DER BLUES«, die TUPAMAROS und die BEWEGUNG 2. JUNI, waren, in den Kategorien der Zeit gesprochen, bewaffnete Spontaneisten. Wenn sie (sehr selten) über ihre sporadischen Flugblätter und Aktionseinschätzungen hinaus irgendwelche Papiere und »Positionen« produzierten, dann mit dem dazu passenden Ideologiemix von Linkskommunismus, Maoismus und Anarchismus.

Die eigentlichen Differenzen zwischen RAF und 2. JUNI dürften allerdings weniger im Ideologisch-Dogmatischen als im Lebensweltlichen gelegen haben, d.h. im Aktionsstil und nazißtischen Selbstbild. Gudrun Ensslin drückte bei sporadischen Verhandlungen über gemeinsame Aktionen ihre Verachtung für die Rivalen ganz im Baader-Stil aus: »Was macht ihr denn, ihr rennt durch die Wohnungen, fickt kleine Mädchen, raucht Haschisch. Das macht Spaß. Das darf es nicht. Dieser Job, den wir machen, ist ernsthaft. Es darf keinen Spaß machen.«[24]

Die Kronzeugen dieser Zitate sind freilich die Leute vom 2. JUNI selbst, die die Elitekader der RAF gerne benutzten, um ihr eigenes Image als frisch-fromm-fröhliche Rebellen zu polieren. Im wirklichen Leben waren die Unterschiede weniger bedeutend. Anfangs hatten die BLUES-Leute ihren »Volkskrieg« romantischerweise noch so verstanden, »daß jeder daran teilnehmen kann«.[25] Da liefen sie noch im Django-Look mit schwarzen Hüten, schwarzem Leder, schwarzen Stiefeln und roten Halstüchern durch die Szene. Später wollten oder mußten sie »Stadtguerilla im wahrsten Sinne des Wortes werden«. Da »fing es denn auch an mit kurzen Haaren und 'ner anderen Kleidung«. Und nicht nur das: »Wir mußten uns Knarren einstecken, illegale Wohnungen und Autos besorgen.« Als nächstes mußten Banken überfallen werden, um die kostspielige Illegalität zu finanzieren. Und solch ein »höher entwickelter Guerillapparat, der nimmt dich in Anspruch«, wie Bommi Baumann mit wachem Sinn für die Risiken bemerkte. Denn so »ein Pistolchen, hat 'ne Eigendynamik, so eine Waffe«. Man »verlagert seinen Mittelpunkt zur Waffe hin«, wird von ihr dominiert, statt sie zu beherrschen. »Eine Waffe kann dein ärgster Feind werden.«[26]

Eine erste Zäsur bildete im Dezember 1971 der Tod von Georg von Rauch, dem Kopf der Gruppe, nach einem Schußwechsel mit der Polizei. »Georg … war genau der Typ, der gesagt hat, klar wir schießen«, so Baumann. Schließlich hatten sie als Stadtguerilleros ja »die Knarre dabeigehabt, damit wir nicht mehr verhaftet werden«. Danach herrschte »nur noch rigides Weitermachen«. Der

Umgang wurde härter. Die »Gruppe (wird) immer geschlossener, je größer der Druck von außen ist, je mehr du zusammenhockst, je mehr Fehlschläge passieren«. Am Ende »wirst (du) wie der Apparat, den du bekämpfst, zum Schluß hat er dich eingeholt«.[27]

So das Lamento des frühen Aussteigers Bommi B., der sich freilich immer noch in seiner sentimentalen Western-Rolle gefiel – nur daß die Wirklichkeit ihn herb enttäuscht hatte. Großes Schlußbild: »Ich habe es gemacht, und es ist in Ordnung. Selbst die schlimmsten Erfahrungen waren richtig zu ihrer Zeit . . ., das war dein Weg, und den mußtest du gehen.«[28]

Während der eine ausstieg, stiegen andere ein – die »zweite Generation« der BEWEGUNG 2. JUNI. Sie waren es, die für einige Jahre das Bild der Gruppe als Hauptrivalen der RAF prägen sollten. Darunter war Till Meyer, der schon alle politischen Gruppierungen von der DKP über die KPD/ML bis zu den Trotzkisten und Anarchisten durchlaufen hatte, bevor er immer stärker begann, sich für den bewaffneten Kampf zu begeistern: anfangs mit Molotow-Cocktails, dann mit einfachen Rohrbomben, dann mit Pistolen. Mit ihm ging seine Freundin Gabriele Rollnik in den Untergrund, die von der Frauengruppe BROT UND ROSEN kam.

Angeblich ging es ihnen vor allem um internationale Solidarität: »Eine Welt, ein Feind, ein Kampf.« (Man assoziiert nicht zufällig: »Ein Volk, ein Reich, ein Führer«.) In der Praxis lief es meistens anders herum. Für jede Aktion wurden die nötigen Anlässe weltauf, weltab gesucht. Mal war es Vietnam, mal Angola, mal der Bericht des Club of Rome, und immer natürlich Palästina. Gottlob ging dieser Stoff niemals aus.

Daß Meyer nicht bei der RAF, sondern beim 2. JUNI landete, war Zufall. Er war auf der Suche, und hier fand er zuerst die Leute, die er brauchte. Sie organisierten sich in Zellen, die sie martialisch »Feuereinheit« nannten. Um eine »effiziente neue Organisationsstruktur« aufzubauen, entwickelten sie ein »Konzept der Kreise«: Der innere Kreis der Illegalen ergänzte sich aus einem zweiten Kreis noch legaler Genossen, die einen dritten Kreis von aktiven Unterstützern um sich sammelten, der sich auf einen vierten Kreis von Informanten und Sympathisanten stützte. Natürlich, sagt

Meyer, war das eine klare Hierarchie. Er selbst hätte sowieso eine effektive Kaderorganisation und einen »demokratischen Zentralismus« nach KP-Muster oder nach dem Vorbild der italienischen BRIGATE ROSSE vorgezogen.[29]

Fast alle Diskussionen in der Gruppe drehten sich um eventuelle Aktionen und ihre Logistik. Irgendwelche »authentischen Theorietexte der Bewegung 2. Juni« hat es, Meyer zufolge, nicht gegeben, geschweige etwas wie ein Programm. Ursprünglich sollte der »Schwerpunkt unserer politisch-militärischen Aktionen an der Basis, bei den Arbeitern« liegen. Leider fehlte »der richtige Ansatzpunkt«, um eine »Mobilisierung von unten« zu bewirken. So blieb der Bezug aufs Proletariat reine Rhetorik. Für so etwas wie Proleten hielten sie sich allerdings selbst.[30]

Noch in Meyers vom SPIEGEL gesponserten Erinnerungen zwanzig Jahre später »macht er sich fett« (um es im Stil Ulrike Meinhofs zu sagen) oder brüstet er sich mit seiner bedingungslosen Gewaltbereitschaft, die er nach Bedarf in eine rosa Sauce aus Liebe, Solidarität & Zärtlichkeit tunkt und roh verspeist. Phrasen pflastern seinen Weg: »Ich war bereit, für meine Ideale Leben und Freiheit in die Waagschale zu werfen. So weiterleben – gefressen, verdaut und ausgeschissen werden – war meine Perspektive nicht.«[31] Vielmehr wollte der abgebrochene Gymnasiast im Kostüm des proletarischen Revolutionärs eine ganz große Nummer werden. Selten springt einem der kalte Narzißmus so unverhohlen ins Gesicht wie in diesen Landser-Geschichten eines eingebildeten Welt-Revolutionärs.

So führten die 2.-JUNI-Kämpfer, wie er mit lässigem Stolz berichtet, bewußt »großkalibrige Pistolen mit …, um bei einem Einsatz den Gegner gleich so zu verletzen, daß er seinerseits nicht mehr auf uns schießen konnte«.[32] Recht tragisch-sentimentalisch erinnert er sich so mancher Situation, »in der ein einziger falscher Schritt über Leben und Tod entscheiden« konnte: »Für den Polizisten – aber auch für mich.«[33] Zuerst natürlich für den Polizisten.

Zwölf Banküberfälle mit 1,2 Millionen DM an Beute habe das BKA allein seiner Gruppe zugeschrieben, gibt Meyer geschmeichelt bekannt. Aufgebraucht wurden diese Gelder für die Logistik von Aktionen, die zunehmend megalomane Züge trugen. Meyer war vor allem von phantastischen Entführungsplänen obsediert.

Mal sollten es die alliierten Stadtkommandanten sein, mal ein Großkapitalist oder ein Starkolumnist, mal ein führender Politiker. In schwarzen Kladden wurde notiert, wer alles in Frage kam. Schließlich hatte Meyer die geniale Idee, *zuerst* ein perfekt getarntes »Volksgefängnis aufzubauen« – und *dann* erst zu überlegen, wen man eventuell kidnappen und hineinstecken könnte. Gesagt, getan. Nachdem alles vorbereitet war, fiel die Wahl auf den weitgehend unbewachten Berliner CDU-Vorsitzenden Lorenz. Tatsächlich gelang im März 1975 die Gefangennahme des Mannes und die spektakuläre Freipressung einiger inhaftierter Genoss/inn/en (Ina Siepmann, Gabriele Kröcher-Tiedemann, Verena Becker, Rolf Pohle, Rolf Heißler), die mit Pfarrer Albertz nach Südjemen ausgeflogen wurden. Ein Teil von ihnen, vielleicht alle traten danach in palästinensische Dienste und wirkten im Jahr darauf (Meyer zufolge) bei den blutigen Geiselnahmen der REVOLUTIONÄREN ZELLEN in Wien und in Entebbe mit.[*]

Für Meyer war das vor allem auch »ein persönlicher Triumph«. Er und seine Truppe, so träumte ihm, »hatten die mächtige Bundesrepublik in die Knie gezwungen«.[34] Natürlich konnte davon keine Rede sein. Erstens wurden sie in kürzester Zeit geschnappt, und zweitens bestimmte die Erfahrung der Lorenz-Entführung das unnachgiebige Verhalten der Regierung Schmidt zwei Jahre darauf bei der Schleyer-Entführung. Aber jedenfalls war die Lorenz-Entführung die einzige erfolgreiche Aktion *überhaupt*, die die bundesdeutschen Terror-Gruppen in ihrem ein Vierteljahrhundert dauernden Privatkrieg mit den »Herrschenden« vorzuweisen hatten. Wenn sie sich eine Zeitlang daran wärmen konnten, dann weil diese Aktion dem Unschuldsbild entsprach, das sie von sich selbst hatten.

Fritz Teufel, das Herzchen der Terrorszene, hat später in seinen Gefängnisnotizen bemerkt: »Die Lorenzentführung ... hat gezeigt, daß bewaffnete Aktionen im Idealfall ohne Blutvergießen

---

(*) Beim Überfall auf die OPEC-Konferenz in Wien war Gabriele Kröcher-Tiedemann jene »Nada«, die ein oder zwei der niedergeschossenen Wachleute auf dem Gewissen hatte. In Entebbe, schreibt Meyer, seien neben den umgekommenen R.Z.-Mitgliedern Böse und Kuhlmann »auch einige unserer befreiten Genossen dabei« gewesen – und »im letzten Augenblick noch entkommen«. [Meyer, Staatsfeind, S. 69]

möglich sind.« Sicher, im Idealfall immer. Nur daß auch diese Aktion, wie Teufel einräumt, hätte »ganz anders ausgehen können«.[35] Es hing am seidenen Faden von Zufällen und einer bestimmten politischen Konstellation, daß sie nicht wie alle übrigen als Horrortrip endete.(*) Meyer gratuliert sich noch nachträglich dazu, »daß wir um die letzte Konsequenz herumgekommen waren – bei einem Scheitern der Aktion Lorenz zu töten«.[36] Er, soviel gibt der Satz zu erkennen, hätte diese »Konsequenz« schon aufgebracht.

Wer waren die Terroristen? Aus dem politischen Kern der 68er-Bewegung stammten einige der RAF-Gründer wie Horst Mahler und Ulrike Meinhof. Die Mehrzahl kam – wie beschrieben – von den subkulturellen Rändern der Bewegung oder wurde aus der Rohmasse der unbestimmt in Bewegung Geratenen und »Anpolitisierten« rekrutiert.

Ein Prototyp in dieser Hinsicht war zum Beispiel Margrit Schiller. Von der Studentenbewegung hatte die Offizierstochter sich zwar vage angezogen gefühlt, aber Politik hatte sie nie interessiert. »(Ich) suchte zuallererst einen Weg für mich ... Jedenfalls nach irgendeinem Sinn für mein Leben ... Ausbrechen, anders leben, nicht mehr vereinzelt, sondern kollektiv.«[37] Da sie noch heute keine Worte hat für das, was sie antrieb, hatte sie damals erst recht keine. 1970 arbeitete sie als Psychologiestudentin in Heidelberg für die Drogen-Selbsthilfeorganisation »Release« und fand darüber Anschluß an das Sozialistische Patientenkollektiv.

Bereitwillig meldete sie sich für politisch-therapeutische Einzelgespräche, intern »Einzelagitation« genannt, beim SPK-Führer Dr. Huber. Der Tenor seiner Bearbeitungen war stets derselbe: daß Unglücksgefühle und Einsamkeiten kein »persönliches und unentrinnbares Schicksal waren«, sondern »soziale und politische Ursachen« hatten. Eine leere, endlos repetierte Formel, die nur besagte,

---

(*) Für den Fall der Entdeckung des Verstecks sahen die Planungen vor, daß »zwei von uns mit Lorenz als mitgeführter Geisel aus dem Versteck kommen«, wobei ihm »mit Klebestreifen der Lauf einer Schrotflinte an den Kopf geklebt werden« sollte, »während einer von uns den Finger am Abzug hielt«. Falls Bonn den Forderungen nicht nachgab, »wollten wir eine zweite Geisel holen«. [Ebenda, S. 330]

daß es für alle Gefühle von Unglück und Einsamkeit äußere Ursachen und *Schuldige* gab und daß es nicht lohnte, an sich selbst zu arbeiten, sondern zunächst »die Gesellschaft« verändert werden müsse. Der Hauptslogan der Gruppe hieß: »Aus der Krankheit eine Waffe machen!«[38]

Als Margrit Schiller eines Tages von einem Freund angesprochen wurde, ob sie bereit sei, »Leuten, die Schwierigkeiten mit der Polizei hätten«, ihren Paß zu überlassen, sagt sie bedenkenlos zu. Als man sie bat, ihre Wohnung zur Verfügung zu stellen, ebenfalls. Schon das versetzte sie in euphorische Höhenflüge: »Ich war dabei, mit den zentralen Normen und Werten meiner Erziehung zu brechen ... Ich spürte deutlich, daß jetzt etwas auf mich zukam, das mein Leben entscheidend bestimmen würde ... Ich begann, von meinem bisherigen Leben Abschied zu nehmen.«[39] In rührender Weise tritt hier die Grundmotivation blank ans Licht: nämlich im Feuer einer namenlosen Gefahr eine andere zu werden, eine Grenze zu überschreiten, die alte bürgerliche Existenz abzustreifen und wie in einem Autodafé zu verbrennen.[*]

In ihrer Wohnung trifft sie auf die Führungsspitze der RAF: Baader, Ensslin, Meinhof, Raspe. In der kurzen Instruktion, die sie bekommt, zeigt sich die anonyme Gruppe (die Probandin mußte so tun, als ob sie niemanden erkenne) als existentielles Kollektiv: »Wichtig ist, was einer tut, nicht wie er heißt und wo er herkommt. Wir kommen alle aus derselben Mülltonne ... Unser persönliches Leben ist mit der Entscheidung für den Kampf in der Illegalität zur Funktion für diesen Kampf geworden. Was vorher war, zählt nicht mehr.« Ein Sermon, dessen Wirkung unfehlbar war. Die Attraktion der Gruppe war die Gruppe selbst in ihrer stolzen Isolation und kämpferischen Abgeschlossenheit. »Sie schienen ein gemeinsames Feeling, eine Wellenlänge, fast einen gemeinsamen Kopf zu haben ... (Ihr) starkes Miteinander zog mich ungeheuer an.«[40]

Das Heidelberger SOZIALISTISCHE PATIENTENKOLLEKTIV ist in vieler Hinsicht prototypisch für die gesamte terroristische Nach-

---

(*) Monate später vollführte sie dieses Autodafé in aller symbolischen Übereindeutigkeit tatsächlich: »Gabi und ich verbrannten alle meine Fotos, Erinnerungsstücke und Briefe im Klo. Gabi war traurig, ich nicht. Ich wußte, wohin mich mein Weg nun führte« – in den Untergrund. [Margrit Schiller, Es war ein harter Kampf, S. 58]

rücker-Szene. Erst erklärte man sich zum Opfer der bestehenden Gesellschaft, dann zum Patienten einer kollektiven Selbsttherapie, indem man halb spielerisch, halb martialisch den Ernstfall herbei-insinuierte. So bildete das SPK therapeutische Arbeitskreise für »Funktechnik«, »Sprengtechnik« usw., begann sich klandestin zu bewaffnen, machte Schießübungen im Wald, demonstrierte unter der Parole: »Mahler, Meinhof, Baader, das sind unsere Kader!« Jede unweigerlich folgende Durchsuchungsaktion, jeder Zwischenfall steigerte das Gefühl der Bedrohung. Bald gab es erste Verfolgungs-jagden und Schießereien mit der Polizei, dann Verhaftungen. Am Ende blieb, wie Margrit Schiller schreibt, »nur noch die RAF«.[41]

Über die soziologische Zusammensetzung der terroristischen Gruppen findet man so wenig gesichertes Material wie (erstaunli-cherweise) über die der 68-Bewegung oder der Neuen Linken der 70er Jahre. Dem Klischee der »Bürgerkinder« entsprachen am ehe-sten wieder die RAF-Gründer, die ihre Konkurrenten durch ihren elitären Habitus abstießen oder anzogen. Allerdings gab Andreas Baader – Sohn eines bei Kriegsende umgekommenen Historikers, der im Kreise verwitweter Frauen aufgewachsen war, ein abge-brochener Gymnasiast und gescheiterter Künstler – den Part des ruppigen Halbproletariers mit kriminellen Erfahrungen. Das war gegenüber den Intellektuellen der Gruppe das Kernstück seiner informellen Machtposition, allerdings nur in der Verbindung mit der Doktorandin Gudrun Ensslin, die ihm überhaupt erst die Grundbegriffe des Politischen und einer marxistisch-leninistischen Denkweise beibrachte.

Der interne Resonanzboden, auf dem Baader spielen konnte, war ein intellektueller Selbsthaß, der in seiner reinsten, an Maso-chismus grenzenden Form bei Ulrike Meinhof zutage trat. Sie hatte die dominante Manier bewundert, mit der Baader und Enss-lin nach ihrer zeitweisen Haftentlassung 1969 in Frankfurt sich im gewaltgeladenen Milieu der entlaufenen Staffelberg-Zöglinge als Gangleader bewegten. Sie selbst arbeitete daraufhin eine Zeitlang in einer Berliner Stadtteilgruppe mit, die ebenfalls eine »Randgrup-penstrategie« verfolgte, und legte sich mit der jugendlichen Irene Goergens einen persönlichen Heimzögling als Hausmädchen zu.

Mit ihrem Fernsehfilm »Bambule« wollte sie Anfang 1970 ausloten, welches Potential von Gewalt und Gegengewalt in den Erziehungsheimen produziert würde.[42]

Aber zunehmend begann sie ihre ganze Intellektuellenexistenz in Frage zu stellen. Dem Fernsehredakteur Dieter Waldmann schrieb sie, ihr Film sei in Wirklichkeit »ein Scheißspiel« für die Heimmädchen: »Ändern wird sich nur etwas, wenn die Unterdrückten selbst handeln. Wer sie dabei unterstützen will, muß es praktisch tun ... Es kommt darauf an, selbst mitzumachen.« Zum Glück sei sie »noch nicht so korrupt, daß ich es nicht noch ticken konnte«.[43] Das war schon der neue Prollo-Jargon, den die angehenden RAF-Kader sich zulegten. Acht Wochen später sprang Ulrike Meinhof dem befreiten Andreas Baader aus dem Fenster hinterher in den Untergrund. Ob das so geplant war oder eher blanker Panik (nach den Schüssen) entsprang oder ob man es einen spontanen existentiellen Entschluß nennen muß, muß offenbleiben.[44]

In den zwei Jahren im Untergrund ließ Ulrike Meinhof sich von dem zehn Jahre jüngeren Baader immer wieder in seinem aggressiv-sexistischen Jargon als »liberale« oder »bürgerliche Fotze« abkanzeln, die praktisch »zu nichts taugt«. Als im palästinensischen Lager nach der Flucht diskutiert wurde, ob Peter Homann, der sich von der Gruppe absetzen wollte, nicht durch ein von Mahler präsidiertes »Volksgericht« als Verräter hingerichtet werden sollte, dürfte sich das indirekt auch gegen Ulrike Meinhof gerichtet haben, deren verflossener Liebhaber Homann immerhin war. In der Gestalt dieses Bohemiens und Künstlers hätte die Gruppe ihre eigene bourgeoise Abkunft kollektiv und symbolisch liquidiert. Die Palästinenser verhinderten das und scheuchten die ganze, ihnen lästig gewordene Truppe erst einmal davon.

Um so eifriger münzte Ulrike Meinhof ihre ätzenden Abrechnungen mit dem Milieu, aus dem sie mehrheitlich kamen, in ein moralisches Druckmittel um. In einem in der Wohnung Peter Brückners gefundenen Entwurf eines RAF-Pamphlets findet sich die bezeichnende Passage: »Die meisten intellektuellen Linken haben ihren Marx und Mao inzwischen auf den Kopf gestellt. Um ihr bißchen privilegiertes Sein nicht in Frage stellen zu müssen, ihren Trödelkram und buntbemalte Küchenmöbel, greifen sie – wie die Springer-Presse – nach psychoanalytischen Interpretationsmustern zur Erklärung revolutionärer Entschlossenheit...«[45] Die ersten RAF-Manifeste trugen alle diese flagellantischen Züge und richteten sich in Stil und Aussage fast ausschließlich an das solchermaßen gezüchtigte intellektuelle Sympathisantenmilieu, das die Hauptrekrutierungsbasis bildete.

Wo immer waschechte Proletarier mit ins Spiel kamen, erwiesen sie sich als prädestiniert für die Rolle der Aussteiger oder (in den Augen ihrer Genossen) der Verräter. Der Automechaniker Karl-Heinz Ruhland gehörte bei der frühen RAF ebenso dazu wie der abgebrochene Fernmeldemechaniker Gerhard Müller, später dann der Druckerlehrling Hans-Peter Konieczny oder der Ex-Staffelberger Peter-Jürgen Boock. Beim 2. JUNI war der erste Aussteiger und Auspacker vom Dienst Bommi Baumann, bei den REVOLUTIONÄREN ZELLEN Jahre später Hans-Joachim Klein. Natürlich war das keine eiserne Regel, aber doch eine deutliche Tendenz.

Der Grund war vielleicht gerade der, daß es ihnen an bürgerlichem Selbsthaß und intellektuellem Masochismus als Antriebsmittel fehlte. So war der Spannungsbogen zwischen autosuggestivem Größenwahn und praktischer Ernüchterung bei ihnen weniger tragfähig. Baumann brachte seine Abneigung gegen die revolutionären Zwangscharaktere ringsum, die immer weitermachten, auf die Formel »rigides Studententum«. Da er selbst mit Gewalt von Kindesbeinen an sowieso kein Problem hatte, bedurfte er auch keiner komplizierten Rationalisierungen. Entweder die Sache »brachte« ihm noch etwas oder sie war zwecklos. Dann ließ er's lieber. Hinter der Freak&Leder-Aura des proletarischen Aussteigers Bommi B. sind die spießerhaften Züge durchaus spürbar. Gerade sie retteten ihn. Der Rest war mediales Verwertungsinteresse.

Das auffälligste soziologische Merkmal der terroristischen Gruppen war sicherlich der hohe Anteil an Frauen, der noch sichtbarer war als bei den übrigen Gruppen der Neuen Linken und zum äußeren Appeal wie zum inneren Zusammenhalt entscheidend beitrug. Tatsächlich könnte man sich die RAF und ihre Konkurrenzgruppen als reinrassige Männerbünde in der Art der Freikorps oder rechtsterroristischen Geheimbünde der Weimarer Zeit auch nicht recht vorstellen. Wie Hans-Joachim Klein berichtet hat, nannten die REVOLUTIONÄREN ZELLEN sich intern »die Familie«. Das war der Jargon der Mafia. Nur gab es hier keinen Paten und Patriarchen. Diese »Familie« war anders konstruiert. Sie *bedurfte* der Frauen.

Das Urpaar des bundesdeutschen Terrorismus waren Andreas Baader und Gudrun Ensslin. Alle Beobachter stimmen darin überein, daß Andreas Baader allein keine solche Führungsrolle hätte spielen können. Viele sehen Gudrun Ensslin sogar als die eigentliche Inspiratorin der RAF. Aber ohne Baader wäre sie auch nicht die Kommandeuse geworden, die sie war. Beide funktionierten nur als Paar – was ein zentrales Element ihrer Machtposition gegenüber den anderen war. Möglicherweise gibt dies einen Blick frei auf die Chemie der Gruppen insgesamt, in denen die Elemente W + M eine zähe, neuartige Legierung eingingen.

Nicht, daß es sich um lauter Paare gehandelt hätte – ganz im Gegenteil. Feste Paare waren eher selten, gingen auseinander oder wurden im Zuge der Aktionen und Rochaden getrennt. Es gehörte gerade zur exklusiven Aura von Macht um Baader und Ensslin, daß sie ständig zusammenblieben. Es gab ein paar revolutionäre Romanzen (wie zwischen Meyer und Rollnik, die ihn 1976 aus dem Knast herausschoß), und es gab tragische Fälle von verzweifelter Liebe, wie zwischen Raspe und Petra Schelm, deren früher Tod im Schußwechsel ihn an den Rand der Verzweiflung (und desparater, blutrünstiger Rachegelüste gegen die Uniformierten) trieb. Sonst herrschte eine Mischung aus trüber Vereinsamung, flüchtigen Affären, utilitärem Gelegenheitssex oder dem, was man in der echten Roten Armee eine »Frontehe« genannt hatte – eine Liaison auf Zeit.

Zugleich entfiel jede besondere Solidarität der Frauen untereinander. Fast im Gegenteil: Die RAF-Frauen kritisierten und attackierten sich gegenseitig in einer wüst-sexistischen Sprache, deren Stil Baader geprägt hatte. Am schärfsten kam das in den späteren Haftkassibern zum Ausdruck, etwa wenn Gudrun Ensslin Ulrike Meinhof vorwarf, »die Prinzipien, also den Kampf, Deinen Fotzenbedürfnissen – dem Überleben – unterzuordnen«.[46] Meinhof dagegen bezichtigte sich in ihren masochistischen Selbstkritiken als »Nonne«, weil sie ihre sadistisch-religiöse Charakterstruktur als Schoßkind der herrschenden Klasse nie »restlos in mir abgetötet« habe.[47]

Tatsächlich lebten Ensslins Sadismus und Meinhofs Masochismus komplementär von der Verinnerlichung des Machismus Baaders, der es liebte, sie in ihrem von vielfacher Eifersucht geprägten Konflikt verbal auszupeitschen: »Ihr seid wirklich die Pest, die Zofen ...«, hetzte er etwa.[48] Die literarische Anspielung an die von Jean Genet besungene Gestalt des starken Verbrechers und seine erotisch-mystische Aura ist deutlich.[*] In dieser Vorstellung gefiel er sich. So wenn er z. B. per Kassiber dekretierte, die Forderungen der Gruppe zu den Haftbedingungen müßten so formuliert sein, daß »sich jeder Rocker oder auch jeder, der seine Alte abgejakst hat, darin findet«.[49] Der kalkulierte Schock solcher Formulierungen sollte sitzen wie ein Stich.

Hier in der Haft entwickelte sich ein regelrechter priapischer Personenkult um »Andreas«, dem vor allem (aber keineswegs ausschließlich) die weiblichen Mitglieder der Gruppe huldigten. Das war nicht einfach dem scharfriechenden Erotismus Baaders und seiner gewalttätigen Marlon-Brando-Aura geschuldet, deren Wirkung auf Frauen wie Männer er sich von jeher bewußt war, wenn er etwa Sätze streute wie: »Ficken und Schießen sind ein Ding.« Schon gar nicht war diese Devotion mit Unterwerfung oder Hörigkeit zu verwechseln. Es ging im übertragenen Sinn um den kultischen Wunsch der Frauen (aber auch einiger Männer), sich »ein Stück von ihm abzuschneiden« und zu inkorporieren. Sie wollten selbst so phallisch-stark und von allen Schuldgefühlen frei werden wie er.

Es sind (allein schon unter *diesem* Aspekt) schier unglaubliche Texte, die da über das »Info-System« getauscht wurden. Natürlich war Gudrun Ensslin diejenige, die Baaders Nimbus am fanatischsten pflegte und sich vollkommen mit ihm identifizierte. In ihrer ersten Liste von Kassiber-Namen für die inhaftierten Mitglieder der Kerngruppe hatte sie aus Melvilles »Moby Dick« für ihren Gefährten den Namen des Kapitäns »Ahab« gewählt, der sich in

---

(*) Jean Genets damals vielgespieltes Stück »Die Zofen« handelt von der »Schönheit des Verbrechens«, die dem von den beiden verliebten Zofen ins Gefängnis gebrachten Herrn des Hauses erst seine mystisch-erotische Aura und Ausstrahlung verleiht. Generell geht es um die bedingungslose Liebe der Frauen zur Figur des starken Verbrechers.

der Jagd auf den weißen Wal aufrieb – welcher auch als eine Metapher des Staats-Leviathans verstanden werden konnte.[*] Zur Begründung zitierte sie Melvilles Charakterisierung Ahabs, seiner Hauptfigur, dessen »eigensinnig grillenhaftes Wesen seinem dramatischen Charakter« entspreche; denn: »Alle tragische Größe beruht auf einem Bruch in der gesunden Natur, des kannst du gewiß sein ...« Baaders Zelle nannte sie die »Kajüte«. Und sich selbst nannte sie »Smutje«, was dienstfertig klang; aber: »An Bord ist der Koch ja eine Art Offizier.«[50]

Sehr bald waren diese literarischen Referenzen allerdings vergessen. Da war Ensslins Zelle das »*Sekretariat*«, und zusammen mit Baader bildete sie den »*Stab*« der RAF, dessen »*Befehlen*« (wie es stets explizit hieß) alle RAF-Mitglieder bis in den Tod zu gehorchen hatten – unter Strafe des Ausschlusses aus der Gruppe.

Indem sie Baaders »tragische Größe« erhöhte, erhöhte Gudrun Ensslin natürlich auch sich selbst: »an andreas, über das, was er ist, konnten wir uns bestimmen, weil er das alte (erpreßbar, korrupt usw.) nicht mehr war, sondern das neue: klar, stark, unversöhnlich, entschlossen ...« Man könnte auch sagen, daß Gudrun Ensslin *diesen* Andreas Baader überhaupt erst erfunden hatte: »Der Rivale, absolute Feind, Staatsfeind: das kollektive Bewußtsein, die Moral der Erniedrigten und Beleidigten, des Metropolenproletariats – das ist Andreas.«[51] Sie war seine Hohepriesterin und jedenfalls Entdeckerin: »mir jedenfalls ist vor a. (andreas) niemand begegnet, der das wirklich wollen *konnte*« – die absolute Selbstbefreiung im Kampf nämlich. Aber in dieser Fähigkeit, Schwäche in Stärke zu verwandeln, erscheinen plötzlich die Frauen bei ihr als die künftige Avantgarde und das eigentliche Rückgrat der Gruppe: »da liegt das stück, das tanten typen voraushaben, oder was dasselbe ist, worin sie a. (andreas), seiner methode zu denken ... immer näher waren oder kamen, als typen.«[52]

(*) Der erste Satz von Hobbes' klassischer Staatslehre »Leviathan« wird in Melvilles »Moby Dick« selbst zitiert: »Künstlich erschaffen ist jener gewaltige Leviathan, den man Gemeinwesen oder Staat (lateinisch civitas) nennt und der nichts anderes ist als ein künstlicher Mensch.« – Darauf hat Stefan Aust aufmerksam gemacht und gefragt, ob für die RAF der bewaffnete Kampf womöglich etwas war »wie die Jagd auf den weißen Wal, den Leviathan«. [Baader-Meinhof-Komplex, S. 277]

Es blieb Ulrike Meinhof vorbehalten, diesen Andreas-Kult in Höhen zu treiben, die bereits etwas von »Triumph des Willens« hatten. Darin erschien Baader als Weltrevolutionär schlechthin in der Nachfolge Che Guevaras. Schon bei ihrem Prozeß 1974 (wegen Teilnahme an der Baader-Befreiung) hatte Meinhof den Aufruf zum Hungerstreik weniger mit den Haftbedingungen der RAF-Gefangenen insgesamt begründet als damit, daß »die Schweine drauf (aus sind), ... Andreas zu ermorden«. Der bewaffnete Kampf habe aber nicht zufällig mit der Befreiung Baaders begonnen, weil er »alles, was die Guerilla ... erst ermöglicht, schon verkörperte: die Entschlossenheit, den Willen zu handeln, die Fähigkeit, sich selbst nur und ausschließlich über die Ziele zu bestimmen ...« Und wie das Volk sich in der Guerilla wiedererkenne, so die Guerilla in ihm: »Die Funktion von Führung in der Guerilla, die Funktion von Andreas in der RAF ist: Orientierung.«[53] Und »so ist andreas der guerilla, von dem che sagt, daß er die gruppe ist«.[54] Alle für einen, einer für alle. Ersetzt man »Gruppe« oder »Guerilla« durch »Partei«, befindet man sich voll und ganz in der Welt der kommunistischen Führerkulte.

Heinrich Böll hat 1977 Bernward Vespers Schlüsselroman »Die Reise« als Beleg dafür genommen, daß »wir alle, ob direkt schuldig oder nicht, ›Hitler's Children‹« seien[55] – was zugleich eine Referenz an Jillian Beckers im selben Jahr erschienenen, gleichnamigen Bericht über die RAF[56] enthielt. Die Schlüsselszene darin ist der Moment, als eine junge blonde Frau, in der »ein SDS-Führer« (wohl Tilmann Fichter) Gudrun Ensslin erkannt haben will, nach Bekanntwerden des Todes von Benno Ohnesorg am 2. Juni 1967 in einer nächtlichen Diskussion im Berliner SDS-Zentrum geschrien haben soll: »Sie werden uns alle umbringen – ihr wißt doch, mit was für Schweinen wir es zu tun haben – das ist die Generation von Auschwitz, mit der wir es zu tun haben – man kann mit Leuten, die Auschwitz gemacht haben, nicht diskutieren. Die haben Waffen, und wir haben keine. Wir müssen uns auch bewaffnen.«[57]

Ob sich da nicht jemand »allzugut« zu erinnern meinte – in einer anderen Version berichtet Fichter sogar, die hereinstürzende junge Frau sei ihm schon »damals wie ein Todesengel erschienen«[58] –, muß dahingestellt bleiben. Jedenfalls zeigt gerade dieses scheinbar so passende Beispiel, in welchem Grade sich die politische und gesellschaftliche Generationsauseinandersetzung von jedem persönlichen Eltern-Kinder-Konflikt ablösen konnte. Gudrun Ensslin stammte bekanntlich aus einem Elternhaus, das sich in der Tradition der »Bekennenden Kirche« sah und in bezug auf das Dritte Reich mit keiner größeren Hypothek belastet war. Entsprechendes gilt für beinahe die gesamte Kerngruppe der späteren RAF-Aktivisten. Ulrike Meinhof, Ziehtochter der späteren DFU-Vorsitzenden Renate Riemeck, wuchs in einem deutlich antifaschistisch gepolten Milieu auf. Auch Andreas Baader hatte seinem verstorbenen Vater oder seiner Mutter in puncto Naziverstrickungen wenig vorzuwerfen, ebensowenig anscheinend Jan-Carl Raspe. Andere wie Dieter Kunzelmann, Fritz Teufel oder Till Meyer haben ihren Müttern und Vätern – jedenfalls im nachhinein – sogar liebevolle, von keinen Vorwürfen getrübte Würdigungen zuteil werden lassen.

Die »Generation von Auschwitz« – das waren die anderen, und vor allem natürlich das »Establishment«, die »herrschende Klasse«. Gerade das Beispiel der Terroristen zeigt, in welchem Grade es sich um eine praktische Universalformel handelte, mit der abseits aller unmittelbaren Erfahrungen und persönlichen Konflikte die bestehende Gesellschaft im ganzen delegitimiert werden konnte. Hatte man sich in dieser Weise von jeder verbindlichen »Wir-Schicht« dissoziiert, dann war dem Spiel bewußter wie unbewußter Affekte und Feindschaften keine Grenze gesetzt.

Der Weg in die geschlossene Welt der terroristischen Gruppe sollte nach Gudrun Ensslins gut protestantischer Formel ein Akt »tiefster revolutionärer Freiwilligkeit« sein. Tatsächlich war auch bei ihr die politische Radikalisierung mit einer persönlichen Krise verknüpft. Als sie im Sommer 1967 Andreas Baader traf, war ihre langjährige innige Verbindung mit Bernward Vesper mit der Geburt des gemeinsamen Sohnes Felix zerbrochen. Aber auch Andreas Baader hatte aus der Liaison mit der Berliner Malerin Ellinor H. eine Tochter Suse und lebte mit ihr in einer Wohnung zusammen. Als er Gudrun Ensslin mit hineinnehmen wollte, warf seine Ex-Geliebte die beiden hochkant hinaus. Wenig später brachen sie zu ihrer Fahrt nach München und dann nach Frankfurt auf, um die Kaufhäuser anzuzünden. Gegenüber anderen sollen beide sich gebrüstet haben, sie hätten dieses Feuer »zur Feier ihrer Hochzeit« gelegt. Und Gudrun Ensslin sagte, sie habe es getan, »um mich freizumachen«.[59] Das bedeutete für beide auch die Trennung von ihren Kindern, mit der sie erst vollends ihren Entschluß besiegelten, sich mit Haut und Haaren in die Sphäre des entstehenden Untergrunds zu begeben, »sich freizumachen«.[*]

In ungleich dramatischerer Weise war Ulrike Meinhofs Entscheidung, sich dem bewaffneten Untergrund anzuschließen, Ausfluß einer existentiellen Lebenskrise gewesen. Bis 1967 war sie zusammen mit Klaus Rainer Röhl ein integrierender Teil jener hanseatischen »Partyrepubliken« gewesen, in denen sich »das den Luxus seiner Abweichung genießende und pflegende ›Establishment‹ etwas links vom ESTABLISHMENT« sympathetisch zusammenfand. In »diesem schillernden Quasi also bewegte sie sich sehr lokker und sehr bestimmt«, so Peter Rühmkorf, »und nichts deutete darauf hin, daß ihr dies Zwielicht unangenehm war«. Auf Ulrikes Betreiben hatten die Röhls sich gerade erst auf Pump eine alte Jugendstilvilla im Nobelvorort Blankenese gekauft, mit großem Garten, nicht zuletzt der beiden Zwillingstöchter Bettina und Regine wegen.

Sicher haben die vielfältigen Kontakte mit Dutschke, Nirumand oder Feltrinelli im Jahr des Aufruhrs 1967 eine Rolle bei der neuerlichen Radikalisierung Ulrike Meinhofs gespielt. Dennoch blieb sie, die bereits Mitglied der illegalen KPD (gewesen) war, nur

---

(*) Erst 1976 wird der 9jährige Felix, der bei Pflegeeltern aufwächst, durch die Kinder seines Dorfes darauf gestoßen, daß er der Sohn der inhaftierten Gudrun Ensslin ist. »Es war im ganzen Dorf bekannt, nur mir nicht.« Er begann, sich mit seiner Geschichte zu beschäftigen und nach den Toden in Stammheim auch zu identifizieren. Gudrun Ensslin im Gefängnis zu treffen war bereits nicht mehr möglich. So hat es Felix in einem Interview mit Astrid Proll berichtet. [»Unsere ganze Generation ist Kind der RAF«. In: die tageszeitung, 7. September 1993] – Gudrun Ensslin hatte von sich aus nie versucht, ihren Sohn noch einmal zu sehen. Dagegen ist Andreas Baader in Stammheim einmal von seiner damals 12jährigen Tochter besucht worden. »Es war schrecklich, völlige Fremdheit«, wie sich Baaders Mutter nachher erinnerte. [Hauser, Baader und Ensslin, S. 144]

eine sympathisierende Begleiterin der aufbrechenden Studentenbewegung – bis ihr Mann sich im Frühjahr 1968 bei einer Haus-
party unter ihren Augen in eine andere Frau verliebte. Am nächsten Morgen verließ sie das Haus, um mit den Kindern nach Berlin
zu ziehen. Dieser Bruch, den sie als *Verrat* empfand, verfestigte,
wie Peter Rühmkorf schrieb, ihre »Vorstellung von Ehe als Privat-
unternehmen mit dem Mann als Unternehmer«.[60] Und während
sie bis dahin nie Einspruch gegen die Finanzierung von KONKRET
über die Nacktbilder im Blatt erhoben hatte, erschien ihr nun der
Herausgeber und Ex-Ehemann plötzlich als kapitalistischer Porno-
krat.

Ungeachtet ihrer immer radikaleren Positionsnahmen blieb sie
eine wohlsituierte und weithin hofierte Journalistin – die gleichwohl immer düsterer, einsamer und verzweifelter wirkte. Ihr exemplarischer Versuch im Mai 1969, nach der endgültigen Aufkündi-
gung ihrer Mitarbeit als KONKRET-Kolumnistin, das Blatt – das sie
jetzt abwechselnd als »konterrevolutionär« und »Wichsvorlage«
schmähte – durch einen internen Putsch und gleichzeitige Besetzung zu enteignen, d. h. ihrem Schwein von Ex-Mann zu ent-
reißen und in ein militantes Bewegungsorgan (und natürlich auch
in ihr persönliches Einflußorgan) umzuwandeln, scheiterte. Aus
dieser Frustration heraus kam es zur denkwürdigen Szene des
Sturms auf das gemeinsame Haus in Blankenese, das vandalisiert
wurde. Und es war offenbar Bernward Vesper, der Ex-Verlobte
Gudrun Ensslins, der in einem archaischen Akt von krasser Symbolik in das einstige Ehebett der Röhls urinierte, um es rituell
zu schänden.[61]

Ein Jahr darauf dann – der Sprung in den Untergrund, der auch
für Ulrike Meinhof die jähe, radikale Trennung von den Kindern
bedeutete. Sie hatte für diesen Fall nur provisorisch vorgesorgt,
eigentlich gar nicht, und litt unter rasenden Schuldgefühlen. Aber
auf keinen Fall sollte der Vater die Kinder bekommen. So wurden
die beiden Mädchen zunächst von Helfern nach Süditalien verbracht, um sie dort zu verstecken. Schließlich wurde in den Gruppendiskussionen im jordanischen Lager der Gedanke geboren
(Aust schreibt ihn Gudrun Ensslin zu), die Röhlschen Zwillinge in
ein palästinensisches Kinderheim zu stecken, wo sie ihre Herkunft
vergessen und als namenlose Bürgerkriegswaisen aufwachsen soll-

ten. Das jedenfalls war die Bedingung der PFLP-Kader, die nur zögernd zustimmten. Daß dieser Plan am Ende nicht aufging und die Kinder zu ihrem Vater zurückkehren konnten, war nur den Skrupeln eines Eingeweihten und einer Verkettung glücklicher Umstände zu verdanken.

So ist die Geschichte des deutschen Terrorismus nicht zuletzt eine Geschichte verlassener, man kann auch sagen: *verratener* Kinder – und das nicht nur beim Kernkader der RAF. Von Kunzelmann und seiner Tochter war bereits die Rede. Ina Siepmann ließ, als sie abtauchte, ein Kind bei ihren Eltern. Till Meyer brachte den bei ihm aufgewachsenen, weinenden Sohn unter einem Vorwand zu seiner Ex-Frau zurück, als er in den Untergrund ging; er sah ihn erst als jungen Erwachsenen wieder.

Derart rigorose Akte der Lossagung waren aus praktischen Zwängen des bewaffneten Kampfes allein nicht zu erklären. Revolutionäre Maquisards aller Länder und Zeiten haben aus ihren (noch so riskanten) Verbindungen zu Kindern, Frauen, Eltern und Geschwistern stets einen Teil ihrer inneren Widerstandskraft bezogen. Hier waren umgekehrt die Trennungen Teil einer Strategie existentieller *Selbstentbindung*, in der jede familiäre Verpflichtung als bürgerlich und »reaktionär« erschien, als ein Residuum archaischer Blutsbande, aus denen sich lösen mußte, wer zum reinen revolutionären Subjekt werden wollte. Die neue »Familie« war die bewaffnete Gruppe, in die man sich mit Haut und Haaren hineinbegab.

»Angst ist reaktionär«, notierte Ulrike Meinhof einmal in ihren Haftkassibern.[62] Auch die Angst um die eigenen Kinder oder Angehörigen war dann reaktionär, ebenso wie jede erneuerte, allzu tiefe Bindung an sie. In der ersten Gefängniszeit hatten die Meinhof-Zwillinge ihre Mutter noch einige Male besuchen können, und es hatte sich eine neue, intensive, überströmende Beziehung zwischen Mutter und Kindern entwickelt. Herzzerreißende Briefe und Geschenke wurden getauscht. Dann (Ende 1973) antwortete die Gefangene auf die Weihnachtsgrüße der Kinder plötzlich nicht mehr. Der Kontakt riß für immer ab, ohne Vorwarnung, ohne Erklärung. Das war zweieinhalb Jahre vor ihrem Selbstmord.

Ulrike Meinhof stand zu dieser Zeit in der Gruppe bereits unter schwerem Beschuß und am Kreuzweg. »du machst den bullen die tür auf – das messer im rücken der RAF bist du«, kassiberte ihr Gudrun Ensslin von Zelle zu Zelle. Andreas Baader schrieb über sie (an Ensslin): »und was da ringt, ist natürlich das schwein ...; es ist in jedem schritt, jedem versuch von ulrike drin, und verrat ist dafür nur ein wort.« Ihr selbst schrieb er mit der ihm eigenen, vielbewunderten brutalen Direktheit: »also haß – mach dir doch nichts vor: du haßt uns ... das problem ist, daß du/ihr als die fürchterlich desorientierten schweine, die ihr seid, inzwischen eine belastung geworden seid ... ihr seid es, die uns fertigmachen – was die justiz nie könnte ... wie es jetzt ist, hab ich dir nichts mitzuteilen. also halt die fresse, bis du was verändert hast, oder geh endlich zum teufel ...«[63]

Diese Zellen-Kassiber haben in den Darstellungen von Aust und anderen völlig das Bild von den Gefangenen bestimmt – während die eigentlichen, an ein unsichtbares Auditorium »draußen« gerichteten theoretisch-programmatischen Selbsterklärungen der RAF heute fast nur noch in jenem Underground aus Archivalien, Devotionalien und Selbstgesprächen zu finden sind, dessen Hauptort (wie im Falle der Neonazi-Szene) das Internet geworden ist. Diese weit ausholenden, in den leeren Raum gesprochenen Manifeste der Gefangenen erinnern (weniger ihrer politischen »Linie« als der Argumentationsweise nach) auf beklemmende Weise an unsere alten, für Außenstehende damals schon völlig unverständlichen KBW-Resolutionen.*

Und tatsächlich, ich kann dieses Sanskrit noch entziffern und die ferne revolutionäre Botschaft rekonstruieren – zum Beispiel jene 200 Seiten (!) lange »Erklärung zur Sache«, die Baader, Ensslin, Meinhof und Raspe im Januar 1976 im Stammheimer Prozeß

(*) Es ist insofern vielleicht kein Zufall, daß gerade einige meiner Ex-Genossen und Genossinnen diese Haupttexte der RAF vor Jahren noch einmal gesammelt und neu ediert haben, um die Diskussion über dies Kapitel der bundesdeutschen Geschichte (wie sie auf ihre typische Weise schreiben) »zu verwissenschaftlichen«. [Vgl. Bundesrepublik Deutschland (BRD) – Rote Armee Fraktion (RAF), GNN-Verlag, Schkeuditz 1987]

vorgetragen haben.[64] In diesem letzten Propagandatext der RAF-Gründer bilden die Geschichte und die Gegenwart, die Weltlage und die kämpfenden Völker, das Wissen der Klassiker und die Strategie der Gruppe einen einzigen Kontext von derart zwingender innerer Logik und Geschlossenheit, daß andere Schlußfolgerungen als die Fortführung des einmal begonnenen Kampfes mit allen, auch den letzten Mitteln sich von selbst verbieten. »Die Metropolen des Weltsystems sind von der Avantgarde des Weltproletariats, dem Krieg der Dritten Welt, eingekreist«[65], heißt es. Und die Metropolenländer reagierten darauf durch ihren immer festeren Zusammenschluß unter Führung des US-Imperialismus, der sie durch Kapitalexporte ökonomisch integriere und vermittels der NATO politisch unterwerfe. Die mit Milliarden Dollars aufgepäppelte, zur zweiten Macht der NATO und Speerspitze gegen die Sowjetunion aufgerüstete Bundesrepublik Deutschland sei unter der willigen Mitarbeit zahlloser Ex-Nazis praktisch zu einer Halbkolonie des US-Imperialismus geworden. Daher spielten sich auch die Klassenkämpfe in der BRD längst nicht mehr in einem fiktiven »nationalen Rahmen« ab, sondern seien längst schon »Klassenkämpfe zwischen dem Proletariat hier und dem US-Imperialismus« geworden, und damit unmittelbar »Ausdruck des globalen Widerspruchs des internationalisierten Kapitals«.[66]

Hier mischt sich in den globalen Avantgardismus und universellen Internationalismus der RAF-Texte allerdings ein Ton, der aufhorchen läßt. So wenn es etwa heißt, die »Kolonisierung« Westdeutschlands durch die US-Besatzer nach dem Krieg habe sich nicht anders abgespielt als »gegenüber der autochtonen Bevölkerung eines besetzten Landes in der Dritten Welt«. Die Einführung einer bürgerlichen Demokratie und politische Reeducation durch die alliierten Besatzer habe auf der »rassistischen Behauptung einer ›spezifischen Charakterstruktur des deutschen Volkes‹« aufgebaut, das von Natur aus »antidemokratisch« sei. Das sei nichts anderes gewesen als der »Versuch der Besetzungsmacht, die Identität des unterworfenen Volks zu vernichten, das Bewußtsein seiner historischen Existenz auszulöschen«.[67]

Das klingt nun beinahe wie ein Text der Neuen Rechten. Ist hier also der »nationale Subtext« der Revolte einmal mit Händen zu greifen? War dieser prononcierte Antiamerikanismus das Vehikel, mit dem ein neuer deutscher Linksnationalismus transportiert wurde, vielleicht ja tatsächlich im Sinne der von Bernd Rabehl konstatierten »nationalrevolutionären« Impulse der bundesdeutschen Protestbewegung? Und es war doch bezeichnend, wenn der führende italienische Rotbrigadist und Moro-Entführer Valerio Morucci in einem Interview über die Differenzen beider Organisationen sagte: »Die RAF... interessierte sich immer nur für eine internationale Thematik..., daher heißt ihr Hauptfeind Amerika. Ein deutsch-nationalistisches Gefühl spielte da mit.«[68]

Die Sache ist nicht von der Hand zu weisen. Und trotzdem greifen alle derartigen Qualifizierungen zu kurz, sind bei weitem zu *konventionell.* Denn im Feindbild eines globalen Gesamtimperialismus, wie es in den RAF-Texten entfaltet wurde, waren alle Vorwürfe einer ehernen Kontinuität des »Faschismus« in Deutschland, alle Verdächtigungen gegen »alte Nazis« in Schlüsselpositionen und alle Verurteilungen der »Generation von Auschwitz« unverändert mit eingeschmolzen. Und sie lieferten die theoretisch-phantasmagorischen Kulissen zu einem Weltdrama, in dessen Zentrum sie selbst standen, die Vorkämpfer einer global operierenden Roten Armee. Heroische Identifikation und authentisches Mitleiden mit den »Verdammten dieser Erde« vermischten sich darin ununterscheidbar mit narzißtischer Anmaßung und aggressiver Enthemmung. Man kann das eine vom anderen nicht trennen.

Jedenfalls: Aus der RAF eine Art deutsche ETA oder IRA zu machen, würde den ganzen, eigentümlichen Größenwahn verkennen, der sie umhüllte, und ihren globalen Avantgardismus, der nur an Gegnern allergrößten Formats Maß nahm. Wenn sie *»Hitler's Children«* waren, dann gerade in diesem (nur allzu deutschen) Sinne. Indem sie einer Welt von Feinden den totalen Krieg erklärten, wollten sie etwas »wiedergutmachen« – und unterlagen tatsächlich einem blinden Wiederholungszwang, bis hin zu ihrem kollektiven Selbstmord im Bunker, der (furchtbar, es auszusprechen) Züge von *Mimikry* trug. Der »deutsche Herbst« 1977 war offenkundig eine ferne Replik auf die nebligen Untergänge des April 1945.

Diese psychischen Dispositionen sind sicherlich nur aus einem mit mörderischen Phantasien geladenen Konflikt *zweier* Generationen heraus zu verstehen. Keine Frage, daß die zur überdimensionalen Bedrohung des Staates aufgeblasene »Baader-Meinhof-Bande«, die sich wie zum Hohne auch noch ROTE ARMEE FRAKTION nannte, an trübste Tiefenschichten in der Kriegsgeneration rührte und daß sich an den steckbrieflich Gesuchten Vernichtungswünsche konkretisierten, die der radikalen Jugendbewegung insgesamt galten. Die Gesichter der erschossenen oder gefaßten Terroristen wurden lustvoll durchgestrichen, besonders die der Frauen. Es herrschte zeit- und streckenweise ein fröhliches Jagen, angeheizt durch eine Atmosphäre des universellen Verdachts gegen die überall vermuteten Sympathisanten. Türen wurden brachial eingetreten, Wohnungen (vor allem von WGs) amtlich vandalisiert, Personen in einer Weise mit der Waffe bedroht und körperlich mißhandelt, die mit den Zwecken einer »Durchsuchung« und »Sicherstellung« kaum noch etwas zu tun hatten.

Hinzu kam die Hetze in den Organen der Boulevard-Presse, die durchaus (wie 1967/68 schon einmal) Assoziationen an Pogromszenen aufkommen ließen. Gebrannte Kriegskinder wie Heinrich Böll haben das damals mit tiefer, von traumatischen Erinnerungen erfüllter Unruhe registriert. Den Stoff seines Romanpamphlets »Die verlorene Ehre der Katharina Blum« mußte Böll nicht erst suchen; er lag in der Luft. Der Nobelpreisträger stand kurz davor, an diesem Staat und dieser Regierung – die doch eigentlich »seine« hätte sein sollen – zu verzweifeln.

Andererseits wäre es ein völlig schiefes Bild, wenn man so täte, als hätte das gesamte öffentliche Leben der Bundesrepublik damals im Banne des Terrorismus gestanden. Es gab viel gravierendere Fragen und Probleme, die die Gesellschaft aufwühlten und polarisierten, von den Ostverträgen bis zur Ölkrise. Nach dem »Machtwechsel« in Bonn gab es innerhalb der staatlichen Instanzen und Organe selbst tiefe Risse und scharfe Differenzen, die im mißlungenen Kanzlersturz von 1972 kulminierten. Die ganze Bundesrepublik schien in vieler Hinsicht noch einmal am Scheideweg zu stehen.

In dieser Teilung der öffentlichen Meinung in feindliche Lager spielte der Terrorismus eine zusätzlich polarisierende Rolle. Während die einen ihn als Symptom eines katastrophischen Zerfalls von Sitte und staatlicher Ordnung empfanden, sahen andere mit

Böll den Notstand des Gemeinwesens gerade in der hysterischen Jagd auf Terroristen und der Hetze gegen ihre vermeintlichen »Sympathisanten«. Schon der Begriff selbst, wie er in der konservativen Publizistik gebraucht wurde, erschien vielen als Speerspitze einer politischen Restauration. Und alle solche Visionen vom historischen »Rückfall« waren wieder mit den Gespenstern der Vergangenheit besetzt.

Nur auf dem Hintergrund dieser allgemeinen politischen Polarisierung läßt sich eine Meinungsumfrage deuten wie die von Mitte 1971, wonach jeder zwanzigste Bundesbürger bereit war, gesuchte Untergrundkämpfer zu beherbergen, jeder fünfte ihnen ein Handeln aus »politischer Überzeugung« attestierte. Und jeder vierte Bundesbürger unter dreißig Jahren zeigte »gewisse Sympathien« für die ROTE ARMEE FRAKTION. Die Demoskopen schlossen aus diesen Ergebnissen auf ein »schwieriges sozialpsychologisches Klima für die Fahndung der Polizei«.[69]

Daß das offene oder versteckte Sympathisantentum für die Terroristen »nicht ausschließlich eine Erfindung der Gegner« war, sondern im linksliberalen Milieu durchaus grassierte, hatte auch ein Kritiker der RAF wie Oskar Negt konstatieren müssen. Seine mehrfachen (und nach dem Klima in der Szene durchaus mutigen) Aufrufe an die Linke, der Chimäre des bewaffneten Kampf eine Absage zu erteilen, hatten ganz vom Gespenst einer übermächtigen, lauernden Reaktion (Strauß ante portas!) gelebt, die auf derartige »Vorwände« nur warte und der die »unpolitische« RAF nützliche Dienste leiste. Das hatte genügt, Negt als eine Art Noske der außerparlamentarischen Linken darzustellen, der den verbalen Bluthund der Reaktion abgebe.

Auch für Teile des eigenen intellektuellen Milieus war er damit schon zu weit gegangen. In Negts Nachbetrachtungen findet sich eine bezeichnende Episode – als ihm Erich Fried Anfang 1973 einen Zettel mit Versen zusteckte, die offenkundig eine Replik auf Negts RAF-Kritik im November 1972 auf einem SB-Kongreß darstellten. Das Fried-Gedicht hieß »Die verirrten Genossen« und begann mit der Strophe: »Zwar soll Lenin gesagt haben: / ›Nur wer nichts tut macht keine Fehler.‹ / Doch das ist lange her / Und die Rechten

darf man nicht reizen / Drum kein Erbarmen mehr / mit den verirrten Genossen / und mit jenen Genossen / die sich der verirrten
Genossen erbarmten.«[70]

Jene, die sich »der verirrten Genossen erbarmten«, waren ein
solider Teil des damaligen linksliberalen *juste milieu*. Der Automechaniker »Kalle« Ruhland, der mit Ulrike Meinhof 1971 unterwegs
war, um Quartier zu machen, staunte, wer alles eine helfende Hand
reichte: mal war es ein WDR-Redakteur in Köln, mal ein katholi-
scher Priester in Hannover, mal ein Professorenehepaar in Frankfurt, mal ein bekannter Liedermacher in Hamburg. Und so weiter.
Natürlich war Ulrike Meinhof eine Person, um die sich bereits ein
Nimbus eigener Art gesponnen hatte. Vorzugsweise wurde sie mit
Rosa Luxemburg verglichen. Dennoch war es verblüffend, mit welcher Offenheit und Leichtigkeit (direkt oder über Mittelsmänner)
in den ersten Jahren noch völlig unbeteiligte Leute für Hilfsdienste
jeder Art verpflichtet werden konnten.

Aber, wie Klaus Jünschke, schon einer aus dem zweiten Glied
der RAF, feststellte: »Keiner hat sich vor mich hingestellt und
gesagt: ›Jetzt komm mal wieder zu dir, auf den Boden der Realitäten, was machst du für ’ne Scheiße, bleib ein paar Tage hier und
schlaf dich mal aus!‹« Um halb stolz, halb traurig hinzuzufügen:
»Wir waren eben eine Autorität, wir waren bei der kämpfenden
Truppe.« Dieser Art von Autorität beruhte auf keinen realen Not-
wendigkeiten oder Erfolgen, sondern verdankte sich ausschließlich
der verdruckstsen Solidarität derer, die »nicht kämpften«. Allzu vieles von dem, was diese selbstberufenen Untergrund-Avantgarden
trieben, entsprach eben dem, was auch die anderen »an sich«, also
theoretisch-hypothetisch, für fällig hielten, nur gerade hier und
jetzt nicht, und wenn, dann anders. Jürgen Seifert hat diese verbreitete Position, wohl auch aus eigener Erfahrung, eine »bleierne Solidarität« genannt.

Später, nach der Verhaftung, steigerte sich dieser Anspruch der
RAF-Gefangenen gegenüber allen Anwälten, Unterstützern und
Sympathisanten bis hin zur Forderung der absoluten Identifikation
und faktischen Unterwerfung. Das schuf um sie herum eine
Sphäre geradezu hoheitlicher Macht- und Geltungsansprüche.

Dieser Bereich war mit dem Schreckenswort »Vernichtungshaft« abgesteckt – worunter eine bewußt geplante Politik zur psychischen und physischen Auslöschung der Rebellion verstanden wurde, stellvertretend vollzogen an ihnen, den »Gefangenen der RAF«. Folglich konnte es auch nicht um bloße Erleichterungen der Haft gehen, sondern nur um Bedingungen zur Fortführung des Kampfes drinnen und draußen.

Dabei gab es innerhalb der staatlichen Vollzugsorgane – die sich selbst in einer Phase der sozialliberalen Reform und Reorganisation befanden – gar nicht wenige, die sich von der kämpferischen Unbedingtheit der Terroristen sympathetisch fesseln und involvieren ließen: Gefängnisärzte, Seelsorger, Sozialarbeiter, Wärter… Gerade die haßgeladene Atmosphäre ringsum produzierte liberale und sozial engagierte Gegenreaktionen, die den Gefangenen als radikalen Sozialrebellen und Gewissenstätern (dafür hielt man sie) potentiell sehr weite Spielräume eröffneten.

Der Beginn des organisierten Terrorismus brachte die ersten, neuerlichen Verschärfungen mit sich. Dieter Kunzelmann berichtet, daß er 1971 im Untersuchungsgefängnis zunächst unter ein hartes Haftregime gestellt worden sei. Die Sympathie der anderen Gefangenen, aber auch vieler Wärter, hätten alle Maßnahmen allerdings schnell durchlöchert, »und diese Kontakte habe ich reichlich genutzt«. Übergriffe hat Kunzelmann nicht erlebt, auch weil Beamte, die ihm übelwollten, vorsichtig waren wegen der möglichen Publizität. Draußen vor dem Gefängnis gab es Demonstrationen, und der Presserummel beim Prozeß machte gehörig Eindruck.[71]

Sein Mithäftling Horst Mahler, der sich als RAF-Gefangener dem Machtanspruch des »Stabes« um Baader/Ensslin von Anfang an verweigerte, schuf sich durch energisches Auftreten und konsequentes Querulieren schon bald einen beträchtlichen Freiraum, bis er »in seiner Zelle praktisch ein Anwaltsbüro aufmachte, mit Sprechstunden, Beratung, Schreibbüro«.[72] Wohlgemerkt: Das sind Memoiren, zwanzig Jahre danach verfaßt. Damals standen auch Mahler und Kunzelmann in vorderster Linie gegen die unmenschlichen Haftbedingungen politischer Gefangener in der BRD.

Natürlich haben auch etliche Genossen meiner Organisation, des KBW, die sich den bewaffneten Sturz der Staats- und Gesellschaftsordnung auf die Fahne geschrieben hatte, kürzere oder längere Haftstrafen absolviert, darunter 1975/76 Joscha Schmierer, der Vorsitzende unseres Zentralkomitees – zur selben Zeit, als die Krise um die RAF-Häftlinge ihrem Höhepunkt zusteuerte und auch wir auf Flugblättern, Plakaten und in unserem Zentralorgan dem imperialistischen Staat eine systematische Politik der »Totalisolation« zur Brechung und notfalls Vernichtung der politischen Gefangenen unterstellten.

Unsere Genossen im Knast konnten über derartige Versuche allerdings wenig berichten. Dem eigentümlichen Stil unserer Organisation entsprechend, wurde selbst um die Inhaftierung des Vorsitzenden und anderer Mitglieder des Zentralkomitees (wegen eines Heidelberger Demonstrationsdelikts von 1970) nicht einmal besonderes Aufheben gemacht. Revolutionäre Kader weinten nicht, sondern standen die Sache diszipliniert durch. Die Beziehungen zum Personal und zu den Mitgefangenen waren korrekt bis freundlich – was nur die Verbundenheit unserer Genossen mit den »Massen« zeigte. Tatsächlich kamen sie nach einigen Wochen scharfer Abschottung in den Genuß der Reformen der Gefängnisreglements, was Post, Bücher, Besuche, Teilnahme an der Arbeit etc. betraf. Die schriftliche und persönliche Kommunikation – auch mit dem Zentralapparat unserer Protopartei – war (bis auf kleinere Zensureingriffe) kaum unterbrochen. Ansonsten haben sie viel gelesen in ihrer Haftzeit, unsere Genossen, und konnten in Ruhe an ihren Analysen der sich zuspitzenden Weltkrise und den Strategien zu ihrer revolutionären Überwindung arbeiten.

Nimmt man alle verfügbaren Informationen zusammen, klärt sich das düstere Zwielicht, das über dem Drama der RAF-Gefangenen liegt. Ihre Strategie der totalen, fugenlosen, sprachlosen Abwehr vom ersten Moment ihrer Gefangennahme an richtete sich weniger gegen irgendwelche sadistischen Übergriffe (die es auch gab, aber gegen die man sich wehren konnte), sondern gerade gegen die zeitgemäßen Angebote einer sozialen *Reintegration* oder zumindest eines kommunikativen Brückenschlags, mit denen sie stetig konfrontiert waren. Ihr verbindliches internes Reglement hieß: »Kein Wort zu den Pigs, in welcher Verkleidung sie auch immer ankommen, vor allem: Ärzte. Kein einziges. Natürlich auch keine einzige Handreichung, keinen Finger für sie krumm machen, nichts, nur Feindschaft und Verachtung ...«[73]

Offenkundig genug sollten ihre Haftbedingungen erst den mörderischen Charakter des Systems erweisen, dem sie den bedingungslosen Krieg erklärt hatten. Ihr Kampf hatte eine Spur von Tod und Verwüstung hinterlassen, die jetzt ihre Rechtfertigung finden mußte. Wohlgemerkt, das war kein bewußtes Kalkül. Es war im Gegenteil tief unbewußt, mit vielen Anteilen (so kann man vermuten) einer heftigen Schuldabwehr. Gerade bei jemandem wie Ulrike Meinhof könnte man darin sogar die Fortsetzung oder die Verwandlungsform eines ursprünglichen moralischen Impulses sehen, mit Zügen von Selbstbestrafung.

Dennoch läßt Ulrike Meinhofs Schilderung ihrer ersten Monate im »toten Trakt« im Kölner Gefängnis – die am Beginn der zwei Jahrzehnte umfassenden Kampagnen und Hungerstreiks gegen die angebliche »Isolations- und Vernichtungshaft« stand – sich schwerlich als bloße Einbildung oder hysterische Inszenierung abtun. Dieses Stenogramm wurde zu einem kanonischen Text, dessen Authentizität unhinterfragbar erschien, die qualvolle Selbstbeobachtung einer gefolterten Frau:

»das Gefühl, es explodiert einem der Kopf (das Gefühl, die Schädeldecke müßte eigentlich zerreißen, abplatzen)* – das Gefühl, es würde einem das Rückenmark ins Gehirn gepreßt ..., das Gefühl, man stünde unterbrochen, unmerklich, unter Strom, man würde ferngesteuert, das Gefühl, man pißte sich die Seele aus dem Leib, als wenn man das Wasser nicht halten kann – das Gefühl, die Zelle fährt ...« Und weiter in diesem Duktus. Dann heißt es: »Rasende Aggressivität, für die es kein Ventil gibt. Das ist das Schlimmste. Klares Bewußtsein, daß man keine Überlebenschance hat; völliges Scheitern, das zu vermitteln ...«[74]

(*) Zu dieser grauenhaften Vorstellung gehört biographisch die Tatsache, daß Ulrike Meinhof seit der Operation eines Hirntumors 1962 eine silberne Platte zur Schließung der Schädeldecke trug, an die sich bei allen Konfrontationen mit der Staatsgewalt panische Ängste knüpften. Ihre Identifizierung nach der Festnahme begann mit einer zwangsweise durchgeführten Röntgenaufnahme des Kopfes, die vollkommen unnötig war – und von ihr bereits als ein erster, halber Mordversuch empfunden oder interpretiert wurde.

Dieses »klare Bewußtsein, daß man keine Überlebenschance hat«, war offenkundig aber der fixe, vorgefaßte Kern aller Erfahrungen der Haft. In einem Kassiber der Meinhof heißt es Wochen später explizit: »der politische begriff für toten trakt, köln, sage ich ganz klar ist das gas. meine auschwitzphantasien da drin waren ... realistisch.« Dieser Text war eine erbitterte Polemik gegen Horst Mahler, der in seiner (ebenfalls unter RAF-Signum herausgegebenen) Schrift über den bewaffneten Kampf im Hurrastil einer revolutionären Vorwärtsstrategie verkündet hatte, politische Gefangene, die »für die Interessen und Bedürfnisse der Massen« einträten, müßten auch vor dem Gefängnis keine Angst haben.(*) Meinhof raste vor Wut: »hör endlich mit der scheiß-psychoanalyse auf. Denn es gibt nur eine befreiung von den vielen arten von tod in diesem system und nur eine heilung ... – das ist die gewalt gegen die schweine: knarre, bewußtsein und kollektiv.«[75]

In Formulierungen wie dieser enthüllt sich sehr deutlich die Differenz zwischen allen hergebrachten Vorstellungen eines praktisch-revolutionären Kampfs und dem existentialistischen Todestrip der RAF. Die Analogien der eigenen Haftbedingungen zur Vernichtungshaft in den Nazi-KZs wurden seitdem zur gängigen Münze. Gudrun Ensslin deklinierte diesen Vergleich so: »Unterschied toter Trakt und Isolation: Auschwitz zu Buchenwald. Der Unterschied ist einfach: Buchenwald haben mehr überlebt als Auschwitz ... Wie wir drin ja, um das mal klar zu sagen, uns nur wundern können, daß wir nicht abgespritzt werden. Sonst über nichts ...«[76]

Die zeitgemäßere Weiterentwicklung dieses Diskurses lieferten die liberalen Sympathisanten und auswärtigen Freunde. Der Schlüsselbegriff hieß jetzt »sensorische Deprivation« und stand angeblich im Zentrum einer planmäßig betriebenen »Isolationsforschung«. Als deren Zentrum wurde an der Psychiatrischen Universitäts-

---

(*) Dieser Mahler-Text, der damals von allen RAF-Texten am meisten Eindruck machte, entfaltet ein furioses Gemälde bewaffneter Massenkämpfe in den »Metropolen«. Wie eine schauerliche Karikatur findet man ihn heute auf der Website des intellektuellen Neonazis Mahler. [Kollektiv Rote Armee Fraktion: Die neue Straßenverkehrsordnung. Über den bewaffneten Kampf in Westeuropa, Berlin (1972)]

klinik in Hamburg-Eppendorf ein »Sonderforschungsbereich« ausgemacht (schon dieser administrative Begriff suggerierte wieder Ungeheuerliches, mit Assoziationen an »Sonderbehandlung« von Nazi-Häftlingen). Angeblich sollte es dort um begleitende Experimente zur Raumfahrt gehen – in Wirklichkeit natürlich um »Forschungen im Zusammenhang mit unseren Haftbedingungen«, wie Margrit Schiller auch 25 Jahre danach noch sicher weiß.

Schiller vertiefte sich während ihrer Haft denn auch in die entsprechenden Beschreibungen der Experimente, »um besser zu verstehen, was mit mir im Toten Trakt passiert war«.[77] Denn aus den eigenen Erfahrungen heraus war das gar nicht immer so deutlich – was nur von der Infamie des Systems zeugte, wie Ulrike Meinhof schon festgestellt hatte: »Der, der drin sitzt, ist auch von anfang an nicht in der lage, konkret, gezielt, bestimmt zu sagen, was läuft, und täuscht sich im zweifel auch selbst ziemlich lange über den grad, das fortschreiten der eigenen vernichtung ...«[78]

In den Berichten über die (angeblichen) Weltraumexperimente dagegen waren die Wirkungen »völliger Isolation« derart plastisch beschrieben, daß einem schon von der Lektüre das Herz stehenblieb: »Bereits nach wenigen Minuten stellten sich panikartige Halluzinationen ein. Nach etwa 6–8 Minuten schließlich kam es zu derart extremen Angstzuständen, daß der gesamte Hormonhaushalt des Organismus durcheinandergeriet. Nach 10–15 Minuten schließlich mußte man den Versuch abbrechen, weil sich das Blut aufzulösen begann.«[79] *Das* also war es, was die Schweine (in homöopathischen Dosen) mit den Gefangenen der RAF anstellten, um ihre revolutionäre Willenskraft und Identität auszulöschen!

Phantasien einer solchen »weißen Folter« (wie der neue, sich blitzschnell festsetzende Terminus hieß) existierten nicht etwa nur in randständigen Publikationen, sondern wurden auch in der liberalen Presse als heißer Stoff gehandelt und konsumiert. In definitiver Form wurden sie etwa im KURSBUCH 32 (Thema: »Folter in der BRD. Zur Situation der politischen Gefangenen«)[80] als *fixe Tatsachen* vorgestellt – etwa im Beitrag des niederländischen Psychiaters Sjef Teuns, der auf einer Veranstaltung der »Initiative gegen Folter« im Mai 1973 in Frankfurt als eine Art Kronzeuge aufgetreten war. Er wandte sich an alle, die es »heute noch schwierig (finden), die Isolationsfolter, wie sie gegen Politische Gefangene in der BRD angewendet wird, als den tendenziellen Massenmord à la Auschwitz zu begreifen, der sie ist«.

Für diese hartnäckigen Zweifler machte Teuns das endzeitliche Horrorgemälde einer »fortschreitenden technokratischen Faschisierung« auf, wonach Justiz und Psychiatrie bestrebt seien, mit wissenschaftlich ausgefeilten Methoden der Isolation jede selbständige Denk- und Handlungsfähigkeit ihrer aufsässigen und unangepaßten Klienten systematisch zu eliminieren.* Gegen die aktiven Gegner des Systems werde schließlich die »sensorische Deprivation« als »zugleich menschlichste und unmenschlichste Methode der verzögerten Auslöschung von Leben« zur Anwendung gebracht, bei der es sich – im Unterschied zu den alten, primitiven Methoden von Aushungerung, Erschießung oder Vergasung – »um eine speziell auf den menschlichen Organismus zugeschnittene Methode der Zerstörung von Lebenssubstanz« handele, welche »in gewissem Sinne ein Gegenstück zu den neuzeitlichen Methoden bei der Mästung von Schlachtvieh« darstelle.[81]

Solche erlesenen Zynismen wurden in größtmöglichem humanitären Ernst ausgebreitet. Der Herausgeber Karl Markus Michel erklärte eingangs, daß der Reformismus den Analysen des KURSBUCHES zufolge sich als Funktion eines »strukturellen Staatsfaschismus« erwiesen habe, der »aus der *Antizipation* der Krise und der Entwicklung kombinierter ›friedlicher‹ und terroristischer Techniken der Krisenbewältigung« entstehe. Unter den Augen einer begriffsstutzigen und manipulierten Öffentlichkeit werde zur Zeit in der BRD ein zukunftsweisendes »Modell für die Behandlung von ›Staatsfeinden‹ geschaffen«, wobei eben nicht mehr altertümliche Techniken der Folter (wie Fingernägelausreißen usw.), sondern moderne Techniken einer klinisch »sauberen« Folter durch Isolation zum Einsatz kämen. »Sie ist das effektivere Mittel.«[82]

(*) Der in diesen Texten immer wieder ins Zentrum gestellte Hamburger Psychiater Jan Gross, der gegen diese Darstellung seiner Forschungen über die medizinischen Wirkungen der Isolation von Menschen energisch protestiert und erklärte, daß sie keinerlei militärischen oder sonstwie zerstörerischen Zwecken dienten, wurde in einer Fußnote mit der Bemerkung abgefertigt: »Als würde er überhaupt gefragt ... Die Profitinteressen der pharmazeutischen Industrie und die Manipulationsinteressen der herrschenden Sozialstrategen sind für Herrn Gross offenbar ›unmilitärische‹ Zwecke.« [Teuns, Isolation, S. 126]

Auf solchen Tiefpunkten des Obskurantismus und einer kategorischen Realitätsverweigerung waren auch sehr intelligente Leute damals angekommen.* Wahrlich, man lebte in finsteren Zeiten. Wer *das* glaubte oder gar selbst aufs Papier brachte – wie konnte der auf anderes noch setzen als auf Meinhofs »knarre, bewußtsein, kollektiv«?!

Der ungeheure suggestive Sog, der von den RAF-Kampagnen, und insbesondere von den immer radikaler geführten Hungerstreiks der politischen Gefangenen gegen ihre »Isolationshaft« ausging, war der einer vollkommen geschlossenen, selbstreferentiellen Argumentation. Ihre physische Vernichtung erschien als nahezu zwangsläufige Folge ihrer Gegenwehr gegen eine drohende psychische Vernichtung, die in dem Versuch bestand, ihre »revolutionäre Identität« auszulöschen. Ihre revolutionäre Identität aber lag in ihrem ungebrochenen Willen, das System mit allen Mitteln zu bekämpfen. Indem ihnen die Schweine die Möglichkeit nahmen, diesen Kampf kollektiv weiterzuführen, also in der Tatsache der *Inhaftierung* an sich, die ja tatsächlich »*Isolation*« bedeutete, trat das Ziel ihrer geplanten Vernichtung als Revolutionäre klar zutage.

In der Erklärung zum ersten Hungerstreik vom Mai 1973 war das bereits schneidend scharf formuliert. Die logische Struktur ist die einer definitorischen *Setzung*, gegen die Einwände nicht möglich sind, wenn es etwa heißt: »Der *Politische Gefangene*, der ... die Unmenschlichkeit seiner Lage *weiß* als die Unmenschlichkeit des Systems – ... der solidarisch handelt und solidarisches Handeln *verlangt*: der wird isoliert, heißt: sozial ausgerottet ... – weil er nicht zu manipulieren ist, ohne Genickschuß nicht totzukriegen.

Resozialisierung heißt Manipulation plus Dressur ... Je liberaler die Schweinerei gehandhabt wird – unaufdringlich, locker, nett – ... kurz: je *psychologischer*, desto effektiver, tiefer die Vernichtung der Persönlichkeit des Gefangenen.«[83]

(*) So rückte Karl Markus Michel auch gleich das Kernstück der sozialliberalen Reformpolitik, die Umstellung des modernen Justizvollzugs vom Prinzip der *Vergeltung* (»die immer noch etwas ›Menschliches‹ an sich hat«) auf das der *Resozialisierung* (»die nur noch auf Effizienz aus ist, auf die Produktion angepaßter Arbeitskräfte«), ins dämonische Zwielicht. [Einleitung, S. 3]

400

Wenn liberalisierte Haftbedingungen nur eine *um so tiefere Vernichtung* der Persönlichkeit der Gefangenen bedeuteten, dann konnte der Kampf um die »Identität« nur eine Fortsetzung der revolutionären Aktionen mit anderen Mitteln sein. Als solche wurden die Hungerstreiks gesehen, in denen die Drohung mit dem kollektiven Selbstmord bereits das entscheidende Druckmittel war: »der körper, der die waffe ist, ist das kollektiv ... jeder kann dabei sterben ... deshalb + nur so ist der streik: die waffe ... für uns aber ist andreas tod oder wessen tod immer: KAMPF DER KAMPF ERZEUGT ... DAS MUSS JEDER TICKEN.«[84] So heißt es etwa in einem der Kassiber von Gudrun Ensslin vom 13. September 1974, am Beginn des längsten und härtesten Hungerstreiks.

Klar ist, daß es hier nicht um Erleichterungen ging, also um defensive Forderungen des passiven Selbstschutzes. Vielmehr zielten die Forderungen (die potentiell für alle Häftlinge gelten sollten) auf die Aufhebung des gesamten Haftreglements nach innen.* Letzten Endes ging es um die Schaffung »befreiter Zonen« innerhalb der Haftanstalten, wie sie die »internierten« Gefangenen der nordirischen IRA zum Teil erkämpft hatten. Dem entsprach auch die Forderung nach »Zusammenlegung« der RAF-Gefangenen in Gruppen – was seitens der Strafvollzugsorgane teilweise konzediert wurde, allerdings um den Preis der Einrichtung um so geschlossenerer Sicherheitstrakte (wie im 7. Stock in Stammheim), was trotz aller Hafterleichterungen und eines relativen Komforts nach innen wieder als eine neuerliche Verschärfung der Isolation gesehen werden konnte. Aus diesem *Zirkel* gab es kaum ein Entkommen.

Das Bild der tatsächlichen Haftbedingungen bleibt daher verwirrend und widersprüchlich. So bürokratisch erstickend sich (zum Beispiel) das durch den Anstaltsleiter in Wittlich im März 1973 gegen Holger Meins verhängte Haftstatut mit seinen 23 Einzelanordnungen in der Tat liest[85], und so schikanös und gelegentlich

---

(*) Gefordert wurde: eine Selbstorganisation der Häftlinge auf Basis von Wahlen; unbeschränkte Besuche ohne Beisein von Wachpersonal; Freiheit der Versammlung ohne Beisein von Wärtern; das Recht auf ungestörte sexuelle Kontakte außerhalb der Arbeitsstunden; Bezahlung der Arbeit nach üblichen Tarifen; Wahl von gewerkschaftlichen Vertrauensleuten und Streikrecht; freie Wahl der Ärzte. [Vgl. Becker, Hitler's Children, S. 308 f.]

sadistisch die Handhabung im einzelnen tatsächlich gewesen sein mag – so erstaunlich liest sich andererseits (zum Beispiel) die Liste der Bücher und Periodika, die die RAF-Gefangenen in ihre Zellen geliefert bekamen; und zwar schon in den Jahren ihrer Untersuchungshaft, also vor der Verurteilung. Dabei handelte es sich keineswegs nur um aktuelle oder historische, deutsche und internationale revolutionäre Literatur, sondern um den Aufbau kleiner Lehrbibliotheken »mit Handbüchern über Zündung und Verhinderung der Entschärfung von Fremdkörpern, neue Fahndungsmethoden der Polizei, neue Waffen, Alarmanlagen, Werkschutz, Minispione, polizeilichen Sperrenbau und ähnliches«. Die Liste der Titel, die Stefan Aust aufführt, ist jedenfalls beeindruckend und hätte jeder Polizei- oder Militärakademie, Abteilung Antiterror- oder Antiguerillakampf, zur Ehre gereicht.*

Ein Kapitel für sich ist dabei der Umgang der RAF-Gefangenen mit ihren Anwälten. In der erstaunlichsten Weise gelang es ihnen, sie für ihre Zwecke einzuspannen und die Drohung mit dem »Entzug des Mandats« als Machtmittel einzusetzen, fast als könnten sie die Bedingungen diktieren. Immerhin hatten sie es mit Rechtsanwälten zu tun, die dafür einiges an beruflichen Nachteilen und öffentlichem Meinungsdruck in Kauf nahmen.

Nicht daß sie (wie es die Fama wollte) den Gefangenen einfach zu Dienst und Willen gewesen wären – im Gegenteil: Es fand ein zäher Kampf um jeden Schritt der *Verteidigung* statt. Aber es war klar, daß die RAFler sie allenfalls taktisch vorschickten, jede Verteidigung im herkömmlichen Rechtsinne aber ablehnten. Wer nicht bereit war, sich ihren Zielen in einer Weise unterzuordnen, die darauf hinauslief, den »bewaffneten Kampf« offen oder verdeckt zu unterstützen (wie ein halbes Dutzend der Anwälte es dann tatsächlich tat), der war im günstigsten Fall ein liberaler Hosenscheißer, im Normalfall aber bereits ein verdeckter Feind, nämlich »die linke

---

(*) Ein paar Titel aus der Bibliothek der RAF-Gefangenen: »Deutsches Waffenjournal«, »Funktechnik«, »Lehrmeister des kleinen Krieges«, »Der verdeckte Kampf«, »The Special Forces Handbook«, »Attentäter und Saboteure – der moderne Terrorismus« [Vgl. Aust, Baader-Meinhof-Komplex, S. 279 f.]

Hand der Justiz in den Prozessen gegen uns«. Mehr noch: Der »Versuch einer Gruppe der Anwälte, die Politik der Gefangenen zu bestimmen«, verfolge – wie es in einem Gudrun Ensslin zuge-schriebenen, in einer konspirativen Wohnung gefundenen Kassiber hieß – das Ziel, »die Politik der RAF zu neutralisieren. Und wenn der einzige Weg dazu die Zerstörung der Gefangenen ist, dann gehen sie eben den (und sag nicht, daß diese Ratten das nicht wissen).«[86]

Nach der Logik »Mensch oder Schwein« waren die Mehrzahl der sog. RAF-Anwälte in den Augen ihrer Klienten also Schweine (oder Ratten). In den internen Zirkularen wurden sie in der ver-ächtlichsten Weise charakterisiert und diversen feindlichen Lagern zugeordnet. »Koch ist ein Trotzkist, worunter ich verstehe: Er bekämpft uns ... Golzem ist ein Ficker, ein Fotzenkopf, er muß uns bekämpfen ... Preuss ist von allen das größte Schwein, weil der am klarsten im Kopf ist, also sich viel bewußter absetzt als alle anderen, der verkörpert das ›KPD‹-Syndrom, auch wenn er die-sem Verein nicht angehört ...«[87] In diesem Stil wurde jeder einzeln abgefertigt. Allerdings wurden Vorschläge, alle nicht völlig »soli-darischen« Anwälte zu entlassen, von Baader und Ensslin klar abgewiesen. Die Politik mit den Anwälten sei Teil einer »Volks-front-Strategie« zur Herstellung von Öffentlichkeit; und außer-dem hätten sie »natürlich so was wie 'ne Schlüsselfunktion ... als Informationsverteiler«.[88]

Eine ganz andere Frage ist, warum die betroffenen Anwälte selbst sich diese zynische Funktionalisierung ihrer (manchmal aufopfernden) Tätigkeit und die eklatante Unverschämtheit ihrer Klienten über Jahre hinaus gefallen ließen. Viele standen offenkun-dig im Banne derselben Suggestionen und Hysterien wie die dama-ligen »Sympathisanten«, oder sie verbanden mit ihrer Rolle als »RAF-Anwälte« an vorderster Front in einer polarisierten Öffent-lichkeit eine ganz eigene politische Mission.

In einem Rundschreiben von Rechtsanwalt Stroebele an seine Kol-legen vom Sommer 1973 (nach einer Rundreise während des ersten Hungerstreiks) hieß es: »Großes neues Projekt, das Arbeit für alle für Monate und Jahre bringt: Info-Zentrale in Hamburg und

Erstellung von Analysen und konkrete Gruppenschulung ... Ba. (Baader) hat große Pläne für Info-Zentrale entwickelt. Das beweist, daß er sich von den Quälereien nicht hat fertigmachen lassen.«[89] Das mit Hilfe der Anwälte aufgebaute »Info-System« diente zunächst der Prozeßvorbereitung der RAF-Gefangenen, damit aber auch der Koordination ihrer Aktivitäten, wobei der Anschluß an den Verteiler Ausweis der Gruppenzugehörigkeit war, während umgekehrt bei Verstößen gegen die Disziplin oder bei politischer Abweichung der Ausschluß vom »Info-System« die Vorstufe zum Ausschluß aus der Gruppe bedeutete. Die Gruppenmitglieder erhielten mit der Verteidigerpost daher Kopien aller Briefe, die untereinander gewechselt wurden, so daß ein dichtes Netz gegenseitiger »Kritik und Selbstkritik« entstand.

Mitteilungen des »Sekretariats« bzw. »Stabes« (also von Baader/ Ensslin) konnten den Charakter von Befehlen tragen. Gudrun Ensslin definierte den Begriff in reinstem Orwellschem *newspeak* wie folgt: »Ein Befehl resultiert aus dem Aufbau des Kollektivs, aus dem Abbau jeder Art von Hierarchie. Ein Befehl ist das, wovon einer überzeugt ist bzw. überzeugt wird. Und wenn das nicht möglich ist, woran einer ausflippt ...« Klingt das letztere scheinbar verständnisvoll, verweist es wohl eher auf eine Bestrafung: »Sanktion: Ausflippen aus der Kommunikation«, notierte Ensslin etwa auf die Anwaltspost.[90] Ausflippen hieß Rausschmeißen. Das war ein Befehl.

Das Geflecht gegenseitiger Bezichtigungen und Selbstbezichtigungen im »Info« glich stellenweise den abgründigen Dialogen der Romanfiguren Dostojewskijs. Naheliegender wäre es allerdings, sich an die tödlichen Kritik- und Selbstkritik-Rituale im Innern des stalinistischen Machtapparates erinnert zu fühlen, oder an die kaum weniger tödlichen Kampagnen zur »Selbstberichtigung« im maoistischen China. Das betraf keineswegs nur die Kerngruppe Baader-Ensslin-Meinhof, sondern das Gesamtkollektiv der inhaftierten RAF-Gefangenen.

Es sind in ihrer reinen Existentialität erschütternde Texte, vielleicht ohne Beispiel. Der Kampf gegen das imperialistische Schweinesystem war zuallererst und vor allem ein Kampf jedes nackten, einzelnen Revolutionärs gegen seinen inneren Schweinehund, ein Ritual der Härtung und Reinigung, in dem man sich selbst zur absoluten Waffe schmiedete, zur »WAFFE MENSCH«. So schrieb z. B. »Leo« (Helmut Pohl) als hochnotpeinliches Bekenntnis und Beichte an das Kollektiv: »das muß jetzt endlich platzen … es ist DER TODFEIND IN MIR SELBST… das schwein will immer noch ausweichen … am info, denn davor kann sich das schwein nicht verstecken … das schwein, wie alles alte zähe flieht einfach vor seinem tod, das ist *alles*.«[91]

Wenn das religiöse Züge trug, dann im Sinne des Kultes eines im Feuer revolutionärer Kämpfe und Entsagungen geschmiedeten »neuen Menschen«, der sein Alter ego hinter sich läßt. Aber auch Brechts »Maßnahme« diente unmittelbar als Lehrstück der RAF: jenes revolutionäre Passionsspiel also, worin der »junge Genosse« auf dem Marsch in China wegen zu großer Güte und also Schwäche mit seinem Einverständnis geopfert, d.h. exekutiert und spurlos ausgelöscht wird. Vom Kontrollchor der Partei werden die Richtlinien einer neuen revolutionären Moral entwickelt. Ulrike Meinhof hat diese Schlüsselzeilen immer wieder zitiert: »Welche Niedrigkeit begingst du nicht um / die Niedrigkeit auszutilgen? / Könntest du die Welt endlich verändern, wofür / wärest du dir zu gut?«

In diesem Brechtstil, wie durch einen Stimmzerhacker verfremdet, sind viele der Kassibertexte gehalten – am furchtbarsten und eindrucksvollsten die Rede des sterbenden »Jimmy« (Holger Meins) an Jan (Carl Raspe), der den Hungerstreik kurzzeitig ausgesetzt hatte – und nach dem Tod seines Genossen schuldbewußt wieder aufnahm. Der Text formuliert ein Credo:

»Das einzige, was zählt, ist der kampf. die guerilla materialisiert sich im kampf – und zwar ohne ende: kampf bis zum tod …

wenn du *weißt*, daß mit jedem SCHWEINESIEG die mordabsicht konkreter wird – und du machst nicht mehr weiter mit, bringst dich in sicherheit, gibst den SCHWEINEN *damit* einen *sieg*, heißt lieferst uns aus, bist *du* das schwein … dann … sagste besser, ehrlicher (wenn du noch weißt, was das ist: *ehre*): ›ich lebe. nieder mit der raf. sieg dem schweinesystem.‹

– entweder mensch oder schwein / entweder überleben um jeden preis oder / kampf bis zum tod / entweder problem oder lösung / dazwischen gibt es nichts …

es stirbt allerdings ein jeder. frage ist nur, wie du gelebt hast:

KÄMPFEND GEGEN DIE SCHWEINE als MENSCH FÜR DIE
BEFREIUNG DES MENSCHEN: revolutionär, im kampf – bei
aller liebe zum leben: den tod verachtend. das ist für mich: dem
volke dienen – raf.«

Ob Holger Meins einem »Befehl« gefolgt ist, als er jede medizinische Hilfe und künstliche Ernährung verweigerte, muß dahingestellt bleiben.* Daß dieser dritte Hungerstreik einer sein würde, bei
dem »Typen kaputtgehen« würden, hatte Andreas Baader vorher
angekündigt.[92] Jedenfalls waren die Rituale von Kritik und Selbstkritik über das »Info-System« kein bloßer Selbstzweck, sondern
dienten der Aufrechterhaltung und Durchsetzung der Kommandostrukturen nach innen wie nach außen.

Auch nach außen, wo sich die »zweite Generation« formierte –
und von den inhaftierten RAF-Gründern (bei Strafe der Distanzierung) in eindeutiger Weise auf ihre Verpflichtungen festgelegt
wurde. In einer offenbar von Baader stammenden, im Februar 1974
in einer konspirativen Wohnung gefundenen Direktive hieß es
(nach detaillierten sprengtechnischen und anderen Hinweisen) ab-
schließend: »Eine oder eine Reihe offensiver Aktionen ... hat
überhaupt nur Sinn, heißt, wendet sich nicht gegen uns, wenn sie
ein klares politisches und darin bestimmtes militärisches Ziel hat.
Im Zusammenhang Knast heißt das, die Gefangenen rausholen,
heißt das für Euch, solang Ihr schwach seid und weil Ihr so
schwach seid, alle Kräfte auf diesen Job zu konzentrieren.«[93]

Fritz Teufel sprach in einer seiner humorigen Selbstkritiken später von der zunehmenden Verwandlung (auch der eigenen Gruppe,
des 2. Juni) in eine »Befreit-die-Gerilja-Gerilja«.[94] Der Humor
wirkt etwas schal, wenn man an die Strecke aus Dutzenden von
Toten und Hunderten von Traumatisierten denkt: in der gesprengten Botschaft von Stockholm (April 1975) und in den gestürmten
Flugzeugen von Entebbe (Juni 1976) oder Mogadischu (Oktober

(*) Hans-Joachim Klein behauptet, eine/r von den RAF-Gefangenen (er läßt
offen, ob Mann oder Frau) habe ihm berichtet, selbst den »Befehl« bekommen
zu haben, die medizinische Behandlung so zu sabotieren, daß er/sie dabei
draufginge. Die betreffende Person habe den Befehl aber nicht befolgt und lebe
zum Glück noch. [Klein, Rückkehr in die Menschlichkeit, S. 198 f.]

1977); in den Wohnungen des Berliner Richters Günter Drenkmann (1974) oder des Bankiers Jürgen Ponto (1977); oder in den durchsiebten Karossen des Generalbundesanwalts Siegfried Buback und des Arbeitgeberpräsidenten Hanns Martin Schleyer (1977).

Der Kampf »draußen« hatte kein anderes Ziel mehr als der »drinnen«. Er sollte beweisen, was doch angeblich seine Voraussetzung war. »Alle sollten sehen können, was sich hinter der demokratischen Maske verbirgt; und es ist ja auch eine Tatsache, daß durch unseren Kampf vieles davon an die Oberfläche befördert worden ist – Mord an Gefangenen, Ausnahmezustand, Killfahndung ...«[95] So Birgit Hogefeld, die wie *fast alle* der Nachrücker 1974/75 erst über die Aktivitäten der ROTEN HILFE und FOLTERKOMITEES in den Bannkreis der RAF geriet. Auch im Jahre 1995 spricht sie noch ohne Einschränkung von der »Ermordung« der Gefangenen, die »vorauszusehen« gewesen sei, wenn man nur ihre Bilder im Hungerstreik angeschaut habe – vor allem das Bild des toten Holger Meins, das sie nicht vergessen werde, »weil dieser ausgemergelte Mensch so viel Ähnlichkeit mit KZ-Häftlingen, mit den Toten von Auschwitz hat«.[96]

In dieser Ersetzung jeder empirischen Realität durch herbeizitierte Bilder, in denen Gegenwart und Vergangenheit, Präsens und Präteritum, Raum und Zeit phantasmagorisch verschwimmen, hat man ein Modell des ganzen eigentümlichen Idealismus/Irrealismus der RAF. In der Tat war das Finale in Stammheim »vorauszusehen«, weil es in allen Drohungen der Hungerstreiks und allen Äußerungen der Häftlinge schon implizit oder explizit enthalten war. Horst Mahler hat nach Ableistung seiner Haft 1978 die mentale Verfassung seiner Ex-Genossen trocken so charakterisiert: »Wer sich den Gedanken einhämmert, mittels der Vorenthaltung von sinnlichen Reizen und menschlicher Kommunikation langsam umgebracht zu werden, der wird tatsächlich daran sterben – vielleicht, indem er Hand an sich legt.«[97]

Birgit Hogefelds Reaktion war genau die, die durch das Arrangement produziert werden sollte und in den Texten der Gefangenen souffliert worden war. Für sie resümierte sich diese Erfahrung in »einer zutiefst moralischen Fragestellung, nämlich ob alles, was ich bis dahin über NS-Faschismus wußte ..., verbunden mit dem Vorwurf an den Großteil der Generation vor uns, nichts dagegen unternommen zu haben, ob all das bloß hohles Geschwätz war und ich im Grunde genauso ignorant und feige gegenüber solchen Verbrechen bin oder ob ich dagegen Partei ergreife«.[98] Daß solche Selbsttestate immer auch »zutiefst moralische« *Selbstermächtigungen* sind – im Fall von Birgit Hogefeld etwa der (direkten oder indirekten) Beteiligung an der Ermordung von beliebig ausgewählten Vertretern eines imaginären Gesamt-»Systems«, bis hinunter zur kaltblütigen Erschießung des farbigen US-Gefreiten Pimental, dessen Ausweis man brauchte, um einen anderen Anschlag zu machen –, kommt ihr bei ihrer forcierten Schuldabwehr offenbar nicht in den Sinn.

Um einer ähnlich »moralischen« Entscheidung willen war Margrit Schiller im Juni 1973, nur wenige Monate nach ihrer Entlassung aus der Haft, wieder in den Untergrund gegangen. Im Gefängnis hatte sie (nach eigenem Zeugnis) vor allem »Bücher über den Nationalsozialismus« studiert.[99] Jetzt wartete sie mit Helmut Pohl in Rotterdam »auf Nachricht von den Palästinensern«. Alles war »fertig geplant und vorbereitet«, Pistolen, Handgranaten, Maschinenpistolen lagen bereit. Ein israelisches Flugzeug, »das planmäßig in Amsterdam landete und startete, sollte von einem gemischten Kommando aus zwei Palästinensern und zwei Deutschen in seine Gewalt gebracht werden«.[100] Ziel der Aktion sollte, drei Jahre vor Entebbe, die Freipressung palästinensischer und deutscher Gefangener sein. Aber die Nachricht von Abu Hassan, dem Sicherheitschef der Fatah, blieb wegen neuer Kämpfe im Libanon aus.

Also ging Margrit Schiller nach Deutschland zurück, um sich der neuen, zweiten RAF-Generation anzuschließen. »In Frankfurt trafen wir uns mehrere Male mit Winfried Böse ... und Brigitte Kuhlmann. Sie waren dabei, eine eigene illegale Struktur aufzubauen und die Revolutionären Zellen (R.Z.) aufzubauen.« Allerdings konnte man sich über eine Zusammenarbeit nicht einigen. »Schon von weitem waren sie durch ihre Kleidung als Linke zu erkennen. Wir fanden das alles unmöglich, unernst.« Außerdem schlugen die R.Z.-Gründer Aktionen vor, die »uns von unserm Ziel, die Gefangenen zu befreien, noch weiter entfernt hätten«.

Drei Jahre später machten Böse und Kuhlmann (mit Hilfe von RAF und 2. JUNI) genau die Aktion, an der Margrit Schiller schon

1973 hätte teilnehmen sollen: Im Rahmen eines deutsch-palästinensischen Kommandos kaperten sie eine Passagiermaschine der Air France mit zahlreichen israelischen Passagieren an Bord, die sie auf dem Flughafen von Entebbe (Uganda) zu selektieren begannen und nacheinander zu erschießen drohten. Ziel: die Freipressung von 53 Gefangenen in Israel, Deutschland und einigen anderen Ländern.

Wie der Weg *von Auschwitz nach Entebbe*, vom »zutiefst moralischen« Antifaschismus zum mordbereiten »Antizionismus« führte – ein Weg, der für *alle* deutschen Terroristen, jedenfalls in den siebziger Jahren, zum geheimen Gravitationszentrum ihrer Aktionen wurde –, hatte Ulrike Meinhof selbst in einer frühen RAF-Schrift paradigmatisch vorgeführt. Geschrieben ist das ausgedehnte Pamphlet im Herbst 1972 während ihrer Isolationshaft im »toten Trakt« in Köln-Ossendorf, von der sie gesagt hatte, der einzig angemessene »politische begriff« dafür sei »das gas«.

In dieser *imaginierten Gaskammer* also schrieb sie eine lange, draußen als Broschüre gedruckte Erklärung zur »Aktion des Schwarzen September in München«, genauer gesagt: zur blutigen Geiselnahme israelischer Sportler durch ein Fatah-Kommando während der Olympischen Spiele 1972. Die Überschrift »Zur Strategie des antiimperialistischen Kampfes« deutete bereits darauf hin, daß es um mehr als eine aktuelle Stellungnahme ging. So auch der Text: »Die Aktion des Schwarzen September in München hat das Wesen imperialistischer Herrschaft auf eine Weise erkennbar gemacht wie noch keine revolutionäre Aktion in Westdeutschland und Westberlin. Sie war gleichzeitig antiimperialistisch, antifaschistisch und internationalistisch. Sie hat eine Sensibilität für historische und politische Zusammenhänge dokumentiert, die immer nur das Volk hat ...«

Das Massaker an den Palästinensern sei »dahin zurückgetragen, wo (es) ursprünglich ausgeheckt worden ist: Westdeutschland – früher Nazideutschland«. Von hier habe »Israel sein Wiedergutmachungskapital« bezogen, mittels dessen es zu einem imperialistischen Stützpunkt in der Dritten Welt ausgebaut worden sei. Mehr noch: Durch die Aktion des »Schwarzen September« sei die tiefe

Komplizenschaft zwischen den »Charaktermasken des ›Rechts-staats‹ Bundesrepublik« (als Nachfolgestaat des Dritten Reichs) und »Israels Nazi-Faschismus« klar entlarvt worden – gerade indem diese Aktion »auf die Olympischen Spiele zielte, die die Erinnerung an 1936, Auschwitz und Reichskristallnacht auslöschen sollten«. Nun vergieße Israel heiße »Krokodilstränen«, während es »seine Sportler verheizt wie die Nazis die Juden – Brennmaterial für die imperialistische Ausrottungspolitik«, die unter dem »Moshe-Dayan-Faschismus, diesem Himmler Israels«, längst zur gängigen Praxis geworden sei.

Kurzum: »An der Aktion des Schwarzen September in München gibt es nichts mißzuverstehen. Sie haben Geiseln genommen von einem Volk, das ihnen gegenüber Ausrottungspolitik betreibt. Sie haben ihr Leben eingesetzt, um ihre Genossen zu befreien. Sie wollten nicht töten ... Die deutsche Polizei hat die Revolutionäre und die Geiseln massakriert« – sinnfälligerweise auf dem »NATO-Flughafen Fürstenfeldbruck«. Das imperialistische Ausland sei nun hell entsetzt »über die Unfähigkeit der Deutschen, wieder einmal nicht nur die Kommunisten, sondern die Juden gleich mit liquidiert zu haben«. Aber die »Brandt, Genscher ... und wie die Charakter-masken des Imperialismus alle heißen«, mußten dieses Massaker anordnen, weil Aktionen wie die des »Schwarzen September« oder der RAF ihnen ihre »Massenbasis« entziehen, »weil Widerstand langfristig anzieht, ermutigt, nicht abstößt«.[101]

Es ist kaum möglich, diese Konfusion rückwirkend aufzulösen. Auf welchen Nenner will man das bringen? Die Formel vom »lin-ken Antisemitismus« trifft die Sache schwerlich ganz. Und Ulrike Meinhof eignet sich nach dem Zeugnis aller, die sie gekannt haben, für diese Rolle am wenigsten. Auch die andern Mitglieder deut-scher Terrorgruppen haben den Vorwurf des Antisemitismus schon damals und später erst recht vor Empörung schnaubend zurückgewiesen:*

(*) Till Meyer etwa verkündet vollmundig: »Antisemiten waren wir nie.« Aber er fand es selbstverständlich, im Sündenregister des entführten Lorenz ganz oben zu notieren: »Propagandist des Zionismus« – wegen seiner »Besuche in Israel

Gewiß, das Ausmaß, in dem die deutsche Metropolen-Guerilla aller Richtungen sich in den palästinensischen Ausbildungslagern trainieren, indoktrinieren und in Aktionen einbinden ließ, ist durchaus verräterisch. Nur – was verrät es? Tatsächlich gab es Linksradikale (oder Rechtsradikale) vieler Länder, die in Palästina ihr Heil suchten und sich in den Lagern in Südjemen oder im Libanon trainieren ließen. Allerdings hat in der zweiten Hälfte der siebziger Jahre niemand – vom venezolanischen Superterroristen Ramirez Sanchez alias »Carlos« abgesehen – sich derart intensiv und beinahe *symbiotisch* in die Netzwerke der von arabischen Ölstaaten üppig gesponserten palästinensischen Terrororganisationen einspannen lassen wie gerade einige Dutzend junge Deutsche.

RAF, 2. Juni und R.Z. scheinen um diese Fonds und Quellen regelrecht konkurriert zu haben. Der Pate dieses internationalen Terrornetzwerks hieß Wadi Haddat (alias Abu Hani) und war der Militärchef der marxistisch-leninistischen Volksfront zur Befreiung Palästinas (PFLP), die für Gaddafi und andere Potentaten faktisch Söldnerdienste leistete. Für ihre regelmäßige Versorgung mit Waffen und Geld – Klein zufolge erhielten die Mitglieder der »internationalen Ebene« der R.Z. pro Person etwa 3000 $ im Monat – hatten sie Gegenleistungen zu erbringen, die Söldnercharakter annahmen. Die Palästinenser brauchten für ihre Operationen immer Leute, die keine Araber waren, und eine logistische Struktur in Europa. Der scheinbar so mysteriöse »Carlos« war in Wirklichkeit nur der Chef des Logistikzentrums der Haddat-Truppe in Paris, und die R.Z.-Leute (speziell Böse und Weinrich) dienten ihm als verlängerter Arm.

Das alles spielte längst nicht mehr nur in den Niederungen einer nationalen Kleinguerilla, sondern auf der Ebene der großen Politik, sogar der Weltpolitik. Man muß sich erinnern, daß es die Zeit der vom sowjetischen Block geführten Kampagnen gegen den »internationalen Zionismus« war, der noch einmal (selbst in UN-Resolutionen) als der Weltfeind schlechthin gezeichnet wurde. In einem unendlichen Schrifttum teils moskowitischer, teils arabischer Pro-

---

und Geldspenden«. Für die Bewegung 2. Juni war das bereits ein todeswürdiges Verbrechen. [Vgl. den Text des Entführungskommuniqués in: Meyer, Staatsfeind, S. 23 f.]

venienz, das quantitativ und qualitativ dem modernen politischen Antisemitismus des späten 19. und frühen 20. Jahrhunderts keineswegs nachstand, wurden obskurante Verschwörungstheorien und revisionistische Geschichtsthesen jeder Art produziert.

Der Zionismus erschien darin als die militante Speerspitze, wenn nicht sogar das wahre Zentrum und der geheime *spiritus rector* des gesamten Weltimperialismus. Dieser »Antizionismus« unterschied sich vom traditionellen Antisemitismus allerdings dadurch, daß er wütend bestritt, sich gegen die Juden als solche zu richten. Das wäre ja Rassismus gewesen! Rassisten waren aber gerade die Israelis »als Volk« (wie Ulrike Meinhof schrieb) und dann die Vertreter jüdischer (»zionistischer«) Organisationen im Westen, darunter auch in der BRD.

So beschwerte es denn auch nicht das Gewissen junger deutscher »Internationalisten«, sich an Aktionen zu beteiligen, wie man sie eher von neonazistischen Aktivisten erwarten würde: zum Beispiel die Beteiligung dreier RAF-Kader 1976 an einem palästinensischen Kommando, das eine israelische Verkehrsmaschine in Nairobi mit einer SAM-7-Rakete abzuschießen versuchte (was nur knapp verhindert wurde). Oder die innerhalb der R.Z. ventilierten Pläne, Simon Wiesenthal, den Leiter des NS-Dokumentationszentrums in Wien, zu entführen, oder die Vorsitzenden der Jüdischen Gemeinden in Berlin und Frankfurt, Galinski und Lipinsky, zu ermorden. Diese Pläne jedenfalls machte Hans-Joachim Klein bei seinem endgültigen Ausstieg aus der Gruppe 1977 publik – und vereitelte sie dadurch möglicherweise.

Das mag man glauben oder bezweifeln. Sprechend genug war in jedem Falle das weinerlich-aggressive Dementi der REVOLUTIONÄREN ZELLEN selbst in einem offenen Brief an den PFLASTER-STRAND: »(Ihr) fahrt auf HJKs (Kleins) Horrorstory ab, statt zu überlegen, welche Rolle Galinsky spielt für die Verbrechen des Zionismus …, welche Propaganda- und materielle Unterstützungsfunktion dieser Typ hat, der alles andere ist als nur ›jüdischer Gemeindevorsitzender‹, und: was man dagegen machen müßte und in einem Land wie unserem dagegen machen *kann* … «[102]

Erst Anfang der neunziger Jahre – geschockt von der (verspäteten) Nachricht über die Hinrichtung eines ihrer Mitglieder, Gerd Albertus, durch ein Tribunal jener palästinensischen Organisation, der er sich verschrieben hatte, aber womöglich auch durch die Hand der eigenen Genossen – begann ein Teil der R.Z.ler, sich selbstkritisch mit dem Weg und der Ideologie der eigenen Gruppe auseinanderzusetzen. »Wir machten uns die Losungen des palästinensischen Befreiungskampfes zu eigen und setzten uns darüber hinweg, daß unsere Geschichte eine vorbehaltlose Parteinahme ausschloß.«[103] Die Verfasser dieser (ziemlich ernsthaften) Selbstkritik waren aber womöglich *dieselben* Leute, die als »Antifaschisten« Aktionen wie die von Entebbe vorbereitet hatten, wo Brigitte Kuhlmann (unter dem Pseudonym »Halimeh«, die Sanfte) den jüdischen Passagieren bei der Aufstellung zur Selektion die Kipa vom Kopf geschlagen haben soll.[104] Die Frage, ob das so stimmt, verblaßt hinter der Feststellung, daß man es überhaupt für möglich halten kann.

Nochmals also: Welcher tieferen Motivation und Handlungslogik folgte dieser Weg, der gerade das Gros der deutschen Terroristen von einem (stets herbeizitierten) »Auschwitz« nach Entebbe führte? Von Henryk Broder stammt das spitze Aperçu: Auschwitz werden die Deutschen uns (den Juden) nie verzeihen. Nimmt man den darin angesprochenen Zusammenhang von Schuld und Aggression nicht einfach als *perpetuum mobile* einer Wiederkehr des »ewigen Antisemitismus«, sondern einer spezifischen Umgetriebenheit und tiefen narzißtischen Kränkung, die in der zweiten und dritten Generation sogar größere Virulenz angenommen hat als in der Generation der unmittelbar Betroffenen (d.h. Belasteten), dann kommt man der Sache vielleicht näher.

Kunzelmanns Narrenmund tat (unbewußt) Wahrheit kund, als er in seinem »Brief aus Amman« Ende 1969 davon sprach, daß man dort unten am Jordan seinen deutschen »Judenkomplex« endlich überwinden könne. Diese neue Freiheit – als Revolutionär unter Revolutionären aller Länder und Rassen – mußte sich mit einer nachvollziehbaren Logik besonders im Angriff auf die *bewähren*, die jene überwundene böse Geschichte und Kränkung des Selbstbildes repräsentierten: die Juden, pardon, die »Zionisten«.

Aber nach derselben narzißtischen Handlungslogik waren es auch die »alten Nazis« und die »Generation von Auschwitz«, von deren Fluch und lastender Präsenz man sich befreien mußte. So kulminiert die Geschichte des deutschen Terrorismus am Ende in einer Aktion, in deren Zentrum *nicht* ein Heinz Galinski, sondern ein Hanns Martin Schleyer stand. Auf ihn ließ sich (mit den nötigen Körnchen Wahrheit) alles häufen, was überhaupt aus antikapitalistischer und antifaschistischer Perspektive gegen die Kriegsgeneration gesagt werden konnte: ein ehemaliges studentisches SS-Mitglied, das sich in scheinbar gerader Linie von einem faschistischen Kriegswirtschaftsorganisator im Reichsprotektorat Böhmen und Mähren zu einem bundesdeutschen Großindustriellen und Sprecher des kapitalistischen Unternehmerverbandes umgewandelt hatte. Im gängigen Raster mußte er der »Boß der Bosse« sein, der, dem auch die Politik gehorchte, dazu eben »alter Nazi« – was wollte man mehr?

Daß am Ende nichts in diesem Bild so richtig stimmte: daß die Regierung nicht »gehorchte«; daß der im »Volksgefängnis« sitzende Schleyer mit seinen improvisierten Ansprachen sogar in den Augen seiner Geiselhalter mehr menschliche Züge bekam, als ihnen erträglich war (die Umkehrung des Stockholm-Syndroms); und daß selbst die als Zweitgeiseln genommenen Neckermann-Touristen, »deutsche Spießer« also, diese ultimative Desparado-Aktion zur Freipressung der Stammheimer Gefangenen nicht mehr wenden konnten – davon hat sich die ganze »revolutionäre Linke« nicht mehr erholt, so beteiligt oder unbeteiligt sie war oder sich gab.

Astrid Proll, die bei der Entstehung der RAF mit dabei war und früh versucht hat, wieder eigenen Boden unter die Füße zu bekommen, hat in einem Interview einmal gesagt: »Ich weiß gar nicht, ob die RAF eine politische Gruppe war. Sie war eher so etwas wie die Selbstanmaßung einer ganzen Generation.«[105]

BLEIERNE ZEIT
Der KBW als Schule des virtuellen Totalitarismus

> Sekten zeichnen sich dadurch aus, daß sie
> versuchen, den Reichtum der Gattung in sich
> zu verkörpern, obgleich ihnen die Kapazität
> dazu abgeht.
>
> *Georg Lukács*

Der Film fuhr ab. Im milchigen Mittagslicht legte mir Genosse
M. F. wortlos einen Kassiber auf den Tisch: »Die Verbotslage wird
kritisch. Wir müssen die Delegation, die aus China zurückkommt,
in Paris abpassen.« In einer Stunde treffen wir uns am Mainufer
unter der Friedensbrücke. Genosse J. wird dort mit dem Organisa-
tions-Saab warten. Kein Wort darüber – zu niemandem!

Seltsame Gefühle euphorischer Spannung nach Monaten eines
langen, depressiven Tiefs. Wieder ein Aufbruch nach Irgendwo.
Wieder eine Grenze überschritten. Niemand folgt. Wir reden wenig bis Paris. Die Stadt der Träume mit ihren Boulevards und Ca-
fés – ein fern leuchtender Archipel. Nacht über Charles de Gaulle.
Eine Mütze Schlaf im Foyer. Patrouillen mit MPs und wachem
Blick. Dann, in den frühen Morgenstunden, die Maschine aus
China. Es gelingt, die Genossen aus dem Transitbereich herauszuholen. Draußen bricht ein strahlender Tag an. Drinnen in der Cafeteria tagt der Ständige Ausschuß des ZK – Genosse J. und ich am
Nebentisch. (Vorsichtsmaßnahme?) Verkündet und beschlossen:
Die Delegation wird nach Frankfurt weiterfliegen, als sei nichts.
Ich erhalte alles vorhandene Geld, ungefähr dreißigtausend DM,
und nehme gleich von hier die nächste Maschine nach Wien, um
mit Unterstützung der Genossen vom KB Österreich Quartier zu
machen für den Fall X. Ein Mitglied des Ständigen Ausschusses
mit näheren Instruktionen wird in Kürze folgen.

Sommer 1977 – schön wie immer vor Kriegsausbruch. Scharf
verschwitzt in Felix Austria. Alles wie im richtigen Film. Genosse

St. in seiner großzügigen Wohnung am Stephansdom (hohes Tier in der Arbeiterkammer) trifft die notwendigen Dispositionen, leicht skeptisch und nicht besonders alarmiert. Deutschland scheint weit weg. Der Schock dieser Bilder vom Frühjahr – die Toten unter der Plane neben dem durchsiebten Fahrzeug, der Generalbundesanwalt mit seinem Fahrer und Leibwächter, abgelebte Staatspuppen, aus denen aber kein Gips, sondern Blut rieselte – hier unten hatte sie das alles kaum erreicht.

Für mich hatten diese Bilder sofort eine Zäsur signalisiert. Wieder das flashartige Gefühl wie zehn Jahre zuvor, am 2. Juni 1967, als »sie« auf »uns« geschossen hatten. Seit dem 7. April 1977 wurde zurückgeschossen, soviel war klar. Das Zeitalter der großen Krisen und Kriege, Repressionen und Umstürze hatte begonnen. Wie wir auf diese Zuspitzung zu reagieren hatten, dafür hatte M.F. den Ton vorgegeben, als er verspätet in die abendliche Fernsehlage kam und herausplatzte: »*Echt umgenietet!?* Mit MP's vom Motorrad runter? Sauber!«

Nervöses Gelächter der anwesenden Redakteure und Referenten, das die erste Schreckensstarre löste. Agitierte Diskussionen. Natürlich waren individuelle Attentate irregulärer Kommandos, wie diese RAF-Desparados es waren, unsinnig und falsch, weil sie nur zum Austausch der einen »Charaktermaske« durch eine andere führten. Sparringspartner für die herrschende Klasse! Aber das war jetzt bereits die Nebenseite. Die Hauptseite war, daß das Imperium zurückschlagen würde – und wir würden uns zwar wegducken, aber, wie die letzte ZK-Resolution schon implizit angedeutet hatte, den Kampf aufnehmen, den sie uns früher oder später sowieso aufzwangen.

Im März hatte Ministerpräsident Albrecht bereits das Verbot des KBW gefordert – nach dem Sturm auf das Baugelände eines AKW in Grohnde. Er hatte ein recht eindrucksvolles Sammelsurium von Werkzeugen und Waffen vorgeführt – Holz- und Eisenstangen, Wurfanker und -lanzen, Äxte und Spitzhacken, eine elektrische Stahlsäge mit tragbarem Stromaggregat und zwei Autos mit Funkgeräten, von denen aus die Sturmtrupps mit Walkie-talkies gelenkt worden seien. Dazu Dutzende Molotow-Cocktails und

Zwillen mit Geschossen, die Schutzbleche und Schilde durchschlügen. Distanzwaffen dieser Art waren unsere Sache eigentlich nicht; die Nahkampfmittel und vor allem die moderne Technik schon eher.

Meines Wissens war Grohnde die *einzige* wirklich »militante« Großaktion des KBW – die vor allem dazu diente, die Schmach von Brokdorf im Monat davor zu tilgen. Dort hatten die beweglichen KBW-Truppen motorisiert und per pedes, angeführt von General M.F. persönlich, mit einer stabsmäßig geplanten Strategie des Ausmanövrierens (der Polizei wie der anderen Teilnehmer) die »Führung« übernehmen sollen – und waren statt dessen unter dem homerischen Gelächter der direkten Rivalen von KB-Nord, »KPD«, Spontis usw. im Ansatz gestoppt worden und in den Marschen versunken. In Grohnde also sollten es die Unseren besser ausfechten und endgültig die »Führung« übernehmen.

Trotzdem war die Vehemenz, mit der Albrecht nach Grohnde speziell auf den KBW zielte, ungewöhnlich (und etwas rätselhaft). Er sprach ausdrücklich von »Terroristen« und forderte ein sofortiges Verbot des KBW als »kriminelle Organisation« durch Regierung und Länder. Nach dem Buback-Attentat schloß sich der Bundesvorstand der CDU an und forderte ein generelles Verbot der sog. »K-Gruppen«, die in absurder Verkennung als Rekrutierungsfeld der Terroristen galten. Eine typische Ente aus dem Hause Springer. Nichts konnte abwegiger sein. Damit verliehen sie uns allerdings jenen Nimbus höchster Gefährlichkeit, der unseren eigenen, sich hypnotisch auftümmelnden Macht- und Größenphantasien ziemlich genau entgegenkam.

»Genossinnen und Genossen, man braucht kein Prophet zu sein, um festzustellen: Von heut an bis in zehn Jahren wird sich für die Arbeiterklasse erneut die Frage stellen von Sieg oder Niederlage in ihrem Kampf gegen Ausbeutung und imperialistischen Krieg und für die proletarische Weltrevolution.« So begann die programmatische Rede von Genossen Schmierer als Sekretär des Zentralkomitees am 1. Mai 1977. Zehn Jahre also! Das war nicht mehr lange hin. Um dieses apokalyptische Weltgemälde zu bekräftigen, wurde jetzt immer eindringlicher der große Beschleuniger herbeizitiert: »Wer sagt, daß Krieg in der Luft liegt, hat recht.« Ältere Arbeiterinnen und Arbeiter spürten es ganz deutlich: Es werde

»soviel von Frieden gesprochen, wie dies bloß der Fall ist, wenn die Imperialisten darangehen, den Krieg vorzubereiten«.[1]

Wer heute darüber lacht (oder damals herzlich gelacht hat), sollte immerhin bedenken, daß zwei, drei Jahre später jene »Friedensbewegung« ausbrach, die sich an der Stationierung von Mittelstreckenraketen in beiden deutschen Staaten entzündete und die größte politische Massenbewegung der Bundesrepublik nach dem 2. Weltkrieg gewesen ist. Überspannter als deren Hyper-Blitzschlags-Phantasien waren unsere Vorstellungen auch nicht unbedingt. Überhaupt: Wir waren in dieser Frage (wie in mancher anderen auch) eine seltsame Sorte schräger Sturmvögel.

Natürlich hing bei uns grundsätzlich alles mit allem zusammen. Krieg war historisch *gesetzmäßig* und wurde planmäßig vorbereitet, sobald die normale Konkurrenz nicht mehr funktionierte. »Heute befindet sich der Kapitalismus in einer Überproduktionskrise, aus der er ohne Krieg nicht mehr herauskommen wird«, hatte die ZK-Resolution vom April 1977 lakonisch verkündet. Nur die Stärke der Befreiungsbewegungen der Dritten Welt, der revolutionär-sozialistischen Länder (China, Vietnam, Kampuchea, Nordkorea u.a.) sowie der internationalen Arbeiterbewegung im allgemeinen hatte demnach den finalen Zusammenstoß eines dritten Weltkriegs *bisher* verhindert. Die Weltlage war klar: Es ging um den Kampf der beiden imperialistischen Lager, des westlichen unter Führung der kapitalistischen Vormacht USA und des östlichen unter Führung der sozialimperialistischen Vormacht UdSSR. Nicht zuletzt deshalb mußte sich der »Schwerpunkt der Kämpfe für die proletarische Weltrevolution ... Stück für Stück nach Europa« verlagern, das zum »schwächsten Kettenglied« unter den imperialistischen Ländern geworden war.

Entscheidend war, die westdeutsche Bourgeoisie daran zu hindern, sich an der Seite der USA aktiv an den Kriegsvorbereitungen zu beteiligen. Dazu wiederum waren die wirtschaftlichen Kämpfe der Arbeiter und die Kämpfe breiter Volksmassen (Schüler, Studenten, Frauen, Mieter usw.) entscheidend zu forcieren. Eine Schlüsselrolle spielte der Kampf gegen das *imperialistische Energieprogramm*[2], das seit der »Ölkrise« der frühen siebziger Jahre ins Zentrum aller globalen Konflikte gerückt war. Also Brokdorf, also Grohnde! Dort waren wir angetreten, um an der Spitze kampf-

418

bereiter Massen den Planungen eines neuen Weltkriegs revolutionär entgegenzutreten. Kleiner hatten wir's nicht.

Großzügige theoretische Improvisationen und weite strategische Perspektiven hatten seit der Gründung zu den Attraktionen des KBW gehört. Anfangs hatte das noch auf paradoxe Weise beruhigend gewirkt, weil solche weiträumigen Vorgaben erst einmal Ordnung in das gärende Chaos der Gedanken und Orientierungen gebracht hatten. Endlich klare Ziele, klare Aufgaben, ein fester Rahmen! Nach Jahren des Geredes über die Notwendigkeit einer revolutionären Organisation, in der Theorie mit Praxis verbunden werden konnte – hier war sie.

Das auf der Gründungskonferenz im Juni 1973 beschlossene Programm mit Statut war nicht ohne literarischen Schwung und geschichtlichen Atem. Daß dieser Schwung großteils geborgt war – von den historischen Programmtexten, angefangen mit dem »Kommunistischen Manifest« –, war kein Einwand, sondern machte den Text nur vertrauter: »Die proletarische Weltrevolution ist aus einer wissenschaftlichen Voraussage zur Realität geworden«, begann die Präambel. Ja, die Weltgeschichte ging ihren Gang, und wir hielten Schritt. Zumal es im Forderungsteil auch vieles gab, was an den schwärmerischen Räteideen und Selbstverwaltungsvorstellungen der Studentenbewegung anknüpfte – aber viel detaillierter und (so schien uns) voll auf der Höhe der Zeit. Von der Sozialversicherung über den Arbeitsschutz bis zur Volksbildung, von den Forderungen einer revolutionären Demokratie bis zum Kampf gegen die imperialistischen Militärbündnisse – an alles war gedacht.

Die fast zweijährige, mit gewaltigen Theorieaufgeboten (sprich, Papierschlachten) geführte Programmdebatte, die vor allem über das Heidelberger NEUE ROTE FORUM gelaufen war, hatte bereits einer halben Hundertschaft lokaler Zirkel als Orientierungspunkt gedient, die sich für keine der vielen bestehenden Organisationen hatten entscheiden können. Ob sie mit dem Resultat ganz einverstanden waren oder nicht, spielte am Ende keine Rolle mehr. Die *Lust der Gründung*, gepaart mit einer gewissen Torschlußpanik, überwog alle Bedenken.

Also – was war das für eine Organisation, die da als letzte und bald auch stärkste unter den Linksradikalen der siebziger Jahre die Bühne betrat? Dem ganzen Rede- und Organisationsstil nach waren wir zunächst weniger Maoisten als *Neoleninisten*. Bei der Gründungskonferenz herrschte so etwas wie enthusiastische Sachlichkeit. Es gab scharfe Debatten und offene Kontroversen zwischen den informellen Fraktionen, vor allem den Wortführern aus Heidelberg (Joscha Schmierer) und aus Bremen (Willfried Maier). Daß das schon ein veritabler »Kampf zweier Linien« war mit einem gehörigen Schuß Psychoterror, trat zunächst hinter die Tatsache zurück, daß am Ende mit klarer Mehrheit abgestimmt und die Sache entschieden wurde. Die Bremer (denen wir Frankfurter Delegierten eigentlich zuneigten) blieben ja mit im Boot. Danach galt der demokratische Zentralismus. Geredet worden war genug, jetzt mußte aufgebaut werden.

Dazu gehörte zentral auch der »ideologische Aufbau«. Darunter wurde verstanden, daß wir auf der Linie unserer programmatischen Innovationen – besonders stolz waren wir auf unsere Forderungen zur »revolutionären Demokratie«, deren »Übergangscharakter« einen Zug von heimlichem Trotzkismus mit hineinbrachte – noch jede Menge theoretisch-empirischer Untersuchungsarbeit würden leisten müssen. So wie Lenin den Marxismus auf die Stufe des frühen 20. Jahrhunderts gehoben hatte und Mao ihn für die Länder der Dritten Welt weiterentwickelt hatte, würden wir den Marxismus-Leninismus und einige der Mao-Tsetung-Ideen auf die Höhe unserer Epoche und der Gesellschaftsverhältnisse des modernen Europas zu heben haben. Stillschweigend ausgelassen war – wie die ML-Konkurrenz sofort wütend konstatierte – in den frühen KBW-Texten der Name Stalins.

Auch die Emblematik unterschied sich deutlich: Nirgends die (je nachdem) vier oder fünf Köpfe der »Klassiker« und der ganze Traditionsbarock. Anfangs erschien die KVZ sogar mit einem Titel in Kleinschreibung; später gingen wir auf die klassische Times-Schrift zurück. Überhaupt war die Graphik und Typographie aller Druckerzeugnisse streng utilitär und meist schwarz-weiß, selten einmal knallig rot. Außer ein paar Transparenten (»Vorwärts! Es lebe!«) fehlte bei den Konferenzen jeder Parteitagspomp, wie er bei den Maoisten-Parteien (KPD, KPD/ML) in den lächerlichsten Formen bereits gang und gäbe war, von der DKP zu schweigen. Bis zum Schluß herrschte im KBW ein Stil robuster Hemdsärmeligkeit. Aktenkoffer und Funktionärsanzüge, Parteibücher und Ehrenzeichen, klatschende Präsidien und Jungpioniere mit Blümchen waren schlechthin undenkbar. Der Autoritarismus des Organisationslebens blieb im wesentlichen immer *informell* – was ihn nicht milderte, ganz im Gegenteil!

Zwar führten wir den Aufbau der Kommunistischen Partei als vordringliche Aufgabe ständig im Munde, machten aber nie wirklich Anstalten in diese Richtung. Der unausgesprochene Grund war der, daß wir nicht an die Wiederauferstehung einer Massenpartei mit Funktionärsstamm wie in der alten KPD glaubten, sondern eher dem Bild der vorrevolutionären Bolschewiki verhaftet waren: einer kleinen, geschlossenen Organisation hochgeschulter und praktisch bewährter Berufsrevolutionäre. Das war unser kollektives Ich-Ideal, das höher stand als alle gedruckten Programme.

Wer in den Keller des Berliner »APO-Archivs« hinuntersteigt, findet inmitten chaotisch abgelegter Flugblatt- und Zeitschriftenstapel jeglicher ideologischen Couleur und torsohafter Einzelbestände zwei lange Regale voller Ordner mit originalen Rückenbeschriftungen und kryptischen Bezeichnungen wie »ZK/STAUSS«, »Verbindungsbüro Nord« oder »Nachrichtenkette West« – die nach Auflösung komplett übergebenen Bestände des KBW. Das traurige materielle Substrat eines gut zehnjährigen, sich selbst genügenden politischen Hochleistungsaktivismus.

Ein einzigartiger Bestand in seiner Art. Ein nie berührtes, dabei soziologisch womöglich recht ergiebiges Pharaonengrab, 50–60 Regalmeter umfassend. Man muß natürlich die Zeichensprache der Zeit beherrschen, um in diesen Palimpsesten* lesen zu können und sich zurechtzufinden. Wer wollte das auf sich nehmen? Aber auch ein paar gezielte Probegrabungen geben – in Verbindung mit den publizierten Materialien – schon einiges her. Der statistische Furor, der später auch unsere Außenagitation auf skurrile Weise

---

(*) Palimpseste = historische Handschriften, unter denen ein älterer, ausgekratzter (Sub-)Text lesbar gemacht werden kann.

prägte, machte sich zuerst nach innen geltend. Unser kleiner, einige tausend Menschen umfassender Kader hat sich permanent und nach allen Regeln der Kunst selbst durchleuchtet.

Da verläßliche Daten über die radikalen Gruppen und Bewegungen dieser Zeit sonst weitgehend fehlen, hier also eine kleine soziologische Skizze einer typisch-untypischen »K-Gruppe« der 70er Jahre:

– Aus den sechs Gründungsgruppen und 20 Sympathisantengruppen, die 1973 den Stamm bildeten, waren bis Ende 1975 rund 120 Orts- und Ortsaufbaugruppen des KBW geworden, die zuerst über Instrukteure »angeleitet«, dann in Bezirken und Regionen zusammengefaßt wurden. Danach war der KBW als einzige kommunistische Organisation (außer der DKP) in der Bundesrepublik *flächendeckend* vertreten. Deutlich unterproportional allerdings in den drei Millionenstädten Berlin, Hamburg und München, wo KPD, KB-Nord und ARBEITERBUND jeweils die Szene beherrschten. Was nur bewies, daß man diese opportunistischen Organisationen dringend »als totes Gewicht an den Füßen der jungen kommunistischen Bewegung ... zerbrechen« mußte.[3] Gut gebrüllt! Trotz einiger Rekrutierungserfolge in den Großstädten gehörte es zur Physiognomie des KBW, daß er eine Organisation der deutschen Mittel- und Kleinstädte blieb. Er verkörperte in besonders intensiver Weise das Element des mittelständischen deutschen Partikularismus. Während die KPD-Schnösel eine artifizielle berlinische Hochsprache redeten, die KB-Nord-Kader hanseatisch-proletarisch daherschnarrten und die Arbeiterbündler urbayerisch herumgrantelten, wurden im KBW die Dialekte aller deutschen Gaue gepflegt, vom breitesten Schwäbisch über das hessische Gebabbel und ächte Kölsch bis zum Küstenplatt. Dieses Reden in Mundart – wer immer es beherrschte – war erwünschter Ausweis unserer maoisierenden Volkstümelei.

– Aus knapp 900 Mitgliedern und Kandidaten des KBW Ende 1973 waren bis Anfang 1975 etwa 1700 geworden, bis Mai 1977 über 2600. Das war der statistische Zenit. Zu den regulären Mitgliedern waren noch einmal so viele Mitglieder der »Massenorganisationen« hinzuzurechen, die kaum weniger intensiv eingespannt wurden. Anfang 1977 gab es 2100 Studenten in 37 KOMMUNISTISCHEN HOCHSCHULGRUPPEN (KHG) bzw. STUDENTENBÜNDEN (KSB), dazu 740 Mitglieder der GUV (GESELLSCHAFT ZUR UNTERSTÜTZUNG DER VOLKSKÄMPFE, mit liebevollem Spott »Goofies« genannt, in der Überzahl Lehrer, dazu Ärzte, Anwälte, Professoren usw.) sowie etwa 540 Schüler und Lehrlinge im KOMMUNISTISCHEN JUGENDBUND (KJB) bzw. KOMMUNISTISCHEN OBERSCHÜLERBUND (KOB). Insgesamt waren das rund 6000 fest Organisierte, mit den aktiven Sympathisanten, die in Schulungs- und Lesezirkeln und diversen Komitees erfaßt wurden, maximal 7000 Aktive.

– Von den 96 Delegierten der 2. DK Anfang 1975 waren 30 (ich zum Beispiel) vor oder seit 1968 aktiv gewesen, 20 davon im SDS. Das hieß, daß auch im engeren Kaderkreis zwei Drittel erst am Ausgang der APO-Zeit »politisiert« worden waren. Für die Mitgliedschaft galt das erst recht. Ein kleiner Kern von »Alt-68ern« versammelte also um sich eine Organisation von »Nach-68ern«. Das Durchschnittsalter aller KBW-Mitglieder betrug 1975 ganze 23,9 Jahre. Auch bis 1977 war das Durchschnittsalter erst auf 24,8 Jahre gestiegen. Und noch 1979/80 war mehr als die Hälfte aller Mitglieder jünger als 26, nur ein Zehntel älter als 33 Jahre. Das bedeutet, daß der KBW sich immer wieder aus jugendlichen Altersgruppen ergänzte, während Ältere ausschieden. Erst in der Spaltungsphase kehrte sich das um. Zu einem Gutteil erfolgten die Nachrekrutierungen allerdings aus den eigenen Jugend- und Studentenorganisationen, die ab 1978 kaum noch dauerhaft neue Mitglieder gewinnen konnten und in ihrem Kernbestand von der Mutterorganisation aufgesogen wurden. Die Spreizung der Hauptaltersgruppen betrug immer rund 12 Jahre, d. h., wir waren altersmäßig hochgradig homogen, ohne alle Vater- oder Mutterfiguren – eine entbundene, mobile Jugendrepublik mit eigenen Traditionen und Lebensstilen.

– Bei Auswertung der vorhandenen Unterlagen scheint es sogar möglich, die *Fluktuationen* annähernd genau zu berechnen. Bis heute kann man kaum sagen, wie viele Aktive eigentlich durch die revolutionären Organisationen der siebziger Jahre *hindurch-gelaufen* sind. Aus den sporadischen Angaben über Ein- und Austritte, die ich bei meinen Probebohrungen gefunden habe, ist zu schließen, daß die Fluktuationen im KBW pro Jahr rd. 20 Prozent betrugen. In den Massenorganisationen, die 1980 weitgehend aufgerieben waren, dürften diese Fluktuationen noch höher gewesen sein. So waren nach der letzten statistischen Erhebung von Mitte 1980 (direkt vor der Spaltung) unter den 2200 Mitgliedern nur noch eine Kerngruppe von etwa 1000 übrig, die fünf bis sieben Jahre im KBW tätig waren. Eine retrospektive Gesamtaufstellung, die 1981 gemacht wurde, weist für die Kernzeit 1974–80 ungefähr 3600 Eintritte und ebenso viele Austritte und Ausschlüsse aus – mehr also, als der KBW auf dem Höhepunkt Mitglieder besaß. Das bedeutet, daß allein den KBW ungefähr 7200 Personen *durchlaufen* haben. Nimmt man eine (mindestens) entsprechende Fluktuationsrate für die Massenorganisationen an, ist davon auszugehen, daß bis zu 15.000 Personen über kürzere oder längere Zeit im Gesamtverband organisiert waren – nicht wenig in einem so eng umgrenzten Generationssegment. Mit dem in Schulungen, Aktivitäten etc. einbezogenen Sympathisantenumfeld könnten es an die 20.000 gewesen sein, die mal in irgendeiner Form »dabei« waren.

– Noch erstaunlicher ist eine andere Entwicklung. Im innerorganisatorischen Umgang herrschte im KBW eine strikte androgyne Sachlichkeit (was altersgemäße Gefühlsstürme und Triebstaus natürlich nicht ausschloß). Jedenfalls sprachen auch die Genossinnen, wenn sie sich auf die Mitgliedschaft insgesamt bezogen, meist nur von »Genossen«, also im Neutrum. Frauenquoten gab es nicht, überhaupt keinerlei organisierte Förderung weiblicher Kaderkarrieren. In den diffizilen statistischen Auswertungen wurde der Frauenanteil meist nur beiläufig mitgeteilt und oft sogar vergessen. Die Führungsstrukturen waren denn auch deutlich männlich-patriarchal dominiert. Auf der DK 1975 waren nur 17 von 96 Delegierten weiblich gewesen, weniger als 20 Prozent. Dabei war der Anteil der jungen Frauen in der Mitgliedschaft bis dahin bereits auf etwa 30 Prozent gestiegen. Dann passierte etwas Erstaunliches: Der weibliche

Anteil an der Mitgliedschaft stieg bis Mitte 1977 auf fast 38 Prozent und lag in der Spaltungs- und Auflösungsphase 1979/80 deutlich über 40 Prozent – wofür man so leicht keine Parallele in irgendeiner anderen politischen Organisation der Zeit finden wird. Das hieß, die Frauen bewiesen eine größere Zähigkeit und Anhänglichkeit an die Organisation als die Männer. Ein Drittel der Zellenleiter war 1977 weiblich, Tendenz steigend; einen ähnlichen oder höheren Anteil dürften die Frauen in den bezirklichen Leitungsebenen eingenommen haben, wo es etliche prominente Orts- und Bezirkschefinnen gab. Auf ZK-Ebene war der Anteil dann wieder etwas geringer. Allgemein gesagt, bildeten die Frauen so etwas wie den stabilen Mittelbau des Organisationsgerüstes und den emotionalen Kitt des familiären Ganzen. Und wenn's ans Spendeneintreiben und an die Arbeitsverteilung ging, wenn alle einzeln dartun mußten, was sie arbeitsmäßig oder finanziell noch gerade eben leisten konnten, konnte dieses Feminat auch seine Schrecken haben.

– Ziemlich konstant blieb das *soziale Profil*. Von Beginn bis zum Ende hatten mehr als die Hälfte der regulären KBW-Mitglieder das Abitur oder eine höhere Bildung – während mehr als die Hälfte in »Berufen gewöhnlicher Qualifikation« tätig waren. Darin überschnitten sich zwei gegenläufige Bewegungen: die der proletarischen Einsteiger und die der bürgerlichen Aussteiger. Der Banklehrling und Hausmeisterssohn, der auf dem Abendgymnasium sein Abitur nachmachte, im KBW zum Leitungskader qualifiziert wurde und heute Professor für Volkswirtschaft ist, und die rausgeschmissene Realschullehrerin und Beamtentochter, die sich über Jahre als einfache Arbeiterin in Provinzbetriebe verschicken ließ und heute Tarifexpertin in der ÖTV ist, tauchten hier in ein und derselben Rubrik auf. Das waren vielleicht keine so ungewöhnlichen Lebensläufe, wie man glaubt; es gab (und gibt) sie auch außerhalb solcher politischer Organisationen. Aber gerade der KBW war ein mächtiger Generator der sozialen Durchwirbelung, nach oben wie nach unten. Dazu paßte es, daß im KBW die Leute des (damals breit eröffneten) zweiten Bildungsweges besonders stark vertreten waren, ebenso Fachhochschulstudenten, die sich zeitweise ins proletarische Milieu, aus dem sie kamen, zurückschicken ließen, aber am Ende ihre eigenen Wege gingen. Auch sozial lagen wir also am Meridian auf- und absteigernder Karrieren, eine Art revolutionär neu gemixter deutscher *middle class*.

– Welchen »*Einfluß*«konnte eine solche Gruppe wie unsere quantitativ und meßbar gewinnen? Eine Erhebung über die Veranstaltungen und Demonstrationen des KBW am 1. Mai 1976 in fast 130 Orten meldete 18.000 Teilnehmer – sicher übertrieben geschätzt, aber 12–14.000 könnten es gewesen sein. In solchen Größenordnungen bewegten sich die Zahlen der von uns direkt *Mobilisierbaren* durchaus. Wir in Frankfurt versammelten damals zur roten »1.-Mai-Feier« in einem großen Festzelt am Rebstockgelände rund 1.000 Leute. Es herrschte noch immer ein Rest Aufbruchstimmung. Unsere Rocktheater-Gruppe spielte ein Stück gegen den § 218, das die Leute auf die Bänke brachte. Wir sangen im Chor das Lied von Sacco und Vanzetti – fehlten nur die Wunderkerzen. Ich hielt nach dem führenden Mitglied des Ständigen Ausschusses (heute, soviel ich weiß, im Vorstand einer großen Firma) eine feurige Rede und sang später im Ernst-Busch-Stil mit viel Metall in der Stimme Majakowskis »Linksmarsch«. Von diesen Höhepunkten im Gemeinschaftsleben zehrte man in den Ebenen der aufreibenden Tagesarbeit. Und gewann neue *Sympathisanten* (m + w) hinzu. Bei uns war das kein Schimpfwort, sondern eine stete Rechengröße.

– Bei den Bundestagswahlen im Oktober 1976 beteiligte sich der KBW und erhielt 21.400 *Erststimmen* und 20.000 *Zweitstimmen* (zum Vergleich: die maoistische KPD 8.800/22.700, die trotzkistische GIM 2.000/4.800, die DKP 170.000/118.000). Wie die hohe Stimmenkongruenz zeigt, wählte KBW nur, wer uns näher kannte. Bei einer Kandidatur in *allen* Wahlkreisen im Bundesgebiet wären es vielleicht 30.000 Stimmen gewesen; so viele ergeben jedenfalls unsere addierten Stimmen bei allen Landtagswahlen. Natürlich waren das nur ganze 0,1 % aller abgegebenen Stimmen. Aber uns interessierten allein die *absoluten* Zahlen. Damit konnte man schon arbeiten.

– Die KBW-Stimmen entsprachen ziemlich genau auch dem Kreis der mehr oder weniger regelmäßigen Leser unseres wöchentlich erscheinenden Zentralorgans, der KOMMUNISTISCHEN VOLKSZEITUNG (KVZ). Die gedruckte Auflage hatte 1974/75 (weit überhöht, aber auch von Neugiereffekten getragen) bei über 50.000 gelegen, bis 1976/77 sank sie auf 30.000 und darunter, was eine Annäherung an die *tatsächlichen Leserzahlen* war. Wenn man diese auf 20.000 pro Woche veranschlagt, war das immer noch recht erheblich. Die theoretische Zeitschrift KOMMUNISMUS UND KLASSENKAMPF wurde 1976 in monatlich 10.000 Exemplaren ausgeliefert. Verkauft wurden davon vielleicht 6–7.000 – das umschrieb dann wieder die engere Peripherie der Mitglieder und Sympathisanten. Nicht unbeachtlich waren auch die Auflagen unserer selbstverlegten Broschüren oder Bücher. Die Bücher erschienen jeweils in Erstauflagen von 4–5.000, denen bald Zweitauflagen in gleicher Höhe folgten. Jeweils 6–8.000 werden tatsächlich verkauft worden sein – nur über *direkte* Verkäufe wohlgemerkt. Noch höhere Zahlen erreichten die wichtigsten Broschüren. Es gab demnach eine beträchtliche, hochmotivierte, aber statische Leserschaft unserer Publikationen. Immerhin: Das als kleines Rotes Buch gedruckte PROGRAMM UND STATUT des KBW (für 80 Pfennige) wurde Anfang 1975 in fünfter Auflage im 80.-99. Tausend gedruckt, bis 1977 waren es 150.000 Exemplare. Diese Auflage dürfte den äußersten Kreis der Personen markieren, die sich in diesen Jahren jemals in irgendeiner bestimmten oder unbestimmten Form für den KBW interessiert haben.

Was die Zahlen über einen drei, vier Jahre stetig voranschreitenden »Organisationsaufbau« allerdings verdeckten, war die zunehmende Isolierung der Gruppe, die schon ziemlich bald nach der Gründung einsetzte. Die über hundert lokalen Zirkel, die ursprünglich den KBW bildeten, waren alle noch Teil einer jeweiligen örtlichen außerparlamentarischen Oppositionsbewegung oder Jugendszene gewesen. Mit dabei waren Matadore lokaler Kämpfe, Wortführer in Jugend- oder Lehrlingszentren, gewählte Betriebsräte und gewerkschaftliche Vertrauensleute, Sprecher von Bürgerinitiativen gegen die Atomkraft, aktive Frauen in § 218-Initiativen, Vertreter von ASten, Fachschaften oder Schüler-Selbstverwaltungen, beliebte Lehrer, um deren Entlassungen und Berufsverbote es heftige Auseinandersetzungen gab (wie im Fall von Fritz Güde, dem Sohn des ersten Generalbundesanwalts) – und so weiter.

Der KBW schien alldem durchaus entgegenzukommen. Er trat den Bewegungen nicht als selbstproklamierte »Partei des Proletariats« entgegen, sondern hielt, wie es aussah, eine vernünftige Mitte zwischen dem Aufbau einer festen, gutgeschulten Kaderorganisation und einem breiten Spektrum verschiedener »Massenaktivitäten«, die man sich auch nicht aus den Fingern saugen mußte, sondern längst betrieb.

Das erste einschneidende Ereignis war die schlagartige Schließung aller 18 örtlichen Buchläden im Herbst 1974. Diese ohne voraufgegangene Diskussion seitens der Zentrale verfügte Maßnahme traf auf heftigen Protest. Die Buchläden waren Erbe der lokalen Zirkel – ein Stück linker Alternativkultur und oft die wichtigsten Kommunikationszentren der Szene, deren Träger sich im Zuge der politischen Fraktionierungen auf den KBW orientiert hatten. Überhaupt war der KBW unter den Buchhändlern recht populär. Alle beneideten uns um diese 18 Läden, in denen der Umsatz linker Literatur nur so brummte. Und noch wurde mehr gelesen denn je. Nicht nur die »blauen Bände« (Marx/Engels) und die »braunen Bände« (Lenin), die palettenweise geliefert wurden und mit deren Druck die DDR zeitweise nicht nachkam, gingen weg wie warme Semmeln. Auch die ausgedehnte China-Literatur und die dazugehörigen Kultobjekte (Mao-Poster und -Plaketten, aber auch besinnliche Tuschzeichnungen) waren gefragter denn je. Unser zentraler Buchvertrieb war der größte Vertragspartner von Guozi Shudian in Peking, von wo Woche für Woche pittoresk verpackte Riesenballen eintrafen. Schließlich machte der KBW auch mit seinen eigenen Publikationen und Broschüren erheblichen Umsatz; und so mit denen anderer linksradikaler Gruppen. Von heute aus wirken sämtliche Auflageziffern von damals beinahe futuristisch.

In Frankfurt gab es vier linke Hauptbuchläden, und jeder war fraktionell orientiert: das »Libresso« (ML), der »Buchladen 2000« im Studentenhaus (SB), die »Karl-Marx-Buchhandlung« (RK) –

und unser 1972 gegründeter »Polibula« nahe der Uni, der aus der ROTEN-Zellen-Bewegung hervorgegangen war und als Kollektiv zum KBW überging. Aber noch zirkulierte man durch alle Läden, besorgte sich hier Texte der ML-Gruppen, dort die Sponti-Literatur, die wir aber (mindestens auszugsweise) ebenfalls vertrieben. Johnny Klinke und Matthias Beltz schauten (vor oder nach der Schicht beim Opel) mal herein und plänkelten mit den anwesenden KBWlern herum. Es herrschte Rivalität, aber keine Feindseligkeit. Man kannte sich schließlich.

Jetzt wurden diese Fäden gekappt. Ob man ein klares Kalkül darin sieht oder nur einen sicheren Instinkt, macht wenig Unterschied. Die Argumente waren zwingend – und um so niederdrückender. Erstens, die Läden seien kein Ergebnis des »planmäßigen Aufbaus« des KBW, sondern wildwüchsig entstanden, bänden mehr fixes Kapital, verursachten höhere Kosten und beschäftigten mehr Personal als unser eigentlicher Organisationsapparat. Zweitens sei »überhaupt nicht einzusehen, daß wir Vermögen der Organisation in zirkulierendes Kapital verwandeln in Gestalt von Büchern für wenige aus der Intelligenz kommende Käufer«. Dagegen sei kein Arbeiter »erfreut, einer unsortierten Menge von 1000 bis 2000 Büchern gegenüberzustehen«, sondern werde kaufen, was ihm sein kommunistischer Kollege empfehle oder anbiete. Und drittens und überhaupt hätten »revolutionäre Schriften Bedeutung nur in ihrem Gebrauchswert«, nämlich als Mittel »im Kampf um die Meinungen der Massen«.[4]

Die Läden waren also binnen drei Monaten zu schließen. Statt ihrer wurden örtliche Büros mit »Leseecken« oder »Lesehallen« eingerichtet, in denen ein ausgewähltes revolutionäres Sortiment von Büchern und Broschüren, Zeitungen und Zeitschriften zu haben war. Ansonsten wurden alle Zellen mit Bücherkoffern und mobilen Ständen ausgestattet und hatten mit den »Literaturverantwortlichen« ihrer Orts- oder Bezirksleitung abzurechnen. Was den zu erwartenden Widerstand gegen diese Reform betraf, der sich »aus der Verteidigung liebgewordener Gewohnheiten nährt«, waren die örtlichen Leitungskader laut ZK-Instruktion gehalten, »die klassenmäßige Herkunft dieser Gewohnheiten offenzulegen und durch politische Überzeugungsarbeit diesen Widerstand zu überwinden«.[5]

Natürlich hatte ich als Sekretär der Frankfurter Ortsleitung zuerst einmal die klassenmäßige (also bürgerliche) Herkunft meiner *eigenen* liebgewonnenen Lektüregewohnheiten zu überprüfen. Hier setzte dann der Mechanismus ein, der den ganzen Prozeß der fortschreitenden Verkaderung steuerte: Man salvierte sich selbst auf Kosten derer, die ihre Widerstände noch offener äußerten. Dazu bedurfte es keiner besonderen Niedertracht, sondern das lag in der Logik jeder »Anleitungsfunktion«. Darin bestand sie eigentlich. Andererseits konnte man seine eigenen Vorbehalte nie völlig verbergen. Das war eben der notorische »rechte Opportunismus« – der von anderen Genossen unfehlbar bemerkt und scharf als »halbherzige« Durchführung der fälligen Maßnahmen durch die örtliche Leitung moniert wurde.

Kurzum, in solchen Ausrichtungskampagnen und Organisationsreformen wurde jenes dynamische Zwei-Seelen-Modell etabliert, das in allen historischen kommunistischen Parteien die inneren Radikalisierungs- oder Erschöpfungsprozesse bestimmte – und in der dünnen Ozonluft unserer Organisation später besonders intensive Formen annehmen würde.

Diese Maßnahmen richteten sich nicht nur gegen die vielfältigen Vernetzungen mit den linken Milieus, sondern ebenso gegen die populistischen Höhenräusche, in die wir uns zeitweise hineingesteigert hatten – gerade in Frankfurt. 1973 hatten wir die »Häuserkämpfe« der Sponti-Truppen stets mit einer Mischung aus Neid und Abwehr verfolgt. An vielen Demos nahmen wir natürlich teil, kaum jedoch am »Putz«, der sich um die besetzten Objekte entwickelte. Natürlich agitierten wir ebenfalls gegen »Stadtzerstörung«, »Mietwucher« und den »Polizeiterror«. Aber nicht nur bei den Häuserkämpfen, auch bei den permanenten Aktionen des antiimperialistischen Kampfes (Vietnam, Kambodscha, Spanien, Portugal, Chile …) hatte sich eine feste Rollenverteilung eingespielt: Wenn es irgendwo hinter uns wieder klirrte, die Sirenen aufheulten und die Hundertschaften aus den Seitenstraßen heranrückten, setzten wir uns geordnet ab, bevor es eng wurde – nicht aus Pazifismus oder schlichter Feigheit, sondern weil solche rituellen Schlachten einer Massenagitation im Proletariat nicht unbedingt förderlich waren. Und außerdem, weil wir uns nicht von den Putz-truppen hinten und den Polizeitruppen vorne das Gesetz des Handelns diktieren lassen wollten. Das wollten wir, wenn schon, gerne selbst diktieren.

Einen magischen Moment lang schien das tatsächlich zu gelingen, als wir – und nicht die Spontis, die noch ihre Wunden leckten – uns im April/Mai 1974 an die Spitze des populären Unmuts über die angekündigten drastischen Fahrpreiserhöhungen des neuen Frankfurter Verkehrsverbundes (FVV) setzten. Plötzlich hatten wir mächtigen Auftrieb, fühlten uns von einem breiten Unmut in der Bevölkerung getragen. Wir gründeten Fahrpreiskomitees in allen Stadtteilen (mit Ausläufern in einige Betriebe), agitierten wie besessen rund um die Uhr, sammelten Zehntausende Unterschriften, hatten regen Zulauf zu unseren Veranstaltungen. Die sich rhapsodisch steigernden Aktionen liefen schließlich darauf hinaus, am Tag der Erhöhung die Zeil als Nadelöhr des gesamten Schienenverkehrs zu blockieren. Das erwies sich als nicht allzu schwierig – auch mit Hilfe der Polizei, die denkbar grobschlächtig operierte, wie der sprichwörtliche Elefant im Porzellanladen. Die Stadt stand eine Woche lang in weiten Teilen still.

Ah, die Wonnen einer echten Popularität, die im Haß der Spießer nur ihren natürlichen Kontrast fanden. Von sämtlichen Blumenkübeln und Balustraden herunter predigten wir den »Massen«, mit und ohne Megaphon. Applaus, Applaus! Die ganze Stadt war zugekleistert mit unseren Plakaten und Flugblättern. Soweit sich Demonstrationszüge bildeten, liefen wir den Spontis (die wieder mal »alles« wollten: Nulltarif!) und den übrigen Lokalrivalen klar den Rang ab. Oder zumindest bildeten wir uns das ein.

Als am dritten Tag der Unruhen ein Schüler von einem Wasserwerfer angefahren wurde, machte sofort das Wort vom »Mordversuch« die Runde. Vorstadtjugend mischte sich mit frischem, hooliganistischen Elan ein. Die Spontis machten ihre üblichen *hit-and-run*-Aktionen, aber eher lustlos und routiniert. Wir dagegen stellten uns nun eins ums andere Mal mit breiter Brust der Polizei entgegen. Kein Helm, kein Tuch, kein »Sackschutz«, keine Steine und keine Mollies – nichts als die eingehakten Reihen oder bloßen Fäuste und hier und dort eine kleine Barrikade aus Mülltonnen oder Blumenkübeln zur Verteidigung. Ein seltsamer Heroismus, in den die Prügel, die man bezog, und selbst die bösen Verätzungen durch das exzessiv gebrauchte CS-Kampfgas mit eingebaut waren. Das entsprach einer politischen Haltung, der folgend wir nie (jedenfalls öffentlich) gegen »die Bullen« wetterten, sondern in jedem Moment, selbst wenn wir die »tollwütigen Angriffe der Polizeimeute« brandmarkten, noch an die Beamten appellierten, die »ihrem Auftrag äußerst unwillig gegenüberstehen«, wie wir auf Flugblättern versicherten, und »von den Polizeioffizieren in immer neue Einsätze gehetzt« würden.[6] Kurzum, wir spielten Petrograd, Februar 1917. Die Revolution siegte, wenn auch die »Arbeiter in Uniform« auf die Seite des Volkes übergingen.

Dem entsprach die politische »Zuspitzung« der Aktion. Am Abend nach dem Unfall wurde (nach Beratung mit den ZK-Instrukteuren) die Parole aus der Taufe gehoben: »DIESER MAGISTRAT IST REIF – DIESER MAGISTRAT MUSS WEG!« Als wir damit am nächsten Tag aufkreuzten, schwieg die Konkurrenz verblüfft oder tippte sich an die Stirn. Immerhin, die Parole wurde auf einer großen Versammlung der Fahrpreiskomitees übernommen und machte ihren Weg in die Schlagzeilen der Boulevard-Presse. Am Samstag gehörte die Zeil trotz Demonstrationsverbots tatsächlich weitgehend uns. Die Kaufhausbesitzer hatten gegen die immer wüsteren Treibjagden und ewigen Tränengasschwaden auf der Einkaufsmeile protestiert. Und siehe, die Polizei »mußte den wütend auf sie vorrückenden Ketten von Demonstranten weichen«! Damit, so verkündeten wir, habe »das Volk von Frankfurt ... einen großen Sieg errungen«.[7]

Zwar konnte die Kommune von Frankfurt vorläufig nicht ausgerufen werden, und nicht einmal die Fahrpreise wurden ermäßigt. Aber mit zeitlicher Verzögerung mußte der OB Arndt nach allen Frankfurter Schlachten tatsächlich seinen Hut nehmen. Von diesem Hausmythos unserer »Frankfurter Fahrpreiskämpfe« zehrten wir noch eine ganze Weile. In einer gut gemachten Photo-Dokumentation setzten wir uns selbst ein Denkmal. Ein agitatorisch geschnittener und dramatisch inszenierter Dokumentarfilm wurde produziert, der das hohe Lied unserer Kampfbereitschaft sang. Wenn die Polizeitruppen aufmarschierten, ertönte dumpf Schostakowitsch, und wenn die Unseren die Straße eroberten, erklang der schrille Marsch der 5. Roten Routearmee Chinas. Die Reihen der

Mitgliedschaft schwollen an, und bald zählten wir über 500 fest Organisierte – ein ordentliche kleine Streitmacht. Und Leute, die wir bis dahin nie erreicht hatten, bildeten ein sympathisierendes Umfeld, das noch einmal so groß war. Es ging voran!

Ein klarer Fall von Rechtsopportunismus, natürlich! Wir hatten es völlig versäumt, die Fahrpreisparolen richtig mit den Interessen der Arbeiterklasse in den Betrieben zu verknüpfen, z. B. vermittels der revolutionären Steuerforderungen aus unserem Programm. So fehlte der politischen Zuspitzung auf sofortigen Sturz des Magistrats die feste Grundlage. Überhaupt hatten wir das Bild eines umherschweifenden Rebellenhaufens geboten statt einer kämpfenden Einheit der Weltarmee des Proletariats. Wir hatten uns mit Opportunisten und Trotzkisten und dem ganzen Frankfurter kleinbürgerlichen Sumpf eingelassen, waren buchstäblich darin untergegangen wie die Fliege in der Milch. Kurzum, die Frankfurter Ortsleitung hatte sich der tief eingefressenen Abweichung des »kleinbürgerlichen Demokratismus« schuldig gemacht, obwohl diese schädliche Tendenz, die bürgerlichen Intellektuellen von Natur aus anhaftete, schon auf der Gründungskonferenz einer scharfen Kritik unterzogen worden war.

Immerhin, so ähnlich wie uns ging es auch den meisten anderen Genossen (ich verwende hier wie überhaupt das androgyne Neutrum, weil es den Beziehungsstrukturen durchaus entsprach), die sich 1974/75 mehr oder weniger erfolgreich in lokale Kämpfe eingeschaltet hatten, etwa gegen den Bau eines Kernkraftwerks in Wyhl oder in der schwungvollen Kampagne gegen den § 218. Bereits auf der 2. DK im Januar 1975 stellte sich heraus, daß nahezu *alle* selbständigen Aktivitäten der Ortsgruppen, Gewerkschaftsfraktionen, § 218-Komitees, der Vietnam-, Chile- oder Palästina-Komitees, der Studenten- und Schülervertreter usw. linke oder rechte Abweichungen aufwiesen.

Der objektive Grund lag darin, daß die »Krise des Imperialismus ... allgemein« geworden war, die Widersprüche im internationalen wie im nationalen Maßstabe sich rasant verschärften und alle Hoffnungen auf Reformen, wie sie an die sozialliberale Regierung geknüpft wurden, Schall und Rauch waren. Schlimmer: »Die

Krise der bürgerlichen Reformbewegung (reicht) ... bis in die Reihen der Kommunisten hinein und ... führt teilweise zu einer Kapitulation vor den gestiegenen Anforderungen an die Kräfte der Revolution«, hieß es im Politischen Bericht des ZK. Noch schlimmer: Diese zugespitzte Situation rief »teilweise Rückzugs- und Verlumpungstendenzen hervor« und führte »in einzelnen Fällen zum offenen Verrat«.[8]

Da duckte man sich schon etwas tiefer in den Sitz und war froh, daß die Rednerliste noch lang war, bevor man selbst drankam, um die Abweichungen in der eigenen örtlichen Politik einer selbstkritischen Einschätzung zu unterziehen. Hier und dort gab es auf dieser 2. DK noch offene Widerworte, scharfe Antikritiken, störrische Selbstbehauptungen, auch Gegenstimmen. Aber heraus kam im ganzen doch nur ein diffuses Gegrummel. Alle zeigten anklagend auf alle. Die Delegierten beugten ihre Köpfe über Dutzende von Resolutionen zur »Ausrichtung« der weiteren Arbeit in diesem und in jenem Sektor, die wie mit der Guillotine abgestimmt wurden. Alle Vorbehalte, die man in seiner Brust hegte, führte man eben auf die eigenen, »spontanen« Tendenzen zum Opportunismus zurück. Man mußte sehen, daß man nicht zurückblieb.

»Für uns war eine Organisation wie Ihre natürlich ein Glücksfall«, sagt mir der jüngere Beamte vom Kölner Bundesamt für Verfassungsschutz, Referat Linksextremismismus, mit freundlich anteilnehmender Empathie.[*] Ein bedenkliches Kompliment, wie ich nach erstem, lächelnden Einverständnis erschreckt bemerke.

Es stimmt: Als Organisation waren wir vollkommen transparent. Wer auf zentraler, regionaler, bezirklicher und örtlicher Ebene die Leitung bildete, wo unsere Büros zu finden waren, welche enormen Summen wir aus Mitgliedsbeiträgen und Spendenkampagnen einnahmen und wie wir sie ausgaben, welche Auflagen unsere Publikationen hatten – alles wurde offen mitgeteilt oder herausposaunt. Der ganze Konspirationsfimmel der anderen »K-

---

(*) Ich wollte im Zuge meiner Recherchen für dieses Buch von ihm erfahren, was man über unseren Verein damals im Kölner »Amt« so gesammelt und wie man ihn intern eingeschätzt hatte.

Gruppen« war uns völlig fremd, was den engsten Rivalen (allen voran dem KB-Nord und seinem Klatschblatt, dem ARBEITER-KAMPF) unendlichen Stoff für giftige Sticheleien oder mitleidiges Kopfschütteln lieferte.

Diese radikale Offenheit war freilich ein Gestus, der nach außen recht demokratisch wirkte, nach innen dagegen auf um so engeren sektenhaften Zusammenschluß angelegt war. »Wir Kommunisten«, hieß es in unseren programmatischen Deklarationen ein ums andere Mal, »erklären offen«, »machen kein Hehl daraus« – nämlich: daß wir Schulter an Schulter mit den Kommunisten und Revolutionären aller Länder auch für die Bundesrepublik Deutschland den gewaltsamen Umsturz anstrebten, eine Diktatur des Proletariats errichten wollten, die bürgerliche Verfassung ablehnten, den Marxismus-Leninismus als die (schöpferisch weiterzuentwikkelnde) Leitlinie aller richtigen Gedanken der Menschen ansahen usw. Die erhaltenen internen Expertisen, die der Herr vom Kölner »Amt« mir vorlegte, konnten sich denn auch getrost darauf beschränken, unsere überall erhältlichen Dokumente in schülerhafter Zusammenstellung zu zitieren. Wirklich, wir waren ein dankbares Objekt für sie.

Aber dabei waren ihnen die internen Radikalisierungen womöglich entgangen. Oder hatten davon die Spitzelberichte gezeugt, die man mir natürlich nicht zeigte, falls sie nicht (vorschriftsgemäß) längst vernichtet waren? Der Menschenverschleiß jedenfalls, den wir in den eigenen Reihen praktizierten und produzierten, war in seinen Extremen von außen kaum wahrnehmbar. Er hatte mit dem besagten Kölner »Amt« oder anderen staatlichen Organen nur am Rande zu tun – trotz zwei, drei ziemlich niederträchtigen Episoden, die ich weiß.

So zum Beispiel der Fall jener Ex-Genossin B., alleinstehend mit Kind, gefeuerte Lehrerin mit Berufsverbot, dann Sekretärin, die noch in der agonalen Auflösungsphase des KBW von Mitarbeitern des »Amtes« zu Hause aufgesucht und in Stasi-Manier bedrängt wurde, Namen und Strukturen preiszugeben. Wenn ja, könnte man ihr behilflich sein, in ihren alten Beruf zurückzukehren, wenn nein, werde ihre neue Arbeitsstelle womöglich auch nicht sicher sein. Sie weigerte sich, geriet in existentielle Panik, machte sich Vorwürfe, vor allem des Kindes wegen. Der Vorfall trug mit dazu bei, daß sie sich nicht wieder für den Schuldienst bewarb, als das Mitte der achtziger Jahre möglich war.

Dabei war sie, Tochter eines Postboten, wirklich mit Leib und Seele Lehrerin gewesen. Damals, an ihrer Schule, hatte sie eine rebellische Schülerschar um sich gesammelt, einige auch mitgebracht zu Demonstrationen und Veranstaltungen. Als sie wegen ihres »offenen Auftretens« (genau so, wie es verlangt war) schließlich entlassen und mit Berufsverbot belegt wurde, waren auch mehrere ihrer Schüler von der Schule verwiesen worden. Gegen das eine wie das andere gab es empörte Proteste von Kollegen, Eltern und Schülern. Keine Spur vom Aufschrei empörter Eltern über ihre ideologisch verhetzten Kinder, wie Presse oder Schulbehörden behaupteten! Aber irgendwann war die Sache vorbei und vertan, und B. wurde Sekretärin, Aktivistin in einer Stadtteilzelle, immer in Angst, auch die neuen Jobs zu verlieren. Alle Brücken, so schien es, hatte sie hinter sich verbrannt. Und zu guter Letzt noch die dumme, sinnlose Attacke der Staatssicherheit West.

Hauptsächlich, sagt sie, habe sie sich jedoch aus *Scham* nicht mehr für den Schuldienst beworben, trotz Zuredens von allen Seiten. Was bis heute bleibt, ist ein unauflösbarer, bitterer Rest, ohne daß B. genau wüßte, wohin mit diesem Groll. Wen soll sie verantwortlich machen? Es gab schließlich keine Kommandostrukturen, »nur« Formen psychischen Drucks, der zwar von oben kam, aber trotzdem erst wirksam wurde durch die eigenen, engeren Genossen. Und in letzter Instanz durch einen selbst. Niemand hatte irgendwelche physische Macht über uns. Jeder von uns konnte jederzeit gehen. Das war (scheinbar) nur ein Schritt.

Aber seltsam: Schon ziemlich bald, und je länger, je mehr, hatten die Austritte, die es gab (und es gab viele, zu jeder Zeit, siehe oben: Fluktuationsrate), die Form von *Desertionen*. Ziemlich selten sagte jemand: Wißt Ihr was, das ist alles Blödsinn, ich gehe jetzt! Wer ging, blieb meist plötzlich weg, schlich sich davon, und manchmal sprichwörtlich »bei Nacht und Nebel«. Ein führendes ZK-Mitglied »trat aus«, indem es in heller Panik über einen Dachfirst flüchtete, als seine Genossen nachschauen kamen, was mit ihm los war. Er wäre um ein Haar abgestürzt.

Die austraten, fühlten sich selbst oft genug als Deserteure, als Gescheiterte, die vor der gestellten Aufgabe versagt hatten. Die Rückkehr in ein eigenes, selbstbestimmtes Leben dürfte selten ein stolzer, selbstbewußter Akt gewesen sein. Die Ausgetretenen mieden ihre früheren Genossen und wechselten manchmal sogar den Wohnort. Umgekehrt mieden die, die blieben, die Ausgetretenen wie Aussätzige. Kaum, daß man über sie noch sprach. Sie wurden über Nacht zu Unpersonen, verlorenen Seelen, Gespenstern einer anderen Welt.

Daß die Schattenlinie zwischen »drinnen« und »draußen« immer schärfer wurde, war nicht zuletzt einem Prozeß der sozialen Herauslösung und Umsetzung der Kader zu verdanken. Auch hier bleibt unentscheidbar, ob das einem bewußten System oder einem instinktiven Kalkül folgte – oder einfach in der Logik unseres Handelns lag. Jedenfalls: Das von allen verlangte »offene Auftreten« am Arbeitsplatz oder an jedem anderen sozialen Ort (mit der unweigerlichen Mutprobe der demonstrativen Lektüre und des offensiven Verkaufs des Zentralorgans, der KVZ, auf der Gewerkschaftsversammlung oder im Lehrerzimmer) führte zu massenweisen Entlassungen, Berufsverboten und sozialen Degradationen, um die kein allzu großes Aufhebens gemacht wurde. Die DKP- oder SB-Kampagnen und internationalen Proteste gegen »le berufsverbot« fanden wir absolut lächerlich. Revolution mit Pensionsberechtigung gab es nicht. Wenn der Feind uns bekämpfte, war das gut und nicht schlecht! Diese Redeweise – die unseren Denkmodus tatsächlich mit dem der RAF verband – wurde zum KBW-Markenzeichen schlechthin.

Sofern kein Verlust einer wichtigen Einflußposition (z. B. als Betriebsrat) damit verbunden war, waren auch Rausschmisse letztlich gut und nicht schlecht. Die »freigesetzten« Kader, zumal Intellektuelle, wurden systematisch in die Betriebe oder – immer zunehmend – in unerschlossene Randbezirke der Republik verschickt, wo sie neue Stützpunkte und Organisationskerne bilden sollten. Nicht selten bedeuteten diese kulturrevolutionären Landverschickungen (zu einer Zeit, als die ersten Rotgardisten in China heimlich in die Städte zurückzukehren begannen) ganze kleine Epopöen, die entlassene Lehrerinnen oder rausgeschmissene Sozialarbeiter irgendwo auf den Höhen des Westerwaldes oder in den

Öden Niederbayerns durchlebt haben und die oft Jahre, ein ganzes Jahrzehnt und mittlerweile ein halbes Leben umfassen.

Aber auch die Leitungskader, sofern sie nicht von der Organisation bezahlt wurden, unterlagen einer mehr oder weniger systematischen Politik der Proletarisierung. Anfang 1975 war ohne große Diskussionen »klar«, daß meine Daseinsform als Doktorand mit staatlichem Stipendium und meine politische Funktion als Sekretär der Ortsleitung nicht mehr länger vereinbar waren. Jeder akademischen Karriere stand sowieso ein Berufsverbot bevor. Und was sollte ich noch unter den akademischen Marxologen der Fetscher-Schule? *Entweder – oder.* Die Arbeit »im Proletariat« hatte jetzt klar Vorrang vor allen theoretischen Erörterungen über das revolutionäre Subjekt.

Da ein Großbetrieb wegen meiner relativen Lokalprominenz nicht in Frage kam, ging ich in eine mittlere Druckerei an die Papierschneide-Maschine, um nach dem Herauswurf (beim Versuch, einen Betriebsrat zu gründen) Auslieferungsfahrer in einer Fabrik für Verpackungsmaterialien zu werden. Kleines Truckerglück, frühmorgens vom Vordertaunus auf die Skyline herunterzubrettern. Überhaupt hatte die proletarische Existenzform ihre eigenen Freuden und Sorglosigkeiten: erstmals genügend Geld in der Tasche, handfeste Kantinenessen mit Kollegen beim ersten Bier, ein Tagesablauf von hypnotischer Regelmäßigkeit usw. Die Realitäten des proletarischen Arbeitslebens waren gottlob weniger harsch als das Bild gnadenloser Ausbeutung, das wir gemeinhin zeichneten.

Politisch war diese Aventüre vollkommen sinnlos. Gab es bei den Druckern noch ein freundliches, aber distanziertes Interesse und großes Hallo, als mein Bild in der Zeitung erschien (Festnahme bei unserer erfolglosen Wiederaufnahme der Fahrpreiskämpfe 1975), so war bei den Arbeitern im Papierlager Hopfen und Malz verloren. Ihre angetrunkenen Diskussionen vor Feierabend in der Bude schwelgten in ganz eigenen Revolutionsphantasien: Um Bonn wollten sie einen Drahtzaun ziehen, ach was, 'ne Mauer wie in Berlin, und dann 'ne Bombe reinwerfen in den Laden, wie die RAF das machte. Oder wie der Adolf das gemacht hatte. Und dann weg mit den ganzen Kanaken und dem Drogengeschmeiß. Und Arbeit für alle, aber für einige ganz besonders, so richtig mit

Knute ... Vergeblich der Versuch, dieser mörderischen Wut (auf was eigentlich?) eine klassenmäßig korrekte Richtung zu geben.

Je ernüchternder alle praktischen Erfahrungen, um so intensiver mußte die Gruppe sich abschirmen und wappnen. Der gruppendynamische Prozeß, in dem das geschah, gewann zunehmend inquisitorische Qualität und ließ von ferne etwas von den Mechanismen ahnen, durch die kommunistische Parteien und Organisationen sich unter anderen historischen Situationen in blutige Säuberungen ihrer Reihen und aller ihnen unterworfenen sozialen Milieus verstrickt haben.

Die Ausgangsformulierung findet sich in den Dokumenten von 1975/76 ständig wiederholt – ein Stalinscher Gedanke, den Mao Tse-tung weiter radikalisiert hatte: »Wenn die Linie festgelegt ist, entscheiden die Kader alles.« Damit fiel die volle Last von Erfolg und Mißerfolg auf die einzelnen Kader zurück. Andererseits hielt die Leitung die Kader mit immer neuen theoretischen Improvisationen, strategischen Wendungen und taktischen Zuspitzungen in Atem, so daß die gerade gültige »Linie« nur unter größter Geistesgegenwart zu ermitteln war. Diese Revisionen, Wendungen und Zuspitzungen gaben sich allerdings nie als solche zu erkennen, sondern präsentierten sich als eine Korrektur falscher Auffassungen von der richtigen Linie, also als deren schöpferische Fortschreibung und Präzisierung – sei es zur Klärung falscher Meinungen in der eigenen Mitgliedschaft oder zwecks verschärfter Abgrenzung von den opportunistischen Auffassungen der anderen neokommunistischen Organisationen. Alles in allem war das die Form, wie die Gruppe sich in einen Kokon immer dichter geknüpfter Wahnvorstellungen einspann und geradezu verpuppte.

Im Herbst 1975, als J.S. eine über einjährige Haftstrafe wegen eines Demonstrationsdeliktes von 1970 (der Cabora-Bassa-Demonstration in Heidelberg) antrat und als Sekretär des ZK durch M.F. vertreten wurde, geriet ich als nachgerücktes ZK-Mitglied in ein gespenstisches Scherbengericht über den Genossen E., selbst Mitglied des Ständigen Ausschusses. Vordergründig ging es um dessen Politik bei den gescheiterten Fahrpreiskämpfen in Heidelberg und Mannheim. In einer regelrechten Anklageschrift wurde

E. eine »Linie des Zurückweichens und des Abstumpfens der Widersprüche« unterstellt, die auf ihre »klassenmäßige Wurzel« hin untersucht – und in seiner »durch und durch verlumpten Existenz« gefunden wurde. So habe er sein Studium nicht abgeschlossen und zeitweise von Arbeitslosenhilfe gelebt. Auf die an ihm geäußerte Kritik des ZK habe er mit der Position reagiert, »das eigene Fell schonen und pflegen, der Organisation aber das Fell gerben«. Diese schädliche »*Idiologie*« (eine unfreiwillig präzise Wortprägung des anklageführenden M. F.) sollte durch Entbindung des Genossen E. von allen Funktionen und seine »Umerziehung« an der Basis, durch Arbeit in einem Betrieb und einer Betriebszelle, exemplarisch bekämpft werden.

Das Ganze wirkte wie die Verurteilung zum revolutionären Ehrentod: In einem bizarr ausgeklügelten Ritual mußte E. die Anklagepunkte, denen er stoisch gefaßt zustimmte, fast in der Art eines Geständnisses von eigener Hand im Protokollbuch unterschreiben. Und jedes einzelne anwesende ZK-Mitglied mußte in einem eigenen Votum dem Ausschluß zustimmen und ihn begründen. Auch ich hob die Hand gegen ihn und tat mich womöglich noch durch »Schärfe« hervor, obwohl oder gerade *weil* vieles, was gegen ihn gesagt wurde, auch gegen mich hätte gesagt werden können. Auch wir hatten die Wiederauflage der Fahrpreiskämpfe in Frankfurt 1975 völlig versiebt. Auch ich hatte jahrelang eine »verlumpte«, verbummelte Existenz geführt.

Jahre später, bei einer improvisierten Feier zur endgültigen Auflösung des KBW, sprachen wir über den Vorfall. Und E. (der sich, wie ich, in die osteuropäische Geschichte vertieft hatte) zog selbst die Parallele zum Fall des Studenten Iwanow, jenes legendären Fememords also, durch den der Bakunin-Schüler Netschajew seine revolutionäre »Gesellschaft des Volksgerichts« zusammengeschweißt hatte – das unmittelbare Vorbild für Dostojewskijs »Dämonen«. Ihm gegenüber war es bei hypothetischen Andeutungen geblieben, die darauf hinausgingen, daß Kapitulationspolitiken, wie er sie zu verantworten hatte, in zugespitzteren Zeiten natürlich als *Verrat* bewertet und bestraft worden wären.

Wie gesagt, nichts als Andeutungen, Gedankenspiele, reiner Konjunktiv! Aber die Logik der Zusammenschweißung der Gruppe durch ein symbolisches Opfer aus den eigenen Reihen war mit Händen zu greifen. Wir ähnelten verzweifelt der ausgesetzten Schulklasse in William Goldings »Herr der Fliegen«. Der Totempfahl war errichtet.

Das war nur die Ouvertüre zu einem verschärften »Kampf zweier Linien« in der Organisation. In atemberaubenden Tempo entwickelte M.F. seine *»idiologischen«* Innovationen. Er war eine faszinierende Figur: abgebrochener Gymnasiast, gelernter Chemie-Laborant und über einen Job an der Heidelberger Universität 1970 in die Studentenbewegung geraten. Der Typus des fanatischen Halbgebildeten und begnadeten Autodidakten von einschüchternder Beredsamkeit, bald auch Belesenheit. Mit seinem harten bayerischen Idiom hatte M.F. sich schon auf der Gründungskonferenz im Windschatten von J.S. an der Niedermachung aller intellektuellen Widersacher beteiligt. Vor allem Willfried Maier, wohl der differenzierteste Kopf in unserem Bunde, heute grüner Senator für Stadtentwicklung in Hamburg, damals Vordenker der »Bremer Linie«, der trotz aller Niederlagen die Redaktion des Zentralorgans übernommen hatte, war sein natürlicher Gegner.

Die Kampagne gegen die »rechte Strömung« im KBW fiel passenderweise mit einer ähnlichen Kampagne in China zusammen, die von der »Viererbande« um die Mao-Gattin Tschiang Tsching (auch eine Halbkünstlerin und Halbintellektuelle) nach dem Tod Tschou En-lais und dem ersten Wiederauftreten Deng Hsiao-pings gegen den »Wind von rechts« geführt wurde, während Mao bereits in Agonie lag.

Daß bei uns in Frankfurt der »Wind von rechts« *von oben* wehte, also von mir her, war schon längst festgestellt geworden. Daher wurden wir der Instruktion eines in den Ständigen Ausschuß des ZK promovierten jungen Arbeitergenossen von der Küste, Genossen K., unterstellt. Und noch ein Bremer Metallarbeiter, Genosse T., ebenfalls ZK-Mitglied, war abkommandiert, um uns beim Aufbau von Betriebszellen behilflich zu sein.

Nach der außerordentlichen DK im März 1976, auf der unsere Frankfurter Stellungnahmen sich im Referat des Genossen M.F. gleich mehrfach als exemplarische Beispiele des üblen »Winds von rechts« zitiert fanden, stellte ich mich selbst zur Abwahl und überließ es erleichtert dem Genossen T., den Organisationsaufbau vor Ort in feste proletarische Hände zu nehmen. Aber wie sich herausstellte, waren wir Intellektuellen in diesem Treibhaus mit seinem wachsenden Innendruck und seiner immer dünneren Luft die resistenteren Gewächse. Während ich meinen LKW fuhr und etwas durchatmete, wurden die Reden und Weisungen des Genossen T. auf den abendlichen Sitzungen immer undeutlicher, schwerfälliger, verschwitzter. Was er aus seinem Betrieb berichtete (einem großen Frankfurter Metallbetrieb), klang vollends konfus. Dazu die Fahne. Es bedurfte nur eines Anrufs, um die Bestätigung zu erhalten, daß er die Arbeit im Betrieb längst geschmissen hatte. Über Wochen war er mit seiner Freundin morgens aus dem Haus gegangen – und hatte die Tage an den Wasserbüdchen Frankfurts verbracht. Kurzum, er war unter dem Druck, unter dem ja auch er stand, als trockener Alkoholiker rückfällig geworden, und niemand hatte es bemerkt. Als das klar war, blieb er weg. Als wir bei ihm klingelten, ging das Licht aus. Wir überließen es seiner Freundin, die anstehenden Lebensfragen mit ihm zu klären.

In diesem Sommer 1976 kam J.S. aus dem Gefängnis zurück und setzte sich selbst an die Spitze des Kampfs gegen den »Wind von rechts«, vielleicht weil ihm die von M.F. umgekrempelte Organisation sonst entglitten wäre. Jedenfalls bildeten sie eine strategische Allianz, und das »rechte Hauptquartier« wurde endgültig enttarnt. Dieses saß in der Mannheimer Backstube, in der sich die Zentrale damals befand, nur eine Etage über ihnen: die KVZ-Redaktion mit Willfried Maier, Burkhard Braunbehrens und Eckhart Riehle.

Unter derart zugespitzten Bedingungen mußte ich meine alte Funktion als Ortssekretär in Frankfurt noch einmal übernehmen – »angeleitet« vom zuständigen ZK-Mitglied K., der seinerseits vom Genossen M.F. in Ausbildung genommen war. Unter dessen Anleitung schrieb der junge K. jenen Artikel »Cohn-Bendits Lob der Fäulnis«, der sofort zu einem Skandalon wurde, und das bis heute. Der Form nach handelte es sich um eine ganz biedere Abrechnung mit der Sponti-Ideologie vom »Kampf gegen die Arbeit«, wie sie Dany in seinem Buch »Der große Basar« gerade noch einmal ausgebreitet hatte. Diese Losung sei selbst Ausdruck der »Fäulnis und

Zersetzung der bürgerlichen Gesellschaft«, diene nur der Verteidigung einer parasitären Existenz in der Gegenkultur und sei von der Angst vor der sozialistischen Revolution getragen. Und so weiter. Niemand der so Attackierten hätte dafür mehr als ein müdes Lächeln übrig gehabt – wäre der Artikel nicht mit dem kalkulierten Schocksatz beendet worden: »Es gibt nur zwei Möglichkeiten. Entweder er (Cohn-Bendit) wird von der Arbeiterklasse eine nützliche Arbeit zugewiesen bekommen, etwa in einer Fischmehlfabrik in Cuxhaven, oder er wird während der Revolution durch die Massen an den nächsten Baum befördert.«[9]

Der Artikel wirkte wie gewünscht: als Scheidemünze, die schlagartig die Szenen in Frankfurt und in anderen Orten wie in einem chemischen Prozeß voneinander trennte. Alle Formen eines freundschaftlichen Umgangs oder auch intimeren Zusammenlebens, die es zwischen Spontis und KBWlern – mindestens im studentischen Milieu – noch immer gab, wichen über Nacht blanker Feindschaft. Genau das sollte erreicht werden.

Die Antwort ließ nicht auf sich warten. Während das Gros der Unseren wegen eines § 218-Prozesses vor dem Amtsgericht demonstrierte, fuhren Johnny Klinke und ein Dutzend Putzgrüppler mit einem VW-Bully vor, betraten verheißungsvoll grinsend das Büro, kündigten eine Überraschung an und schleppten auch schon schwere Säcke herein, in denen Fischmehl war, dazu ein reiches Assortiment von Fischköpfen. Die völlige Wehrlosigkeit, mit der wir dem Treiben der gutgelaunten Invasoren zusahen, die die Duftstoffe bis in die hintersten Ecken verteilten, war mehr psychischer als physischer Art. Daß die »Fischmehlfabrik« – fast mehr noch als die revolutionäre Lynchphantasie – düsterste Assoziationen weckte, war uns nur allzu bewußt.* Das stigmatisierte Büro räumten wir Monate später fluchtartig. Der Geruch verlor sich nie. Wir selbst wurden ihn nicht mehr los.

(*) Die *Metapher* der »Fischmehlfabrik«, die nicht nur an Arbeitslager, sondern an Vernichtungslager denken ließ, wirkte ungleich stärker, als sie wörtlich gemeint war. Unser junger proletarischer Instrukteur stammte eben von der Küste, und eine Fischmehlfabrik galt dort einfach als Inbegriff harter und schlecht bezahlter Arbeit. Bis heute *schwören* Frankfurter Spontis, der KBW habe damals gedroht, Cohn-Bendit zu Fischmehl zu verarbeiten.

Alles ging Schlag auf Schlag. Der Boden wankte unter unseren Füßen, als Mao Anfang September starb und in China die Erde bebte. Und ich mußte die Rede bei unserer örtlichen Trauerverstaltung halten. Die Musterrede des ZK war absichtsvoll ausgeblieben. J.S. hielt sie in Mannheim und verknüpfte Maos Lehre über das »richtige Denken der Menschen«, das nur in der Einheit von Produktionskampf, Klassenkampf und wissenschaftlichem Experiment gefunden werden könne, mit dem aktuellen »Kampf zweier Linien« im KBW, der im Kern um die Frage gehe, ob wir jetzt entscheidende Schritte zur Schaffung einer revolutionären Partei machen – oder uns in der Rolle einer »respektablen Minderheitsströmung in der Arbeiterklasse und den Volksmassen« einrichten würden. Daß ich mich als kleinbürgerlich-demokratischer Lokalmatador genau in dieser Rolle einer »respektablen Minderheitsströmung« eingerichtet hatte und also mit Mao am »richtigen Denken« hätte arbeiten müssen, war klar.

Aber Mao hatte mir – obwohl ich drei Tage im »Produktionskampf« blaugemacht hatte – auch bei fieberhaftestem Lesen in seinen AUSGEWÄHLTEN WERKEN nichts sagen können. Lähmende Leere im Kopf. Dagegen war der große Saal des Volksbildungsheims unter dem mit Trauerflor geschmückten Portrait des Übervaters mit 400 Genossinnen und Genossen gut gefüllt wie immer. Meine Rede – ein einziger Torso, was niemand bemerkte, solange ich nur feurig drauflosredete wie immer. Bis die krakeligen Notizen abrupt endeten und der Faden gerissen war. Der Saal starrte in tödlichem Schweigen und mußte sehen, wie die von Mao beschworenen *Schweinsteufel und Schlangengeister* (die gesetzmäßig immer wieder von selbst herausgesprungen kommen, weil das ihrer Klassennatur entspricht) mir wie in einem mittelalterlichen Gemälde aus Nase und Ohren drangen ... Ein Wind von rechts fegte durch den Saal. Ich brach in einen fahrigen Hochruf aus und verließ das Podium. Alle applaudierten wie gewohnt.

Die akuten Fluchtgedanken, die ich damals im Herbst 1976 hatte, haben andere auch gehabt – und trotzdem noch Jahre weitergemacht, wie ich. Der Hauptgrund war, daß im Sog der allgemeinen politischen Zuspitzung die Organisation noch einmal in eine *Vor-*

wärtsbewegung hineingerissen wurde, die völlig neue Bindungen und Faszinationen schuf. Das dürfte uns von allen anderen linksextremen Organisationen der Zeit unterschieden haben. Mitten im anbrechenden »deutschen Herbst« begannen wir mit einer letzten, gespenstischen Metamorphose. Das Unternehmen trug Züge einer *totalitären Sozialutopie*, die zugleich dem Technizismus der stalinistischen Fünfjahr-Pläne wie dem Primitivismus des maoistischen »Großen Sprungs« huldigte. Nur eben auf allerengstem Raume.

Der entscheidende Beschluß, der auf der 3. DK im Oktober 1976 zur Vollendung des Siegs über die »rechte Strömung« gefaßt wurde, nannte sich im M.F.schen Lakoniestil »Bestätigung getroffener und Festlegung erforderlicher organisatorischer Maßnahmen«. Die Delegierten waren von der Wucht und Tragweite dieses neuen Vorstoßes völlig überrumpelt. Im Mittelpunkt stand das Projekt, »der Gesamtorganisation ein Zentrum zu schaffen«, eine Zentrale – und zwar in Frankfurt als der Metropole der westdeutschen Finanzbourgeoisie, der eigentlich herrschenden Klasse also. Um die akuten »Widersprüche auf dem Immobilienmarkt auszunutzen«, sei es unbedingt erforderlich, »erhebliche Geldmittel in den Händen der Zentrale schnell zusammenzuballen«. Binnen *eines* Monats 1,5 Millionen!

Zur Hebung der Stimmung war dem Projekt eine leicht humoristische Note verliehen: »Ganz selten entsteht für eine proletarische Organisation die Lage, mit dem Geldsack auf die Bourgeois schlagen zu müssen.« Jetzt sei so eine seltene Lage. Mit einem »prallen Geldsack« werde es uns möglich sein, die Bourgeoisie »zu demütigen«, indem man einen aus ihrer Front herausbreche, um das geforderte Objekt zu verkaufen.[*]

Bei der Errichtung einer Zentrale blieb die ins Auge gefaßte Organisationsreform nicht stehen. Regionalleitungen mit eigenen Stützpunkten sollten entstehen, die mit der Zentrale wie mit den Bezirksleitungen über »ein schnelles Nachrichtenerfassungs- und

---

(*) Das gelang auch tatsächlich: der Buchgrossist Georg Lingenbrinck verkaufte der anonym auftretenden Betriebsgesellschaft des KBW, der Kühl KG, das alte »Libri-Haus« zum satten Preis von 2,7 Millionen – *in bar*! Mit Maklergebühren und Transaktionskosten kostete die Operation ca. 3,1 Millionen.

Nachrichtenverbreitungssystem« verkoppelt werden sollten. »Eine Klassenorganisation des Proletariats, wie wir sie in immer deutlicheren Umrissen zu werden im Begriff sind, begnügt sich nicht damit, Steine gegen Gewehre, Flüsterpropaganda gegen Zeitungen, Briefnachrichten gegen Telefon einzusetzen.« Die »sachlichen Hilfsmittel des Klassenkampfs«, die wir uns schaffen würden, sollten vielmehr einen technischen und organisatorischen Avantgardismus ganz neuer, eigener Art zum Ausdruck bringen.

Insgesamt wurden für den Kauf der neuen Zentrale etwa 3 Millionen veranschlagt – zusätzlich zu den 5 Millionen, die bereits aus dem jährlichen Beitrags- und Spendenaufkommen flossen, sowie den 2 Millionen aus Literaturverkäufen. Woher das Geld für den »Geldsack« kommen sollte, war in dem Beschluß ebenfalls festgestellt. Und zwar würde (das stand wie eine Feststellung da, nicht etwa wie ein Postulat) »der Besitz, der einige Genossen noch mit ihrer Herkunft aus der Bourgeoisie verbindet, in Eigentum der Organisation und damit der Arbeiterklasse verwandelt werden«. Was die anschließenden Finanzierungen betraf, war eine Maßregel vorgesehen, die noch ungleich weitreichender war. Und zwar wurde auf Antrag des ZK das Entgelt für die angestellten Funktionäre der Organisation von 800,– auf 1000,– DM netto erhöht – und beiläufig festgestellt, daß dies künftig »als Gradmesser für den Höchstbeitrag« dienen könne. Mit anderen Worten: Für alle Berufstätigen in der Organisation markierten diese 1000,– DM netto ab jetzt so etwas wie eine interne Höchstgrenze, unter die sie nicht gedrückt werden sollten. Was aber darüber lag, das verfiel, wenn nicht *besondere* Gründe geltend gemacht wurden (Kinder, arbeitslose Partner, notwendige Anschaffungen), der Organisation.

Das alles hätte niemals funktionieren und durchgesetzt werden können ohne die apokalyptischen Stimmungen dieses anbrechenden deutschen Herbstes – aber auch nicht ohne die kollektiven Suggestionen, unter die wir uns selbst längst gestellt hatten. Dem Druck, der von der Spitze ausging, korrespondierten in unserer Psyche und unserem Intellekt ganz eigene Bedürfnisse einer manischen Abwehr und Realitätsverweigerung, für die sich nur schwer eine angemessene Bezeichnung finden läßt.

Man könnte sagen, daß wir Züge einer Weltuntergangssekte annahmen oder ebenfalls (wie die MG) eine Art Scientologen der Weltrevolution geworden seien. Naheliegender bleiben die Analogien aus demjenigen ideologisch-politischen Umfeld, dem wir uns zurechneten: dem der kommunistischen Parteien und Kampfbünde des 20. Jahrhunderts mit ihrer charakteristischen Art und Weise, in apokalyptischen Endkampfvorstellungen zu leben und ihre Kaderstrukturen völlig darauf auszurichten, bis in die Psyche und Lebensgefühle ihrer einzelnen Mitglieder hinein. Wer sich das nur als gedrückten Pflichtgeist voll grauer Entsagung vorstellt, verkennt die euphorischen Größenvorstellungen, die damit verbunden sein konnten, die befriedigenden Gefühle der Sinngebung des Sinnlosen oder auch das Gefühl eines Schutzes vor der existentiellen Unbehaustheit eines Lebens »draußen«:[*]

(*) Deshalb ist es ein bezeichnender Fehlgedanke und pure Fama, was über die massenweisen Selbstmorde im KBW kolportiert wurde – von K. D. Wolff zum Beispiel, der behauptet hat, der halbe Heidelberger SDS habe sich wegen der »rigiden Moral und den Verfolgungen« im KBW umgebracht. [Vgl. z. B. TransAtlantik 1/1986, S. 72] Sein Hausautor Klaus Theweleit hat den Gedanken philosophisch-paranoid bis zur Vorstellung überhöht, die ganze politische Arbeit der K-Gruppen habe darin bestanden, »sich gegenseitig auszuschließen oder zum Selbstmord zu überreden, bis von jedem Verein einer oder zwei übrigblieben, die sich das Vermögen teilten und … zu den Römern übergingen? Manche sagen so. In die Zisterne des KBW, der KPD/MLs hat noch niemand richtig zu schauen sich getraut.« [Buch der Könige 1, S. 214] Man muß die Anspielung richtig verstehen: Wie in der klassischen Verratsgeschichte des Josephus Flavius, des Anführers des jüdischen Aufstands in Palästina, der den Selbstmord aller Gefährten »in der Zisterne« der belagerten Festung überlebte, bevor er auf die römische Seite überging, habe auch »Josephus Schmierer« einen Berg Selbstgemordeter hinterlassen, während er selbst das Vermögen an sich riß und zu den »Römern« überging. Einmal davon abgesehen, ob Theweleits (bei Canetti geborgte) Metapher vom »Überleben« als einem »Zurücklassen anderer« nicht eher auf seinen Verleger zuträfe, der sich mit größerem Recht fragen könnte, wo die Genossen seiner frühen, roten Akkumulationsjahre alle geblieben sind und wen sie in Entebbe und anderswo noch mit ins Grab genommen haben – davon also abgesehen, liegt ein weitergehender *Fehlgedanke* in alldem. Die »Zisterne« des KBW ist gewiß voll vergeudeter Lebensenergien und etlicher gebrochener Existenzen. Aber Tote

So sehr diese Existenzform schon in Fleisch und Blut übergangen war – in die Provinz hätte ich mich nach meinem endgültigen Sturz im Oktober 1976 nicht abkommandieren lassen. Aber statt der erwarteten Verbannung an die Basis folgte die überraschende Berufung in die eben »gesäuberte«, neue Redaktion des Zentralorgans. Alle süßen Fluchtphantasien, alle still getroffenen Arrangements (Krankschreibung, Resturlaub, Frankreich und M., die mir schrieb, ich sei *toujours le bienvenu*, die Ardèche, vielleicht Algerien, die Kabylei, sogar dort gab es Genossen) – das alles wurde von einem zum anderen Moment Makulatur. Warum?! Vielleicht weil mich diese angespitzte Redakteurstätigkeit doch lockte. Oder aus nackter Angst, den letzten Boden unter den Füßen zu verlieren. Oder weil genau in diesem Moment wie eine *dea ex machina* Genossin B. aus der Kulisse trat, die es verstand, mit der selbstgedrehten Kippe im Mundwinkel noch dem angestrengtesten Aktivismus etwas von einem »Abenteuer gleich um die Ecke« zu verleihen. Es war jedenfalls meine eigene Entscheidung. Ich blieb.

Zunächst hieß das: Mannheim, die alte Bäckerei in Sandhofen. Ständiger erstickender Chemiegeruch von der BASF gegenüber, gelblicher Harnstoff – wie das Fluidum einer proletarischen Hölle, die mir erspart geblieben war. Aber als gestürzter Rechtsabweichler, der auf Bewährung in den Sesseln der soeben entmachteten (und zurück an die Basis, in den Betrieb geschickten) Vertreter des »rechten Hauptquartiers« Platz zu nehmen hatte, war man auch so nicht auf Rosen gebettet. Ein Leben wie im Feldlager. Hinterm Schreibtisch eine Styroporplatte für einen kurzen Schlaf auf dem Steinfußboden unter dem eigenen Mantel. Und kaum war die neue Zentrale im Frühjahr 1977 erworben, folgte der nächtliche Umzug nach Frankfurt, ein generalstabsmäßig vorbereitetes, hermetisch

---

findet man darin nur wenige – weniger wahrscheinlich als in dieser Altersgruppe sonst. Selbstmorde *im* KBW waren etwas ziemlich Seltenes, fast so unmöglich wie in den bewaffneten Untergrundgruppen, und mit Sicherheit viel seltener als in den diversen undogmatisch-anomischen Gruppen, wo sie gehäuft vorkamen. Der Grund lag genau im *totalitären* Charakter unserer Organisation. Soviel man gegen die totale Inanspruchnahme innerlich rebellierte, so viele Mühen und Risiken einer individuellen, kontingenten Existenz nahm die Organisation ab. Ihre Attraktion und (relative) Bindekraft lag genau *hierin*.

abgeschirmtes 48-Stunden-Manöver ohne Schlaf. Eine simulierte Hausbesetzung im Großformat – obschon das alte LIBRI-Haus mit seinen riesigen Hallen auf sieben Etagen ja uns gehörte. Aber würde die Bourgeoisie das dulden? Natürlich mußte der ganze Betrieb (Redaktion, Verlag, Druckerei usw.) mitten im Auf- und Abladen, im Fahren, im Sicheinrichten weitergehen, wie bei einer militärischen Operation eben. Und im ersten Morgengrauen galt es wieder, mit den andrängenden Informationsfluten und den eigenen (womöglich falschen) Gedanken zu kämpfen wie Jakob mit dem Engel.

M.F., der zu allem andern hinzu auch die Anleitung der neuen Redaktion übernommen hatte, war der Meister einer Zwei-Seelen-Dialektik nach Leninschem Rezept. Mit zerwühlter Künstlermähne, randloser Brille und seinem sardonischen Lachen im nikotinvergilbten Bart drehte er sich eine Zigarette und sagte einem lächelnd auf den Kopf zu: Schon klar, daß es dich »spontan« immer nach rechts ziehen wird. Aber dafür ist ja die Organisation da: Die zieht dich »bewußt« nach links. Das kriegen wir schon. So schaffte er es, einen Stab gutgebildeter, hochdisziplinierter Leute um sich zu scharen, die sich auf ihn ausrichteten wie Späne auf einen Magneten.

Außerhalb des KBW vollkommen unbekannt, eine graue Eminenz im wörtlichsten Sinne, hielt F. innerhalb der Organisation alle in Atem, elektrisierte mit fast verrückt scheinenden Ideen oder Formulierungen, die jede herkömmliche Anschauung auf den Kopf stellten und dennoch plötzlich überraschenden Sinn zu machen schienen. Kein Gebiet, auf dem er nicht als genialischer Dilettant mit imponierendem Aufwand an Empirie und Theorie seine fixen Ideen entwickelte und sogleich zu Doktrinen weltgeschichtlichen Formats schmiedete. Er selbst hauste im obersten Stock dieses puritanischen Organisationsgebäudes als totaler Freak, der sich ausschweifenden Lektüren und Gedankenspielen ergab, mit Unmengen Kaffee und Nikotin aufputschte und bis weit in den Vormittag schlief – aber dann wieder hellwach die Bühne betrat, wenn alle schon an der Arbeit waren. Wo man hinkam, gab es attraktive Genossinnen in leitender Funktion, die als mit ihm liiert galten. Der Genuß, Macht über Menschen auszuüben, war ihm physisch anzumerken, aber letztlich doch wohl eher nach Art eines bavarischen Gurus als eines Diktators im Wartestand. Als das scheinbar so hermetische Organisationsgehäuse 1980 plötzlich einen Riß bekam und aufsprang, wirkte die ganze ausgetüftelte Apparatur aus Menschen und Technik, die wesentlich sein Geschöpf war, auf einmal wie eine überdimensionale Glasmenagerie, ein teures, funktionslos gewordenes Spielzeug.

Diese letzten dreieinhalb KBW-Jahre zwischen »deutschem Herbst« 1977 und »polnischem Sommer« 1980 dürften zu den extremsten Erfahrungen gehören, die in diesem langen roten Jahrzehnt – jenseits des Terrorismus natürlich – zu machen waren. Sie nur annähernd zu schildern oder gar zu ergründen, würde den Rahmen dieser Darstellung sprengen.

Jedenfalls, wir ruderten mit kräftigen Schlägen »gegen die Strömung«, und wo die einen aufgaben, nahmen andere ihren Platz ein. Wir kamen trotzdem vorwärts. Die Strömung, der *Mainstream* – das war der blinde Gang der Dinge, das »unwahre« und »falsche« Leben im Kapitalismus, das auf eine neue Weltkrise zusteuerte. Mit bloßem Auge war das nicht leicht zu erkennen. Es bedurfte eines geschulten Blicks, um das Wesen der Dinge zum Vorschein zu bringen. Und es bedurfte eines bewußten Kerns von Revolutionären, um die wahren Bedürfnisse und Impulse der Massen zu bündeln, zu organisieren und in zielgerichtete Aktivität umzumünzen.

Unsere steten Schulungen nahmen nicht nur die Texte der »Klassiker« durch, sondern fraßen sich immer tiefer in die »Kritik der politischen Ökonomie« hinein. Marxens KAPITAL wurde nicht nur die Bände 1 bis 3 hinauf und hinunter geschult (und diese Schulungen blieben übrigens bis zum Schluß eine unserer Hauptattraktionen). Es wurde auch der Versuch unternommen, dort wo Marx/Engels oder wo Lenin mit seiner »Imperialismus«-Schrift aufgehört hatten, selbst weiterzumachen. Ein faustisches Unternehmen – durchaus. Wir wollten herausfinden, was diese historisch längst überfällige und dennoch zäh sich behauptende bürgerliche Welt im Innersten zusammenhielt, um diesen Mechanismus in die Hand zu bekommen.

Eine unserer elementaren Beweisführungen betraf die ungebrochene Tendenz zur *absoluten Verelendung*, natürlich in neuer, moderner Form. Was als Inbegriff von »Wohlstand« hingestellt wurde, wie Waschmaschinen, Autos, Fernseher, Eigenheime, Sozialversicherungen, medizinische Apparate, Infrastrukturen usw. – das alles waren in Wirklichkeit nur die Instrumente einer immer gesteigerten Verwertung des Kapitals durch eine effiziente Reproduktion der Arbeitskraft bei gesteigerter ideologischer Versklavung. Genau dieser ganze Warenkrempel und dieser angebliche Sozialstaat bildeten »die Kette, die nur schwerer wird«, wie es in einem alten Arbeiterlied hieß. Immer schwerer wog auch die Last der Steuern, der Gebühren, der Abgaben – eine Tretmühle, aus der kein Entkommen war für die modernen Fellachen.

Was der bloße Augenschein nicht preisgab, das mußte mit den Mitteln der Statistik und logischer Abstraktion *bewiesen* werden. Anfangs waren es nur die zentralen Publikationen, die immer dichter mit Tabellenwerken und Graphiken bepflastert waren. Aber bald überzogen sie mit ihrem grauen Raster wie Pusteln auch die Publikationen der Zellen, Gewerkschaftsfraktionen, Komitees usw. Wurde über die esoterischen »Warenkonten« oder »Lohnverteilungskurven« anfangs noch still gegrient, so muß diese seltsame Leidenschaft rasch um sich gegriffen haben. Jedenfalls wurden die Berechnungen, mit denen die fortschreitende absolute Verelendung bewiesen wurde, immer verwegener. Zum Beispiel: »Steuern, dargestellt in kg Schweinekotelett auf jeden Lohnabhängigen in jeweiligen Preisen«. Oder: »Verteilung der Belegschaft nach ihren Netto-Löhnen, würde die gesamte Steuer als indirekte Steuer erhoben«. Wer das nicht auf Anhieb verstand, mußte es eben zwei- oder drei- oder viermal lesen. Billiger war die Wahrheit nun mal nicht zu haben.

Wie die Verelendungs- oder Konzentrationsprozesse im Innern wurde auch die permanente Verschlechterung der Tauschbeziehungen zwischen den Ländern der Dritten Welt und den kapitalistischen bzw. staatskapitalistischen (»realsozialistischen«) Industrieländern nach allen Seiten graphisch-mathematisch durchleuchtet, das System der imperialistischen Weltausbeutung also, die ebenfalls immer dramatischer zunahm. Andererseits waren die globalen Rivalitäten und Positionskämpfe der kleinen oder großen Mächte, insbesondere der beiden Supermächte und ihrer nächsten Verbündeten, genauestens polit-ökonomisch zu analysieren.

Unsere hausgemachte Imperialismustheorie kam natürlich wieder nicht ohne Dutzende und Hunderte von Schaubildern und Tabellenwerken aus. Zum Beispiel: »Die Länder der Erde und ihr Anteil an der Stromproduktion 1974, unterschieden nach politischen Verhältnissen 1944 und 1956« – da hieß es wieder grübeln. Eine gesunde Beschäftigung!

Bald saßen nicht nur die Referenten in der Zentrale, sondern die Mitglieder der Regional- und Bezirksleitungen, und schließlich auch die Genossen an der Basis an den in großen Stückzahlen angeschafften Texas-Instruments-Rechnern, zeichneten Kurven, Säulen, Graphiken jeder Art, wälzten Statistische Jahrbücher, entzifferten Firmenbilanzen oder Handelsbilanzen, lernten die frühen Programmiersprachen und wurden eine Art Computer-Kids, lange bevor es die ersten PCs gab.

Dazu trug von der anderen Seite die immer dichtere Vernetzung der Zentrale mit Dutzenden von Regional-, Bezirks- und Ortsbüros vermittels der ebenfalls in wachsenden Stückzahlen beschafften Redactron-Geräte bei – Schreibautomaten, die ihre Daten (damals noch völlig ungewöhnlich und nur innerhalb großer Firmen sporadisch praktiziert) durch Modems aneinander weitergeben konnten. Zur Grundausbildung nicht nur der Redakteure und Referenten, sondern bald auch der Leitungskader und schließlich fast aller Mitglieder gehörte es, mit zehn Fingern zu schreiben und Texte oder Tabellen (inclusive der Satzcodes) weiterzuschicken. So stand das Ideal des universell gebildeten, mit x-erlei praktischen Fähigkeiten versehenen Mitglieds als stummer Vorwurf neben jedem einzelnen. Die Tastaturen klickerten wie in jedem *Start-up*-Unternehmen unserer Tage.

Deshalb hatte sich der KBW nicht etwa in eine überkandidelte Volkshochschule oder Publikationsmaschine verwandelt. Alle diese Graphiken und Beweisführungen sollten vielmehr mit *mathematischer Präzision* die Unausweichlichkeit einer finalen Krise und eines revolutionären Klassenkampfs beweisen. »Den 1. Mai 1977 hatten wir unter die Stoßrichtung des bewaffneten Aufstandes gestellt«, hieß es 1980 (selbstkritisch) in dem Politischen Bericht des Sekretärs an die DK, der die Spaltung besiegelte und die schrittweise Auflösung einleitete.[10] Das klang ein bißchen gefährlicher, als es gemeint war. Was da inmitten aller Hysterien um die Terroranschläge der RAF und die Gegenschläge des Staates 1977 vom KBW entfaltet wurde, war eine vollkommen beziehungs- und haltlose *Propaganda* des bewaffneten Aufstands als dem einzigen Mittel, das kapitalistische System in der Bundesrepublik zu beseitigen, bevor es sich in einen neuen imperialistischen Weltkrieg verstrickte.

Daß nur diese *eine*, zentrale Aufgabenstellung übriggeblieben sei, hätten wir uns nicht ausgesucht, hieß es in dem vom Zentralkomitee im Herbst 1977 herausgegebenen (von M.F. verfaßten) Band »Solange es Imperialismus gibt, gibt es Krieg«. Diese Aufgabenstellung sei vielmehr von der Weltlage selbst »diktiert«. Es gebe keine Möglichkeit mehr, den kommenden Krieg aufschieben oder ihn verhindern zu wollen. Der Termin sei »gesetzt«[11] (sprich: nahe herbeigekommen). Somit galt es hier und jetzt, in der Sammlung der revolutionären Kräfte in Westdeutschland einen entscheidenden »Durchbruch« zu erzielen und sie auf die kommende »Entscheidungsschlacht« vorzubereiten.

Dabei war dieses, in einem Ton irr-witziger Heiterkeit geschriebene Buch ein Antidepressivum, wie wir es in unseren täglichen Trübnissen und Fluchtgedanken dringend brauchten. Das Bild des »bewaffneten Aufstands« bekam darin nahezu Züge eines Slapsticks – etwa wenn es hieß, jede »Hausfrau, die mit modernem Küchen- und Stubenreinigungsgerät umgeht, wird gar keine Schwierigkeit haben, ein Maschinengewehr anzuwenden«. Wie auch der »RAF-Zirkus«, wenn er sonst schon ohne Bedeutung sei, zumindest bewiesen habe, »daß sogar Pfarrerstöchter ... sich mit den Combatschützen von der Polizei ... messen können«. Die wahren Probleme des bewaffneten Aufstandes seien sowieso ganz andere, als der »augenglitzernde Waffenfetischismus« bürgerlicher Existenzen glauben mache: »Soundso viele Kilogramm Mehl, soundso viele Liter Sprit, wo endlich die Notleitung für den elektrischen Strom bleibt, wo die Pullover für die Kinder herkommen sollen, ob endlich die Patronenproduktion aufgenommen ist, ob die Umrüstung der schweren Luxus-PKW der Bourgeois in leichte Panzer, die ja so einfach ist, endlich zum Laufen kommt ... Und ob die Wasserversorgung gesichert ist.«[12]

Züge apokalyptischer Heiterkeit trug selbst die Schilderung des Szenarios, mit dem der Weltkrieg – falls er der Revolution zuvorkäme – nach Leninschem Rezept in einen Bürgerkrieg umgewandelt würde. An den großen Atomkrieg glaubten wir als vermeintliche Rationalisten nicht. Das Kernszenario war vielmehr ein Angriff der sowjetischen Sozialimperialisten und eine gigantische Panzerschlacht in der norddeutschen Tiefebene. Die Revolutionäre würden, wie einst die Bolschewiki, zunächst unter den Soldaten revolutionären Defaitismus verbreiten, dann aber in den Städten im Hinterland »die geschlagenen Truppen der imperialistischen Armee aufnehmen und umorganisieren«. Diese revolutionierten Städte werde der Feind, wie die Kriegsgeschichte lehre (Leningrad! Stalingrad!), niemals einnehmen können. Nicht einmal Westberlin, das »als machtvoller Vorposten der Revolution eine strategische Wirkung haben« werde, nämlich die Zersetzung im feindlichen Lager zu beschleunigen – bis auch dort die Revolution siegte.[13]

Es war klar, daß nach dieser Lagebeschreibung der Aufbau der SOLDATEN- UND RESERVISTENKOMITEES als den programmgemäß vorgesehenen Instrumenten einer Zersetzung der bewaffneten Staatsorgane und Kernen einer revolutionären Volksmacht unbedingte Priorität genoß. Da wir immer noch einen peinlichen Überhang von Kriegsdienstverweigerern hatten, wurde ein Gutteil der Organisation, Jungens wie Mädels, zu Freiluftübungen einberufen, bei denen sie (etwa im Frankfurter Ostpark) wie die Spieltruppen des Kinderzaren Peter mit Musik und Sprechchören herumparadierten oder auch den »Durchbruch durch Polizeiketten« übten. Die Photos, die es davon gibt, decken sich mit den Erinnerungen der Teilnehmer: Es war ein netter Ringelpiez mit Anfassen.
Ernster wurde es auf den »Soldaten- und Reservistentagen«, die im Mai 1977 in Hannover, Köln und München abgehalten wurden. Zu den Spieltheorien des KBW (denen niemand außerhalb mehr recht folgen konnte) gehörte es, daß die Anfahrten zu Kundgebungen als eine Art bundesweiter paramilitärischer Aufmärsche nach einem generalstabsmäßig ausgearbeiteten Operationsplan zu gestalten seien. Mit eingerechnet waren natürlich Gegenoperationen feindlicher Polizeitruppen, die dann mit großzügigen Manövern

taktischer oder strategischer Art konterkariert werden mußten. Fahrzeugkonvois galten als eine Vorform leichter Panzerkolonnen und hatten sich im Dickicht der Städte und Autobahnknoten als solche zu bewegen. Angekommen, hieß es absitzen und in verwirrenden Eilmärschen kolonnenweise das jeweilige Marsfeld erreichen, auf dem dann mit Pfeifen, Schellen und Trommeln noch paradiert, demonstriert und Reden gehalten wurden.

War der Ernstfall in Brokdorf im Februar 1977 noch in die Hose gegangen – angeblich weil die »Opportunisten«, vor allem die vom KB-Nord dominierten Bürgerinitiativen, sich der vom KBW geforderten Bauplatzbesetzung feige widersetzt hatten, in Wirklichkeit, weil der eigene Aufmarschplan völlig durcheinandergeraten war –, so war in Grohnde einigermaßen Revanche geübt worden. Die Verbotsdrohungen aus dem CDU-Lager, weit entfernt, uns vorsichtiger zu machen, wirkten im Gegenteil wie eine Bestätigung dessen, daß die erfahrenen Reaktionäre die reale Gefahr unseres bevorstehenden »Durchbruchs« hin zu den Massen witterten.

Dabei war schon die zusammen mit KPD und KPD/ML veranstaltete Kundgebung in Bonn am 8. Oktober 1977 unter der Losung DER MARXISMUS-LENINISMUS LÄSST SICH NICHT VERBIETEN ein Pyrrhussieg. Zwar gelang es, noch einmal Zwanzigtausend zu mobilisieren, der größere Teil davon unter unseren Fahnen. Aber die »offensive« Stoßrichtung, d.h. der bewußte Verzicht, mitten in diesem Finale des »deutschen Herbstes«, als wegen der Schleyer-Entführung bundesweit Razzien und Fahndungen liefen, sich mit den Ängsten und Forderungen einer linken und liberaldemokratischen Öffentlichkeit irgendwie gemein zu machen, ja, auch nur mit einem Wort Schleyer, die RAF und alles, was die Republik gerade in Atem hielt, zu erwähnen, trug Züge einer immer entschlosseneren Selbsteinschließung. Dieser revolutionäre *Autismus* trug ganz unsere Handschrift.

Endgültig dürften wir die Verbindung mit allen vorhandenen »Massen« genau in dem Moment verloren haben, in dem die entstehenden Bürgerinitiativbewegungen gegen den Ausbau der Kernkraft sich mit den zerfallenden Fragmenten der linksradikalen Gruppen auf neue Weise amalgamierten. Als im Frühjahr 1979 vor dem Hintergrund der Havarie des Atommeilers in *Three Miles Island* die Bewegung ungeahnten Auftrieb erhielt, als Bauern mit

Kolonnen von Traktoren und Scharen »normaler Bürger« sich einer Großdemonstration in Hannover gegen das Endlager in Gorleben anschlossen – da (so schildern es Augenzeugen) sei der Block des KBW bereits wie eine Zombie-Truppe mit seltsamen, außerirdisch klingenden Musiken und Sprechchören über die Szene gezogen, in stolzer Isolation.

Tatsächlich war die Musik das Fluidum der endgültigen Trennung vom Rest der Bewegung – und sollte das wohl auch sein. Bis 1976/77 hatte man noch viele der alten oder neuen »Bewegungs«-Lieder mit den anderen Linken geteilt – wenigstens die Brecht/Eisler-Songs, einige Partisanenlieder oder neuere Protestsongs. Dann erfolgte die *pentatonische* Wende – weg von allen bürgerlichen Harmonien, hin zu einer scharfen, skandierenden, »mißtönenden« Musik, mit der die neuaufgestellten »Musikzüge« die Parolen der Organisation unter das Volk zu bringen hatten. Im Zentrum der Bemühungen standen jetzt »revolutionäre Sprechgesänge« unter mitreißenden Titeln wie: »Seit ihrer Gründung unterstützt die BRD ungerechte Kriege und bekämpft die gerechten«.

Die Uraufführung dieses »Revolutionären Sprechgesangs mit großen Mengen von Akteuren« auf den Musiktagen der Soldaten- und Reservistenkomitees Ende 1978 habe, wie eine unserer Musikexpertinnen dem ZK berichtete, ganz »neue künstlerische Möglichkeiten« eröffnet, das politisch Richtige in ästhetisch angemessener Form zum Ausdruck zu bringen. Dieses »Experiment ließe sich prinzipiell erweitern bis hin zur Aufführung unseres Programms oder einer Nummer der KVZ«! Allerdings habe auch sie selbst – wie ein Großteil des Publikum – zunächst »aus Protest abgeschaltet« und sich erst nach einiger Zeit klargemacht, daß diese Disharmonien konsequenter Ausdruck unserer Auffassung über die Entwicklung der Geschichte in Widersprüchen gewesen seien. Als zum Schluß die verfremdete »Internationale« erklang, seien die Leitungsgenossen demonstrativ (und korrekt) sitzen geblieben, während die übrigen Genossen sich wie gewohnt erhoben und sentimental mitgesungen hätten – was zu neuen, heftigen Debatten über die »Rolle der Kunst im Klassenkampf« Anlaß gegeben habe.[14]

Ein Verschwörungstheoretiker könnte glauben, hier habe jemand von innen heraus eine ursprünglich ganz erfolgreiche linksextreme Organisation systematisch in die Isolation und Auflösung gesteuert. Eine Andeutung dieser Art enthielt auch der »Untersuchungsbericht«, den J.S. als Sekretär des ZK nach der Spaltung Ende 1980 über die Umtriebe der Gruppe um M.F. verfaßt hat, die zeitweise zur Vorherrschaft eines »kleinbürgerlichen Extremismus« im KBW geführt hätten. Faktisch habe F. als der Stellvertreter und zweite Mann eine geheimbündlerische *Organisation in der Organisation* gebildet.[15]

Eher war es wohl ein in sektenartigen Gebilden ganz folgerichtiger Prozeß, dessen Zeugen und Mitakteure wir waren. Der Einfluß von F. war ebenso Motor wie Resultat der immer fortschreitenden Abkapselung von der Bewegung, tatsächlich von der Realität selbst. Wenn es um die Erschaffung eigener revolutionärer Fantasy-Welten ging, war er unübertroffen. Und er verstand es, diesen Marsch ins Niemandsland in ingeniöser Weise zu steuern und zu instrumentieren. Die »innere Partei«, die er um sich scharte, war längst die eigentliche Partei. Aber er war in unserem kleinen »1984«-Panoptikum nicht der Große Bruder, er spielte nur den O'Brien.

Die drohende Illegalisierung als Teil fiktiver »Kriegsvorbereitungen der Bourgeoisie« bildete (fast wie bei Orwell) das natürliche Medium dieser Politik der äußeren Absonderung und inneren Ausrichtung. Lese ich die internen Memoranden, die im Ständigen Ausschuß damals über die zu treffenden Gegenmaßnahmen zirkulierten, habe ich noch einmal das Gefühl eines Ritts über den Bodensee, das ich damals bereits hatte. Wohin hätte ein tatsächliches Verbot uns noch getrieben?

Von Wien aus, wo ich Quartier gemacht hatte, sollte – mit Hilfe des Kommunistischen Bundes Österreichs (KBÖ) als unserer einzigen wirklichen »Bruderorganisation« – das Zentralorgan weiter erscheinen, um das herum eine illegalisierte und abgetauchte Organisation dann wiederaufgebaut werden könnte. Auch in Dänemark, Holland, Belgien, Frankreich und der Schweiz waren Stützpunkte zu errichten. In Westberlin, wo unter Viermächte-Kontrolle ein Verbot nicht voll greifen würde, war ein legales und ein illegales Zentrum zu errichten. Eine »Agentur für internationale Nachrichten« (1978 gründeten wir sie in Brüssel tatsächlich) sollte den legalen Deckmantel dieser Operationen abgeben. Geldvermögen und Technik sollten beiseite geschafft, ein Teil der Leitung ins Ausland gehen, andere im Inland untertauchen.

Axiomatisch war, daß gerade unter diesen Bedingungen »sich sowohl der Parteibildungsprozeß des Proletariats als auch der Parteiaufbau *beschleunigen*« könne, wie es in einem der internen Memoranden hieß. Wenn es gelänge, die theoretische Orientierungsfähigkeit der Organisation wie jedes einzelnen durch eine »Studienbewegung« zu erhöhen und sie über das legal oder klandestin, national wie international auszubauende schnelle Nachrichtenverarbeitungs- und -übermittlungssystem dicht zu vernetzen und zusammenzuschweißen, werde sie »zur stabsmäßigen Leitung von großen Kämpfen übergehen« können.[16]

Das alles blieb natürlich eine grandiose Luftnummer – erst recht, als das Verbot ausblieb. Aber was aus dem schrumpfenden Organisationsapparat in diesen wenigen Jahren herausgeholt wurde, war dennoch phantastisch. Was entstand war ein kleiner Sonnenstaat, ein revolutionäres Mini-Imperium.

So wurden in drei sich überlappenden Spendenkampagnen von Herbst 1976 bis Herbst 1978 fast 7,5 Millionen DM an reinen Investitionsmitteln aufgebracht, die in Immobilien sowie in moderne Druck-, Satz- und Nachrichtentechnik flossen – zusätzlich zu den 2–3 Millionen jährlich aus regulären Mitgliedsbeiträgen, die dem Unterhalt des Apparats dienten.* Durch weitere Spendensammlungen, die noch einmal 2–3 Millionen erbrachten, wurden 1979/80 Immobilien in Westberlin, Bremen und Hamburg, eine große Zei-

---

(*) In einer Aufzeichnung aus der Finanzprüfungskommission von September 1978 heißt es: »7,5 Mio. in 2 Jahren von ca. 4000 Mitgliedern, also ca. 80 DM pro Mitglied und Monat. Diese Rechnung zeigt, daß sich diese Investitionen durchaus in einer Höhe bewegen, wie sie vorher *individuell* und *liberal* auch von den Mitgliedern für ihre persönlichen Bedürfnisse ausgegeben wurden, Mittel, die jetzt zentralisiert, demokratisch zentralistisch verwendet, erst wirklich was nützen.« [Protokoll FPK, 11.9.78, handschriftlich, ungezeichnet]

tungsdruckmaschine sowie weitere Technik erworben. Man wird überschlägig sagen können, daß von 1976-1980 aus einem Korpus von anfangs 5.500, am Schluß nur noch 3.000 ziemlich jungen, nur teilweise im Berufsleben stehenden Aktiven mindestens 15, vielleicht 20 Millionen DM an Spenden und Beiträgen erhoben worden sind – abgesehen von den Literaturverkäufen sowie den Spendenkampagnen für Dritte. Überschlägig machte das rd. 1.000-1.200 DM pro Mitglied pro Jahr.

Natürlich waren das gegenüber den jährlichen Subventionen der DKP nur *peanuts*. Um so beachtlicher war der aus eigenen Mitteln unterhaltene Apparat. Im Jahr 1980 beschäftigte der KBW an Hauptamtlichen beim Ständigen Ausschuß und den Regionalleitungen, in Redaktionen, Verlag und Vertrieb, in der Druckerei, Setzerei, Hausverwaltung sowie auf den Nachrichten-Außenposten 67 Festangestellte insgesamt. Das war weniger Ausdruck von Bürokratisierung als von Professionalisierung. Die *gesamte* Organisation funktionierte als ein einziger Hochleistungskörper, der sich darin allerdings auch völlig verzehrte.

Die Philosophie, die dabei Pate stand, hatte F. in einem Memorandum vom März 1979 noch einmal revolutionstheoretisch zusammengefaßt: »In den Ländern mit einigermaßen homogen entwickelter kapitalistischer Produktion«, hieß es darin, sei »die Durchführung des Aufstandes eng verschlungen mit der Übernahme der Produktion, der Verwaltung und der Distribution.« Wir hätten also gar keine Wahl: »Wir *müssen* eine Organisation schaffen, in der so gut wie jedes Moment des Prozesses der gesellschaftlichen Reproduktion vertreten ist, geübt wird und als Potenz in die Entfaltung des Klassenkampfes eingeht.«

Also hatten unsere Betriebszellen und Gewerkschaftsfraktionen sich in die Lage zu versetzen, in der Stunde X die »Leitung der Produktion« zu übernehmen. Durch landwirtschaftliche Experimente auf unseren drei »Musterhöfen« sollten z.B. die Möglichkeiten schnellwachsender Eiweißproduktion erforscht und direkte Austauschbeziehungen zwischen Stadt und Land erprobt werden. Unsere »Bildungsorganisation« müßte fähig sein, sofort einen »Fundus von Schulbuchliteratur« zu produzieren, während unser »Kunst und Kulturwesen« die Propaganda und Aufklärung in den Massenmedien und Kulturapparaten zu übernehmen hätte. Die

»Rechtshilfeorganisation« müßte im Falle der Revolution den Kern einer neuen »Volksgerichtsbarkeit« abgeben. Das »Sanitätswesen« brauchte Leute, die sofort die Kliniken leiten könnten. Ebenso hatten wir eigene »internationale Nachrichtenverbindungen« aufzubauen, um uns von den imperialistischen Informationsmonopolen unabhängig zu machen.[17]

Eine hochherzig totalitäre Vision, nicht ohne begeisternde Züge. Und Ansätze zu alledem gab es ja tatsächlich: eigene Bauernhöfe, eigene Arzt- und Anwaltspraxen, Kunst- und Musikbeauftragte, Architekten, Techniker, Softwarespezialisten usw. Der Ausbau der Zentrale wurde zu einem Laboratorium praktischer Fähigkeiten. In einer eigenen Werkstatt wurden stabile »Formmöbel« produziert (Tische und Stühle), mit denen alle regionalen Zentren und Schulungseinrichtungen ausgestattet wurden. Architekten entwarfen ein Schulungszentrum für den Hof bei Bremen. Maler und Zeichner übertrafen sich in Entwürfen farbiger Schmähplakate, auf denen Helmut Schmidt als bundesdeutscher Sozialimperialist mit monarchischer Attitüde das beliebteste Sujet bildete.

Im Zentrum freilich stand der rasend rotierende Publikationsapparat. Nimmt man alles zusammen, dann haben wir in diesen Jahren äußerster revolutionärer Anspannung vor allem ungeheuerliche Mengen bedruckten Papiers produziert – dies allerdings in den elaboriertesten Formen. So erschien das 20 Seiten starke, im modernen Zeitungsdruck produzierte Zentralorgan, die KOMMUNISTISCHE VOLKSZEITUNG, zeitweise jede Woche in 39 unterschiedlichen Ausgaben (später waren es noch 13), worin lokale, regionale, zentrale und internationale Teile auf eine höchst komplexe Weise integriert waren. Keine Zeitung der Welt ist je zuvor und je seither so gemacht worden – ein welthistorisches Unikat.

Dazu kamen nicht nur Bücher, Broschüren, die theoretische Zeitschrift oder die Zellenpublikationen, sondern bald noch ein Gestrüpp von Flugschriften, Branchendiensten usw. Gesetzt, verfilmt und gedruckt wurde das alles in neun regionalen Druckzentren. Die rd. 50 dezentralen Redactron-Stationen waren von den Softwarespezialisten der Organisation mit den Linotype-Lichtsatzmaschinen kompatibel gemacht. Gleichwohl bedurfte es eines hochkomplizierten Tauschs von Filmen und Druckplatten in nächtlichen Kurierfahrten, aus denen sich (zumal angesichts sich häufender Unfälle) als nächstes der Gedanke der einheitlich eingekauften Flotte von einem halben Hundert Saab-PKWs ergab – weitgehend finanziert aus den vergesellschafteten Rücklagen der Zellenmitglieder für PKWs, die jetzt in einer Art revolutionärem *car-sharing* eingekauft und eingesetzt wurden.

Was von allen Vorbereitungen auf die Illegalität übrigblieb, waren schließlich nur die »Nachrichtenkette West« und »Ost«. Neben dem Außenposten in Wien, der sich im hinteren Trakt des KBÖ-eigenen Wieser Verlagsgebäudes einrichtete, wurden bald weitere Posten in Brüssel, Paris, London, Rom, Aarhus, Stockholm gegründet. Auch die KBW-Zelle in Peking (wo sich eine Kolonie dort beruflich tätiger Genossinnen und Genossen angesiedelt hatte) oder einzelne, global eingesetzte Mitglieder wie ein in Sidney stationierter Meeresforscher lieferten Artikel und Meldungen. Die Hauptposten der »Ketten« wurden mit eigenen Redactron-Geräten ausgestattet, über die satzfertige Teile wöchentlich nach Frankfurt überspielt wurden – rund ein Drittel der Zeitung.

Da draußen lebte man freilich in einem eigenen Absurdistan. Gerade hatten wir uns mitten im »deutschen Herbst« in der Wiener Mehlspeisen-Gemütlichkeit eingerichtet, die auch unsere Bruderorganisation unter der milden Sonne von Vater Kreisky schmelzen ließ wie einen Gletscher in Südlage, da war plötzlich unsere Genossin C.S. verschwunden. Der Millionär Palmers war von RAF-Terroristen entführt worden, und unsere Genossin, die jeden Morgen alle deutschen Zeitungen am Kiosk kaufte, war plötzlich umstellt, hielt noch eine Rede an das Wiener Proletariat, wurde tagelang ohne Lebenszeichen weggesperrt, da sie Namen und Adresse nicht preisgab, und dann in Handschellen den deutschen Behörden übergeben, denen sie wohlbekannt war. Man wird uns schon im Blick gehabt haben. Aber wir blieben unbehelligt.

Dann Brüssel – eine sündhaft teure Etage auf der Avenue Louise für unsere fiktive *a.i.n. – Agentur für internationale Nachrichten.* Von hier aus liefen die Fäden in alle Richtungen. Als nächste Außenstation war New York im Visier. Ich hatte die revolutionären

Potentiale der amerikanischen Arbeiterklasse für unsere Zeitung entdeckt. Im Dezember 1977 hatten Genosse T. (ein Bremer Stahlarbeiter mit Abitur) und ich eine erste Expedition nach Übersee gewagt, ins nördliche Minnesota, hoch in Bob Dylans *North Country Far*, wo die Arbeiter der Eisenerzgruben seit einem Jahr im Streik standen. Und wie mit dem Fallschirm abgesprungen, waren wir punktgenau zur großen Siegesrallye im Eisstadion gekommen, als die Delegierten aller Gewerkschaften ihre Solidaritäts-Schecks für die Familien der Streikenden überreichten, die noch heil über die Feiertage kommen mußten, bevor es im Januar wieder Arbeit und Lohn gab. Und da genau kamen wir – und brachten ein paar tausend D-Mark von westdeutschen Stahlarbeitern! Und mein Genosse hielt in seinem besten Pidgin-Englisch eine Rede wie mit Feuerzungen und wurde mit frenetischem Beifall überschüttet. Alles war noch mal wie im richtigen Film, einem revolutionären Dokumentarfilm. Hier in Amerika hatten sie beim Streik noch die Knarre unterm Bett in den Wohnwagenburgen, mit denen sie die Mine blockierten. Und damit hatten sie ein Jahr lang die Streikbrecher in Schach gehalten, während die Heilsarmee warme Suppen spendete. War es möglich, daß gerade im Herzen des Imperialismus sich Klassenschlachten neuer, ungeahnter Schärfe anbahnten?

So war ich im Jahr darauf wieder unterwegs, diesmal in New York, um dort im Herzen des US-Finanzkapitals und am Sitz der UNO den Immobilienmarkt zu sondieren für eine neue Außenstation, auf die ich selbst zu kandidieren hoffte. (Wieder mit geheimen Fluchtgedanken im weiten Bewußtseins-Hintergrund – ausgerechnet Amerika hatte es mir angetan.) Allerdings war dies eine Expedition sehr eigener Art. Genossin B. und ich, in ein Doppelzimmer gesperrt (was die Konzentration nicht erhöhte), sollten bei der UNO-Vollversammlung direkte Kontakte mit Nachrichtenagenturen der Dritten Welt anbahnen – nur um festzustellen, daß weder in Afrika noch in Asien noch in Lateinamerika Deutsch gesprochen wurde, was den vorgeschlagenen *Austausch* etwas einseitig machte. Überhaupt, wer waren wir eigentlich? Abgesehen vom Presseattaché Ugandas, der unser Lob für die antiimperialistische Politik von Präsident Idi Amin überrascht zur Kenntnis nahm und mit Genossin B. die Sache unbedingt noch einmal persönlich besprechen wollte, stand eine Mischung aus Unverständnis und Mißtrauen in den Augen fast aller unserer Adressaten.

Nicht minder erfolglos waren die Versuche, eine Übersee-Leitung per Redactron vom Hotelzimmer aus herzustellen. Alle Journalisten im UN-Pressezentrum hackten ihre Artikel noch in Ungetüme mechanischer Schreibmaschinen, um sie beim Telegraphenbüro abzuliefern, wo sie abermals abgetippt und auf Telex-Streifen übertragen wurden, die dann meterlang und quälend langsam durch die Geräte ratterten. Das war der Stand der Übermittlungstechnik. Leider stand irgendein unauslotbares Hindernis unserem Versuch im Wege, die Lindberghs der transatlantischen Datenkommunikation per Modem zu werden.

Wir ruderten den dunklen Fluß, einen imaginären Kongo oder Mekong der Geschichte hinauf, immer gegen die Strömung, bis tief ins Innere des Vorbewußten, und sangen pentatonisch im Chor: Wir brauchen keinen Hurrikan, wir brauchen keinen Taifun, was der an Schrecken tun kann, das können wir selber tun.

Jahrelang hatten wir unser letztes Hemd für die Genossen der ZANU, der Befreiungsfront von Zimbabwe, gegeben. Sie waren unsere weltrevolutionäre *peer group*, die die nationale und internationale Isolation durchbrach, an der wir doch ziemlich litten. Wir saßen ja zwischen allen Stühlen. Nirgends eine richtige Bruder- oder Schwester-Partei. Die Chinesen hatten uns lange Zeit ins dritte Glied verbannt. Die Albaner würdigten uns kaum eines Blikkes. Die Koreaner – totale Eigenbrötler. Alle berühmten Befreiungsorganisationen hatten ihre mehr oder weniger festen Partner. Wir waren sehr allein in der Welt – wie ein kleines Volk, dessen Sprache niemand versteht.

Nur die ZANU-Genossen verstanden uns. Kein Wunder: Wir schickten ihnen Hunderttausende Pfund Sterling aus unseren unermüdlichen Sammlungen für das kämpfende Zimbabwe, rüsteten erst Landrover-, dann LKW-Kolonnen für sie aus. Zuletzt, das war nun mal unsere Spezialität, richteten wir ihnen eine mobile Partei- und Felddruckerei nach modernstem Standard ein. Etliche Genossen gingen nach Mozambique in den Busch, in die Feldlager der ZANU, und einige Buschkämpfer kamen nach Frankfurt und machten die Diskotheken (und einige WGs) unsicher. Aber es kamen auch die höchsten Repräsentanten, Comrade Tekere mit seiner wunderschönen Gattin (später wurden sie wegen Linksabweichung ausgeschaltet und – wer weiß). Und dann auch Comrade Mugabe selbst, eine Art christlich-maoistischer Stammesfürst, sehr eindrucksvoll, wie er in unserer Wohnstube saß und erzählte. Er, heute der Pate von Harare und Kriegsfürst in Mittelafrika, war damals unser Held, unsere erste Liebe.

Dann tauchte aus den Machtkämpfen in China Genosse Hua Guo-feng auf, der unsere Genossen zum ersten Mal wie Staatsgäste empfing und für die demonstrative Unterstützung, die wir ihm gezollt hatten, offenbar sehr dankbar war – bevor er selbst wieder verschwand. Und dann kam mit chinesischer Vermittlung noch einer in den Blick, der schließlich zu unserem *Bruder Nummer Eins* wurde. Noch 1977 hatten wir ihn, schaut man das Zentralorgan durch, überhaupt nicht auf der Rechnung. Noch herrschte über das Demokratische Kampuchea eine völlig anonyme Organisation, Angkar (eben »Organisation«) genannt. Aber nach zwei Jahren an der Macht entpuppte sie sich als die KOMMUNISTISCHE PARTEI KAMPUCHEAS, die schon immer als »Rote Khmer« den Widerstand gegen jegliche Fremdherrschaft angeführt hatten.

Nicht zu leugnen, daß wir gerade in einer Zeit, in der ihr Regime in aller Welt eines Genozids am eigenen Volk angeklagt wurde, eine stille Affinität zu ihnen entwickelten. Dabei mag uns der anonyme, scheinbar unpathetische Charakter dieser schlicht als »Organisation« auftretenden Partei angesprochen haben. Dann: die seltsame Liebe des KBW zu den Bauern. Je abstrakter sich unser Bild von der kommenden großen Gerechtigkeit in Zahlen, Daten und Kurven verpuppte – um so größer unsere Liebe zu den naiven Bauernmalereien. Die Bauernvölker als machtvoller »Chor« (mit Engels zu sprechen) der proletarischen Revolution in den Metropolen. Unzählige »weiße Blätter«, auf die man nach Mao die »schönsten Schriftzeichen« malen konnte.

Im Dezember 1978 reiste eine KBW-Delegation unter Leitung des Sekretärs des Zentralkomitees auf Einladung des ZK der KP Kampucheas nach Phnom Penh. Sie bereiste zehn der 19 Provinzen des Landes und gab in einer Broschüre, die in 13.000 Exemplaren (zu 40 Pfg.) verbreitet wurde, authentisch Auskunft. Darin feierte die Logik des *Negationismus*, die im Grunde ja unser *gesamtes* Denken beherrschte, wahre Triumphe.

Die Genossen sahen, was alle Revolutionsreisenden noch je gesehen haben: lachende Menschen bei fröhlichem Aufbauwerk unter fliegenden roten Fahnen, geschützt von (wenigen) revolutionären Wächtern gegen die inneren und äußeren Feinde. Völlig absurd, sich vorzustellen, »daß aus ›Massenmorden‹ ein blühendes Land entsteht«! Wer konnte sich so etwas überhaupt ausdenken? »Wäre an den Greuelgeschichten etwas dran, dann hätte sich das kampucheanische Volk gegen die Regierung erhoben, statt sich mit der Regierung gegen den Aggressor zu erheben.«[18]

Das Gespräch mit »Bruder Nummer Eins« (wie Pol Pot intern nur genannt wurde) soll sehr angenehm und unzeremoniell gewesen sein. Saloth Sar, wie er eigentlich hieß, wirkte durchaus wie der Intellektuelle, der er von Haus aus war, und erkundigte sich aufmerksam nach den Aussichten der Revolution in Deutschland. Wenn gewisse chauvinistische Töne gegen die Vietnamesen störten, dann ließ sich das immerhin aus dem Kriegszustand erklären, der zwischen den beiden Ländern mittlerweile herrschte. Haben unsere Genossen sich erkundigt, warum die Städte so seltsam leer waren? Das haben sie – und zur Antwort erhalten, daß die Städter zur Teilnahme an der Produktion und zur Umerziehung aufs Land geschickt worden seien. Das erschien ihnen einleuchtend, da hinter den vietnamesischen Aggressoren der sowjetische Sozialimperialismus, eine aggressive Weltmacht, stand. Hätten sie vielleicht den kampucheanischen Genossen raten sollen, wie sie dieser existentiellen Herausforderung zu begegnen hatten?!

Mit dieser Position stand der KBW ja keineswegs so allein da, wie es heute scheint. Ungeachtet aller Vorwürfe eines Genozids am eigenen Volk wurde die Regierung des Demokratischen Kampuchea von der Mehrzahl der Regierungen in der Welt, einschließlich der USA und der Europäischen Gemeinschaft, unverändert anerkannt. Im übrigen waren unsere Aktivitäten Teil einer von Stockholm aus geführten Kampagne eines internationalen Kampuchea-Komitees, das von Jan Myrdal geleitet wurde. Es gab eine Reihe prominenter Unterzeichner, in der Bundesrepublik zum Beispiel Klaus Mehnert oder in den USA Noam Chomsky. Der letztere hatte die idealtypische Argumentation des linken Negationismus entwickelt: Die »Greuelmärchen« über das Regime Pol Pots seien projektive Entlastungsversuche der herrschenden US-Kreise, die Kambodscha hatten »in die Steinzeit zurück«bombardieren wollen und nun die siegreiche Revolutionsregierung eines angeblichen »Steinzeitkommunismus« anklagten. War das nicht völlig plausibel? Sicher – so plausibel wie 25 Jahre später Peter Handkes Lob des wehrhaft ungebeugten »Serbenvolks« zum Beispiel.

Für uns wirkte der späte Flirt mit den Roten Khmer jedenfalls wie ein Todeskuß, den wir vielleicht unbewußt auch herbeigesehnt hatten. Die Metapher vom »schwarzen Loch«, die ich später in meiner Austrittserklärung verwendete, enthielt auch diese Assoziation. Pol Pot alias Saloth Sar war es, der uns gleich dem schattenhaften Elfenbeinhändler Kurtz in Joseph Conrads Roman oder dem wahnsinnigen Colonel in Coppolas *Apocalypse Now* hinter der Biegung des Flusses im Herzen der Finsternis erwartet hatte. Neben den Photographien der Todgeweihten von Tuol Slang (dem Todeslager bei Phnom Penh), deren angstgeweitete Blicke einen nicht loslassen, verfolgt mich seither das lächelnde Gesicht dieses charismatischen Mörders.[19]

Die Spaltung und beginnende Auflösung des KBW im Sommer 1980 kam scheinbar wie aus dem Nichts. Tatsächlich waren wir an einem Punkt der äußersten moralischen und intellektuellen Überspannung angelangt. Die Mittelzuflüsse aus der Organisation wurden knapper. Das Mini-Imperium zeigte zuerst Risse, dann Zusammenbruchstendenzen. Für mich hieß das: statt New York – Westberlin.

Aber was zunächst wie eine Versetzung an die Ostfront wirkte – unsere Kreuzberger KBW-Zentrale lag in Blickweite der Mauer, und der winterliche Brodem von Braunkohle und Minol drückte mir wie eine chronische Kopfgrippe auf Gefühl und Verstand –, das verwandelte sich mit anbrechendem Frühling in einen handfesten Kulturschock. Wie aus dem Winterschlaf erwacht, wimmelte es plötzlich vor grün- und lilagefärbten Punks zwischen türkischen Schnauzbärten und orientalischen Schönheiten. Eine neue Welle von Hausbesetzungen war ringsum in Gang gekommen. Eine ausgedehnte Szene aus »alternativen« Läden, Kneipen oder Kulturpro-

jekten war in explosionsartiger Ausdehnung begriffen. Die Zentral-
organe hießen hier TAZ oder ZITTY (nicht KVZ), und es war
schlechthin unmöglich, sich im Dschungel der Kleinanzeigen und
Events zu orientieren, wenn man nicht drin war in dieser Szene,
sondern draußen. *In* oder *out* waren die binären Codes dieser brodelnden Lebenswelt.

Wir jedenfalls waren *out*, trotz der diversen linken Radikalismen,
die sich in dieser Szene neu formulierten, aber eben nur noch als
existentielle »Anti«-Positionen, als Ideologien einer partikularen
Gegenkultur, die sich in ihrem Gegensatz zur Hauptkultur längst
eingerichtet hatte. Der noch so imaginäre Griff nach dem »Ganzen«, der unser 68er-Erbe war, die Vorstellung, Teil einer großen
geschichtlichen Strömung zu sein, die einer welthistorischen Krisis
und Katharsis zutriebe – das alles war hier plötzlich total *dépassé*,
selbst wo es als ironisches Zitat noch mitgeschleppt wurde.

Das Gefühl einer lähmenden, uneinholbaren Antiquiertheit, das
mich damals überfiel, kreuzte sich allerdings mit einem nicht weniger scharf ausgeprägten Sinn für die *Unhaltbarkeit* der Situation an
diesem (scheinbar) stillgestellten Punkt der Geschichte. Meine
lyrisch-politischen Kreuzberger Weltgefühle vom Frühsommer
1980 waren dieser wiedergefundenen Zeit vielleicht ebensoweit hinterher wie voraus.

Hinter weißen Laken flattert Lachgevögel
Mondscheinwerfer schneiden weiße Streifen in die Nacht
Vopos ziehen leise lachend ihre Runden
Elektronikgewitter vom Prenzlauer Berg.
Kneipentüren klappen, Punk und Punkie
schnuppern wachsam in die reine Luft
– Borsten aufgestellt
    der Zukunft zugewandt.

WIR HABEN SIE SO GELIEBT –
DIE REPUBLIK
Nachgedanken zum roten Jahrzehnt

> Die Stunde des Realismus hat geschlagen; ob der Mensch gemacht ist, sie auszuhalten, ist die bange Frage. Denn die Wirklichkeit selbst hat utopischen Charakter angenommen.

> *Friedrich Dieckmann*

»Sie sind eigentlich schuld, daß ich hier sitze«, hatte mich der hohe Beamte vom Kölner »Amt« begrüßt, kaum daß wir die Sicherheitsschleuse passiert hatten. Wie das?! Nun, irgendwann Ende der siebziger Jahre war an seinem Gymnasium in einer norddeutschen Mittelstadt eine Zelle unseres damaligen KOB (KOMMUNISTISCHER OBERSCHÜLERBUND) aktiv gewesen. Dieser ersten Dosis zeitgemäßer »Politisierung« folgte bei ihm das Studium der Politologie und eine Dissertation über die Entstehung der GRÜNEN. Und von dort hatte sein Weg ins »Amt« geführt – wo übrigens gerade eben (im Frühjahr 1999) eine Serie rot-grüner Ernennungen als »Vorgänge« über den Tisch seines Referats (»Linksextremismus«) gelaufen waren. Ohne Beanstandungen!

Ein schönes Beispiel für die soziale Reichweite dessen, was hier unter den Sammeltitel »Das Rote Jahrzehnt« gefaßt worden ist. Betrachtet man das gegenwärtige politische Establishment, könnte man sogar zu etwas übertriebenen Vorstellungen kommen. Das halbe Kabinett und prominente Figuren der Parlaments- und Parteiszene haben ihre politische Biographie als Marxisten, Kommunisten und sozialistische Systemveränderer verschiedener Couleur begonnen, als Sponti-Militante oder K-Grüppler, RAF-Anwälte, SHB-Aktivisten oder JUSO-»Antirevisionisten«. Auch in staatlichen Behörden und privaten Verbänden, in Justiz und Anwaltskanzleien, in Medien oder Universitäten, in Gewerkschaften und selbst

in den Vorstandsetagen der Wirtschaft würde ein Verschwörungstheoretiker reichlich fündig werden. Der »Lange Marsch durch die
Institutionen« hat *stattgefunden* – allerdings kaum im Sinne seines
Erfinders Rudi Dutschke, der sich 1967 noch einen veritablen Bund
insgeheimer Revolutionäre vorgestellt hatte.

Ist das eine Enthüllung? Natürlich nicht. Diese Geschichte
läßt sich nicht mehr umschreiben oder neu erfinden. Weder kann
man sie besser noch muß man sie schlechter machen, als sie
war. Die erbitterten Anklagen der christ- und freidemokrati-
schen Generationsgenossen, die schon in den Siebzigern gegen
ihre linksradikalen Kontrahenten in Studentenparlamenten und
ASten nie recht ankamen* und auch jetzt keine richtige Satisfak-
tion erhalten, unterliegen dem Mißverständnis, es könnte ein ima-
ginärer »Geist von '68« noch einmal in die Flasche zurückgestopft
werden – als wäre er nicht längst Teil der Lebensluft dieses Landes
geworden.

Die erst mit der »Fischer-Debatte« so recht zu Bewußtsein gekommene Repräsentativität dieser radikalen politischen Generationsge-
nossenschaft ist schon für sich genommen aussagekräftig. Auch
wenn für alle, selbst die prominenten Ex-Jusos, eine Reihe (erklär-
ter oder stillschweigender) »realpolitischer« Brüche gegenüber den
fundamentalistischen Positionen ihrer frühen politischen Soziali-
sationsphase notwendig waren – so konnten diese Brüche doch
nur deshalb produktiv werden, weil im intellektuell geprägten
Linksradikalismus der siebziger Jahre einiges an Begabungen versammelt war; und weil diese Gruppen und Bewegungen bei allen
ideologischen Verstiegenheiten eine Menge gesellschaftlicher Ver-
änderungsenergie und realitätshaltiger Kritik mittransportiert hatten. Wie sich im nachhinein zeigt, waren selbst die radikalsten
Segmente dieser Bewegung von der bürgerlichen Mehrheitsgesell-

---

(*) Unter Gesichtspunkten des erwähnten Kölner »Amtes« betrachtet, waren
noch im Jahr 1978 Linksextremisten in 36 von 53 ASten führend beteiligt und
hatten linksextreme Gruppen (incl. SHB) an diesen Hochschulen rund 60 %
aller abgegebenen Stimmen erhalten. Auf alle Hochschulen bezogen, waren es
etwa 40 % der Stimmen. [Vgl. betrifft: Verfassungsschutz '79, S. 56 f.]

schaft nicht derart getrennt oder abgeschottet, wie es zeitweise schien. Tatsächlich blieben sie immer Produkt und Teil des großen sozialkulturellen Umbruchs dieser Nachkriegsphase und waren in mancher Hinsicht eine seiner unbewußten Avantgarden, während sie in ihren heftigen Oppositionen zugleich auch eine Reaktion gegen diese Umbrüche verkörperten, nicht ohne romantisch-regressive Züge.

Das ganze Bild dieser hochpolitisierten Generation ist doppeldeutig. Verglichen mit der unpolitisch-hedonistischen, *eigentlich* antiautoritären Rock'n'Roll-Halbgeneration, die ihnen vorausging, waren die »68er« deutlich ernster und autoritärer, auf Engagement und Organisation aus. Sie suchten Kollektivität und Gemeinschaft, gesellschaftliche Bedeutung und politische Macht (wenigstens im Sinne von Gegenmacht). Sie waren ausgemachte Konsumverächter und bei allem Chaos auf der Suche nach einer neuen Einfachheit und Klarheit des Lebens.

Entsprechend doppeldeutig waren die Frontstellungen, in denen sie sich bewegten. Natürlich gab es das alles noch: den antizivilen Kommando- und Casinoton der Industriekapitäne oder »Halbgötter in Weiß« auf den Höhen der Gesellschaft und den spießerhaften Autoritarismus der Kleinbürger alten Zuschnitts in den Niederungen, diese ewig dankbaren Kabarettfiguren von Blockwarten, Flurschützen und Stammtischbrüdern. Aber die forcierte Selbst-Politisierung der 68er richtete sich in ihrer polemischen Zuspitzung ebenso schon gegen jene »Ohnemichel«-Mentalität, die sich in der wildwüchsigen Nachkriegszeit herausgebildet hatte und ein Element des ab 1960 soziologisch konstatierten *Mentalitätswechsels* war.[1] Das setzt allen Interpretationen, worin die antiautoritären Rebellen von 1968 als die Heroen des Ausbruchs aus dem »Gefängnis« überkommener Mentalitäten firmieren, gewisse Grenzen.

Im großen gesellschaftlichen Maßstab war die Bewegung auch tatsächlich längst mit ganz anderen Entwicklungen konfrontiert, als das Bild von der »vermufften Adenauer-Republik« und einer vom faschistischen Erbe geprägten Gesellschaft vermittelt. Auch und gerade in der Bundesrepulik grassierte eine kommerzielle Hedonisierung – in Gestalt der stürmisch anbrandenden »Sexwelle«, der immer rascher wechselnden Moden, einer alles überrennenden Pop-Kultur und umfassenden Medien-Revolution. Die nach dieser Seite hin errichtete Abwehrfront war nur schwierig zu halten – schon deshalb, weil die radikale Jugendbewegung selbst unauflöslich Teil dieses Prozesses war. Alle ihre Selbstinszenierungen und »Provokationen« lebten von den medialen Reaktionen und einem sensationslüsternen Interesse der Öffentlichkeit. Die morgendliche Presselese der KOMMUNE I (wie nach Theaterpremieren) fand ihre gesteigerte Fortsetzung in den Massenaktionen der späten Siebziger, die erst abends im Fernsehen zur eigentlichen Realität wurden. Der Schritt von der Demonstration zur Simulation wurde immer kürzer – bis die Berichte und Reportagen, etwa über den »Kampf um Brokdorf«, so Reinhard Mohr, »authentischer als die eigenen Erlebnisse« wirkten.[2] Kurzum, kaum etwas anderes hat vielleicht zur Medialisierung aller gesellschaftlichen Anliegen und zur Theatralisierung des Öffentlichen, die mittlerweile ein Grundzug des Politischen überhaupt geworden sind, so viel beigetragen wie die Inszenierungen der »Protestgeneration«.

Überhaupt ist im sozialhistorischen Rückblick deutlich, daß der altböse Feind, den wir zu bekämpfen glaubten, sich zur selben Zeit schon bevorzugt von Körper, Geist und Emotion unserer »kulturrevolutionären« Kampfbewegung nährte. Denn alle klassisch-industriellen Entwicklungen wurden im Laufe der sechziger Jahre bereits vom Aufstieg der modernen Kommunikationen und Kulturindustrien überflügelt. Damals wurde die Schwelle zum Informationszeitalter erstmals überschritten. Deutlicher als je zuvor zeigte sich, daß die bürgerlichen Sozialformationen des Westens (vulgo *Kapitalismus* genannt) ihre erstaunliche historische Durchsetzungsfähigkeit gerade der Fähigkeit verdankten, sich aller noch so radikal auftretenden Dissidentenkulturen zu bemächtigen, sie zu absorbieren oder zu assimilieren. Sowohl in den Unternehmenskulturen wie in den alltäglichen Lebensformen begann ein Umschwung vom Konformismus zum Nonkonformismus, vom Typus des angepaßten »Organisationsmenschen« zum neuen Ideal des »Kreativen« und »Flexiblen«.[3]

Eine Ahnung dessen – in Form einer heftigen *Abwehr* – war in den Thesen Herbert Marcuses zur totalen »Manipulation« der Individuen durch die »repressive Entsublimierung« ihrer befreienden Triebwünsche sowie (subtiler) in den Reflexionen Theodor Adornos zur alles umspinnenden, zerstörenden, atomisierenden »Kulturindustrie« bereits deutlich enthalten. Beide speisten sich aus den Tiefen der deutschen Kunstreligion und des deutschen Kulturpessimismus in seiner absoluten Gegenüberstellung zur flachen, amerikanisierten Kommerzwelt.[4] Nun wurden ihre Merk- und Leitsätze von den jugendlichen Rebellen begierig aufgenommen und wie ein Mantra eingesetzt oder wie eine Knoblauchzehe gegen diesen Tanz der kapitalistischen Vampire, die nach ihrem frischen Blut gierten.

So enthüllten wir den protzenden Reichtum als Betrug, die lokkende Ware als »Fetisch«, der nur das kapitalistische Wesen kaschierte, nämlich die Verwandlung aller echten Nutz- und Gebrauchswerte, aller wahren Lebensqualitäten und menschlichen Fähigkeiten in »abstrakten Wert«, also Geld. Aber jede noch so radikale Negation dieser verkehrten, entzauberten Welt unterlag dem Gesetz ihrer Wiederverzauberung. *Fair was foul, and foul was fair.* Mochte alles, was in der herrschenden kommerziellen Kultur als »in« galt, für uns »out« sein, waren die Klamotten noch so vergammelt, die Möbel vom Sperrmüll – es steckte darin eine unbedingte, geradezu erbitterte Suche nach dem Echten, dem Authentischen, dem wahren Schönen, wie noch in jeder zivilisationskritischen oder kulturverdrossenen Jugendbewegung. (Herr Bohrer sei Zeuge.) Und wie in allen solchen Jugendkulturen zuvor und seither, machte sich darin bald schon ein Stilwillen geltend, der seine eigenen Ästhetiken, Moden und Lebensstile kreierte. Ob diese Anti-Ästhetiken und -Moden nun die Hauptkultur infiltrierten, oder ob sie von ihr absorbiert wurden – das Ergebnis war dasselbe. Die skandierten Protest-Parolen verschwammen untrennbar mit den Beats der Pop-Revolution und gingen (ohne Copyright) in die Sprache der Werbung ein.

Die Entmischung in strikt politisch-revolutionäre Gruppen und diffus kulturrevolutionäre Szenerien bedeutete kein Ende dieser Ambivalenzen der Bewegung. In einer kultursoziologischen Innenansicht der siebziger Jahre hat Michael Rutschky als Signum dieser Zeit, die auf den abstrakt-utopischen »Begriffshunger« von 1968 dialektisch gefolgt sei, einen entgrenzten »*Erfahrungshunger*« bezeichnet – eine Vielzahl von »unruhigen Suchbewegungen«, die dem Ideal der unendlichen Gestaltbarkeit aller sozialen wie persönlichen Beziehungen anhingen.

Die biographischen Fallstudien, die Rutschky anführt, sind allerdings irritierend genug: Der Fall einer jungen Frau zum Beispiel, die mit einiger Konsequenz damit beschäftigt war, ihr Leben zu zerstören, und die in allen Gesprächen nur das eine bekräftigt sehen wollte: »daß man weder mit einer Arbeit, noch mit einem Mann, noch mit einer Frau leben könne *in dieser Gesellschaft*«. Oder wenn Rutschky – mit Blick auf den »Soziologen Raspe«, den Ex-Kommunarden und RAF-Terroristen also, den er persönlich gekannt hatte – darauf verweist, wie verbreitet im Öffentlichen wie im Privaten damals die »Todesdrohung als Form des Redens« war, und wie sehr gerade »Schrecken und Schmerz als Inbegriff einer Erfahrung im emphatischen Sinn gesucht« worden seien. Der kollektive Selbstmord von Stammheim erscheint dann als die Besiegelung einer Praxis von Leuten, »die aus dem Universum der Rede ausgetreten waren, die Schrecken und Schmerz als politische, als existentielle Strategie gewählt hatten«.[5]

Unbestreitbar ist, daß die Nahrungsverweigerung der »politischen Gefangenen« und ihr halb realer, halb paranoider Zustand einer »totalen sensuellen Deprivation« sich mit der mentalen Verfassung eines ganzen Teils der gebannt auf sie starrenden politischen Generation verband. Aber was ursprünglich wie »Erfahrungshunger« erschien, lief am Ende doch wohl eher auf eine kollektive *Erfahrungsverweigerung* hinaus.

Aller genuine Erfahrungshunger richtete sich fast ausschließlich auf eine adoleszente Gesellschaft der Gleichaltrigen – und sonst allenfalls auf jene Segmente der Pop-Subkultur, die aus den Jugendbewegungen stammten oder mit ihnen noch kommunizierten. Das war, soziologisch gesehen, eine Selbsteinschließung in der eigenen Generation – und damit ein radikaler Vorgriff auf die monadische Single-Gesellschaft, die unaufhaltsam heraufzieht. Der politisch überhöhte Abbruch der traditionellen familiären Beziehungen und das Leben in homogenen Milieus, in denen Kinder eher störten oder keinen eigenen Platz fanden, waren Teil dieses Prozesses. Mit unserer Generation begann die Ära der modernen Kinderlosen oder

Alleinerziehenden. Und genau in dem Maße, in dem wir uns, nach einem Aperçu Eva Demskis, die »längste Kindheit der Geschichte« genehmigten, erfuhr die Gesellschaft im ganzen einen ersten, massiven Alterungsschub. Noch die Kinderläden und hochherzigen Erziehungsexperimente waren Teil jener synthetischen Gruppenbildungen, die im Single-Milieu zum Hauptmedium einer narzißtischen Selbstverwirklichung geworden sind.

Kurzum, das Bild dieser linksradikalen, kulturrevolutionären Bewegung bleibt schwankend. Vieles, das meiste, was sie bewirkte, geschah *entgegen* ihren bewußten Absichten und ihren politischen Ideologemen. Aber dem entsprach auch ihre hochgradige Doppeldeutigkeit. Diese Bewegung war hedonistisch und puritanisch, progressiv und regressiv, egalitär und elitär, modernistisch und kulturpessimistisch zugleich. Sie deklarierte sich antiautoritär und war doch entschieden autoritär. Sie war auf Individualisierung aus und frönte dem Kult der Gemeinschaft. Sie forderte Zärtlichkeit und Partnerschaft zwischen Mann und Frau, Eltern und Kindern und förderte erotische Segregation und emotionalen Autismus. Sie propagierte Autonomie und Selbstbestimmung und fetischisierte revolutionäre Organisation und Disziplin. Sie gab sich als Bewegung von Kriegsgegnern und schwelgte in den Perspektiven eines Weltrevolutionskrieges. Sie gebärdete sich radikal internationalistisch und ließ diskreten nationalen Ressentiments viel freien Raum. Sie rühmte sich ihres militanten Antifaschismus und fühlte sich bald schon frei zum aggressivsten »Antizionismus«. Sie war schwärmerisch kosmopolitisch und zugleich provinziell bis lokalpatriotisch. Sie appellierte an imaginäre Massen und befleißigte sich exklusiver Geheimsprachen. Sie arbeitertümelte oder volkstümelte heftigst und wahrte die Exklusivität der eigenen, geschlossenen Gruppe.

Man könnte lange fortfahren. Es geht aber nicht einfach um ideologischen Schein und nüchterne Realität, sondern um die vielen Gesichter und tiefen Ambivalenzen ein und derselben Bewegung. Sie war modern und konservativ, zeitgemäß und unzeitgemäß zugleich. Und gerade das machte sie vielleicht so geeignet, als *Katalysator* jenes großen sozialkulturellen Umbruchs zu fungieren, der sich auf viel breiterer Front, eher außerhalb als innerhalb ihrer Milieus und zunächst auch eher ohne sie als mit ihr vollzog.

Was sie lieferte, waren im wörtlichen Sinne die Anstöße und jene gärenden Elemente von Unzufriedenheit und Unruhe, die die soziale Evolution offenbar brauchte.

.

Sicher gab es viele gute Gründe und Anlässe, ob in Deutschland, Frankreich, Italien oder in den USA, sich in radikale, außerparlamentarische Opposition zur Regierung und zum politischen und gesellschaftlichen »Establishment« zu setzen. Ob es mehr gute Gründe gab als früher oder später – oder heute zum Beispiel! –, ist schon die Frage. Besonders fraglich ist das in der Bundesrepublik – verglichen zum Beispiel mit den USA, die damals tatsächlich in *Grundfragen* ihrer gesellschaftlichen Entwicklung (Rassentrennung, Sozialgesetzgebung usw.) am Scheideweg standen und gleichzeitig in einen ebenso mörderischen wie sinnlosen Krieg hineingeschlittert waren. In der Bundesrepublik gab es keine einzige Frage von vergleichbarem Gewicht. Sämtliche Ereignisse und Umstände, die man als Auslöser herbeizitieren kann, von der Großen Koalition und den Notstandsgesetzen bis zum fernen Krieg in Vietnam, tragen ihre Erklärung nicht in sich, sondern verweisen zurück auf die eigentümliche *Resonanz*, die sie in einem jugendlichen Publikum fanden.

Diese Resonanz lebte von der Halluzination eines »geschichtlichen Augenblicks«, worin sich Heils- und Unheilserwartungen intim überkreuzten und vermischten. Man kann von einer Konjunktion mehrerer historischer Umstände und Entwicklungen sprechen, die in dieser Form wohl unwiederholbar ist.

Da war, erstens, der beispiellose ökonomische Aufschwung und sozialkulturelle Umbruch der Nachkriegsperiode, auf dessen Grundwelle wir gewissermaßen ritten. Auf die damit eröffneten, nie gekannten Lebensmöglichkeiten und Entwicklungspotentiale reagierte ein Großteil der Jüngeren – ähnlich wie zu Beginn des Jahrhunderts – keineswegs mit frisch-fröhlichem Optimismus, sondern mit apokalyptischen Weltgefühlen und mit dem Impuls, diese übermächtigen Produktivkräfte, die ebenso viele Destruktivkräfte waren (sinnfällig zusammengefaßt im Bild des Atoms), wieder »in den Griff« zu bekommen. Die ursprüngliche Vorstellung von Sozialismus, um die die Bewegung kreiste, war eine von wissenschaftlicher

Steuerung und gesamtgesellschaftlicher Kontrolle der Produktion, und insgesamt von neuer Einfachheit und Geschlossenheit der immer differenzierteren, komplexeren Arbeits- und Lebenswelten. Visionen einer möglichen »Vollautomatisierung«, die als Basis umfassender sozialer Existenzsicherung und entfesselter Gratiswünsche dienen würde, mischten sich mit Alpträumen einer entlaufenen, die Menschen totalitär sich unterwerfenden technisch-bürokratischen Gesamtapparatur eines kapitalistischen Wohlfahrtsstaates.

Unser Zeitgefühl war, zweitens, tief geprägt von den eben erst durchlebten, dramatischen Zuspitzungen der Ost-West-Spannung in der Berlin- und Kubakrise, die ein taubes Gefühl der Entwirklichung hinterlassen hatte. Der Kennedy-Mord, unmittelbar nach der Woge jugendlicher Kennedy-Begeisterung, brachte eine geradezu sprunghafte Entidealisierung der »freien Welt«. Die Proteste gegen den Vietnam-Krieg waren nicht zuletzt Ausdruck dieser abgrundtiefen Enttäuschung. Um so dringender wurde der Wunsch, aus dem Zirkel der Block-Konfrontationen auszusteigen. So kam es, daß der Mauerbau, der die Verhältnisse in der DDR eisern fixierte, auf westdeutscher und Westberliner Seite die inneren Widersprüche paradoxerweise erst entband. Besonders die Frontstadt wurde zu einem Hochdruckkessel und Laboratorium aller Dissidenzen, soziologisch genährt vom Zustrom der »Abhauer« aus Ost und West, die auf eine hysterisierte, überalterte, sozial stationäre Population proletarisch-kleinbürgerlicher »Dableiber« trafen. Diese Westberliner Konfrontationen und Erhitzungen haben nicht nur für die außerparlamentarische Protestbewegung in der Bundesrepublik, sondern womöglich für die ganze internationale Jugendbewegung eine wichtige Rolle als Initialzünder gespielt.

Der imaginäre Bezugspunkt für den Ausbruch aus der erstarrten Ost-West-Konfrontation war die ideelle Konstruktion einer »Dritten Welt«, von der man bis dahin niemals gesprochen hatte. Vor allem ein idealisiertes Kuba und ein kämpfendes Vietnam firmierten nun für die jugendlichen Rebellen des Westens als Vorkämpfer und Fokusse einer globalen Befreiungsbewegung oder revolutionären TRICONTINENTALE. Diese schwärmerischen Identifikationen mit dem »Vietcong« (den es so kaum gab) oder mit dem heroisch-vergeblichen Unternehmen einer Universalguerilla à la Che Guevara, einem imaginären Weltrevolutionskrieg der

Armen gegen die Reichen, der Weltdörfer gegen die Weltmetropolen, in dessen Feuer der »Mensch des 21. Jahrhunderts« entstehen würde – gaben der radikalen Absage an das »Bestehende«, an die eigene Lebenswelt, erst den suggestiven Anschein von Realitätshaltigkeit. Tatsächlich trug das viele Züge des alten Motivs vom »Warten auf die Barbaren«, die das eigene, als Gefängnis empfundene Imperium (Rom-Amerika) über den Haufen werfen und Platz für radikale Neubildungen schaffen würden.

Diese phantasmagorische Erwartung eines Wendepunktes, eines *Kairós*, überlagerte sich mit einem vierten machtvollen Impuls: der »Rückkehr der Geschichte« – der verdrängten oder verleugneten Erinnerung an die vorangegangene Weltkriegsepoche nämlich, die wie ein riesiger Krater, ein »schwarzes Loch«, vor unserer bewußten Lebenszeit lag und in die Lebensgeschichte unserer Eltern so prägend und vielfach traumatisch eingelagert war. Diese Vergegenwärtigung von Siegen und Niederlagen, Okkupationen und Vernichtungsaktionen intensivierte aber in allen am Weltkrieg beteiligten Ländern nicht nur die Erinnerung an die jeweiligen Verluste an Leib und Leben, Gesundheit oder Vermögen. Es ging um tiefgreifende Einschnitte in das Selbstbewußtsein der einzelnen Zeitgenossen wie der Gesellschaften im ganzen. Für alle Länder Europas, auch die nominellen Siegermächte England und Frankreich, hatte der Weltkrieg eine drastische Minderung ihrer weltpolitischen Bedeutung und eine vielfältige elementare Erschütterung dessen gebracht, was Norbert Elias als die »Wir-Schicht« einer gegebenen Gesellschaft und ihren bestimmenden »sozialen Habitus« bezeichnet hat – also des festen, die Generationen *integrierenden* Bestandes von sozialen Leitbildern, positiv besetzten Lebens- und Verhaltensweisen, kulturellen Identifikationen usw.

In Deutschland war diese Erschütterung naturgemäß am tiefsten gewesen und hatte am nachhaltigsten gewirkt. Schon das Bewußtsein der epochalen Niederlage hatte auch für die Nachkriegsgeneration eine kollektive narzißtische Kränkung bedeutet. Hinzu traten nun immer stärker und immer bedrängender die Bilder der deutschen Massenverbrechen in den okkupierten Ländern wie in den Konzentrationslagern, aus denen sich – im Jerusalemer Eichmann-Prozeß oder im Frankfurter Auschwitz-Prozeß – noch einmal das unfaßbare Geschehen des organisierten Judenmords herausschälte.

Das bedeutete einen tiefen Bruch des Vertrauens in die eigene Gesellschaft und machte sich in einem drastischen *Verfall* aller etablierten Autoritätsverhältnisse, jedes verbindlichen Wertekodex und sozialen Habitus geltend. Es gab, einfacher gesagt, für die Heranwachsenden in der bundesdeutschen Gesellschaft ein völliges Vakuum positiv zu besetzender Ideale und Vorbilder. Daß die 1967 aufbrechende Bewegung sich insgesamt als »antiautoritär« definierte, war tatsächlich schon von der weitgehenden theoretischen und emotionalen Voraussetzung bestimmt, daß Autorität *per se* mit Nazitum und Faschismus assoziiert wurde. Ob die Gesellschaft der Bundesrepublik in den sechziger Jahren tatsächlich noch besonders »autoritär« zu nennen war, ist dabei durchaus fraglich – und geht mit der anderen großen, generationsbedingten Fehlwahrnehmung einher, wonach es sich um eine »restaurative«, erstarrte Gesellschaft und ein reformunfähiges »System« gehandelt habe. Nichts war weniger zutreffend.

Wenn es so empfunden wurde, dann waren diese Wahrnehmungen jedenfalls eben immer vom Impuls der Jüngeren mitgeprägt, sich und ihre Lebenswelt noch einmal »neu zu erfinden«. Dieser Versuch, sich in radikaler Opposition zum »Establishment« der eigenen Gesellschaft eine Sphäre strikter Autonomie, einen Kodex eigener Lebensregeln und ein neues Wir-Ideal zu schaffen, war vielleicht der kleinste gemeinsame Nenner aller (westlichen wie östlichen) Jugendbewegungen dieser Zeit. In Deutschland gewann er eine Virulenz, die weit darüber hinausging. Je bedrängender die »rückkehrende« Geschichte des Nazismus wurde, um so totaler der Wunsch, sich vom kontaminierten Elternkörper abzunabeln – nicht unbedingt im persönlich Familiären, aber im gesellschaftlichen Maßstab, d. h. im Sinne einer scharfen Sezession von der Korporation der Älteren und »Etablierten«, der Kriegsgeneration also, die in äußerster und pauschaler Zuspitzung nun als die »Generation von Auschwitz« verworfen und blamiert wurde.

Dieser fieberhafte Impuls, sich eine völlig neue »Identität« zu geben, hat auch vielen lebensweltlichen Experimenten erst ihre entbundene Radikalität verliehen. Wie trügerisch in dieser Hinsicht selbst die Geschichte der Berliner Kommunarden ist, habe ich im

Kapitel über die »Idioten der Familie« gezeigt. Sie haben demonstriert, wie noch in den Parolen und Praktiken der »sexuellen Befreiung« oder beim Spiel mit »bewußtseinserweiternden Drogen« ein unbewußter Fanatismus der Reinigung und Neuschöpfung (seiner selbst und seiner Kinder) am Werk war.

Aus dieser gärenden Zwischensphäre von Lebens- und Erziehungsexperimenten, politischem Radikalismus und beginnendem Terrorismus existiert ein unhintergehbares, alle Themen und Motive berührendes und unbewußt entschlüsselndes literarisches Dokument: Bernward Vespers autobiographische Aufzeichnung »Die Reise«. Mit Recht hat man das posthum erschienene Buch den »Nachlaß einer ganzen Generation« genannt. Bedenkt man das tief Verstörte und schwer Genießbare dieses von Gewalt- und Erlösungsphantasien durchtränkten, durch psychotische Entgleisungen geprägten und durch den Selbstmord des Autors beglaubigten Fragmentes, ist das eine beunruhigende Feststellung.

Als das Manuskript dieses »Romanessays« im Frühjahr 1977, sechs Jahre nach Vespers Tod, erstmals gedruckt vorlag, blieb es fast unbeachtet – nur um mit dem »deutschen Herbst« über Nacht zu einem geheimen Bestseller zu werden. Wenn irgend etwas, dann mußte dieser von einem schonungslosen und obsessiven Autobiographismus diktierte Bericht des früheren Lebensgefährten Gudrun Ensslins und Sohns des Nazidichters Will Vesper, so schien es, ein Licht in diese bleierne Tragödie antiken Zuschnitts werfen.

Im Herbst 1968 hatte Vesper sich über Nacht als Aktivist des Berliner SDS und Herausgeber der EDITION VOLTAIRE, einem der Hauptverlage der Studentenbewegung, verabschiedet, um Ernst zu machen mit dem Postulat, daß die Revolution mit der »Revolutionierung der Revolutionäre« anzufangen habe. Die Niederschrift der »Reise«, die im August 1969 einsetzt und wenige Tage vor dem Selbstmord am 15. Mai 1971 endet, ist eine Art Protokoll der inneren Entwicklungen des Autors, die seismographische Aufzeichnung seiner Radikalisierungsschübe in Ist-Zeit. An diesem Text wollte er unter dem Einfluß neuer Trips und Reisen weiterschreiben, um seine politischen, erotischen und narkotischen Erlebnisse gewissermaßen *live* festzuhalten.

Der »TRIP« – wie das Buch anfangs heißen sollte – war somit eine höchst artifizielle Inszenierung, die dazu dienen sollte, die eigenen »faschistoiden« Prägungen und Panzerungen zu durchbrechen und zum Kern seines wahren ICH vorzustoßen. Nicht um lustvolle Selbsterkundung, gar um psychedelische Erleuchtung und innere Harmonie ging es dabei, sondern um einen gewaltsamen Akt der Selbstreinigung mit dem Ziel, eine höhere psychische wie theoretische »Bewußtheit« über sich und die Welt zu erlangen und eine definitive Entschlossenheit für den allfälligen Kampf gegen diese Gesellschaft zu gewinnen.

Die Geschichte Bernward Vespers folgt in ihrer ganzen *Untypik* – der Prägung durch einen »echten«, übermächtigen, dazu prominenten Nazi-Vater und durch ein politisches Milieu, das gerade jene Anpassungsleistungen *verweigerte*, die die übrige Gesellschaft der Bundesrepublik sehr bereitwillig leistete – dennoch den typischen Mustern des generationellen Verhaltens. Das erst verleiht ihr jenen Zug von Überdeutlichkeit, der das Buch zum Zeitdokument macht.

Keine Rede ist darin allerdings von jener schlichten Dialektik von elterlichem »weißen Terror« und jugendlicher Auflehnung, die Klaus Theweleit der Geschichte seiner eigenen Jugend als Sohn des nationalgesinnten Eisenbahners Bruno Th. unterlegt hat – dessen »im Rahmen des Üblichen und der guten Absicht des Affekts« reichlich und brutal ausgeteilten Schläge »die ersten Belehrungen (waren), die mir eines Tages als Belehrungen über den Faschismus bewußt aufgegangen sind«.[6]

Für Vesper war die alles beherrschende, schuldhaft besetzte Erfahrung vielmehr das Gefühl der Entwertung durch den Vater, das neben Abgrenzung und Haß auch Sehnsucht nach Liebe, Nähe und Anerkennung provozierte. Sein Buch ist letzten Endes ein Dokument der Unfähigkeit, sich aus dieser schwülen, durchaus libidinösen generationellen Verstrickung zu lösen. Die Politisierung und Ideologisierung ist Abwehr – und zugleich Identifikation.

Die Annahme eines immer strikteren marxistischen Vokabulars wird zum Hauptmittel, sich aus dem unerträglichen Wechselbad von Haß und Liebe zum toten Vater zu befreien. Er, Bernward V., war dann eben nicht nur der Sohn seiner Eltern, sondern »das Produkt einer Klasse und von Personen, die ihrerseits wieder nur

bestanden als Folge und dank der Besonderheiten der Klassenkämpfe in Deutschland«. In historisch-materialistischer Perspektive war auch der Vater letztlich nur ein Opfer seiner Zeit und seiner Gesellschaft gewesen. Ja, sogar der Abgott seines Vaters, der
Führer selbst, war letzten Endes nur ein bewußtloses Instrument
Dritter gewesen – im Leben wie im Tod: »Hitler, die Galionsfigur
des deutschen Imperialismus: an seine ›Person‹ fixierte sich das
Autoritätsbedürfnis der deutschen Kleinbourgeoisie, gegen sie
richtete sich nach 1945 die radikale bürgerliche Kritik. So erfüllte
er weiterhin seine objektive Funktion, von der Klasse der Imperialisten, deren Werkzeug er war, abzulenken.«[7]

Mit anderen Worten: Während der Vater als mißbrauchter und
mißgeleiteter Kleinbürger ins Abseits gedrängt wurde und die Verbrechen des vergangenen Regimes abbüßen mußte, blieben die
eigentlich Herrschenden durch alle Siege oder Niederlagen hindurch stets obenauf und zogen weiter die Fäden – nun eben vermittels der formalen Demokratie und der Eingliederung der Bundesrepublik in das westliche kapitalistische System. Denn mittlerweile
war es »der amerikanische Imperialismus, der ... alle Produktivkräfte der untergehenden bürgerlichen Epoche unter einer Fahne
vereint« und »als fratzenhaftes Spiegelbild dem bisher reaktionärsten Lande der Welt den Rang streitig gemacht« hatte[8] – dem
besiegten Deutschland, das er als Führungsmacht im Kampf gegen
den Bolschewismus und die Revolution abgelöst hatte und dessen
Verbrechen er potentiell noch übertrumpfen würde.

Die Geschichte des Bernward Vesper zeigt, daß noch in ihren
Extremen die generationellen Entfremdungen dieser Jahre – *gerade*
dort, wo sie ins familiär Intime reichten – zwar psychisch ernst zu
nehmen, aber politisch und gesellschaftlich auf keinen Fall *wörtlich*
zu nehmen waren. Persönliche Brüche sind ohnehin immer auch
Kontinuitäten, jedenfalls mißlungene Ablösungen. Wenn dem
»Zivilisationsbruch« der Naziära um 1968 mit einiger innerer Notwendigkeit ein »Generationsbruch« gefolgt ist, dann wurde er
eben nur teilweise als solcher ausgetragen und statt dessen – wie
Vespers Beispiel exemplarisch zeigt – ins Politisch-Ideologische ver-
schoben.

Die Geschichte dieses verschobenen Konflikts von Kriegs- und Nachkriegsgeneration in Deutschland war, näher betrachtet, eine einzige *folie à deux*, eine Haßliebe mit vielerlei Übersprüngen und scheinbar paradoxen Übertragungen. Die Jungen konnten die Radikalität ihrer Kritiken kaum bis ins Persönliche durchhalten, so daß die Heftigkeit ihrer Abgrenzungen oft nur mühsam die ihrer Identifikationen kaschierte. Wie überhaupt ihr ganzer aktivistischer Radikalismus vom Eifer gespeist war, den »schweren« Erfahrungen der Elterngeneration etwas Eigenes, womöglich noch Schwereres, jedenfalls Bedeutenderes und moralisch Überlegenes entgegenzustellen. Das mochte so aufrichtig gemeint sein, wie es wollte. Aber zugleich war auch bereits ein entbundener Narzißmus mit im Spiel. Die Verbrechen der Vergangenheit waren, wie beschrieben, schließlich auch unser moralisches Negativkapital, das uns mit Bedeutung aufplusterte – als Kämpfer gegen das Ewiggestrige, das auf Wiederkehr lauerte. Der Schoß war fruchtbar noch. Wir waren es, die die Bestie in Schach hielten – was potentiell einer weitgehenden *Selbstermächtigung* gleichkam.

Aber auch umgekehrt. So wie sich in die Äußerungen von (manchmal mörderischem) Haß aus den Reihen der Älteren ein unübersehbarer Frust und Neid mischte, war auch in den hetzerischen Presseberichten eine geile, kaum verstellte Neugier am Werk. Jenseits dieser zweideutigen Erregungen gab es 1968 und das ganze »rote Jahrzehnt« hindurch in einem Gutteil des bürgerlichen Publikums auch ein positives Interesse an der jugendlichen Protestbewegung, die sich auf den Straßen breitmachte, ganz unabhängig von ihren nominellen politischen Zielen und ideologischen Referenzen. Inmitten aller Widersprüche wurden auch subtile Gemeinsamkeiten zwischen den Generationen sichtbar. So mußte der immer brutaler eskalierende Vietnam-Krieg der USA mit seinen Flächenbombardements bei der Kriegsgeneration Reminiszenzen wecken, die so eindeutig waren, daß sie nicht einmal ausgesprochen werden mußten. Gleichzeitig hatte der Mauerbau bei vielen den Glauben an die Möglichkeit erschüttert, die deutsche und europäische Teilung auf dem von Adenauer begonnenen Wege der Westintegration zu überwinden. In verschiedenen politischen Spektren nistete sich der Zweifel ein, ob nicht tatsächlich – wie die APO-Führer behaupteten – die beiden

Führungsmächte USA und UdSSR nach der Berlin- und Kubakrise ein stillschweigendes Arrangement zur Aufteilung der Welt getroffen hatten.

Aber auch das hypochondrische Lebensgefühl, daß der ganze Wohlstand nur eine Fassade sei und sich auf irgendeine Weise als »faul« und »unwahr« erweisen werde – auch dieses Lebensgefühl dürfte die Kriegs- mit der Nachkriegsgeneration geteilt haben. Ein Bestseller der Jahre 1968/69 in Frankreich wie in Deutschland war Servan-Schreibers »Die amerikanische Herausforderung«, der die These entwickelte, daß Europa dabei sei, zu einer Halbkolonie der transnationalen US-Konzerne herabzusinken. Fragen der Außenpolitik, der Weltwirtschaft und des *brain drain*, des angeblichen Ausverkaufs der europäischen Intelligenz, vermischten sich in diesem Diskurs mit kulturpessimistischen Betrachtungen über den Einbruch der Massenmedien, die Allmacht von Hollywood, die entfesselnden Wirkungen der Rockmusik, die »Sexwelle« oder den wachsenden Drogenkonsum – was alles zu Recht oder Unrecht mit der »Amerikanisierung« Europas in Verbindung gebracht wurde.

Jedenfalls ist es eine Tatsache, daß dem stürmischen Auftritt der APO zur Linken in genau derselben Periode auch ein Aufschießen nationalneutralistischer Strömungen auf der politischen Rechten, vor allem in Gestalt der neuformierten NPD, entsprachen. Auch biographisch gab es damals und bis heute ein reges Hin und Her. Prominente Protagonisten der Neuen Linken kamen von der Alten Rechten (wie Vesper, Krahl oder Mahler). Spätere prominente Rechtsextremisten sind durch die APO »politisiert« worden (wie der Gründer des bundesdeutschen Neonazismus Michael Kühnen oder selbst der verhinderte Reichsverweser Manfred Roeder). Oder prominente Köpfe der APO (diese Galerie ist lang, und Mahler ist nur der letzte Ankömmling) haben sich über die Jahre hinweg auf die Positionen einer Neuen Rechten hinbewegt, die geradezu wie ein Schatten der Neuen Linken erscheint. Was alles nicht die Identität ihrer Themen und Thesen beweist, aber auf die Parallelität vieler zugrundeliegender Motive und Anstöße hindeutet.

Nicht völlig wörtlich zu nehmen waren auch die politisch-ideologischen Ausformungen der Bewegung selbst. Die Auflösung in marxistische Klassen-Kategorien war vielfach nur eine verstellte Redeform, um sich mit der Geschichte der eigenen Eltern und der eigenen Gesellschaft nicht zu persönlich und konkret auseinandersetzen zu müssen. Die Überführung der Kritik des Nazismus vermittels eines banalisierten Begriffs des Faschismus in die Kritik des Kapitalismus bedeutete bei aller verbalen Schärfe eine Milderung der singulären Verbrechen und eventueller schuldhafter Verstrickungen. Es war also in Wirklichkeit nicht um Volksgemeinschaft, Rassenreinheit und Vernichtung des »Weltjudentums« gegangen, sondern um Imperialismus, Ausbeutung und Unterdrückung der Arbeiterbewegung – lauter universelle, geradezu vertraute Dinge.

Unser »Marxismus« war, so betrachtet, weniger Instrument einer gegenwartsbezogenen Kritik als Medium einer imaginären historischen Rückversicherung oder vielmehr Selbsterfindung. »Ich denke marxistisch, also bin ich Teil einer geschichtlichen Bewegung.« Im deutschen Kontext bedeutete dies auch eine nachträgliche Orientierung auf die, wie man glaubte, einzig konsequente Gegenoption des Jahres 1933 – und damit auf ein »anderes Deutschland«, ein nicht kompromittiertes, das einst sogar die stärkste, fortgeschrittenste Arbeiterbewegung des Westens gehabt hatte. Statt in Kategorien von Schuld und Sühne konnte man die deutsche Geschichte dann in Kategorien von Sieg und Niederlage erörtern – und von Verrat. »Wer hat uns verraten? Sozialdemokraten!« Alle die täglichen Frustrationen und Kampfansagen einer »außerparlamentarischen Opposition« erhielten damit eine viel größere, historische Dimension.

Gewiß hätte Marx einem auch vieles sagen und manches lehren können. Der Marxismus besaß in seiner systematischen Geschlossenheit eine unbestreitbare Attraktivität und Verführungskraft, aber auch ein unausgeschöpftes analytisches Potential. Aber darum ging es je länger, um so weniger. Vielmehr diente der Gebrauch, den wir davon machten, einem vollkommen Marx-widrigen Unterfangen: die Rekonstruktion der Realität da draußen aus den Begriffen des Marxismus, aus den Büchern. Indem man alle praktischen und sinnlich erfahrbaren Tatsachen des

Lebens »auf ihren Begriff brachte«, brachte man sie – wie in einem »schwarzen Loch«, einem kosmischen Reißwolf – zum Verschwinden. Vor dieser letzten Konsequenz, der Aussiedelung in den Cyberspace der reinen Abstraktion, wie sie die MARXISTISCHEN GRUPPEN gezogen haben, haben wir KBWler uns gerade noch retten können.

Daß die produktive Rekonversion des größten Teils dieser linken Radikalismen und Militanzen des »roten Jahrzehnts« schließlich möglich war, kann man durchaus als einen (weiteren) Akt der Selbstzivilisierung dieser Gesellschaft sehen. Immerhin, es waren die Aktivisten dieses »roten Jahrzehnts« selbst, die nach und nach aus ihren selbstgewählten Kampfzonen, ihrer jeweiligen Sierra Madre, heruntergestiegen sind, um festzustellen, ob die Luft rein war. Jeder Schritt der »Anpassung« an die bürgerlichen Verhältnisse, wenn nicht gar des Eintritts in die »Normalität« (ein Schreckenswort!) war allerdings noch für lange Jahre mit Lebenslügen und Verbalradikalismen gepflastert. Aber heruntergestiegen sind sie am Ende doch.

Ein bezeichnendes Dokument dieser Selbstabrüstung war der Text des Göttinger »Mescalero« zum Buback-Attentat im April 1977 (in gewisser Weise ein Paralleltext zu Fischers AUTONOMIE-Aufsatz zwei Monate zuvor). Das Erschrecken über sich und seine »klammheimliche Freude« am Mord konnte der Mescalero noch immer nur in der verstellten Form einer letztmaligen Dämonisierung des Ermordeten äußern, den er mit aller habituell gewordenen sprachlichen Rohheit als »Killervisage« und Staatsbullen zeichnete – über dessen Tod er sich dennoch nicht recht habe freuen können, weil die Logik eines totalen Untergrundkampfs, wie ihn die RAF führe, am Ende aus einem selbst eine »Killervisage« mache.[9]

Der Text ist larmoyant, zynisch, eitel – und ehrlich. Gerade in dieser Mischung, die alle widerstrebenden Instinkte seiner Leser bediente, lag seine Wirkung, potenziert durch die Erregung der bürgerlichen Öffentlichkeit, die natürlich nur den Text, nicht den Subtext zu lesen vermochte. Er war auch tatsächlich *nur* für die lesbar und zu entziffern, die »drin« waren in der Bewegung. Das erst macht deutlich, in welchen getrennten Welten damals gelebt wurde.[*]

Das Buback-Attentat und die Mescalero-Episode waren nur ein Vorspiel zu dem, was dann als »deutscher Herbst« in die kollektive Erinnerung eingegangen ist. Die Ermordung Hanns Martin Schleyers im Oktober 1977 rührte – wie die Aldo Moros in Italien 1978 – an das Urbild des Vatermordes. Das Erschrecken vor der Logik von Terror und Antiterror stellte sich nicht sofort ein, sondern ging noch einmal verschlungene Wege. Zunächst dominierte in den meisten Gruppen der außerparlamentarischen Linken reflexhaft die Empörung über das angeblich verhängte Notstandsregime während der Schleyer-Fahndung. Noch einmal stand wie zehn Jahre zuvor das Gespenst einer parlamentarischen Allparteiendiktatur im Raum. Und wie der Staat als Repräsentant der »Herrschenden« damals verdächtigt wurde, den Studenten Ohnesorg kaltblütig ermordet und das Attentat auf Dutschke organisiert zu haben, so stand er jetzt – noch schlimmer – im Verdacht, die Stammheimer Gefangenen (seine aufständischen Söhne und Töchter) in der Form eines fingierten Selbstmordes ermordet zu haben.

Vielleicht noch erschreckender war allerdings die Realität, sobald man sie auch nur in Erwägung zog. Denn der inszenierte Kollektiv-Selbstmord der Stammheimer Häftlinge zeugte von einem nachgerade metaphysischen Fanatismus des Weitermachens »bis zum letzten«, noch über den Punkt des ausweglosen Scheiterns und des eigenen Todes hinaus – und inmitten dessen auch von einem mit dem letzten Mittel der Schüsse abgewehrten Gefühl von *Schuld*.

(*) Heute sehen wir den Ex-Mescalero, Klaus Hülbrock mit bürgerlichem Namen, als Deutschlehrer in der anhaltinischen Pampa sitzen, sympathisch lächelnd, dem ermordeten Buback physiognomisch nicht ganz unähnlich, und halb verschämt, halb vertrotzt seinen fremdgewordenen Text von damals interpretieren. Einsam nach eigenem Bekunden und noch immer schwer verfolgt vom »Distanzierungs-Wahnsinn« und einer »Rhetorik der Ausgrenzung« (nun auch von seiten Fischers, Trittins und der Grünen). Noch immer sieht er sich als Indianer – obwohl er von ferne jenen versprengten japanischen Soldaten gleicht, die drei Jahrzehnte nach Kriegsende aus ihren Verstecken kamen und überzeugt waren, daß noch immer gekämpft werde. Ein Bewegungs-Monument eigener, melancholischer Art. [Vgl. das TAZ-Gespräch mit Hülbrock »Ich bleibe ein Indianer«. In: DIE TAGESZEITUNG, 10./11.2.2001]

Ein ähnliches Erschrecken war aber auch auf der Gegenseite zu spüren. Auch die Repräsentanten des Staates im »Krisenstab« hatten sich in ihren Gedankenspielen (die nach der Entführung der Lufthansa-Maschine *tatsächlich* einen Moment lang bis zur Geiselnahme und Erschießung der Gefangenen in Stammheim gegangen waren) ihren Gegnern beunruhigend angenähert. Und indem sie Schleyer aus Gründen der Staatsraison in der Hand seiner Entführer ließen, hatten sie auch sein Leben in ihre Hände gegeben. Die »unheimliche Konsequenz«, mit der diese den Mord exekutierten und ihn genau in jener Sprache und mit jener Maske kalter Inhumanität rechtfertigten, die der Mescalero befürchtet hatte, war entgegen dem Augenschein ein Riß in der Autorität des Staates – ein Stück *Staatsversagen*. Schmidt war danach gezeichnet. Herold nahm seinen Hut. Der Griff von Strauß nach dem Kanzleramt wurde 1980 noch einmal vehement abgewiesen. Aber die sozialliberale Ära ging dem Ende zu – und mit ihr die letzten Ausläufer des »roten Jahrzehnts«.

Natürlich ist das in diesem Buch gezeichnete Bild nur ein *Fragment* eines größeren Gesamtbildes. Die Darstellung folgte dem Programm einer unsentimentalen, nichts beschönigenden Innensicht und Selbstexploration dieser hochpolitisierten, kulturrevolutionär auftretenden Bewegung in ihren verschiedenen Ausprägungen. Danach ergreift einen Schwindel. Soviel Aufwand an Intellekt, Emotion, Witz und Talent für so wenig bleibende Resultate? Denn auch das ist eine schwer bestreitbare Tatsache: Wieviel die Spannung der Zeit an Bildern und Tönen produziert haben mag, die »gültig« geblieben sind, so wenig ist aus dem Meer von Worten und Druckerschwärze, worin diese Bewegung amphibienhaft gelebt hat, an wissenschaftlichen Texten und literarischen Zeugnissen erhalten geblieben, die man heute noch mit Gewinn und Anteilnahme lesen würde. Der spezifische soziale und politische Ideenfundus, also das, wofür die deutsche Sprache den plastischen Begriff des »Gedankenguts« hat, ist zu einem übergroßen Anteil Makulatur geworden oder geblieben. Es gibt nur weniges, woran sich unmittelbar und produktiv anknüpfen ließe.

Aber das ist wieder nur eine halbe Wahrheit. Denn die gesamtgesellschaftliche Wirkung der Protestbewegung von 1968 und der radikalen Linken der siebziger Jahre geht natürlich nicht in ihrer literarischen Produktion auf, weder für Deutschland noch für die anderen Länder. Aus politikwissenschaftlicher Sicht läßt sich sogar behaupten, daß gerade in der Bundesrepublik infolge dieser außerparlamentarischen Bewegungen ein besonders tiefgreifender Wandel der politischen Themen und Kultur stattgefunden habe[10], der nun in Form einer »rot-grünen« Regierung zur demokratischen Mehrheit und zum geistigen *Mainstream* geworden sei.

Wie paßt das eine und das andere zusammen? Das schon im Einleitungskapitel beschriebene Erklärungsdilemma ist durch die Darstellung dieses Buches eher verschärft worden. Nur einige Grundlinien lassen sich andeuten, auf denen dieses Paradox sich vielleicht auflösen läßt – und sich in der Wirklichkeit zu einem guten Teil jedenfalls aufgelöst hat.

Der Schlüssel liegt vielleicht in der Frage nach dem Subjekt dieser Prozesse. Schon die frühe antiautoritäre Protestbewegung hatte, wie ich am Beispiel Dutschkes oder der KOMMUNE 1 geschildert habe, ihre Wirkung zu einem Gutteil auf der Basis unbestimmter Affinitäten und sympathetischer Mißverständnisse erzielt. Was die Protagonisten redeten oder taten, war das eine. Was ein angeregtes Publikum darin sah oder daraus entnahm, war etwas ganz anderes. Entsprechendes läßt sich auch für die Neue Linke der 70er Jahre noch sagen. Die reine Spannung von Bewegung, Protest und Antithese war um ein Vielfaches anregender als alles, was da von den Gruppen Wort für Wort gesagt, gefordert und gedruckt wurde. So handelte es sich von Anfang an um ein Zusammenspiel von kleinen, hochpolitisierten und aktivistischen Bewegungskernen mit einem viel größeren, neugierig zuschauenden, in offener Suche befindlichen und punktuell engagierten Publikum, das zum Bild einer gesellschaftlich relevanten Strömung am linken Rand oder außerhalb des offiziellen Parteienspektrums beitrug.

Dabei war der Widerspruch zwischen den Parolen der linksradikalen Aktivisten und den Interessen ihres sympathisierenden Publikums in den siebzigern Jahren meist noch ungleich größer als 1968. Die revolutionär auftretenden Gruppen reagierten auf den sich beschleunigenden Übergang zu postindustriellen Konflikten und entsprechend veränderten »postmateriellen« Interessenlagen zunächst mit einer um so fanatischeren Berufung auf die historische Mission der »Arbeiterklasse« oder den Spontaneismus der »proletarischen Massen«. Aber gerade indem alle diese mythenumwehten Begriffe und Vorstellungen noch einmal bis zum Exzeß durchgespielt wurden, stießen sie an ihre definitiven Grenzen und wurden, wenn man so sagen kann, *negativ erledigt* – nicht zuletzt natürlich durch den materiellen Niedergang oder die moralische Kompromittierung ihrer Vorbilder und Bezugspunkte, sei es der »real existierenden« Sozialismen oder der Befreiungsbewegungen der Dritten Welt.

Für diese faktische Erledigung spielte es nicht einmal eine Rolle, ob die Aktivisten das schon begriffen hatten oder nicht. Wo immer konkrete Interessen mit ins Spiel kamen – bei Häuserkämpfen oder Fahrpreiskämpfen, bei § 218-Komitees, Jugendzentren oder Anti-AKW-Initiativen –, die, die hinzuströmten, ließen sich von der antiquierten Rhetorik und den borniertern Positions- und Fraktionskämpfen der Politkader letzten Endes nicht beirren. Was sie heraushörten und was sie bewegte, waren gesellschaftliche Anliegen, die in der offiziellen Politik jedenfalls nicht repräsentiert waren.

Andererseits waren die Bürgerinitiativen und »neuen sozialen Bewegungen« neben der Kunst- und Kulturszene das Hauptmedium eines Prozesses, in dem die Ideologiesprache des Protestes in die bürgerliche Sprache eingewandert ist. Das Vokabular der linksradikalen Kapitalismuskritik wurde in diesen Jahren Teil eines erneuerten, progressiv daherkommenden Kulturpessimismus, der auch zur Ausdrucksform von großen Teilen der beamteten, angestellten oder selbständigen »Revolutionäre im Beruf«, der sich ausdehnenden Alternativszene sowie eines daran angelagerten Selbstverwirklichungs-Milieus wurde. Aber auch die Werbesprache oder die der Feuilletons ging immer unbefangener mit Begriffen um, die (wie das bloße Wort »Kapitalismus«) eben noch als kommunistische Kampfbegriffe gegolten hatten.

Enzensbergers untrüglicher Instinkt hatte diese neue Konvergenz schon früh erfaßt, als er in einem Essay von 1976 über die »Unaufhaltsamkeit des Kleinbürgertums« das linke Stereotyp in ironischer Weise umkehrte und diese alte, negative Sozialfigur mit einer unerwartet aktuellen Physiognomie ausstattete. So wenn er schrieb:

»Der Kleinbürger will alles, nur nicht Kleinbürger sein ... Gelten soll nur, was ihn unterscheidet: Der Kleinbürger, das ist immer der andere.« Der fanatische Wunsch, sich zu unterscheiden, begründe denn auch die eigenartige *Kreativität* des Kleinbürgers und mache ihn zur eigentlich »experimentellen Klasse«: »Heute wimmelt diese Klasse von Fortschrittsmännern, und niemand ist begieriger als sie, den neuesten Trend beim Schopf zu packen.«[11]

Das beschreibt bereits die Physiognomie des neuen progressiven Mittelstands, der wenig später zur sozialen Hauptbasis der neuen GRÜNEN Partei werden würde. In ihr hat der soziale und kulturelle Ausgleich zwischen dem Gros der politischen Aktivisten des roten Jahrzehnts und dem Gros der Teilnehmer der »neuen sozialen Bewegungen« organisierte Gestalt angenommen und eine feste Form erhalten.

Alles in allem war und ist das eine unbezweifelbare Erfolgsgeschichte, in der viele Faktoren zusammenkommen. Wenn die neuformierte radikale Linke, wie sie aus dem Generationsbruch von 1968 hervorgegangen war, eine reine, schroffe *Antithese* zur deutschen Mehrheitsgesellschaft darstellte, so waren die GRÜNEN der Versuch einer neuen *Synthese*. Die forcierten Versuche der Protestgeneration, durch Akte einer ideologischen Selbsterfindung das Vakuum zu füllen, das der »Zivilisationsbruch« des NS-Systems hinterlassen hatte, wurden erst jetzt in die Sphäre praktischer Politik überführt. Die Kritik am blinden Gang der »Kapitalverwertung« fand im Ökologiethema endlich einen zeitgemäßen Gegenstand. Die Traditionen außerparlamentarischer Opposition bekamen durch die Fusion mit der Bürgerinitiativbewegung einen neuen, demokratischen Gehalt und in der Polemik gegen die industrielle Megamaschine, aber auch die bürokratischen und technokratischen Großorganisationen in ihrer Verquickung mit den politischen Apparaten und Parteien eine reale gesellschaftspolitische Relevanz. Auch der Widerstand gegen den immer irrwitzigeren Rüstungswettlauf bei empörender Verarmung weiter Teile der in Bürger- und Stellvertreterkriegen versinkenden Dritten Welt – das alles waren potentiell vernünftige und gehaltvolle Themen einer neuen Opposition.

Allerdings war die 1980 gegründete Partei der GRÜNEN zunächst durch den individuellen oder kollektiven Zutritt eines Großteils der Aktivisten der sich auflösenden »K-Gruppen«, Spontis, Trotzkisten oder SB-Leute – stärker als die vorausgegangenen grün-alternativen Wahllisten – wieder auf den Status einer *Generationspartei* zurückgeworfen. Und ihre »basisdemokratische« Verfassung bot (nach dem schlechten Vorbild der früheren antiautoritären Bewegung) vielfache Möglichkeiten zur Errichtung informeller Machtpositionen, verstärkt durch die fraktionellen Differenzen und das organisierte Cliquenwesen der Ex-Kader und Politikaster.[12]

Diese brachten alle Residuen ihres leerlaufenden praktischen und theoretischen Sektenfanatismus mit, der sich mit den apokalyptischen Weltgefühlen einer neuen Protestgeneration (»No future!«) verband, aber im Widerstand gegen die Raketen-Nachrüstung der NATO auch mit den diffusen Ängsten eines großen, potentiell sogar mehrheitsfähigen gesellschaftlichen »Lagers« operieren konnte. Die verblichenen Szenarien einer proletarischen Weltrevolution wurden in der Ökonomie der Erregungen durch die eines neuen Weltkriegs ersetzt, auch »atomarer Holocaust« genannt. Und das war beileibe nicht der einzige Holocaust. Es drohte natürlich der »ökologische Holocaust«. Draußen in der Welt war ein »Hunger-Holocaust« im Gange. Der »Holocaust der Frauen« ging sowieso immer weiter. Vom Holocaust der Arten, der Tiere usw. erst gar nicht zu sprechen.

Es geht nicht darum, sich lustig zu machen. Jedes Thema war auf seine Weise ernst genug; zu jedem gab es seriöse Ausarbeitungen und Thesen. Es geht allein um die Psychodynamik der geradezu habituellen Überdrehung jedes einzelnen Themas, worin sich der alterprobte Gestus totaler Opposition und Welterklärung mit den frischen apokalyptischen Angstvisionen der Zeitgenossen verknüpfte. Noch ein ganzes Jahrzehnt lang wurde eine Chimäre nach der anderen über die Debattenbühne getrieben – mit dem Kopf eines Löwen, dem Leib einer Ziege und dem Schwanz eines Drachens.

Das war zugleich ein probates Mittel, die wirklichen Opferschreie derer, die nicht ins Raster der eigenen Freund-Feind-Bilder paßten, zu überhören. Während man von atomaren »Blitzschlägen« alpträumte und sich als das designierte erste Opfer des neuen Holocaust stilisierte (»Je kürzer die Raketen, desto toter die Deutschen«), legte man eine kaltblütige Ignoranz gegenüber der konventionellen, aber dafür realen Verwüstung und Entvölkerung Afghanistans durch die Sowjetische Armee an den Tag – einem Krieg, der dem Vietnam-Krieg in keiner Weise nachstand. So wie auch die immer finsterer klingenden Meldungen aus den Ländern, in denen die gerade noch so leidenschaftlich unterstützten revolutionären Parteien und Bewegungen an der Macht waren, jetzt mit einem betrübten Achselzucken übergangen wurden. Man wollte ja schließlich nicht dem Imperialismus der USA in die Hände arbeiten, die mit dem Amtsantritt eines Ronald Reagan für viele endgültig zum »Reich des Bösen« geworden waren.

Ob wir vom KBW, die in unserer negationistischen Logik bis zum letzten gingen, bis zur positiven Verteidigung des Regimes der Roten Khmer nämlich, damit moralisch so viel tiefer gefehlt haben als alle die anderen, die sich weder um die ermordeten Khmer noch um die Hunderttausende *boat people* aus dem revolutionären Vietnam noch um irgend etwas, was ihren Narzißmus der Ewiggerechten hätte kränken können, gekümmert haben, sei dahingestellt. Wir versuchten, aktiv *wegzuleugnen*, was nicht zu leugnen war – und haben uns damit schuldig gemacht. Aber im selben Frühjahr 1980, in dem wir noch 150.000 DM für die Roten Khmer gesammelt haben, richteten wir unsere Antennen schon auf das aus, was im östlichen Europa vor sich ging. Wir lasen und druckten die Dokumente des Komitees zur Verteidigung der Arbeiter (KOR) in Polen und fingen an, uns mit den sowjetischen Dissidenten auseinanderzusetzen.

Pol Pot, Sacharow und Adam Michnik – ein bizarre Mischung, weiß der Himmel. Aber wir *kämpften* zumindest um ein Bild unserer Welt und unserer Geschichte. Und Zug um Zug haben wir uns am eigenen Schopf aus dem selbsterzeugten moralischen und politischen Morast herausgearbeitet. Diese Diskussionen, die nur noch der eigenen Selbstaufklärung dienten, waren die produktivsten, die wir je geführt hatten. Plötzlich fügte sich das ungeheure empirische und historische Material, mit dem wir uns seit eh und je befaßt hatten, zu sinnvollen Lineaturen und Zusammenhängen, zu einem neuen und – so behaupte ich – schon ganz realitätstüchtigen Bild.

Die GRÜNEN haben wir mit alledem nicht behelligt. Keine Versuche à la KB-NORD, den Kommunismus zu retten, indem man sich flugs ein grünes Mäntelchen überzog. Mein Buch über die polnische Arbeiter- und Bürgerbewegung, das ich im Frühjahr 1981 veröffentlichte (drei Auflagen, insgesamt 7000 Exemplare, nur über die Büchertische!)[13], entstand im Rahmen einer Solidaritätsbewegung, in der sich Ex-Maoisten, Noch-Immer-Trotzkisten, Querköpfe wie Heinz Brandt, einige SB-Leute sowie ein paar protestantische und katholische Dissidenten trafen – was ein Jahr vorher noch eine der undenkbarsten Mischungen war, die man sich hätte vorstellen können.

Ich fuhr im Sommer 1981 nach Polen, sah Lech Wałesa und die erstaunliche Mischung von volkstümlichem Katholizismus, postsozialistischer Arbeiterbewegung (mit weitreichenden, durchaus in der Rätetradition stehenden Selbstverwaltungszielen) sowie einer säkularen Intelligenz. Fühlte mich irgendwie noch an den Smolny und das Jahr 1917 erinnert, während ich in dem vor Aktivität summenden Hauptquartier der Solidarność in Warschau ein und aus ging, aber unendlich albern, wenn ich mein Visitenkärtchen überreichte, auf dem ich noch als Korrespondent einer KOMMUNISTISCHEN VOLKSZEITUNG (KVZ) aus Frankfurt am Main ausgewiesen war, während meine Warschauer Freunde sich vor Lachen schüttelten und aus ihren Bücherkoffern (sie betrieben einen kleinen Untergrund-Verlag) den »Archipel Gulag« und andere, offiziell nicht erhältliche Literatur verkauften. Und mir erklärten, daß sie erst dann beruhigt sein würden, wenn amerikanische Phantomjäger im Himmel über Warschau flögen. Später sangen wir die *Warszawianka*, sie den ursprünglichen Text und ich die kommunistische Version. Dann standen wir auf dem Balkon, und es war fünf Uhr, und auf dem Haus gegenüber stand eine Sternwarte oder auch nicht. Egal, die revolutionäre Dienstreise war zu Ende, und der Krieg (der ihnen noch bevorstand) war für mich vorbei.

Die Mehrzahl meiner damaligen Genossinnen und Genossen hat, nach Ablehnung unserer Anträge zur Auflösung der Organisation, noch zwei Jahre weitergemacht, aber nun schon als loyaler Teil und (eher selbstlose) intellektuelle und technische Dienstleister einer neuen grün-alternativen Oppositionsszene. Keine Frage, daß der riesige Kapitalstock des KBW – der bereits zu einem x-fachen Marktwert zu Buche stand – den Funktionärskader mit zusammengehalten hat. Aber es gab keinen Weg, dieses Vermögen etwa rückzuverteilen, so wenig wie man das Haus einfach abschließen und den Schlüssel wegwerfen konnte. Jedenfalls: Nach einigen Querelen hat das aus viel Schweiß und einigen Tränen akkumulierte Kapital eine von Marx nicht vorgesehene Metamorphose durchlebt – in Gestalt der ersatzweisen Errichtung eines von der Commerzbank (ohne daß ein Pfennig Geld floß) komplett finanzierten Öko-Hightech-Gebäudes, das heute als »Ökohaus Arche« sich selbst verwaltet und trägt und von einer Vielzahl aus- und inländischer Gruppen genutzt wird.

Zugegeben, daß man sich diese und jene Gedanken machen konnte, wenn man den Ex-Vorsitzenden Schmierer als »Verantwortlichen Redakteur« der Zeitschrift KOMMUNE, dem spirituellen Nachfolgeprojekt aller früheren KBW-Publikationen, im verglasten Redaktionsraum wie in einer Kapitänskajüte sitzen sah, während unten im Hause, in der alten Parteidruckerei Caro Satz und Druck, gewerkt und produziert wurde. Aber wer hier einen großformatigen Unterschleif eines politisch akkumulierten Vermögens unterstellt, liegt doch einigermaßen falsch. Man vergißt zu erwähnen, daß Redakteure wie Drucker nicht einmal zu Tariflöhnen, sondern auf TAZ-Niveau bezahlt wurden (und werden), für Jobs, die von Anfang an und bis heute nur mit einem erheblichen Rest von Engagement zu leisten sind. Und irgendeine Machtposition war das schon für niemanden mehr.

Wir befinden uns vielmehr in jenem »Alternativsektor«, der den politischen Aufstieg der Partei der GRÜNEN begleitet hat. Ist das Geschilderte nun ein abschreckendes Beispiel für einen kleinformatigen und kleinkarierten Selbstverwaltungs-Sozialismus, der nicht einmal Tariflöhne abwirft? Oder ist es ein Beispiel ganz moderner selbstbestimmter Arbeit, die vieles bei fallendem Grenznutzen noch tut und leistet, was nach harten marktwirtschaftlichen Rentabilitäts-Kriterien nie geleistet werden könnte und (sozusagen) dürfte? Und wo überkreuzen sich die Lebenslinien dieser scheinbar

»ideologischen« Alternativunternehmen mit einigen der modernen Start-up-Unternehmen, in denen kaum anders rangeklotzt wird, um das Ding auf die Beine zu bringen? Um wieviel ärmer wäre die politische Kultur des Landes ohne Projekte wie die Berliner TAGES-ZEITUNG oder die Frankfurter KOMMUNE? Und wie dankbar ist man z. B. plötzlich im Zeichen von BSE, daß es einen Sektor ökologischer Landwirtschaft gibt, der sich über lange Zeiten hinweg genauso zäh und engagiert gehalten hat! Und wie modern und total »in« das plötzlich wieder ist, was gerade noch als antiquiert und völlig »out« galt.

Ach, Achtundsechzig! Damals war gerade mal *Halbzeit* gewesen. Der Generationsbruch, der sich um dieses Jahr herum vollzog, war nur eine blinde Reaktion oder ein fernes Echo auf eine Geschichte, die vor unserer bewußten Lebenszeit lag und 1945 so radikal wie nur möglich geendet hat, aber als psychische Realität fortexistierte – nicht nur in Deutschland. Das Rote Jahrzehnt, das sich anschloß – ein großes Spukschloß.

Betrachtet man die wirkliche politische und sozialkulturelle Geschichte der alten Bundesrepublik, sieht man eine geradezu erdrükkende *Kontinuität*, eine Entwicklung mit gelegentlichen Sprüngen, aber ohne tiefere Brüche. Auf Adenauers unbeirrbare Politik der Westintegration (plus sozialer Marktwirtschaft) folgte die Erhard-Episode, dann die Große Koalition als erste Reformregierung, dann die sozialliberale Koalition. Unter Brandt-Scheel gab es einen massiven Ausbau des Sozialstaats und die definitive Wende zur »neuen Ostpolitik«, die die Adenauersche Westintegration nach der anderen Seite hin absicherte und ergänzte. Unter Schmidt-Genscher herrschte ein solides technokratisches Management der Innen- und Außenpolitik. Dann folgte die Ära Kohl-Genscher, die wiederum keinen ernstlichen Bruch bedeutete, nicht einmal hin zum harten Neoliberalismus, sondern organisch an alle vorherigen Regierungen anschloß.

Die wirkliche Zäsur der Nachkriegsgeschichte, ihr Ende, liegt 1989/90. Die Bürgerbewegung in Osteuropa, einschließlich der DDR, und der sang- und klanglose Zusammenbruch des gesamten Sowjetblocks aus schierer innerer Schwäche (die durch die Gorbatschowsche Perestrojka nur zum Vorschein kam) fanden in Kohl und Genscher umsichtige Akteure, die den ohnehin ablaufenden Prozeß der Wiedervereinigung Deutschland als Bedingung der Wiedervereinigung Europas in trockene Vertragstücher brachten. Dann folgte, wieder als logische Ergänzung und Bedingung, der Vertrag von Maastricht, d. h. die (nach dem problematischen Muster der innerdeutschen Währungsunion) vorskizzierten Schritte zur Europäischen Union.

Die Reste der Achtundsechziger- bis Achtundsiebziger-Bewegung, nicht nur in Gestalt der GRÜNEN, sondern auch der zur Macht gekommenen Ex-JUSOS (Lafontaine), sind an diesem historischen Wendepunkt in den Bundestagswahlen 1990 eklatant gescheitert. Fast hätten sie es als politische Generation nicht überlebt und wären (Brigitte Seebacher-Brandt folgend) wirklich »abgewählt« worden. Aber nur kurze Zeit später sind sie wie Phönix aus der Asche gestiegen. Die große Zeit für Rot-Grün als Generationsprojekt kam erst in diesen neunziger Jahren – langsam, aber unaufhaltsam. Kohl sei Dank.

Die Bedingung dafür waren allerdings eine Reihe tiefgreifender politisch-psychologischer Prozesse, die »1968« in wesentlichen Punkten *revidiert* haben. Lafontaine mit seinem doktrinären Modell eines vermeintlich aufgeklärten Staatsinterventionismus war ein typisches Produkt dieser politischen Sozialisation. Das war Kohls Überlebensgarantie. Erst Lafontaines innerparteiliche Niederlage machte den Weg frei.

Bei den GRÜNEN war die erste und entscheidende Änderung die späte, innere Anerkennung der Bundesrepublik in einem spontanen, unkalkulierten Prozeß. Ihr Widerstand gegen die bevorstehende Wiedervereinigung hatte die Form einer jähen Nostalgie nach der untergehenden »alten« BRD angenommen. Das war im Grunde kurios und zeigte nur, in welchem Maße diese Generationspartei (trotz erster Regierungsbeteiligungen in Bundesländern) eigentlich außerhalb der Mehrheitsgesellschaft gelebt hatte. Aber nun, im Jahre 1990, im Angesicht ihres nahen Exitus, stellte sich heraus: Wir hatten sie so geliebt – die Republik! Nur hatten wir es vorher nicht richtig bemerkt oder unsere Liebe nicht richtig zum Ausdruck gebracht. Erst als diese unheimlichen Ostler, diese »deutscheren Deutschen«, hineindrängten in unsere Republik, war uns dieser späte Honigmond endlich aufgegangen.

Worum handelte es sich bei dieser letzten, tiefen Realitätsverstörung? Um keine Blindheit gegenüber der »nationalen Frage« jedenfalls (die hatte Kohl so wenig wie irgend jemand sonst auf der Rechnung gehabt). Auch um keine Verklärung der DDR oder um irgendeine immergrüne Theorie zur Konvergenz der Systeme. Es ging im Kern vielmehr um die Frage der Anerkennung der *eigenen* Gesellschaft, zu der man sich nun endlich unzweideutig bequemen mußte. Über *diesen* »Beitrittsverhandlungen« sind den GRÜNEN dann endlich ihre Fundis abhanden gekommen (was man auf englisch *a good loss* nennt). Dann, und erst dann, stand ihrem Wiederaufstieg nichts im Wege.

Der hungrige Opportunismus in Gestalt eines raisonierenden Pragmatismus, der sich »Realpolitik« nennt und durchaus einige ironische Reminiszenzen an die Entstehung der ersten Generation von »Bundesbürgern« wecken könnte, hat seine feste materielle Basis in der Tatsache, daß die Partei der GRÜNEN einen höheren Quotienten von (haupt- und nebenberuflichen) Amtsträgern aufweist als jede andere Partei. Das macht sie keineswegs unsympathischer. Ihre Sprecher und Träger sind jetzt endlich bewußt das geworden, was sie längst schon sind: *Bundesbürger, Second Edition, Version B.* Gegenüber der Originalversion deutlich verbessert. Viel gelöschte, leere Speicherkapazitäten mit überholten Programmen aus den 70er Jahren. Dafür viel lebensgestalterischer Nachholbedarf zwischen Toskana und Berlin-Mitte. Kein Wunder, daß sie die rasende Wut aller Gesinnungsnarzißten à la Dittfurth (»Lebe wild und gefährlich«) auf sich ziehen. Sie sind *wirklich* die Verräter!

Und jene andren, von ÖKOLINX bis PDS (KOMMUNISTISCHE PLATTFORM), von MG bis MLPD, sind *wirklich* die Hüter der Flamme. Einmal waren sie noch alle zusammen zu besichtigen gewesen, in Frankfurt, im Mai 1990. NIE WIEDER DEUTSCHLAND! Zehntausend marschierten vom Opernplatz ab, noch einmal in der berauschenden Ozonluft der pursten politischen Fiktion – wie eine einzige Mimikry der mächtigsten Massenbewegung dieses Jahrhunderts. Alle Strömungen und Parteiungen, sämtliche Konfessionen und Fraktionen, Internationalen und Totalitäten, die es jemals gegeben hatte, waren wie in einem großen Fastnachtsumzug zu besichtigen. Ein FDJ-Block in originalen Blauhemden mit aufgehender Sonne. Ein Schalmeienzug mit asthmatisch schrillem Getöne. Mittendrin ein Wagen mit der großen Weltkugel, auf der tatsächlich noch einmal Lenin als der große Prolet mit der Schlägermütze stand und mit dem Besen den Globus von allem Ausbeutergeschmeiß rein fegte. Und natürlich wurden die universellen Menschheitsfeinde noch einmal vorgeführt. Der ARBEITERBUND aus München stellte, wie jedes Jahr, den ANACHRONISTISCHEN ZUG vor, mit Bundeswehrmachtsgenerälen, Braunhemden in knallendem Stiefelwichs, Pfaffen mit Weihrauchfässern und schweinsrüsseligen Kapitalisten in Bratenrock und Zylinder – ohne natürlich die Ironie zu bemerken, die in dieser Selbstdarstellung lag.

Dann dumpfe Heavy-metal-Gesänge. Es nahte der Schwarze Block für Liebe und Autonomie. Oder Kraft durch Freude. Jedenfalls mit einem sicheren Gefühl für Symbolik: schwarzes Leder und Totenkopffahne, Schnürstiefel und Haßkappen. Militante Unschuld, unerbittliche Gerechtigkeit, die sich im Block und im Ritual erst zum Hochgefühl ihrer selbst steigerte. DEUTSCHLAND VERRECKE! Mit schleifendem Landsknechtsschritt, von der Blaulichtdroge beflügelt, ging es einer nächsten oder letzten Schlacht entgegen, diesmal am Römerberg.

Was da als Wiedergänger vorbeizog, war unser rotes Jahrzehnt, unsere Geschichte, unsere kollektive Biographie. Und wer sind »wir« jetzt, das Gros der Aktivisten des roten Jahrzehnts? Ganz verschiedene Leute, Gott sei Dank. Meistens ziemlich unfanatisch. Eher schon ein bißchen existentiell ermüdet nach so vielen Überspannungen. Aber im großen und ganzen noch überdurchschnittlich engagiert. Mit dem früh erworbenen, hartnäckigen Interesse am Ganzen, an den großen Zusammenhängen. Dazu etwas spät erworbener Geschmack für die feineren Dinge des Lebens, die Extras – aber im allgemeinen noch immer nicht auf Konsum, Karriere, auf das große Geld aus. Viele haben lange Umwege gemacht. Patchwork-Biographien – sehr zukunftsweisend, heißt es.

So könnten wir am Ende noch ein ganz sympathisches Bild liefern – wäre da nicht dieser Stachel der alten, uneingelösten Größenphantasien, dieser Hang zur pathetischen Selbstbeschwörung. Eine »Freiheitsbewegung« sei unser rotes Jahrzehnt gewesen, sagt Joschka Fischer, wie sie in der deutschen Geschichte so lange gefehlt habe. Ein neues 1848 also – »Trotz alledem und alledem«, wie man damals sang? Ginge es nicht etwas bescheidener? So unnötig es war, die Beteiligung an der Intervention in Bosnien und im Kosovo statt mit den realen ethnischen Säuberungen und Gefahren eines Flächenbrandes mit dem fiktiven Rekurs auf »Auschwitz« zu begründen und damit, daß »gerade wir Deutschen« gefordert seien – so verfehlt ist es zu reklamieren, daß »gerade wir Achtundsechziger« für dieses oder jenes eine besondere demokratische Kompetenz oder moralische Zuständigkeit hätten. Von allen Erklärungsnotständen abgesehen, in die man sich als Don Quichotte seiner alten, ex-revolutionären Adelstitel bringt – die Epopöe des roten Jahrzehnts läßt sich, wie jene des edlen Ritters, weithin nur aus einer Position der Anteil nehmenden Ironie noch erzählen.

DAS SCHWARZE LOCH (Seite 13 bis 34)

1 KOMMUNISTISCHE VOLKSZEITUNG, 16. April 1982
2 Reinhard Mohr, Zaungäste, S. 25
3 Christian Semler, Wiedergänger. In: 68 und die Folgen, S. 133
4 So insbesondere Christian Schmidt: Wir sind die Wahnsinnigen (1998). Nicht ganz unähnlich in der Argumentation Michael Schwelien: Joschka Fischer (2000)
5 Eckhard Fuhr: Alles Achtundsechziger. In: FRANKFURTER ALLGEMEINE ZEITUNG, vom 27. März 1993
6 Brigitte Seebacher-Brandt: Abschied von den Eltern. Zur Abwahl einer Generation. In: FRANKFURTER ALLGEMEINE ZEITUNG, 7. Dezember 1990
7 Peter Gauweiler: Die deutsche Rebellenjugend. Ein Generationenvergleich. In: FRANKFURTER ALLGEMEINE ZEITUNG, 3. Januar 1997
8 Heinz Bude, Altern einer Generation, S. 21
9 Zit. nach Ebenda
10 Ingrid Gilcher-Holtey, 1968 (1998)
11 Dies.: Der kritische Moment. Deutschland, Frankreich und die Rebellion des Mai 1968. In: FRANKFURTER ALLGEMEINE ZEITUNG, Beilage, 2. Mai 1998
12 Wolfgang Kraushaar, 1968 – Das Jahr, S. 323
13 Ders.: Der Aufschrei der Jugend. In: DER SPIEGEL 13/1999, S. 188
14 Ders.: Der Zeitzeuge als Feind des Historikers? Neuerscheinungen zur 68er-Bewegung. In: MITTELWEG 36, H. 6/1999, S. 49
15 Manfred Görtemaker, Geschichte der Bundesrepublik Deutschland, S. 475–596
16 Vgl. Eberhard Seidel-Pielen: Antiautoritäre Erziehung. In: '68 und die Folgen, S. 18
17 Kraushaar, 1968 – DAS JAHR, S. 313
18 Ebenda, S. 320 – Vgl. auch Ders.: »Ich bin froh, daß keine SDS-Idee Wirklichkeit wurde«. In: FRANKFURTER HEFTE/NEUE GESELLSCHAFT, H. 11/1998, S. 1022–1029
19 Vgl. dazu etwa Richard Herzinger. Wandlungen eines Mythos. Die Kulturrevolutionäre von 1968 – Garanten der liberalen Kultur in Deutschland? In: Claudia Keller (Hrsg.), Die Nacht hat zwölf Stunden, S. 252–267
20 Niklas Luhmann: Njet-Set und Terror-Desparados. In: DIE TAGESZEITUNG, 4.8.1988
21 Jürgen Habermas, Protestbewegung und Hochschulreform, S. 146 ff.
22 Ebd., S. 149 f.
23 Ebd., S. 188 f., 192 f., 199 f.
24 Ebd., Einleitung, S. 13 – Auch hier hatte Habermas konkrete Personen vor Augen, vor allem aus dem Umkreis des Soziologischen Seminars.
25 Ders.: Stichworte zur ›Geistigen Situation der Zeit‹, Bd. 1, Einleitung, S. 24 ff.
26 Ebd., S. 7 f. – Die Zitate stammen aus Habermas' Einladungsbrief an die Autoren des Bandes von Mitte 1978

27 Ebd., S. 17–22, passim

28 Ders.: Der Marsch durch die Institutionen hat auch die CDU erreicht. In: FRANKFURTER RUNDSCHAU, 11. März 1988

29 Vgl. etwa Dorothea Hauser, Baader und Herold (1997)

30 Vgl. die eindrucksvolle Textsammlung bei Carl-Michael Wolfschlag, Bye-bye '68 (1998) – Das Ansinnen des Herausgebers, mich mit einem Beitrag in diese illustre Sammlung »einzubringen«, habe ich seinerzeit abgelehnt, da die überschlauen Bündnispolitiken der JUNGEN FREIHEIT unter der Camouflage des neutral gehaltenen Anschreibens mir allzu bekannt vorkamen.

31 Was Rabehl zunächst kritisch-analytisch enthüllte, etwa in seinem 1997 geschriebenen, höchst spannenden und differenzierten Beitrag »Zur archaischen Inszenierung linksradikaler Politik. Ursachen und Auswirkungen des politischen Existenzialismus in der Studentenrevolte 1967/68«, in: Wolfgang Kraushaar, Flaschenpost, Bd. 3, S. 34–64 – das hat er wenig später in einer jähen Volte affirmativ besetzt und für sich selbst in Anspruch genommen. Von seiner skandalumwitterten Rede vor der Burschenschaft »Danubia« am 6. Dezember 1998 sind mehrere Versionen im Umlauf. Eine erste, kürzere Fassung seiner Rede fand sich unter dem Titel »Ein Volk ohne Kultur kann zu allem verleitet werden« in: JUNGE FREIHEIT, 18. Dezember 1998; eine ausführlichere Fassung unter dem Titel »Nationalrevolutionäres Denken im antiautoritären Lager der Radikalopposition zwischen 1961 und 1980« in: WIR SELBST. Zeitschrift für nationale Identität, Nr. 3-4/1998

32 Vgl. Wolfgang Kraushaars älteren Beitrag Rudi Dutschke und die Wiedervereinigung in: MITTELWEG 36, H. 2/1992; sowie seinen jüngeren Text »Die neue Unbefangenheit. Zum völkischen Nationalismus ehemaliger 68er« in: MITTELWEG 36, H. 2/1999. Darin trifft Kraushaar die plausible, aber auch prekäre Unterscheidung: »Während es sich bei Rabehl um einen linken Nationalisten handelt, hatte man es bei Dutschke mit einem nationalen Linken zu tun.«

33 Oskar Negt, Achtundsechzig, S. 33, 37, 47, 225, 256 f., 397

34 Klaus Theweleit: ›Früchte der Revolte‹. Septett für 6 Verschweigende und 1 Stimme. In: LISTEN, Frankfurt/M., Herbst 1989. Wieder abgedruckt in: Ders., Ein Aspirin von der Größe der Sonne, Freiburg 1990

35 Ebenda

36 Ders., Buch der Könige, Bd. 1, S. 423

37 Ebd., S. 425 [Pünktchen-Pünktchen im Original]

38 Ders., Ghosts, S. 18 f.

39 Ebenda, S. 26

40 Ebenda, S. 24 ff., 46

41 Ders., Buch der Könige, S. 214

42 Ebd., S. 427 f.

1 So hat es sein Freund, der Psychologe Thomas Ehleitner, in den Protokollen über die Unterrichtsstunden mit Dutschke notiert. Hier zit. nach Gretchen Dutschke, Ein barbarisch schönes Leben, S. 202

2 Hier zit. nach ebenda, Ein barbarisch schönes Leben, S. 195

3 Klaus Hartung: Versuch, die Krise der antiautoritären Bewegung wieder zur Sprache zu bringen. In: KURSBUCH 48 / 1977, S. 20 f.

4 Markus Lüpertz im Gespräch mit Heinz Peter Schwefel, Köln 1989, S. 25. Hier zit. nach Heinz Bude, Altern einer Generation, S. 26

5 Heinrich Albertz: Erinnerungen an den 2. Juni. In: Heiß und Kalt, S. 570 ff.

6 Jürgen Habermas, Protestbewegung, S. 146 ff.

7 Gretchen Dutschke, Ein barbarisch schönes Leben, S. 144

8 Rudi Dutschke: Zum Verhältnis von Organisation und Emanzipationsbewegung; wieder abgedruckt in Kraushaar, Flaschenpost, Bd. 2, S. 255–260 – DAS OBERBAUMBLATT Nr. 5 ist vom 12. Juni datiert.

9 Ebenda, S. 255 ff.

10 Vgl. Bernd Rabehl, Zur archaischen Inszenierung. In: Kraushaar, Flaschenpost, Bd. 3, S. 51

11 Gretchen Dutschke, Ein barbarisch schönes Leben, S. 141

12 »Gespräch über die Zukunft«. In: KURSBUCH 14, August 1968, S. 174

13 Vgl. Bernd Rabehl, Feindblick (2000); sowie seine früheren Ausführungen in: Zur archaischen Inszenierung, S. 54

14 Frank Böckelmann, Begriffe versenken, S. 22 ff.

15 Ders., Zit. in Ulrich Chaussy, Die drei Leben, S. 50f.

16 Wiederabgedruckt in: Böckelmann/Nagel, Subversive Aktion, S. 323–326

17 Gretchen Dutschke, Ein barbarisch schönes Leben, S. 55

18 Ebenda, S. 38

19 Tagebucheintrag vom 18. September 1964; zit. nach: Ebenda, S. 79

20 Rudi Dutschke, Vom Antisemitismus zum Antikommunismus. In: Revolte der Studenten, S. 63

21 Wolfgang Kraushaar: Herbert Marcuse und die lebensweltliche Aporie der Revolte. In: Ders., Flaschenpost, Bd. 3, S. 198

22 Herbert Marcuse, Das Ende der Utopie, S. 11–17, passim

23 Ebenda, S. 29, 45, 52, 55

24 Ebenda, S. 148 f.

25 Hier zitiert nach Kraushaar, Flaschenpost, Bd. 2, S. 287–290

26 Rudi Dutschke: Zum Verhältnis von Organisation und Emanzipationsbewegung; wieder abgedruckt in: Kraushaar, Flaschenpost, Bd. 2, S. 259

27 Ebenda, S. 152

28 Georg Lukács: Spontaneität der Massen, Aktivität der Partei (1921). In: Ders., Schriften zur Ideologie und Politik, Neuwied–Berlin 1967, S. 159

29 Dutschke/Krahl: Organisationsreferat. In: Kraushaar, Flaschenpost, Bd. 2, S. 290

30 Etwa wenn Marcuse behauptete, daß »diese Zivilisation die Objektwelt in eine

Verlängerung von Geist und Körper des Menschen überführt« habe, so daß die Individuen »ihre Seele in ihrem Auto, ihrem Hi-Fi-Empfänger, ihrem Küchengerät« finden. Ders.: Der eindimensionale Mensch – Studien zur fortgeschrittenen Industriegesellschaft, Neuwied-Berlin 1967, S. 29

31 Ebd., S. 23
32 Ders., Das Ende der Utopie, S. 93
33 Ders., Der eindimensionale Mensch, S. 173
34 Jürgen Habermas: Die verschiedenen Rhythmen von Philosophie und Politik. Herbert Marcuse zum 100. Geburtstag. In: Ders., Die postnationale Konstellation. Politische Essays, Frankfurt/M. 1998, S. 237
35 Gespräch über die Zukunft. In: KURSBUCH 14, S. 154, 156
36 Vgl. etwa Richard Löwenthal, Der romantische Rückfall (1970)
37 Ebenda, S. 159–173, passim
38 Ebenda, S. 82
39 Frank Böckelmann, Begriffe versenken, S. 220
40 Gretchen Dutschke, Ein barbarisch schönes Leben, S. 163 f.
41 So zum Beispiel im Gespräch in der Ev. Akademie Bad Boll mit Ernst Bloch, Ossip K. Flechtheim, Werner Maihofer. In: Rudi Dutschke, Mein langer Marsch, S. 85
42 Rudi Dutschke, Vom Antisemitismus zum Antikommunismus. In: Revolte der Studenten, S. 85
43 Was zumindest nicht völlig aus der Luft gegriffen war. Vgl. Mathias Peter/Harald Rosenbach: Deutsche Grenadiere nach Vietnam? In: FAZ, 24.4.1977
44 Rudi Dutschke zu Protokoll. Fernsehinterview von Günter Gaus. In: Ders., Mein langer Marsch, S. 52
45 Hier zit. nach Gretchen Dutschke, Ein barbarisch schönes Leben, S. 489
46 Rudi Dutschke, Mein langer Marsch, S. 61
47 Ders., Demokratie, Universität und Gesellschaft. In: Bernard Larsson, Demonstrationen, S. 157
48 Vgl. Ders., Vom Antisemitismus zum Antikommunismus. In: Rebellion der Studenten, S. 89 f.
49 Gretchen Dutschke, Ein barbarisch schönes Leben, S. 489
50 Ulrich Chaussy, Die drei Leben, S. 211
51 Chr. Semler: Die lange Nacht vom 11.4.1968. Ein Rückblick ohne Zorn auf die Kampagne zur Enteignung Axel Cäsar Springers. In: DIE TAGESZEITUNG, Beilage »25 Jahre 68«, 10. April 1993, S. 30
52 Die ganze Episode ist ausführlich und in somnambuler Offenherzigkeit geschildert bei Gretchen Dutschke, Ein barbarisch schönes Leben, S. 179 f.
53 Ulrich Chaussy, Die drei Leben, S. 209
54 BILD, 7. Februar 1968
55 Rudi Dutschke: Die geschichtlichen Bedingungen für den internationalen Emanzipationskampf. In: INFI Vietnam-Kongreß, S. 107–110
56 Ebenda, S. 113 f.
57 Ebenda, S. 122 ff.
58 Gretchen Dutschke, Ein barbarisch schönes Leben, S. 188

59 Rudi Dutschke, Vom Antikommunismus zum Antisemitismus. In: Rebellion der Studenten, S. 85

60 Vgl. Bernd Rabehl, Zur archaischen Inszenierung. In: Kraushaar, Flaschenpost, Bd. 3, S. 56 f.

MEER DER JUGEND (Seite 67 bis 94)

1 Es handelt sich z. B. um die Studien von Ludwig von Friedeburg (Hrsg.): Jugend in der modernen Gesellschaft, Köln-Berlin 1965; sowie die Allensbach-Studie 1966/1967, hier zit. nach Uta Stolle: Die Ursachen der Studentenbewegung im Urteil bürgerlicher Öffentlichkeit, DAS ARGUMENT, H. 58, S. 375 – Zum selben Urteil kam eine Studie von Viggo Graf Blücher: Die Generation der Unbefangenen, Düsseldorf-Köln 1966. Selbst eine 1968 erschienene Studie über den Jahrgang 1941 konstatierte noch dessen »unauffällige Integration in die Gesellschaft«. Vgl. Elisabeth Pfeil: Die 23jährigen. Eine Generationenuntersuchung am Geburtsjahrgang 1941, Tübingen 1968

2 Vgl. SPIEGEL-Spezial: Die wilden 68er, 1988, S. 67

3 Zit. nach Ebenda, S. 25

4 Edgar Snow: Die lange Revolution, S. 233 f.

5 Herbert Marcuse, Ende der Utopie, S. 47 f.

6 Dany Cohn-Bendit, Der große Basar (1975) – worin er sogar das eigene Buch halb ironisch, halb im Ernst als »ein buntes Warenhaus des Linksradikalismus« bezeichnet (S. 5)

7 Mark Mazower, Der dunkle Kontinent, S. 418 f.

8 David S. Landes: Wohlstand und Armut der Nationen. Warum die einen reich und die anderen arm sind, Berlin 1999, S. 474 f.

9 Vgl. hierzu und zum folgenden etwa Axel Schildt, Ankunft im Westen; insbes. Kap 2: Wiederaufbau und Modernisierung, und Kap. 3: Die Gewöhnung der Bundesbürger an ihre Republik, S. 87–148

10 Zit. nach Mazower, Der dunkle Kontinent, S. 449

11 Alle Zitate und Angaben nach Sabine Weißler: Sexy Sixties. In: Heiß und Kalt, S. 550–554. Der Artikel reproduziert im übrigen in kurioser Weise das ganze Arsenal der linken Vorurteile der Zeit gegen die »bürgerliche Sexwelle« als Manipulationsinstrument.

12 Wolfgang Kraushaar: Die Protest-Chronik 1949–1959, Bd. IV, S. 2510–16

13 Joscha Schmierer, Vom Zauber des großen Augenblicks. In: Früchte der Revolte, S. 111

14 Norbert Elias, Studien über die Deutschen, S. 528

15 Vgl. Heinz Bude, Altern einer Generation, S. 32 ff. – Der Aufsatz von Haydée Faimberg, auf den Bude sich bezieht, heißt: Die Ineinanderrückung (Telescoping) der Generationen. [In: JAHRBUCH FÜR PSYCHOANALYSE 20 (1987), S. 114–142]

16 Ebenda, S. 35 f.

17 Ralph H. Turner: Das Thema zeitgenössischer sozialer Bewegungen. Hier zitiert nach Ebenda, S. 59

18 Ebenda, S. 28
19 Hans E. Holthusen, Indiana Campus, S. 66 f.
20 Underground Poems/Untergrund Gedichte. Letzte amerikanische Lyrik. Aus-
   gewählt und übersetzt von Ralf-Rainer Rygulla, Berlin 1967, S. 27
21 Norbert Elias, Studien über die Deutschen, S. 28, 340, 528 ff.
22 Pascal Bruckner, Schluchzen des weißen Mannes, S. 7
23 Ebenda, S. 47
24 Ebenda, S. 19, 22
25 Reinhard Lettau: Täglicher Faschismus. Evidenz aus fünf Monaten. In: KURS-
   BUCH 22, Dezember 1970, S. 2, 8
26 DIE ZEIT, 1. März 1968
27 H. M. Enzensberger, Der Untergang der Titanic. S. 16, 36
28 Ernesto Che Guevara, Episoden aus dem Revolutionskrieg, S. 239
29 Ders., Schaffen wir zwei, drei, viele Vietnam, passim
30 Andrew Sinclair, Che Guevara, S. 113
31 Ebenda, S. 86
32 Hans Egon Holthusen, Che Guevara, S. 1065 f.
33 Pascal Bruckner/Alain Finkielkraut: Das Abenteuer gleich um die Ecke,
   S. 11 ff.
34 Ebenda, S. 21
35 Serge July, Interview vom April 1985. In: Daniel Cohn-Bendit: Wir haben sie
   so geliebt, S. 88 f.
36 Vgl. Friedhelm Boll/Stéphane Sirot: Deutsche und französische Intellektuelle
   und der Fall Solschenizyn. In: Deutschland – Frankreich – Rußland. Begegnungen und Konfrontationen. Hrsg. von Ilja Mieck und Pierre Guillen, München 2000, S. 323–343
37 André Glucksmann, Köchin und Menschenfresser, S. 171 f.
38 Wilhelm Bitorf:»Ein körperliches Gefühl der Niederlage«. In: SPIEGEL-Spezial, Die wilden 68er, S. 34
39 Jeffrey Herf: The New Left and its fading aura. In: PARTISAN REVIEW, H. 2,
   1986, S. 246
40 Ebenda, S. 248
41 Ebenda, S. 246–250, passim
42 Jane Alpert, Interview vom Juli 1985. In: Daniel Cohn-Bendit, Wir haben sie so
   geliebt, S. 150

FELIX CULPA (Seite 95 bis 122)

1 Pascal Bruckner, Schluchzen des weißen Mannes, S. 143
2 Jörg Lau, Enzensberger, S. 59
3 Ebenda, S. 79 f.
4 Hans Magnus Enzensberger: Reflexionen vor einem Glaskasten. In: Politik
   und Verbrechen, Frankfurt/M. 1964, S. 18 ff., 36–39

5 Zitiert aus: Protest! Literatur um 1968, S. 93

6 Ebd., S. 94

7 Zit. nach Jörg Lau, Enzensberger, S. 194

8 Freimut Duve (Hrsg.): Die Restauration entläßt ihre Kinder oder Der Erfolg der Rechten in der Bundesrepublik, Reinbek 1968; hier zit. nach: Aufbrüche. Die Chronik der Republik 1961 bis 1985, hrsg. von F. Duve, Reinbek 1986, S. 349

9 Alexander und Margarete Mitscherlich: Die Unfähigkeit zu trauern, München 1967; hier zit. nach der Tb-Ausgabe 1977, S. 8–83, passim

10 Ebenda, S. 64 f.

11 Karl Jaspers: Die Schuldfrage, Heidelberg 1946, S. 102–106

12 Sigmund Freud: Das Unbehagen in der Kultur; hier zit. nach Ders., Kulturtheoretische Schriften, Frankfurt/M. 1974, S. 268 f.

13 Ders., Warum Krieg? In: Ebenda, S. 285 f.

14 Martha Gellhorn: Das Gesicht des Krieges. Reportagen 1937–1987. In: H. M. Enzensberger (Hrsg.): Europa in Trümmern. Augenzeugenberichte aus den Jahren 1944–1948, Frankfurt/M. 1990, S. 87 f.

15 Alfred Döblin: Schicksalsreise. Bericht und Bekenntnis, Frankfurt/M. 1949. In: Ebenda, S. 188

16 H.M. Enzensberger, Einleitung, in: Ebenda, S. 20 f.

17 Albert Sellner, Die Chaoten als Ordnungsmacht. In: Horx (u.a.), Infrarot, S. 109 f.

18 Zum Fall »Schneider-Schwerte« vgl. Claus Leggewie: Von Schneider zu Schwerte. Das ungewöhnliche Leben eines Mannes, der aus der Geschichte lernen wollte, München 1998; sowie Ludwig Jäger: Seitenwechsel. Der Fall Schneider/Schwerte und die Diskretion der Germanistik, München 1998

19 Jürgen Voges: Herrisch und machtvollkommen gegen alles »Nichtdeutsche«. Claus Peter Volkmann alias Peter Grubbe war kein kleines Licht im besetzten Polen. In: DIE TAGESZEITUNG, 10. 7.1996

20 Vgl. Georg Wolff (Hrsg.): Wir leben in der Weltrevolution. Gespräche mit Sozialisten, München 1971 – Biographische Notiz bei Wolfgang Kraushaar, Flaschenpost, Bd. 1, S. 523

21 Helmut Schelsky: Die skeptische Generation. Eine Soziologie der deutschen Jugend, Frankfurt/M. (u.a.) 1975 (Erstausgabe 1958)

22 Axel Schildt, Ankunft im Westen, S. 100

23 Ralf Dahrendorf: Gesellschaft und Freiheit. Zur soziologischen Analyse der Gegenwart, München 1961, S. 315

24 Schildt, Ankunft im Westen, S. 129 ff.

25 Thomas Schmid, Die Wirklichkeit eines Traums. In: Früchte der Revolute, S. 17 f.

26 Hans Maier: Die Deutschen und die Freiheit. Perspektiven der Nachkriegszeit, Stuttgart 1985, S. 19

27 Zitate nach Schildt, Ankunft im Westen, S. 156–172, passim

28 Ebenda, S. 171 f.

29 Ernst Nolte: Der Faschismus in seiner Epoche, München 1963

30 Bernhard Blanke: ›Rot gleich Braun‹. In: DAS ARGUMENT, H. 33 (1965), S. 30

31 Clemens Albrecht: Die Dialektik der Vergangenheitsbewältigung. In: Ders. (u.a.): Die intellektuelle Gründung der Bundesrepublik, S. 567

32 Theodor W. Adorno: Was bedeutet: Aufarbeitung der Vergangenheit. In: Ders., Eingriffe. Neun kritische Modelle, Frankfurt/M. 1963

33 Ders., Erziehung nach Auschwitz. In: Ders., Stichworte, Frankfurt/M. 1969

34 Albrecht, Die intellektuelle Gründung der Bundesrepublik, S. 567 ff.

35 Adorno, Aufarbeitung der Vergangenheit, S. 139

36 Ebenda, S. 132

37 Ders., Erziehung nach Auschwitz, S. 89

38 Ders., Aufarbeitung der Vergangenheit, S. 137 f.

39 Ebenda, S. 97–101, passim

40 Ebenda, S. 93

41 Ders., Aufarbeitung der Vergangenheit, S. 144

42 Alle Zitate aus Theodor W. Adorno: Minima Moralia. Reflexionen aus dem beschädigten Leben (diverse Ausgaben)

43 Michael Rutschky, Erfahrungshunger, S. 72 f. und 76

44 Vgl. Albrecht, Die intellektuelle Gründung der Bundesrepublik, S. 17 f.; sowie Günter C. Behrmann, Zwei Monate Kulturrevolution. In: Ebenda, S. 367 ff.

45 Die Philosophie ändert, indem sie Theorie bleibt. Gespräch mit Theodor W. Adorno. In: DER SPIEGEL, H. 19/1969. Hier zit. nach Georg Wolff, Wir leben in der Weltrevolution, S. 156

46 Reimut Reiche, Sexuelle Revolution. In: Früchte der Revolte, S. 48 f.

47 Ernst Bloch: Über die Bedeutung des XX. Parteitages, in: Entstalinisierung. Der XX. Parteitag der KPdSU und seine Folgen, Frankfurt 1977, S. 426

48 Thomas Mann: Brief an Dr. Seipel. In: Ders., Gesammelte Werke (GW), Bd. XI, S. 762

49 Reiche, Sexuelle Revolution, S. 50

50 Ebenda, S. 47

51 Zitiert nach: Protest!, S. 43

52 Vgl. ihre Selbstdarstellung in: Agitprop, S. 221 ff.

53 Ebenda, S. 27 f.

54 Alain Finkielkraut, Der eingebildete Jude, S. 25

55 Jörg Lau, Enzensberger, S. 245 f.

56 Uwe Johnson: Jahrestage, Frankfurt/M. 1971, S. 799

57 Sven G. Papcke: Positive Entfremdung. Zur Wirkungsgeschichte von Ernesto Che Guevara. In: Brandstiftung oder neuer Friede?, S. 160

1 Faksimiliert wiedergegeben (z.B.) in: Protest!, S. 519 f.
2 Zitiert nach Kraushaar, Flaschenpost, Bd. 1, S. 356
3 Mona Steffen: »Genossen, ihr habt die Chance verpaßt . . .«. In: Ebenda, Bd. 2, S. 485 f.
4 Aktionsrat zur Befreiung der Frau: Resolutionsentwurf. In: Ebenda, S. 456 f.
5 Mona Steffen: SDS, Weiberräte, Feminismus? In: Ebenda, Bd. 3, S. 133
6 Reimut Reiche, Mythos der sexuellen Revolution. In: Früchte der Revolte, S. 60 f.
7 Bommi Baumann, Wie alles anfing, S. 30
8 Zit. nach Peter Mosler, Was wir wollten, S. 76
9 Horst Mahler: Interview im SPIEGEL v. 13. 5. 1968
10 Ulrich Chaussy, Die drei Leben, S. 255 f.
11 Vgl. zum Beispiel die Berichte von Klaus Schlesinger: Helm-Aktion, und Christian Semler: Die lange Nacht vom 11.4.1968. In: DIE TAGESZEITUNG, 10.4.1993. Zum Thema Stasi und Studentenbewegung vgl. Hubertus Knabe, Die unterwanderte Republik, S. 182–233
12 (Anonym): Gewalt in den Metropolen, KONKRET, Juni 1968, S. 25 ff.
13 Briefe an Rudi D., S. III ff.
14 Der Brief wurde offenbar in zwei Versionen verfaßt und übermittelt. Vgl. Gretchen Dutschke, Ein barbarisches schönes Leben, S. 209 f.
15 Ebenda, S. 220 f.
16 Rudi Dutschke: Versuch, Lenin auf die Füße zu stellen, Berlin 1974
17 Hans-Jürgen Krahl: Römerbergrede. In: Ders., Konstitution und Klassenkampf, S. 149 f.
18 Joscha Schmierer, Der Zauber des großen Augenblicks. In: Früchte der Revolte, S. 116
19 Rolf Rietzler: »Unter den Talaren«. Der Aufstand an den Universitäten. In: SPIEGEL-Spezial »Die wilden 68er«, S. 42
20 Vgl. Knabe, Unterwanderte Republik, S. 135 ff.
21 Frank Böckelmann, Begriffe versenken, S. 169 f.
22 Horst Mahler: Die »Krise« der Außerparlamentarischen Opposition im Sommer 1968 – und wie man sie überwindet. In: Fichter (u.a.), Freie Universität 1948–1973. Teil V (Hier Zit. nach www.trend.partisan.net (1967)
23 Vgl. Karl-Heinz Schubert: Zur Geschichte der Westberliner Basisgruppen. In: Aufbruch zum Proletariat. (Hier zit. nach www.trend.partisan.net/1967)
24 Hier zit. nach Ebd., S. 308
25 Zitiert nach Wolfgang Bock, Geschichte des ›linken Radikalismus‹, S. 244
26 Wolfgang Büscher: Drei Stunden Null. Deutsche Abenteuer, Berlin 1998, S. 32 f.
27 Zitiert nach Cohn-Bendit / Mohr, 1968 – Die erste Revolution, S. 156 f.
28 Zit. nach Giselher Schmidt, Hitlers und Maos Söhne, S. 227
29 Ebenda, S. 228
30 Hans-Jürgen Krahl, Konstitution und Klassenkampf, S. 28 ff.

31 Sylvia Bovenschen: Die Generation der Achtundsechziger bewacht das Ereignis (FRANKFURTER ALLGEMEINE ZEITUNG, 1988). Wieder abgedruckt in: Kraushaar, Flaschenpost, Bd. 3, S. 235 f.

32 Maurice Merleau-Ponty: Die Abenteuer der Dialektik, Frankfurt/M. 1968, S. 64

33 Hans-Jürgen Krahl: Thesen zum allgemeinen Verhältnis von wissenschaftlicher Intelligenz und proletarischem Klassenbewußtsein. In: Krahl, Konstitution und Klassenbewußtsein, S. 354

34 Ebenda, S. 345

35 György Konrád/István Szelényi: Die Intelligenz auf dem Weg zur Klassenmacht, Frankfurt/M. 1978

36 Detlev Claussen/Bernd Leineweber/Oskar Negt: Rede zur Beerdigung des Genossen Hans-Jürgen Krahl. In: Kraushaar, Flaschenpost, Bd. 2, S. 714

37 Reimut Reiche: Worte des Vorsitzenden Mao. In: NEUE KRITIK Nr. 41, April 1967

38 Worte des Vorsitzenden Mao Tse-tung, Peking 1968, S. 341

39 Die Taschenbuch-Ausgabe des S. Fischer Verlags (Das Rote Buch. Worte des Vorsitzenden Mao Tse-tung. Eingeleitet und hrsg. von Tilemann Grimm) ging im April 1967 mit 18tausend Exemplaren in Druck. Bis Mai 1968 waren 75tausend, bis Mai 1977 140tausend verkauft.

40 Ebenda, S. 7 f.

41 Vgl. Gerd Koenen, Die großen Gesänge, S. 451 ff.

42 Bericht von Martin Buchholz in Berliner EXTRA-DIENST, 22. Februar 1969

IDIOTEN DER FAMILIE (Seite 149 bis 182)

1 Dieter Kunzelmann, Lebensbilder, S. 107

2 Ebenda

3 Dieter Kunzelmann: Notizen zur Gründung revolutionärer Kommunen in den Metropolen. In: Richtlinien und Anschläge, S. 100 ff.

4 Kunzelmann, Lebensbilder, S. 49

5 Ebenda, S. 55 f.

6 Ebenda, S. 70

7 Ebenda, S. 32

8 Ebenda, S. 78

9 Faksimile des Flugblatts in: Ebenda, S. 79

10 Bommi Baumann, Wie alles anfing, S. 20

11 »Steine sind ohnmächtig«. Gespräch mit Rudi Dutschke. In: DER SPIEGEL 29/1967. Hier zit. nach Georg Wolff, Weltrevolution, S. 97 f.

12 »Es war sehr windig in der K1«. Leben, Lieben, Arbeiten und andere kulturrevolutionäre Aktionen in der Kommune 1. Corinna Raupach befragte Antje Krüger. In: die TAGESZEITUNG, 25 Jahre 1968. Beilage vom 10. April 1993

13 Dieter Kunzelmann, Lebensbilder, S. 70

14 Klaus Hartung: Die Psychoanalyse der Küchenarbeit. Selbstbefreiung, Wohngemeinschaft und Kommune. In: Heiß und Kalt, S. 560
15 »Es war ein großes Fest«. Die Altkommunarden Rainer Langhans und Fritz Teufel über 1968, die Revolution und die Frauen. In: DER SPIEGEL, Nr. 25/1998
16 Dieter Kunzelmann, Lebensbilder, S. 62
17 Bommi Baumann, Wie alles anfing, S. 23
18 Dieter Kunzelmann, Lebensbilder, S. 17
19 Rainer Langhans/Fritz Teufel: Klau mich. StPO der KOMMUNE 1, Frankfurt/M.-Berlin 1968, S. (80)
20 Rainer Langhans, Berlin wollte den Krieg. In: Wolfschlag, Bye-bye '68, S. 171
21 KOMMUNE 2. Versuch der Revolutionierung des bürgerlichen Individuums. Kollektives Leben mit politischer Arbeit verbinden!, Köln 1970
22 Ebenda, S. 46
23 Ebenda, S. 129
24 Ebenda, S. 265
25 Ebenda, S. 303
26 Reimut Reiche: Sexuelle Revolution. In: Die Früchte der Revolte, S. 59 f.
27 KOMMUNE 2, S. 299 f.
28 Ebenda, S. 73
29 Ebenda, S. 190
30 Ebenda, S. 93
31 Zentralrat der sozialistischen Kinderläden West-Berlins (Hrsg.): Anleitung für eine revolutionäre Erziehung, Nr. 5: Kinder im Kollektiv, Berlin 1969, S. 74 f.
32 Ebenda, S. 89
33 Reimut Reiche, Sexuelle Revolution, S. 67
34 Ebenda
35 Klaus Theweleit, »Früchte der Revolte«. In: LISTEN, Herbst 1989, S. 55
36 Ebenda, S. 57
37 Ebenda, S. 58
38 Dieter Kunzelmann, Lebensbilder, S. 99 f.
39 Inga Buhmann, Eine Geschichte, S. 289
40 Bommi Baumann, Wie alles anfing, S. 42
41 »Als Einstand brachte ich ein halbes Kilo Haschisch mit, was das Kommune-Leben auf den Kopf stellte.« Vgl. Hadayatullah Hübsch: Alles war Geheimnis. Vom LSD zum Islam. In: Wolfschlag, Bye-bye '68, S. 167
42 So P. G. Hübsch in dem seiner Person gewidmeten Kapitel »SDS – ein großer Beatnik«. In: Mosler, Was wir wollten, S. 117 – In der Neujahrsnacht 1968/69 fuhren sie alle auf einem LSD-Trip mit dem Kommune-Bus in das Feuerwerk hinein. »Kunzelmann war wie toll, kicherte blödsinnig und sagte: ›Schaut mal, wie die Bürgerkrieg spielen! Schaut doch bloß!‹« (S. 114 f.)
43 Vgl. Baumann, Wie alles anfing, Kap. 4 (»Wielandkommune«) und 5 (»Haschrebellen«), S. 44–64
44 Flugblattexte in: Ebenda, S. 53 f.
45 Dieter Kunzelmann, Brief aus Amman. In: Agit 883, 27. November 1969. Faksimiliert in: Kunzelmann, Lebensbilder, S. 123
46 Flugblattext in: Baumann, Wie alles anfing, S. 67 ff.

47 Ebenda, S. 69

48 Vgl. dazu Gerd Koenen: Mythus des 21. Jahrhunderts? Vom russischen zum Sowjet-Antisemitismus. In: Ders. (zus. mit Karla Hielscher): Die schwarze Front. Der neue Antisemitismus in der Sowjetunion, Reinbek 1991, S. 207–221

49 Hans-Joachim Noack: Ferienlager bei El Fatah – Der Sozialistische Deutsche Studentenbund auf Erkundungsfahrt bei den arabischen Guerillas. In: DIE ZEIT, 15. August 1969. Hier zitiert nach Kraushaar, Flaschenpost, Bd. 1, S. 446 f.

50 Brief an Kunzelmann, Anfang 1970. Abgedruckt in: Kunzelmann, Lebensbilder, S. 126

51 Bericht einer deutschen Guerillera (wahrscheinlich Ina Siepmann). In: Bernward Vesper, Die Reise, S. 438 ff.

52 Bommi Baumann, Wie alles anfing, S. 66

53 Dieter Kunzelmann, Lebensbilder, S. 129

54 Niklas Luhmann: Njet-Set und Terror-Desparados. In: DIE TAGESZEITUNG, 4.8.1988

GRÜNDUNGSFIEBER (Seite 183 bis 206)

1 Zit. nach Gerd Langguth, Protestbewegung, S. 29

2 Emnid, Bielefeld. Junge Intelligenzschichten 1968/69, Bielefeld, Juni 1969. Hier zit. nach: Ebenda, S. 17

3 Zit. nach Kraushaar, Flaschenpost, Bd.1, S. 489

4 Agnoli/Brückner, Transformation der Demokratie, S. 39 ff., 52 ff.

5 Joscha Schmierer, Die theoretische Auseinandersetzung vorantreiben und die Reste bürgerlicher Ideologie entschieden bekämpfen – Die Kritische Theorie und die Studentenbewegung. In: ROTES FORUM, 2. Februar 1970, S. 29–36. Wieder abgedruckt in Kraushaar, Flaschenpost, Bd. 2, S. 700–709

6 Hans-Joachim Klein, Rückkehr in die Menschlichkeit, S. 131 ff.

7 Zit. nach Inga Buhmann, Eine Geschichte, S. 334

8 Zit. nach Wolfgang Bock, Linksradikalismus, S. 266

9 Max Horkheimer, Gesprächsnotizen vom Januar 1969. Zit. nach Kraushaar, Flaschenpost, Bd. 2, S. 531

10 Der Thesenstreit um STAMOKAP, Reinbek 1973

11 Vgl. Karlheinz Schonauer, Die ungeliebten Kinder der Mutter SPD, Bonn 1982

WEST-ÖSTLICHES GELÄNDE (Seite 207 bis 232

1 Vgl. Paul Lendvai: Antisemitismus ohne Juden. Entwicklungen und Tendenzen in Osteuropa, Wien 1972, S. 183 ff.

2 Zit. nach Fichter (u.a.), FU Berlin 1948–1973, Teil V, S. 342

3 György Dalos: Kurzer Lehrgang – Langer Marsch. Eine Dokumontage, Berlin 1985

4 Ebenda, S. 113

5 Zit. nach Ebenda, S. 128

STADT DER FRAUEN (Seite 233 bis 256)

1 Zitiert aus einer Broschüre der HOMOSEXUELLEN AKTION WESTBERLIN zur Vorbereitung der »Pfingstaktion '73«, die insgesamt unter dem Thema »Die Unterdrückung der Homosexualität ist nur ein Spezialfall der allgemeinen Sexualunterdrückung« stand.

2 So in einer Ansprache an die Heteros (»Für Normale«), Ebenda, S. 10 f.

3 KOMMUNISTISCHE VOLKSZEITUNG, September 1975. Hier Zit. nach Peter Mosler, Was wir wollten, S. 164 f.

4 BROT UND ROSEN: Frauenhandbuch Nr. 1 (überarbeitete und erweiterte Aufl., 11.–110. Tsd.), Berlin 1974, S. 17–40, passim

5 Frauengruppe im REVOLUTIONÄREN KAMPF. Zur Autonomie der Frauenkämpfe. Diskussionspapier (1972). In: Kraushaar, Flaschenpost, Bd. 2, S. 750–752, passim

6 Heipe Weiss, Fuchsjagd, S. 24 ff., passim

7 Interview mit Barbara Köster. In: Cohn-Bendit: Wir haben sie so geliebt, S. 248

8 AUTONOMIE H. 3, April 1976, S. 79

9 Joschka Fischer: Vorstoß in »primitivere« Zeiten. In: AUTONOMIE Nr. 5, 1977, S. 58 ff.

10 Alice Schwarzer: Der kleine Unterschied und seine großen Folgen, Frankfurt/M. 1975; und Dies.: So fing es an, München 1983, S. 7

11 Marie-Luise Janssen-Jurreit: Sexismus. Über die Abtreibung der Frauenfrage, München-Wien 1976, S. 602

12 Alice Schwarzer, So fing es an, S. 107

13 Senta Trömel-Plötz: Frauensprache – Sprache der Veränderung, Frankfurt/M. 1982, S. 148

14 Alice Schwarzer, So fing es an, S. 75

15 Shulamith Firestone: Frauenbefreiung und sexuelle Revolution, Frankfurt/M. 1976. Hier zit. nach Mohr, Zaungäste, S. 102

16 Verena Stefan: Häutungen. Autobiographische Aufzeichnungen – Gedichte – Träume – Analysen, München 1975, S. 18 f.

17 Ebenda, S. 26

18 Ebenda, S. 33 f.

19 Ebenda, S. 46

20 Ebenda, S. 72 f.

21 Ebenda, S. 57

22 Ebenda, S. 100 ff.

23 Ebenda, S. 124

24 Ebenda, S. 63

1 Zit. nach Manfred Bock, Linksradikalismus, S. 249

2 Hier zit. nach Peter Mosler, Was wir wollten, S. 146

3 Bernd Rabehl (FU-Projektgruppe): DKP – eine neue sozialdemokratische Partei, Berlin 1969

4 Klaus Rainer Röhl, Fünf Finger, S. 84 f.

5 Diese und die folgenden Angaben sind aus einer Reihe von Darstellungen und Einzelberichten kompiliert. Ich belege sie nicht im einzelnen, sondern übernehme insoweit die Gewähr.

6 Vgl. z. B. das Protokoll der Fragestunde des Deutschen Bundestags vom 29.1.1975, Antwort des Parlament. Staatssekretärs. Dr. Schmude auf die Frage des Abgeordneten Jäger (Wengen). Hier zit. nach: INNERE SICHERHEIT, 14.4.1975

7 IMFS, Informationsbericht Nr. 34: »Jugendliche in der DKP«, Frankfurt/M. 1982; abgedruckt in: Friedemann Schuster: Alternativ sein – Kommunist sein. Ansichten junger DKP-Mitglieder, Frankfurt/M. 1981. Hier zit. nach Langguth, Protestbewegung, S. 155 f.

8 Ebenda

9 Hier zit. nach Protest! Literatur um 1968, S. 391

10 Homosexuelle Aktion Westberlin, Pfingstaktion '73, S. 28

11 UNSERE ZEIT (UZ), 15. Juni 1983

12 Hans Scheifele: No-Future-Bewegung. Autonome linke Politik im Österreich der 79er Jahre, Wien 1988, S. 13. Hier zit. nach Wilhelm Svoboda: Sandkastenspiele, S. 172

13 Christian Semler, Interview vom Mai 1987, In: Daniel Cohn-Bendit, Wir haben sie so geliebt, S. 114

14 Charles Bettelheim: Klassenkämpfe in der UdSSR, Berlin 1969

15 Daniel Cohn-Bendit, Wir haben sie so geliebt, S. 116

16 ROTE PRESSE KORRESPONDENZ (RPK), Nr. 56/57, 13. März 1970

17 Das Mao-Männchen im Hinterkopf. Ängste und Erfahrungen eines Kader-Gymnasiasten. In: Wir warn die stärkste der Partein, S. 12

18 Frühe Unordnung und spätes Leid – ein Antiautoritärer aus der Provinz wird »Parteikader«. In: Ebenda, S. 91, 95

19 Der Parteibeamte. In: Ebenda, S. 84

20 Karl Schlögel: Was ich einem Linken über die Auflösung der KPD sagen würde. In: Partei kaputt, S. 17 f.

21 Willi Jasper: Nicht nur der Maoismus verläßt seine Kinder. Die Linke hilflos zwischen den Blöcken. In: Ebenda, S. 43

22 Der Parteibeamte. In: Wir warn die stärkste der Partein, S. 81, 84 f.

23 Frühe Unordnung und spätes Leid. In: Ebenda, S. 102

24 Der Parteibeamte. In: Ebenda, S. 83

25 Klaus Mehnert: China nach dem Sturm. Bericht und Kommentar, Stuttgart 1972, S. 228 f.

26 Joachim Schickel: Die Mobilisierung der Massen. Chinas ununterbrochene Revolution. Bericht und Analyse, München 1971, S. 5

27 Claudie Broyelle: Die Hälfte des Himmels. Frauenemanzipation und Kindererziehung in China, Berlin 1973

28 ROTE FAHNE, Nr. 28, 16.7.1975

29 II. Parteitag der KPD. Resolutionen, Köln 1977, S. 99 f.

30 ROTE FAHNE, Nr. 19, 14. Mai 1975

31 Karl Schlögel, Was ich sagen würde. In: Partei kaputt, S. 29

32 Hier zit. nach Backes/Jesse, Politischer Extremismus, S. 286

33 Vgl. Tobias Wunschik: Die maoistische KPD/ML und die Zerschlagung ihrer
»Sektion DDR« durch das MfS. Hrsg. vom Bundesbeauftragten für die Unterlagen des Staatssicherheitsdienstes der ehemaligen Deutschen Demokratischen Republik (- BF informiert Nr. 18), Berlin 1997

34 ARBEITERKAMPF, 2. Jg., Nr. 24, Dezember 1972, S. 20 – Hier zit. nach Helmut
Bilstein (u.a.): Organisierter Kommunismus in der Bundesrepublik Deutschland, Opladen 1977, S. 110 f.

35 Gruppe Z: Überlegungen zur Krise des KB. In: ARBEITERKAMPF, Nr. 166,
12. November 1979. Hier zit. nach Langguth, S. 119

36 Ebenda

37 Bundesamt für Verfassungsschutz: Marxistische Gruppe (MG). Ideologie,
Ziele und Arbeitsmethoden eines kommunistischen Geheimbundes. Köln
1991 (erw. Neuauflage 1994)

38 Der Fall MG, MSZ 4/91

MYTHEN DER MILITANZ (Seite 317 bis 357)

1 Daniel Cohn-Bendit, Der große Basar, S. 159

2 Ebenda, S. 162, 165 ff., 170

3 Ebenda, S. 160, 164 f., 167 ff.

4 Ebenda, S. 19

5 Ebenda, S. 47–54, passim

6 Ebenda, S. 102 f.

7 Daniel Cohn-Bendit, Linksradikalismus, S. 268 f.

8 Reimut Reiche: Was heißt: Proletarischer Lebenszusammenhang? (Papier der
Betriebsprojektgruppe »Revolutionärer Kampf«), April 1971. Wieder abgedruckt in: Kraushaar, Flaschenpost, Bd. 2, S. 736–739

9 Daniel Cohn-Bendit, Linksradikalismus, S. 103

10 REVOLUTIONÄRER KAMPF (Opel-Betriebszeitung) 1. April 1971, S. 4

11 Interview mit Joschka Fischer. In: Daniel Cohn-Bendit, Wir haben sie so
geliebt, S. 230

12 Reimut Reiche, Auszug aus einem Betriebsprotokoll, Anfang 1971. Zit. nach
Christian Schmidt, Wir sind die Wahnsinnigen, S. 43

13 Zit nach Ebenda, S. 45 f.

14 Barbara Köster, Interview vom Juli 1985. In: Cohn-Bendit, Wir haben sie so
geliebt, S. 247

15 Zit. nach Schmidt, Wir sind die Wahnsinnigen, S. 45

16 REVOLUTIONÄRER KAMPF (Frankfurt): Betriebsarbeit. In: DISKUS 4/1973. Hier zit. nach: Küß den Boden der Freiheit, S. 273–286, passim

17 Sibylle Krause-Burger, Joschka Fischer, S. 102

18 Daniel Cohn-Bendit, zit. in Ebenda, S. 101

19 Sibylle Krause-Burger, Joschka Fischer, S. 100

20 Daniel Cohn-Bendit, Der große Basar, S. 34 f.

21 Ebenda, S. 18 f.

22 Sibylle Krause-Burger, Joschka Fischer, S. 104

23 Christoph Schmidt, Wir sind die Wahnsinnigen, S. 69

24 Wolfgang Kraushaar: Autonomie oder Getto?, S. 25 f.

25 Joschka Fischer: Vorstoß in ›primitivere‹ Zeiten – Befreiung und Militanz. In: AUTONOMIE. Materialien gegen die Fabrikgesellschaft, Nr. 5, 2/77, S. 54 f.

26 Ebenda, S. 53

27 Voller Text in LINKS, Nr. 79, Juni/August 1976, S. 11; und RADIKAL, H. 2, 1976, S. 9

28 WIR WOLLEN ALLES, Nr. 7/8, Aug./Sept. 1973 (Sonderbeilage zu den RAF-Prozessen), S. 10

29 Zit. nach: Der blinde Fleck, S. 229 f.

30 Zit. nach Schmidt, Wir sind die Wahnsinnigen, S. 55 f.

31 Kim Il Sung: Reden und Aufsätze, Bde. I+II, Frankfurt/M. 1971 – Vgl. auch K.D. Wolff: Korea und Korea. In: KURSBUCH 30, Dezember 1972.

32 Hans-Joachim Klein, Rückkehr in die Menschlichkeit, S. 44

33 Ebenda, S. 141 f.

34 Michael Buselmeier: Der Untergang von Heidelberg, Frankfurt/M. 1981

35 Gerhard Zwerenz: Die Erde ist unbewohnbar wie der Mond. Roman, Frankfurt/M. 1973 (Tb-Ausgabe Frankfurt/M. 1976), S. 82

36 Heipe Weiss: Fuchstanz. Roman, Frankfurt/M. 1996

37 Vgl. Sibylle Krause-Burger, Joschka Fischer, S. 95

38 Joschka Fischer, Vorstoß in primitivere Zeiten. In: AUTONOMIE, S. 56

39 Bernd Leineweber, Karl-Ludwig Schibel: »Die Alternativbewegung«. In: Kraushaar, Autonomie oder Getto?, S. 96

40 PFLASTERSTRAND. Eine Zeitung der Linksradikalen in Frankfurt, Editorial. Hier zit. nach Albert Sellner, Die Chaoten als Ordnungsmacht. In: Infrarot, S. 117

41 Ebenda, S. 118 f.

SCHWARZE MILCH DES TERRORS (Seite 359 bis 414

1 Hans-Joachim Klein, Rückkehr in die Menschlichkeit, S. 173

2 Stefan Aust, Baader-Meinhof-Komplex, S. 69 f.

3 Ebenda, S. 74

4 Ebenda, S. 73

5 Bernward Vesper: Nachwort. In: Vor einer solchen Justiz verteidigen wir uns nicht, S. 21 ff.

6 Ulrike Meinhof: Warenhausbrandstiftung. In: KONKRET Nr. 14, 1968. In: Dies., Die Würde des Menschen, S. 155

7 Peter Brückner, Ulrike Marie Meinhof, S. 7

8 Ebenda, S. 147

9 letzte texte von ulrike, S. 11

10 Peter Brückner, Ulrike Meinhof, S. 177

11 Ebenda, S. 182 f.

12 Presseberichte. Gerhard Richter. 18. Oktober 1977, MMK, Frankfurt/M. (1989)

13 Wir waren so unheimlich konsequent ... Gespräch mit Stefan Wisniewski, S. 55 ff.

14 Mahlers Text erschien unter dem tarnenden Titel »Die neue Straßenverkehrs-ordnung« mit der Autorenbezeichnung »Kollektiv RAF« und dem Untertitel »Über den bewaffneten Kampf in Westeuropa« 1972 im Berliner merve-Verlag

15 Vgl. Heipe Weiss, Fuchstanz, S. 250

16 Rote Armee Fraktion: Das Konzept Stadtguerilla (als gedrucktes Blatt verbreitet am 1. Mai 1971). Hier zit. nach: Bundesrepublik Deutschland (BRD) – Rote Armee Fraktion (RAF), S. 8

17 Ebenda, S. 9 f.

18 Ebenda, S. 5

19 Ebenda, S. 10

20 Mit diesen Parolen endete schon die erste Erklärung zur Baader-Befreiung in AGIT 883, Mai 1970. Hier zit. nach Ebenda, S. 4

21 Dem Volke dienen! Rote Armee Fraktion: Stadtguerilla und Klassenkampf (April 1972). Hier zit. nach Ebenda, S. 15–27

22 Zit. nach Stefan Aust, Baader-Meinhof-Komplex, S. 174

23 Zit. nach BRD – RAF, S. 28

24 Zit nach Stefan Aust, Baader-Meinhof-Komplex, S. 189

25 Bommi Baumann, Wie alles anfing, S. 92

26 Ebenda, S. 82, 92, 101 ff., 104, 127 f.

27 Ebenda, S. 108 f., 127 f.

28 Ebenda, S. 137

29 Till Meyer, Staatsfeind, S. 283, 289 f.

30 »Mike und Wodo waren Arbeiter wie ich.« So Meyer in: Ebenda, S. 164

31 Ebenda, S. 161

32 Ebenda, S. 171

33 Ebenda, S. 297

34 Ebenda, S. 29

35 Fritz Teufel: Indianer weinen nicht – sie kämpfen. In: Karl-Heinz Roth, Fritz Teufel: Klaut sie!, S. 22

36 Till Meyer, Staatsfeind, S. 330

37 Margrit Schiller, Es war ein harter Kampf, S. 38

38 Ebenda, S. 31 f.

39 Ebenda, S. 38

40 Ebenda, S. 41 f.

41 Ebenda, S. 57

42 Vgl. Vorwort zum Drehbuch »Bambule«. In: Ulrike Meinhof, Bambule, S. 9

43 Reinhard Mohr: »Revolutionäres Gewäsch«. In: DER SPIEGEL, 33/1996, S. 138 f.

44 Vgl. Mario Krebs, Ulrike Meinhof, S. 212 ff.

45 Zit. nach Stefan Aust, Baader-Meinhof-Komplex, S. 153

46 Ebenda, S. 302

47 Ebenda, S. 287 f.

48 Ebenda

49 Ebenda, S. 284

50 Ebenda, S. 275 f.

51 Ebenda, S. 288 f.

52 Pieter Bakker Schut, das info, S. 293 f.

53 Ulrike Meinhof: Bewaffneter antiimperialistischer Kampf und die Defensive der Konterrevolution. Erklärung zum Prozeßbeginn gegen Mahler, Meinhof u. a., 10. September 1974. In: BRD–RAF, S. 47 f.

54 letzte texte von ulrike, S. 4 f.

55 Bölls Rezension des Vesper-Romans erschien in KONKRET vom 22. Dezember 1977

56 Jilian Becker, Hitler's Children (1977)

57 Ebenda, S. 88

58 Dorothea Hauser, Baader und Meinhof, S. 127

59 Jillian Becker, Hitler's Children, S. 112

60 Peter Rühmkorf, Die Jahre, S. 223 f., 226

61 Vgl. Becker, Hitler's Children, S. 207 f.; Röhl, Fünf Finger, S. 372

62 Stefan Aust, Baader-Meinhof-Komplex, S. 371

63 Ebenda, S. 304 f.

64 Auszüge in: BRD-RAF, S. 59-87. Der volle Text ist – außer in einem zeitgenössischen Druck unter dem Titel »Zusammen kämpfen« (einem bibliophilen Rarissimum) – anscheinend niemals zusammenhängend veröffentlicht worden.

65 Ebenda, S. 60

66 Ebenda, S. 80

67 Ebenda, S. 75 f.

68 »Die RAF und wir – feindliche Konkurrenten«. Interview mit Mario Morucci. In: DER SPIEGEL Nr. 31/1996, S. 110

69 Zit. nach Aust, Baader-Meinhof-Komplex, S. 173

70 Oskar Negt, Achtundsechzig, S. 269

71 Zit. nach DIE TAGESZEITUNG, 20.4.1985

72 Dieter Kunzelmann, Lebensbilder, S. 130 f.

73 Ebenda, S. 135

74 Stefan Aust, Baader-Meinhof-Komplex, S. 259

75 Zit. nach BRD-RAF, S. 41

76 Pieter Bakker Schut, das info, S. 21

77 Stefan Aust, Baader-Meinhof-Komplex, S. 280

78 Margrit Schiller, Lebensbericht, S. 162

79 Ebenda, S. 148

80 Zit. nach BRD-RAF, S. 41

81 KURSBUCH 32, August 1973 -- Die Auflage des KURSBUCHES, das von Enzensberger und K.M. Michel gemeinsam herausgegeben und im eigenen Verlag
erschien, lag gerade mit solchen »szenenahen Themen« damals bei über
100.000 Exemplaren. (Vgl. Jörg Lau, Enzensberger, S. 297)

82 Sjef Teuns: Isolation/Sensorische Deprivation: die programmierte Folter. In:
Ebenda, S. 118 f., 123

83 Ebenda, S. 1, 4

84 Zit. nach Ebenda, S. 177 f.

85 Pieter Bakker Schut, das info, S. 169

86 Abgedruckt in: BRD-RAF, S. 42 f.

87 Dokumentation des Bundesinnenministeriums; hier zit. nach FRANKFURTER
RUNDSCHAU, 30. November 1974, S. 7

88 In einer konspirativen Wohnung in Hamburg gefundener Text, verfaßt mut-
maßlich von Holger Meins. Zit. nach Ebenda

89 Zellenzirkular vom Juli 1973, Ensslin, Baader u.a. zugeschrieben. Zit. nach
Ebenda

90 Rundbrief des RA Stroebele, gefunden im Juli 1973 in Zellen einer Reihe von
Häftlingen. In: Ebenda

91 Stefan Aust, Baader-Meinhof-Komplex, S. 278

92 Pieter Bakker Schut, das info, S. 72 f.

93 Stefan Aust, Baader-Meinhof-Komplex, S. 284

94 Ebenda

95 Fritz Teufel, Indianer weinen nicht – sie kämpfen. In: Roth/Teufel, Klaut sie!,
S. 23

96 Birgit Hogefeld, Zur Geschichte der RAF. In: Versuche, die Geschichte der
RAF zu verstehen, S. 40

97 Stefan Aust, Baader-Meinhof-Komplex, S. 286

98 Ebenda, S. 32 f.

99 Margrit Schiller, Lebensbericht, S. 87

100 Ebenda, S. 122

101 Die Aktion des Schwarzen September in München – Zur Strategie des antiimperialistischen Kampfes. In: BRD-RAF, S. 31-40; Zitate passim

102 PFLASTERSTRAND Nr. 11/1977; dokumentiert im Anhang zu: Hans-Joachim
Klein, Rückkehr in die Menschlichkeit, S. 244 f.

103 »Selektion entlang völkischer Linien«. Brief von Mitgliedern der RZ. In: DIE
TAGESZEITUNG, 21.12.1991, S. 17

104 So habe es Abu Hani, der die Aktion aus dem Hintergrund leitete, später
erzählt. Vgl. Hans-Joachim Klein, Rückkehr in die Menschlichkeit, S. 89

105 Hier zit. nach Carlchristian von Braunmühl: Erfahrung von Gewalt – ein
Anschlag der RAF und ein Versuch von Angehörigen, darauf zu reagieren. In:
Versuche, die Geschichte der RAF zu verstehen, S. 106

BLEIERNE ZEIT (Seite 415 bis 467)

1 Redemanuskript J.S. (APO-Archiv Berlin, ohne Signatur)
2 Resolution zur Lage und zu den Aufgaben, April 1977. In: Kommunismus und Klassenkampf, Mai 1977
3 Politischer Bericht des ZK des KBW an die 2. Ordentl. Delegiertenkonferenz (Mai 1974–Januar 1975), Mannheim 1975, S. 70
4 Schreiben der Organisationsabteilung des ZK an die Ortsgruppen und Ortsaufbaugruppen, 30.9.74
5 Begleitschreiben des Sekretärs des ZK, Ebenda
6 Der Kampf gegen die Fahrpreiserhöhungen und den Magistrat in Frankfurt, Mai/Juni 1974. Verfaßt u. hrsg. von einem Autorenkollektiv der Ortsgruppe FFM des KBW, Plankstadt 1975 (Aufl. 3000), S. 41
7 Ebenda, S. 61
8 Politischer Bericht des Zentralen Komitees des Kommunistischen Bundes Westdeutschland an die 2. Ordentl. Delegiertenkonferenz, Mannheim 1975 (Aufl. 5000), S. 29 f.
9 Cohn-Bendits Lob der Fäulnis. In: KOMMUNISMUS UND KLASSENKAMPF, Nr. 6, September 1976, S. 288
10 Politischer Bericht an die V. Ordentl. Delegiertenkonferenz (unterstützt von 24 Mitgliedern des ZK). In: KOMMUNISMUS UND KLASSENKAMPF 9/1980, S. 10
11 Solange es Imperialismus gibt, gibt es Krieg. Hrsg. vom Zentralen Komitee des Kommunistischen Bundes Westdeutschland (KBW), Frankfurt/M., Oktober 1977, S. 10 ff.
12 Ebenda, S. 165
13 Ebenda, S. 166 f.
14 B.G.: Einschätzung und Bericht über die Reaktionen des Publikums während der Aufführung des Revolutionären Sprechgesangs »Seit ihrer Gründung . . .« auf den Musiktagen der Soldaten- und Reservistenkomitees in Berlin, 31. Dezember 1978 (Maschinenschriftl.)
15 Innere Entwicklung des KBW, innere Lage. Untersuchungsbericht des Zentralen Komitees vom 14. Dezember 1980. In: KOMMUNISMUS UND KLASSENKAMPF, H. 1/1981, S. 79–87
16 »Beschlußantrag: betrifft Verbotsgefahr«, ohne Datum (Autor offenbar M.F.)
17 ZK Sekretariat/Verwaltung/f.: »Über die Ordnung der Kräfte und Mittel zum weiteren Aufbau der Organisation«, 20.3.1979
18 Kampuchea-Flugschrift der KOMMUNISTISCHEN VOLKSZEITUNG vom 24. 9. 1979, S. 11 f.
19 Vgl. meinen Artikel: Pol Pots Idee – Reise ins Herz der Finsternis. In: FRANKFURTER ALLGEMEINE ZEITUNG, 25. Juni 1997

WIR HABEN SIE SO GELIEBT – DIE REPUBLIK
Seite 469 bis 500

1 Albert Sellner, Die Chaoten als Ordnungsmacht. In: Infrarot, S. 113
2 Reinhard Mohr, Zaungäste, S. 36
3 Thomas Frank: The Conquest of the Cool. Business Culture, Conterculture and the Rise of Hip Consumerism, Chicago 1997 – Vgl. dazu Andreas Zielcke: Fatale Attraktion. Die sechziger Jahre: Haben die Revolutionäre offene Türen des Kapitalismus eingerannt? In: FRANKFURTER RUNDSCHAU, 31.1./1.2. 1998
4 Vgl. etwa Dagmar Barnouw: Untröstlich in Amerika. Adorno und die Utopie der Eigentlichkeit. In: MERKUR 604, H. 8, 1999, S. 754–760
5 Michael Rutschky, S. 91, 135 f., 138
6 Klaus Theweleit: männerphantasien, Bd. 1: frauen, fluten, körper, geschichte, Reinbek 1980, S. 7
7 Ebenda, S. 565 ff.
8 Ebenda, S. 574 f.
9 Ein Göttinger Mescalero: Buback – Ein Nachruf. Wieder abgedruckt u. a. in: Küß den Boden der Freiheit, S. 363 ff.
10 Vgl. etwa die aus distanzierter Neugierde heraus geschriebene Darstellung von Andrei S. Markovits und Philip S. Gorski: Grün schlägt Rot (1997)
11 Hier zit. nach Jörg Lau, Enzensberger, S. 303 ff.
12 Vgl. Rudolf van Hüllen: Ideologie und Machtkampf bei den Grünen (1990)
13 Gerd Koenen: Freiheit, Unabhängigkeit und Brot. Zur Geschichte und den Zielen der Arbeiterbewegung in Polen, Frankfurt/M. 1981

LISTE DER ZITIERTEN LITERATUR

Die nachfolgende Literaturliste beschränkt sich auf die unmittelbar verwendete und zitierte Literatur. Andere, einmalig zitierte Buchtitel, Aufsätze oder Zeitungs-Artikel finden sich in den Literaturverweisen.

Eine umfassende, sachlich gegliederte Literaturliste mit ca. 1000 Titeln zum »roten Jahrzehnt« kann über die Web-Site des Autors im Internet abgerufen werden (www.gerd-koenen.de).

Adorno, Theodor W.: Eingriffe. Neun kritische Modelle, Frankfurt/M. 1963

Adorno, Theodor W.: Stichworte. Kritische Modelle 2, Frankfurt/M. 1969

AGITPROP. Lyrik, Thesen, Berichte. Kollektivausgabe. Hrsg.: Fuhrmann, Hinrichsen, Hüfner, Kuhnke, Schütt, Wandrey, Hamburg 1969

Agnoli, Johannes/Brückner, Peter: Die Transformation der Demokratie, Berlin 1967

Albrecht, Clemens (u.a.): Die intellektuelle Gründung der Bundesrepublik. Eine Wirkungsgeschichte der Frankfurter Schule, Frankfurt/M. 1999

[ALLENSBACHER INSTITUT FÜR DEMOSKOPIE] Der deutsche Student. Situation, Einstellungen und Verhaltensweise. Ergebnisse einer Repräsentativ-Befragung von 1000 Studenten und Studentinnen. Durchgeführt im Auftrage des ›Spiegel‹, Allensbach 1967

[ALLENSBACHER INSTITUT FÜR DEMOSKOPIE] Student und Politik, Sommer 1967. Ein Beitrag zur Frage nach der Ursache der Unruhen an den Universitäten, Allensbach 1968

Allerbeck, Klaus: Soziologie radikaler Studentenbewegungen. Eine vergleichende Untersuchung in der Bundesrepublik Deutschland und den Vereinigten Staaten, München-Wien 1973

[Anonym]: Gewalt in den Metropolen. In: KONKRET, H. 6/1968, S. 25-28

Aust, Stefan: Der Baader-Meinhof-Komplex, Hamburg 1986

Baader, Andreas/Ensslin, Gudrun/Proll, Thorwald/Söhnlein, Horst: Vor einer solchen Justiz verteidigen wir uns nicht. Schlußwort im Frankfurter Kaufhausbrandprozeß, Frankfurt/M.–Berlin (1968)

Backes, Uwe/Jesse, Eckhard: Politischer Extremismus in der Bundesrepublik Deutschland (Aktualisierte Fassung), Berlin 1993

Baumann, Bommi: Wie alles anfing, München 1975 (Frankfurt/M. 1977)

Becker, Jillian: Hitlers Kinder? Der Baader-Meinhof-Terrorismus, Frankfurt/M. 1978

Bedingungen und Organisation des Widerstandes. Der Kongreß in Hannover: Protokolle, Flugblätter, Resolutionen. Hrsg. von Bernward Vesper, Frankfurt/M. 1967

Bilstein, Helmut (u.a.): Organisierter Kommunismus in der Bundesrepublik Deutschland. DKP, SDAJ, MSB, KPD, KPD/ML, KBW, Opladen 1977

Bock, Hans Manfred: Geschichte des ›linken Radikalismus‹ in Deutschland. Ein Versuch, Frankfurt/M. 1976

Böckelmann, Frank: Begriffe versenken – Belastungsproben und Liquidationen in drei Jahrzehnten, Frankfurt/M. 1997

Böckelmann, Frank/Nagel, Herbert (Hrsg.): Subversive Aktion – Der Sinn der Organisation ist ihr Scheitern, Frankfurt/M. 1976

Böll, Heinrich: Die verlorene Ehre der Katharina Blum oder wie Gewalt entstehen und wohin sie führen kann, Köln 1974

Boll, Friedhelm/Sirot, Stéphane: Deutsche und französische Intellektuelle und der Fall Solschenizyn. In: Deutschland – Frankreich – Rußland. Begegnungen und Konfrontationen. Hrsg. von Ilja Mieck und Pierre Guillen, München 2000, S. 323–343

Bovenschen, Silvia: Die Generation der Achtundsechziger bewacht das Ereignis – Ein kritischer Rückblick. [Aus: FAZ, 3. Dezember 1988]. In: Wolfgang Kraushaar (Hrsg.): Frankfurter Schule und Studentenbewegung, Bd. 3, S. 232–238

Briefe an Rudi D. Mit einem Vorwort von Rudi Dutschke. Hrsg. von Stefan Reisner, Frankfurt/M. 1968

Broder, Henryk: Der ewige Antisemit. Über Sinn und Funktion eines beständigen Gefühls, Frankfurt/M. 1986

BROT + ROSEN (Hrsg.): Frauenhandbuch Nr. 1. Abtreibung + Verhütungsmittel, Berlin (1972) [2. Aufl. 1974, 11.–110.000]

Broyelle, Claudie: Die Hälfte des Himmels. Frauenemanzipation und Kindererziehung in China, Berlin 1973

Bruckner, Pascal: Das Schluchzen des weißen Mannes. Europa und die Dritte Welt – eine Polemik, Berlin 1984

Bruckner, Pascal/Finkielkraut, Alain: Das Abenteuer gleich um die Ecke. Kleines Handbuch der Alltagsüberlebenskunst, München – Wien 1981

Brückner, Peter: Ulrike Marie Meinhof und die deutschen Verhältnisse, Berlin 1976

Buback – ein Nachruf. Eine Dokumentation, Berlin (1977)

Bude, Heinz: Das Altern einer Generation. Die Jahrgänge 1938–1948, Frankfurt/M. 1995

Buhmann, Inga: Ich habe mir eine Geschichte geschrieben, München 1977 (Wieder aufgelegt Frankfurt/M. 1988)

Büscher, Wolfgang: Drei Stunden Null. Deutsche Abenteuer, Berlin 1997

Buselmeier, Michael: Der Untergang von Heidelberg, Frankfurt/M. 1981

Chaussy, Ulrich: Die drei Leben des Rudi Dutschke. Eine Biographie, Darmstadt-Neuwied 1983

Che Guevara, Ernesto: Schaffen wir zwei, drei, viele Vietnam. Brief an das Exekutivkomitee von OSPAAL. Eingeleitet und übers. von Rudi Dutschke und Gaston Salvatore, Berlin 1967

Che Guevara, Ernesto: Bolivianisches Tagebuch, München 1968

Che Guevara, Ernesto: Aufzeichnungen aus dem kubanischen Befreiungskrieg 1956–1959. Mit einem einleitenden Text von Fidel Castro, Reinbek 1969

Che Guevara, Ernesto: Brandstiftung oder Neuer Friede? Reden und Aufsätze. Hrsg. und mit einem Nachwort versehen von Sven G. Papcke, Reinbek 1969

Cleaver, Elridge: Seele auf Eis, München 1969

Cohn-Bendit, Gabriel und Daniel: Linksradikalismus – Gewaltkur gegen die Alterskrankheit des Kommunismus, Reinbek 1968

Cohn-Bendit, Dany: Der große Basar, München 1975

Cohn-Bendit, Dany: Wir haben sie so geliebt, die Revolution, Frankfurt/M. 1987

Cohn-Bendit, Dany/Mohr, Reinhard: 1968. Die letzte Revolution, die noch nichts vom Ozonloch wußte, Berlin 1988

Dalos, György: Kurzer Lehrgang, langer Marsch. Eine Dokumentage, Berlin 1985

Der blinde Fleck. Die Linke, die RAF und der Staat. Mit Beiträgen von Klaus Hartung (u. a.), Frankfurt/M. 1987

Der Thesenstreit um STAMOKAP. Die Dokumente zur Grundsatzdiskussion der Jungsozialisten, Reinbek 1973

Die wilden 68er. SPIEGEL-Serie über die Studentenrevolution (SPIEGEL-Spezial Nr. 1/1988), mit Beiträgen von Wilhelm Bittorf, Rolf Rietzler, Harald Wieser, Peter Brügge, Jürgen Leinemann, Hamburg 1988

Dienstag, Mathis: Provinz aus dem Kopf. Neue Nachrichten über die Metropolen-Spontis. In: Wolfgang Kraushaar (Hrsg.): Autonomie oder Getto?, S. 148–186

Duve, Freimut (Hrsg.): Die Restauration entläßt ihre Kinder oder Der Erfolg der Rechten in der Bundesrepublik., Reinbek 1968

Dutschke, Rudi: Zur Literatur des revolutionären Sozialismus von K. Marx bis in die Gegenwart (Sondernummer SDS-Korrespondenz), Berlin 1966

Dutschke/Bergmann/Lefèvre/Rabehl: Rebellion der Studenten oder Die neue Opposition, Reinbek 1968

Dutschke, Rudi: Versuch, Lenin auf die Füße zu stellen. Über den halbasiatischen und den westeuropäischen Weg zum Sozialismus. Lenin, Lukács und die Dritte Internationale, Berlin 1974

Dutschke, Rudi: Mein langer Marsch. Reden, Schriften und Tagebücher aus zwanzig Jahren. Hrsg. von Gretchen Dutschke-Klotz u. a., Reinbek 1980

Dutschke, Rudi: Aufrecht gehen. Eine fragmentarische Autobiographie, Berlin 1981

Dutschke, Gretchen: Rudi Dutschke. Wir hatten ein barbarisches, schönes Leben. Eine Biographie, Köln 1996

Duve, Freimut (Hrsg.): Die Restauration entläßt ihre Kinder oder Der Erfolg der Rechten in der Bundesrepublik, Reinbek 1968

Elias, Norbert: Studien über die Deutschen, Frankfurt/M. 1992

Enzensberger, Hans Magnus: Politik und Verbrechen, Frankfurt/M. 1964

Enzensberger, Hans Magnus: Deutschland, Deutschland unter anderm. Äußerungen zur Politik, Frankfurt/M. 1968

Enzensberger, Hans Magnus: Der Untergang der Titanic. Eine Komödie, Frankfurt/M. 1978

Fassbinder, Rainer Werner: Der Müll, die Stadt und der Tod, Frankfurt/M. 1984

Fichter, Tilman/Lönnendonker, Siegward: Kleine Geschichte des SDS. Der Sozialistische Deutsche Studentenbund von 1946 bis zur Selbstauflösung, Berlin 1977

Fichter, Tilman/Lönnendonker, Siegward/Staadt, Jochen: Freie Universität 1948-1973. Hochschule im Umbruch. Teil V: 1967–1969. Gewalt und Gegengewalt, Berlin 1981

Finkielkraut, Alain: Der eingebildete Jude, Frankfurt/M. 1984

Fischer, Joschka: Vorstoß in »primitivere« Zeiten. Befreiung und Militanz. In: AUTONOMIE Nr. 5/1977, S. 52–64

Fischer, Joschka: Von grüner Kraft und Herrlichkeit, Reinbek 1984

Folter in der BRD. Zur Situation der Politischen Gefangenen (= KURSBUCH 32). Hrsg. von Hans Magnus Enzensberger und Karl Markus Michel, Berlin 1973

Fuhr, Eckhard: Alles Achtundsechziger. In: FRANKFURTER ALLGEMEINE ZEITUNG, 27. März 1993

Gauweiler, Peter: Die deutsche Rebellenjugend. Ein Generationenvergleich. In: FRANKFURTER ALLGEMEINE ZEITUNG, 3. Januar 1997

Gilcher-Holtey, Ingrid: Der kritische Moment. Frankreich und die Rebellion des Mai 1968. In: FRANKFURTER ALLGEMEINE ZEITUNG, Beilage, 2. Mai 1998

Gilcher-Holtey, Ingrid (Hrsg.): 1968 – Vom Ereignis zum Gegenstand der Geschichtswissenschaft, Göttingen 1998

Glucksmann, André: Köchin und Menschenfresser. Über die Beziehung zwischen Staat, Marxismus und Konzentrationslager, Berlin 1978

Görtemaker, Manfred: Geschichte der Bundesrepublik Deutschland. Von der Gründung bis zur Gegenwart, München 1999

Habermas, Jürgen: Protestbewegung und Hochschulreform, Frankfurt/M. 1969

Habermas, Jürgen: Einleitung. In: Stichworte zur ›Geistigen Situation der Zeit‹. 1. Bd.: Nation und Republik, hrgs. von Jürgen Habermas, Frankfurt/M. 1979

Hartung, Klaus: Versuch, die Krise der antiautoritären Bewegung wieder zur Sprache zu bringen. In: KURSBUCH 48/1977, S. 20–32

Hartung, Klaus: Die Psychoanalyse der Küchenarbeit. Selbstbefreiung, Wohngemeinschaft und Kommune. In: Heiß und Kalt (1986), S. 556–560

HÄUSERRAT FRANKFURT (Hrsg.): Wohnungskampf in Frankfurt, München 1974

Hauser, Dorothea: Baader und Herold. Beschreibung eines Kampfes, Berlin 1997

Heiß und Kalt. Die Jahre 1945–69. Das BilderLeseBuch. Red. Eckhard Siepmann (u.a.), Berlin 1986

Herf, Jeffrey: The New Left and its fading aura. In: PARTISAN REVIEW, H. 2/1986, S. 242–252

Herzinger, Richard/Stein, Hannes: Endzeit-Propheten oder Die Offensive der Antiwestler. Fundamentalismus, Antiamerikanismus und Neue Rechte, Reinbek 1995

Herzinger, Richard: Wandlungen eines Mythos. Die Kulturrevolutionäre von 1968 – Garanten einer liberalen Kultur in Deutschland? In: Claudia Keller (Hrsg.): Die Nacht hat zwölf Stunden (1996), S. 252–267

Hogefeld, Birgit: Ein ganz normales Verfahren... Prozeßerklärungen, Briefe und Texte zur Geschichte der RAF, Berlin 1996

Holthusen, Egon: Indiana Campus. Ein amerikanisches Tagebuch, München 1969

Holthusen, Hans-Egon: Che Guevara – Leben, Tod und Verklärung. In: MERKUR H. 11, 1969

[Horkheimer, Max] Späne – Notizen über Gespräche mit Max Horkheimer in unverbindlicher Formulierung aufgeschrieben von Friedrich Pollock. In: Gesammelte Schriften, Bd. 14: Nachgelassene Schriften 1949–1972. Hrsg. von Gunzelin Schmid Noerr, Frankfurt/M. 1988

Horx, Matthias/Sellner, Albert/Stephan, Cora (Hrsg.): Infrarot. Wider die Utopie des totalen Lebens. Zur Auseinandersetzung mit Fundamentalopposition und »neuem Realismus«, Berlin 1983

Hüllen, Rudolf van: Ideologie und Machtkampf bei den Grünen, Bonn 1990

INFI (Internationales Nachrichten- und Forschungsinstitut): Der Kampf des vietnamesischen Volkes und die Globalstrategie des Imperialismus. Hrsg. von Wolfgang Dreßen, Sibylle Plogstedt und Gerhart Rott, Berlin 1968

Janssen-Jurreit, Marie-Luise: Sexismus. Über die Abtreibung der Frauenfrage, München-Wien 1976

Johnson, Uwe: Jahrestage, Frankfurt/M. 1971

Keller, Claudia (Hrsg.): Die Nacht hat zwölf Stunden, dann kommt schon der Tag. Antifaschismus – Geschichte und Neubewertung, Berlin 1996

Kim Il Sung: Reden und Aufsätze. Bde. I+II, Frankfurt/M. 1971

Klarsfeld, Beate: Die Geschichte des PG 2633930 Kiesinger. Dokumentation. Mit einem Vorwort von Heinrich Böll, Darmstadt (1969)

Klein, Hans-Joachim: Rückkehr in die Menschlichkeit. Appell eines ausgestiegenen Terroristen, Reinbek 1979

Klier, Freya: Lüg Vaterland. Erziehung in der DDR, München 1990

Knabe, Hubertus: Die unterwanderte Republik – Stasi im Westen, Berlin 1999 (darin der Abschnitt: Mythos und Wirklichkeit – Die Studentenbewegung, S. 182–233)

Koenen, Gerd: Die Großen Gesänge. Lenin, Stalin, Mao Tse-tung. Führerkulte und Heldenmythen des 20. Jahrhunderts, Frankfurt/M. 1991 [Erstfassung 1987]

Koenen, Gerd: Unsere kleine deutsche Kulturrevolution. In: Ulrich Menzel, Nachdenken über China, Frankfurt 1990

Koenen, Gerd: Zur Genese einer Zivilgesellschaft in Nachkriegsdeutschland. In: Reflexionen zur geschichtlichen Praxis. Helmut

Fleischer zum 65. Geburtstag. Hrsg. von Hassan Givsan und
Wolfdietrich Schmied-Kowarzik, Würzburg 1993
Koenen, Gerd: Rotwelsch und Zeichensprache. Die »Neue Linke«
von 1968 und der Marxismus. In: Der Marxismus in seinem Zeit-
alter. Hrsg. von Helmut Fleischer, Leipzig 1994
[KOMMUNE 1] Langhans, Rainer/Teufel, Fritz: Klau mich. StPO
der Kommune I, Frankfurt/M. – Berlin 1968
KOMMUNE 2. Versuch der Revolutionierung des bürgerlichen Indi-
viduums. Kollektives Leben mit politischer Arbeit verbinden!,
Köln 1971
KOMMUNISTISCHER BUND WESTDEUTSCHLAND (KBW), Zentra-
les Komitee (Hrsg.): Solange es Imperialismus gibt, gibt es
Krieg, Frankfurt/M. 1977
Krahl, Hans-Jürgen: Konstitution und Klassenkampf. Zur histori-
schen Dialektik von bürgerlicher Emanzipation und proletari-
scher Revolution. Schriften, Reden und Entwürfe 1966-1970,
Frankfurt/M. 1971 (4. Aufl. 1985)
Krause-Burger, Sibylle: Joschka Fischer – Der Marsch durch die
Illusionen, Stuttgart 1997
Kraushaar, Wolfgang (Hrsg.): Autonomie oder Getto? Kontrover-
sen über die Alternativbewegung, Frankfurt/M. 1978
Kraushaar, Wolfgang: Realpolitik als Ideologie. Von Ludwig
August von Rochau zu Joschka Fischer. In: 1999. Zeitschrift für
Sozialgeschichte des 20. Jahrhunderts, H. 3/1988, S. 79-139
Kraushaar, Wolfgang: Rudi Dutschke und die Wiedervereinigung.
In: MITTELWEG 36, Jg. 1992, Heft 2, S. 12-48
Kraushaar, Wolfgang: Die Protestchronik der Bundesrepublik,
Bde. 1–2, Hamburg 1996
Kraushaar, Wolfgang: Von der Totalitarismus- zur Faschismustheo-
rie. Zu einem Paradigmenwechsel in der Theoriepolitik der bun-
desdeutschen Studentenbewegung. In: Claudia Keller (Hrsg.),
Die Nacht hat zwölf Stunden (1996), S. 234-251
Kraushaar, Wolfgang: Autoritärer Staat und Antiautoritäre Bewe-
gung. Zum Organisationsreferat von Rudi Dutschke und Hans-
Jürgen Krahl auf der 22. Delegiertenkonferenz des SDS in Frank-
furt (4.-8.Sept. 1967). In: Ders., Frankfurter Schule und Studentenbewegung (1998), Bd. 3, S. 15-33
Kraushaar, Wolfgang: Herbert Marcuse und das lebensweltliche

Apriori der Bewegung. In: Ders., Frankfurter Schule und Studentenbewegung (1998), Bd. 3, S. 195–203

Kraushaar, Wolfgang:»Ich bin froh, daß keine SDS-Idee Wirklichkeit wurde«. Gespräch mit W. K. In: Neue Gesellschaft/ Frankfurter Hefte, H. 11/1998, S. 1022–1028

Kraushaar, Wolfgang: 1968. Das Jahr, das alles verändert hat, München-Zürich 1998

Kraushaar, Wolfgang: Der Aufschrei der Jugend. In: Der Spiegel 13/1999

Kraushaar, Wolfgang: Der Zeitzeuge als Feind des Historikers? Neuerscheinungen zur 68er-Bewegung. In: Mittelweg 36, H. 6/1999, S. 49–72

Kraushaar, Wolfgang (Hrsg.): Frankfurter Schule und Studentenbewegung. Von der Flaschenpost zum Molotowcocktail 1946 bis 1995. Drei Bände, München – Frankfurt/M. 1998

Krebs, Mario: Ulrike Meinhof. Ein Leben im Widerspruch, Frankfurt-Wien 1989

Kunzelmann, Dieter:»Leisten Sie keinen Widerstand.« Bilder aus meinem Leben, Berlin 1998

Küss den Boden der Freiheit. Texte der Neuen Linken. Hrsg. Redaktion diskus, Berlin-Amsterdam 1992

Landgrebe, Christiane/Plath, Jörg (Hrsg.): 68 und die Folgen. Ein unvollständiges Lexikon, Berlin 1998

Langguth, Gerd: Protestbewegung. Entwicklung – Niedergang – Renaissance. Die Neue Linke seit 1968, Köln 1983

Larsson, Bernard: Demonstrationen – Ein Berliner Modell. Fotos. Entstehung der demokratischen Opposition. Mit Beiträgen von Herbert Marcuse u.a., Berlin 1968

Lau, Jörg: Hans Magnus Enzensberger. Ein öffentliches Leben, Berlin 1999

Leineweber, Bernd/Schibel, Karl-Ludwig:»Die Alternativbewegung«. Ein Beitrag zu ihrer gesellschaftlichen Bedeutung und politischen Tragweite, ihren Möglichkeiten und Grenzen. In: Wolfgang Kraushaar (Hrsg.): Autonomie oder Getto? (1978), S. 95–128

Lettau, Reinhard: Täglicher Faschismus. Evidenz aus fünf Monaten. In: Kursbuch 22, Dezember 1970, S. 1–32

Löwenthal, Richard: Der romantische Rückfall. Wege und Irrwege einer rückwärtsgewandten Revolte, Stuttgart 1970

Luhmann, Niklas: Njet-Set und Terror-Desparados. In: DIE TAGESZEITUNG, 4. August 1988

Lukács, Georg: Wissenschaftliche Intelligenz, Schulung, Organisationsfrage. Frühe Aufsätze 1919–1921, Hannover 1968

[Mahler, Horst] Kollektiv RAF: Die neue Straßenverkehrsordnung. Über den bewaffneten Kampf in Westeuropa, Berlin (1972)

[Mao Tse-tung] Das Rote Buch. Worte des Vorsitzenden Mao Tsetung. Eingeleitet und herausgegeben von Tilemann Grimm, Frankfurt/M. 1967

Mao Tse-tung: Der große Strategische Plan. Dokumente zur Kulturrevolution. Hrsg. von Joachim Schickel, Berlin 1969

Marcuse, Herbert: Das Ende der Utopie. Diskussion mit Studenten und Professoren der FU Berlin, Berlin 1967

Marcuse, Herbert: Der eindimensionale Mensch. Studien zur Ideologie der fortgeschrittenen Industriegesellschaft, Darmstadt-Neuwied 1967

Markovits, Andrei S./Gorski, Philip S.: Grün schlägt Rot. Die deutsche Linke nach 1945, Hamburg 1997

Mazower, Mark: Der dunkle Kontinent. Europa im 20. Jahrhundert, Berlin 2000

Meinhof, Ulrike: Bambule. Fürsorge – Sorge für wen?, Berlin 1971

Meinhof, Ulrike: Dokumente einer Rebellion. 10 Jahre ›KONKRET‹-Kolumnen, Hamburg 1971

[Meinhof, Ulrike] letzte texte von ulrike, hrsg. vom internationalen komitee zur verteidigung politischer gefangener in westeuropa, o.O., 1976

Meinhof, Ulrike: Die Würde des Menschen ist antastbar. Aufsätze und Polemiken, Berlin 1980 [Neuausgabe Berlin 1992]

Meyer, Till: Staatsfeind. Erinnerungen, Hamburg 1996

Merleau-Ponty, Maurice: Humanismus und Terror, Frankfurt/M. 1967

Merleau-Ponty, Maurice: Die Abenteuer der Dialektik, Frankfurt/M. 1968

Michel, Karl-Markus: Folter in der BRD. Zur Situation der Politischen Gefangenen – Einleitung. In: KURSBUCH 32, S. 1–10
Michel, Karl-Markus (s. Mathis Dienstag, Provinz aus dem Kopf, 1978)
Miermeister, Jürgen: Rudi Dutschke. Monographie, Reinbek 1986
Mitscherlich, Alexander und Margarete: Die Unfähigkeit zu trauern. Grundlagen kollektiven Verhaltens, München 1967
Mohr, Reinhard: Zaungäste. Die Generation, die nach der Revolte kam, Frankfurt 1992
Mosler, Peter: Was wir wollten, was wir wurden. Studentenrevolte – zehn Jahre danach, Reinbek 1977 (Neuausgabe Reinbek 1998)

Negt, Oskar: Achtundsechzig. Politische Intellektuelle und die Macht, Frankfurt/M. 1998

Protest! Literatur um 1968. Eine Ausstellung des Deutschen Literaturarchivs Marbach (=Marbacher Kataloge 51). Hrsg. von Ulrich Ott und Friedrich Pfäfflin, Marbach 1998

Rabehl, Bernd (FU-Projektgruppe): DKP – eine neue sozialdemokratische Partei, Berlin 1969
Rabehl, Bernd: Zur archaischen Inszenierung linksradikaler Politik. In: Frankfurter Schule und Studentenbewegung. Hrsg. von Wolfgang Kraushaar, Frankfurter Schule und Studentenbewegung (1998), Bd. 3, S. 34–64
Rabehl, Bernd: Nationalrevolutionäres Denken im antiautoritären Lager der Radikalopposition zwischen 1961 und 1980. In: WIR SELBST. Zeitschrift für nationale Identität, Nr. 3–4/1998, S. 113–120
Rabehl, Bernd: Feindblick. Der SDS im Fadenkreuz des »Kalten Krieges«, Berlin 2000
Raspe, Jan: Zur Sozialisation proletarischer Kinder, Frankfurt/M. 1972
Reich, Wilhelm: Die sexuelle Revolution. Zur charakterlichen Selbststeuerung des Menschen, Frankfurt/M. 1966
Reich, Wilhelm: Die Funktion des Orgasmus, Amsterdam 1967/ Frankfurt/M. 1971

Reiche, Reimut: Sexualität und Klassenkampf. Zur Abwehr repressiver Entsublimierung, Frankfurt/M. 1968

Reiche, Reimut: Was heißt: Proletarischer Lebenszusammenhang? (Papier der Betriebsprojektgruppe »REVOLUTIONÄRER KAMPF«, April 1971). Wieder abgedruckt in: Wolfgang Kraushaar (Hrsg.), Frankfurter Schule und Studentenbewegung (1998), Bd. 2, S. 736–739

Reiche, Reimut: Die sexuelle Revolution – Erinnerung an einen Mythos. In: Die Früchte der Revolte (1988), S. 45–71

REVOLUTIONÄRER KAMPF (BPD Frankfurt): Arbeitspapiere 1. Untersuchung – Aktion – Organisation. 2. Zur politischen Einschätzung von Lohnkämpfen, Berlin 1971

Röhl, Klaus Rainer: Fünf Finger sind keine Faust, Köln 1974

Röhl, Klaus Rainer: Die Genossin, Wien – München – Zürich 1975

[ROTE ARMEE FRAKTION] Das Info. Briefe von Gefangenen aus der RAF. Aus der Diskussion 1973–1977. Dokumente. Hrsg. von Pieter Bakker Schut, Hamburg 1987

[ROTE ARMEE FRAKTION] Die alte Straßenverkehrsordnung. Dokumente der RAF. Mit Beiträgen von W. Pohrt, K. Hartung, G. Goettle, J. Bruhn, K. H. Roth, K. Bittermann. Hrsg. von Klaus Bittermann, Berlin 1986

[ROTE ARMEE FRAKTION] Bundesrepublik Deutschland (BRD) – Rote Armee Fraktion (RAF). Ausgewählte Dokumente der Zeitgeschichte. Red. Christiane Schneider, Schkeuditz (1987)

Roth, Karl-Heinz/Teufel, Fritz: Klaut Sie! (Selbst-)Kritische Beiträge zur Krise der Linken und der Guerilla, Tübingen 1980

Rühmkorf, Peter: Die Jahre, die ihr kennt, Hamburg 1972

Rutschky, Michael: Erfahrungshunger. Ein Essay über die siebziger Jahre, Köln 1980

Scheuch, Erwin K. (Hrsg.): Die Wiedertäufer der Wohlstandsgesellschaft. Eine kritische Untersuchung der »neuen Linken« und ihrer Dogmen, Köln 1968

Schildt, Axel: Ankunft im Westen. Ein Essay zur Erfolgsgeschichte der Bundesrepublik, Frankfurt/M. 1999

Schiller, Margit: »Es war ein harter Kampf um meine Erinnerung«. Ein Lebensbericht aus der RAF. Hrsg. von Jens Mecklenburg, Hamburg 1999

Schickel, Joachim: Große Mauer, große Methode. Annäherungen an China, Stuttgart 1968

Schickel, Joachim: Die Mobilisierung der Massen. Chinas ununterbrochene Revolution. Bericht und Analyse, München 1971

Schmid, Thomas: Die Wirklichkeit eines Traums. Versuch über die Grenzen des autopoetischen Vermögens meiner Generation. In: Die Früchte der Revolte (1988), S. 7–34

Schmidt, Christian: Wir sind die Wahnsinnigen. Joschka Fischer und seine Frankfurter Gang, München 1998

Schmidt, Giselher: Hitler und Maos Söhne. NPD und Neue Linke, Frankfurt/M. 1969

Schmierer, Joscha: Der Zauber des großen Augenblicks. 1968 und der internationale Traum. In: Die Früchte der Revolte (1988), S. 107–126

Schmierer, Joscha: »K-Gruppen« oder: Die kurze Blüte des westdeutschen Maoismus. In: '68 und die Folgen. Ein unvollständiges Lexikon, hrsg. von Christiane Landgrebe u. Jörg Plath, Berlin 1998, S. 49–54

Schneider, Peter: Lenz. Eine Erzählung, Berlin 1973

Schonauer, Karlheinz: Die ungeliebten Kinder der Mutter SPD. Die Geschichte der Jusos von der braven Parteijugend zur innerparteilichen Opposition, Bonn 1982

Schröder, Jörg (erzählt Ernst Herhaus): Siegfried, Berlin – Schlechtenwegen 1972

Schülerladen Rote Freiheit. Hrsg. vom Autorenkollektiv am Psychologischen Institut der FU Berlin, Frankfurt/M. 1971

Schubert, Karl-Heinz (Hrsg.): Aufbruch zum Proletariat. Dokumente der Basisgruppen, Berlin (1998). [In: www.trend/partisan.net/1967]

Schwarzer, Alice: Der kleine Unterschied und seine großen Folgen. Frauen über sich – der Beginn einer Befreiung, Frankfurt/M. 1975

Schwelien, Michael: Joschka Fischer. Eine Karriere, Hamburg 2000

SDS 1967–1970 – Strategie und Organisationsdebatte. Mit Beiträgen von Oskar Negt, Karl Heinz Roth, Joscha Schmierer, Hans-Jürgen Krahl, Hannover (1971)

Seebacher-Brandt, Brigitte: Abschied von den Eltern. Zur Abwahl einer Generation. In: FRANKFURTER ALLGEMEINE ZEITUNG, 7. Dezember 1990

Seidel-Pielen, Anti-Autoritäre Erziehung. In: '68 und die Folgen. Ein unvollständiges Lexikon, hrsg. von Christiane Landgrebe u. Jörg Plath, Berlin 1998, S. 15–18

Sellner, Albert: Die Chaoten als Ordnungsmacht. Zur Generationengeschichte der Bundesrepublik. In: Matthias Horx (u. a.) [Hrsg.]: Infrarot, S. 103–124

Semler, Christian: Wiedergänger – Versuch über das Nachleben der K-Gruppen-Motive. In: '68 und die Folgen. Ein unvollständiges Lexikon, S. 133–137

Sinclair, A.: Che Guevara, München 1971

Snow, Edgar: Gast am anderen Ufer. Rotchina heute, München 1964

Snow, Edgar: Roter Stern über China, Darmstadt 1970

SPK – Aus der Krankheit eine Waffe machen. Eine Agitationsschrift des Sozialistischen Patientenkollektivs an der Universität Heidelberg, Heidelberg 1971 [5. Aufl. 1987]

Stefan, Verena: Häutungen. Autobiographische Aufzeichnungen Gedichte Träume Analysen, München 1975

Steffen, Mona: SDS, Weiberräte, Feminismus? In: Wolfgang Kraushaar (Hrsg.): Frankfurter Schule und Studentenbewegung. Von der Flaschenpost zum Molotowcocktail 1946 bis 1995, Frankfurt/M. 1998, S. 126–140

Struck, Karin: Klassenliebe. Roman, Frankfurt/M. 1973

Svoboda, Wilhelm: Sandkastenspiele. Eine Geschichte linker Radikalität in den 70er Jahren, Wien 1998

Teufel, Fritz: Indianer weinen nicht – sie kämpfen. In: Roth, Karl-Heinz/Teufel, Fritz, Klaut sie!, S. 20–30

Teuns, Sjef: Isolation/Sensorische Deprivation: die programmierte Folter. In: KURSBUCH 32, 1973, S. 118–128

Theweleit, Klaus: Buch der Könige. Band 1: Orpheus (und) Eurydike, Frankfurt 1988

Theweleit, Klaus: »Früchte der Revolte«. Septett für 6 Verschweigende und 1 Stimme. In: LISTEN. Rezensionszeitschrift, Frankfurt/M., Herbst 1989. Wieder abgedruckt in: Ders., Ein Aspirin von der Größe der Sonne, Freiburg 1990

Theweleit, Klaus: Ghosts, Frankfurt/M. 1998

Vesper, Bernward: Die Reise. Romanessay, Berlin und Schlechtenwegen 1977 [Ausgabe letzter Hand, Frankfurt/M. 1981]

Walser, Martin: Die Gallistlsche Krankheit. Roman, Frankfurt/M.
1972
Weiss, Heipe: Fuchstanz. Roman, Frankfurt/M. 1996
Wilke, Manfred (u.a.): Die Deutsche Kommunistische Partei
(DKP). Geschichte – Organisation – Politik, Köln 1990
Wir leben in der Weltrevolution. Gespräche mit Sozialisten. Hrsg.
von Georg Wolff, München 1971
Wir war'n die stärkste der Partein .. Erfahrungsberichte aus der
Welt der K-Gruppen, Berlin 1978
Wisniewski, Stefan: Wir waren so unheimlich konsequent .. Ein
Gespräch zur Geschichte der RAF (geführt von Petra Groll und
Jürgen Gottschlich, TAZ), Berlin 1997
Wolff, Robert Paul/Moore, Barrington/Marcuse, Herbert: Kritik
der reinen Toleranz, Frankfurt/M. 1966
Wolff, K. D.: Korea und Korea. In: KURSBUCH 30, 1972 S. 199–128
Wolfschlag, Carl-Michael (Hrsg.): Bye-bye '68 ... Renegaten der
Linken, APO-Abweichler und allerlei Querdenker berichten,
Graz-Stuttgart 1998
Wunschik, Tobias: Die maoistische KPD/ML und die Zerschla-
gung ihrer »Sektion DDR« durch das MfS (= BF informiert, Nr.
18), Berlin 1997

Zentralrat der Sozialistischen Kinderläden: Anleitung für eine
revolutionäre Erziehung Nr. 5: Kinder im Kollektiv, Berlin 1969
Zwerenz, Günther: Die Erde ist unbewohnbar wie der Mond.
Roman, Frankfurt 1976

REGISTER

(PERSONEN UND ORGANISATIONEN)

AB (Arbeiterbund für den Wiederaufbau der KPD) 303–306, 422, 499
ABG (Arbeiter Basis-Gruppen) 303f., 310
AB-Schauspielgruppe »Roter Wecker« 305
Abu Hani, siehe Haddat, Wadi
Abu Hassan 408
Adenauer, Konrad 42, 72, 98, 101, 105, 111, 297, 471, 483, 496
ADF (Aktion Demokratischer Fortschritt) 198, 263
Adorno, Theodor W. 35, 40, 46, 110, 113, 114–118, 141, 144, 201, 473
AG Westend 341f.
Agnoli, Johannes 185f.
Ahab, siehe Baader, Andreas
AK-Fraktion (siehe MG) 310
Aktion Demokratischer Fortschritt (ADF), siehe ADF
Aktion Sühnezeichen 214
Aktionsrat zur Befreiung der Frau 234
Al Fatah 176f., 179, 408f.
Albani, Bernd 223f., 226, 228–231
Albani, Ingrid 223f., 226–231
Albers, Detlev 133
Albertus, Gerd 412f.
Albertz, Heinrich 39f., 374
Albrecht, Ernst 416f.
Alpert, Jane 93
Amendt, Günter 130, 277
Améry, Jean 117
Amin Dada, Idi 462
Amman, Jean-Christoph 363
Anarchisten 17, 261, 356
Anti-AKW-Bewegung 19, 490
Anti-Atomtod-Bewegung 203, 308
Antiautoritäre (im SDS) 65, 124, 137, 328

Antirevisionisten (Jusos) 205, 469
Anti-Springer-Kampagne (»Enteignet Springer«) 37, 41, 64, 128, 136, 138, 171f., 319
Anti-Strauß-Kampagne (Anti-Strauß-Wahl) 300, 304f., 392, 488
APO (Außerparlamentarische Opposition) 18, 29, 33, 37, 40, 54, 59, 127f., 132, 134–136, 138, 148, 171f., 174, 176, 184–186, 197, 198, 203, 220, 233f., 262, 264, 266f., 277, 365, 423, 483f.
Arbeiter Basis-Gruppen (ABG), siehe ABG
Arbeiterbund für den Wiederaufbau der KPD (AB), siehe AB
Arendt, Hannah 99, 328
Arndt, Rudi 134, 350, 432
Assoziation Marxistischer Studenten »Spartakus« 271
Aufbauorganisation (KPD/AO), siehe KPD/AO
Augstein, Rudolf 37, 62
Außerparlamentarische Opposition, siehe APO
Aust, Ernst 196, 295f., 298–301, 303
Aust, Stefan 382, 386, 388, 402
Autonome Gruppen (linksradikal) 108, 499

B., Genossin 435f., 448, 462
Baader, Andreas 29, 156f., 175, 192, 194f., 336, 365f., 370f., 376–378, 380–385, 388, 391, 394, 403f., 406
Babel, Isaak 189
Babeuf, François Noël 58
Baez, Joan 76, 213
Bahro, Rudolf 230
Bakunin, Michail Aleksandrowitsch 147, 172, 440

C.S., Genossin 461
Calabresi, Kommissar 335f.
Camus, Albert 46
Canetti, Elias 447
Carlos (Iljitsch Ramirez Sanchez) 339,
367f., 411
Carstens, Karl 305
Castristen 261
Castro, Fidel 84f., 87, 147, 326, 360
CDU (Christlich Demokratische
Union Deutschlands) 28, 42, 112,
120, 185, 201, 270, 417, 455
Celan, Paul 95
Chaussy, Ulrich 58, 64
Che Guevara, siehe Guevara, Erne-
sto Che
Chomsky, Noam 465
Christlich Demokratische Union
Deutschlands, siehe CDU
Christlich Soziale Union in Bayern
(CSU), siehe CSU
Chruschtschow, Nikita Sergejewitsch
41
Chuck, siehe Cohn-Bendit, Daniel
Claussen, Detlev 143
Cleaver, Eldridge 172, 337
Cohn-Bendit, Daniel (Dany) 14, 93,
70, 120f., 125, 137, 184, 317–319, 326–
329, 335, 340, 354, 442f.
Cohn-Bendit, Gabriel 319
Collegium Academiun (CA) 251
Conrad, Joseph 115, 466
Coppola, Francis Ford 466
Corday, Charlotte 120
Corterier, Peter 203
CSU (Christlich Soziale Union in
Bayern) 185

Dahrendorf, Ralf 109, 218
Dalos, György 221
Danton, Georges Jacques 327
Dany, siehe Cohn-Bendit, Daniel
Davies, Angela 240
Dayan, Moshe 410
De Gaulle, Charles 89, 98, 194, 326,
415

Dean, James 75
Debord, Guy 276
Debray, Régis 87, 172
Degenhardt, Franz Josef 60, 100, 273
Dehm, Dieter (Lerryn) 225f.
Demokratische Volksfront 179
Demsky, Eva 475
Deng Hiao-ping 297, 300, 441
Deng Xiaoping, siehe Deng Hiao-
ping
Der Blues 366, 370f.
Deutsche Friedens-Union (DFU),
siehe DFU
Deutsche Kommunistische Partei,
siehe DKP
Deutscher Gewerkschaftsbund, siehe
DGB
DFU (Deutsche Friedens-Union)
263, 384
DGB (Deutscher Gewerkschafts-
bund) 63, 136
Dickhut, Willi 295–298
Dieckmann, Friedrich 469
Dienstag, Mathis 356
Dittfurth, Jutta 498
DK = Delegierten-Konferenz
DKP (Deutsche Kommunistische
Partei) 17, 187, 196–198, 204, 224,
260–266, 268–270, 272–276, 286f.,
352, 356, 373, 421f., 426, 437, 459
Döblin, Alfred 104
Dohrn, Bernadine 93
Dostojewskij, Fjodor Michajlowitsch
90, 150, 214, 404, 440
Drenkmann, Günter 407
Dritte Internationale 47, 85
Dutschke, Gretchen 49, 58–60, 64,
96, 152
Dutschke, Hosea Ché 48f., 60, 64
Dutschke, Rudi 15, 21, 25, 30, 33,
35–65, 87, 96, 118, 128–133, 141, 150,
152f., 157, 170, 204, 277, 283, 362,
385, 470, 487, 489
Dylan, Bob 76, 92, 462

E., Genosse 439f.

EAP (Europäische Arbeiter-Partei)
310
Ebel, Theo 310
Ebermann, Thomas 308f.
Eichmann, Adolf 97, 99, 115, 478
Eisenstein, Sergej Michajlowitsch 189
Eisler, Hanns 189, 456
Elias, Norbert 78, 82, 96, 478
Elsner, Gisela 106, 225f.
Engels, Friedrich 14, 147, 188, 190,
251, 257, 428, 450, 464
Ensslin, Felix (Sohn von Gudrun
Ensslin und Bernward Vesper) 360,
384f.
Ensslin, Gudrun 29, 45, 156f., 175,
192, 195, 336, 360, 365f., 371, 376f.,
380–386, 388, 394, 397, 401, 403f.,
453, 480
Ensslin, Helmut 360
Enzensberger, Hans Magnus 13, 26,
84, 98f., 104, 114, 121, 129, 222, 362,
490
Enzensberger, Ulrich 151, 159
Erhard, Ludwig 72, 110–112, 140, 186,
496
Erich, siehe Kunzelmann, Dieter
Erlebach, Kurt 216
ETA (Abk. für baskisch *Euzkadi Ta
Azkatasuna*: Baskenland und Frei-
heit) 61, 346, 351, 390
Europäische Arbeiter-Partei (EAP),
siehe EAP

Falken, Die 58, 135, 204, 220, 225,
266
Fanon, Frantz 48
Fassbinder, Rainer Werner 343
Fatah, siehe Al Fatah
FDJ (Freie Deutsche Jugend) 20, 39,
47, 135, 223, 225, 266–268, 271, 302,
499
FDP (Freie Demokratische Partei)
201
Fellini, Federico 249
Feltrinelli, Giangiacomo 56f., 60, 62,
64, 176, 385

Fertl, Herbert 310
Fest, Joachim 31
Fichter, Tilmann 383
Finkielkraut, Alain 67, 88f., 120
Firestone, Shulamith 247, 251
Fischer, Fritz 96
Fischer, Joschka 10f., 14, 21, 22, 124,
180, 243, 245f., 321f., 324–333, 335,
340, 346–348, 351f., 356, 470, 486f.,
499f.
Fischer, Joseph Martin, siehe Fischer,
Joschka
Flaubert, Gustave 150
Fochler, Martin 415f., 439–442, 445,
449f., 453, 457, 459
Folterkomitees 337, 347, 407
Fortschrittlich-kommunistische
Jugend der DDR 228
Franco, Francisco 351
Frank, Anne 95
Frank, Pierre 276f.
Frankfurter ML 195–197
Frankisten 276f.
Franz-Mehring-Institut der SED 268
Frauenaktion 70, 234
Frauen-Befreiungsfront 366
Frauengruppe im Revolutionären
Kampf (RK-Frauen) 242–244
Frauenoffensive (München) 254
Frauenzentren 254f.
Freie Demokratische Partei, siehe
FDP
Freie Deutsche Jugend, siehe FDJ
Freud, Anna 166f.
Freud, Sigmund 103, 117f.
Freyer, Hans 110
Fried, Erich 25, 62, 392f.
Friedeburg, Ludwig von 68
Friedensbewegung 418
Friedländer, Saul 109
Frings, Klaus 128
FU-Chinesen 43
Fuhr, Eckhard 21
Furet, François 112

Gaddhafi, Muammar al- 178, 411